液态燃爆物手册

刘吉平　刘　烁　主编

科学出版社
北　京

内容简介

液态燃爆物是具有潜在危险性的化学品，本书主要对其进行介绍。全书共13章，第1章总体介绍液态燃爆物的特点、组成、分类，以及对社会的危害、研究现状与管控等；第2章至第13章主要介绍易燃、易爆危险液体，包括硝酸酯类、硝基类、叠氮类、烷烃类、烯烃类、炔烃类、芳香类、醇酮类、过氧化物类及其他类的各种特性，以及在生产、销售、运输、使用环节中潜在的危险性。

本书适合公安、安检等领域相关工作人员、仪器研发人员、生产安全管理人员、企业管理人员参考阅读，也可供案件侦破和物证鉴定人员，大专院校和研究所的研究人员、研究生及高年级本科生、工程技术人员阅读。

图书在版编目(CIP)数据

液态燃爆物手册/刘吉平，刘烁主编. —北京：科学出版社，2017.11
ISBN 978-7-03-054960-0

Ⅰ.①液… Ⅱ.①刘… ②刘… Ⅲ.①危险物品管理-手册 Ⅳ.①F251-62

中国版本图书馆CIP数据核字(2017)第260562号

责任编辑：牛宇锋 周 炜 / 责任校对：桂伟利
责任印制：张 伟 / 封面设计：蓝正设计

科学出版社 出版
北京东黄城根北街16号
邮政编码：100717
http://www.sciencep.com
北京九州迅驰传媒文化有限公司 印刷
科学出版社发行 各地新华书店经销
*
2017年11月第 一 版 开本：720×1000 B5
2017年11月第一次印刷 印张：28 1/4
字数：546 000

定价：180.00元

序

众所周知，危险化学品的生产、运输、储藏、使用等环节蕴藏着潜在的危险性，管理不善可能对社会造成严重的影响。此外，一些易得的化学材料具有携带隐蔽、识别困难、现场配用等特点，因而成为恐怖分子实施犯罪的手段之一。危险化学品的种类和数量与日俱增的今天，它将对社会的安全构成越来越大的威胁。

步入21世纪以来，全球范围内由于液态燃爆物生产事故、利用液态燃爆物制造恐怖活动，继而引发火灾、爆炸的恶性事件呈现出愈演愈烈之势，已引起世界各国的重视和社会的普遍关注，成为各国迫切需要解决的重大安全问题。在我国，随着工业经济的发展以及转型时期自身矛盾的凸显，由化学品和易得化学材料引发的火灾爆炸和恐怖案件正处于相对活跃期。尤其是2013年以来，液态燃爆物制造的恐怖活动更是呈现出地域扩大化、袭击常态化的趋势。因此，加强液态燃爆物生产原料来源的安全管控，提高液态燃爆物安检场所的识别精度和丰富液态燃爆物的检测手段，对预防和控制液态燃爆物引发火灾、恐怖爆炸事故的发生具有重要的作用。

《液态燃爆物手册》一书是在“十一五”国家科技支撑计划支持和公安、安检及应对生产安全管理需求的牵引下，由北京理工大学材料学院刘吉平教授及其团队以及公安部物证鉴定中心刘烁研究员共同编写的。刘吉平教授所在团队多年从事液态燃爆物及相关性能研究，在液态燃爆物制备、安检、识别和管控等方面取得一系列重要成果。该书的出版将对我国安全科学技术发展、化学品事故和恐怖事件预防起到积极的促进作用。愿《液态燃爆物手册》成为我国公安、安检及消防人员，国家安全生产监督管理人员，企业安全管理人员，有关高等院校和科研院所的师生及科研人员的良师益友，为圆中国梦发挥重要作用。

刘烁
2017年6月

前　言

随着21世纪科学技术和生产的迅速发展，化学品的种类和数量日益增多，化学品安全问题，尤其是易燃易爆危险液体的安全问题已引起了全世界人们的关注。危险化学品重大事故的频发，不仅给人们的生命和财产带来巨大损失，同时对生态环境也造成了严重的污染。液态燃爆物是非常危险的化学品，其品种繁多、涉及面广、原料易得、制作简单、查处难度大，故而一些恐怖分子和犯罪嫌疑人通过简单的化学处理，就可以利用液态燃爆物自制爆炸物实施犯罪，这也成为当前恐怖犯罪的主要特点和重要手段之一。轰动全球的2001年12月22日美国“鞋子炸弹”案，2006年8月10日英国爆炸袭击未遂案，2008年以来我国发生的公交车恐怖袭击和邮包连环爆炸案，以及2015年11月13日巴黎恐怖袭击事件等都是利用液态燃爆物作为炸药制造的爆炸案件，充分证明危险近在咫尺。另外，我国处于生产安全事故的“高发期”，经济的快速发展，新出现的化学品大量增加，如果对化学品不甚了解，极易酿成重大事故。同时，如何查处和识别液态燃爆物是当前我国反恐和案件侦破的主要研究课题之一。

本书在“十一五”国家科技支撑计划的支持下，汇聚了作者的多项研究成果和多年的实际工作经验，不仅紧密结合课题研究成果，同时收集了大量易燃易爆危险液体的各种特性信息，为我国危险化学品的管控、液态燃爆物案件的侦破以及安全领域的监督和管理起到积极作用，为控制生产、销售、运输、使用中潜在的危险性提供依据，同时为我国科技人员尤其是高危一线的工作人员提供一个可靠的参考工具，这也是编写本书的目标。如果本书能为反恐、爆炸案件侦破和国家安全贡献一份力量，作者将感到万分欣慰。

本书由北京理工大学特种材料制备与应用学科课题组部分研究人员与公安部物证鉴定中心刘烁研究员共同编写完成：第1章由刘吉平教授执笔；第2、3章由王虎博士执笔；第4章由鲍田田硕士执笔；第5、6章由王晓君博士执笔；第7、8章由王栋博士执笔；第9章由毕晓露博士执笔；第10章由刘烁研究员执笔；第11、12章由赵伟博士、刘凯硕士执笔；第13章由王栋博士执笔。

由于作者水平有限，本书难免存在不足与疏漏之处，望得到读者的批评指正。

作　者

2017年7月于北京

目　录

序
前言
第1章　绪论 …… 1
1.1　液态燃爆物的发展历史及一般特点 …… 1
1.2　液态燃爆物的组成与分类 …… 3
1.3　液态燃爆物原材料 …… 6
1.3.1　氧化剂 …… 6
1.3.2　可燃剂 …… 9
1.3.3　添加剂 …… 9
1.4　液态燃爆物对社会的危害 …… 10
1.5　对液态燃爆物的研究与管控 …… 12
1.5.1　液态燃爆物的研究现状 …… 12
1.5.2　液态燃爆物及其原料的管控 …… 14
第2章　硝酸酯类液体 …… 18
2.1　硝酸甲酯 …… 18
2.2　硝酸乙酯 …… 19
2.3　硝酸正丙酯 …… 21
2.4　硝酸异丙酯 …… 22
2.5　硝酸正丁酯 …… 23
2.6　硝酸异丁酯 …… 24
2.7　硝酸正戊酯 …… 25
2.8　硝酸异戊酯 …… 26
2.9　亚硝酸乙酯 …… 27
2.10　亚硝酸正丙酯 …… 28
2.11　亚硝酸异丙酯 …… 29
2.12　亚硝酸正丁酯 …… 29
2.13　亚硝酸异丁酯 …… 30
2.14　亚硝酸特丁酯 …… 31
2.15　亚硝酸正戊酯 …… 33
2.16　亚硝酸异戊酯 …… 34

2.17　亚硝酸己酯 …… 36
2.18　甘油一硝酸酯 …… 37
2.19　氯代甘油硝酸酯 …… 38
2.20　乙二醇二硝酸酯 …… 39
2.21　一缩二乙二醇二硝酸酯 …… 40
2.22　缩水甘油一硝酸酯 …… 41
2.23　三乙二醇二硝酸酯 …… 42
2.24　二缩三乙二醇二硝酸酯 …… 43
2.25　甘油二硝酸酯 …… 43
2.26　甲二醇二硝酸酯 …… 44
2.27　1,2-丙二醇二硝酸酯 …… 45
2.28　1,3-丙二醇二硝酸酯 …… 45
2.29　1,3-丁二醇二硝酸酯 …… 46
2.30　二羟甲基硝基乙烷二硝酸酯 …… 47
2.31　二羟甲基硝基丙烷二硝酸酯 …… 47
2.32　硝基甲氧基甲醇硝酸酯 …… 48
2.33　氯代甘油二硝酸酯 …… 49
2.34　甲酰基甘油二硝酸酯 …… 49
2.35　乙酰基甘油二硝酸酯 …… 50
2.36　硝化甘油 …… 51
2.37　1,2,4-丁三醇三硝酸酯 …… 52
2.38　硝基异丁基甘油三硝酸酯 …… 53
2.39　季戊三醇三硝酸酯 …… 54
2.40　一缩二甘油四硝酸酯 …… 55
2.41　木糖醇硝酸酯 …… 55
2.42　D-山梨糖醇六硝酸酯 …… 56
第3章　硝基类液体 …… 58
3.1　硝基甲烷 …… 58
3.2　二硝基甲烷 …… 59
3.3　三硝基甲烷 …… 60
3.4　四硝基甲烷 …… 61
3.5　硝基乙烷 …… 62
3.6　1-硝基丙烷 …… 63
3.7　2-硝基丙烷 …… 65
3.8　三氯硝基甲烷 …… 67

3.9　溴硝基甲烷 …… 68
3.10　1-氯-1-硝基乙烷 …… 69
3.11　1,1-二氯-1-硝基乙烷 …… 70
3.12　氯硝丙烷 …… 71
3.13　1-硝基-1-氯丙烷 …… 71
3.14　2-硝基-2-氯丙烷 …… 72
3.15　2-溴-2-硝基丙烷 …… 73
3.16　1,3-二硝基丙烷 …… 74
3.17　1-硝基丁烷 …… 75
3.18　2-硝基丁烷 …… 76
3.19　硝基叔丁烷 …… 77
3.20　2,3-二甲基-2,3-二硝基丁烷 …… 77
3.21　硝基苯 …… 78
3.22　间硝基甲苯 …… 80
3.23　邻硝基甲苯 …… 81
3.24　2-硝基间二甲苯 …… 82
第 4 章　叠氮类液体 …… 84
4.1　叠氮甲烷 …… 84
4.2　叠氮乙烷 …… 85
4.3　叠氮丙烷 …… 86
4.4　1,2-二叠氮基乙烷 …… 86
4.5　1,3-二叠氮基丙烷 …… 87
4.6　1,5-二叠氮-3-三硝基氨杂戊烷 …… 87
4.7　1,3-重(叠氮甲基)氧杂环丁烷 …… 88
4.8　3,3-重(叠氮甲基)氧杂环丁烷 …… 89
4.9　2-叠氮基乙醇 …… 89
4.10　三叠氮乙酸甘油酯 …… 90
4.11　季戊四醇四叠氮乙酸酯 …… 91
4.12　叠氮酸 …… 92
4.13　叠氮化氯 …… 92
第 5 章　其他含氮类液体 …… 94
5.1　乙胺 …… 94
5.2　乙二胺 …… 96
5.3　二乙胺 …… 97
5.4　*N*,*N*-二异丙基乙胺 …… 99

5.5 三乙胺 …… 100
5.6 正丙胺 …… 102
5.7 二烯丙胺 …… 103
5.8 二正丙胺 …… 104
5.9 二异丙胺 …… 105
5.10 三正丙胺 …… 107
5.11 环丙胺 …… 108
5.12 丁胺 …… 109
5.13 异丁胺 …… 110
5.14 *N*-甲基(正)丁胺 …… 112
5.15 二异丁胺 …… 113
5.16 正戊胺 …… 115
5.17 正己胺 …… 116
5.18 *N*,*N*-二甲基丙醇胺 …… 117
5.19 *N*,*N*-二甲基异丙醇胺 …… 119
5.20 *N*,*N*-二甲基甲酰胺 …… 120
5.21 1,1-二甲基肼 …… 122
5.22 1,2-二甲基肼 …… 123
5.23 吡啶 …… 124
5.24 1,2,5,6-四氢吡啶 …… 126
5.25 2-甲基吡啶 …… 126
5.26 3-甲基吡啶 …… 128
5.27 2,4-二甲基吡啶 …… 129
5.28 3,4-二甲基吡啶 …… 131
5.29 2,5-二甲基吡啶 …… 132
5.30 3,5-二甲基吡啶 …… 134
5.31 2,6-二甲基吡啶 …… 135
5.32 二乙基氨腈 …… 136
5.33 甲基丙烯腈 …… 137
5.34 正丁腈 …… 139
5.35 丁醛肟 …… 140
5.36 2,6-二甲基吗啡啉 …… 141
5.37 1,4-二甲基哌嗪 …… 143
第 6 章 烷烃类液体 …… 145
6.1 1,1-二氯乙烷 …… 145

6.2　1,2-二氯乙烷 …… 146
6.3　1,2-二氯丙烷 …… 147
6.4　1,3-二氯丙烷 …… 148
6.5　1-氨基丙烷 …… 149
6.6　2-氨基丙烷 …… 150
6.7　1-碘-2-甲基丙烷 …… 152
6.8　2-碘-2-甲基丙烷 …… 153
6.9　1,2-环氧丙烷 …… 154
6.10　1,2-环氧-3-乙氧基丙烷 …… 156
6.11　2-甲基丁烷 …… 156
6.12　1,4-二氯丁烷 …… 158
6.13　1-氯-3-甲基丁烷 …… 159
6.14　1-环己基正丁烷 …… 160
6.15　氯代叔丁烷 …… 161
6.16　1,2-环氧丁烷 …… 162
6.17　2,2,3-三甲基丁烷 …… 164
6.18　正戊烷 …… 165
6.19　氯代正戊烷 …… 166
6.20　2,2-二甲基戊烷 …… 167
6.21　2-甲基戊烷 …… 169
6.22　3-甲基戊烷 …… 170
6.23　1,5-二氯戊烷 …… 171
6.24　氯化环戊烷 …… 172
6.25　2-甲基-3-乙基戊烷 …… 174
6.26　1-碘戊烷 …… 175
6.27　环戊烷 …… 176
6.28　甲基环戊烷 …… 177
6.29　正丁基环戊烷 …… 179
6.30　正己烷 …… 179
6.31　氯(代)正己烷 …… 180
6.32　2,2-二甲基己烷 …… 182
6.33　2,3-二甲基己烷 …… 183
6.34　2,4-二甲基己烷 …… 184
6.35　2,5-二甲基己烷 …… 186
6.36　2-甲基己烷 …… 187

6.37 3-甲基己烷 …… 188
6.38 2,2,5-三甲基己烷 …… 190
6.39 环己烷 …… 191
6.40 甲基环己烷 …… 192
6.41 叔丁基环己烷 …… 194
6.42 1,2-二甲基环己烷 …… 195
6.43 1,3-二甲基环己烷 …… 196
6.44 1,4-二甲基环己烷 …… 197
6.45 1,4-二氧杂环己烷 …… 198
6.46 正庚烷 …… 199
6.47 2-甲基庚烷 …… 200
6.48 4-甲基庚烷 …… 202
6.49 环庚烷 …… 203
6.50 正辛烷 …… 204
6.51 环辛烷 …… 205
6.52 甲基三氯硅烷 …… 206
6.53 乙烯(基)三氯硅烷 …… 208
6.54 乙烯三乙氧基硅烷 …… 209
第7章 烯烃类液体 …… 211
7.1 异辛烯 …… 211
7.2 4-乙烯-1-环己烯 …… 212
7.3 3-氨基丙烯 …… 214
7.4 苯乙烯 …… 215
7.5 2-甲基苯乙烯 …… 216
7.6 1,2-二氯乙烯 …… 218
7.7 1,2-二氯丙烯 …… 218
7.8 1,3-二氯丙烯 …… 220
7.9 1,3-二氯-2-丁烯 …… 221
7.10 3,3-二乙氧基丙烯 …… 222
7.11 1-庚烯 …… 223
7.12 2-庚烯 …… 224
7.13 3-庚烯 …… 225
7.14 1-癸烯 …… 226
7.15 环已烯 …… 227
7.16 环庚烯 …… 228

7.17　环辛烯……229
7.18　1,3-环辛二烯……230
7.19　2-甲基-1-丁烯……231
7.20　2-甲基-2-丁烯……233
7.21　3-甲基-1-丁烯……234
7.22　3-碘-1-丙烯……235
7.23　2,6-二甲基-3-庚烯……237
7.24　1,5-环辛二烯……238
7.25　1,3,5,7-环辛四烯……239
7.26　1,3,5-环庚三烯……240
7.27　1,3-环己二烯……242
7.28　1,4-环己二烯……243
7.29　环戊烯……245
7.30　1,3-环戊二烯……246
7.31　2-甲基-1-戊烯……248
7.32　2-甲基-1,4-戊二烯……249
7.33　3-甲基-1,3-戊二烯……250
7.34　2-甲基-1,3-戊二烯……251
7.35　3-甲基-1,4-戊二烯……252
7.36　4-甲基-1,3-戊二烯……253
7.37　1-己烯……254
7.38　2-己烯……256
7.39　1,4-己二烯……257
7.40　2,4-己二烯……258
7.41　1,3-己二烯……259
7.42　1,5-己二烯……261
7.43　4-甲基苯乙烯……262
7.44　1-辛烯……264
7.45　2-辛烯……265
7.46　1,4-二氯-2-丁烯……266
第8章　炔烃类液体……268
8.1　2-丁炔……268
8.2　1-戊炔……269
8.3　2-戊炔……271
8.4　3-环戊基-1-丙炔……272

8.5 1-己炔 …… 272
8.6 2-己炔 …… 273
8.7 3-己炔 …… 274
8.8 1-庚炔 …… 275
8.9 2-辛炔 …… 276
8.10 3-辛炔 …… 276
8.11 4-辛炔 …… 277
8.12 苯乙炔 …… 279
第 9 章 芳香类液体 …… 280
9.1 苯 …… 280
9.2 甲基苯 …… 281
9.3 1,2,3-三甲基苯 …… 282
9.4 1,2,4-三甲基苯 …… 283
9.5 1,3,5-三甲基苯 …… 285
9.6 1,3-二乙基苯 …… 286
9.7 1,4-二乙基苯 …… 287
9.8 丙苯 …… 288
9.9 正丁基苯 …… 289
9.10 氟代苯 …… 290
9.11 2-氟甲苯 …… 291
9.12 3-氟甲苯 …… 292
9.13 4-氟甲苯 …… 293
9.14 间三氟甲基氯苯 …… 294
9.15 溴苯 …… 295
第 10 章 醇酮类液体 …… 297
10.1 甲 醇 …… 297
10.2 甲基异丁基甲醇 …… 299
10.3 环丙基甲醇 …… 300
10.4 1-丙醇 …… 301
10.5 2-丙醇 …… 302
10.6 2-甲基-1-丙醇 …… 304
10.7 2-甲基烯丙醇 …… 305
10.8 正丁醇 …… 307
10.9 2-丁醇 …… 308
10.10 3-甲基-1-丁醇 …… 309

10.11　2-甲基-2-丁醇 …… 311
10.12　3-甲基-2-丁醇 …… 312
10.13　2-甲基-1-戊醇 …… 313
10.14　2-甲基-2-戊醇 …… 315
10.15　2-甲基-3-戊醇 …… 316
10.16　3-甲基-3-戊醇 …… 317
10.17　环戊醇 …… 319
10.18　1-己醇 …… 320
10.19　2-己醇 …… 321
10.20　3-己醇 …… 322
10.21　2-甲基环己醇 …… 323
10.22　3-甲基环己醇 …… 325
10.23　4-甲基环己醇 …… 326
10.24　2-丙烯-1-醇 …… 327
10.25　2-丁烯-1-醇 …… 329
10.26　2-甲基-3-丁炔-2-醇 …… 330
10.27　3-甲基-1-戊炔-3-醇 …… 331
10.28　正丙硫醇 …… 333
10.29　2-甲基-1-丙硫醇 …… 334
10.30　正丁硫醇 …… 335
10.31　2-甲基-2-丁硫醇 …… 336
10.32　3-甲基-1-丁硫醇 …… 338
10.33　环己(基)硫醇 …… 339
10.34　甲基叔丁基(甲)酮 …… 340
10.35　二异丁基酮 …… 341
10.36　3-甲基-2-丁酮 …… 343
10.37　3-甲基-2-戊酮 …… 344
10.38　2-甲基-3-戊酮 …… 345
10.39　4-甲基-2-戊酮 …… 347
10.40　4-甲氧基-4-甲基-2-戊酮 …… 348
10.41　环戊酮 …… 349
10.42　2-己酮 …… 350
10.43　3-己酮 …… 352
10.44　5-甲基-2-己酮 …… 353
10.45　环己酮 …… 354

10.46 2-甲基环己酮 …… 355
10.47 2-庚酮 …… 357
10.48 3-庚酮 …… 358
10.49 4-庚酮 …… 359
10.50 环庚酮 …… 360
10.51 3-辛酮 …… 361
10.52 4-甲基-3-戊烯-2-酮 …… 362
10.53 5-已烯-2-酮 …… 363
10.54 乙酰(基)乙烯酮 …… 364
10.55 桉叶油醇 …… 365

第 11 章 过氧化物类液体 …… 367

11.1 过氧化乙醚 …… 367
11.2 过氧化丙酮(二聚体) …… 368
11.3 过氧化丙酮(三聚体) …… 369
11.4 过氧化环己酮 …… 370
11.5 2-过氧化丁酮 …… 371
11.6 过氧化苯 …… 372
11.7 过氧化苯甲酸叔丁酯 …… 373
11.8 二叔丁基过氧化物 …… 374

第 12 章 其他危险液体 …… 376

12.1 甲硫醚 …… 376
12.2 乙醚 …… 378
12.3 乙烯(2-氯乙基)醚 …… 379
12.4 正丁基乙烯(基)醚 …… 380
12.5 正丙醚 …… 382
12.6 异丙醚 …… 383
12.7 甲基丙基醚 …… 385
12.8 乙基丙基醚 …… 386
12.9 2,3-环氧-1-丙醛 …… 387
12.10 α-甲基丙烯醛 …… 388
12.11 正丁醛 …… 390
12.12 2-甲基丁醛 …… 391
12.13 3-甲基丁醛 …… 392
12.14 正戊醛 …… 394
12.15 α-甲基戊醛 …… 395

12.16 2,3-二甲基戊醛 …… 396
12.17 正己醛 …… 398
12.18 正庚醛 …… 399
12.19 辛醛 …… 401
12.20 呋喃 …… 402
12.21 2-甲基呋喃 …… 403
12.22 2-甲基四氢呋喃 …… 405
12.23 环己基氯 …… 406
12.24 正丁酰氯 …… 407
12.25 乙酰氯 …… 409
12.26 异丁酰氯 …… 410
12.27 环氧树脂 …… 412
12.28 二硫化碳 …… 413
12.29 环烷酸铜 …… 414
12.30 环烷酸铅 …… 415
12.31 氧茚 …… 416
第 13 章 混合危险液体 …… 418
13.1 低碳-硝基烷/碱类物质液体混合炸药 …… 418
13.2 硝基烷/芳香族混合液体炸药 …… 419
13.3 硝基烷/醇混合液体炸药 …… 419
13.4 硝基烷/酯混合液体炸药 …… 420
13.5 硝基烷/二氯甲烷混合液体炸药 …… 420
13.6 胺类敏化硝基烷混合液体炸药 …… 421
13.7 硝基烷/硝基醇混合液体炸药 …… 421
13.8 四硝基甲烷基混合液体炸药 …… 422
13.9 硝酸酯类为基的混合液体炸药 …… 423
13.10 硝酸基混合液体炸药 …… 424
13.11 二氧化氮类混合液体炸药 …… 425
13.12 高氯酸脲-硝基化合物混合液体炸药 …… 426
13.13 含过氧化氢混合液体炸药 …… 427
13.14 奥斯屈莱特炸药 …… 428
13.15 一硝酸肼 …… 429
13.16 二硝酸肼 …… 430
13.17 含水合肼、脂肪胺的硝酸肼混合液体炸药 …… 430
参考文献 …… 432

第1章 绪 论

经济的快速发展，人口流动的日益剧增，导致人际交往日趋复杂，由各种矛盾引发的社会矛盾越来越突出，由个体矛盾转化为群体及民族矛盾的事件时有发生。恐怖势力和国际反华势力的渗透，以及“疆独”、“藏独”势力的破坏，使国内安全形势日益严峻，如何预防恐怖爆炸是我国近期反恐和防恐研究的前沿。液态燃爆物对社会危害程度高，因而预防和控制液态燃爆物的燃烧或爆炸是我国反恐任务的重中之重。

液态燃爆物来源广泛，涉及化学工业生产与人们日常生活用品，其品种多、范围广、查处难度大，无论恐怖分子，还是普通公民，如果掌握了制备技术，可能对社会安定造成极大的隐患，严重时有可能引起社会局部动荡。现在民航及重要场馆等均采取禁止携带液态物品的方式以避免液态燃爆物的危害，这种处置方法虽然控制了相关案件发生的概率，但同时也给人们的出行带来很多不便。所以，对液态燃爆物的认识和研究是维护社会公共安全的迫切需求，也是巩固我国和谐稳定发展的重要保障。

1.1 液态燃爆物的发展历史及一般特点

液态燃爆物是指受到外界作用时，在短时间内能迅速释放出能量并具有流动性特征的一类化合物或混合物。也就是说，液态燃爆物是指常温下为液态的化合物或混合物，处于无外界氧化剂的情况下，经适当刺激，可引起极快速的化学反应，瞬间产生大量的热能和气体，使周围环境的温度和压力骤升，以产生巨大能量和破坏作用的一类具有流动性的物质[1]。

由独立分子构成具有燃烧、爆炸性的液态化合物称为单质液态燃爆物，这类燃爆物有汽油、煤油、乙醚、乙醇、丙酮、氯仿、丙烷、硝化甘油、硝酸酯、硝基甲烷、过氧化物及叠氮化合物等；由两种或两种以上物质组成具有流动特性的燃烧爆炸物称为混合液态燃爆物，如苯与硝酸、硝基苯与高氯酸、丙酮与过氧化氢的混合物等。混合液态燃爆物可以是均匀的液态溶体，也可能是胶状液体或悬浮液，由两种非爆炸组分(其中至少有一种组分为液态)混制得到，这两种非爆炸组分可分别由氧化剂和可燃剂混合作用而成[1]。硝酸、氧化氮和四硝基甲烷是这类混合液态燃爆物的氧化剂，苯、甲苯、乙醇、肼等可作为可燃剂。氧化剂组分为液体，可燃剂组分常为液体或固态硝基化合物。这类物品通常将组分隔离，在使用之前才临时混合[2]。

在20世纪60年代，美国发展了以硝酸肼为基础的一族新型高能液体混合爆炸物奥斯屈莱特(astrolite)。该爆炸物的最高爆速可达8600m/s，威力可达TNT的两倍左右[3]。由于这类简单混合物具有能量高、性能好和用途广等多种优点，自问世以来，不少国家先后对其进行了研究、制造和应用。1978年美国研制出硝基甲烷与硝铵类混合爆炸物，该爆炸物的冰点特别低，低温下也具有很好的爆轰性能[4]。

1966年，日本研制的新型液态燃爆物试验获得成功[5]。据称，这种由氧化剂和可燃剂混合而成的二元液态燃爆物在可靠性及安全性方面都提高了许多。它以芳香族磺酸为燃料，以过氧化氢为氧化剂，平时可分别储存和运输，使用前再混合。这类爆炸物原料易得、威力大、安全性好、操作方便，具有广泛的用途。1981年日本研制了硝酸与甲胺和氧化剂混合的爆炸物[6]，其爆速达8400m/s，用于水中爆破。日本东京工业实验所还研制了三(三硝基乙基)原甲酸酯、四(三硝基乙基)原碳酸酯、重(三硝基乙基)碳酸酯与硝基甲烷、硝基乙烷等硝基烷类溶剂制成的高能液态爆炸物，密度达1.5g/cm^{3}以上，临界直径小，爆速为7600～8200m/s，安全性很好，冲击钝感[7]。

1974年，法国以75%汽油和25%碳石制成高威力液/固爆炸物，在被引爆的瞬时，形成乙炔气体，借助一个点火管的作用，产生强烈爆炸，这不仅能摧毁目标，并能造成大面积烧伤[8]。

1984年中国研制出硝酸铵水合肼液体炸药[9]，爆速为8300m/s，很快推广到全国矿山开采中。

近二十年来，全球掀起了高能量密度材料研发热，先后研制了叠氮硝铵、叠氮硝酸酯等液体爆炸物[10-13]。在近十年又发展了叠氮烷和一些硝酸酯等液体炸药，以实现液体炸药使用不受条件限制及应用多样化和产品系列化的发展[14-19]。

从液体炸药发展总体来看，发达国家液体炸药的研制和应用水平都超前[10,13]，亚洲各国相对滞后，应积极发展和应用。

液态燃爆物的燃烧爆炸破坏效应已引起人们的普遍重视，为适应和平进程发展中的社会稳定和反恐需求，应加强原料的流向与物品的管理。液态燃爆物的燃烧爆炸破坏效应与固体炸药相比，具有以下特点[1,10,20,21]。

(1) 原料来源广泛、价格较低。液态燃爆物的大部分原材料是一般化工原料，来源广泛易得、制造简便、价格较低。

(2) 制造工艺简单、安全性好。液态燃爆物制造工艺一般比较简单，许多品种可在使用地点现场混合，如硝酸与硝基化合物、硝酸与硝基甲烷组成的液体炸药，以及把肼倒入硝酸肼中生成的肼-硝酸肼液体炸药，因此其生产费用很低。一些液态燃爆物平时储存和运输的只是普通化工原料，仅在使用前进行简单混合就成为炸药，这就大大提高了炸药储存和使用中的安全性。

(3) 较好的爆炸性能。混合型液态燃爆物，其爆炸威力可以与元素组成相同的单质炸药相当，还容易配制成零氧平衡的炸药，这样能量可以得到最充分的利用。例如，硝酸肼-肼混合物的爆热可达 6.688MJ/kg，而奥克托今(HMX)的爆热仅为 5.668MJ/kg；硝酸肼-肼混合物的体积能量为 10.62kJ/cm^3，而奥克托今只有 10.5kJ/cm^3；前者的最高爆速可达 8600m/s(ρ=1.33g/cm^3)，后者为 8900m/s(ρ=1.91g/cm^3)。由此可见，有些液态燃爆物的爆炸性能具有独特性，且显示出优越性。

(4) 良好的流动性。液态燃爆物具有良好的流动性，装填弹药极为简单，可以适应任何形状的单体装药。必要时还可以用泵、喷射等方法输送，这种装填的方便性对于大型弹药(鱼雷、水雷、航弹)及特殊工程是十分有利的。一些液体炸药还可直接浇注在地上进行大面积爆破，炸药渗入泥土、岩石缝隙中仍然保持良好的爆炸性，用于开辟通道、挖掘掩体等特别有效。

(5) 爆轰感度高、起爆性能好。爆炸性能显著的液态燃爆物，其爆轰感度较高，用 6$^{\#}$ 或 8$^{\#}$ 雷管可以使其稳定起爆，临界爆轰直径较小。例如，硝基甲烷液经过敏化后在 0.8mm 直径的管内仍可完全爆轰；硝酸肼-肼液体炸药用直径为 3.1mm、长 914mm 的尼龙带浸渍后，从一端引爆可全部爆轰，爆轰临界液层的厚度不足 1mm。多数液体炸药具有良好的起爆和传爆性能，一般不需要复杂笨重的起爆装置，使用方便。

液态燃爆物的突出缺点为：储存期短，有的安定性较差、挥发性较大，有的腐蚀性严重，有的毒性较大。这些因素都限制了它们的使用范围，但液态燃爆物的优点突出，人们还是应尽量克服其不足，发挥其优势，设法发展和应用它们。

1.2　液态燃爆物的组成与分类[1]

液态燃爆物已发展成为一个多品种的爆炸物系列，按反应特性考虑，可分为单质液态燃爆物和混合液态燃爆物。

单质液态燃爆物即单一的爆炸性液体化合物，如硝酸酯、硝基烷类、叠氮酯、叠氮烷、叠氮基硝基醇类等。这类液态燃爆物无需添加其他材料，用雷管或火焰可直接引爆，其爆炸威力有的超过 TNT 的能量。

混合液态燃爆物一般可以分为两类：第一类是由氧化剂和可燃剂(爆炸物或非爆炸物)混合成的液态燃爆物，如肼-硝酸肼液体混合燃爆物、硝酸-硝基甲苯液体混合燃爆物、高氯酸/二甲醚/水液态混合燃爆物、过氧化氢/乙醇液态混合燃爆物等；第二类是以某种液体组分为主爆炸成分，添加其他爆炸或非爆炸性组分混合而成的液态燃爆物，如添加黑索今或其他敏化剂的硝基甲烷液体炸药、硝化甘油/硝基甲烷液体炸药、硝基醇/硝酸铵混合液态燃爆物等。

按物理状态，液态燃爆物可分为纯液体、稠化态、膏状等类型。按其官能团特征，液态燃爆物又可分为硝酸类、硝酸肼类、硝基烷类、叠氮类、高氯酸脲类液体炸药等。

以上分类方法都各自强调了某一方面，并不是十分严格的区分。液态燃爆物的分类如图 1.1 所示。

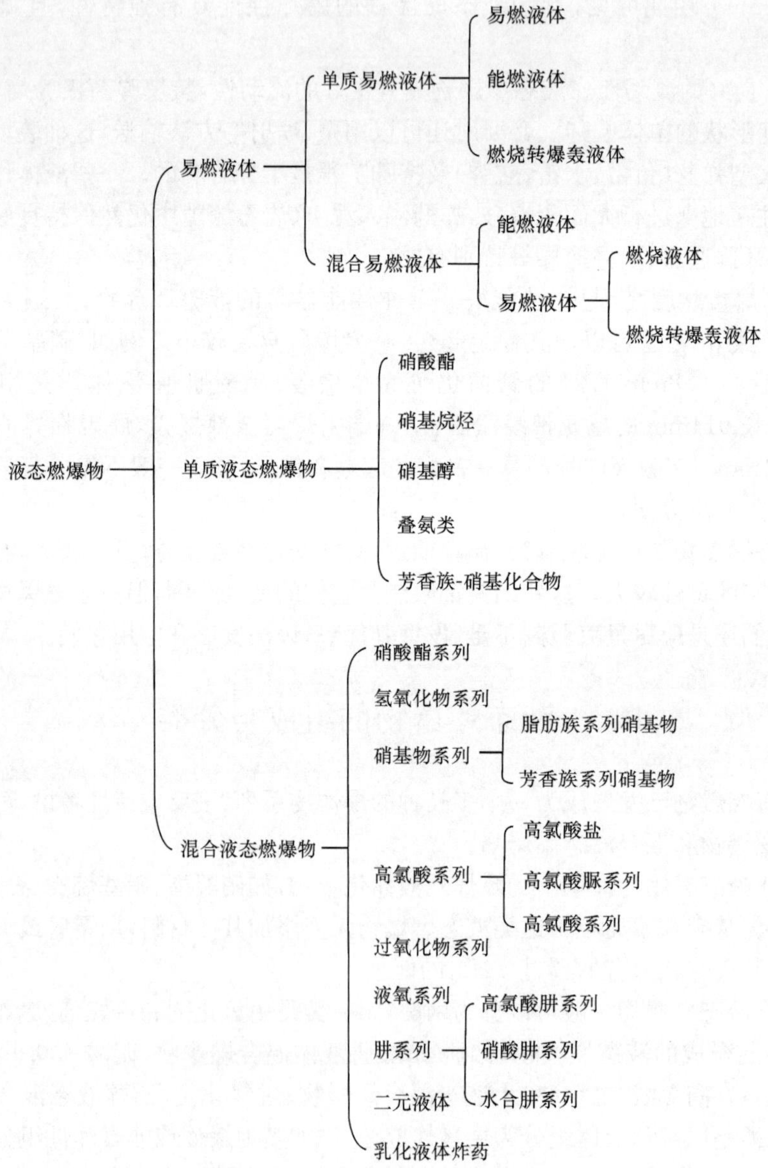

图 1.1　液态燃爆物的分类[1]

根据恐怖爆炸现象和液态燃爆物的用途，可将恐怖爆炸用的液态燃爆物分为两大类。

第一类是液体炸药，其应用和研究较为广泛，早已引起相关监管部门的高度关注。液体炸药包括单质液体炸药和混合液体炸药，典型的单质液体炸药有硝化甘油和乙二醇二硝酸酯、二乙二醇二硝酸酯、三乙二醇二硝酸酯等；混合液体炸药包括硝酸肼类物质、硝酸酯与硝基物的混合物、一元硝酸酯与活性金属粉的混合物等。这类材料主要用于军事和一些特殊爆炸[22-24]。

第二类是特定的液态化工材料，包括液态可燃化工产品和可制造易燃易爆的化工材料。可燃化工材料包括汽油、煤油、乙醚、丙酮、环氧乙烷等，可制造易燃易爆的化工材料包括丙酮、乙醚、苯、过氧化氢、高锰酸钾等。

如果从化学组分来讲，又可将其分为三大类。

第一类是单质液体炸药，也称为理想态液体炸药，包括硝化甘油、乙二醇二硝酸酯和烷烃类硝基物等[25,26]。

第二类是一种非爆炸性的液体和另一种非爆炸性的液体或固体，经均匀混合即可变成液体炸药，称为非理想态爆炸物。常见的非理想态爆炸物的一个成分为氧化剂，另一成分为还原剂(燃料)，且为便于混合通常至少有一个成分是液体，如硝酸和硝基苯(nitrobenzene)的混合物，或硝基苯和氯酸钾的混合物[27]。

第三类是纯粹的 C/H 或 C/H/O 原料组成的液态燃爆物。一般来说，这些原料具有可燃性，遇氧着火，隔绝氧气后窒息，同氧化物混合后可形成燃烧转爆炸物质，如丙酮、过氧化氢溶液和硫酸，低温环境下混合搅拌可形成 TATP 爆炸物。

液态燃爆物密度均一，燃爆速度稳定。在液态燃爆物中，固爆轰体系是均匀稳定的连续相，爆轰被冲击激发后，在极短时间内，化学反应便高速进行，径向膨胀的影响相对较小，能保持高速传播，管径效应较小。多数液态燃爆物起爆及传爆性能良好，具有较小的临界直径。例如，黑索今的硝基甲烷类液体炸药的临界直径只有0.8mm，而四硝基甲烷和煤油液体炸药在直径为 0.5mm 时仍然有 7800m/s 的稳定爆速。这是凝聚相炸药不能比拟的，也是它适合于裂隙网爆破及表面微量爆破的原因，也因此赋予了它安全可靠的特点。

从化学角度液态燃爆物又可分为两类。

第一类是以硝化甘油为代表的硝酸酯类液体炸药，主要含有硝化甘油、硝酸异丙酯、硝酸正丁酯等。

第二类是以三过氧化三丙酮(TATP)为代表的过氧化含碳化合物[27]，主要含有 TATP、DADP、过氧化苯、过氧化乙醚等[28,29]。

爆炸威力强的液态燃爆物，主要用于装填地雷、航弹、水雷及各种军事爆破工程，在民用工程方面，主要用于各种工程爆破和金属爆炸加工等[2,3]。为了便于对液态燃爆物的组成物质和爆炸性质进行深入了解，本书在描述其组成物质时，将按单质可燃物、氧化剂、可燃剂及添加剂等进行分述；在描述危险性质时，主要按特征分类进行叙述。

1.3　液态燃爆物原材料

制造液态燃爆物的原材料涉及的物质种类很多，主要概括为氧化剂、可燃剂、添加剂和工艺附加物。

1.3.1　氧化剂

液态燃爆物中作为氧化剂的组分主要指爆轰反应时能供给氧的物质，常用的氧化剂有四氧化二氮、硝酸、二氧化氮、四硝基甲烷、过氧化氢、硝酸肼、高氯酸肼、硝酸酯等。采用几种典型的原材料，如三-(2,2,2-三硝基乙基)原碳酸酯(TNEOF)和四-(2,2,2-三硝基乙基)原碳酸酯(TNEOC)、高氯酸脲、硝基醇、叠氮硝酸酯等。液态燃爆物常用氧化剂的性质如表 1.1 所示。

表 1.1　液态燃爆物常用氧化剂

名称	相对分子质量 M_t	熔点 θ_m/℃	沸点 θ_b/℃	密度 ρ(20℃)/(g/cm³)	氧平衡 OB/%	生成热 $\Delta H_{f,m}$/(kJ/mol)
浓硝酸(95%)	63	−42	83	1.50	63.5	−173.0
四氧化二氮	92	−11.2	21.2	1.446	69.6	−9.8(气态)
四硝基甲烷	196.04	14.2	126	1.638	49.0	36.8
过氧化氢	34.02	−0.41	158	1.13	47.1	−188.8
硝酸肼	95.1	70.7	—	1.64	8.6	−250.0
高氯酸肼	132.5	144	—	1.94	24.1	−176.4
高氯酸脲	160.5	83	—	1.62	9.9	—
TNEOF	552.2	128	—	1.80	10	−630.7
TNEOC	732.4	161	—	1.84	13	−500.9

浓硝酸、四氧化二氮、二氧化氮、四硝基甲烷、典型硝酸酯、叠氮硝酸酯、过氧化氢等都是大家所熟知的，在此不再赘述。在这里仅对硝酸肼、四氧化二氮、高氯酸脲、乙二醇二硝酸酯、TNEOF 和 TNEOC 的制备和有关性质简要介绍。

1. 硝酸肼

早在 1989 年硝酸肼首先由德国人制得。一般所说的硝酸肼是指一硝酸肼，分子式为 $N_2H_5NO_3$，而二硝酸肼，由于它稳定性差，故不作详细介绍[30,31]。

硝酸肼有两种晶型，即稳定的 α 型和不稳定的 β 型，通常所用的是 α 型。硝酸肼在醇中溶解度很小，但极易溶在水和肼中，吸湿性较强，仅略低于硝酸铵。

硝酸肼具有良好的热安定性，100℃热失重速度比硝酸铵低[32]。硝酸肼的爆发点为307℃（50%爆炸），爆热约为3.869MJ/kg。分子中不含碳，因此爆炸产物不含固体，且平均相对分子质量小。

硝酸肼采用硝酸中和肼进行制备，早期大多采用无水肼溶解在甲醇中，将此溶液冷却至−20℃左右时，再把它慢慢加入到−20℃左右的稀硝酸（70%）中，直至pH达到5.5，整个中和反应过程中物料的温度应保持在0℃以下，析出的硝酸肼沉淀，经过滤、重结晶、干燥而得产品[3]。

为了降低硝酸肼的生产成本，后来研究采用浓度为80%的水合肼和80%的硝酸作为原料，用乙醇（95%）作为惰性介质和晶析剂的制备工艺。当析出温度控制在0℃、结晶时间在30min以上时，析出率可达90%，产品纯度可达99%。

2. 四氧化二氮[33,34]

四氧化二氮（N_2O_4）由二氧化氮叠合而成，分子呈对称结构，故较为稳定，具有强烈的氧化性，有剧毒和腐蚀性，常被用作火箭推进剂组分中的氧化剂。标准大气压下，N_2O_4的沸点为21.2℃，熔点−11.2℃，密度（20℃）1.446g/cm^3，其固体、液体和气体均无色，但随着温度升高，二氧化氮增多，颜色加深，由褐色到赤红色。N_2O_4能溶于水、二硫化碳等，但其与水只是有限的互溶。N_2O_4易与水反应生成等物质的量硝酸和亚硝酸混合物，当温度升高时，亚硝酸分解为硝酸和氧化氮，是强氧化剂；N_2O_4与氨混合时，在低温下发生爆炸；N_2O_4能与许多有机溶剂如酯、醚、酮、腈形成分子加合物。液体N_2O_4腐蚀某些金属（碱金属、碱土金属、锌、镉和汞等），生成金属盐，放出一氧化氮。

N_2O_4的制造方法是精馏法，以直接法生产浓硝酸中的液体N_2O_4为原料，经精馏塔精馏，冷凝器冷凝，即获得液体N_2O_4。

3. 高氯酸脲

高氯酸脲的分子式为$CO(NH_2)_2 \cdot HClO_4$，它是熔点为83℃的薄片状结晶，化学安定性良好，但吸湿性很强。高氯酸脲在水中的溶解度极大，20℃时，100份水中可溶解958份高氯酸脲，饱和溶液密度可达1.62g/cm^3。

制备高氯酸脲的方法是将尿素逐渐加入高氯酸水溶液，使之溶解，便可得浓度约为80%的高氯酸脲水溶液。主要反应机理是

$$CO(NH_2)_2 + HClO_4 \longrightarrow CO(NH_2)_2 \cdot HClO_4$$

另一种方法是将尿素加入35%的盐酸中，待溶解后，再加入高氯酸钠水溶液（51%），反应10min后再冷却至20℃，过滤分离沉淀的氯化钠，滤液再经减压浓缩（80℃以下）、冷却、再过滤以除去沉淀的氯化钠。重复浓缩—冷却—过滤，操作几

次可得到高浓度的高氯酸脲溶液。主要反应式为

$$NaClO_4 \cdot H_2O + CO(NH_2)_2 + HCl \longrightarrow CO(NH_2)_2 \cdot HClO_4 + NaCl + H_2O$$

4. 乙二醇二硝酸酯

硝酸酯的品种繁多，在此仅以乙二醇二硝酸酯为例，说明硝酸酯的作用和爆炸性能。乙二醇二硝酸酯的分子式为 $C_2H_4N_2O_6$，密度为 1.4918g/cm^3，沸点为(197±3)℃，无色液体，是一种爆炸威力较强的液体炸药；化学性能和爆炸性能都与硝化甘油相似；凝固点较低，为－22.8℃，用于配制难冻的矿山炸药。乙二醇二硝酸酯是将乙二醇用硝酸和硫酸的混酸在 15℃以下硝化，经安定性处理而制得的。

5. TNEOF 和 TNEOC

TNEOF 和 TNEOC 是化学安定性极为优良的物质，即使在空气中长时间放置，也不变质、不分解、无吸湿性，不溶于水，对酸安定，置于稀盐酸或稀硫酸中不发生分解，在 NaOH 水溶液中加热分解，放出甲醛气味。

TNEOF 的爆发点为 229℃，190℃开始分解，爆热 6.3076J/g，比体积 682L/kg；TNEOC 的爆发点 238℃，200℃开始分解，爆热 5.797J/g，比体积 694L/kg；两种化合物都易被 6# 雷管引爆。

合成 TNEOF 和 TNFOC 时用 $FeCl_3$ 作为催化剂，使三硝基乙醇与氯仿或四氯化碳反应。

TNEOF 和 TNEOC 合成机理如下[35,36]：

$$CHCl_3 + 3HOCH_2C(NO_2)_3 \xrightarrow{FeCl_3} TNEOF + 3HCl$$

$$CCl_4 + 4HOCH_2(NO_2)_3 \xrightarrow{FeCl_3} TNEOF + 3HCl$$

TNEOF 和 TNEOC 合成方法如下。

将 100g 干燥的三硝基乙醇、220mL 氯仿和 15g 无水氯化铁放入 500mL 带有冷凝管的三口烧瓶中，在水浴上回流 12h，冷却后加入 1500mL 乙醚，然后将反应液用分液漏斗分离出乙醚，用水洗涤几次，再减压蒸馏除去乙醚，可得 TNEOF 粗品。再用苯将粗品进一步溶解，在正己烷溶液中进行重结晶，得到无色结晶 TNEOF 纯品 83g，熔点为 128℃，最终产率为 77%。

用 50g 干燥的三硝基乙醇、110mL 四氯化碳和 4g 无水三氯化铁按上述反应 8h，冷却后过滤除去剩余的四氯化碳，在 60℃下减压干燥，然后用稀盐酸使固体物中的氯化铁逐步溶入而被除去，再用氯仿进行精制，得到无色结晶 TNEOC 精制品 46.2g，产率为 92.4%，其熔点为 161℃。

1.3.2 可燃剂

混合液态燃爆物中采用的可燃剂有碳氢化合物、硝基化合物、肼、铝等，在凝聚态混合炸药中使用的可燃物，可作为液态燃爆物中的可燃剂使用。

配制硝酸基液态燃爆物的可燃剂基本要求是：能与硝酸互溶形成均相稳定体系，因此可以选用的可燃剂很多。在众多的液态燃爆物配方研究中，对硝基苯、邻位硝基乙苯、对硝基氯苯、汽油、柴油、航空煤油、甲苯、二甲苯、甲醇、吡啶和二氯乙烷等10余种物质分别或组合与硝酸的混合物进行性能试验。试验结果表明，以上大多数物质与浓硝酸按接近氧平衡配制成的液态燃爆物，都具有一定的爆炸性能，尤其以带有硝基的化合物所制得的液态燃爆物爆炸性能更好一些。综合考虑爆炸性能、材料来源、经济性和产品稳定性等方面因素，很多都选定甲苯作为可燃材料。

液态燃爆物常用的可燃剂的性质如表1.2所示。

表1.2 常用可燃剂的性质

名称	相对分子质量 M_t	熔点 θ_m/℃	沸点 θ_b/℃	密度 ρ(20℃)/(g/cm³)	氧平衡 OB/%	生成热 $\Delta H_{f,m}$/(kJ/mol)
硝基甲烷	61.04	101.2	−28.6	1.14	−39.3	−113.1
硝基乙烷	75.07	114.0	−90	1.05	−95.9	−134.7
硝基丙烷	89.09	131.6	−108	1.03	−134.8	−167.6
甲苯	92.3	110.6	−95	0.866	−313.0	12.0
硝基甲苯(工业)	137.1	220～240	−10.5	1.16	−180.9	−25.1
2,4-二硝基甲苯	182.1	304	71	1.33	−114.4	−68.23
2,6-二硝基甲苯	182.1	290	65.5	1.33	−114.4	−43.92
肼	32.05	113.5	1.54	1.004	−99.9	50.42
水合肼	50.05	118.5	−40	1.048	−64	−242.5

1.3.3 添加剂

根据液态燃爆物爆轰性能的需要，在液态燃爆物中使用添加剂对炸药进行改性。添加剂主要包括用于提高起爆感度的敏化剂[37-39]，降低危险感度的钝感剂，降低冰点的抗冻剂，进行胶化提高稠度的胶凝剂，以及实现完全爆炸和提高爆炸做功目的的添加剂。典型的硝酸基液体炸药增稠方法[40]，是以白炭黑的微粒稳定地分散于液体炸药中，当固体微粒达到一定比例时，由于液相连续下降，界面力变化，使液态燃爆物流动性下降，转变成膏状物。采用这种方法增稠的液体炸药，具有优良的防水效果，与水接触 53h 仅下降 1.0cm，传爆性能优异，感度降低，在不同直径的塑料管中存储 180 天后，塑料管变硬，爆速略有提高。

对硝酸基液态燃爆物还可用高分子单体交联生成网结构的方法增稠[24]，在反应过程中，引发剂必须在低温下能产生自由基，可用过硫酸铵作为引发剂，自由基的初始反应是

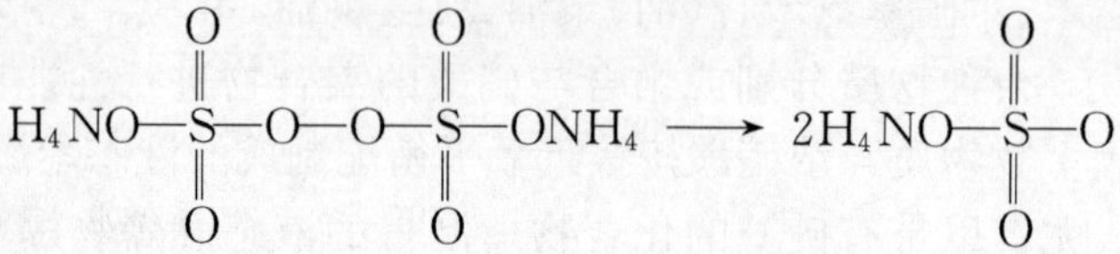

由此产生自由基，进行交联聚合反应。采用丙烯酰胺和 N,N'-甲撑双丙烯酰胺，它们在配方中主要起到调整氧平衡和降低酸度的作用，从而增长储存期。

某些液态燃爆物，容易被土壤吸收并能保持爆轰能力，对机械撞击、振动和冲击波绝热压缩还具有较好的安全性，因而美国曾用人力、车辆或飞机布洒这种炸药，称为“液体地雷”，可用于杀伤和炸毁装甲车及其他战车，还能用于排除布雷区、清理战场和开辟道路。液态燃爆物还广泛用于各类军事爆破工程[41-43]。

1.4　液态燃爆物对社会的危害

液态燃爆物的品种繁多、涉及面广、原料易得、制作简单、燃爆后直观现象明显，故已成为全球恐怖分子和犯罪嫌疑人制造有社会影响犯罪行为的首选作案材料。因而对液态燃爆物制备原料的监管和探测，将成为各国公安和司法部门的首要任务，同时也为研究人员提出了液态燃爆物的识别与检测的前沿研究课题。

研究液态燃爆物的制备工艺并对各种液态燃爆物进行性能表征，将为液态燃爆物安全检测仪器的研究提供标志物，为液态燃爆物爆炸后残留物标本的提取及检验提供实物，同时也为预防利用液态燃爆物制造爆炸案及对犯罪分子的快速打击提供技术支持。

在全球由液态燃爆物造轰动性影响的案例有：“8 · 10 英国爆炸袭击未遂案”，“12 · 22 美国鞋子炸弹案”“5 · 5 上海公交车恐怖袭击爆炸案”，这些都是利用液态燃爆物作为炸药制造的爆炸案件。通过互联网介绍的简单化学处理方法，很多好奇者就可以自制液体燃爆物。香港的一位中学学生尹某，通过互联网获得了 TATP(过氧化丙酮三聚体)的制备方法，在家中自制了 9 段 TATP 药柱，并将其中的一段 TATP 药柱当作新年礼物送给了同学刘某玩，刘某在自己家中的卫生间里用火点燃该药柱时发生了爆炸，造成了 1 人重伤的爆炸案。此事在香港造成的影响已引起了安全部门的强烈关注。诸如此类的爆炸事件，不仅给经济发展、社会

安定、百姓生活造成了极大的安全隐患,也引起了社会对液体燃爆物产生的恐慌与强烈关注。

近年来国际恐怖袭击活动频繁,世界各国人人自危,闻恐而色变,远离自避以求安宁与平静。虽然核武器、生物武器和化学武器攻击都是最令人担忧的,也是各国极力研究预防恐怖攻击的重要规范类型,但基于各种现实条件的限制,恐怖分子采取核、生、化攻击的实际案例并不多见。以各种"速造炸弹"(improvised explosive devices,IED)进行攻击反而是最常见的,且是经久不衰的恐怖袭击类型。2001年12月22日美国航空63号班机曾发生一旅客试图引爆藏于鞋子当中的炸药,随后被空服人员和乘客及时制止,这就是著名的鞋子炸弹事件。而经检测,鞋子中有TATP和PETN两种炸药(图1.2)。

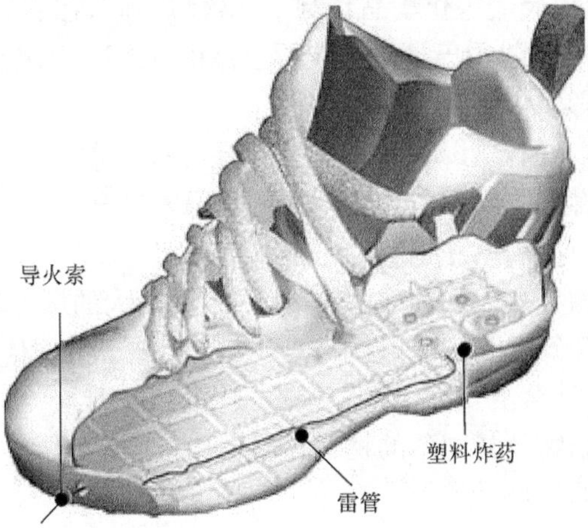

图1.2 鞋子炸弹示意图

2004年5月16日,在摩洛哥就发生了采用TATP制作炸弹的恐怖袭击事件。2006年5月,英国警方破获了一起牵涉24人的恐怖袭击案件。这个犯罪团伙准备将一些液体物质带入飞机,然后在飞机上混合制成炸药并炸毁飞机。据英国专家描述,他们带到飞机上的液体炸药量很少,很容易蒙蔽安检而登上飞机,但这些炸药足以在飞机上炸一个洞而使飞机在空中解体。经事后跟踪报道,这个团伙准备采用的作案工具就是TATP。2006年8月10日,英国政府宣布逮捕数名企图以液体炸药攻击航空班机的恐怖分子,他们计划将爆炸物伪装成一般液体带上飞机,在大西洋上空炸毁客机。由于此事件,美英两国立即警告所有旅客,禁止在手提行李中携带任何液体,禁带的液体包括:发胶、洗发精和饮料等旅客经常随身携带的物品。显然易于取得、伪装、隐藏、使用及处理的液体炸药已成为恐怖分子的"新类型武器"。在2008年5月5日,上海市842路公交车发生爆炸,因为事发时间为上班早高峰,车内共有30多人,最终造成了3死12伤的惨剧。据事后调查，是犯罪嫌疑人将装在编织袋中的汽油桶点燃引爆造成了燃烧爆炸，因为是空调车，很多玻璃很难打开，造成了这次惨重的事故。事后，各管理部门都对公交车安全隐患和运输管理加强了监管，明令禁止携带各种易燃易爆物品上车。

2009 年 9 月 15 日，英国三名伊斯兰教徒曾图谋使用液体炸药炸毁多架跨大西洋航班。他们三人图谋将液体炸药伪装成饮料装进手提行李，其攻击目标包括七趟从伦敦希思罗机场飞往纽约、华盛顿、芝加哥、旧金山、多伦多和蒙特利尔的航班。

2010 年 3 月 29 日，俄罗斯首都莫斯科市中心卢比扬卡地铁站和文化公园地铁站接连发生两次恐怖袭击爆炸，至少造成 38 人死亡、102 人受伤。

2011 年 4 月 16 日金某在北京后海一家酒吧内消费后结账时，因与酒吧工作人员发生纠纷，随后用硝酸等化学品自制了“液体炸弹”，在酒吧内制造报复事件。

2015 年 11 月 15 日法国巴黎发生震撼全球的 TATP 恐怖爆炸案件，给全球带来了严重威胁的阴影。

上述教训都是以液态燃爆物为作案工具造成的惨重案件。究竟什么是液态燃爆物？常见的液态燃爆物到底包含哪些？都是国家安全、预防犯罪、侦查犯罪和物证鉴定等相关人员所必须彻底了解的内容。

由于液态燃爆物具有强大的破坏作用，许多威力大的爆炸物常用于军事目的、采矿业、土木工程、建筑业和工业；恐怖分子或犯罪分子也常使用燃爆物从事恐怖活动或犯罪行为，对社会治安和国家安全造成威胁，给社会带来严重的负面影响。预防与管控液态燃爆物及其制备的材料，了解材料的相关特性，是安检人员尤其是相关警务人员必备的知识[44,45]。

1.5 对液态燃爆物的研究与管控

1.5.1 液态燃爆物的研究现状[46-51]

1846 年意大利化学教授 Ascanio Sobrero 合成了硝化甘油，合成是在低温环境下，边搅拌边将甘油滴入浓硫酸和硝酸混合液中。硝化甘油为无色、无臭的黏稠液体，尝之则有烧灼甜味，放置一段时间后呈淡黄色。硝化甘油的含氮量高达 18.5%，且为富氧型液态炸药，所含的氧超过所含的碳和氢完全氧化所需的氧原子数量，爆炸时除产生一氧化碳、二氧化碳和气体水分子外，还释放出氮气，室温下释放的气体体积为原始体积的 1200 倍，高温下其压力更大，故为爆炸威力极大的炸药。

硝酸甲酯的分子式为 CH_3ONO_2，其爆炸威力极强，为无色透明的液体炸药，黏度略低于水，挥发性极高，其蒸气有类似氯仿的味道，吸入后可导致头痛。合成方式为碘化甲烷与硝酸银溶液共同加热，或甲醇与浓硝酸在低温下搅拌混合而成。硝酸甲酯爆炸威力稍强于硝化甘油，爆炸时可释放出更多的能量，但因其极易挥发,无法正常使用,故作为正规爆炸物其实用价值不高。硝酸甲酯在实际的应用过程中对环境及工艺要求很高,这阻碍了硝酸甲酯在现实当中进一步的应用,在第二次世界大战时期,德国曾使用甲醇和硝酸甲酯的混合物 Myrol 装备火箭燃料,但是因为其在装填过程中的危险性,德国之后放弃了对 Myrol 的使用和进一步的实际应用。其点火敏感度高于硝化甘油,但冲击感度较低,极易燃烧,其蒸气在温度达 150℃时发生爆炸。

硝酸乙酯的分子式为 $C_2H_5ONO_2$,也是无色的液体炸药,爆炸时仅释放出相当于硝化甘油 48%的能量;其点火敏感度低于硝酸甲酯,冲击感度低于硝化甘油。在军用方面,硝酸甲酯常被用来装填鱼雷和地雷等,而在民用方面,因为硝酸甲酯和硝酸乙酯易于获得,多用于各种工程爆破等。

1958 年,英国人发明了迪西基特(Dithekite)液体炸药,它由 62.6%硝酸、24.4%硝基苯及 13%水组成,具有良好的爆轰特性。1978 年,美国提出硝基烷烃与硝基胺类相混合的液体炸药,该炸药的冰点特别低,低温下也具有良好的爆轰性能。

1895 年,德国科学家 Wolffenstein 研制成功了过氧化丙酮三聚物(TATP),其化学名为 3,3,6,6,9,9-六甲基-1,2,4,5,7,8-六环氧壬烷,为有机过氧化物,又称三过氧酸基间三丙酮,简称为过氧化丙酮,为白色粉状晶体(图 1.3)。

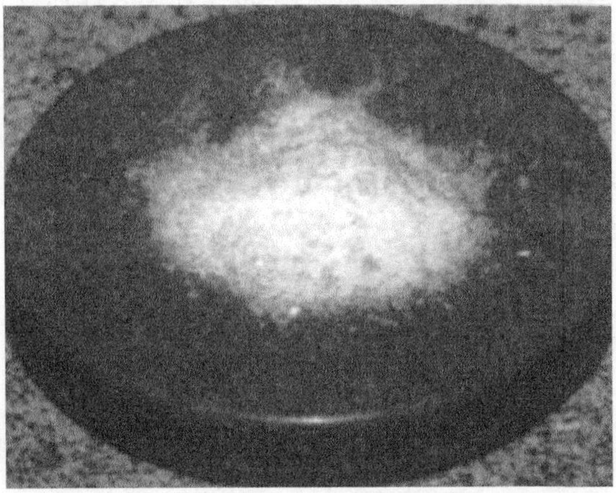

图 1.3 TATP 炸药成品

将 TATP 归为液体混合炸药是因为其大多是在使用前由液体混合而成的,在酸性条件下,由高浓度的过氧化氢和丙酮混合,静置,会反应生成晶体状的三过氧化三丙酮。有时,因为反应时间和反应条件不充分,会生成过氧化丙酮二聚物(DADP),其威力不亚于 TATP。干燥的 TATP 因为晶格密集,稍微的碰撞和摩擦就会因为晶格的缺失产生大量的热点而造成爆炸,而含有丙酮和水的 TATP 则相对来说感度较低。

TATP 的爆炸原理不同于普通炸药，爆炸过程并没有大量的热产生，而在不到 1s 的时间内，一个分子可以分解成为四个气体分子，爆炸分解生成大量的气体，但只释放出极少量的热量，这种奇特的现象也称为“熵爆炸”。

21 世纪初期，多起恐怖袭击爆炸事件都是利用了碳氢过氧化物不含氮，易于通过安检且携带方便的特点，因此近些年国内外各研究机构都在研制如何探测碳氢过氧化物。以色列已经研制出一种过氧化物炸药检测仪 PET(peroxide explosive tester)，可检测出包括 TATP、DADP 等过氧化碳氢化合物。

1963 年，美国研制出高爆速液体炸药奥斯屈莱特，它是以硝酸 NFDA4 和无水肼为主体的液体炸药。20 世纪 70 年代，日本研制出 80%硝酸 NFDA4、15%乙醇胺及 5%水的液体炸药。1984 年中国自行研制出硝酸 NFDA4 水合肼耐寒液体炸药，爆速为 8300m/s。硝酸肼类炸药因为爆速快、能量高、安全性好，在一段时期受到了人们的青睐，广泛应用在矿业和爆破上，但奥斯屈莱特 G 因为腐蚀性强而逐渐被淘汰。

20 世纪 90 年代，国内外开始研究燃料空气炸药。燃料空气炸药以易挥发性液体化合物或者液体和固体粉末的混合物作为燃料，以空气中的氧气作为氧化剂，是一种混合均匀的爆炸混合物。中国工程物理研究院的袁昭慧等研制了以硝基甲烷为主的燃料空气炸药，其安定性较好，但是毒性和挥发性都较大。作者曾研究过铝粉与环氧乙烷、硝酸异丙酯、硝基甲苯、异戊二烯等液体混合后的液体燃料空气炸药的性能。现今，世界各国都致力于第二代、第三代液体燃料空气炸药的研究。其中，美国已用第二代燃料空气炸药——环氧丙烷，装填炸弹和火箭弹。

我国对液态燃爆物的研究甚少，几乎处于空白。作者研究开辟了我国对液态燃爆物研究的新篇章，是全球系统研究液态燃爆物的典型例子。通过作者的研究，将有效提升我国反恐能力，加强液态燃爆物的控制管理及预防措施，使人们的生命财产和国家安全得到有力的保障。

1.5.2 液态燃爆物及其原料的管控[52-55]

液态燃爆物对环境的污染和对生命财产及国家安全的危害是灾难性和不可逆转的，液态燃爆物等化学物质安全与控制则是当前世界各国高度关注的国际性环境和社会安全问题之一。为了维护国家安全和社会稳定、保护人类生命财产安全，有效防止环境污染，发达国家对液态燃爆物采取了以预防为主的风险管理措施。20 世纪 70 年代中期，美国、欧洲共同体(欧共体)等相继制定了加强对化学物质尤其是液态燃爆物化学危险品管理的法律法规。到 80 年代初，发达国家已普遍建立了一整套化学物质环境管理法规体系，包括发布现有化学物质名录、优先管理化学物质筛选评审制度、新化学物质申报登记制度、化学品测试合格实验室和化学物质储藏风险评价等技术支持体系，以及危险化学品的分类、包装及标志等。1989 年，联合国环境规划署提出了化学物质管理立法模式，世界卫生组织也推荐了化学物质安全立法的基本要素。目前，世界各国政府正在根据国际组织的要求修改和完善本国化学物质立法。其中，美国和欧洲联盟（欧盟）的化学物质污染及危害控制法制比较健全，成为当前世界各国参考的样板。

1976年10月，美国颁布了《有毒物质控制法》，并在1981～1989年对该法进行了十次修订。《有毒物质控制法》分三章，主要有关规定包括化学物质和混合物的测试。规定指出，如果一种化学物质或混合物的生产、加工、使用或处置等存在健康或环境风险，其生产、加工等相关从业人员需对该种化学物质或混合物进行测试，并在规定时间内将这些数据提交环保局。环保局在收到测试数据15日内对提交的物质名称、用途及开发数据的性质等情况进行通告，供使用者查阅。在收到测试数据180天之内，对该物质的健康和环境风险进行评估，对于风险较大的，采取适当的措施预防这种风险，对于风险较小无需采取控制措施的，要及时予以公布。

1967年，欧共体理事会发布了《关于对统一危险物质的分类、包装与标志的法律、法规和行政规定》（指令67/548/EEC），要求将危险物质及制品分为“爆炸性、氧化性、极易燃、高度易燃、极毒、有毒、有害、致癌、致敏、对环境危险”等15类，并对危险物质及制品的包装和标志进行了规定。1988年，欧共体理事会颁布了《关于统一成员国危险制品分类、包装、标志的法律、法规和行政规定》（指令88/79/EEC），以公示的形式规定了危险物质制品的分类标准，仍分为15类，并对如铅制品、含异氰酸酯制品等产品的标志做出了特别规定。

1967～1999年，欧共体对以上两指令进行了多次修订：引入了“新化学物质”概念，实行了新化学物质上市前的申报登记制度；要求新化学物质投放市场量超过10kg（含10kg）时，申报时要提供对人类健康和对环境的毒理学试验数据，依据试验数据进行危害评估；对已申报10年的新化学物质，要求生产者再次提供完整申报；还规定以字母符号来代表危险物质及制品的15种分类，并在其包装和标志上加以注明。

2003年5月，欧盟出台了《欧共体关于化学品的注册、评估、许可管理制度（讨论稿）》（REACH管理制度），征求世界各国评议意见。2004年1月，欧盟向世界贸易组织技术性贸易壁垒委员会正式通报了欧洲议会和欧盟理事会提案，给予世界贸易组织各成员90天的评议期。

近年来国内外关于化学品的安全事件频发，造成大量人员伤亡和无法估计的社会财产损失，而我国对液态燃爆物的管控研究还处于初级阶段，相关法律法规并不健全，需要结合自身条件，参照国内外相关法律和安全事件，制定完善的安全管理规章制度。

1. 易燃易爆危险品的监督管理范围

根据中华人民共和国公安部第 18 号令《易燃易爆化学物品消防安全监督管理办法》和公安部编制的《易燃易爆化学物品消防安全监督管理品名表》的规定，公安机关消防机构监督管理的易燃易爆化学物品是指国家标准《危险货物品名表》(GB 12268—2005)中以燃烧爆炸为主要特性的压缩气体和液化气体，易燃液体，自燃物品和遇湿易燃物品，氧化剂和有机过氧化物，毒害品、腐蚀品中部分易燃易爆化学物品。根据《建筑设计防火规范》(GB 50016—2014)，我国将储存物品的火灾危险性分为甲、乙、丙、丁、戊 5 类，如表 1.3 所示。

表 1.3 储存物品火灾危险性分类

储存物品类别	火灾危险性的特征
甲	(1) 闪点＜28℃的液体 (2) 爆炸下限＜10%的气体，以及受到水或空气蒸气的作用，能产生爆炸下限＜10%气体的固体物质 (3) 常温下能自行分解或者在空气中氧化即能导致迅速自燃或者爆炸的物质 (4) 常温下受到水或者空气中水蒸气的作用能产生可燃气体并引起燃烧或者爆炸的物质 (5) 当遇到酸、受热、撞击、摩擦、催化及遇到有机物或硫黄等极易分解引起燃烧爆炸的氧化剂 (6) 受撞击、摩擦或与氧化剂、有机物接触时能引起燃烧或者爆炸的物质
乙	(1) 闪点≥28℃且＜60℃的液体 (2) 爆炸下限≥10%的气体 (3) 不属于甲类的氧化剂 (4) 不属于甲类的化学易燃危险固体 (5) 助燃气体 (6) 常温下与空气接触能缓慢氧化，积热不散引起自燃的物品
丙	(1) 闪点≥60℃的液体 (2) 可燃固体
丁	难燃烧物品
戊	不燃烧物品

2. 易燃易爆危险品的监督管理程序

1) 如何界定易燃易爆危险品

易燃易爆危险品是指国家标准《危险货物品名表》(GB 12268—2005)中规定属于公安机关消防机构管辖的六类 15 项，也是《建筑设计防火规范》(GB 50016—2014)中表述的甲、乙类物品，并严格按照《新编危险物品安全手册》及公安部编制的《易燃易爆化学物品消防安全监督品名表》所规定的易燃易爆危险品的范围，实施监督和处罚，切忌越权或将不具有易燃易爆危险特性的物品纳入监督管理和实施处罚的范围。

2）爆炸物品是否属于易燃易爆危险品范围

公安部已有明确的批复，爆炸物品属于《中华人民共和国消防法》管辖的范畴。同时，从《中华人民共和国消防法》第二十三条立法的原意来看，显然也包含了爆炸物品，因为二十三条表述的是易燃易爆危险品，而不是易燃易爆化学危险品，把"化学"两字去掉后其范围更广。但在查处违反爆炸物品管理案件时，应当注意执法主体，只有在公安机关消防机构管辖并查处的情况下，才能适用《中华人民共和国消防法》实施行政处置。

综上所述，当前易燃易爆危险品的违法储存、使用和销售等现象相当严重，对液态危险品的监管工作不容怠慢。"隐患险于明火，防范胜于救灾，责任重于泰山"。作为一个消防监督执法人员，要时刻牢记"责任"二字的沉重，易燃易爆危险品的监管工作任重而道远，应该从灾害事故中吸取教训，总结经验，正确地、科学地开展消防宣传、监督管理工作，引导社会单位对易燃易爆危险品的规范利用，并运用法律武器对违法者进行教育打击，为人民生命财产安全高度负责，为社会发展经济建设保驾护航。

第2章 硝酸酯类液体

硝酸酯是一类非常重要的有机化合物，在科学领域和工业生产中有着非常广泛的用途。多元醇硝酸酯是典型的液体炸药，也是火箭推进剂的重要成分；硝酸酯的化学性质活泼，光照或加热可分解为氮烯；在有机合成中，硝酸酯具有重要的用途；在医药领域，硝酸酯可用作强心剂与血管扩张剂来治疗心脏血管疾病。由于硝酸酯具有易燃、易爆的特征，储存运输和使用时应多加小心。硝酸酯化合物进入人体内或与皮肤接触会引起中毒。本章系统介绍42种硝酸酯易燃易爆液体的性质。

2.1 硝酸甲酯

中文名：硝酸甲酯

英文名：methyl nitrate

CAS号：598-58-3

化学式：CH_3NO_3

分子结构：

$$CH_3—O—NO_2$$

相对分子质量：77.0395

【理化特性】 无色液体。微溶于水，溶于乙醇、乙醚。熔点：－83℃；沸点：65℃（爆炸）。密度：相对密度（水为1，以下同）为1.21（20℃）；相对蒸气密度（空气为1，以下同）为2.66。

【相关图谱】 见下页。

【主要用途】 用作火箭燃料。

【制备】 硝酸甲酯由1,1-二氯丁烷与丁醇、氢氧化钾溶液共热而得顺式和反式的混合物。

【包装储运及工程控制事项】 储存于阴凉、通风的库房。远离火种和热源。防止阳光直射。库温不宜超过30℃。保持容器密封，严禁与空气接触。应与氧化剂、碱类分开存放，切忌混储。采用防爆型照明和通风设施。禁止使用易产生火花的机械设备和工具。储区应备有泄漏应急处理设备和合适的收容材料。

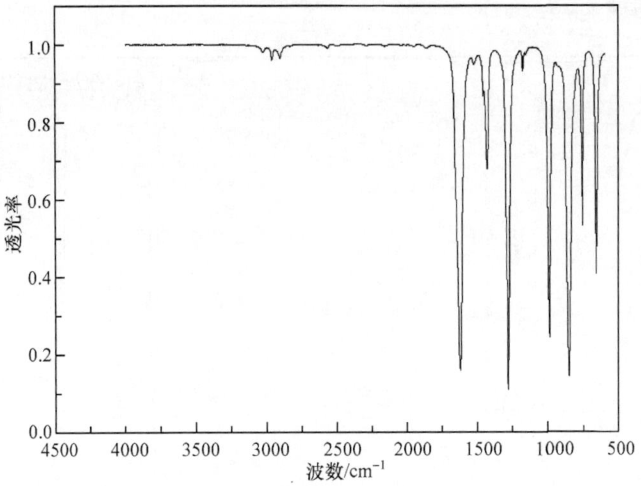

硝酸甲酯的红外图谱

【安全与毒性】 燃爆危险：本品易燃，具强刺激性。

健康危害：蒸气具有催泪性。对眼睛、皮肤、黏膜和上呼吸道具有强烈的刺激作用成。对人有致突变作用。

环境危害：受热分解释出氯烟雾。对环境有危害。

2.2 硝酸乙酯

中文名：硝酸乙酯

中文别名：戊(烷)基硝酸(盐)

英文名：ethyl nitrate

CAS 号：625-58-1

分子式：$C_2H_5NO_3$

分子结构：

$$CH_3—CH_2—O—NO_2$$

相对分子质量：91.07

【理化特性】 无色液体，有令人愉快的气味和甜味。微溶于水，溶于乙醇、乙醚。熔点：−112℃；沸点：88.7℃；闪点：10℃。密度：相对密度为 1.11；相对蒸气密度为 3.14。爆炸极限：爆炸下限(体积分数，以下同)3.8%。禁忌物：还原剂、氧化剂。

【相关图谱】

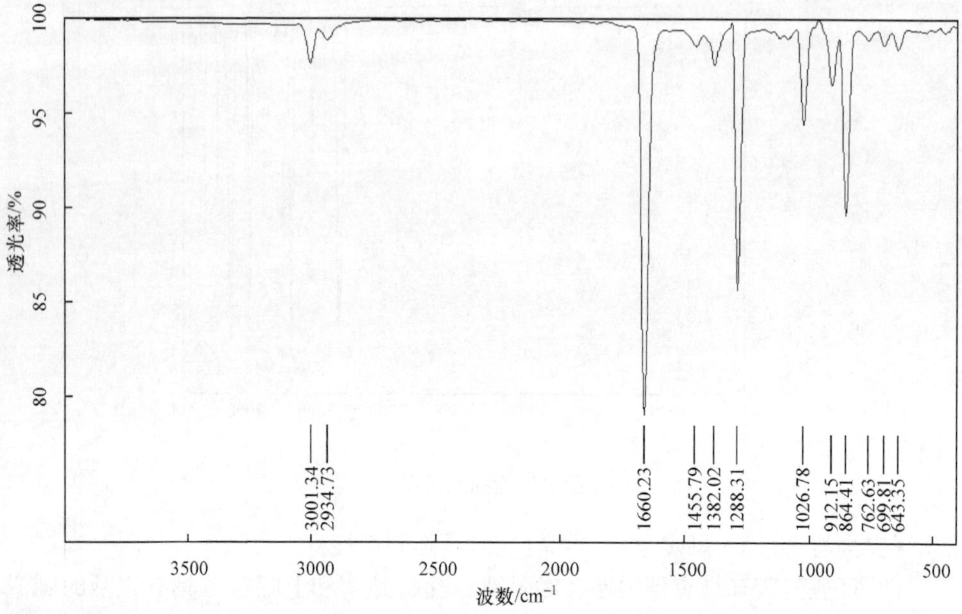

硝酸乙酯的红外图谱

【主要用途】 主要用于药物、香料、染料的合成,也可用作液体火箭推进剂。

【制备】 硝酸乙酯由硝酸和乙醇,在有保护剂的作用下生成。

【包装储运及工程控制事项】 储存于有冷藏装置、通风良好、散热良好的不燃结构的库房内。远离火种和热源。应与氧化剂、还原剂分开存放,切忌混储。采用防爆型照明和通风设施。禁止使用易产生火花的机械设备和工具。储区应备有泄漏应急处理设备和合适的收容材料。包装方法:小开口钢桶;安瓿瓶外普通木箱;螺纹口玻璃瓶、铁盖压口玻璃瓶、塑料瓶或金属桶(罐)外普通木箱。运输车辆应配备相应品种和数量的消防器材及泄漏应急处理设备。夏季最好早晚运输。运输时所用的槽(罐)车应有接地链,槽内可设孔隔板以减少振荡产生静电。严禁与氧化剂、食用化学品等混装混运。运输途中应防暴晒、雨淋,防高温。中途停留时应远离火种、热源和高温区。装运该物品的车辆排气管必须配备阻火装置,禁止使用易产生火花的机械设备和工具装卸。公路运输时要按规定路线行驶,勿在居民区和人口稠密区停留。铁路运输时要禁止溜放。严禁用木船、水泥船散装运输。

【安全与毒性】 易燃,遇明火、高热或与氧化剂接触,有引起燃烧爆炸的危险。若遇高热,可发生聚合反应,放出大量热量而引起容器破裂和爆炸事故。燃烧(分解)产物:一氧化碳、二氧化碳。

2.3　硝酸正丙酯

中文名：硝酸正丙酯

中文别名：硝酸丙酯

英文名：propyl nitrate

CAS 号：627-13-4

分子式：$C_3H_7NO_3$

分子结构：

$$CH_3—CH_2—CH_2—O—NO_2$$

相对分子质量：105.09

【理化特性】 白色到淡黄色液体，有类似醚的气味。不溶于水，溶于乙醇。熔点：－100℃；沸点：110.5℃（加热会引起爆炸）；闪点：23℃。密度：相对密度 1.0538；相对蒸气密度无资料。爆炸极限：爆炸下限为 2％；爆炸上限为 100％。禁忌物：强氧化剂、强酸、水。

【相关图谱】

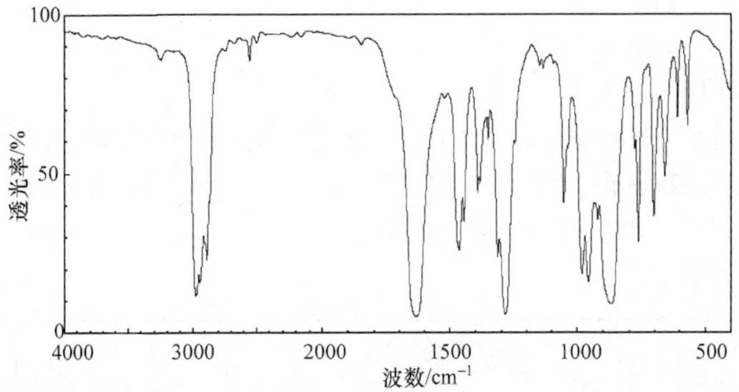

硝酸正丙酯的红外图谱

【主要用途】 用作火箭燃料、化学试剂等。

【制备】 硝酸正丙酯由稀 HNO_3 与正丙醇作用，在保护剂存在的条件下得到。

【包装储运及工程控制事项】 危险货物包装标志：7；包装类别：Ⅱ。谨防容器受损；本品适宜室外或单独储存，室内储存时应存放在易燃液体标准储存室。与易燃物质、氧化剂隔离；戴氯丁橡胶手套、塑料保护服和自吸式呼吸器。须贴“易燃液体”标签。航空、铁路限量运输。

工程控制：生产过程密闭，加强通风。避免接触的条件：光照、潮湿空气。

【安全与毒性】 危险性类别：第 3.2 类，中闪点易燃液体。侵入途径：吸入、食入。

健康危害：具有刺激性，能引起高铁血红蛋白血症；吸入后出现头痛、恶心、低血压等。

急性毒性：LD_{50} 200mg/kg(兔静脉)；LC_{50} 38610mg/m^3，4h(大鼠吸入)。

亚急性和慢性毒性：大鼠吸入 2110ppm*，26 周，9/20 死亡。

危险特性：易燃，具有强氧化性；遇明火、高热能引起燃烧爆炸。

燃烧(分解)产物：一氧化碳、二氧化碳、氧化氮。

2.4　硝酸异丙酯

中文名：硝酸异丙酯

英文名：isopropyl nitrate

CAS 号：1712-64-7

分子式：$C_3H_7NO_3$

分子结构：

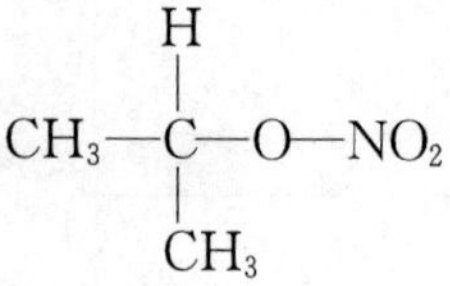

相对分子质量：105.1

【理化特性】　无色液体，不溶于水。沸点：101～102℃；闪点：12℃。密度：相对密度为 1.04；相对蒸气密度无资料。爆炸极限：爆炸上限为 100%；爆炸下限为 2%。禁忌物：强还原剂、强酸、活性金属粉末。

【相关图谱】

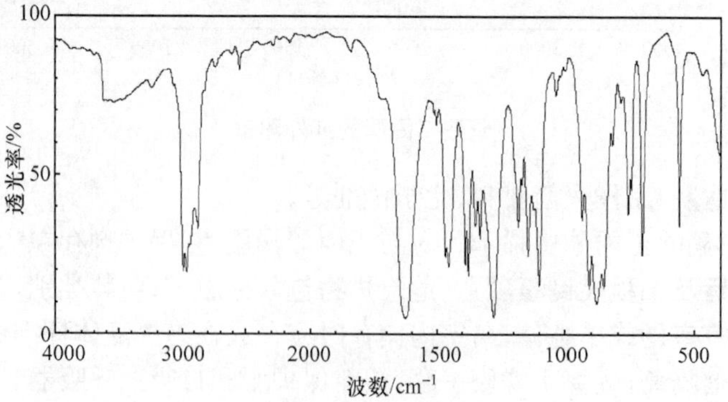

硝酸异丙酯的红外图谱

* 1ppm＝10^{-6}

【主要用途】 用作医药中间体、溶剂；主要用作汽车燃料添加剂，喷气式飞机辅助推进剂。

【制备】 硝酸异丙酯由异丙醇与硝酸在尿素存在时直接酯化，经分离、水洗、中和、干燥、精馏等过程得成品。

【包装储运及工程控制事项】 危险货物包装标志：7；包装类别：Ⅱ。储存于通风、低温的库房内。远离火种和热源。保持容器密封。应与还原剂、酸类、活性金属粉末分开存放，切忌混储。采用防爆型照明和通风设施。禁止使用易产生火花的机械设备和工具。储区应备有泄漏应急处理设备和合适的收容材料。

工程控制：生产过程密闭，加强通风。

【安全与毒性】 危险性类别：第 3.2 类，中闪点易燃液体。

侵入途径：吸入、食入，经皮吸收。

健康危害：吸入、口服或经皮肤吸收后对身体有害。本品对皮肤有刺激性，蒸气或雾对眼睛、黏膜和上呼吸道有刺激性。

危险特性：易燃，具有强氧化性。遇明火、高热会引起燃烧爆炸。

有害燃烧产物：一氧化碳、二氧化碳、氧化氮。

急性毒性：LD_{50}无资料；LC_{50}无资料。

2.5　硝酸正丁酯

中文名：硝酸正丁酯

中文别名：硝酸丁酯

英文名：*n*-butyl nitrate

英文别名：butylnitrate

CAS 号：928-45-0

分子式：$C_4H_9NO_3$

分子结构：

$$CH_3—CH_2—CH_2—CH_2—O—NO_2$$

相对分子质量：119.12

【理化特性】 无色液体，有类似醚样的气味。不溶于水，溶于乙醇、乙醚。熔点：−60℃；沸点：136℃；闪点：36℃。密度：相对密度为 1.048(0℃/4℃)；相对蒸气密度为 4.0。禁忌物：强氧化剂。

【主要用途】 用于有机合成。

【制备】 硝酸正丁酯由正丁醇经硝硫混酸硝化而制得。

【包装储运及工程控制事项】 危险货物包装标志：7；包装类别：Ⅲ。储存于阴凉、通风的库房。远离火种和热源。防止阳光直射。库温不宜超过 30℃。保持容器密封。应与氧化剂、食用化学品分开存放,切忌混储。采用防爆型照明和通风设施。禁止使用易产生火花的机械设备和工具。储区应备有泄漏应急处理设备和合适的收容材料。

工程控制:生产过程密闭,全面通风。

【安全与毒性】 危险性类别:第 3.3 类,高闪点易燃液体。

侵入途径:吸入、食入。

健康危害:本品有毒。受热分解出氮氧化物。

危险特性:遇高热、明火或与氧化剂接触,有引起燃烧的危险。与路易氏酸(如三氟化硼、氯化铝等)发生爆炸性反应。受高热分解放出有毒的气体。

2.6　硝酸异丁酯

中文名:硝酸异丁酯

英文名:2-methylpropyl nitrate

CAS 号:543-29-3

分子式:$C_4H_9NO_3$

分子结构:

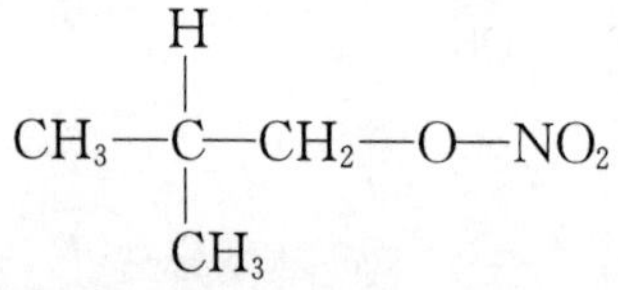

相对分子质量:119.12

【理化特性】 沸点:123℃;闪点:70℃。密度:相对密度为 1.015。禁忌物:强氧化剂。

【主要用途】 用于有机合成。

【制备】 硝酸异丁酯由异丁醇经硝硫混酸硝化而制得。

【包装储运及工程控制事项】 储存于阴凉、干燥、通风良好的库房。远离火种和热源。防止阳光直射。包装密封。应与酸类、食用化学品分开存放,切忌混储。储区应备有合适的材料收容泄漏物。

【安全与毒性】 燃爆危险:本品易燃,具强刺激性。

健康危害:蒸气具有催泪性。对眼睛、皮肤、黏膜和上呼吸道具有强烈的刺激作用。对人有致突变作用。

环境危害:受热分解释出氯烟雾。对环境有危害。

2.7　硝酸正戊酯

中文名:硝酸正戊酯

英文名:amyl nitrite

CAS 号:1002-16-0

分子式:$C_5H_{11}NO_3$

分子结构:

$$CH_3—CH_2—CH_2—CH_2—CH_2—O—NO_2$$

相对分子质量:133.15

【理化特性】 清亮无色至微黄色液体,具有芳香气味,不溶于水。沸点:150～155℃;闪点:51.7℃。密度:相对密度为 0.99(20℃);相对蒸气密度无资料。禁忌物:还原剂、氧化剂。

【主要用途】 用作柴油燃料的改进剂、溶剂,也用于有机合成。

【制备】 硝酸正戊酯由正戊醇和一定量的硝酸混合硝化制备而成。

【包装储运及工程控制事项】 危险货物包装标志:7;包装类别:Ⅱ。储存于阴凉、通风的库房。远离火种和热源。库温不宜超过 30℃。保持容器密封。应与氧化剂、还原剂分开存放,切忌混储。采用防爆型照明和通风设施。禁止使用易产生火花的机械设备和工具。储区应备有泄漏应急处理设备和合适的收容材料。

工程控制:生产过程密闭,全面通风。

避免接触的条件:受热。

【安全与毒性】 危险性类别:第 3.2 类,中闪点易燃液体。

侵入途径:吸入、食入。

健康危害:有报道人在接触本品后,仅见恶心和呕吐。未见本品引起职业中毒的报道。中毒死亡动物可见肝、肾、脑的弥漫性病变,肺充血和水肿。

危险特性:易燃,遇明火、高热或与氧化剂接触,有引起燃烧爆炸的危险。受热分解放出有毒的氧化氮烟气。

有害燃烧产物:一氧化碳、二氧化碳、氮氧化物。

急性毒性:LD_{50}无资料;LC_{50}无资料。

2.8　硝酸异戊酯

中文名：硝酸异戊酯

英文名：isoamyl nitrate

CAS 号：1712-64-7

分子式：$C_5H_{11}NO_3$

分子结构：

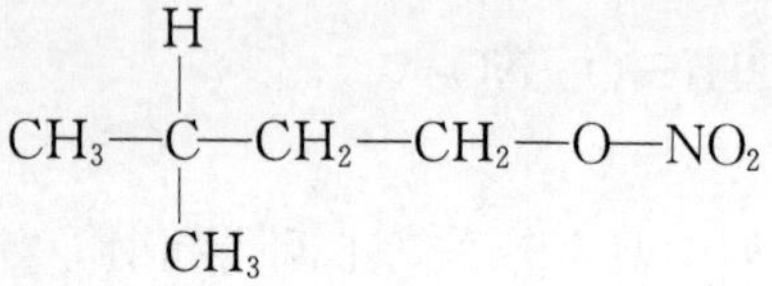

相对分子质量：133.15

【理化特性】 不溶于水。沸点：150～155℃；闪点：51.7℃。密度：相对密度为 0.99(20℃)；相对蒸气密度无资料。溶解性：不溶于水。禁忌物：还原剂、氧化剂。

【相关图谱】

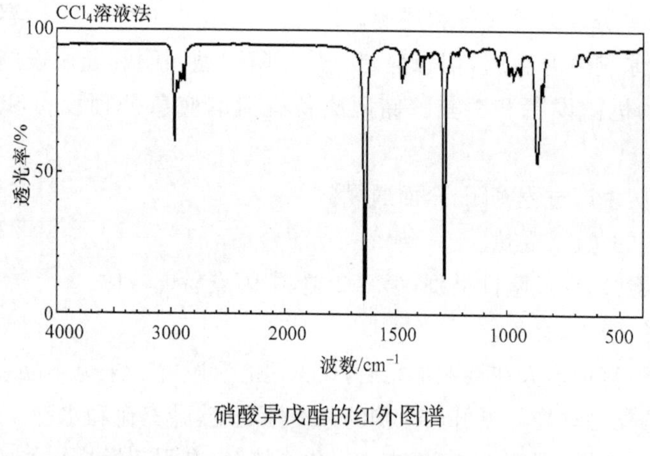

硝酸异戊酯的红外图谱

【主要用途】 用作柴油燃料的改进剂、溶剂，也用于有机合成。用作医药中间体、溶剂。主要用作汽车燃料添加剂，喷气式飞机辅助推进剂。

【制备】 硝酸异戊酯由异丙醇与硝酸在尿素存在条件下直接酯化，经分离、水洗、中和、干燥、精馏等过程得成品。

【包装储运及工程控制事项】 危险货物包装标志：7；包装类别：Ⅲ。储存于阴凉、通风的库房。远离火种和热源。库温不宜超过 30℃。保持容器密封。应与氧化剂、还原剂分开存放，切忌混储。采用防爆型照明和通风设施。禁止使用易产生火花的机械设备和工具。储区应备有泄漏应急处理设备和合适的收容材料。

工程控制:生产过程密闭,全面通风。

避免接触的条件:受热。

【安全与毒性】 危险性类别:第 3.3 类,高闪点易燃液体。

侵入途径:吸入、食入。

健康危害:有报道人在接触本品后,仅见恶心和呕吐。未见本品引起职业中毒的报道。中毒死亡动物可见肝、肾、脑的弥漫性病变,肺充血和水肿。

危险特性:易燃,遇明火、高热或与氧化剂接触,有引起燃烧爆炸的危险。受热分解放出有毒的氧化氮烟气。

有害燃烧产物:一氧化碳、二氧化碳、氮氧化物。

急性毒性:LD_{50}无资料;LC_{50}无资料。

有害燃烧产物:一氧化碳、二氧化碳、氮氧化物。

2.9 亚硝酸乙酯

中文名:亚硝酸乙酯

英文名:ethy nitrite

英文别名:nitrosyl ethoxide

CAS 号:109-95-5

分子式:$C_2H_5NO_2$

分子结构:

$$CH_3—CH_2—O—N=O$$

相对分子质量:75.08

【理化特性】 无色至淡黄色澄清液体,有特殊气味,味甜。极易挥发,不溶于水,可混溶于乙醇、乙醚。熔点:无资料;沸点:17.2℃;闪点:−35℃。密度:相对密度为 0.90(15.5℃);相对蒸气密度为 2.59。爆炸极限:爆炸下限为 3.0%;爆炸上限>50%。

禁忌物:强氧化剂。

【主要用途】 用于医药行业,化学工业上用作有机合成的中间体。

【制备】 亚硝酸乙酯由乙醇与亚硝酸钠反应而得。

【包装储运及工程控制事项】 危险货物包装标志:7;包装类别:Ⅰ。储存于阴凉、通风的库房。远离火种和热源。避光保存。库温不宜超过 30℃。保持容器密封。应与氧化剂分开存放,切忌混储。采用防爆型照明和通风设施。禁止使用易产生火花的机械设备和工具。储区应备有泄漏应急处理设备和合适的收容材料。

工程控制:严加密闭,提供充分的局部排风。

避免接触的条件：受热、光照可分解。

【安全与毒性】 危险性类别：第 3.1 类，低闪点易燃液体。

侵入途径：吸入、食入。

健康危害：本品主要使血管扩张，引起血压降低及心动过速。大剂量可引起高铁血红蛋白血症。人急性中毒的特点为头痛、心动过速、高铁血红蛋白血症，可致死。

危险特性：遇明火、高热极易燃烧爆炸。与还原剂能发生强烈反应。受热分解放出有毒的氧化氮烟气。

有害燃烧产物：一氧化碳、二氧化碳、氮氧化物。

急性毒性：LD_{50}无资料；LC_{50}无资料。

2.10　亚硝酸正丙酯

中文名：亚硝酸正丙酯

英文名：*n*-propyl nitrite

CAS 号：543-67-9

化学式：$C_3H_7NO_2$

分子结构：

$$CH_3—CH_2—CH_2—O—N=O$$

相对分子质量：89.09

【理化特性】 无色液体。微溶于水，溶于乙醇、乙醚。沸点：46～48℃；闪点：<10℃。相对密度为 0.89。

【主要用途】 用于有机合成，用作溶剂。

【制备】 亚硝酸正丙酯由丙醇与亚硝酸钠反应而得。

【包装储运及工程控制事项】 储存于阴凉、干燥、通风良好的库房。远离火种和热源。避光保存。库温不宜超过 37℃。保持容器密封。应与氧化剂分开存放，切忌混储。采用防爆型照明和通风设施。禁止使用易产生火花的机械设备和工具。储区应备有泄漏应急处理设备和合适的收容材料。

【安全与毒性】 侵入途径：吸入、食入。

健康危害：本品属亚硝酸酯类，亚硝酸酯类的主要作用是使血管扩张，引起血压下降及心动过速。大剂量可引起高铁血红蛋白血症。

危险特性：易燃，遇明火、高热易引起燃烧，并放出有毒气体。

燃烧(分解)产物：一氧化碳、二氧化碳、氧化氮。

2.11　亚硝酸异丙酯

中文名：亚硝酸异丙酯

英文名：isopropyl nitrite

CAS 号：541-42-4

分子式：$C_3H_7NO_2$

分子结构：

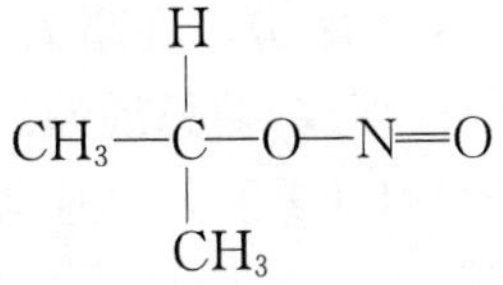

相对分子质量：89.09

【理化特性】 灰黄色油状液体，易挥发。不溶于水，溶于乙醇、乙醚。沸点：39℃；闪点：<10℃。相对密度为 0.86(0℃)。禁忌物：强酸、强还原剂、水。

【主要用途】 用作火箭燃料，工业上用作有机合成的中间体。

【制备】 亚硝酸异丙酯由亚硝酸钠、异丙醇、浓硫酸反应而得。

【包装储运及工程控制事项】 储存于阴凉、通风的库房。远离火种和热源。避光保存。库温不宜超过 37℃。保持容器密封。应与氧化剂分开存放，切忌混储。采用防爆型照明和通风设施。禁止使用易产生火花的机械设备和工具。储区应备有泄漏应急处理设备和合适的收容材料。

【安全与毒性】 急性毒性 LC_{50}：1250mg/m^3（大鼠吸入，4h）。刺激性：暂无资料。

易燃，遇明火、高热或与氧化剂接触，有引起燃烧爆炸的危险。若遇高热，可发生聚合反应，放出大量热量而引起容器破裂和爆炸事故。

燃烧(分解)产物：一氧化碳、二氧化碳。

2.12　亚硝酸正丁酯

中文名：亚硝酸正丁酯

英文名：butyl nitrite

CAS 号：544-16-1

分子式：$C_4H_9NO_2$

分子结构：

$$CH_3—CH_2—CH_2—CH_2—O—N=O$$

相对分子质量：103.12

【理化特性】 无色或浅黄色油状液体，不溶于水，可混溶于乙醇、乙醚，有特殊气味。沸点：78℃；闪点：－18～23℃。相对密度为 0.88。禁忌物：强酸、强还原剂、水。

【主要用途】 有机合成。

【制备】 亚硝酸正丁酯由正丁醇与亚硝酸钠制得。

【包装储运及工程控制事项】 储存于阴凉、通风的库房。远离火种和热源。库温不宜超过 30℃。保持容器密封。应与氧化剂分开存放，切忌混储。采用防爆型照明和通风设施。禁止使用易产生火花的机械设备和工具。储区应备有泄漏应急处理设备和合适的收容材料。密闭操作，全面通风。

包装方法：安瓿瓶外普通木箱；螺纹口玻璃瓶、铁盖压口玻璃瓶、塑料瓶或金属桶(罐)外普通木箱；螺纹口玻璃瓶、塑料瓶或镀锡薄钢板桶(罐)外满底板花格箱、纤维板箱或胶合板箱。运输车辆应配备相应品种和数量的消防器材及泄漏应急处理设备。夏季最好早晚运输。运输时所用的槽(罐)车应有接地链，槽内可设孔隔板以减少振荡产生静电。严禁与氧化剂、食用化学品等混装混运。运输途中应防暴晒、雨淋，防高温。中途停留时应远离火种、热源和高温区。装运该物品的车辆排气管必须配备阻火装置，禁止使用易产生火花的机械设备和工具装卸。公路运输时要按规定路线行驶，勿在居民区和人口稠密区停留。铁路运输时要禁止溜放。严禁用木船、水泥船散装运输。

【安全与毒性】 易燃，遇明火、高热或与氧化剂接触，有引起燃烧爆炸的危险。若遇高热，可发生聚合反应，放出大量热量而引起容器破裂和爆炸事故。

燃烧(分解)产物：一氧化碳、二氧化碳。

2.13 亚硝酸异丁酯

中文名：亚硝酸异丁酯

英文名：isobutyl nitrite

CAS 号：542-56-3

分子式：$C_4H_9NO_2$

分子结构：

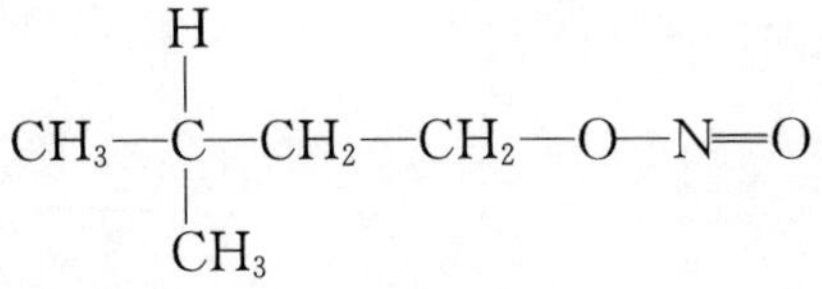

相对分子质量：103.12

【理化特性】 无色液体。微溶于水，可混溶于乙醇。沸点：67～68℃；闪点：<10℃。相对密度为 0.87(22℃)。禁忌物：强氧化剂。

【主要用途】 用作溶剂，用于有机合成。

【制备】 亚硝酸异丁酯一般由醇与亚硝酸钠在硫酸中反应制备。

【包装储运及工程控制事项】 储存于阴凉、通风的库房。远离火种和热源。库温不宜超过 30℃。保持容器密封。应与氧化剂分开存放，切忌混储。采用防爆型照明和通风设施。禁止使用易产生火花的机械设备和工具。储区应备有泄漏应急处理设备和合适的收容材料。密闭操作，全面通风。包装方法：小开口钢桶；安瓿瓶外普通木箱；螺纹口玻璃瓶、铁盖压口玻璃瓶、塑料瓶或金属桶(罐)外普通木箱。运输车辆应配备相应品种和数量的消防器材及泄漏应急处理设备。夏季最好早晚运输。运输时所用的槽(罐)车应有接地链，槽内可设孔隔板以减少振荡产生静电。严禁与氧化剂、食用化学品等混装混运。运输途中应防暴晒、雨淋，防高温。中途停留时应远离火种、热源和高温区。装运该物品的车辆排气管必须配备阻火装置，禁止使用易产生火花的机械设备和工具装卸。公路运输时要按规定路线行驶，勿在居民区和人口稠密区停留。铁路运输时要禁止溜放。严禁用木船、水泥船散装运输。

【安全与毒性】 易燃，遇明火、高热或与氧化剂接触，有引起燃烧爆炸的危险。若遇高热，可发生聚合反应，放出大量热量而引起容器破裂和爆炸事故。

燃烧(分解)产物：一氧化碳、二氧化碳。

2.14　亚硝酸特丁酯

中文名：亚硝酸特丁酯

中文别名：亚硝酸 alpha；alpha-二甲基乙酯

英文名：tert-butyl nitrite

英文别名：alpha，alpha-dimethylethyl nitrite

CAS 号：540-80-7

分子式：$C_4H_9NO_2$

分子结构：

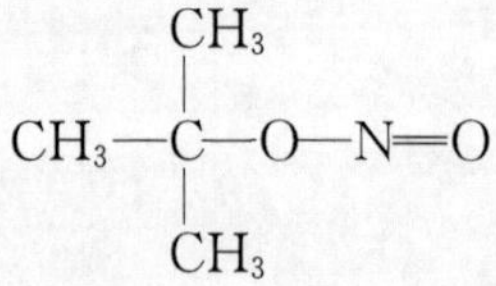

相对分子质量：103.14

【理化特性】 黄色液体。微溶于水，易溶于醇、醚、氯仿、二硫化碳，不溶于甘油。沸点：63℃；闪点：－13℃。密度：相对密度为 0.8670；相对蒸气密度无资料。禁忌物：强还原剂、强酸。

【相关图谱】

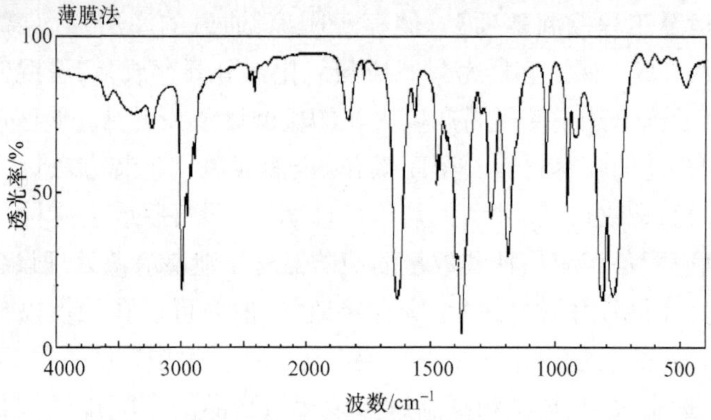

亚硝酸特丁酯的红外图谱

【主要用途】 增血压素的中间体、火箭燃料、有机合成试剂。用在和叠氮三甲基硅烷(azidotrimethylsilane)一起从芳胺制备叠氮化合物(aryl azides)。

【制备】 亚硝酸特丁酯的制备方法：由氯代叔丁烷与硝酸银在乙醚中反应制取；叔丁醇中通入 25～30℃二氧化氮或一氧化氮、二氧化氮混合气体反应制取；由叔丁醇与亚硝酸钠、硫酸反应制取。

【包装储运及工程控制事项】 储存于阴凉、通风的库房。远离火种和热源。防止阳光直射。保持容器密封。应与还原剂、酸类、食用化学品分开存放，切忌混储。采用防爆型照明和通风设施。禁止使用易产生火花的机械设备和工具。储区应备有泄漏应急处理设备和合适的收容材料。

工程控制：密闭操作，局部排风。

避免接触的条件：光照。

【安全与毒性】 危险性类别：第 3.2 类，中闪点易燃液体。

侵入途径：吸入、食入。

健康危害：对眼睛、皮肤、黏膜和上呼吸道有刺激性。大剂量可产生高铁血红蛋白。吸入可使心率加快、血压下降，导致意识丧失、休克和紫绀。突出的症状是头痛。

危险特性：其蒸气与空气可形成爆炸性混合物，遇明火、高热极易燃烧爆炸。与氧化剂接触猛烈反应。受高热分解放出有毒的气体。若遇高热，容器内压增大，有开裂和爆炸的危险。

有害燃烧产物：一氧化碳、二氧化碳、氮氧化物。

急性毒性：LD_{50}为 308mg/kg(小鼠经口)；10852ppm，1h(小鼠吸入)；LC_{50}无资料。

2.15　亚硝酸正戊酯

中文名：亚硝酸正戊酯

英文名：*n*-amyl nitrite

CAS 号：463-04-7

分子式：$C_5H_{11}NO_2$；$CH_3(CH_2)_4ONO$

分子结构：

$$CH_3—CH_2—CH_2—CH_2—CH_2—O—N═O$$

相对分子质量：117.15

【理化特性】　淡黄色液体，具有强烈的水果气味。微溶于水，溶于乙醇、乙醚、苯、丙酮等多数有机溶剂。沸点：104.5℃；闪点：10℃。密度：相对密度为 0.88；相对蒸气密度为 4.0。禁忌物：强还原剂、强酸、水。

【相关图谱】

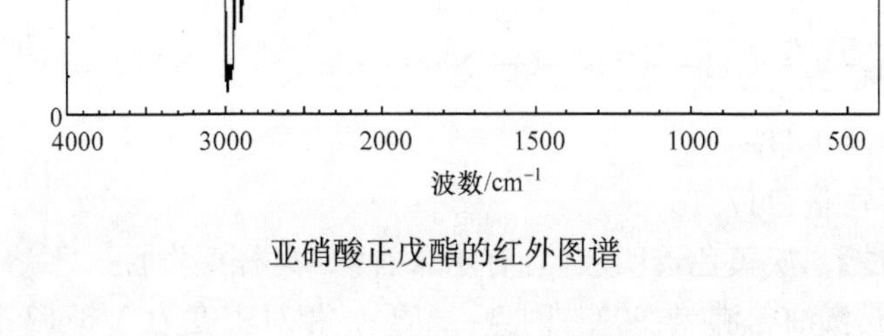

亚硝酸正戊酯的红外图谱

【主要用途】 用于有机合成及香料的制备，也用作氧化剂、溶剂。

【制备】 亚硝酸正戊酯由正戊醇与亚硝酸钠反应而得。

【包装储运及工程控制事项】 储存于阴凉、通风的库房。远离火种和热源。库温不宜超过30℃。保持容器密封。应与氧化剂分开存放，切忌混储。采用防爆型照明和通风设施。禁止使用易产生火花的机械设备和工具。储区应备有泄漏应急处理设备和合适的收容材料。密闭操作，全面通风。包装方法：安瓿瓶外普通木箱；螺纹口玻璃瓶、铁盖压口玻璃瓶、塑料瓶或金属桶(罐)外普通木箱；螺纹口玻璃瓶、塑料瓶或镀锡薄钢板桶(罐)外满底板花格箱、纤维板箱或胶合板箱。运输车辆应配备相应品种和数量的消防器材及泄漏应急处理设备。夏季最好早晚运输。运输时所用的槽(罐)车应有接地链，槽内可设孔隔板以减少振荡产生静电。严禁与氧化剂、食用化学品等混装混运。运输途中应防暴晒、雨淋，防高温。中途停留时应远离火种、热源和高温区。装运该物品的车辆排气管必须配备阻火装置，禁止使用易产生火花的机械设备和工具装卸。公路运输时要按规定路线行驶，勿在居民区和人口稠密区停留。铁路运输时要禁止溜放。严禁用木船、水泥船散装运输。

【安全与毒性】 易燃，遇明火、高热或与氧化剂接触，有引起燃烧爆炸的危险。若遇高热，可发生聚合反应，放出大量热量而引起容器破裂和爆炸事故。

燃烧(分解)产物：一氧化碳、二氧化碳。

2.16 亚硝酸异戊酯

中文名：亚硝酸异戊酯

中文别名：亚硝戊酯

英文名：isoamyl nitrite

CAS号：110-46-3

分子式：$C_5H_{11}NO_2$

分子结构：

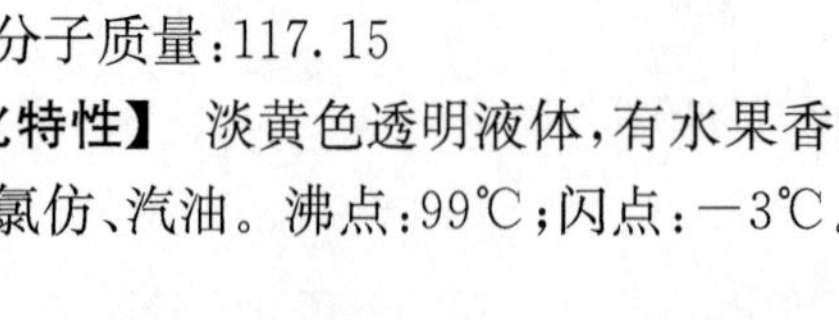

相对分子质量：117.15

【理化特性】 淡黄色透明液体，有水果香味，具有挥发性。不溶于水，溶于乙醇、乙醚、氯仿、汽油。沸点：99℃；闪点：−3℃。相对密度为0.87(25℃)。

【相关图谱】

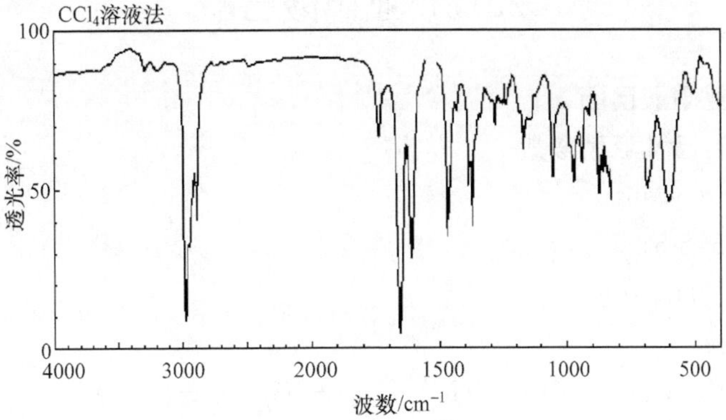

亚硝酸异戊酯的红外谱图

【主要用途】 血管扩张药，用于治疗心绞痛，也可用于氰化物中毒。用于香料、药物和重氮化合物的合成，也用作氧化剂、溶剂。亚硝酸异酯是一种药物，是作用最快的亚硝酸酯类短效血管扩张剂，还可作氢氰酸及其盐类中毒的解毒剂。

【制备】 亚硝酸异戊酯由异戊醇与亚硝酸钠作用制得。

【包装储运及工程控制事项】 储存于阴凉、通风的库房。远离火种和热源。库温不宜超过 30℃。保持容器密封。应与氧化剂分开存放，切忌混储。采用防爆型照明和通风设施。禁止使用易产生火花的机械设备和工具。储区应备有泄漏应急处理设备和合适的收容材料。密闭操作，全面通风。包装方法：安瓿瓶外普通木箱；螺纹口玻璃瓶、铁盖压口玻璃瓶、塑料瓶或金属桶（罐）外普通木箱；螺纹口玻璃瓶、塑料瓶或镀锡薄钢板桶（罐）外满底板花格箱、纤维板箱或胶合板箱。运输车辆应配备相应品种和数量的消防器材及泄漏应急处理设备。夏季最好早晚运输。运输时所用的槽（罐）车应有接地链，槽内可设孔隔板以减少振荡产生静电。严禁与氧化剂、食用化学品等混装混运。运输途中应防暴晒、雨淋，防高温。中途停留时应远离火种、热源和高温区。装运该物品的车辆排气管必须配备阻火装置，禁止使用易产生火花的机械设备和工具装卸。公路运输时要按规定路线行驶，勿在居民区和人口稠密区停留。铁路运输时要禁止溜放。严禁用木船、水泥船散装运输。

【安全与毒性】 易燃，遇明火、高热或与氧化剂接触，有引起燃烧爆炸的危险。若遇高热，可发生聚合反应，放出大量热量而引起容器破裂和爆炸事故。

燃烧（分解）产物：一氧化碳、二氧化碳。

2.17 亚硝酸己酯

中文名:亚硝酸己酯

中文别名:己基亚硝酸盐

英文名:hexyl nitrite

CAS 号:638-51-7

分子式:$C_6H_{13}NO_2$

分子结构:

$$CH_3—CH_2—CH_2—CH_2—CH_2—CH_2—O—N{=}O$$

相对分子质量:117.15

【理化特性】 黄色透明液体。沸点:99℃;闪点:-3℃。相对密度为 0.88(25℃)。远离氧化物、还原剂、强碱、热、火源。

【主要用途】 在有机合成中用作亚硝化剂和氧化剂,也用于制取药物。

【制备】 亚硝酸己酯由己醇与亚硝酸钠作用而得。

【包装储运及工程控制事项】 储存于阴凉、通风的库房。远离火种和热源。库温不宜超过 30℃。保持容器密封。应与氧化剂分开存放,切忌混储。采用防爆型照明和通风设施。禁止使用易产生火花的机械设备和工具。储区应备有泄漏应急处理设备和合适的收容材料。密闭操作,全面通风。包装方法:安瓿瓶外普通木箱;螺纹口玻璃瓶、铁盖压口玻璃瓶、塑料瓶或金属桶(罐)外普通木箱;螺纹口玻璃瓶、塑料瓶或镀锡薄钢板桶(罐)外满底板花格箱、纤维板箱或胶合板箱。运输车辆应配备相应品种和数量的消防器材及泄漏应急处理设备。夏季最好早晚运输。运输时所用的槽(罐)车应有接地链,槽内可设孔隔板以减少振荡产生静电。严禁与氧化剂、食用化学品等混装混运。运输途中应防暴晒、雨淋,防高温。中途停留时应远离火种、热源和高温区。装运该物品的车辆排气管必须配备阻火装置,禁止使用易产生火花的机械设备和工具装卸。公路运输时要按规定路线行驶,勿在居民区和人口稠密区停留。铁路运输时要禁止溜放。严禁用木船、水泥船散装运输。

【安全与毒性】 易燃,遇明火、高热或与氧化剂接触,有引起燃烧爆炸的危险。若遇高热,可发生聚合反应,放出大量热量而引起容器破裂和爆炸事故。

燃烧(分解)产物:一氧化碳、二氧化碳。

2.18　甘油一硝酸酯

中文名：甘油一硝酸酯

中文别名：一硝基甘油

英文名：monoglycerides

CAS 号：68990-53-4

化学式：$C_3H_7NO_5$

分子结构：

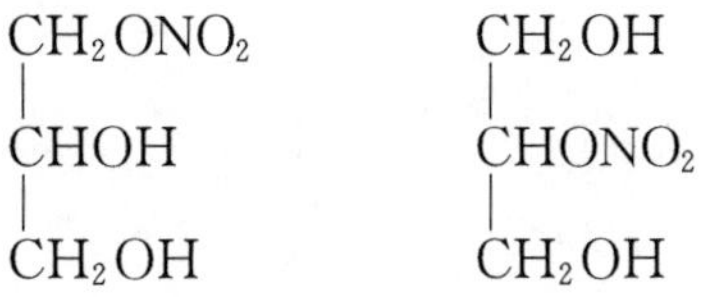

α 型　　β 型

相对分子质量：137.08

【理化特性】 无色不透明油状液体。略有挥发性。冷凝时结成稳定的晶体。易溶于乙醇、石油醚和大多数有机溶剂。甘油一硝酸酯是一种极为安定的物质，当加热到 100℃以上时，不会发生分解，在密封管中加热到约 170℃时，发生分解并爆炸。

【主要用途】 可以用于制作炸药、医药制品。

【制备】 甘油一硝酸酯由甘油与硝酸发生一取代制得。

【包装储运及工程控制事项】 储存于阴凉、通风的库房。远离火种和热源。库温不宜超过 30℃。保持容器密封。应与氧化剂分开存放，切忌混储。采用防爆型照明和通风设施。禁止使用易产生火花的机械设备和工具。储区应备有泄漏应急处理设备和合适的收容材料。密闭操作，全面通风。包装方法：安瓿瓶外普通木箱；螺纹口玻璃瓶、铁盖压口玻璃瓶、塑料瓶或金属桶（罐）外普通木箱；螺纹口玻璃瓶、塑料瓶或镀锡薄钢板桶（罐）外满底板花格箱、纤维板箱或胶合板箱。运输车辆应配备相应品种和数量的消防器材及泄漏应急处理设备。夏季最好早晚运输。运输时所用的槽（罐）车应有接地链，槽内可设孔隔板以减少振荡产生静电。严禁与氧化剂、食用化学品等混装混运。运输途中应防暴晒、雨淋，防高温。中途停留时应远离火种、热源和高温区。

【安全与毒性】 易燃，遇明火、高热或与氧化剂接触，有引起燃烧爆炸的危险。若遇高热，可发生聚合反应，放出大量热量而引起容器破裂和爆炸事故。

燃烧（分解）产物：一氧化碳、二氧化碳。

2.19 氯代甘油硝酸酯

中文名:氯代甘油硝酸酯

中文别名:氯硝甘油

英文名:1,2-propanediol,3-chloro-,1,2-dinitrate

CAS 号:2612-33-1

分子式:$C_3H_6NO_4Cl$

分子结构:

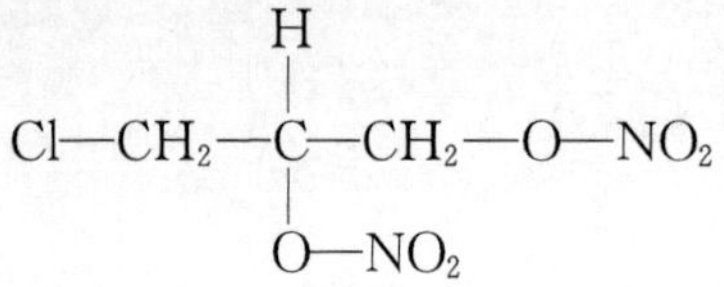

相对分子质量:200.54

【理化特性】 沸点:250.9℃;闪点:105.6℃。相对密度为 1.565(25℃)。远离强碱、热、火源。

【主要用途】 有机合成中用作亚硝化剂和氧化剂,也用于制取药物。

【制备】 氯代甘油硝酸酯是属于硝酸甘油的同系物,通入氮气情况下,硝酸酯只取代了一个羟基,同时还有一个碳原子上亚甲基位置一个氢被氯取代。

【包装储运及工程控制事项】 储存于阴凉、通风的库房。远离火种和热源。库温不宜超过 30℃。保持容器密封。应与氧化剂分开存放,切忌混储。采用防爆型照明和通风设施。禁止使用易产生火花的机械设备和工具。储区应备有泄漏应急处理设备和合适的收容材料。密闭操作,全面通风。包装方法:安瓿瓶外普通木箱;螺纹口玻璃瓶、铁盖压口玻璃瓶、塑料瓶或金属桶(罐)外普通木箱;螺纹口玻璃瓶、塑料瓶或镀锡薄钢板桶(罐)外满底板花格箱、纤维板箱或胶合板箱。运输车辆应配备相应品种和数量的消防器材及泄漏应急处理设备。夏季最好早晚运输。运输时所用的槽(罐)车应有接地链,槽内可设孔隔板以减少振荡产生静电。严禁与氧化剂、食用化学品等混装混运。运输途中应防暴晒、雨淋,防高温。中途停留时应远离火种、热源和高温区。装运该物品的车辆排气管必须配备阻火装置,禁止使用易产生火花的机械设备和工具装卸。公路运输时要按规定路线行驶,勿在居民区和人口稠密区停留。铁路运输时要禁止溜放。严禁用木船、水泥船散装运输。

【安全与毒性】 易燃,遇明火、高热或与氧化剂接触,有引起燃烧爆炸的危险。若遇高热,可发生聚合反应,放出大量热量而引起容器破裂和爆炸事故。

燃烧(分解)产物:一氧化碳、二氧化碳。

2.20 乙二醇二硝酸酯

中文名：乙二醇二硝酸酯

英文名：EGDN

英文别名：nitroglykol

CAS 号：628-96-6

分子式：$C_2H_4N_2O_6$

分子结构：

$$O_2N—O—CH_2—CH_2—O—NO_2$$

相对分子质量：152.06

【理化特性】 乙二醇二硝酸酯不吸湿，在水中溶解度很小，但随温度的上升有所增大。乙二醇二硝酸酯能够溶于大多数有机溶剂，微溶于四氯化碳和汽油，对胶棉的溶解度比硝化甘油强，挥发性比硝化甘油大20倍，挥发度为2.2mg/(cm^2·h)。乙二醇二硝酸酯的凝固点为－22.3～－22.80℃；沸点为197.5℃；密度为1.489g/cm^3(2℃)；凝固产物的熔解潜热为125.52J/g。乙二醇二硝酸酯的热安定性和化学安定性都比较好，在75℃下连续加热260h，未发现有分解的迹象，安定性比硝化甘油好。

【主要用途】 用作双基火药的主要成分及火箭推进剂。

【制备】 氯代甘油硝酸酯是属于硝化甘油的同系物，通入氮气情况下，硝酸酯只取代了一个羟基，同时还有一个碳原子上亚甲基位置一个氢被氯取代。

【包装储运及工程控制事项】 轻装轻放；库房通风，远离明火、高温、阳光；与氧化剂、易燃物、食品原料分开存放，切忌混储。运输车辆应配备相应品种和数量的消防器材及泄漏应急处理设备。夏季最好早晚运输。运输时所用的槽(罐)车应有接地链，槽内可设孔隔板以减少振荡产生静电。严禁与氧化剂、食用化学品等混装混运。运输途中应防暴晒、雨淋，防高温。中途停留时应远离火种、热源和高温区。装运该物品的车辆排气管必须配备阻火装置，禁止使用易产生火花的机械设备和工具装卸。公路运输时要按规定路线行驶，勿在居民区和人口稠密区停留。

【安全与毒性】 易燃，遇明火、高热或与氧化剂接触，有引起燃烧爆炸的危险。若遇高热，可发生聚合反应，放出大量热量而引起容器破裂和爆炸事故。

燃烧(分解)产物：一氧化碳、二氧化碳。

急性毒性：口服-大鼠 LD_{50} 为 460mg/kg；口服-小鼠 LD_{50} 为 540mg/kg。

2.21 一缩二乙二醇二硝酸酯

中文名：一缩二乙二醇二硝酸酯

中文别名：硝化二乙二醇；代甘油二硝酸酯

英文名：nitroglykol

CAS 号：628-96-6

分子式：$C_4H_8N_2O_7$

分子结构：

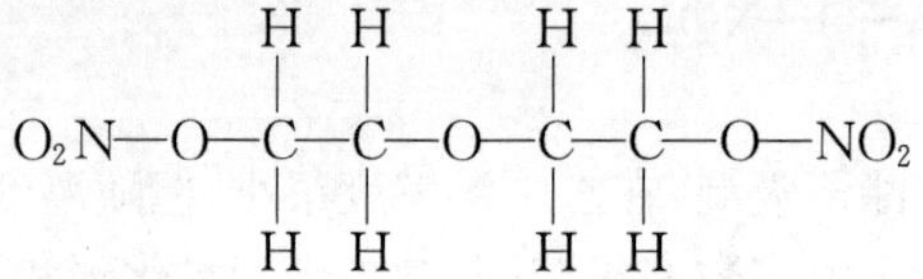

相对分子质量：152.06

【理化特性】 一缩二乙二醇二硝酸酯有在 2℃下熔融的稳定形及熔点为 −10.9℃时的不稳定形两种结晶形式。在 20℃时为油状液体。密度为 1.385g/cm³。沸点为 160℃，分解温度为 160℃，折射率为 1.4517(20℃)。20℃时的蒸气压为 0.0036mmHg，在 60℃时的蒸气压为 0.130mmHg；在 60℃时的挥发度为 0.19mg/(cm³·h)。一缩二乙二醇二硝酸酯加热到 200℃时会发生爆炸，其爆热为 4476.9J/g，非常钝感，比 TNT 还钝感。特性落高为 160cm(2kg 落锤)，直接火焰点火困难，点火后不像硝化甘油会发生爆炸。在直径 5～6mm 的玻璃管中，15℃时不发生燃烧。

【主要用途】 用作双基火药的主要成分及火箭推进剂。

【包装储运及工程控制事项】 轻装轻放；库房通风，远离明火、高温、阳光；与氧化剂、易燃物、食品原料分开存放，切忌混储。运输车辆应配备相应品种和数量的消防器材及泄漏应急处理设备。夏季最好早晚运输。运输时所用的槽(罐)车应有接地链，槽内可设孔隔板以减少振荡产生静电。严禁与氧化剂、食用化学品等混装混运。运输途中应防暴晒、雨淋，防高温。中途停留时应远离火种、热源和高温区。装运该物品的车辆排气管必须配备阻火装置，禁止使用易产生火花的机械设备和工具装卸。公路运输时要按规定路线行驶，勿在居民区和人口稠密区停留。

【安全与毒性】 易燃，遇明火、高热或与氧化剂接触，有引起燃烧爆炸的危险。若遇高热，可发生聚合反应，放出大量热量而引起容器破裂和爆炸事故。

燃烧(分解)产物：一氧化碳、二氧化碳。

急性毒性：口服-大鼠 LD_{50} 为 460mg/kg；口服-小鼠 LD_{50} 为 540mg/kg。

2.22　缩水甘油一硝酸酯

中文名：缩水甘油一硝酸酯

中文别名：2,3-环氧丙醇

英文名：glycidyl

英文别名：2,3-epoxypropanol

CAS 号：556-52-5

化学式：$C_3H_6O_2$

分子结构：

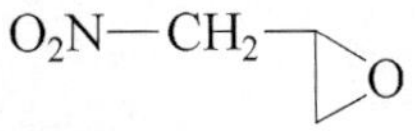

相对分子质量：74.08

【理化特性】 无色并近于无臭的液体。能与水、低碳醇、酯、酮、乙醚、苯、甲苯、苯乙烯、氯苯、氯甲烷、氯仿、三氯乙烯、二甲基甲酰胺、二甲亚砜及乙腈完全互溶，部分溶于二甲苯、四氯乙烯、1,1,1-三氯乙烷，几乎不溶于脂肪族和脂环族烃类。熔点：－53℃；沸点：162～163℃（0.1MPa 分解），54℃（1.33kPa）；闪点：71.5℃。相对密度(20℃)为 1.105。

【相关图谱】

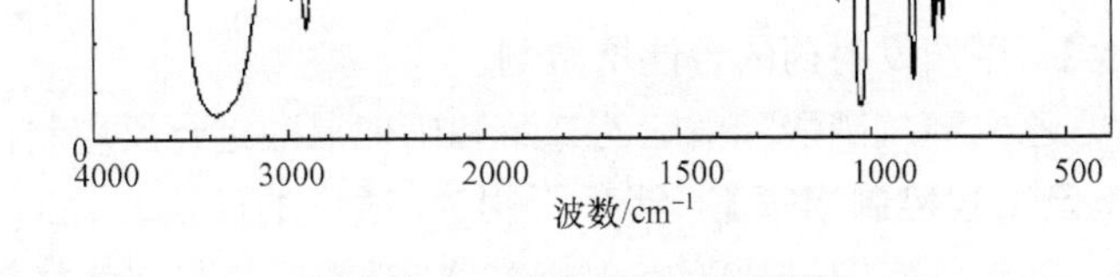

缩水甘油一硝酸酯的红外图谱

【主要用途】 主要用作环氧树脂稀释剂、塑料和纤维改性剂、卤代烃类的稳定剂、食品保藏剂、杀菌剂、制冷系统干燥剂和芳烃萃取剂等，缩水甘油的衍生物是树脂、塑料、医药、农药和助剂等工业的原料；用作环氧树脂活性稀释剂、树脂和纤维的改性剂、含蛋白质食品的保藏剂、药物和啤酒的杀菌剂等。

【制备】 缩水甘油一硝酸酯由氯丙二醇在碱存在下反应而得。反应在0℃左右进行，反应产物分离出盐类后用减压蒸馏精制，即得纯缩水甘油。

【包装储运及工程控制事项】 为防止聚合，通常储存于含有苯、甲苯等惰性溶剂的洁净容器中。防潮、防雨淋，远离热源。储存容器必须清洁，以防发生重排和聚合反应。为防止发生聚合反应，常将其储存在惰性溶剂，如苯、甲苯、酮、酯、醚、仲醇或叔醇中。

【安全与毒性】 毒性分级：高毒。急性毒性：口服-大鼠 LD_{50} 为 420mg/kg；口服-小鼠 LD_{50} 为 431mg/kg。刺激数据：皮肤-兔，100mg/24h，中度；眼睛-兔，2mg/24h，重度。中度刺激皮肤、黏膜。可使中枢神经系统兴奋继而抑郁。可经皮肤吸收。

2.23 三乙二醇二硝酸酯

中文名：三乙二醇二硝酸酯

中文别名：硝化三乙二醇；硝化二甘油

英文名：triethylene glycol dinitrate

化学式：$O_2NOCH_2CH_2OCH_2CH_2OCH_2CH_2ONO_2$

分子结构：

$$O_2NO—CH_2—CH_2—O—CH_2—CH_2—O—CH—CH_2—ONO_2$$

相对分子质量：257.16

【理化特性】 淡黄色油状液体。熔点：－19℃。液体密度：1.33g/cm^3(20℃)。折射率：1.4540。溶于乙酸、乙醚、乙醚：乙醇 2：1、二硫化碳，微溶于水。生成热：－2629.23kJ/kg(定压)；燃烧热：14342kJ/kg(定压)；爆热：3140kJ/kg。爆发点：5s(223℃)。72℃阿贝尔试验 40min 不变色，冲感约为硝化甘油低的1/10。

【主要用途】 用作发射药的含能增塑剂。

【制备】 三乙二醇二硝酸酯由三乙二醇和硝硫混酸进行反应制得。

【包装储运及工程控制事项】 储存于阴凉、通风的库房。远离火种和热源。防止阳光直射。库温不宜超过30℃。保持容器密封，严禁与空气接触。应与氧化剂、碱类分开存放，切忌混储。采用防爆型照明和通风设施。禁止使用易产生火花的机械设备和工具。储区应备有泄漏应急处理设备和合适的收容材料。

【安全与毒性】 燃爆危险：本品易燃，具强刺激性。

健康危害：蒸气具有催泪性。对眼睛、皮肤、黏膜和上呼吸道具有强烈的刺激作用。对人有致突变作用。

环境危害：受热分解释出氯烟雾。对环境有危害。

2.24　二缩三乙二醇二硝酸酯

中文名：二缩三乙二醇二硝酸酯

中文别名：三乙二醇二硝酸酯

英文名：triethylene glycol dinitrate

化学式：$C_6H_{12}O_8N_2$

分子结构：

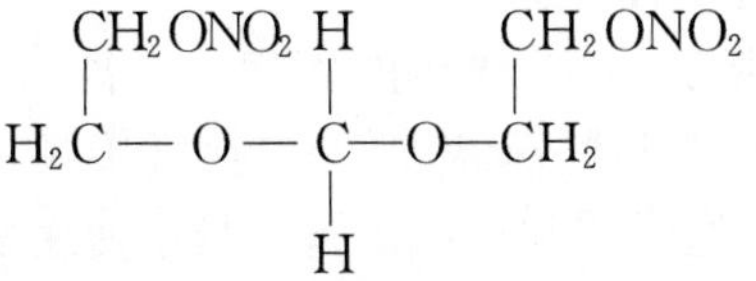

相对分子质量：240.17

【理化特性】 油状液体。凝固点：−40℃。相对密度为 1.1217。

【主要用途】 主要用作含能增塑剂。

【制备】 二缩三乙二醇二硝酸酯由二缩三乙二醇和混酸在不超过 30℃时经硝化和安定性处理而得。

【包装储运及工程控制事项】 储存于阴凉、通风的库房。远离火种和热源。防止阳光直射。库温不宜超过 30℃。保持容器密封，严禁与空气接触。应与氧化剂、碱类分开存放，切忌混储。采用防爆型照明和通风设施。禁止使用易产生火花的机械设备和工具。储区应备有泄漏应急处理设备和合适的收容材料。

【安全与毒性】 燃爆危险：本品易燃，具强刺激性。

健康危害：蒸气具有催泪性。对眼睛、皮肤、黏膜和上呼吸道具有强烈的刺激作用。对人有致突变作用。

环境危害：受热分解释出氯烟雾。对环境有危害。

2.25　甘油二硝酸酯

中文名：甘油二硝酸酯

中文别名：二硝基甘油

英文名：dinitroglycerin

英文别名：1,3-dinitrate

CAS 号：623-87-0

化学式：$C_3H_6N_2O_7$

分子结构：

$$\begin{array}{l} CH_2ONO_2 \\ | \\ CHOH \\ | \\ CH_2ONO_2 \end{array}$$

相对分子质量：182.06

【理化特性】 黏稠的微黄色液体。相对密度：1.47(15℃)。

【主要用途】 主要用于含能增塑剂。

【制备】 甘油二硝酸酯由混酸硝化甘油制成。

【包装储运及工程控制事项】 储存于阴凉、通风的库房。远离火种和热源。防止阳光直射。库温不宜超过30℃。保持容器密封，严禁与空气接触。应与氧化剂、碱类分开存放，切忌混储。采用防爆型照明和通风设施。禁止使用易产生火花的机械设备和工具。储区应备有泄漏应急处理设备和合适的收容材料。

【安全与毒性】 燃爆危险：本品易燃，具强刺激性。

健康危害：蒸气具有催泪性。对眼睛、皮肤、黏膜和上呼吸道具有强烈的刺激作用。对人有致突变作用。

环境危害：受热分解释出氯烟雾。对环境有危害。

2.26 甲二醇二硝酸酯

中文名：甲二醇二硝酸酯

英文名：methylandrostandiol dinitrate

化学式：$CH_2N_2O_6$

分子结构：

$$O_2N—O—CH_2—O—NO_2$$

相对分子质量：138.04

【理化特性】 油状液体。沸点：75～77℃(20mmHg)。

【主要用途】 主要用作能溶解胶棉的爆炸威力强的液体炸药。

【制备】 甲二醇二硝酸酯经由甲醛和混酸溶液硝化，并作安定性处理而得。

【包装储运及工程控制事项】 储存于阴凉、通风的库房。远离火种和热源。防止阳光直射。库温不宜超过30℃。保持容器密封，严禁与空气接触。应与氧化剂、碱类分开存放，切忌混储。采用防爆型照明和通风设施。禁止使用易产生火花的机械设备和工具。储区应备有泄漏应急处理设备和合适的收容材料。

【安全与毒性】 燃爆危险：本品易燃，具强刺激性。

健康危害：蒸气具有催泪性。对眼睛、皮肤、黏膜和上呼吸道具有强烈的刺激作用。对人有致突变作用。

环境危害：受热分解释出氯烟雾。对环境有危害。

2.27　1,2-丙二醇二硝酸酯

中文名：1,2-丙二醇二硝酸酯

中文别名：二硝基丙二醇酯

英文名：1,2-propanediol dinitrate

英文别名：propylene glycol dinitrate

CAS 号：6423-43-4

化学式：$C_3H_6N_2O_6$

分子结构：

$$\begin{array}{l} CH_3—CHONO_2 \\ \qquad\quad | \\ \qquad\quad CH_2ONO_2 \end{array}$$

相对分子质量：166.09

【理化特性】　无色液体，有难闻气味。沸点：92℃(10mmHg)。相对密度为 1.368(20℃)。

【主要用途】　主要作为推进剂的主要原料，部分可用于生物医药等领域。

【制备】　1,2-丙二醇二硝酸酯由 1,2-丙二醇和混酸在不超过 35℃的条件下硝化而得。

【包装储运及工程控制事项】　储存应避免与氨化合物、氨氧化剂、氨还原剂或易燃物接触；存于密闭容器内，置于凉爽、通风、隔热处；谨防容器受损。运输无特殊要求。

【安全与毒性】　健康危害：暴露后引起头痛、鼻塞，刺激眼睛，有醉酒感。高度暴露影响血液携氧量，使皮肤变青，甚至死亡。

2.28　1,3-丙二醇二硝酸酯

中文名：1,3-丙二醇二硝酸酯

英文名：1,3-propanediol dinitrate

化学式：$C_3H_6N_2O_6$

分子结构：

$$O_2N—O—CH_2—CH_2—CH_2—O—NO_2$$

相对分子质量：166.09

【理化特性】 油状液体。沸点：180℃（10mmHg）。相对密度为 1.393（20℃）。

【主要用途】 用于制备爆胶。

【制备】 1,3-丙二醇二硝酸酯由 1,3-丙二醇和混酸在 35℃以下进行硝化和安定性处理而得。

【包装储运及工程控制事项】 储存于阴凉、通风的库房。远离火种和热源。防止阳光直射。库温不宜超过 30℃。保持容器密封，严禁与空气接触。应与氧化剂、碱类分开存放，切忌混储。采用防爆型照明和通风设施。禁止使用易产生火花的机械设备和工具。储区应备有泄漏应急处理设备和合适的收容材料。

【安全与毒性】 燃爆危险：本品易燃，具强刺激性。

健康危害：蒸气具有催泪性。对眼睛、皮肤、黏膜和上呼吸道具有强烈的刺激作用。对人有致突变作用。

环境危害：受热分解释出氯烟雾。对环境有危害。

2.29　1,3-丁二醇二硝酸酯

中文名：1,3-丁二醇二硝酸酯

英文别名：硝化二丁醇

英文名：1,3-butanediol dinitrate

英文别名：BGDN

化学式：$C_4H_8O_6N_2$

分子结构：

$$CH_3—\underset{\displaystyle ONO_2}{\underset{|}{CH}}—CH_2—CH_2—ONO_2$$

相对分子质量：180.12

【理化特性】 油状液体。凝固点：－20℃。相对密度为 1.32。

【主要用途】 胶棉的优良溶剂。

【制备】 1,3-丁二醇二硝酸酯由 1,3-丁二醇和混酸硝化而得。

【包装储运及工程控制事项】 储存应避免与氨化合物、氨氧化剂、氨还原剂或易燃物接触；存于密闭容器内，置于凉爽、通风、隔热处；谨防容器受损。运输无特殊要求。

【安全与毒性】 健康危害：暴露后引起头痛、鼻塞，刺激眼睛，有醉酒感。高度暴露影响血液携氧量，使皮肤变青，甚至死亡。

2.30　二羟甲基硝基乙烷二硝酸酯

中文名:二羟甲基硝基乙烷二硝酸酯

英文名:dihydroxymethyl nitroethane dinitrate

化学式:$C_4H_7O_8N_3$

分子结构:

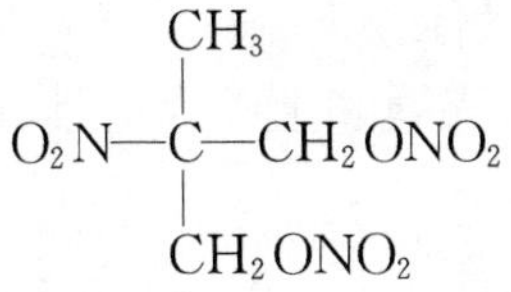

相对分子质量:225.10

【理化特性】 易溶解硝化纤维素。熔点:38℃。

【主要用途】 主要作为含能材料。

【制备】 二羟甲基硝基乙烷二硝酸酯由二羟甲基硝基乙烷和混酸硝化而得。

【包装储运及工程控制事项】 储存于阴凉、通风的库房。远离火种和热源。防止阳光直射。库温不宜超过 30℃。保持容器密封,严禁与空气接触。应与氧化剂、碱类分开存放,切忌混储。采用防爆型照明和通风设施。禁止使用易产生火花的机械设备和工具。储区应备有泄漏应急处理设备和合适的收容材料。

【安全与毒性】 燃爆危险:本品易燃,具强刺激性。

健康危害:其蒸气具有催泪性。对眼睛、皮肤、黏膜和上呼吸道具有强烈的刺激作用。对人有致突变作用。

环境危害:受热分解释出氯烟雾。对环境有危害。

2.31　二羟甲基硝基丙烷二硝酸酯

中文名:二羟甲基硝基丙烷二硝酸酯

英文名:dihydroxymethyl nitropropane dinitrate

化学式:$C_5H_9O_8N_3$

分子结构:

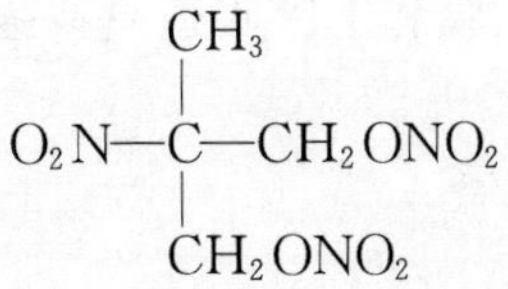

相对分子质量:239.13

【理化特性】 液体。不溶解硝化纤维素。

【主要用途】 一种爆炸性能较弱的液体炸药,爆炸性能比苦味酸略强。

【制备】 二羟甲基硝基丙烷的硝化。

【包装储运及工程控制事项】 储存于阴凉、通风的库房。远离火种和热源。防止阳光直射。库温不宜超过 30℃。保持容器密封,严禁与空气接触。应与氧化剂、碱类分开存放,切忌混储。采用防爆型照明和通风设施。禁止使用易产生火花的机械设备和工具。储区应备有泄漏应急处理设备和合适的收容材料。

【安全与毒性】 燃爆危险:本品易燃,具强刺激性。

健康危害:其蒸气具有催泪性。对眼睛、皮肤、黏膜和上呼吸道具有强烈的刺激作用。对人有致突变作用。

环境危害:受热分解释出氯烟雾。对环境有危害。

2.32 硝基甲氧基甲醇硝酸酯

中文名:硝基甲氧基甲醇硝酸酯

中文别名:甲醚硝基硝酸酯

英文名:nitro-methoxyl-methanol nitrate

化学式:$C_2H_4O_6N_2$

分子结构:

$$O_2N—O—CH_2—O—CH_2—O—NO_2$$

相对分子质量:151.96

【理化特性】 无色油状液体。沸点:48℃(15mmHg)。相对密度为 1.50(20℃)。

【主要用途】 爆炸性能比乙二醇二硝酸酯略高,是有应用前景的液体炸药。

【制备】 硝基甲氧基甲醇硝酸酯由对称二氯二甲醚硝化制得。

【包装储运及工程控制事项】 储存于阴凉、通风的库房。远离火种和热源。防止阳光直射。库温不宜超过 30℃。保持容器密封,严禁与空气接触。应与氧化剂、碱类分开存放,切忌混储。采用防爆型照明和通风设施。禁止使用易产生火花的机械设备和工具。储区应备有泄漏应急处理设备和合适的收容材料。

【安全与毒性】 燃爆危险:本品易燃,具强刺激性。

健康危害:蒸气具有催泪性。对眼睛、皮肤、黏膜和上呼吸道具有强烈的刺激作用。对人有致突变作用。

环境危害:受热分解释出氯烟雾。对环境有危害。

2.33　氯代甘油二硝酸酯

中文名：氯代甘油二硝酸酯

中文别名：硝化氯甘油；硝酸氯醇酯；3-氯-1,2-丙二醇二硝酸酯

英文名：clonitrate

英文别名：3-chloro-1,2-propanediol dinitrate;(1-chloro-3-nitrooxypropan-2-yl)nitrate

CAS 号：2612-33-1

化学式：$C_3H_5N_2O_6Cl$

分子结构：

$$\begin{array}{l} CH_2ONO_2 \\ | \\ CHONO_2 \\ | \\ CH_2Cl \end{array}$$

相对分子质量：200.57

【理化特性】 不溶于水，易溶于除二硫化碳和汽油外的大多数有机溶剂中，氯代甘油二硝酸酯可以与硝化甘油任何比例混合。熔点：5℃。相对密度：1.541(15℃)。

【主要用途】 用其与硝化甘油混合，制造耐冻代那迈特；作为矿用炸药的成分。

【制备】 氯代甘油二硝酸酯由硝硫混酸硝化一氯代甘油而制成。

【包装储运及工程控制事项】 储存于阴凉、通风的库房。远离火种和热源。防止阳光直射。库温不宜超过 30℃。保持容器密封，严禁与空气接触。应与氧化剂、碱类分开存放，切忌混储。采用防爆型照明和通风设施。禁止使用易产生火花的机械设备和工具。储区应备有泄漏应急处理设备和合适的收容材料。

【安全与毒性】 将其装于罐中，并抛于火中，敞开体系仍能保持平静地燃烧。爆炸分解产生二氧化碳、一氧化碳、氢气、氯化氢和氮气，对环境有一定污染。

2.34　甲酰基甘油二硝酸酯

中文名：甲酰基甘油二硝酸酯

英文名：formyl propanetriol dinitrate

化学式：$C_4H_6N_2O_8$

分子结构：

CH_2ONO_2
|
$CHONO_2$
|
CH_2OCHO

相对分子质量：210.01

【主要用途】 一种爆炸威力极强的液体炸药。

【制备】 甲酰基甘油二硝酸酯由甘油与无水草酸生成一甲酰基甘油，然后用硝硫混酸硝化而得。

【包装储运及工程控制事项】 储存于阴凉、通风的库房。远离火种和热源。防止阳光直射。库温不宜超过30℃。保持容器密封，严禁与空气接触。应与氧化剂、碱类分开存放，切忌混储。采用防爆型照明和通风设施。禁止使用易产生火花的机械设备和工具。储区应备有泄漏应急处理设备和合适的收容材料。

【安全与毒性】 燃爆危险：本品易燃，具强刺激性。

健康危害：蒸气具有催泪性。对眼睛、皮肤、黏膜和上呼吸道具有强烈的刺激作用。对人有致突变作用。

环境危害：受热分解释出氯烟雾。对环境有危害。

2.35 乙酰基甘油二硝酸酯

中文名：乙酰基甘油二硝酸酯

英文名：acetyl propanetriol dinitrate

化学式：$C_5H_8N_2O_8$

分子结构：

CH_2ONO_2 　　　　CH_2ONO_2
| 　　　　　　　　|
$CHOCOCH_3$ 　或　$CHONO_2$
| 　　　　　　　　|
CH_2ONO_2 　　　　CH_2OCOCH_3

相对分子质量：169.99

【理化特性】 与水能混溶，易溶解硝化纤维素。沸点：147℃（15mmHg）。相对密度为1.42(15℃)。

【主要用途】 用于液体炸药爆破，使用80%硝化甘油与20%乙酰基甘油二硝酸酯组成的混合炸药。

【制备】 乙酰基甘油二硝酸酯由无水混酸硝化一乙酰基甘油（甘油一乙酸酯）而得，然后对粗产品进行洗涤和安定性处理。

【包装储运及工程控制事项】 储存于阴凉、通风的库房。远离火种和热源。防止阳光直射。库温不宜超过 30℃。保持容器密封，严禁与空气接触。应与氧化剂、碱类分开存放，切忌混储。采用防爆型照明和通风设施。禁止使用易产生火花的机械设备和工具。储区应备有泄漏应急处理设备和合适的收容材料。

【安全与毒性】 燃爆危险：本品易燃，具强刺激性。

健康危害：蒸气具有催泪性。对眼睛、皮肤、黏膜和上呼吸道具有强烈的刺激作用。对人有致突变作用。

环境危害：受热分解释出氯烟雾。对环境有危害。

2.36 硝化甘油

中文名：硝化甘油

中文别名：三硝酸甘油酯；甘油三硝酸酯；丙三醇三硝酸酯

英文名：nitroglycerine

英文别名：glyceryl trinitrate

CAS 号：55-63-0

分子式：$C_3H_5N_3O_9$

分子结构：

$$\begin{array}{l} CH_2ONO_2 \\ | \\ CHONO_2 \\ | \\ CH_2ONO_2 \end{array}$$

相对分子质量：227.09

【理化特性】 无色或黄色澄清油状液体。微溶于水，溶于乙醇、乙醚、丙酮。熔点：13℃；沸点：180℃。密度：相对密度为 1.59；相对蒸气密度无资料。禁忌物：强氧化剂、活性金属粉末、酸类。

【主要用途】 用于制造发射药、推进剂和开山筑路的炸药及其他炸药和医药品。

【制备】 硝化甘油由硝酸和硫酸处理甘油而得。

【包装储运及工程控制事项】 危险货物编号：11033。UN 编号：0143。包装标志：包装类别 Z01。包装方法无资料。运输注意事项：铁路暂不办理运输。起运时包装要完整，装载应稳妥。运输过程中要确保容器不泄漏、不倒塌、不坠落、不损坏。车速要加以控制，避免颠簸、振荡。不得与酸、碱、盐类、氧化剂、易燃可燃物、自燃物品、金属粉末等危险物品及钢铁材料器具混装。运输途中应防暴晒、雨淋，防高温。公路运输时要按规定路线行驶，中途停留时应严格选择停放地点，远离高压电源、火源和高温场所，要与其他车辆隔离并留有专人看管，禁止在居民区和人口稠密区停留。

工程控制：严加密闭，提供充分的局部排风。尽可能机械化、自动化。提供安全淋浴和洗眼设备。

避免接触的条件：受热。

【安全与毒性】 危险特性：冻结的硝化甘油机械感度比液体的要高，处于半冻结状态时，机械感度更高。故受暴冷暴热、撞击、摩擦，遇明火、高热时，均有引起爆炸的危险。与强酸接触能发生强烈反应，引起燃烧或爆炸。

有害燃烧产物：氧化氮、二氧化碳、一氧化碳。

急性毒性：LD_{50} 为 105mg/kg（大鼠经口）和 115mg/kg（小鼠经口）；LC_{50} 无资料。亚急性和慢性毒性：刺激性为家兔经皮，500mg/24h，轻度刺激。

2.37 1,2,4-丁三醇三硝酸酯

中文名：1,2,4-丁三醇三硝酸酯

中文别名：硝化丁三醇

英文名：1,2,4-butanetrioltrinitrate

英文别名：BTTN

化学式：$C_4H_6N_3O_9$

分子结构：

$$\begin{array}{llll} CH_2— & CH— & CH_2— & CH_2 \\ | & | & & | \\ ONO_2 & ONO_2 & & ONO_2 \end{array}$$

相对分子质量：241

【理化特性】 淡黄色油状液体。熔点：－27℃。密度：$1.52g/cm^3$（25℃）。黏度：0.059Pa·s(25℃)。稍溶于水，与醇、醚、乙酸及 2∶1 乙醚-醇互溶。生成热：－1553kJ/kg；燃烧热：9070.91kJ/kg；爆热：5941.28kJ/kg。爆发点：5s(230℃分解)。冲击感度：2kg 锤 58cm。热安定性：82.2℃。热试验与硝化甘油相同。BTTN 用 1,2,4-丁三醇与硝硫混酸通过直接硝化法或通过硫酸预溶法反应制得。BTTN 或与其他硝酸酯的混合物用作推进剂的含能增塑剂。

【主要用途】 用二异氰酸酯交联以改进力学性能的改性双基推进剂中就含有约 28.04%的 1,2,4-丁三醇三硝酸酯。含有丙烯酸环氧乙十硼烷基甲酯和丙烯酸共聚物的推进剂中，含有 16.3%的硝化三乙二醇和 10.8%的 1,2,4-丁三醇三硝酸酯。

【制备】 1,2,4-丁三醇三硝酸酯由 1,2,4-丁三醇用硝硫混酸硝化即得到硝酸酯。

【包装储运及工程控制事项】 储存于阴凉、通风的库房。远离火种和热源。防止阳光直射。库温不宜超过 30℃。保持容器密封,严禁与空气接触。应与氧化剂、碱类分开存放,切忌混储。采用防爆型照明和通风设施。禁止使用易产生火花的机械设备和工具。储区应备有泄漏应急处理设备和合适的收容材料。

【安全与毒性】 燃爆危险:本品易燃,具强刺激性。

健康危害:蒸气具有催泪性。对眼睛、皮肤、黏膜和上呼吸道具有强烈的刺激作用。对人有致突变作用。

环境危害:受热分解释出氯烟雾。对环境有危害。

2.38　硝基异丁基甘油三硝酸酯

中文名:硝基异丁基甘油三硝酸酯

中文别名:代甘油硝酸酯

化学式:$C_4H_6N_4O_8$

分子结构:

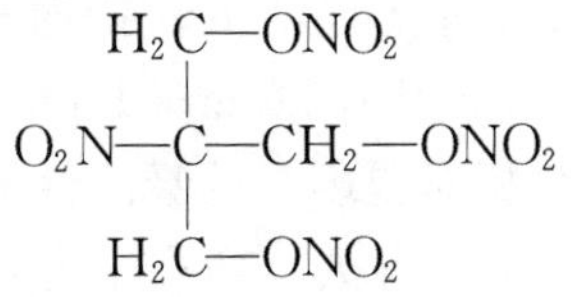

相对分子质量:286.11

【理化特性】 深黄色带酯味的油状液体。凝固点:-39℃,无法结晶。相对密度为 1.62。20℃时在 100g 水中溶解度为 0.081g。与乙醚、四氯化碳等互溶。黏度较高,比硝化甘油大约 9 倍。禁忌物:强氧化剂、强酸。

【主要用途】 在推进剂中可起到增塑和提高能量的作用。

【制备】 硝基异丁基甘油酸酯由硝基异丁基甘油预溶在硫酸溶液中,使其生成硝基异丁基甘油三磺酸酯,然后再与一定比例的硝酸混酸反应,可以得到硝基异丁基甘油三硝酸酯。

【包装储运及工程控制事项】 储存于阴凉、通风的库房。远离火种和热源。防止阳光直射。库温不宜超过 30℃。保持容器密封,严禁与空气接触。应与氧化剂、碱类分开存放,切忌混储。采用防爆型照明和通风设施。禁止使用易产生火花的机械设备和工具。储区应备有泄漏应急处理设备和合适的收容材料。

【安全与毒性】 燃爆危险:本品易燃,具强刺激性。

健康危害:蒸气具有催泪性。对眼睛、皮肤、黏膜和上呼吸道具有强烈的刺激作用。对人有致突变作用。

环境危害:受热分解释出氯烟雾。对环境有危害。

2.39 季戊三醇三硝酸酯

中文名:季戊三醇三硝酸酯

中文别名:1,1,1-三羟甲基乙烷三硝酸酯

英文名:tri glycol trinitrate pentaerythrito

英文别名:1,1,1-trinitrate hydroxymethyl ethane

化学式:$C_4H_6N_4O_8$

分子结构:

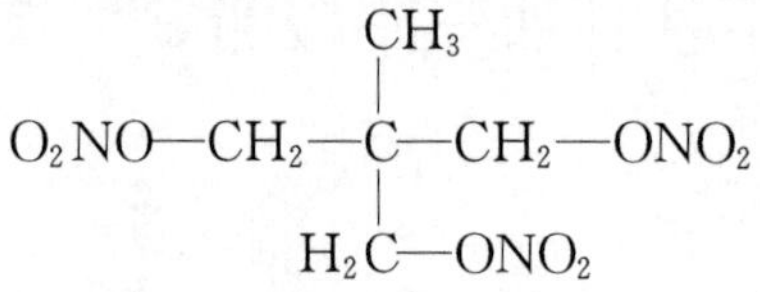

相对分子质量:286.11

【理化特性】 季戊三醇三硝酸酯是一种微黄色浓稠液体,有烧焦醇的味道。相对密度为 1.4685(20℃)。凝固点:－60℃,比硝化甘油低。折射率:1.4760(17.5℃)。黏度为硝化甘油的 71 倍。挥发性常温下为 1.21mg/(dm·h),比硝化甘油小,60℃时为硝化甘油的 1/3。吸湿性:65%相对湿度下的吸湿性为 0.07%;90%相对湿度时为 0.14%。在水中溶解性质(与温度有关):19℃时为 0.516g/L,36℃时为 0.685g/L。能溶于乙醚、丙酮、氯乙烯等有机溶剂中;能溶于浓硝酸丁乏浓硫酸中。溶解硝化纤维素,塑化能力较硝化甘油弱。在 65%的乙酸中溶解度 11.4%;在 96%的乙醇中溶解度为 4%。

【主要用途】 季戊三醇三硝酸酯用于火炸药的组成,能部分或全部地代替硝化甘油。美国学者认为在含有硝化纤维素、聚乙二醇为黏合剂的改性双基推进剂中,就含有 2.0%的季戊三醇三硝酸酯。

【制备】 季戊三醇三硝酸酯的制备由甲醛和丙醛缩合成季戊三醇,以此为原料再用硝硫混酸进行硝化,在硝化系数为 5～6,硝化温度为 20～25℃,硝化时间为 25～30min 的条件下可制备得到季戊三醇三硝酸酯。

【包装储运及工程控制事项】 储存于阴凉、通风的库房。远离火种和热源。防止阳光直射。库温不宜超过 30℃。保持容器密封,严禁与空气接触。应与氧化剂、碱类分开存放,切忌混储。采用防爆型照明和通风设施。禁止使用易产生火花的机械设备和工具。储区应备有泄漏应急处理设备和合适的收容材料。

【安全与毒性】 燃爆危险:本品易燃,具强刺激性。

健康危害：蒸气具有催泪性。对眼睛、皮肤、黏膜和上呼吸道具有强烈的刺激作用。对人有致突变作用。

环境危害：受热分解释出氯烟雾。对环境有危害。

2.40　一缩二甘油四硝酸酯

中文名：一缩二甘油四硝酸酯

中文别名：硝基二甘油

英文名：glycerin tetranitrate

英文别名：dinitroglycerine

化学式：$C_6H_{10}N_4O_{13}$

分子结构：

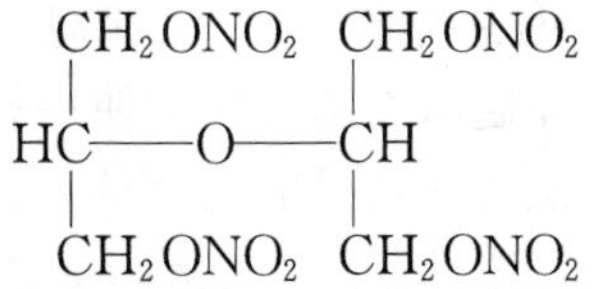

相对分子质量：316.14

【理化特性】 黄色黏性油状液体。不吸湿，不溶于水，易溶于乙醇和乙醚。爆炸威力比硝化甘油低，撞击感度较硝化甘油小。密度：1.52g/cm^3。爆热：5284kJ/kg。氧平衡：－8.5%。撞击感度：1.5N/m。

【制备】 甘油与少量的硫酸在 130～160℃下加热，使之聚合。当甘油中加入少量碳酸钠或亚硫酸钠(约 0.5%)并加热到 290℃时，伴随着有水的生成，产物为二甘油醚，是 2,2′,3,3-四羟基醚[对称双(2,3-二羟丙基)醚]。

【包装储运及工程控制事项】 储存于阴凉、通风的库房。远离火种和热源。防止阳光直射。库温不宜超过 30℃。保持容器密封，严禁与空气接触。应与氧化剂、碱类分开存放，切忌混储。采用防爆型照明和通风设施。禁止使用易产生火花的机械设备和工具。储区应备有泄漏应急处理设备和合适的收容材料。

【安全与毒性】 遇明火、高温或经摩擦、撞击有引起燃烧爆炸危险。

2.41　木糖醇硝酸酯

中文名：木糖醇硝酸酯

中文别名：硝化木糖醇

英文名：xylitol nitric

化学式：$C_5H_7N_5O_{15}$

分子结构：

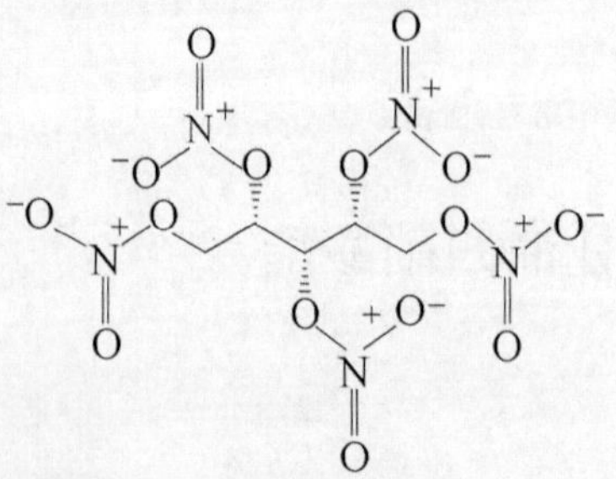

【理化特性】 无色黏稠液体。不溶于水，溶于乙醇、丙酮、乙醚。

【主要用途】 用于有机合成。

【制备】 合成过程中硝化形式下产生的，产生的黏性液体的混合物，难纯化。

【包装储运及工程控制事项】 储存于阴凉、通风的库房。远离火种和热源。防止阳光直射。库温不宜超过 30℃。保持容器密封，严禁与空气接触。应与氧化剂、碱类分开存放，切忌混储。采用防爆型照明和通风设施。禁止使用易产生火花的机械设备和工具。储区应备有泄漏应急处理设备和合适的收容材料。

【安全与毒性】 燃爆危险：本品易燃，具强刺激性。

健康危害：蒸气具有催泪性。对眼睛、皮肤、黏膜和上呼吸道具有强烈的刺激作用。对人有致突变作用。

环境危害：受热分解释出氯烟雾。对环境有危害。

2.42 D-山梨糖醇六硝酸酯

中文名：D-山梨糖醇六硝酸酯

中文别名：硝化山梨醇糖

英文名：D-glucitol hexanitrate

CAS 号：17091-13-3

化学式：$C_6H_8N_6O_{18}$

分子结构：

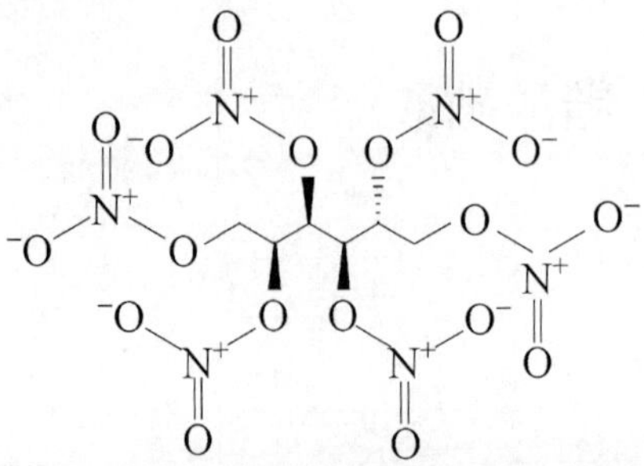

相对分子质量：452.16

【理化特性】 山梨糖醇六硝酸酯或硝化山梨醇为硝化甘露醇的一种异构物，在正常情况下为晶形物，在 55℃熔融。

【主要用途】 推进剂、黏合剂。

【制备】 山梨糖醇溶于 5 倍量的浓硝酸（$d=1.52/0℃$）中，接着借助于 10 倍量的 20%发烟硫酸（5℃）使产物沉淀，则生成的六硝酸酯稍为五硝酸酯所污染。

【包装储运及工程控制事项】 储存于阴凉、通风的库房。远离火种和热源。防止阳光直射。库温不宜超过 30℃。保持容器密封，严禁与空气接触。应与氧化剂、碱类分开存放，切忌混储。采用防爆型照明和通风设施。禁止使用易产生火花的机械设备和工具。储区应备有泄漏应急处理设备和合适的收容材料。

【安全与毒性】 燃爆危险：本品易燃，具强刺激性。

健康危害：蒸气具有催泪性。对眼睛、皮肤、黏膜和上呼吸道具有强烈的刺激作用。对人有致突变作用。

环境危害：受热分解释出氯烟雾。对环境有危害。

第 3 章　硝基类液体

硝基类液体化合物，是一类易燃且能转为炸药的有机化合物。硝基类液体主要指脂肪族类含有硝基的液体、芳香族含有硝基的液体和含硝基的醇类化合物。硝基类液体化合物化学性质活泼，光照或加热分解成氮烯，后者可发生多种反应。在这些液体硝基化合物中，烷烃硝基物是非常重要的一类液体爆炸化合物。这类液体爆炸化合物自身具有一定的爆炸威力，是制造硝基类液体混合炸药的重要含能组分，同时也是制造其他硝基衍生物的重要原料和工业染料的原材料。除此之外，硝基类液体化合物在药剂工业和化学合成等方面有着十分广泛的用途。

3.1 硝基甲烷

中文名：硝基甲烷

中文别名：硝甲烷

英文名：nitromethane

英文别名：nitrocarbol

CAS 号：75-52-5

化学式：CH_3NO_2

分子结构：

$$O_2N—CH_3$$

相对分子质量：61.04

【理化特性】 无色透明油状液体，具有微弱的芳香气味。难溶于水，可与乙醇、乙醚和丙酮等有机溶剂混溶。20℃时水中溶解度 9.5（体积）。熔点：−28.55℃；沸点：101.2℃，46.6℃（13.3kPa）；闪点：45℃；燃点：421℃。相对密度为 1.1371。爆炸上限：63.0%；爆炸下限：7.1%。禁忌物：强氧化剂、强还原剂、酸类、碱类、胺类。

【相关图谱】 见下页。

【主要用途】 硝基甲烷有较大的极性，能与许多有机化合物互溶，是一种良好的溶剂，可用作硝酸纤维素、乙酸纤维素、乙烯基树脂、聚丙烯酸酯涂料和蜂蜡等的溶剂。可用于制取炸药、火箭、燃料、医药、染料、杀虫剂、杀菌剂、稳定剂、表面活性

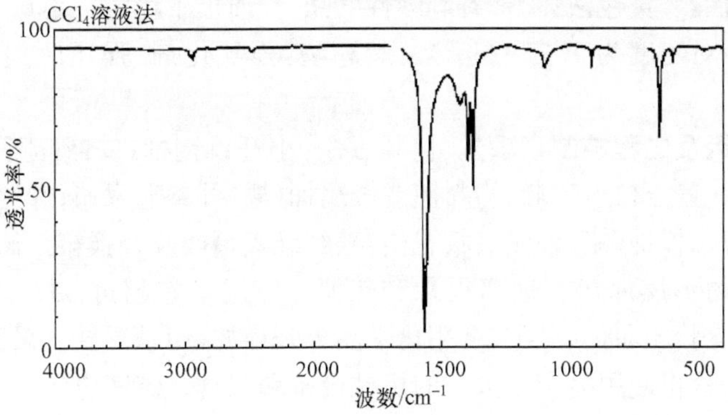

硝基甲烷红外图谱

剂和汽油添加剂等。在胶黏剂中主要作为溶剂极性使用，可与许多有机化合物互溶，能溶解纤维素衍生物、树脂、染料、油脂等，特别是对硝基纤维素、乙酸纤维素、聚丙烯腈、聚酯、蜡制物等有很好的溶解能力。用作气雾推进剂、火箭燃料和制造炸药、染料等。用作溶剂、火箭燃料、汽油添加剂及用于有机合成。

【制备】 甲烷气相硝化法将稀硝酸喷成雾状使之气化，与经过预热的甲烷（天然气）混合，使硝酸、甲烷、水蒸气保持一定比例而制得。

【包装储运及工程控制事项】 储存于阴凉、通风的库房。远离火种和热源。防止阳光直射。库温不宜超过 30℃。保持容器密封，严禁与空气接触。应与氧化剂、碱类分开存放，切忌混储。采用防爆型照明和通风设施。禁止使用易产生火花的机械设备和工具。储区应备有泄漏应急处理设备和合适的收容材料。

【安全与毒性】 燃爆危险：本品易燃，具强刺激性。

健康危害：蒸气具有催泪性。对眼睛、皮肤、黏膜和上呼吸道具有强烈的刺激作用。对人有致突变作用。

环境危害：受热分解释出氯烟雾。对环境有危害。

3.2　二硝基甲烷

中文名：二硝基甲烷

英文名：dinitropropane

CAS 号：6125-21-9

化学式：$CH_2N_2O_4$

分子结构：

$$O_2N—CH_2—NO_2$$

相对分子质量：104.99

【理化特性】 黄色液体，带有刺激性气味，性质极不稳定。熔点：－21.4℃；沸点：103℃。相对密度为1.35(26℃)。禁忌物：强氧化剂、强还原剂、强酸、强碱、胺类。

【包装储运及工程控制事项】 包装方法：小开口钢桶；安瓿瓶外普通木箱；螺纹口玻璃瓶、铁盖压口玻璃瓶、塑料瓶或金属桶(罐)外普通木箱；螺纹口玻璃瓶、塑料瓶或镀锡薄钢板桶(罐)外满底板花格箱、纤维板箱或胶合板箱。储存于阴凉、干燥、通风良好的不燃库房。远离火种和热源。库温不宜超过30℃。保持容器密封。应与氧化剂、还原剂、酸类、食用化学品分开存放，切忌混储。采用防爆型照明和通风设施。禁止使用易产生火花的机械设备和工具。储区应备有泄漏应急处理设备和合适的收容材料。生产过程密闭，全面通风。

【安全与毒性】 易燃，其蒸气与空气可形成爆炸性混合物。强烈振动及受热或遇无机碱类、氧化剂、烃类、胺类及二氯化铝、六甲基苯等均能引起燃烧爆炸。燃烧分解时，放出有毒的氮氧化物。

燃烧(分解)产物：一氧化碳、二氧化碳、氧化氮。本品对皮肤、眼睛、黏膜和上呼吸道有强烈刺激性，吸收进入体内后可引起紫绀。

3.3　三硝基甲烷

中文名：三硝基甲烷

中文别名：硝基仿

英文名：trinitromethane

CAS号：517-25-9

化学式：CHN_3O_6

分子结构：

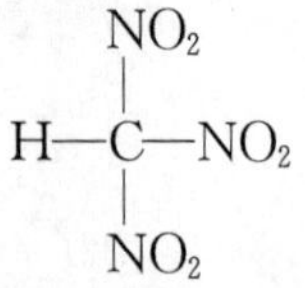

相对分子质量：151.035

【理化特性】 无色低熔点结晶。熔点：14.3℃(分解)；沸点：45～47℃(2.93kPa)。相对密度(20℃/4℃)为1.479。折光率(nD24)：1.4451。性质不稳定，碰撞、引爆及快速加热均可引起爆炸。溶于水、乙醇及丙酮。该品饱和水溶液有爆炸的危险。

【主要用途】 用作炸药和火箭燃料。

【制备】 三硝基甲烷由乙炔与硝酸反应得到。

【包装储运及工程控制事项】 包装方法：螺纹口玻璃瓶、塑料瓶或镀锡薄钢板桶（罐）外满底板花格箱、纤维板箱或胶合板箱。铁路运输时应严格按照铁道部《危险货物运输规则》中的危险货物配装表进行配装。运输时单独装运，运输过程中要确保容器不泄漏、不倒塌、不坠落、不损坏。运输车辆应配备相应品种和数量的消防器材。严禁与酸类、易燃物、有机物、还原剂、自燃物品、遇湿易燃物品等并车混运。运输时车速不宜过快，不得强行超车。公路运输时要按规定路线行驶。

【安全与毒性】 危险特性：温度高于 25℃时分解，急速加热会发生爆炸。有氧化性，能与甲醛生成三硝基乙醇；遇明火、高温或经摩擦、撞击有引起燃烧爆炸危险。

健康危害：对眼及黏膜微有刺激性。

3.4　四硝基甲烷

中文名：四硝基甲烷

英文名：tetranitromethane

CAS 号：509-14-8

化学式：CN_4O_8

分子结构：

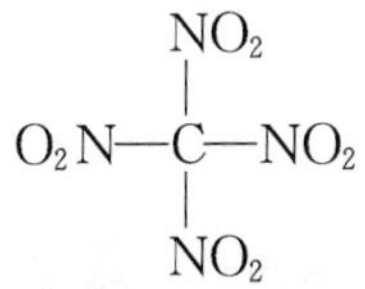

相对分子质量：196.04

【理化特性】 无色液体，有刺激性气味。不溶于水，可混溶于乙醇、乙醚。熔点：14.2℃；沸点：126℃。相对密度为 1.64。禁忌物：强氧化剂、强还原剂、强碱、活性金属粉末、铜。

【用途】 用作火箭燃料，分析上用于不饱和化合物的测定。

【制备】 无水硝酸在冰水中冷却到 10℃以下，缓缓加入乙醇，反应混合物的温度绝不可超过 10℃。混合物在室温下放置 7 天。把混合物倒入盛有 300mL 水的 500mL 圆底烧瓶中，进行水蒸气蒸馏，分出四硝基甲烷。

【包装储运及工程控制事项】 包装方法：螺纹口玻璃瓶、塑料瓶或镀锡薄钢板桶（罐）外满底板花格箱、纤维板箱或胶合板箱。铁路运输时应严格按照铁道部《危险货物运输规则》中的危险货物配装表进行配装。运输时单独装运，运输过程中要确保容器不泄漏、不倒塌、不坠落、不损坏。运输车辆应配备相应品种和数量的消防器材。严禁与酸类、易燃物、有机物、还原剂、自燃物品、遇湿易燃物品等并车混运。运输时车速不宜过快，不得强行超车。公路运输时要按规定路线行驶。运输车辆装卸前后，均应彻底清扫、洗净，严禁混入有机物、易燃物等杂质。应储存于阴凉、通风的库房。远离火种、热源。保持容器密封。应与氧化剂、还原剂、碱类、食用化学品分开存放，切忌混储。采用防爆型照明和通风设施。禁止使用易产生火花的机械设备和工具。储区应备有泄漏应急处理设备和合适的收容材料。应严格执行极毒物品“五双”管理制度。

【安全与毒性】 危险特性：强氧化剂。受热、接触明火或受到摩擦、振动、撞击时可发生爆炸。若混有胺类或酸等能增加爆炸敏感性。能与可燃物、有机物或易氧化物质形成爆炸性混合物，经摩擦和与少量水接触可导致燃烧或爆炸。

有害燃烧产物：一氧化碳、二氧化碳、氧化氮。

燃爆危险：本品易燃，高毒，具强刺激性。

健康危害：本品对眼睛和呼吸道有强烈刺激作用。吸入后可引起支气管炎、肺炎，重者可引起肺水肿，甚至发生死亡。可引起高铁血红蛋白血症而致紫绀。高浓度时有麻醉作用，并对肝、肾有损害。

慢性影响：长期吸入，可引起头痛和呼吸系统的损害，但对皮肤无刺激作用。

急性毒性：LD_{50}为130mg/kg(大鼠经口)；LC_{50}为144mg/m^3，4h(大鼠吸入)。

3.5 硝基乙烷

中文名：硝基乙烷

中文别名：硝乙烷

英文名：nitroethane

英文别名：nitric oxide

CAS号：79-24-3

化学式：$C_2H_5NO_2$

分子结构：

$$O_2N—CH_2—CH_3$$

相对分子质量：75.07

【理化特性】 无色油状液体，有类似氯仿的气味。不溶于水，可混溶于乙醇、氯仿、乙醚。熔点：−90℃；沸点：114℃；闪点：28℃。密度：相对密度为1.05；相对蒸气密度为2.58%。爆炸下限：3.4%。禁忌物：强氧化剂、强还原剂、强酸、强碱、胺类。

【相关图谱】

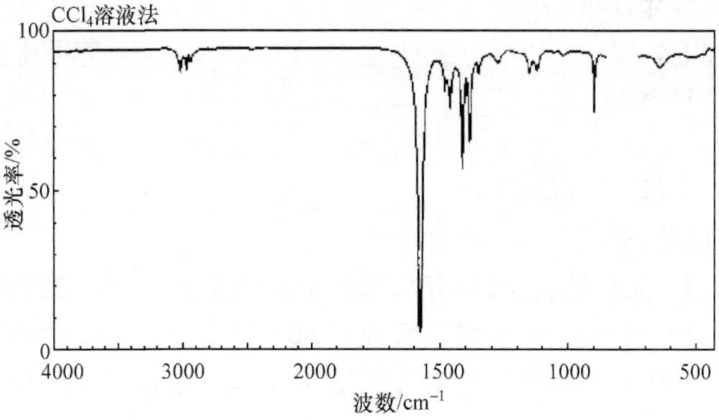

硝基乙烷红外图谱

【用途】 用于有机合成,用作硝化纤维素及其他树脂、蜡、脂肪、染料等的溶剂。本品对硝基纤维素、乙酸纤维素、聚乙酸乙烯酯等有良好的溶解能力,用作硝化纤维素、乙酸纤维素、树脂、蜡、脂肪和染料等的溶剂和火箭染料,为一种优良的极性溶剂,也是一种重要的合成农药、医药和染树的中间体。

【制备】 工业上主要采用低碳烷烃直接气相硝化法进行生产。

【包装储运及工程控制事项】 危险货物包装标志:7;包装类别:Ⅱ。储存于阴凉、通风的仓间内。远离火种和热源。仓温不宜超过 30℃。防止阳光直射,避光保存。应与氧化剂、碱类分开存放。储存间内的照明、通风等设施应采用防爆型,开关设在仓外。禁止使用易产生火花的机械设备和工具。配备相应品种和数量的消防器材。罐储时要有防火防爆技术措施。搬运时要轻装轻卸,防止包装及容器损坏。

【安全与毒性】 危险性类别:第 3.3 类,高闪点易燃液体。危险特性:其蒸气与空气可形成爆炸性混合物,遇明火、高热能引起燃烧爆炸。强烈振动或遇无机碱类、氧化剂、烃类、胺类、三氯化铝、六甲基苯等均能引起燃烧爆炸。燃烧分解时,放出有毒的氮氧化物。若遇高热,容器内压增大,有开裂和爆炸的危险。

燃烧(分解)产物:一氧化碳、二氧化碳、氧化氮。

健康危害:本品有麻醉作用,有轻度刺激性。

毒性:LD_{50}为 1100mg/kg(大鼠经口);LC_{50}为 20 000mg/kg(小鼠吸入)。

3.6　1-硝基丙烷

中文名:1-硝基丙烷

中文别名:丙基硝

英文名：1-nitropropane

英文别名：propyl nitrate

CAS 号：108-03-2

分子式：$C_3H_7NO_2$

分子结构：

$CH_3—CH_2—CH_2—NO_2$

相对分子质量：89.09

【理化特性】 无色透明液体，有水果香味。微溶于水，溶于氯仿，混溶于乙醇、乙醚等有机溶剂。熔点：−108.0℃；沸点：131.6℃；闪点：36℃；引燃温度：421℃。密度：相对密度为 0.993；相对蒸气密度为 3.1。爆炸上限：13.8%；爆炸下限：2.2%。

【相关图谱】

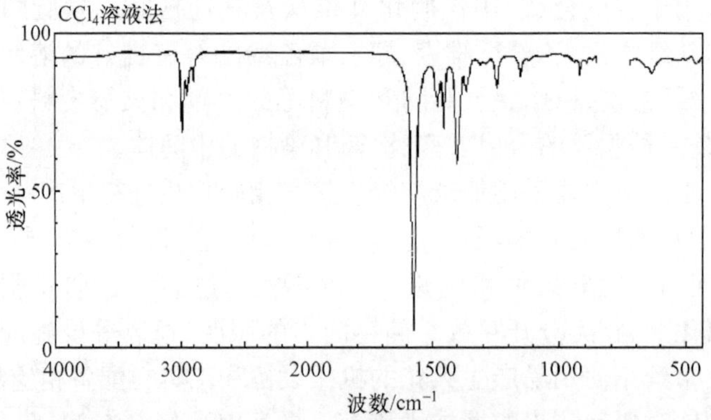

1-硝基丙烷的红外图谱

【用途】 用作多种树脂、蜡、脂肪、染料和涂料的溶剂，合成医药、杀虫剂等的中间体。

【制备】 1-硝基丙烷可由两种方法制备而得到。第一种是由丙烷直接硝化，先将丙烷放在预热器内于 430～450℃进行预热，然后引入内衬玻璃或二氧化硅的反应塔内。反应塔有几处可向内部丙烷气喷注 75%硝酸，反应温度调节到 390～440℃，压力 0.69～0.86MPa，丙烷与硝酸的物质的量比为 5∶1，由反应塔出来的气体，经冷凝器冷却，硝基丙烷与稀硝酸即凝缩。而丙烷与气态氧化物则由回收塔回收，丙烷循环使用。所得产品为硝基甲烷 10%～30%，硝基乙烷 20%～25%，1-硝基丙烷 25%，2-硝基丙烷 40%。该品也可经丙烯硝化得到，即第二种方法。丙烯等不饱和烃经气相或液相硝化，或饱和烃液相硝化也可制得硝基丙烷。

【包装储运及工程控制事项】 包装方法：安瓿瓶外普通木箱；螺纹口玻璃瓶、铁盖压口玻璃瓶、塑料瓶或金属桶(罐)外普通木箱；螺纹口玻璃瓶、塑料瓶或镀锡薄钢板桶(罐)外满底板花格箱、纤维板箱或胶合板箱。储存于阴凉、通风的库房。远离火种和热源。库温不宜超过30℃。保持容器密封。应与氧化剂分开存放，切忌混储。采用防爆型照明和通风设施。禁止使用易产生火花的机械设备和工具。储区应备有泄漏应急处理设备和合适的收容材料。密闭操作，全面通风。运输车辆应配备相应品种和数量的消防器材及泄漏应急处理设备。夏季最好早晚运输。运输时所用的槽(罐)车应有接地链，槽内可设孔隔板以减少振荡产生静电。严禁与氧化剂、食用化学品等混装混运。运输途中应防暴晒、雨淋，防高温。中途停留时应远离火种、热源和高温区。装运该物品的车辆排气管必须配备阻火装置，禁止使用易产生火花的机械设备和工具装卸。公路运输时要按规定路线行驶，勿在居民区和人口稠密区停留。铁路运输时要禁止溜放。严禁用木船、水泥船散装运输。

【安全与毒性】 易燃，遇明火、高热或与氧化剂接触，有引起燃烧爆炸的危险。若遇高热，可发生聚合反应，放出大量热量而引起容器破裂和爆炸事故。

燃烧(分解)产物：一氧化碳、二氧化碳。

3.7　2-硝基丙烷

中文名：2-硝基丙烷

中文别名：丙基硝

英文名：2-nitropropane

英文别名：sec-nitropropane

CAS号：79-46-9

分子式：$C_3H_7NO_2$

分子结构：

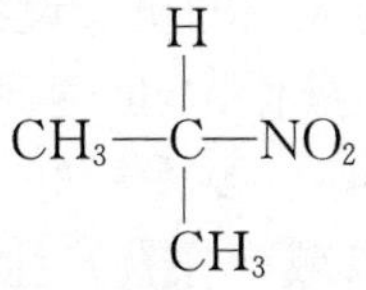

相对分子质量：89.09

【理化特性】 无色液体，微有令人愉快的气味。微溶于水，溶于醇、醚。在水中溶解度(20℃)为1.7%(质量分数)，能与多种有机溶剂混溶。熔点：−91.32℃；沸点：120.25℃；闪点：40℃(闭杯)。密度：相对密度为0.99；相对蒸气密度为3.06。禁忌物：强氧化剂、碱类。

【相关图谱】

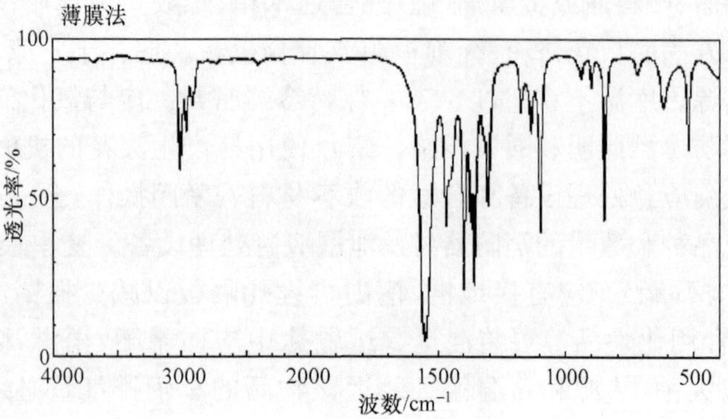

2-硝基丙烷的红外图谱

【主要用途】 用作多种树脂、蜡、脂肪、染料和涂料的溶剂，合成医药、杀虫剂等的中间体。

【制备】 由丙烷经硝化而得。先将丙烷放在预热器内于 430～450℃进行预热，然后引入内衬玻璃或二氧化硅的反应塔内。反应塔有几处可向内部丙烷气喷注 75%硝酸，反应温度调节到 390～440℃，压力 0.69～0.86MPa，丙烷与硝酸的物质的量比为 5∶1，由反应塔出来的气体，经冷凝器冷却，硝基丙烷与稀硝酸即凝缩。而丙烷与气态氧化物则由回收塔回收，丙烷循环使用。所得产品为硝基甲烷 10%～30%，硝基乙烷 20%～25%，1-硝基丙烷 25%，2-硝基丙烷 40%。该品也可经丙烯硝化得到。由丙烯等不饱和烃经气相或液相硝化，或饱和烃液相硝化也可制得硝基丙烷。

【包装储运及工程控制事项】 包装方法：安瓿瓶外普通木箱；螺纹口玻璃瓶、铁盖压口玻璃瓶、塑料瓶或金属桶（罐）外普通木箱；螺纹口玻璃瓶、塑料瓶或镀锡薄钢板桶（罐）外满底板花格箱、纤维板箱或胶合板箱。储存于阴凉、通风的库房。远离火种和热源。库温不宜超过 30℃。保持容器密封。应与氧化剂分开存放，切忌混储。采用防爆型照明和通风设施。禁止使用易产生火花的机械设备和工具。储区应备有泄漏应急处理设备和合适的收容材料。密闭操作，全面通风。运输车辆应配备相应品种和数量的消防器材及泄漏应急处理设备。夏季最好早晚运输。运输时所用的槽（罐）车应有接地链，槽内可设孔隔板以减少振荡产生静电。严禁与氧化剂、食用化学品等混装混运。运输途中应防暴晒、雨淋，防高温。中途停留时应远离火种、热源和高温区。装运该物品的车辆排气管必须配备阻火装置，禁止使用易产生火花的机械设备和工具装卸。公路运输时要按规定路线行驶，勿在居民区和人口稠密区停留。铁路运输时要禁止溜放。严禁用木船、水泥船散装运输。

【安全与毒性】 易燃，遇明火、高热或与氧化剂接触，有引起燃烧爆炸的危险。若遇高热，可发生聚合反应，放出大量热量而引起容器破裂和爆炸事故。

燃烧(分解)产物：一氧化碳、二氧化碳。

3.8 三氯硝基甲烷

中文名：三氯硝基甲烷

中文别名：氯化苦

英文名：trichloronitromethane

英文别名：chloropicrin

CAS号：76-06-2

化学式：CCl_3NO_2

分子结构：

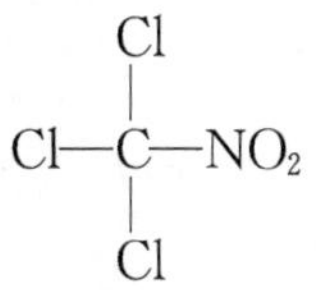

相对分子质量：164.39

【理化特性】 无色油状液体，具有特殊辛辣气味，易挥发。不溶于水，易溶于苯、乙醇、乙醚、煤油。熔点：－64℃；沸点：112℃。密度：相对密度为1.65(22.8℃)；相对蒸气密度为5.7。禁忌物：活性金属粉末、苯胺、强还原剂。

【主要用途】 用于有机合成，制造染料、杀虫剂、杀真菌剂等。它是一种有警戒性的熏蒸剂，可以杀虫、杀菌、杀鼠，也可用于粮食害虫熏蒸，还可用于木材防腐、房层、船舶消毒，土壤、植物种子消毒等。

【制备】 主要原料：三硝基苯酚、氢氧化钙、氯气。将石灰按一定比例加水，配制成石灰浆，然后将一定量石灰、三硝基苯酚、水混合制成钙盐送入氯化釜，加入石灰浆，在冷冻条件下，通氯氯化约2h，温度控制在(32±1)℃，然后又降温至(7±1)℃，氯化毕进行蒸馏而得。

【包装储运及工程控制事项】 储存于阴凉、通风的仓间内。远离火种和热源。防止阳光直射。保持容器密封。应与还原剂、易燃、可燃物等分开存放。搬运时要轻装轻卸，防止包装及容器损坏。分装和搬运作业要注意个人防护。

【安全与毒性】 危险特性：受高热分解，产生有毒的氮氧化物和氯化物气体。

健康危害:本品系催泪剂和肺部刺激剂。吸入后损害呼吸系统,主要损害中、小支气管和肺泡,导致中毒性肺炎和肺水肿。眼部表现为眼睑、结膜水肿,角膜炎,虹膜炎等。可致灼伤。

急性毒性:LD_{50}为27.1mg/kg(小鼠经口,雄),126mg/kg(小鼠经口,雌)。

3.9　溴硝基甲烷

中文名:溴硝基甲烷

英文名:bromonitromethane

英文别名:bromonitro-methane

CAS号:563-70-2

化学式:CH_2BrNO_2

分子结构:

$Br—CH_2—NO_2$

相对分子质量:139.94

【理化特性】 沸点:146～148℃(750mmHg);闪点:4℃。相对密度为2.07。禁忌物:还原剂、金属粉末。

【相关图谱】

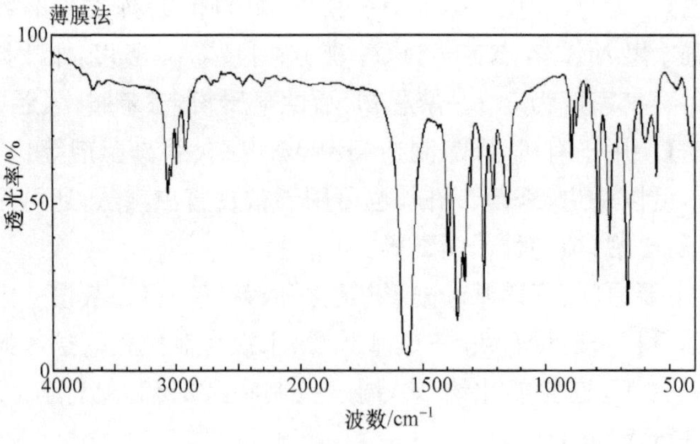

溴硝基甲烷红外图谱

【包装储运及工程控制事项】 将容器密封,储存密封的主藏器内,并放在阴凉、干爽的位置。

【安全与毒性】 LD_{50}/LC_{50}:口腔50mg/kg(老鼠)。

3.10 1-氯-1-硝基乙烷

中文名：1-氯-1-硝基乙烷

英文名：1-chloro-1-nitroethane

CAS 号：598-92-5

化学式：$C_2H_4ClNO_2$

分子结构：

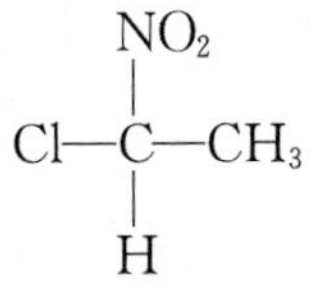

相对分子质量：109.5

【理化特性】 无色液体。不溶于水，溶于醇。沸点：127.5℃。密度：相对密度为 1.26(20℃)；相对蒸气密度为 3.6。禁忌物：强氧化剂、强酸、活性金属粉末。

【主要用途】 用于有机合成、消毒和杀虫。

【包装储运及工程控制事项】 储存于阴凉、通风的库房。远离火种和热源。应与氧化剂、酸类、食用化学品分开存放，切忌混储。采用防爆型照明和通风设施。禁止使用易产生火花的机械设备和工具。储区应备有泄漏应急处理设备和合适的收容材料。运输前应先检查包装容器是否完整、密封，运输过程中要确保容器不泄漏、不倒塌、不坠落、不损坏。运输车辆应配备相应品种和数量的消防器材及泄漏应急处理设备。夏季最好早晚运输。运输时所用的槽(罐)车应有接地链，槽内可设孔隔板以减少振荡产生静电。严禁与氧化剂、酸类、食用化学品等混装混运。运输途中应防暴晒、雨淋，防高温。中途停留时应远离火种、热源和高温区。装运该物品的车辆排气管必须配备阻火装置，禁止使用易产生火花的机械设备和工具装卸。运输车船必须彻底清洗、消毒，否则不得装运其他物品。船运时，配装位置应远离卧室、厨房，并与机舱、电源、火源等部位隔离。公路运输时要按规定路线行驶。

【安全与毒性】 危险特性：遇明火、高热易燃。受高热分解，产生有毒的氮氧化物和氯化物气体。

有害燃烧产物：一氧化碳、二氧化碳、氯化氢、氮氧化物。

健康危害：对呼吸道和眼有刺激作用，对皮肤有刺激性。未见人接触本品引起损害的报道。

急性毒性：LD_{50} 为 620mg/kg(小鼠经口)。

3.11　1,1-二氯-1-硝基乙烷

中文名:1,1-二氯-1-硝基乙烷

英文名:1,1-dichloro-1-nitroethane

CAS 号:594-72-9

化学式:$C_2H_3Cl_2NO_2$

分子结构:

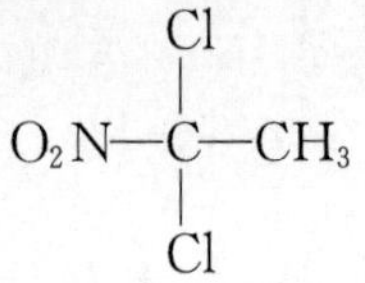
或
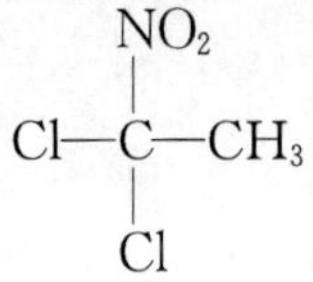

相对分子质量:143.96

【理化特性】 无色液体,不溶于水。沸点:124℃。密度:相对密度为 1.42;相对蒸气密度为 5.0。禁忌物:强氧化剂、强还原剂。

【主要用途】 用作溶剂及消毒剂。

【包装储运及工程控制事项】 包装方法:安瓿瓶外普通木箱;螺纹口玻璃瓶、铁盖压口玻璃瓶、塑料瓶或金属桶(罐)外普通木箱;螺纹口玻璃瓶、塑料瓶或镀锡薄钢板桶(罐)外满底板花格箱、纤维板箱或胶合板箱。运输前应先检查包装容器是否完整、密封,运输过程中要确保容器不泄漏、不倒塌、不坠落、不损坏。严禁与酸类、氧化剂、食品及食品添加剂混运。运输车辆应配备相应品种和数量的消防器材及泄漏应急处理设备。运输途中应防暴晒、雨淋,防高温。公路运输时要按规定路线行驶,勿在居民区和人口稠密区停留。储存于阴凉、通风的库房。远离火种和热源。应与氧化剂、还原剂、食用化学品分开存放,切忌混储。配备相应品种和数量的消防器材。储区应备有泄漏应急处理设备和合适的收容材料。

【安全与毒性】 危险特性:遇明火、高热能燃烧。与氧化剂接触猛烈反应。受高热分解,产生有毒的氮氧化物和氯化物气体。

有害燃烧产物:一氧化碳、氧化氮、氯化氢。

健康危害:动物实验表明,本品对肺有刺激性。出现心、肝、肾和血管损害。

急性毒性:LD_{50}为 410mg/kg(大鼠经口),240mg/kg(小鼠静脉)。

3.12　氯硝丙烷

中文名:氯硝丙烷

中文别名:1-氯-2-硝基丙烷

英文名:chloronitropropane

英文别名:1-chloro-2-nitro propane;korax;lanstan;lastan

CAS 号:2425-66-3

化学式:$C_3H_6ClNO_2$

分子结构:

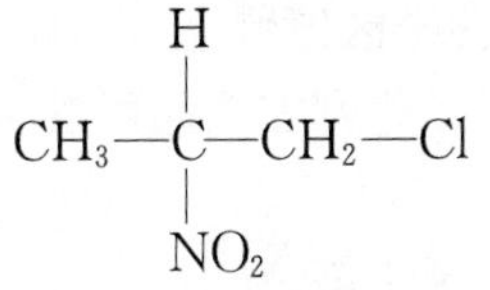

相对分子质量:123

【包装储运及工程控制事项】 库房通风低温干燥。与食品原料分开储运。

【安全与毒性】 可燃。受热分解有毒氧化氮、氯化物气体。口服-大鼠 LD_{50} 为 197mg/kg,口服-小鼠 LD_{50} 为 105mg/kg。

3.13　1-硝基-1-氯丙烷

中文名:1-硝基-1-氯丙烷

中文别名:1-氯-1-硝基丙烷

英文名:1-chloro-1-nitropropane

英文别名:1-nitro-1-chloropropane

CAS 号:600-25-9

化学式:$C_3H_6ClNO_2$

分子结构:

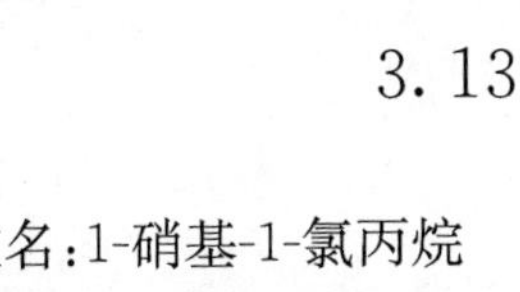

相对分子质量:123.54

【理化特性】 淡黄色液体,微溶于水,可混溶于多数有机溶剂。沸点:139.5℃。密度:相对密度为 1.21(20℃);相对蒸气密度为 4.26。禁忌物:强氧化剂、酸类。

【主要用途】 用作杀虫剂、碳氢化合物的溶剂。

【包装储运及工程控制事项】 包装方法：安瓿瓶外普通木箱；螺纹口玻璃瓶、铁盖压口玻璃瓶、塑料瓶或金属桶(罐)外普通木箱；螺纹口玻璃瓶、塑料瓶或镀锡薄钢板桶(罐)外满底板花格箱、纤维板箱或胶合板箱。储存于阴凉、通风的库房。远离火种和热源。应与氧化剂、酸类、食用化学品分开存放，切忌混储。配备相应品种和数量的消防器材。储区应备有泄漏应急处理设备和合适的收容材料。运输前应先检查包装容器是否完整、密封，运输过程中要确保容器不泄漏、不倒塌、不坠落、不损坏。严禁与酸类、氧化剂、食品及食品添加剂混运。运输车辆应配备相应品种和数量的消防器材及泄漏应急处理设备。运输途中应防暴晒、雨淋，防高温。公路运输时要按规定路线行驶，勿在居民区和人口稠密区停留。

【安全与毒性】 危险特性：遇明火、高热能燃烧。急剧加热时可发生爆炸。与氧化剂可发生反应。接触酸或酸气能产生有毒气体。

有害燃烧产物：一氧化碳、二氧化碳、氮氧化物、氯化氢。

燃爆危险：本品可燃，有毒，具刺激性。

健康危害：本品对眼睛、皮肤和呼吸道有刺激作用。

急性毒性：LD_{50} 为 510mg/kg(小鼠经口)；LC_{50} 为 66 000mg/m^3，3h(小鼠吸入)。

3.14　2-硝基-2-氯丙烷

中文名：2-硝基-2-氯丙烷

中文别名：2-氯-2-硝基丙烷

英文名：2-chloro-2-nitropropane

英文别名：2-nitro-2-chloropropane

CAS 号：594-71-8

化学式：$C_3H_6ClNO_2$

分子结构：

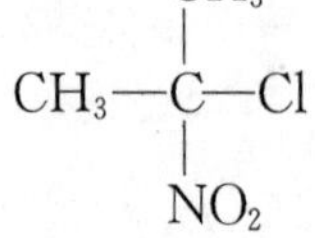

相对分子质量：123.54

【理化特性】 微黄色液体。微溶于水，溶于乙醇、乙醚。沸点：134℃。密度：相对密度为 1.19(20℃)；相对蒸气密度为 4.26。禁忌物：强氧化剂、酸类。

【主要用途】 用作杀虫剂、碳氢化合物的溶剂。

【包装储运及工程控制事项】 包装方法：安瓿瓶外普通木箱；螺纹口玻璃瓶、铁盖压口玻璃瓶、塑料瓶或金属桶(罐)外普通木箱；螺纹口玻璃瓶、塑料瓶或镀锡薄钢板桶(罐)外满底板花格箱、纤维板箱或胶合板箱。储存于阴凉、通风的库房。远离火种和热源。应与氧化剂、酸类、食用化学品分开存放，切忌混储。采用防爆型照明和通风设施。禁止使用易产生火花的机械设备和工具。储区应备有泄漏应急处理设备和合适的收容材料。运输前应先检查包装容器是否完整、密封，运输过程中要确保容器不泄漏、不倒塌、不坠落、不损坏。严禁与酸类、氧化剂、食品及食品添加剂混运。运输车辆应配备相应品种和数量的消防器材及泄漏应急处理设备。运输途中应防暴晒、雨淋，防高温。运输时所用的槽(罐)车应有接地链，槽内可设孔隔板以减少振荡产生静电。中途停留时应远离火种和热源。公路运输时要按规定路线行驶，勿在居民区和人口稠密区停留。

【安全与毒性】 危险特性：遇明火、高热或与氧化剂接触能燃烧，并散发出有毒气体。急剧加热时可发生爆炸。受高热分解放出有毒的气体。

有害燃烧产物：一氧化碳、二氧化碳、氮氧化物、氯化氢。

燃爆危险：本品可燃，有毒，具刺激性。

健康危害：本品对眼睛、皮肤和呼吸道有刺激作用。

急性毒性：LD_{50} 为 580mg/kg(小鼠经口)；LC_{50} 为 55 000mg/m^3，3h(小鼠吸入)。

3.15　2-溴-2-硝基丙烷

中文名：2-溴-2-硝基丙烷

英文名：2-bromo-2-nitropropane

CAS 号：5447-97-2

化学式：C_3H_6BrN

分子结构：

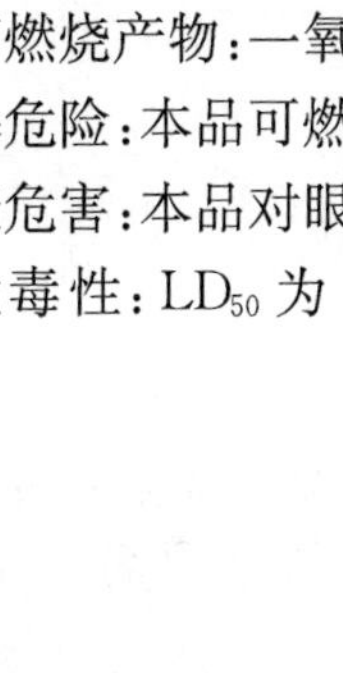

相对分子质量：168.00

【理化特性】 沸点：48℃；闪点：142℃。相对密度为 1.582。

【相关图谱】

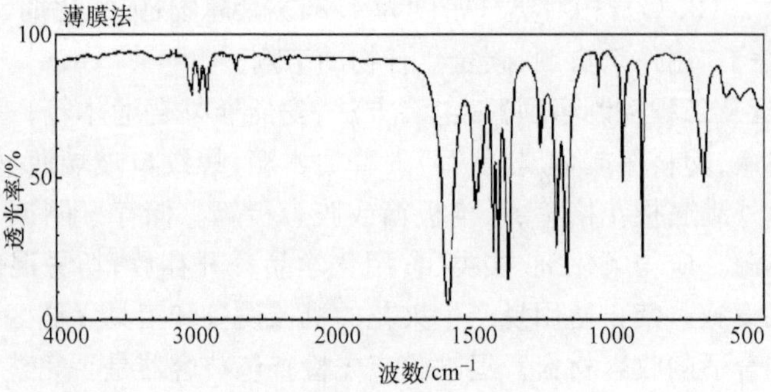

2-溴-2-硝基丙烷红外图谱

【包装储运及工程控制事项】 常温,避光,阴凉干燥处,密封保存。

3.16 1,3-二硝基丙烷

中文名:1,3-二硝基丙烷

英文名:1,3-dinitropropane

CAS 号:6125-21-9

化学式:$C_3H_6N_2O_4$

分子结构:

$O_2NO—CH_2—CH_2—CH_2—ONO_2$

相对分子质量:134.1

【理化特性】 黄色液体,带有刺激性气味,性质极不稳定。熔点:−21.4℃;沸点:103℃。相对密度为 1.35(26℃)。禁忌物:强氧化剂、强还原剂、强酸、强碱、胺类。

【包装储运及工程控制事项】 包装方法:小开口钢桶;安瓿瓶外普通木箱;螺纹口玻璃瓶、铁盖压口玻璃瓶、塑料瓶或金属桶(罐)外普通木箱;螺纹口玻璃瓶、塑料瓶或镀锡薄钢板桶(罐)外满底板花格箱、纤维板箱或胶合板箱。储存于阴凉、干燥、通风良好的不燃库房。远离火种和热源。库温不宜超过 30℃。保持容器密封。应与氧化剂、还原剂、酸类、食用化学品分开存放,切忌混储。采用防爆型照明和通风设施。禁止使用易产生火花的机械设备和工具。储区应备有泄漏应急处理设备和合适的收容材料。铁路运输时应严格按照铁道部《危险货物运输规则》中的危险货物配装表进行配装。运输车辆应配备相应品种和数量的消防器材及泄漏应急处理设备。夏季最好早晚运输。运输时所用的槽(罐)车应有接地链,槽内可设孔隔板以减少振荡产生静电。严禁与氧化剂、还原剂、酸类、食用化学品等混装混运。运输途中应防暴晒、雨淋,防高温。中途停留时应远离火种、热源和高温区。

装运该物品的车辆排气管必须配备阻火装置，禁止使用易产生火花的机械设备和工具装卸。公路运输时要按规定路线行驶，勿在居民区和人口稠密区停留。铁路运输时要禁止溜放。严禁用木船、水泥船散装运输。

【安全与毒性】 危险特性：易燃，其蒸气与空气可形成爆炸性混合物。强烈振动及受热或遇无机碱类、氧化剂、烃类、胺类及三氯化铝、六甲基苯等均能引起燃烧爆炸。燃烧分解时，放出有毒的氮氧化物气体。

有害燃烧产物：一氧化碳、二氧化碳、氧化氮。

健康危害：本品对皮肤、眼睛、黏膜和上呼吸道有强烈刺激性，吸收进入体内后可引起紫绀。

3.17　1-硝基丁烷

中文名：1-硝基丁烷

中文别名：1-硝丁烷

英文名：1-nitrobutane

英文别名：nitro-butane

CAS 号：627-05-4

化学式：$C_4H_9NO_2$

分子结构：

$O_2N—CH_2—CH_2—CH_2—CH_2$

相对分子质量：103.12

【理化特性】 微溶于水，可混溶于醇、醚、碱液。熔点：－81℃；沸点：152～153℃；闪点：44℃。相对密度为 0.97。禁忌物：强氧化剂、碱类。

【相关图谱】

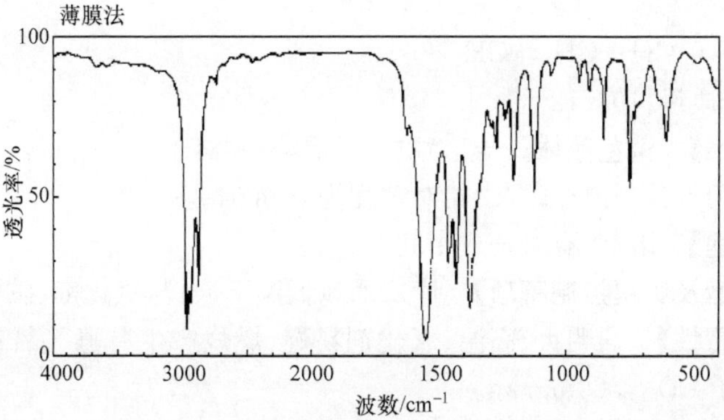

1-硝基丁烷的红外图谱

【用途】 用作有机合成中间体。

【包装储运及工程控制事项】 包装方法：安瓿瓶外普通木箱；螺纹口玻璃瓶、铁盖压口玻璃瓶、塑料瓶或金属桶（罐）外普通木箱；螺纹口玻璃瓶、塑料瓶或镀锡薄钢板桶（罐）外满底板花格箱、纤维板箱或胶合板箱。储存于阴凉、通风的库房。远离火种和热源。库温不宜超过30℃。保持容器密封。应与氧化剂分开存放，切忌混储。采用防爆型照明和通风设施。禁止使用易产生火花的机械设备和工具。储区应备有泄漏应急处理设备和合适的收容材料。密闭操作，全面通风。运输车辆应配备相应品种和数量的消防器材及泄漏应急处理设备。夏季最好早晚运输。运输时所用的槽（罐）车应有接地链，槽内可设孔隔板以减少振荡产生静电。严禁与氧化剂、食用化学品等混装混运。运输途中应防暴晒、雨淋，防高温。中途停留时应远离火种、热源和高温区。装运该物品的车辆排气管必须配备阻火装置，禁止使用易产生火花的机械设备和工具装卸。公路运输时要按规定路线行驶，勿在居民区和人口稠密区停留。铁路运输时要禁止溜放。严禁用木船、水泥船散装运输。

【安全与毒性】 遇明火、高温、氧化剂易燃。燃烧产生有毒氮氧化物烟雾。

3.18 2-硝基丁烷

中文名：2-硝基丁烷

中文别名：2-硝丁烷

英文名：2-nitrobutane

CAS号：600-24-8

化学式：$C_4H_9NO_2$

分子结构：

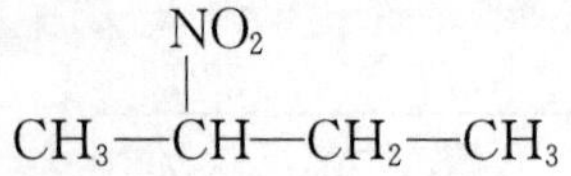

相对分子质量：103.12

【理化特性】 黄色液体。与乙醇、乙醚混溶，不溶于水。熔点：−132℃；沸点：139～141℃；闪点：＜−16.9℃。相对密度为0.9604。

【主要用途】 溶剂，有机合成中间体。

【包装储运及工程控制事项】 库房通风低温干燥；与氧化剂、碱类分开存放。

【安全与毒性】 遇明火、高温、氧化剂易燃；燃烧产生有毒氮氧化物烟雾。易燃。口服-兔子 LD_{50}：500mg/kg。

3.19　硝基叔丁烷

中文名：硝基叔丁烷

中文别名：2-甲基-2-硝基丙烷；特硝基丁烷

英文名：tert-nitrobutane

英文别名：2-methyl-2-nitropropane

CAS 号：594-70-7

化学式：$C_4H_9NO_2$

分子结构：

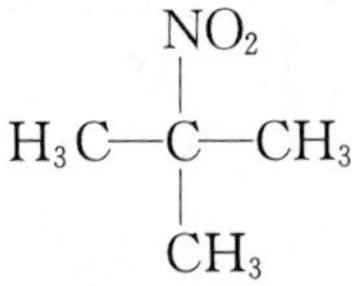

相对分子质量：103.12

【理化特性】　熔点：24℃；沸点：126～127℃；闪点：19.4℃。相对密度为 0.95。

【相关图谱】

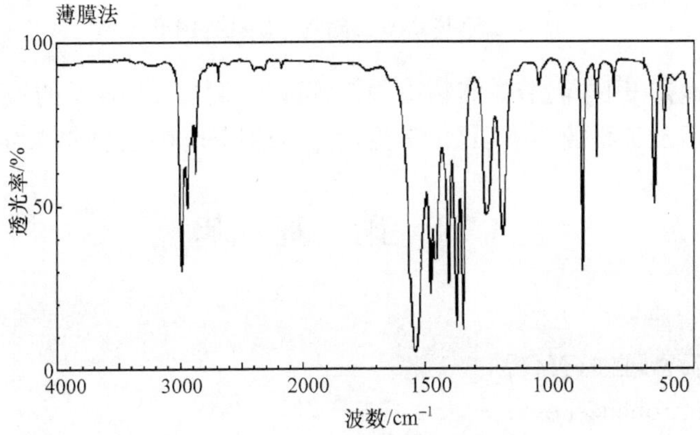

硝基叔丁烷红外图谱

【主要用途】　主要用作含能黏结的过渡物，医学中间体。

3.20　2,3-二甲基-2,3-二硝基丁烷

中文名：2,3-二甲基-2,3-二硝基丁烷

英文名：2,3-dimethyl-2,3-dinitrobutane

CAS 号：3964-18-9

化学式：$C_6H_{12}N_2O_4$

分子结构：

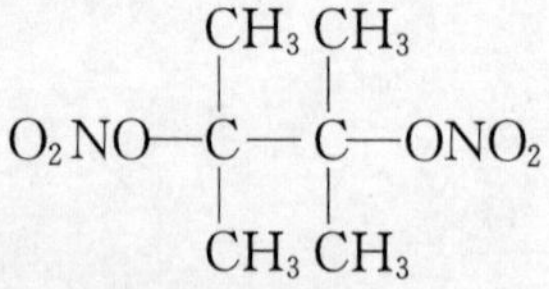

相对分子质量：176.17

【相关图谱】

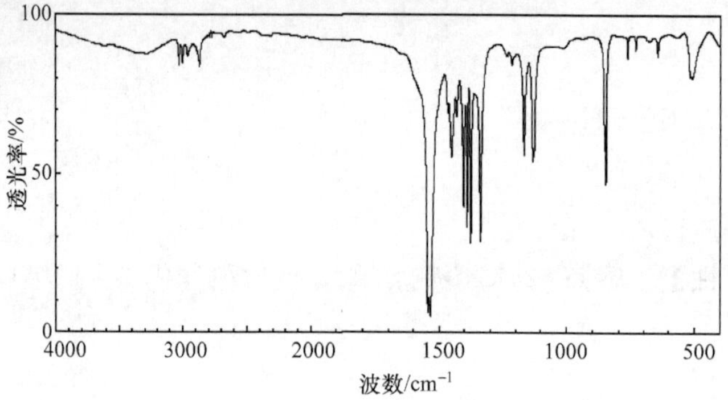

2,3-二甲基-2,3-二硝基丁烷红外图谱

【主要用途】 用作制造爆炸物检测剂，可以检测出 1%含量的塑性炸药。

【包装储运及工程控制事项】 常温，避光，通风干燥处，密封保存。

3.21 硝 基 苯

中文名：硝基苯

中文别名：密斑油；杏仁油

英文名：nitrobenzene

CAS 号：98-95-3

分子式：$C_6H_5NO_2$

分子结构：

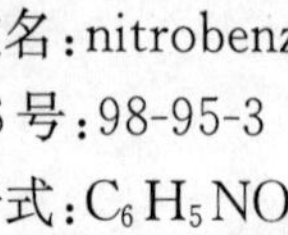

相对分子质量：123.11

【理化特性】 无色或微黄色具苦杏仁味的油状液体。难溶于水，密度比水大；易溶于乙醇、乙醚、苯和油。熔点：5.7℃；沸点：210.9℃；闪点：87.78℃。相对密度

为 1.205(15℃/4℃)。禁忌物:强氧化剂、强还原剂、强碱。

【相关图谱】

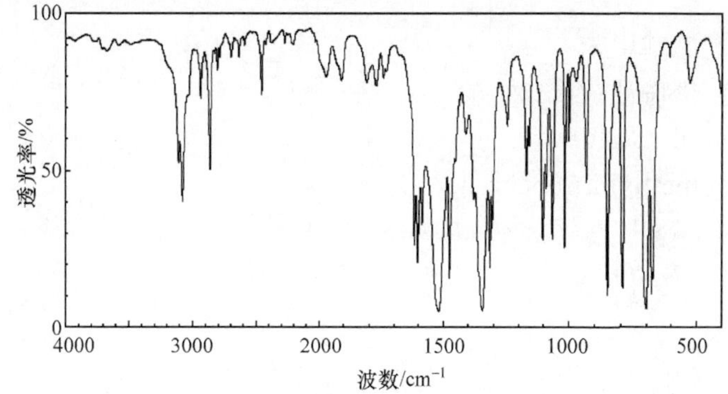

硝基苯红外图谱

【用途】 用作分析试剂气相色谱固定液及傅克反应用溶剂。作为基本有机化工原料,用于生产多种医药和染料中间体,如苯胺、间氨基苯磺酸、二硝基苯等。

【制备】 由苯经混酸硝化而得。这是生产硝基苯的传统方法,最初采用间歇法生产,后来发展了连续法,近来又发展为绝热硝化法。间歇法是苯和混酸在铸铁硝化锅中于 50℃时反应。连续硝化采用串联的硝化器,为使硝酸得到充分利用,并减少二硝基苯的生成,加入的苯稍过量。连续法的优点是生产能力大,硝酸的浓度可适当降低。绝热硝化法可间歇或连续操作,反应热可用来浓缩硫酸,副产物二硝基苯较少。

【包装储运及工程控制事项】 储存于阴凉、通风的库房。远离火种和热源。库温不超过 25℃,相对湿度不超过 75%。保持容器密封。应与氧化剂、还原剂、碱类、食用化学品分开存放,切忌混储。配备相应品种和数量的消防器材。储区应备有泄漏应急处理设备和合适的收容材料。工程控制:严加密闭,提供充分的局部排风。提供安全淋浴和洗眼设备。

【安全与毒性】 危险特性:遇明火、高热或与氧化剂接触,有引起燃烧爆炸的危险。与硝酸反应强烈。

燃烧(分解)产物:一氧化碳、二氧化碳、二氧化氮。

急性毒性:LD_{50} 为 489mg/kg(大鼠经口),2100mg/kg(大鼠经皮);狗静脉,150mg/kg,最小致死剂量;人(女性)经口,200mg/kg,最小中毒剂量(血液毒性);人经口,5mg/kg,最小中毒剂量(不悦感)。

3.22　间硝基甲苯

中文名：间硝基甲苯

中文别名：密斑油；杏仁油

英文名：m-nitrotoluene

英文别名：methylnitrobenzene

CAS 号：99-08-1

分子式：$C_7H_7NO_2$

分子结构：

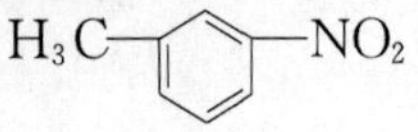

相对分子质量：123.11

【理化特性】 黄色液体或结晶。不溶于水，溶于苯，可混溶于乙醇、乙醚。熔点：15.1℃；沸点：231.9℃；闪点：101.67℃。密度：相对密度为 1.16；相对蒸气密度为 4.72。禁忌物：强氧化剂、强还原剂、强碱。

【相关图谱】

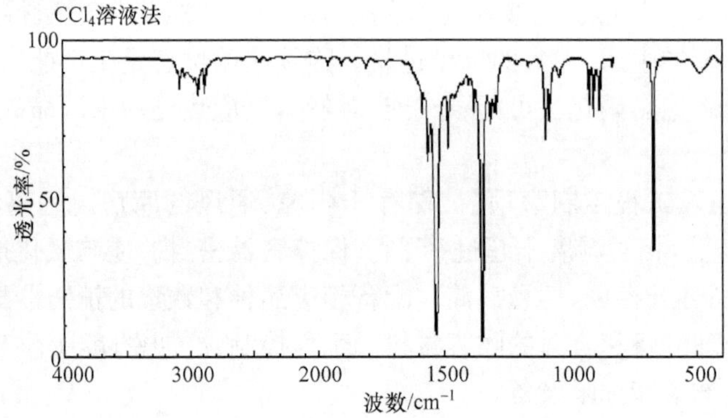

间硝基甲苯的红外图谱

【用途】 用于有机合成。

【制备】 苯在混酸中硝化而得，这是硝基苯的传统生产方法。最初采用间歇式方法生产，后来发展成为连续法生产，近年来又发展为绝热硝化法。间歇法是苯和混酸在铸铁硝化锅中于 50℃时反应。连续硝化采用串联的硝化器，为使硝酸得到充分利用，并减少二硝基苯的生成，加入的苯稍过量。连续法的优点是生产能力大，硝酸的浓度可适当降低。绝热硝化法可间歇或连续操作，反应热可用来浓缩硫酸，副产物二硝基苯较少。

【包装储运及工程控制事项】 包装方法：液态时为小开口钢桶，螺纹口玻璃瓶、铁盖压口玻璃瓶、塑料瓶或金属桶(罐)外普通木箱，螺纹口玻璃瓶、塑料瓶或镀锡薄钢板桶(罐)外满底板花格箱、纤维板箱或胶合板箱；固态时为螺纹口玻璃瓶、铁盖压口玻璃瓶、塑料瓶或金属桶(罐)外普通木箱，螺纹口玻璃瓶、塑料瓶或镀锡薄钢板桶(罐)外满底板花格箱、纤维板箱或胶合板箱。储存于阴凉、通风的库房。远离火种和热源。库温不超过 25℃，相对湿度不超过 75%。保持容器密封。应与氧化剂、还原剂、碱类、食用化学品分开存放，切忌混储。配备相应品种和数量的消防器材。储区应备有泄漏应急处理设备和合适的收容材料。运输前应先检查包装容器是否完整、密封，运输过程中要确保容器不泄漏、不倒塌、不坠落、不损坏。严禁与酸类、氧化剂、食品及食品添加剂混运。运输途中应防暴晒、雨淋，防高温。工程控制：严加密闭，提供充分的局部排风。提供安全淋浴和洗眼设备。

【安全与毒性】 危险特性：易燃，遇明火、高热可燃。受高热分解放出有毒的气体。

燃烧(分解)产物：一氧化碳、二氧化碳、二氧化氮。

健康危害：对眼睛、呼吸道和皮肤有刺激作用。吸收进入体内可引起高铁血红蛋白血症，出现紫绀。严重中毒者可致死。

急性毒性：LD_{50} 为 1072mg/kg(大鼠经口)。

3.23　邻硝基甲苯

中文名：邻硝基甲苯

中文别名：1-甲基-4-硝基苯

英文名：o-nitrotoluene

英文别名：2-nitrotoluene

CAS 号：88-72-2

分子式：$C_7H_7NO_2$

分子结构：

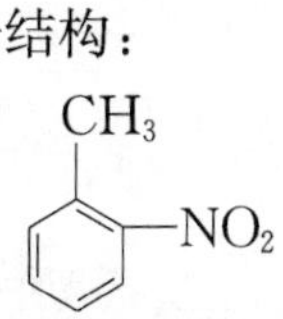

相对分子质量：137

【理化特性】 微黄色液体。不溶于水，溶于乙醇、乙醚、苯、丙酮、氯仿、石油醚。熔点：－9.5℃；沸点：222℃。密度：相对密度为 1.16；相对蒸气密度为 4.72。闪点：106℃(闭口)。爆炸下限：2.2%。

【相关图谱】

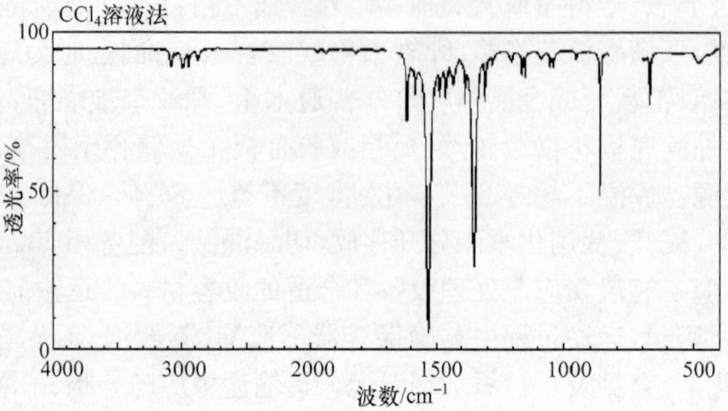

邻硝基甲苯的红外图谱

【用途】 主要用于生产邻甲苯胺、联甲苯胺,是染料、涂料、塑料和医药的重要原料。在医药工业用于生产硝苯地平、卡马西平、丙咪嗪盐酸盐、溴己胺盐酸盐、双氯苯唑青霉素钠等。还用作溶剂。

【制备】 甲苯用混酸硝化,生成混合的硝基甲苯,其中主要是邻硝基甲苯(约占三分之二)和对硝基甲苯(约占三分之一),经分离即得纯品。

【包装储运及工程控制事项】 储存于阴凉、通风的库房。远离火种和热源。库温不超过25℃,相对湿度不超过75%。保持容器密封。应与氧化剂、还原剂、碱类、食用化学品分开存放,切忌混储。配备相应品种和数量的消防器材。储区应备有泄漏应急处理设备和合适的收容材料。工程控制:严加密闭,提供充分的局部排风。提供安全淋浴和洗眼设备。

【安全与毒性】 危险特性:遇明火、高热或与氧化剂接触,有引起燃烧爆炸的危险。与硝酸反应强烈。

燃烧(分解)产物:一氧化碳、二氧化碳、二氧化氮。

3.24 2-硝基间二甲苯

中文名:2-硝基间二甲苯

中文别名:1,3-二甲基-2-硝基苯

英文名:2-nitro-m-xylene

英文别名:1,3-dimethyl-2-nitrobenzene

CAS号:81-20-9

分子式:$C_8H_9NO_2$

分子结构：

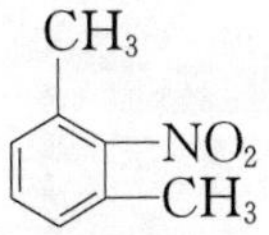

相对分子质量：151.16

【理化特性】 淡黄色液体。不溶于水，易溶于乙醇。熔点：14～16℃；沸点：225～226℃；闪点：87.78℃。相对密度为 1.11。

【相关图谱】

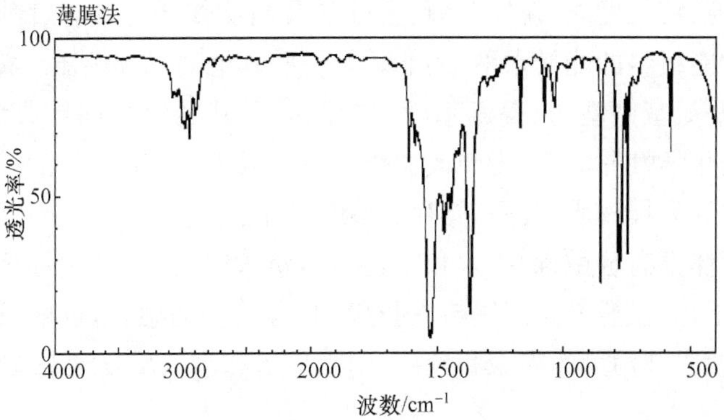

2-硝基间二甲苯的红外图谱

【用途】 由间二甲苯经硝化而得。将间二甲苯冷却至 10℃以下，分批加入预冷的混酸（56.5%硫酸、28.5%硝酸、15%水）。第一批混酸于 15～17℃，约 3h 加完；第二批控制温度 17～25℃，于 2h 加完；第三批保持在 25～30℃，于 1h 加完。加毕，在 30℃保温搅拌 2h。静置分层，取上层硝化油，用水洗至对刚果红试纸不显酸性为止。减压蒸馏，收集 105～145℃（14.6kPa）粗馏分，再减压蒸馏，收集 100～110℃（13.3kPa）馏分，即为 2-硝基间二甲苯。

【制备】 由苯经混酸硝化而得。这是生产硝基苯的传统方法，最初采用间歇法生产，后来发展了连续法，近来又发展为绝热硝化法。间歇法是苯和混酸在铸铁硝化锅中于 50℃时反应。连续硝化采用串联的硝化器，为使硝酸得到充分利用，并减少二硝基苯的生成，加入的苯稍过量。连续法的优点是生产能力大，硝酸的浓度可适当降低。绝热硝化法可间歇或连续操作，反应热可用来浓缩硫酸，副产物二硝基苯较少。

【包装储运及工程控制事项】 储存于阴凉、通风的库房。远离火种和热源。保持容器密封。应与氧化剂、还原剂、碱类、食用化学品分开存放，切忌混储。配备相应品种和数量的消防器材。储区应备有泄漏应急处理设备和合适的收容材料。

【安全与毒性】 急性毒性：LD_{50} 为 45mg/kg（小鼠静脉）。

第 4 章　叠氮类液体

叠氮液体化合物是一种带有叠氮基团（$—N_3$）的新型含能材料，主要用作含能胶黏剂和含能增塑剂。自 1864 年以来，人们对其结构、性能、合成方法及应用进行了大量研究。含有机叠氮基团的溶剂、分子间合剂、黏合剂、增塑剂、氧化剂及其他添加剂等具有独特的性能，在发射药、推进剂及高能炸药等中有着独特的作用，不仅可以提高含能材料的能量水平，还能赋予一些其他的优异性能。叠氮基烷烃、叠氮基醇硝基、叠氮基硝基物、叠氮基硝酸酯及叠氮基醚（酮）都是典型的叠氮化合物。此类物质化学性质活泼，光照或加热分解成氮烯，后者可发生多种反应。大多数叠氮化合物为易爆物质，使用、储存运输时需小心。

叠氮类液体都有轻微毒性，人和动物吸入量大时，会引起慢性至急性中毒，表现为头昏，口干，大量叠氮类液体与皮肤接触，有灼伤的感觉，皮肤发黄，重者会掉皮，中毒后应换去被污染的衣服和鞋袜，用肥皂水和清水反复清洗皮肤和头发。

4.1　叠氮甲烷

中文名：叠氮甲烷

英文名：diazomethane

化学式：CH_3N_3

分子结构：

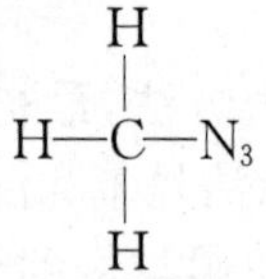

相对分子质量：57.05

【理化特性】　无色液体。不溶于水，溶于乙烷、丙酮、乙醚。相对密度为 0.92。爆炸上限：19%；爆炸下限：4.2%。禁忌物：强碱、强酸。

【主要用途】　含能材料中间体。

【制备】　它可以由叠氮化钠的甲基化反应制得。该物质最早于 1905 年制得。它以如下的一级反应分解：$CH_3N_3 \longrightarrow CH_3N + N_2$。

【包装储运及工程控制事项】 储存于阴凉、通风的库房。远离火种和热源。防止阳光直射。库温不宜超过 30℃。保持容器密封，严禁与空气接触。应与氧化剂、碱类分开存放，切忌混储。采用防爆型照明和通风设施。禁止使用易产生火花的机械设备和工具。储区应备有泄漏应急处理设备和合适的收容材料。

【安全与毒性】 燃爆危险：本品易燃，具强刺激性。

健康危害：蒸气具有催泪性。对眼睛、皮肤、黏膜和上呼吸道具有强烈的刺激作用。对人有致突变作用。

环境危害：受热分解释出氯烟雾。对环境有危害。

4.2 叠氮乙烷

中文名：叠氮乙烷

英文名：diazoethane

化学式：$CH_3CH_2N_3$

分子结构：

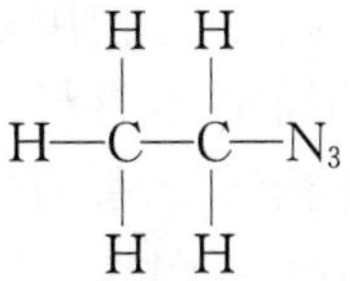

相对分子质量：71.07

【理化特性】 无色液体。不溶于水，溶于乙烷、丙酮、乙醚。相对密度为 0.92。禁忌物：强氧化剂、强酸。

【主要用途】 火箭助推剂。

【制备】 叠氮乙烷由叠氮化钠的乙基化反应制得。

【包装储运及工程控制事项】 储存于阴凉、通风的库房。远离火种和热源。防止阳光直射。库温不宜超过 30℃。保持容器密封，严禁与空气接触。应与氧化剂、碱类分开存放，切忌混储。采用防爆型照明和通风设施。禁止使用易产生火花的机械设备和工具。储区应备有泄漏应急处理设备和合适的收容材料。

【安全与毒性】 燃爆危险：本品易燃，具强刺激性。

健康危害：蒸气具有催泪性。对眼睛、皮肤、黏膜和上呼吸道具有强烈的刺激作用。对人有致突变作用。

环境危害：受热分解释出氯烟雾。对环境有危害。

4.3 叠氮丙烷

中文名：叠氮丙烷

英文名：azidopropane

化学式：$C_3H_7N_3$

分子结构：

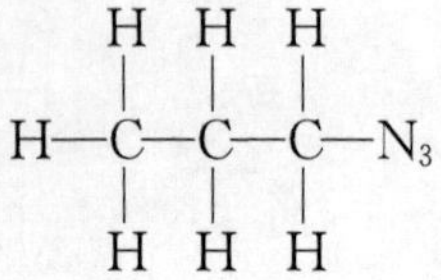

相对分子质量：85.09

【主要用途】 用于有机合成。

【制备】 叠氮丙烷由叠氮化钠和丙烷反应制得。

【包装储运及工程控制事项】 储存于阴凉、通风的库房。远离火种和热源。防止阳光直射。库温不宜超过 30℃。保持容器密封，严禁与空气接触。应与氧化剂、碱类分开存放，切忌混储。采用防爆型照明和通风设施。禁止使用易产生火花的机械设备和工具。储区应备有泄漏应急处理设备和合适的收容材料。

【安全与毒性】 叠氮甲烷在常温时稳定但加热时可能爆炸。汞的存在将增加它对振动和火花的敏感度。它与丙二酸二甲酯、甲醇钠、汞、甲醇、叠氮化钠、硫酸二甲酯、氢氧化钠、叠氮酸不能共存。加热分解时产生有毒的氮氧化物气体。

4.4 1,2-二叠氮基乙烷

中文名：1,2-二叠氮基乙烷

英文名：permian nitrogen oxide

化学式：$C_2H_4N_6$

分子结构：

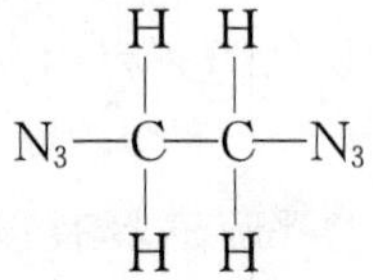

相对分子质量：115.36

【理化特性】 淡黄色液体。不溶于水，溶于乙醇、丙酮、乙醚。熔点：－65℃；沸点：62～85℃；闪点：－15℃。相对密度为 0.92。爆炸上限：19%；爆炸下限：4.2%。禁忌物：强氧化剂、强酸。

【主要用途】 用于有机合成。

【制备】 1,2-二叠氮基乙烷由叠氮化钠和乙烷两次叠氮化而得。

【包装储运及工程控制事项】 储存于阴凉、通风的库房。远离火种和热源。防止阳光直射。库温不宜超过 30℃。保持容器密封,严禁与空气接触。应与氧化剂、碱类分开存放,切忌混储。采用防爆型照明和通风设施。禁止使用易产生火花的机械设备和工具。储区应备有泄漏应急处理设备和合适的收容材料。

【安全与毒性】 燃爆危险:本品易燃,具强刺激性。

健康危害:蒸气具有催泪性。对眼睛、皮肤、黏膜和上呼吸道具有强烈的刺激作用。对人有致突变作用。

环境危害:受热分解释出氯烟雾。对环境有危害。

4.5　1,3-二叠氮基丙烷

中文名:1,3-二叠氮基丙烷

化学式:$C_3H_6N_6$

分子结构:

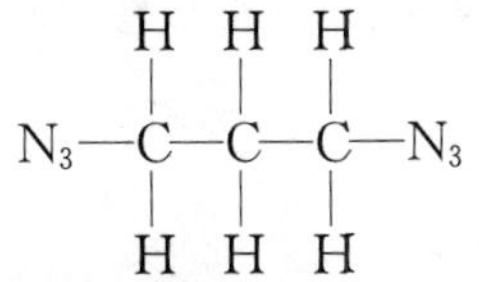

相对分子质量:129.36

【主要用途】 用于有机合成。

【制备】 1,3-二叠氮基丙烷由 1,3-丙二醇、对甲苯磺酰氯和叠氮化钠经磺酰化和叠氮化合成。

【包装储运及工程控制事项】 储存于阴凉、通风的库房。远离火种和热源。防止阳光直射。库温不宜超过 30℃。保持容器密封,严禁与空气接触。应与氧化剂、碱类分开存放,切忌混储。采用防爆型照明和通风设施。禁止使用易产生火花的机械设备和工具。储区应备有泄漏应急处理设备和合适的收容材料。

【安全与毒性】 燃爆危险:本品易燃,具强刺激性。

健康危害:蒸气具有催泪性。对眼睛、皮肤、黏膜和上呼吸道具有强烈的刺激作用。对人有致突变作用。

环境危害:受热分解释出氯烟雾。对环境有危害。

4.6　1,5-二叠氮-3-三硝基氨杂戊烷

中文名:1,5-二叠氮-3-三硝基氨杂戊烷

英文名：1,5-diazido-3-nitraza pentane

化学式：$C_4H_8N_8O_2$

分子结构：

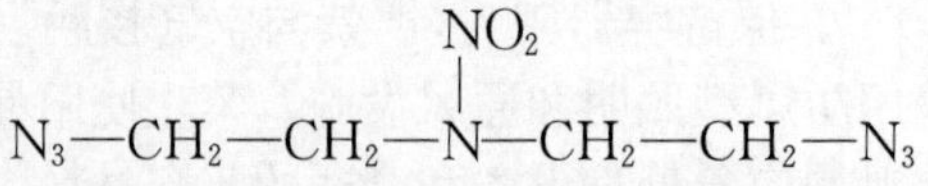

相对分子质量：200.16

【理化特性】 无色液体。相对密度为 1.33。溶于丙酮、甲醇、二甲基甲酰胺、二甲基硫、乙酸乙酯、苯和硝化棉等，在乙醇、丙醇、异丙醇限量溶解。标准生成热：539.74kJ/mol(s)；2696.54kJ/kg(s)。燃烧热：－3265.29kJ/mol(s)；－16 313.42kJ/kg(s)。分解温度：246℃(DSC)。冻点：－20℃。

【包装储运及工程控制事项】 储存于阴凉、通风的库房。远离火种和热源。防止阳光直射。库温不宜超过 30℃。保持容器密封，严禁与空气接触。应与氧化剂、碱类分开存放，切忌混储。采用防爆型照明和通风设施。禁止使用易产生火花的机械设备和工具。储区应备有泄漏应急处理设备和合适的收容材料。

【安全与毒性】 燃爆危险：本品易燃，具强刺激性。

健康危害：蒸气具有催泪性。对眼睛、皮肤、黏膜和上呼吸道具有强烈的刺激作用。对人有致突变作用。

环境危害：受热分解释出氯烟雾。对环境有危害。

4.7 1,3-重(叠氮甲基)氧杂环丁烷

中文名：1,3-重(叠氮甲基)氧杂环丁烷

中文别名：1,3-双(叠氮甲基)杂环丁烷

英文名：3-bis(azidomethyl)oxetane

化学式：$C_5H_8N_6O$

分子结构：

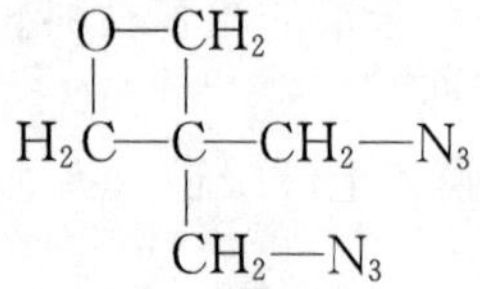

相对分子质量：168.2

【理化特性】 无色液体。相对密度：1.22、1.34。熔点：－78.0℃；沸点：67℃。

标准生成热：518.82kJ/mol (l)；3084.54kJ/kg (l)；426.77kJ/mol (l)；2537.28kJ/kg(l)；427.40J/mol(l)；2541.67kJ/kg(l)。

【主要用途】 本品位高氮化合物，可用作火箭推进剂的添加剂或气体发生剂。

【包装储运及工程控制事项】 储存于阴凉、通风的库房。远离火种和热源。防止阳光直射。库温不宜超过 30℃。保持容器密封，严禁与空气接触。应与氧化剂、碱类分开存放，切忌混储。采用防爆型照明和通风设施。禁止使用易产生火花的机械设备和工具。储区应备有泄漏应急处理设备和合适的收容材料。

【安全与毒性】 燃爆危险：本品易燃，具强刺激性。

健康危害：蒸气具有催泪性。对眼睛、皮肤、黏膜和上呼吸道具有强烈的刺激作用。对人有致突变作用。

环境危害：受热分解释出氯烟雾。对环境有危害。

4.8　3,3-重(叠氮甲基)氧杂环丁烷

中文名：3,3-重(叠氮甲基)氧杂环丁烷

英文名：3-azidomethyl-3-methyloxetane

化学式：$C_5H_9N_3O$

分子结构：

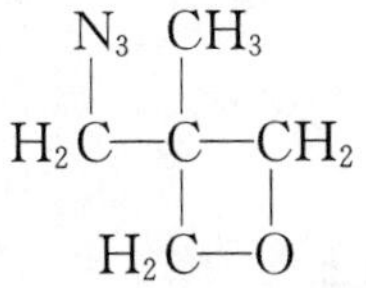

相对分子质量：127.07

【理化特性】 相对密度：1.06；熔点：−50℃；玻璃化温度：−45℃。

标准生成热：11.60kJ/mol(l)；91.3kJ/kg(l)；11.58kJ/mol(l)；91.1kJ/kg(l)。

【包装储运及工程控制事项】 储存于阴凉、通风的库房。远离火种和热源。防止阳光直射。库温不宜超过 30℃。保持容器密封，严禁与空气接触。应与氧化剂、碱类分开存放，切忌混储。采用防爆型照明和通风设施。禁止使用易产生火花的机械设备和工具。储区应备有泄漏应急处理设备和合适的收容材料。

【安全与毒性】 燃爆危险：本品易燃，具强刺激性。

健康危害：蒸气具有催泪性。对眼睛、皮肤、黏膜和上呼吸道具有强烈的刺激作用。对人有致突变作用。

环境危害：受热分解释出氯烟雾。对环境有危害。

4.9　2-叠氮基乙醇

中文名：2-叠氮基乙醇

英文名：2-azidoethanol

CAS 号:1517-05-1

化学式:$C_2H_5N_3O$

分子结构:

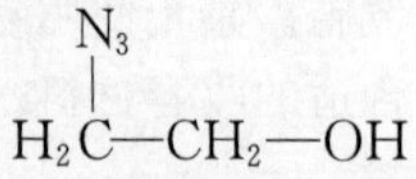

相对分子质量:87.08

【理化特性】 无色液体,为异构体的混合物,有催泪性,不溶于水,溶于乙醇、丙酮、乙醚。熔点:－65℃;沸点:62～85℃;闪点:－15℃。相对密度为 0.92。爆炸上限:19%;爆炸下限:4.2%。禁忌物:强氧化剂、强酸。

【包装储运及工程控制事项】 储存于阴凉、通风的库房。远离火种和热源。防止阳光直射。库温不宜超过 30℃。保持容器密封,严禁与空气接触。应与氧化剂、碱类分开存放,切忌混储。采用防爆型照明和通风设施。禁止使用易产生火花的机械设备和工具。储区应备有泄漏应急处理设备和合适的收容材料。

【安全与毒性】 燃爆危险:本品易燃,具强刺激性。

健康危害:蒸气具有催泪性。对眼睛、皮肤、黏膜和上呼吸道具有强烈的刺激作用。对人有致突变作用。

环境危害:受热分解释出氯烟雾。对环境有危害。

4.10 三叠氮乙酸甘油酯

中文名:三叠氮乙酸甘油酯

英文名:glycerol tri azidoacetate

化学式:$C_9H_{11}N_9O_6$

分子结构:

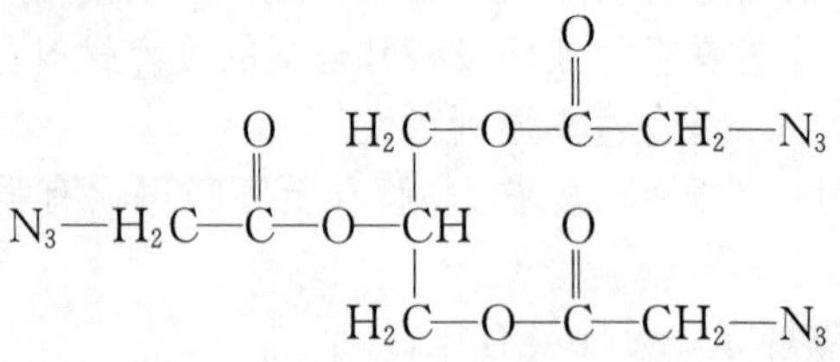

相对分子质量:341.2

【理化特性】 标准生成热:－139.75kJ/mol(l);－409.58kJ/kg(l)。燃烧热:－4985.65kJ/mol(l);－14612.1kJ/kg(l)。

【包装储运及工程控制事项】 储存于阴凉、通风的库房。远离火种和热源。防止阳光直射。库温不宜超过 30℃。保持容器密封,严禁与空气接触。应与氧化剂、碱类分开存放，切忌混储。采用防爆型照明和通风设施。禁止使用易产生火花的机械设备和工具。储区应备有泄漏应急处理设备和合适的收容材料。

【安全与毒性】 燃爆危险：本品易燃，具强刺激性。

健康危害：蒸气具有催泪性。对眼睛、皮肤、黏膜和上呼吸道具有强烈的刺激作用。对人有致突变作用。

环境危害：受热分解释出氯烟雾。对环境有危害。

4.11　季戊四醇四叠氮乙酸酯

中文名：季戊四醇四叠氮乙酸酯

英文名：pentaerythritol tetrakis

化学式：$C_{13}H_{16}N_{12}O_8$

分子结构：

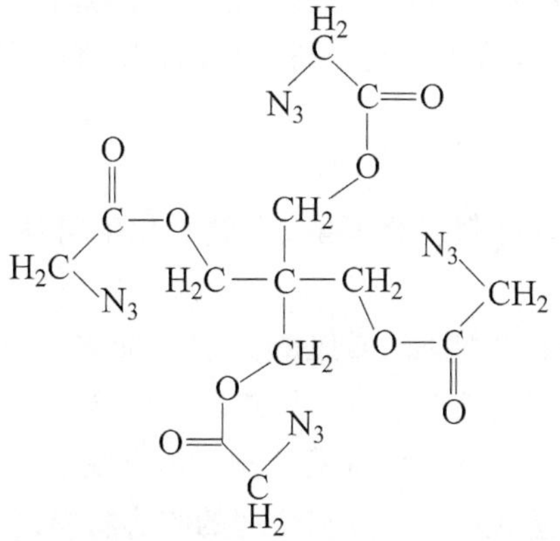

相对分子质量：468.35

【理化特性】 相对密度为 1.39。摩擦感度：360N。撞(冲)击感度：60N · m。

【包装储运及工程控制事项】 储存于阴凉、通风的库房。远离火种和热源。防止阳光直射。库温不宜超过 30℃。保持容器密封，严禁与空气接触。应与氧化剂、碱类分开存放，切忌混储。采用防爆型照明和通风设施。禁止使用易产生火花的机械设备和工具。储区应备有泄漏应急处理设备和合适的收容材料。

【安全与毒性】 燃爆危险：本品易燃，具强刺激性。

健康危害：蒸气具有催泪性。对眼睛、皮肤、黏膜和上呼吸道具有强烈的刺激作用。对人有致突变作用。

环境危害：受热分解释出氯烟雾。对环境有危害。

4.12 叠 氮 酸

中文名:叠氮酸

中文别名:氢叠氮酸

英文名:hydragoic acid

英文别名:hydrogen agide

CAS 号:7782-79-8

化学式:HN_3

分子结构:

$$HN{=}\overset{+}{N}{=}\overset{-}{N}$$

相对分子质量:43.03

【理化特性】 氢叠氮酸是无色有刺激性气味的液体,是一种爆炸物,对热十分稳定,但受撞击就爆炸。氢叠氮酸在水溶液中是稳定的,在水中略有电离,它的酸性类似于乙酸,是种弱酸。

【主要用途】 常用于引爆剂。

【制备】 用稀硫酸与叠氮化钠反应可制得叠氮酸,而叠氮化钠可从下列反应制得:$NaNH_2 + N_2O \longrightarrow NaN_3 + H_2O$

【包装储运及工程控制事项】 储存于阴凉、通风的库房。远离火种和热源。防止阳光直射。库温不宜超过 30℃。保持容器密封,严禁与空气接触。应与氧化剂、碱类分开存放,切忌混储。采用防爆型照明和通风设施。禁止使用易产生火花的机械设备和工具。储区应备有泄漏应急处理设备和合适的收容材料。

【安全与毒性】 燃爆危险:本品易燃,具强刺激性。

健康危害:蒸气具有催泪性。对眼睛、皮肤、黏膜和上呼吸道具有强烈的刺激作用。对人有致突变作用。

环境危害:受热分解释出氯烟雾。对环境有危害。

4.13 叠 氮 化 氯

中文名:叠氮化氯

中文别名:叠氮基氯

英文名:chlorazide

CAS 号:13973-88-1

化学式:ClN_3

分子结构：

$$Cl—N{=}\overset{+}{N}{=}\overset{-}{N}$$

相对分子质量：77.4731

【理化特性】 叠氮化氯十分敏感，有时候甚至在没有外界因素干扰的情况下便会爆炸，正因为这种高感度，在得到它的稀溶液之前没有任何商业应用。叠氮化氯可以和丁二烯、乙烷、乙烯、甲烷、丙烷、磷、叠氮化银和钠发生爆炸性的反应。和酸接触时，叠氮化氯分解，产生氯化氢。

【制备】 叠氮化氯由氯气通过叠氮化银，或者在乙酸中由次氯酸钠和叠氮化钠反应得到。

【包装储运及工程控制事项】 储存于阴凉、通风的库房。远离火种和热源。防止阳光直射。库温不宜超过30℃。保持容器密封，严禁与空气接触。应与氧化剂、碱类分开存放，切忌混储。采用防爆型照明和通风设施。禁止使用易产生火花的机械设备和工具。储区应备有泄漏应急处理设备和合适的收容材料。

【安全与毒性】 燃爆危险：本品易燃，具强刺激性。

健康危害：蒸气具有催泪性。对眼睛、皮肤、黏膜和上呼吸道具有强烈的刺激作用。对人有致突变作用。

环境危害：受热分解释出氯烟雾。对环境有危害。

第5章　其他含氮类液体

含氮类液体化合物通常为有机含氮化合物，是在分子中含有C—N键或者含有C—O—N键的化合物。含氮液体化合物广泛存在于自然界，如胺类、腈类、吡啶类、哌嗪类等，是一类非常重要的化合物。许多有机含氮化合物具有生物活性，如生物碱；有些是生命活动不可缺少的物质，如氨基酸等；不少药物、染料等也都是有机含氮化合物。此类化合物容易挥发，暴露于空气中很容易氧化变质。人和动物吸入或皮肤接触大量的该类化合物进入体内，会引起慢性或急性中毒。建议使用时戴橡胶手套和化学安全防护眼镜。如果不幸吸入中毒，应迅速将患者移至空气新鲜处，以保证呼吸通畅。若皮肤中毒，应换去被污染的衣服和鞋袜，用肥皂水和清水反复清洗皮肤和头发。若有昏迷等严重现象，应由专人护送医院救治。

5.1　乙　　胺

中文名：乙胺

中文别名：氨基乙烷

英文名：ethylamine

英文别名：aminoethane

CAS号：75-04-7

化学式：C_2H_7N

分子结构：

$$CH_3—CH_2—NH_2$$

相对分子质量：45

【理化特性】　无色、有强烈氨味的液体或气体。溶于水、乙醇、乙醚等。熔点：−80.9℃；沸点：16.6℃；闪点：＜−17.8℃。密度：相对密度为0.70；相对蒸气密度为1.56。爆炸上限：14.0％；爆炸下限：3.5％。禁忌物：强氧化剂、强酸。

【相关图谱】　见下页。

【主要用途】　用于染料合成及作萃取剂、乳化剂、医药原料、三嗪类除草剂等。也用于染料、橡胶促进剂、表面活性剂、抗氧剂、离子交换树脂、飞机燃料、溶剂、洗涤剂、润滑剂、冶金选矿剂及化妆品和医药品等的生产。

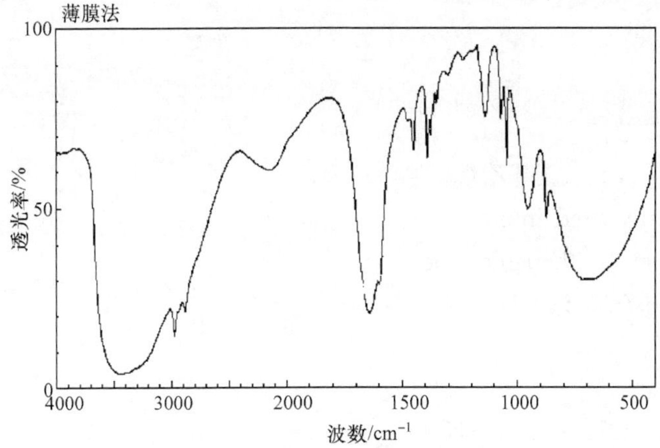

乙胺红外图谱

【制备】 乙醇(气相)氨化法;乙醛、氢氨化法。

【包装储运及工程控制事项】 包装方法:钢质气瓶;磨砂口玻璃瓶或螺纹口玻璃瓶外普通木箱;安瓿瓶外普通木箱。储存于阴凉、通风的库房。远离火种和热源。库温不超过 30℃,相对湿度不超过 80%。保持容器密封。应与氧化剂、酸类分开存放,切忌混储。采用防爆型照明和通风设施。禁止使用易产生火花的机械设备和工具。储区应备有泄漏应急处理设备。采用钢瓶运输时必须戴好钢瓶上的安全帽。钢瓶一般平放,并应将瓶口朝同一方向,不可交叉。高度不得超过车辆的防护栏板,并用三角木垫卡牢,防止滚动。运输车辆应配备相应品种和数量的消防器材。装运该物品的车辆排气管必须配备阻火装置,禁止使用易产生火花的机械设备和工具装卸。严禁与氧化剂、酸类、食用化学品等混装混运。夏季应早晚运输,防止日光暴晒。中途停留时应远离火种和热源。公路运输时要按规定路线行驶,禁止在居民区和人口稠密区停留。铁路运输时要禁止溜放。

【安全与毒性】 危险特性:其蒸气与空气可形成爆炸性混合物,遇热源和明火有燃烧爆炸的危险。与氧化剂接触猛烈反应。其蒸气密度比空气大,能在较低处扩散到相当远的地方,遇火源会着火回燃。

有害燃烧产物:一氧化碳、二氧化碳、氧化氮。

健康危害:接触乙胺蒸气可产生眼部刺激、角膜损伤和上呼吸道刺激。液体溅入眼内,可致严重灼伤;皮肤接触可致灼伤。

急性毒性:LD_{50} 为 400mg/kg(大鼠经口),390mg/kg(兔经皮)。

5.2 乙 二 胺

中文名:乙二胺
中文别名:1,2-二氨基乙烷
英文名:ethylenediamine
英文别名:1,2-ethanediamine
CAS 号:107-15-3
化学式:$C_2H_8N_2$
分子结构:

$$H_2N—CH_2—CH_2—NH_2$$

相对分子质量:60.0983

【理化特性】 无色或微黄色黏稠液体,有类似氨的气味。溶于水、醇,不溶于苯,微溶于乙醚。熔点:8.5℃;沸点:117.2℃;闪点:43℃。密度:相对密度为0.872;相对蒸气密度为2.07。爆炸上限:16.6%;爆炸下限:2.7%。禁配物:酸类、酰基氯、酸酐、强氧化剂。

【相关图谱】

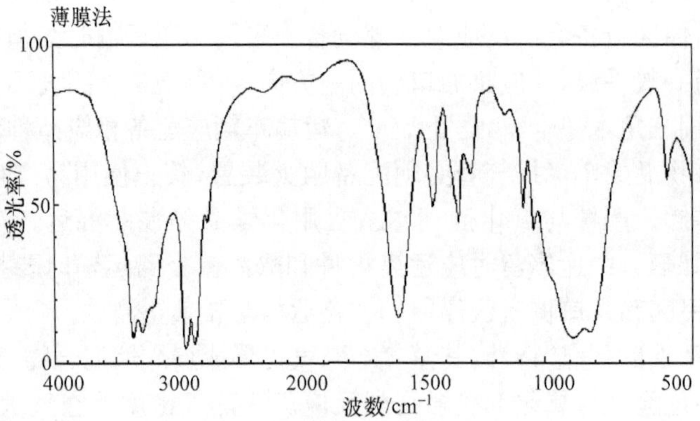

乙二胺红外图谱

【主要用途】 乙二胺在电化学、分析化学中作溶剂使用。用于非水溶液滴定,还用作环氧树脂固化剂,并用于有机合成及高分子聚合。作为非常广泛的有机合成原料,可用于制造改性胺类固化剂、合成树脂、塑料、农药、染料、药品、杀菌剂、表面活性剂、离子交换树脂、橡胶促进剂等。也用作电镀光亮剂、焊接助熔剂、显影添加剂、胶乳稳定剂、纺织品整理剂、金属螯合剂等。还用于矿物油、鱼油、润滑油精制,以及用作铍、铈、镧、镁、钍、镍、铀等金属的鉴定试剂。

【制备】　二氯乙烷法：由二氯乙烷与氨直接合成。乙醇胺法：将乙醇胺、氨和循环物料蒸发成气相混合物通入固定床反应器，反应在氢气流中进行，反应温度为300℃，压力为 25MPa，反应生成物部分冷凝后分出气相的氨和氢气，经压缩返回反应器，液相反应物经脱氨后脱水塔后进入精馏塔，从塔顶蒸出乙二胺和哌嗪，进一步分解得乙二胺成品。

【包装储运及工程控制事项】　包装方法：小开口钢桶；安瓿瓶外普通木箱；螺纹口玻璃瓶、铁盖压口玻璃瓶、塑料瓶或金属桶（罐）外普通木箱；螺纹口玻璃瓶、塑料瓶或镀锡薄钢板桶（罐）外满底板花格箱、纤维板箱或胶合板箱。储存于阴凉、通风的库房。远离火种和热源。库温不宜超过 30℃。包装要求密封，不可与空气接触。应与氧化剂、酸类等分开存放，切忌混储。采用防爆型照明和通风设施。禁止使用易产生火花的机械设备和工具。储区应备有泄漏应急处理设备和合适的收容材料。铁路运输时应严格按照铁道部《危险货物运输规则》中的危险货物配装表进行配装。起运时包装要完整，装载应稳妥。运输过程中要确保容器不泄漏、不倒塌、不坠落、不损坏。运输时所用的槽（罐）车应有接地链，槽内可设孔隔板以减少振荡产生静电。严禁与氧化剂、酸类、食用化学品等混装混运。公路运输时要按规定路线行驶，勿在居民区和人口稠密区停留。

【安全与毒性】　危险特性：遇明火、高热或与氧化剂接触，有引起燃烧爆炸的危险。与乙酸、乙酸酐、二硫化碳、氯磺酸、盐酸、硝酸、硫酸、发烟硫酸、过氯酸等剧烈反应。能腐蚀铜及其合金。

有害燃烧产物：一氧化碳、二氧化碳、氧化氮。

健康危害：本品蒸气对黏膜和皮肤有强烈刺激性。接触本品蒸气引起结膜炎、支气管炎、肺炎或肺水肿，并可发生接触性皮炎。对肝、肾有损害。皮肤和眼直接接触其液体可致灼伤。本品可引起职业性哮喘。

急性毒性：LD_{50} 为 1298mg/kg（大鼠经口），730mg/kg（兔经皮）；LC_{50} 为 300mg/m^3（小鼠吸入）。

5.3　二　乙　胺

中文名：二乙胺

中文别名：*N*-乙基乙胺

英文名：diethylamine

英文别名：*N*-ethylethanamine

CAS 号：109-89-7

化学式：$C_4H_{11}N$

分子结构：

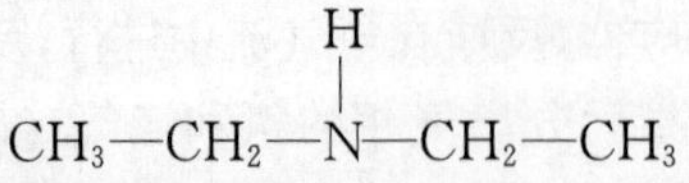

相对分子质量：73.14

【理化特性】 无色液体，有氨臭。溶于水、醇、醚。熔点：－50℃；沸点：53.7℃；闪点：－23℃。密度：相对密度为 0.71；相对蒸气密度为 2.53。爆炸上限：10.1%；爆炸下限：1.7%。禁配物：强氧化剂、酸类、酰基氯、酸酐。

【相关图谱】

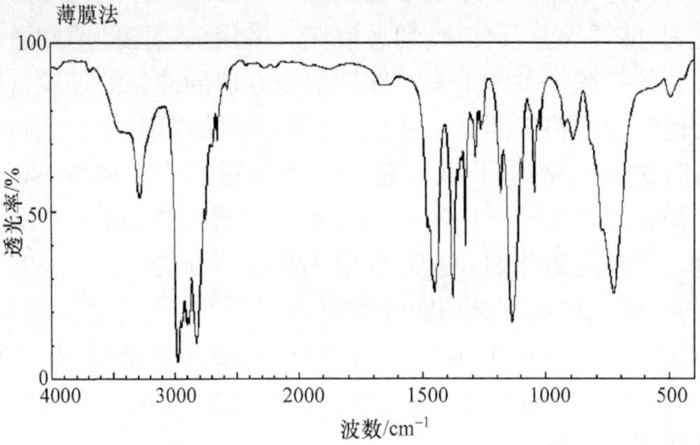

二乙胺红外图谱

【主要用途】 用于有机合成和环氧树脂固化剂，也用于制造医药、农药、染料、橡胶硫化促进剂、纺织助剂、杀菌剂、缓蚀剂、抗冻剂及金属防腐剂、乳化剂、阻聚剂等。还可用作蜡的精制溶剂、共轭双烯乳液聚合时的活化剂等。用作分析试剂，如薄层色谱法检测硫代巴比土酸的显色试剂。

【制备】 乙醇常压气相催化法是将气相乙醇、氨和氢以 1∶0.8∶1.5(物质的量比)混合，经预热(170～180℃)进入装有铜镍催化剂的第一反应器，于 195～200℃下进行气相催化反应，然后再进入有铜镍催化剂的第二反应器进行合成反应，于 170～175℃下进行还原，以除去乙腈等杂质，将反应气经冷凝后收得一乙胺、二乙胺、三乙胺、乙醇等混合液，再经粗馏、精馏，切取 54～57℃馏分为二乙胺成品。还有乙腈氢化、氨化法，乙醛氢化、氨化法，二乙基苯胺法。

【包装储运及工程控制事项】 包装方法：钢质气瓶；安瓿瓶外普通木箱；螺纹口玻璃瓶、铁盖压口玻璃瓶、塑料瓶或金属桶(罐)外普通木箱。储存于阴凉、通风的库房。远离火种和热源。库温不宜超过 30℃。保持容器密封。应与氧化剂、酸类等分开存放，切忌混储。采用防爆型照明和通风设施。禁止使用易产生火花的机械设备和工具。储区应备有泄漏应急处理设备和合适的收容材料。铁路运输时应严格按照铁道部《危险货物运输规则》中的危险货物配装表进行配装。运输车辆应配备相应品种和数量的消防器材及泄漏应急处理设备。夏季最好早晚运输。运输时所用的槽(罐)车应有接地链,槽内可设孔隔板以减少振荡产生静电。严禁与氧化剂、酸类、食用化学品等混装混运。运输途中应防暴晒、雨淋,防高温。中途停留时应远离火种、热源和高温区。装运该物品的车辆排气管必须配备阻火装置,禁止使用易产生火花的机械设备和工具装卸。公路运输时要按规定路线行驶,勿在居民区和人口稠密区停留。铁路运输时要禁止溜放。严禁用木船、水泥船散装运输。

【安全与毒性】　危险特性:其蒸气与空气可形成爆炸性混合物。遇高热、明火及强氧化剂易引起燃烧。其蒸气密度比空气大,能在较低处扩散到相当远的地方,遇火源会着火回燃。有腐蚀性,能腐蚀玻璃。

有害燃烧产物:一氧化碳、二氧化碳、氮氧化物。

健康危害:本品具有强烈刺激性和腐蚀性。吸入本品蒸气或雾,可引起喉头水肿、支气管炎、化学性肺炎、肺水肿;高浓度吸入可致死。蒸气对眼有刺激性,可致角膜水肿。液体或雾引起眼刺激或灼伤。长时间皮肤接触可致灼伤。口服灼伤消化道。

慢性影响:皮肤反复接触,可引起变应性皮炎。

急性毒性:LD_{50} 为 540mg/kg(大鼠经口),820mg/kg(兔经皮);LC_{50} 为 11 960mg/m^3,4h(大鼠吸入)。

5.4　*N*,*N*-二异丙基乙胺

中文名:*N*,*N*-二异丙基乙胺

中文别名:*N*-乙基二异丙胺

英文名:*N*,*N*-diisopropylethylamine

英文别名:*N*-ethyldiisopropylamine

CAS 号:7087-68-5

分子式:$C_8H_{19}N$

分子结构:

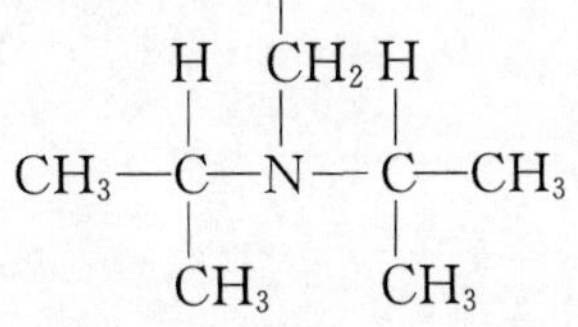

相对分子质量：129.2432

【理化特性】 无色液体。溶于醇、醚等有机溶剂，微溶于水。熔点：−46℃；沸点：126.5℃；闪点：10.6℃。相对密度为 0.74。禁忌物：强氧化剂。

【相关图谱】

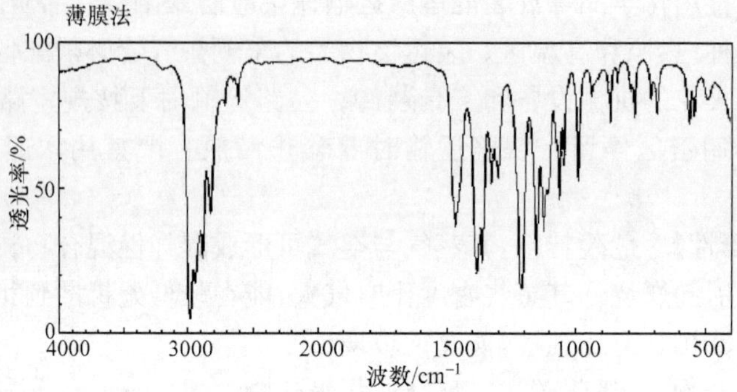

N，*N*-二异丙基乙胺红外图谱

【主要用途】 用于有机合成，生产医药、农药、染料、矿物浮选剂、乳化剂及精细化学品的中间体等，也用作溶剂、缩合剂、催化剂等。

【制备】 通过二异丙胺和硫酸二乙酯反应制备。

【包装储运及工程控制事项】 盛放 *N*，*N*-二异丙基乙胺的桶和容器必须用铁板或钢板制造。*N*，*N*-二异丙基乙胺保存于密封容器中时其储存时间无限。禁止用铜及铜基合金容器盛放。

【安全与毒性】 蒸气对眼睛、皮肤及呼吸道黏膜有刺激作用。

5.5 三 乙 胺

中文名：三乙胺

中文别名：*N*，*N*-二乙基乙胺

英文名：triethylamine

英文别名：*N*，*N*-diethylamine

CAS 号：121-44-8

化学式：$C_6H_{15}N$

分子结构：

$$CH_3—CH_2—N—CH_2—CH_3$$
$$|$$
$$CH_2$$
$$|$$
$$CH_3$$

相对分子质量:101.1918

【理化特性】 无色油状液体,有强烈氨臭。微溶于水,溶于乙醇、乙醚等多数有机溶剂。熔点:－115℃;沸点:90.5℃;闪点:139.4℃。密度:相对密度为 0.728;相对蒸气密度为 3.48。爆炸上限:8.0%;爆炸下限:1.2%。禁配物:强氧化剂、酸类。

【相关图谱】

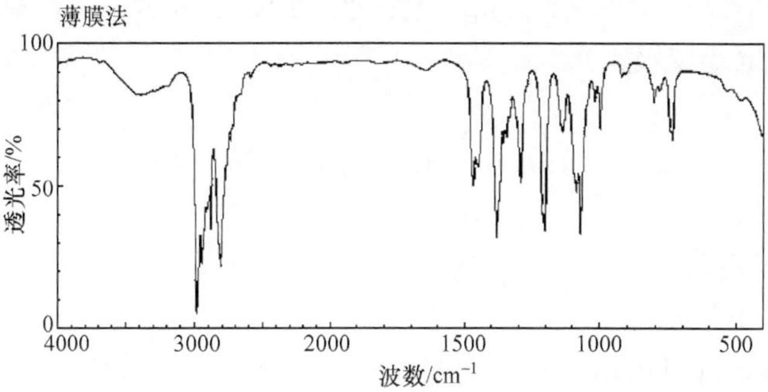

三乙胺红外图谱

【主要用途】 在有机合成工业中可用作溶剂、催化剂、阻聚剂、橡胶硫化促进剂、脱漆剂中的特殊溶剂、搪瓷抗硬化剂、表面活性剂、防腐剂、环氧树脂的固化剂、杀菌剂及离子交换树脂、染料、香料、药物、高能燃料和液体火箭推进剂等。用作酸特别是氯化氢的捕集剂。

【制备】 可用乙醇和氨作用制得。由氯乙烷与氨在压力下加热而得。

【包装储运及工程控制事项】 包装方法:小开口钢桶;安瓿瓶外普通木箱;螺纹口玻璃瓶、铁盖压口玻璃瓶、塑料瓶或金属桶(罐)外普通木箱。储存于阴凉、通风的库房。远离火种和热源。库温不宜超过 30℃。包装要求密封,不可与空气接触。应与氧化剂、酸类分开存放,切忌混储。采用防爆型照明和通风设施。禁止使用易产生火花的机械设备和工具。储区应备有泄漏应急处理设备和合适的收容材料。铁路运输时应严格按照铁道部《危险货物运输规则》中的危险货物配装表进行配装。运输车辆应配备相应品种和数量的消防器材及泄漏应急处理设备。夏季最好早晚运输。运输时所用的槽(罐)车应有接地链,槽内可设孔隔板以减少振荡产生静电。严禁与氧化剂、酸类、食用化学品等混装混运。运输途中应防暴晒、雨淋,防高温。中途停留时应远离火种、热源和高温区。装运该物品的车辆排气管必须配备阻火装置,禁止使用易产生火花的机械设备和工具装卸。公路运输时要按规定路线行驶,勿在居民区和人口稠密区停留。铁路运输时要禁止溜放。严禁用木船、水泥船散装运输。

【安全与毒性】 危险特性：易燃，其蒸气与空气可形成爆炸性混合物，遇明火、高热能引起燃烧爆炸。与氧化剂能发生强烈反应。其蒸气密度比空气大，能在较低处扩散到相当远的地方，遇火源会着火回燃。具有腐蚀性。

有害燃烧产物：一氧化碳、二氧化碳、氧化氮。

健康危害：对呼吸道有强烈的刺激性，吸入后可引起肺水肿甚至死亡。口服腐蚀口腔、食道及胃。眼及皮肤接触可引起化学性灼伤。

急性毒性：LD_{50} 为 460mg/kg（大鼠经口），570mg/kg（兔经皮）；LC_{50} 为 6000mg/m^3，2h（小鼠吸入）。

5.6 正丙胺

中文名：正丙胺

中文别名：1-丙基胺

英文名：*n*-propylamine

英文别名：propylamine

CAS 号：107-10-8

化学式：C_3H_9N

分子结构：

$$CH_3—CH_2—CH_2—NH_2$$

相对分子质量：59.1103

【理化特性】 强烈氨气味的无色透明液体。能溶于水、乙醇、乙醚、丙酮和苯等溶剂。熔点：－83℃；沸点：46.9℃；闪点：－12℃。相对密度为 0.7173(20℃)。爆炸上限：10.4％；爆炸下限：2.0％。禁配物：酸类、酸酐、酰基氯、强氧化剂。

【主要用途】 为有机合成原料，用于制药、涂料、农药、橡胶、纤维、纺织物处理剂、石油添加剂和防腐剂，还用作化学试剂。

【制备】 正丙醇与氨反应，丙腈或丙烯腈加氢，或者由丙醛还原氨化都可以制备丙胺。反应得到一正丙胺、二正丙胺、三正丙胺的混合物。经分馏而得各纯组分；硝基丙烷法硝基正丙烷低压催化加氢得正丙胺。

【包装储运及工程控制事项】 应储存于阴凉、通风的库房。远离火种和热源。库温不宜超过 29℃。保持容器密封。应与氧化剂、酸类等分开存放，切忌混储。采用防爆型照明和通风设施。禁止使用易产生火花的机械设备和工具。储区应备有泄漏应急处理设备和合适的收容材料。

5.7　二烯丙胺

中文名：二烯丙胺

中文别名：二烯丙基胺

英文名：diallylamine

英文别名：di-2-propenylamine

CAS 号：124-02-7

化学式：$C_6H_{11}N$

分子结构：

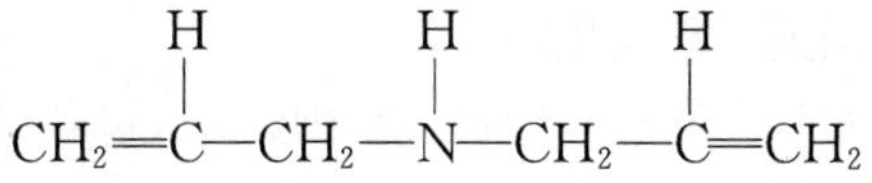

相对分子质量：97.16

【理化特性】 无色液体。与水混溶，可混溶于乙醇、乙醚、苯。熔点：−88℃；沸点：115.3℃；闪点：15.6℃。密度：相对密度为 0.79；相对蒸气密度为 3.35。禁配物：酸类、酰基氯、酸酐、强氧化剂。

【相关图谱】

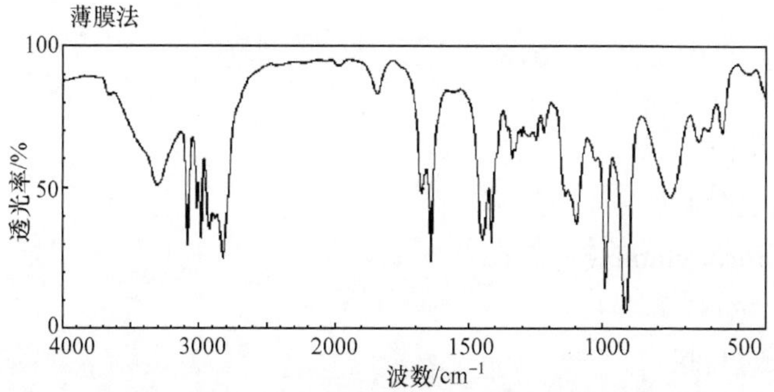

二烯丙胺红外图谱

【主要用途】 用于制药、化工合成等。

【制备】 由二烯丙基氰胺水解而得。水解反应在硫酸介质中进行，缓和回流 6h。产率 80%～88%。

【包装储运及工程控制事项】 包装方法：安瓿瓶外普通木箱；螺纹口玻璃瓶、铁盖压口玻璃瓶、塑料瓶或金属桶（罐）外普通木箱。储存于阴凉、通风的库房。远离火种和热源。库温不宜超过 30℃。应与氧化剂、酸类、食用化学品分开存放，切忌混储。采用防爆型照明和通风设施。禁止使用易产生火花的机械设备和工具。储区应备有泄漏应急处理设备和合适的收容材料。运输车辆应配备相应品种和数量的消防器材及泄漏应急处理设备。夏季最好早晚运输。运输时所用的槽(罐)车应有接地链,槽内可设孔隔板以减少振荡产生静电。严禁与氧化剂、酸类、食用化学品等混装混运。运输途中应防暴晒、雨淋,防高温。中途停留时应远离火种、热源和高温区。装运该物品的车辆排气管必须配备阻火装置,禁止使用易产生火花的机械设备和工具装卸。公路运输时要按规定路线行驶,勿在居民区和人口稠密区停留。铁路运输时要禁止溜放。严禁用木船、水泥船散装运输。

【安全与毒性】 危险特性:其蒸气与空气可形成爆炸性混合物,遇明火、高热极易燃烧爆炸。与氧化剂接触猛烈反应。容易自聚,聚合反应随着温度的上升而急骤加剧。其蒸气密度比空气大,能在较低处扩散到相当远的地方,遇火源会着火回燃。若遇高热,容器内压增大,有开裂和爆炸的危险。

有害燃烧产物:一氧化碳、二氧化碳、氮氧化物。

健康危害:吸入本品蒸气或雾对呼吸道有刺激性,高浓度吸入可致肺水肿。液体、雾或蒸气对眼有刺激性,由于本品的腐蚀性,严重者可致永久性重度眼损害。对皮肤有刺激性,重者可致灼伤。能经皮肤吸收引起中毒。摄入引起口腔、咽喉和消化道烧灼感,并有恶心和头痛等症状。

急性毒性:LD_{50} 为 578mg/kg(大鼠经口),0.356mL/kg(兔经皮);LC_{50} 为＞7000ppm,1h(大鼠吸入),27 800mg/m^3,1h(大鼠吸入)。

5.8　二正丙胺

中文名:二正丙胺

中文别名:二丙胺

英文名:dipropylamine

CAS 号:142-84-7

化学式:$C_6H_{15}N$

分子结构:

$$CH_3—CH_2—CH_2—\overset{\displaystyle H \atop |}{N}—CH_2—CH_2—CH_3$$

相对分子质量:101.19

【理化特性】 无色液体,有氨的气味。可混溶于乙醇、乙醚、苯、丙酮。熔点:−63℃;沸点:108.8℃;闪点:39℃。密度:相对密度为 0.74;相对蒸气密度为 3.5。禁配物:强氧化剂、酸类。

【主要用途】 有机合成中间体,及作溶剂。

【包装储运及工程控制事项】 包装方法:小开口钢桶;安瓿瓶外普通木箱;螺

纹口玻璃瓶、铁盖压口玻璃瓶、塑料瓶或金属桶(罐)外普通木箱。储存于阴凉、通风的库房。远离火种和热源。库温不宜超过30℃。保持容器密封。应与氧化剂、酸类分开存放,切忌混储。采用防爆型照明和通风设施。禁止使用易产生火花的机械设备和工具。储区应备有泄漏应急处理设备和合适的收容材料。铁路运输时应严格按照铁道部《危险货物运输规则》中的危险货物配装表进行配装。运输车辆应配备相应品种和数量的消防器材及泄漏应急处理设备。夏季最好早晚运输。运输时所用的槽(罐)车应有接地链,槽内可设孔隔板以减少振荡产生静电。严禁与氧化剂、酸类、食用化学品等混装混运。运输途中应防暴晒、雨淋,防高温。中途停留时应远离火种、热源和高温区。装运该物品的车辆排气管必须配备阻火装置,禁止使用易产生火花的机械设备和工具装卸。公路运输时要按规定路线行驶,勿在居民区和人口稠密区停留。铁路运输时要禁止溜放。严禁用木船、水泥船散装运输。

【安全与毒性】 危险特性:易燃,其蒸气与空气可形成爆炸性混合物。遇高热、明火及强氧化剂易引起燃烧。其蒸气密度比空气大,能在较低处扩散到相当远的地方,遇火源会着火回燃。具有腐蚀性。

有害燃烧产物:一氧化碳、二氧化碳、氧化氮。

健康危害:吸入本品对呼吸道有刺激作用。引起剧咳、胸痛,可引起肺水肿,此外尚可出现头痛、恶心、虚弱、焦虑等症状。口服刺激口腔和胃。眼接触有强烈的刺激性,角膜发生水肿。对皮肤有强烈的刺激作用,可引起坏死。

急性毒性:LD_{50}为930mg/kg(大鼠经口),1250mg/kg(兔经皮);LC_{50}为4400mg/m^3,4h(大鼠吸入)。

5.9　二异丙胺

中文名:二异丙胺

中文别名:*N*-(1-甲基乙基)-2-丙胺

英文名:diisopropylamine

英文别名:*N*-(1-methylethyl)-2-propanamine

CAS号:108-18-9

化学式:$C_6H_{15}N$

分子结构:

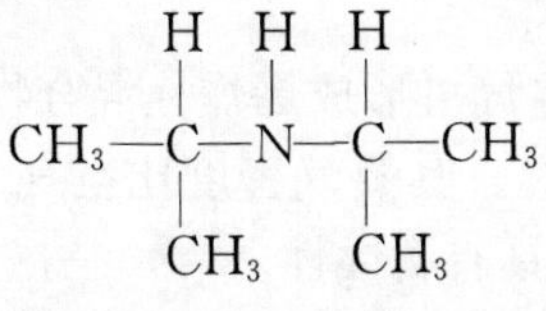

相对分子质量:101.1918

【理化特性】 无色,带氨臭的挥发性液体。微溶于水,溶于多数有机溶剂。熔点:-61℃;沸点:83.9℃;闪点:-7℃。密度:相对密度为0.72;相对蒸气密度为3.49。爆炸上限:7.1%;爆炸下限:1.1%。禁配物:强氧化剂、酸类。

【相关图谱】

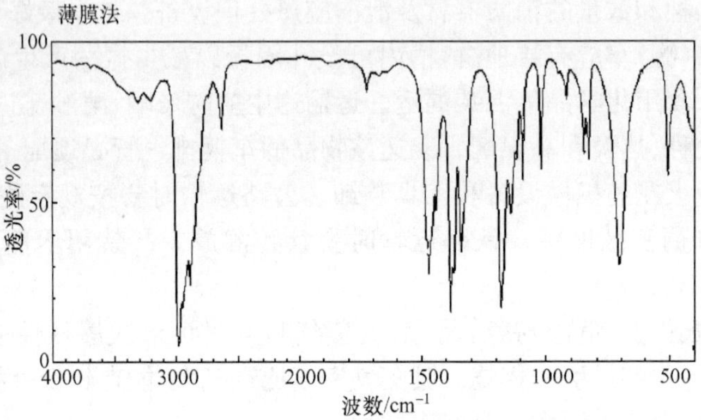

二异丙胺红外图谱

【主要用途】 用于生产农药、医药、染料、矿物浮选剂、乳化剂及精细化学品的中间体;用于金属化碱性试剂;用作橡胶促进剂、医药中间体和农药除草剂、表面活性剂等。

【制备】 由丙酮或异丙醇经氢化氨化而得。

【包装储运及工程控制事项】 包装方法:小开口钢桶;安瓿瓶外普通木箱;螺纹口玻璃瓶、铁盖压口玻璃瓶、塑料瓶或金属桶(罐)外普通木箱。储存于阴凉、通风的库房。远离火种和热源。库温不宜超过30℃。包装要求密封,不可与空气接触。应与氧化剂、酸类分开存放,切忌混储。采用防爆型照明和通风设施。禁止使用易产生火花的机械设备和工具。储区应备有泄漏应急处理设备和合适的收容材料。运输车辆应配备相应品种和数量的消防器材及泄漏应急处理设备。夏季最好早晚运输。运输时所用的槽(罐)车应有接地链,槽内可设孔隔板以减少振荡产生静电。严禁与氧化剂、酸类、食用化学品等混装混运。运输途中应防暴晒、雨淋,防高温。中途停留时应远离火种、热源和高温区。装运该物品的车辆排气管必须配备阻火装置,禁止使用易产生火花的机械设备和工具装卸。公路运输时要按规定路线行驶,勿在居民区和人口稠密区停留。铁路运输时要禁止溜放。严禁用木船、水泥船散装运输。

【安全与毒性】 危险特性:易燃,其蒸气与空气可形成爆炸性混合物,遇明火、高热能引起燃烧爆炸。与氧化剂能发生强烈反应。其蒸气密度比空气大,能在较低处扩散到相当远的地方,遇火源会着火回燃。具有腐蚀性。

有害燃烧产物：一氧化碳、二氧化碳、氧化氮。

健康危害：对呼吸道有刺激性，吸入蒸气可引起肺水肿。蒸气对眼有刺激性；液体可引起眼灼伤。皮肤接触可致灼伤。口服引起恶心、呕吐、腹泻、腹痛、虚弱和虚脱。皮肤反复接触可引起变应性皮炎。

急性毒性：LD_{50}为 770mg/kg(大鼠经口)；LC_{50}为 4800mg/m^3，2h(大鼠吸入)。

5.10　三 正 丙 胺

中文名：三正丙胺

英文名：tri-n-propylamine

中文别名：三丙胺

英文别名：tripropylamine

CAS 号：102-69-2

化学式：$C_9H_{21}N$

分子结构：

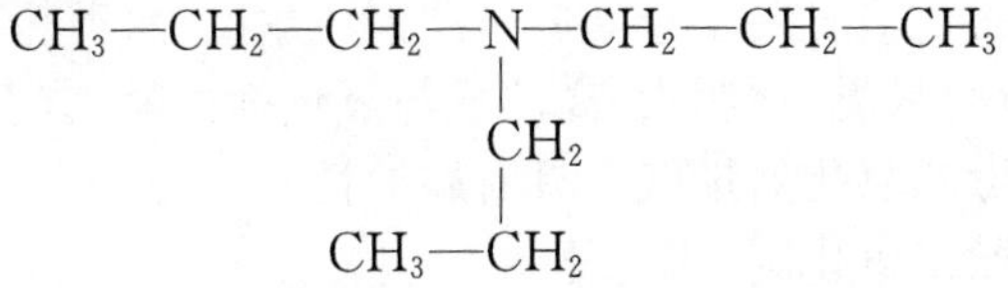

相对分子质量：143.2771

【理化特性】 无色液体，有氨的气味。微溶于水，溶于乙醚，易溶于乙醇。熔点：−93℃；沸点：158.1℃；闪点：36.7℃。密度：相对密度为 0.75；相对蒸气密度为 4.9。禁配物：强氧化剂、酸类。

【相关图谱】

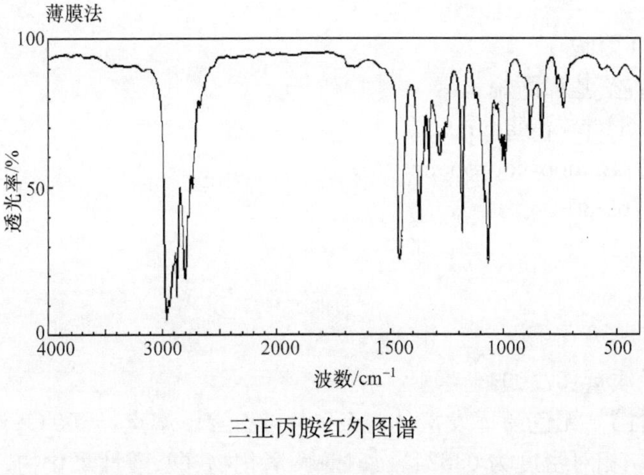

三正丙胺红外图谱

【主要用途】 为有机合成中间体，用于制药物、农药、橡胶和纤维加工助剂等。用于合成全氟化人造血浆和石油化工季铵分子筛催化剂。在激光技术上也有重要用途。

【制备】 以正丙醇为原料在 Ni-Cu-Al_2O_3 催化剂作用下，脱氢生成丙醛，然后与氨加成，脱水、加氢生成丙胺，再经反复脱水、加氢生成二丙胺和三丙胺。

【包装储运及工程控制事项】 包装方法：小开口钢桶；安瓿瓶外普通木箱；螺纹口玻璃瓶、铁盖压口玻璃瓶、塑料瓶或金属桶(罐)外普通木箱；螺纹口玻璃瓶、塑料瓶或镀锡薄钢板桶(罐)外满底板花格箱、纤维板箱或胶合板箱。储存于阴凉、通风的库房。远离火种和热源。库温不宜超过 30℃。保持容器密封。应与氧化剂、酸类分开存放，切忌混储。采用防爆型照明和通风设施。禁止使用易产生火花的机械设备和工具。储区应备有泄漏应急处理设备和合适的收容材料。运输车辆应配备相应品种和数量的消防器材及泄漏应急处理设备。夏季最好早晚运输。运输时所用的槽(罐)车应有接地链，槽内可设孔隔板以减少振荡产生静电。严禁与氧化剂、酸类、食用化学品等混装混运。运输途中应防暴晒、雨淋，防高温。中途停留时应远离火种、热源和高温区。装运该物品的车辆排气管必须配备阻火装置，禁止使用易产生火花的机械设备和工具装卸。公路运输时要按规定路线行驶，勿在居民区和人口稠密区停留。铁路运输时要禁止溜放。严禁用木船、水泥船散装运输。

【安全与毒性】 危险特性：易燃，遇明火、高热或与氧化剂接触，有引起燃烧爆炸的危险。受热分解放出有毒的氧化氮烟气。具有腐蚀性。

有害燃烧产物：一氧化碳、二氧化碳、氧化氮。

健康危害：蒸气或雾对眼、黏膜和上呼吸道有刺激性。对皮肤有刺激性。

急性毒性：LD_{50} 为 72mg/kg(大鼠经口)，429mg/kg(兔经皮)；LC_{50} 为 5100mg/m^3，4h(大鼠吸入)。

5.11　环　丙　胺

中文名：环丙胺

中文别名：氨基环丙烷

英文名：cyclopropylamine

英文别名：aminocycopropane

CAS 号：765-30-0

化学式：C_3H_7N

分子结构：

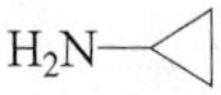

相对分子质量：57.0944

【理化特性】 无色易挥发液体，溶于水与乙醇。熔点：－50℃；沸点：49.3℃；闪点：－26℃。相对密度为 0.824。禁配物：氧化物、酸、酸性氧化物、酸酐。

【主要用途】 医药中间体，主要用于生产环丙沙星，也用于农药和植物保护剂的合成。

【制备】 以 1,3-丙二醇为原料，经溴化、氰化、环合、酰胺化、霍夫曼重排得产物；以 γ-丁内酯为原料，经高压氯化、酯化、环合、氨解、霍夫曼降解得产物；以乙酰乙酸乙酯为原料，经与环氧乙烷缩合并环化、开环再环合、肟化、重排、降解得产物。

【包装储运及工程控制事项】 保持容器密封，放入紧密的出藏器内，储存在阴凉、干燥的地方。

【安全与毒性】 急性毒性：大鼠口经 LD_{50} 为 445mg/kg。

5.12 丁　　胺

中文名称：丁胺

中文别名：1-氨基丁烷

英文名称：butylamine

英文别名：1-aminobutane

CAS 号：109-73-9

分子式：$C_4H_{11}N$

分子结构：

$CH_3—CH_2—CH_2—CH_2—NH_2$

相对分子质量：73.14

【理化特性】 无色液体，有氨的气味。与水混溶，可混溶于醇、乙醚。熔点：−50℃；沸点：77℃；闪点：−12℃。相对密度为 0.74～0.76。爆炸上限：10.0%；爆炸下限：1.7%。禁忌物：强氧化剂、酸类、铝。

【相关图谱】

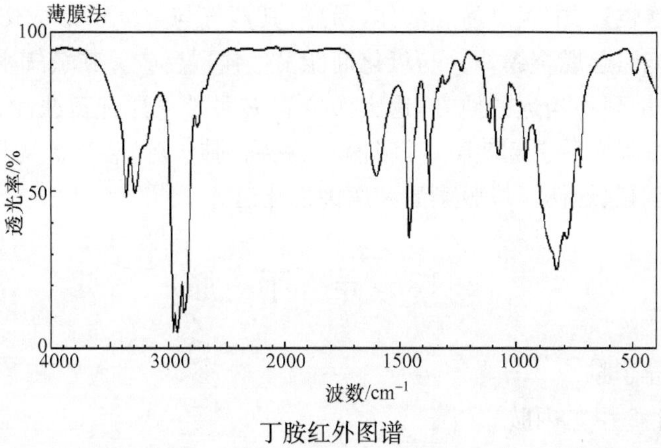

丁胺红外图谱

【主要用途】 用于医药、染料、农药、乳化剂、防腐剂、石油制品添加剂、浮选剂、特殊肥皂等的制造，也用于橡胶工业和彩色照相工业。

【制备】 丁醇氨化法：将正丁醇蒸气和氨在常压下，于 170～200℃时，通过加热的氧化铝、氧化钼等催化剂进行反应生成丁胺混合液，然后将产物经精馏分离，可得一丁胺、二丁胺、三丁胺成品。丁醇氯化、氨化法：将乙醇、氨水及氯丁烷加入到高压釜中，搅拌升温至 85～95℃，压力为 0.54～0.64MPa，保持 6h，冷却，降压。将反应液加热，回收氨气，然后加入盐酸至 pH＝3～4，再回收乙醇，向此粗液中加入液碱至 pH＝11～12，分出上层液，经蒸馏收集 95℃以下馏分，得到正丁胺成品，收率为 50%。将丁醇、氨和氢气在 170～200℃通过载体为白土的 Cu-Ni 催化剂，得到三种胺，即正丁胺、二正丁胺和三正丁胺的混合物，将产物进行分馏得到正丁胺、二正丁胺和三正丁胺的产品。

【包装储运及工程控制事项】 包装方法：小开口钢桶；安瓿瓶外普通木箱；螺纹口玻璃瓶、铁盖压口玻璃瓶、塑料瓶或金属桶（罐）外普通木箱。储存于阴凉、通风的库房。远离火种和热源。库温不宜超过 30℃。保持容器密封。应与氧化剂、酸类、碱类分开存放，切忌混储。采用防爆型照明和通风设施。禁止使用易产生火花的机械设备和工具。储区应备有泄漏应急处理设备和合适的收容材料。运输车辆应配备相应品种和数量的消防器材及泄漏应急处理设备。夏季最好早晚运输。运输时所用的槽（罐）车应有接地链，槽内可设孔隔板以减少振荡产生静电。严禁与氧化剂、酸类、铝、食用化学品等混装混运。运输途中应防暴晒、雨淋，防高温。中途停留时应远离火种、热源和高温区。装运该物品的车辆排气管必须配备阻火装置，禁止使用易产生火花的机械设备和工具装卸。公路运输时要按规定路线行驶，勿在居民区和人口稠密区停留。铁路运输时要禁止溜放。严禁用木船、水泥船散装运输。工程控制：生产过程密闭，加强通风。提供安全淋浴和洗眼设备。

【安全与毒性】 中闪点易燃液体，易燃，其蒸气与空气可形成爆炸性混合物，遇明火、高热能引起燃烧爆炸。与氧化剂能发生强烈反应。其蒸气密度比空气大，能在较低处扩散到相当远的地方，遇火源会着火回燃。具有腐蚀性。对呼吸道有强烈的刺激性，吸入后引起咳嗽、呼吸困难、胸痛、肺水肿、昏迷。对眼和皮肤有强烈刺激性甚至引起灼伤。口服刺激和腐蚀消化道。

5.13 异 丁 胺

中文名：异丁胺

中文别名：2-甲基丙胺

英文名：isobutylamine

英文别名：2-methyl propylamine

CAS 号：78-81-9

化学式：$C_4H_{11}N$

分子结构：

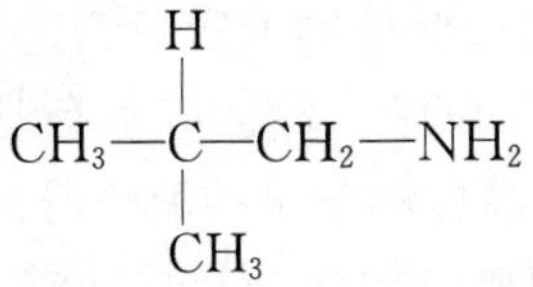

相对分子质量：73.14

【理化特性】 无色液体，有氨的气味。溶于水、乙醇、乙醚、烃类。熔点：−85℃；沸点：68.6℃；闪点：−9℃。相对密度为 0.73。爆炸上限：9.0%；爆炸下限：3.4%。禁忌物：强氧化剂、酸类。

【相关图谱】

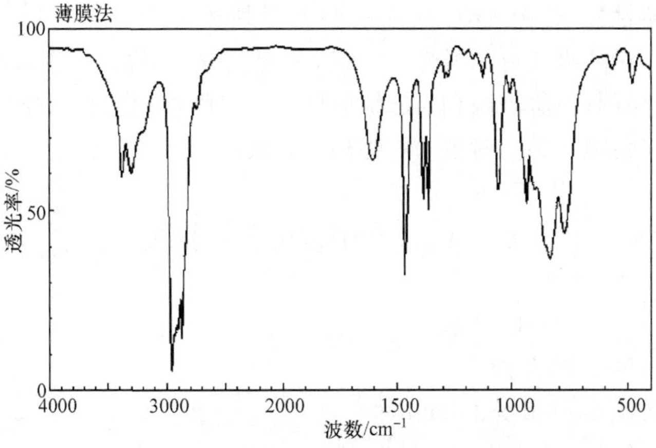

异丁胺红外图谱

【主要用途】 有机合成原料，用于合成杀虫剂、缓蚀剂和橡胶加工化学品的中间体，也可用作试剂，还用作矿物浮选剂、汽油抗震剂、聚合催化剂、磺基苯甲酸十三烷基酯的中和剂和稳定剂等。

【制备】 由异丁醇与氨作用催化脱水制得醇经氨解反应后可得伯胺、仲胺、叔胺的混合产物，三种胺生成的比例与原料、催化剂及反应条件有关。通过调节醇和氨的比例及反应条件，可以得到所期望的产品比例。由异丁醛和氨经催化加氢制得。以溴代异丁烷与对甲苯磺酰胺为原料，经缩合、水解而得：先将对甲苯磺酰胺、溴代异丁烷、乙醇碱液一起回流 4h，回收乙醇至出现结晶，再用盐酸中和，则析出大量淡黄色结晶，过滤，水洗得缩合物，将缩合物、硫酸和水混合加热回流 10h 后，改为蒸馏装置，加 40%液碱调至碱性，随后减压蒸出粗胺，再粗馏收集 66.8～68.8℃馏分即为成品。

【包装储运及工程控制事项】 包装方法：小开口钢桶；安瓿瓶外普通木箱；螺纹口玻璃瓶、铁盖压口玻璃瓶、塑料瓶或金属桶(罐)外普通木箱。储存于阴凉、通风的库房。远离火种和热源。库温不宜超过 30℃。保持容器密封。应与氧化剂、酸类分开存放，切忌混储。采用防爆型照明和通风设施。储区应备有泄漏应急处理设备和合适的收容材料。运输车辆应配备相应品种和数量的消防器材及泄漏应急处理设备。夏季最好早晚运输。运输时所用的槽(罐)车应有接地链，槽内可设孔隔板以减少振荡产生静电。严禁与氧化剂、酸类、食用化学品等混装混运。运输途中应防暴晒、雨淋，防高温。中途停留时应远离火种、热源和高温区。装运该物品的车辆排气管必须配备阻火装置，禁止使用易产生火花的机械设备和工具装卸。公路运输时要按规定路线行驶，勿在居民区和人口稠密区停留。铁路运输时要禁止溜放。严禁用木船、水泥船散装运输。

【安全与毒性】 燃爆危险：本品易燃，具强刺激性。

健康危害：对呼吸道有刺激性，吸入后引起咳嗽、胸痛。可引起肺水肿。本品有拟交感神经作用，心脏抑制和引起惊厥作用。口服引起恶心、流涎。对眼睛有强烈刺激性，引起角膜水肿。对皮肤有强烈的刺激性。

5.14 *N*-甲基(正)丁胺

中文名称：*N*-甲基(正)丁胺

中文别名：*N*-丁基甲胺

英文名称：*N*-methyl butylamine

英文别名：*N*-butylmethylamine

CAS 号：110-68-9

分子式：$C_5H_{13}N$

分子结构：

$$CH_3—CH_2—CH_2—CH_2—\overset{\displaystyle H \atop |}{N}—CH_3$$

相对分子质量：87.17

【理化特性】 无色液体，具有挥发性，有强烈的氨气味。与水混溶，可混溶于乙醇。熔点：－75℃；沸点：91.1℃；闪点：13℃。相对密度为 0.74。禁忌物：强氧化剂、酸类、酸酐、酰基氯。

【相关图谱】

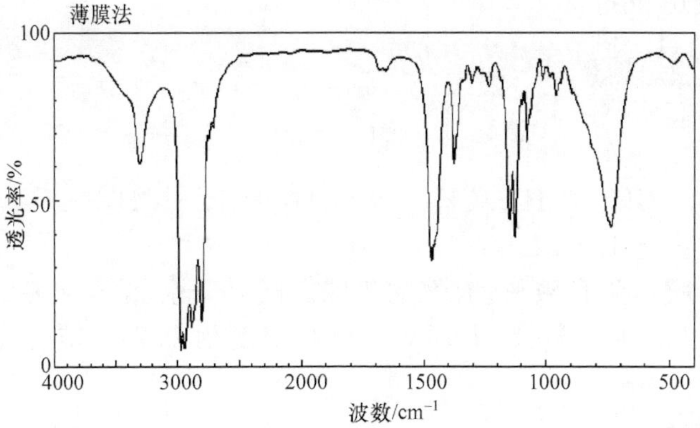

N-甲基(正)丁胺红外图谱

【主要用途】 用于医药、农药和其他有机化工品生产的中间体。

【包装储运及工程控制事项】 包装方法:小开口钢桶;安瓿瓶外普通木箱;螺纹口玻璃瓶、铁盖压口玻璃瓶、塑料瓶或金属桶(罐)外普通木箱。储存于阴凉、通风的库房。远离火种和热源。库温不宜超过 30℃。保持容器密封。应与氧化剂、酸类等分开存放,切忌混储。采用防爆型照明和通风设施。禁止使用易产生火花的机械设备和工具。储区应备有泄漏应急处理设备和合适的收容材料。运输车辆应配备相应品种和数量的消防器材及泄漏应急处理设备。夏季最好早晚运输。运输时所用的槽(罐)车应有接地链,槽内可设孔隔板以减少振荡产生静电。严禁与氧化剂、酸类、食用化学品等混装混运。运输途中应防暴晒、雨淋,防高温。中途停留时应远离火种、热源和高温区。装运该物品的车辆排气管必须配备阻火装置,禁止使用易产生火花的机械设备和工具装卸。公路运输时要按规定路线行驶,勿在居民区和人口稠密区停留。铁路运输时要禁止溜放。严禁用木船、水泥船散装运输。工程控制:生产过程密闭,全面通风。尽可能采取隔离操作。

【安全与毒性】 中闪点易燃液体,易燃,遇高热、明火及强氧化剂易引起燃烧。其蒸气密度比空气大,能在较低处扩散到相当远的地方,遇火源会着火回燃。吸入、口服或经皮肤吸收后对身体有害。本品对黏膜、上呼吸道、眼和皮肤有强烈的刺激性。吸入后,可因喉及支气管的痉挛、炎症、水肿,化学性肺炎或肺水肿而致死。长时间接触可引起强烈刺激或灼伤。

5.15 二异丁胺

中文名:二异丁胺

中文别名:二异丁基胺

英文名：diisobutylamine

CAS号：110-96-3

分子式：$C_8H_{20}N$

分子结构：

$$
\begin{array}{c}
\qquad\qquad\qquad\qquad\qquad\qquad\quad H \\
\qquad\qquad\qquad\qquad\qquad\qquad\quad | \\
CH_3—CH_2—CH_2—CH_2—N—CH_2—CH_2—CH_2—CH_3
\end{array}
$$

相对分子质量：129.24

【理化特性】 无色液体，有氨的气味。微溶于水，溶于乙醇、乙醚。熔点：−77℃；沸点：137.4℃；闪点：19.1℃。相对密度为0.74。禁忌物：强氧化剂、酸类。

【相关图谱】

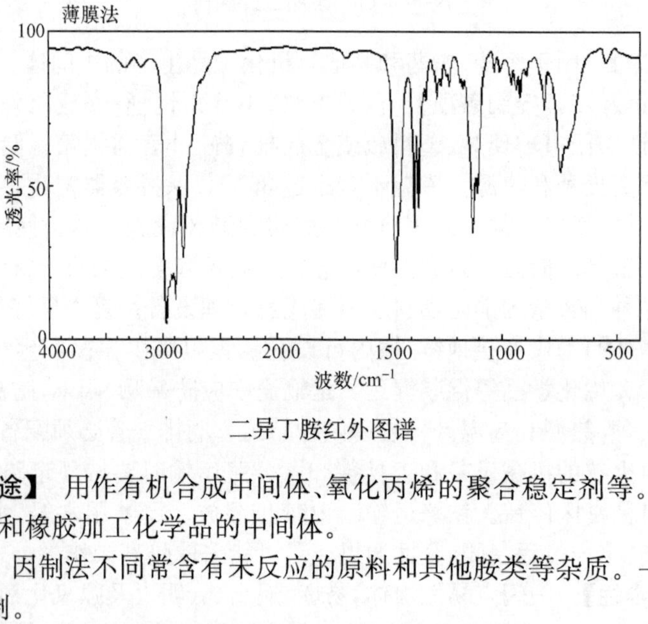

二异丁胺红外图谱

【主要用途】 用作有机合成中间体、氧化丙烯的聚合稳定剂等。用作生产杀虫剂、缓蚀剂和橡胶加工化学品的中间体。

【制备】 因制法不同常含有未反应的原料和其他胺类等杂质。一般用分馏的方法进行精制。

【包装储运及工程控制事项】 包装方法：安瓿瓶外普通木箱；螺纹口玻璃瓶、铁盖压口玻璃瓶、塑料瓶或金属桶（罐）外普通木箱；螺纹口玻璃瓶、塑料瓶或镀锡薄钢板桶（罐）外满底板花格箱、纤维板箱或胶合板箱。储存于阴凉、通风的库房。远离火种和热源。库温不宜超过30℃。保持容器密封。应与氧化剂、酸类分开存放，切忌混储。采用防爆型照明和通风设施。禁止使用易产生火花的机械设备和工具。储区应备有泄漏应急处理设备和合适的收容材料。

【安全与毒性】 易燃，遇高热、明火或与氧化剂接触，有引起燃烧爆炸的危险。受热分解放出有毒的氧化氮烟气。具有腐蚀性。对眼、皮肤、黏膜有强烈刺激作用。有拟交感神经作用。对心脏有抑制作用。可引起惊厥。

5.16　正　戊　胺

中文名：正戊胺

中文别名：1-氨基戊烷

英文名：*n*-pentylamine

英文别名：1-aminopentylane

CAS 号：110-58-7

分子式：$C_5H_{13}N$

分子结构：

$$CH_3—CH_2—CH_2—CH_2—CH_2—NH_2$$

相对分子质量：87.17

【理化特性】 无色液体，有氨味。溶于水、乙醇、乙醚。熔点：－50℃；沸点：105.5℃；闪点：－4.4℃。相对密度为 0.76。爆炸上限：9.5%；爆炸下限：1.3%。禁忌物：酸类、酸酐、强氧化剂、二氧化碳。

【相关图谱】

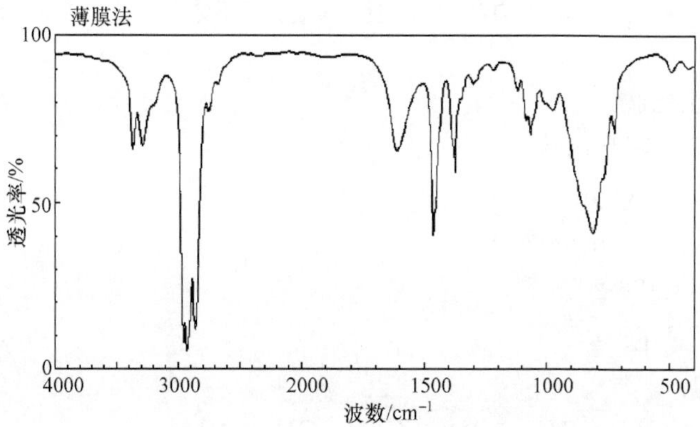

正戊胺红外图谱

【主要用途】 用于有机合成或用于医药、染料、乳化剂、防腐蚀剂、浮选剂、橡胶硫化促进剂等方面。

【制备】 在催化剂存在下以叠氮钠和己酸反应，经碱中和后，水蒸气蒸馏，馏出物用乙醚萃取，萃取液经精馏精制后得产品。

【包装储运及工程控制事项】 包装方法：小开口钢桶；安瓿瓶外普通木箱；螺纹口玻璃瓶、铁盖压口玻璃瓶、塑料瓶或金属桶（罐）外普通木箱。储存于阴凉、通风的库房。远离火种和热源。库温不宜超过 30℃。保持容器密封。应与还原剂、酸类等分开存放，切忌混储。采用防爆型照明和通风设施。禁止使用易产生火花的机械设备和工具。储区应备有泄漏应急处理设备和合适的收容材料。运输车辆应配备相应品种和数量的消防器材及泄漏应急处理设备。夏季最好早晚运输。运输时所用的槽(罐)车应有接地链，槽内可设孔隔板以减少振荡产生静电。严禁与还原剂、酸类、食用化学品等混装混运。运输途中应防暴晒、雨淋，防高温。中途停留时应远离火种、热源和高温区。装运该物品的车辆排气管必须配备阻火装置，禁止使用易产生火花的机械设备和工具装卸。公路运输时要按规定路线行驶，勿在居民区和人口稠密区停留。铁路运输时要禁止溜放。严禁用木船、水泥船散装运输。

【安全与毒性】 易燃，具腐蚀性、强刺激性，可致人体灼伤。易燃，遇高热、明火及强氧化剂易引起燃烧。与氧化剂能发生强烈反应。其蒸气密度比空气大，能在较低处扩散到相当远的地方，遇火源会着火回燃。具有腐蚀性。吸入后可因喉、支气管的痉挛、水肿，化学性肺炎、肺水肿而致死。中毒表现有烧灼感、咳嗽、喘息、喉炎、气短、头痛、恶心和呕吐。长时间接触可引起接触部位严重刺激症状或灼伤。

5.17 正 己 胺

中文名：正己胺

中文别名：1-氨基己烷

英文名：*n*-hexylamine

英文别名：1-aminehexane

CAS号：111-26-2

分子式：$C_6H_{15}N$

分子结构：

$$CH_3—CH_2—CH_2—CH_2—CH_2—CH_2—NH_2$$

相对分子质量：101.19

【理化特性】 无色液体。能与乙醇、乙醚混溶，微溶于水；熔点：−19℃；沸点：131.8℃；闪点：8.9℃。密度：相对密度为0.77；相对蒸气密度为3.49。爆炸上限：9.3%；爆炸下限：2.1%。禁忌物：酸类、酸酐、强氧化剂、二氧化碳。

【相关图谱】 见下页。

【主要用途】 主要用作染料、颜料、表面活性剂及医药合成的中间体。

【制备】 由甲基正己基甲酮肟用五氯化磷处理而得。

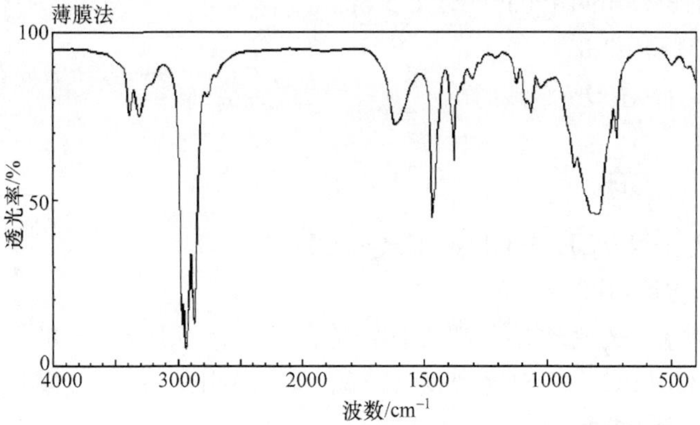

正己胺红外图谱

【包装储运及工程控制事项】 包装方法:小开口钢桶;安瓿瓶外普通木箱;螺纹口玻璃瓶、铁盖压口玻璃瓶、塑料瓶或金属桶(罐)外普通木箱。储存于阴凉、通风的库房。远离火种和热源。库温不宜超过30℃。保持容器密封。应与氧化剂、酸类等分开存放,切忌混储。采用防爆型照明和通风设施。禁止使用易产生火花的机械设备和工具。储区应备有泄漏应急处理设备和合适的收容材料。运输车辆应配备相应品种和数量的消防器材及泄漏应急处理设备。夏季最好早晚运输。运输时所用的槽(罐)车应有接地链,槽内可设孔隔板以减少振荡产生静电。严禁与氧化剂、酸类、食用化学品等混装混运。运输途中应防暴晒、雨淋,防高温。中途停留时应远离火种、热源和高温区。装运该物品的车辆排气管必须配备阻火装置,禁止使用易产生火花的机械设备和工具装卸。公路运输时要按规定路线行驶,勿在居民区和人口稠密区停留。铁路运输时要禁止溜放。严禁用木船、水泥船散装运输。工程控制:生产过程密闭,加强通风。提供安全淋浴和洗眼设备。

【安全与毒性】 高闪点易燃液体,易燃,遇明火、高热或与氧化剂接触,有引起燃烧爆炸的危险。其蒸气密度比空气大,能在较低处扩散到相当远的地方,遇火源会着火回燃。具有腐蚀性。对眼睛、皮肤、黏膜和呼吸道有强烈刺激作用。吸入后可因喉、支气管的痉挛、水肿,化学性肺炎、肺水肿而致死。中毒表现有烧灼感、咳嗽、喘息、喉炎、气短、头痛、恶心和呕吐。

5.18　*N*,*N*-二甲基丙醇胺

中文名:*N*,*N*-二甲基丙醇胺
中文别名:3-(二甲胺基)-1-丙醇
英文名:*N*,*N*-dimethylpropanolamine

英文别名：3-(dimethylamino)-1-propanol

CAS 号：3179-63-3

分子式：$C_5H_{13}NO$

分子结构：

$$\begin{array}{l} \qquad\ \ CH_3 \\ \qquad\ \ \ | \\ CH_3-N-CH_2-CH_2-CH_2-OH \end{array}$$

相对分子质量：103.2

【理化特性】 透明琥珀色挥发性液体。溶于水。熔点：－35℃；沸点：163～164℃；闪点：36.11℃。相对密度为 0.85。爆炸上限：11.2%；爆炸下限：0.9%。禁忌物：强氧化剂、酸类。

【相关图谱】

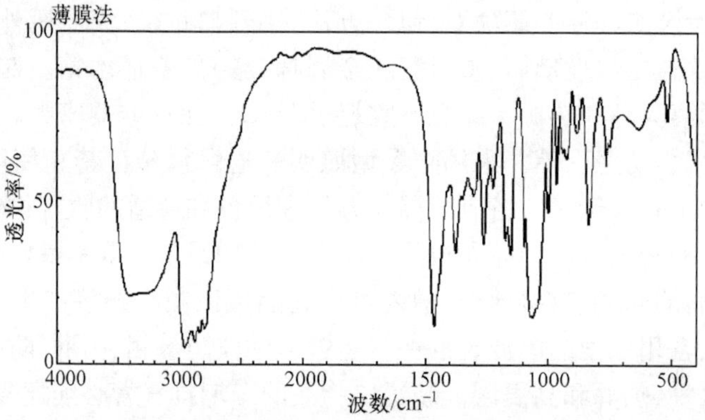

N,*N*-二甲基丙醇胺红外图谱

【主要用途】 用于有机合成或用于生产中枢神经抑制药氯丙嗪、纸张处理助剂、汽油添加剂、树脂熟化剂等。

【制备】 由丙烯醇与二甲胺在氢氧化钠存在下加成而得。

【包装储运及工程控制事项】 包装方法：小开口钢桶；安瓿瓶外普通木箱；螺纹口玻璃瓶、铁盖压口玻璃瓶、塑料瓶或金属桶(罐)外普通木箱；螺纹口玻璃瓶、塑料瓶或镀锡薄钢板桶(罐)外满底板花格箱、纤维板箱或胶合板箱。储存于阴凉、通风的仓间内，远离火种和热源。防止阳光直射。包装密封，不可与空气接触。应与氧化剂，酸分开存放。储存间内照明和通风等设施应采用防爆型。搬运时要轻装轻卸，防止包装及容器损坏。运输车辆应配备相应品种和数量的消防器材及泄漏应急处理设备。夏季最好早晚运输。运输时所用的槽(罐)车应有接地链，槽内可设孔隔板以减少振荡产生静电。严禁与氧化剂、酸类、食用化学品等混装混运。运输途中应防暴晒、雨淋，防高温。中途停留时应远离火种、热源和高温区。装运该物品的车辆排气管必须配备阻火装置，禁止使用易产生火花的机械设备和工具装卸。公路运输时要按规定路线行驶，勿在居民区和人口稠密区停留。铁路运输时要禁止溜放。严禁用木船、水泥船散装运输。

【安全与毒性】 易燃，遇高热、明火有引起燃烧爆炸的危险。受高热分解放出有毒气体。与氧化剂能发生强烈反应。吸入、口服或经皮肤吸收后对身体有害，其蒸气或雾对眼睛、黏膜和上呼吸道有刺激性，对皮肤有刺激性。

5.19　*N*,*N*-二甲基异丙醇胺

中文名：*N*,*N*-二甲基异丙醇胺

中文别名：1-(二甲胺基)-2-丙醇

英文名：*N*,*N*-dimethyl-iso-propanolamine

英文别名：1-(dimethylamino)-2-propanol

CAS 号：108-16-7

分子式：$C_5H_{13}NO$

分子结构：

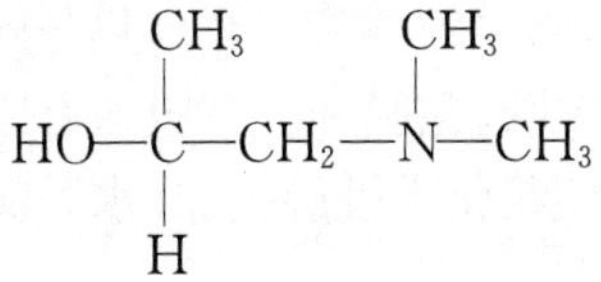

相对分子质量：103.2

【理化特性】 无色液体，溶于水。熔点：－85℃；沸点：123～128℃；闪点：35℃。相对密度为 0.85。爆炸上限：11.1%；爆炸下限：2.7%。禁忌物：强氧化剂、酸类。

【相关图谱】

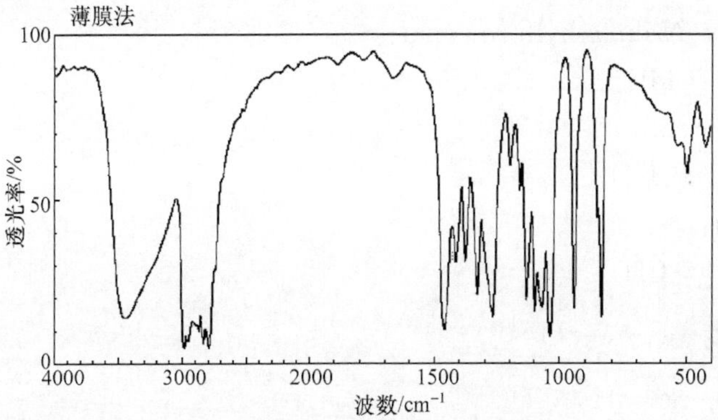

N,*N*-二甲基异丙醇胺红外图谱

【主要用途】 用作有机合成原料；用作药物异丙嗪、美散痛的中间体，也用作丙烯腈聚合物的稳定剂。

【制备】 环氧丙烷法由环氧丙烷与二甲胺反应而得。氯代异丙醇法由氯代异丙醇与二甲胺反应。

【包装储运及工程控制事项】 包装方法：小开口钢桶；安瓿瓶外普通木箱；螺纹口玻璃瓶、铁盖压口玻璃瓶、塑料瓶或金属桶(罐)外普通木箱；螺纹口玻璃瓶、塑料瓶或镀锡薄钢板桶(罐)外满底板花格箱、纤维板箱或胶合板箱。储存于阴凉、通风的库房。远离火种和热源。保持容器密封。应与氧化剂、酸类分开存放，切忌混储。采用防爆型照明和通风设施。禁止使用易产生火花的机械设备和工具。储区应备有泄漏应急处理设备和合适的收容材料。运输车辆应配备相应品种和数量的消防器材及泄漏应急处理设备。夏季最好早晚运输。运输时所用的槽(罐)车应有接地链，槽内可设孔隔板以减少振荡产生静电。严禁与氧化剂、酸类、食用化学品等混装混运。运输途中应防暴晒、雨淋，防高温。中途停留时应远离火种、热源和高温区。装运该物品的车辆排气管必须配备阻火装置，禁止使用易产生火花的机械设备和工具装卸。公路运输时要按规定路线行驶，勿在居民区和人口稠密区停留。铁路运输时要禁止溜放。严禁用木船、水泥船散装运输。

【安全与毒性】 易燃，遇高热、明火有引起燃烧的危险。受高热分解放出有毒的气体。与氧化剂能发生强烈反应。对眼睛、皮肤、黏膜和上呼吸道有剧烈刺激作用。吸入后，可引起喉、支气管的炎症、水肿、痉挛、化学性肺炎、肺水肿。接触后可有烧灼感、咳嗽、眩晕、气短、头痛、恶心和呕吐等。

5.20 *N*,*N*-二甲基甲酰胺

中文名：*N*,*N*-二甲基甲酰胺

中文别名：甲酰二甲胺

英文名：*N*,*N*-dimethylformamide

英文别名：DMF

CAS号：68-12-2

分子式：C_3H_7NO

分子结构：

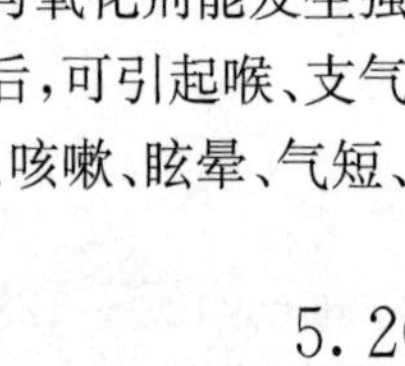

相对分子质量：73.10

【理化特性】 无色液体，有微弱的特殊臭味。与水混溶，可混溶于多数有机溶剂。熔点：－61℃；沸点：152.8℃；闪点：58℃。相对密度为 0.94。爆炸上限：15.2％；爆炸下限：2.2％。禁忌物：强氧化剂、酰基氯、氯仿、强还原剂、卤素、氯代烃。

【相关图谱】

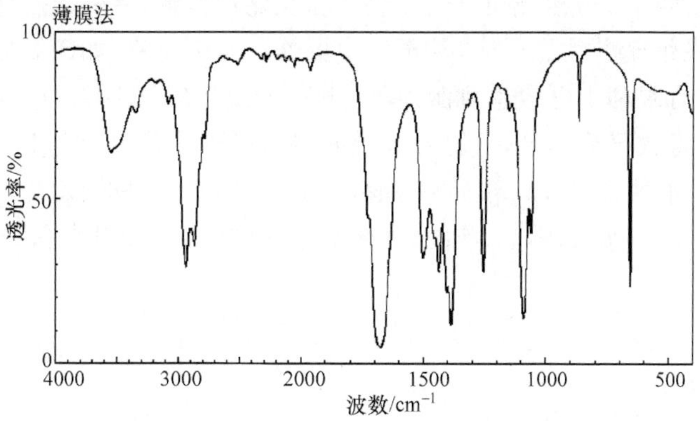

N,*N*-二甲基甲酰胺红外图谱

【主要用途】 用作分析试剂和乙烯树脂、乙炔的溶剂。作为优良的有机溶剂，用作聚氨酯、聚丙烯腈、聚氯乙烯的溶剂，也用作萃取剂、医药碘胺嘧啶、多西环素、可的松和农药杀虫脒的原料。用于塑料制膜。也可作去除油漆的脱漆剂。它还能溶解某些低溶解度的颜料，使颜料带有染料的特点。在石油化学工业中，二甲基甲酰胺可作为气体吸收剂，用来分离和精制气体。二甲基甲酰胺在加氢、脱氢、脱水和脱卤化氢的反应中具有催化作用，使反应温度降低，产品纯度提高。

【制备】 甲酸甲酯-二甲胺法由甲酸与甲醇酯化生成甲酸甲酯，然后与二甲胺气相反应生成二甲基甲酰胺，再经蒸馏回收甲醇和未反应的甲酸甲酯后进行减压精馏制得成品。二甲胺-一氧化碳法由二甲胺与一氧化碳在甲醇钠作用下，直接反应而得。反应条件是 1.5～2.5MPa 和 110～150℃，粗品经精馏制得成品。由一氧化碳和甲醇在高压和 80～100℃温度下经羰基合成得甲酸甲酯，然后再与二甲胺反应生成二甲基甲酰胺，精馏后得到成品。三氯乙醛法由三氯乙醛与二甲胺反应而得。

【包装储运及工程控制事项】 包装方法：安瓿瓶外普通木箱；螺纹口玻璃瓶、铁盖压口玻璃瓶、塑料瓶或金属桶（罐）外普通木箱。储存于阴凉、通风的库房。远离火种和热源。保持容器密封。应与氧化剂、还原剂、卤素等分开存放，切忌混储。采用防爆型照明和通风设施。禁止使用易产生火花的机械设备和工具。储区应备有泄漏应急处理设备和合适的收容材料。运输车辆应配备相应品种和数量的消防器材及泄漏应急处理设备。夏季最好早晚运输。运输时所用的槽（罐）车应有接地链，槽内可设孔隔板以减少振荡产生静电。严禁与氧化剂、还原剂、卤素、食用化学品等混装混运。运输途中应防暴晒、雨淋，防高温。中途停留时应远离火种、热源和高温区。装运该物品的车辆排气管必须配备阻火装置，禁止使用易产生火花的机械设备和工具装卸。公路运输时要按规定路线行驶，勿在居民区和人口稠密区停留。铁路运输时要禁止溜放。严禁用木船、水泥船散装运输。

【安全与毒性】 易燃，遇明火、高热或与氧化剂接触，有引起燃烧爆炸的危险。能与浓硫酸、发烟硝酸猛烈反应，甚至发生爆炸。与卤化物（如四氯化碳）能发生强烈反应。主要有眼和上呼吸道刺激症状、头痛、焦虑、恶心、呕吐、腹痛、便秘等。肝损害一般在中毒数日后出现，肝脏肿大，肝区痛，可出现黄疸。经皮肤吸收中毒者，皮肤出现水泡、水肿、黏糙，局部麻木、瘙痒、灼痛。有皮肤、黏膜刺激，神经衰弱综合征，血压偏低。还有恶心、呕吐、胸闷、食欲不振、胃痛、便秘及肝大和肝功能变化。

5.21 1,1-二甲基肼

中文名：1，1-二甲基肼

中文别名：偏二甲肼

英文名：1，1-dimethyl hydrazine

英文别名：dimethyl hydrazine(unsymmetrical)

CAS号：57-14-7

分子式：$C_2H_8N_2$

分子结构：

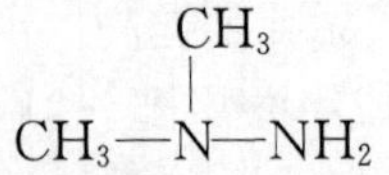

相对分子质量：60.12

【理化特性】 无色带氨气味的液体。有吸湿性。与水混溶，溶于乙醇、醚。熔点：−57.2℃；沸点：63.3℃；闪点：−15℃。相对密度为0.78。爆炸上限：95%；爆炸下限：2.0%。禁忌物：氧化剂、铜及其合金、铁、铁盐。

【相关图谱】 见下页。

【主要用途】 用作燃料添加剂及用于有机合成。作为植物生长调节剂丁酰肼的中间体，其苯酚盐可减少润滑盐的沉积现象，还可用于吸收酸性气体，也可用作高能原料。

【制备】 以氨与次氯酸钠反应生成氯代胺，然后与二甲胺反应即可得到产品。

【包装储运及工程控制事项】 包装方法：安瓿瓶外普通木箱；螺纹口玻璃瓶、铁盖压口玻璃瓶、塑料瓶或金属桶（罐）外普通木箱。储存于阴凉、干燥、通风良好

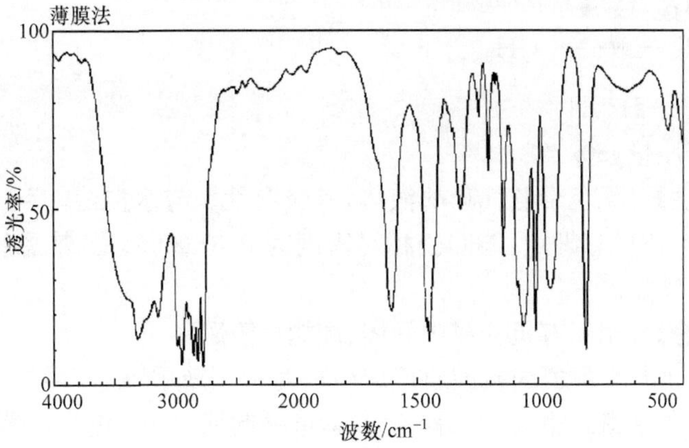

1,1-二甲基肼红外图谱

的不燃库房。远离火种和热源。库温不宜超过 30℃。保持容器密封。应与氧化剂、金属粉末、食用化学品分开存放,切忌混储。采用防爆型照明和通风设施。禁止使用易产生火花的机械设备和工具。储区应备有泄漏应急处理设备和合适的收容材料。运输车辆应配备相应品种和数量的消防器材及泄漏应急处理设备。夏季最好早晚运输。运输时所用的槽(罐)车应有接地链,槽内可设孔隔板以减少振荡产生静电。严禁与氧化剂、金属粉末、食用化学品等混装混运。运输途中应防暴晒、雨淋,防高温。中途停留时应远离火种、热源和高温区。装运该物品的车辆排气管必须配备阻火装置,禁止使用易产生火花的机械设备和工具装卸。公路运输时要按规定路线行驶,勿在居民区和人口稠密区停留。铁路运输时要禁止溜放。严禁用木船、水泥船散装运输。

【安全与毒性】 易燃,其蒸气与空气可形成爆炸性混合物,遇明火、高热极易燃烧爆炸。遇高热分解释出剧毒的气体。与氧化剂能发生强烈反应,引起燃烧或爆炸。误服、吸入或经皮肤吸收能引起中毒。蒸气对黏膜有刺激作用。可致皮肤灼伤。

5.22　1,2-二甲基肼

中文名:1,2-二甲基肼

中文别名:对称二甲基肼

英文名:1,2-dimethyl hydrazine

英文别名:dimethyl hydrazine(symmetrical)

CAS 号:540-73-8

分子式:$C_2H_8N_2$

分子结构：

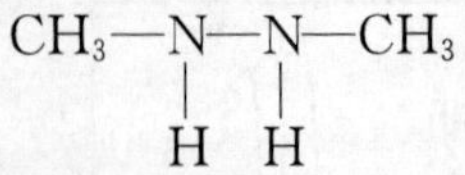

相对分子质量：60.12

【理化特性】 无色带氨气味的液体，有吸湿性。与水混溶，溶于乙醇、醚。熔点：−9℃；沸点：81℃；闪点：23℃。相对密度为 0.83(20℃)。禁忌物：氧化剂、铜及其合金、铁、铁盐。

【主要用途】 用于有机合成中间体、高能火箭燃料。

【制备】 由苯甲酰氯与硫酸肼反应生成对称二苯甲酰肼，再与硫酸二甲酯反应得到对称二苯甲酰二甲肼，最后将其与盐酸一起回流 2h，进行水蒸气蒸馏，将剩余物减压蒸发至干，结晶出对称二甲肼盐酸盐。

【包装储运及工程控制事项】 储存于阴凉、干燥、通风良好的不燃库房。远离火种和热源。库温不宜超过 30℃。保持容器密封。应与氧化剂、金属粉末、食用化学品分开存放，切忌混储。采用防爆型照明和通风设施。禁止使用易产生火花的机械设备和工具。储区应备有泄漏应急处理设备和合适的收容材料。

【安全与毒性】 易燃，其蒸气与空气可形成爆炸性混合物，遇明火、高热极易燃烧爆炸。遇高热分解释出剧毒的气体。与氧化剂能发生强烈反应，引起燃烧或爆炸。误服、吸入或经皮肤吸收能引起中毒。蒸气对黏膜有刺激作用。可致皮肤灼伤。

5.23　吡　　啶

中文名：吡啶

中文别名：氮杂苯

英文名：pyridine

英文别名：azabenzene

CAS 号：110-86-1

分子式：C_5H_5N

分子结构：

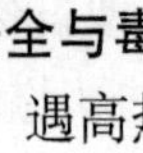

相对分子质量：79.10

【理化特性】 无色或微黄色液体，有恶臭。溶于水、醇、醚等多数有机溶剂。与水形成共沸混合物。熔点：−41.6℃；沸点：115.3℃；闪点：21。相对密度为 0.9827。爆炸上限：12.4%；爆炸下限：1.7%。禁忌物：酸类、强氧化剂、氯仿。

【相关图谱】

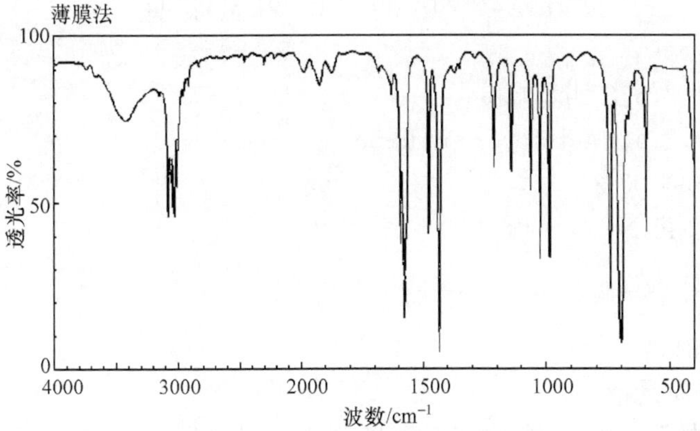

吡啶红外图谱

【主要用途】 用作溶剂、变性剂、助染剂、催化剂、缓蚀剂，合成一系列产品(包括药品、消毒剂、染料、食品调味料、黏合剂、炸药等)的起始物。用于制造维生素、磺胺类药、杀虫剂及塑料等。

【制备】 从天然煤焦油中获得，也可由乙醛和氨制得。

【包装储运及工程控制事项】 储存于阴凉、通风的仓间内。远离火种和热源。仓温不宜超过 30℃。防止阳光直射。保持容器密封。应与氧化剂、酸类分开存放。储存间内的照明和通风等设施应采用防爆型，开关设在仓外。配备相应品种和数量的消防器材。罐储时要有防火防爆技术措施。禁止使用易产生火花的机械设备和工具。灌装时应注意流速(不超过 3m/s)，且有接地装置，防止静电积聚。搬运时要轻装轻卸，防止包装及容器损坏。运输按规定路线行驶。工程控制：密闭操作，局部排风。

【安全与毒性】 本品易燃，具强刺激性。其蒸气与空气可形成爆炸性混合物，遇明火、高热极易燃烧爆炸。与氧化剂接触猛烈反应。高温时分解，释出剧毒的氮氧化物气体。与硫酸、硝酸、铬酸、发烟硫酸、氯磺酸、顺丁烯二酸酐、高氯酸银等剧烈反应，有爆炸危险。流速过快，容易产生和积聚静电。其蒸气密度比空气大，能在较低处扩散到相当远的地方，遇火源会着火回燃。若遇高热，容器内压增大，有开裂和爆炸的危险。

燃烧(分解)产物：一氧化碳、二氧化碳、氧化氮。

毒性：属低毒类。中毒症状，主要有恶心、疲劳、食欲缺乏，一些急性中毒事件中表现为精神崩溃。吡啶中毒引起死亡的事件比较少。有强烈刺激性。能麻醉中枢神经系统。对眼及上呼吸道有刺激作用。高浓度吸入后，轻者有欣快或窒息感，继之出现抑郁、肌无力、呕吐；重者意识丧失、大小便失禁、强直性痉挛、血压下降。误服可致死。

5.24　1,2,5,6-四氢吡啶

中文名:1,2,5,6-四氢吡啶

英文名:1,2,5,6-tetrahydropyridine

CAS 号:694-05-3

分子式:C_5H_9N

分子结构:

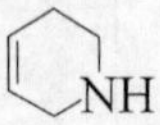

相对分子质量:83.1

【理化特性】　无色液体,有特臭气味。微溶于水,溶于醇、苯。熔点:－44℃;沸点:115.5～120℃;闪点:16.1℃。相对密度为0.91。禁忌物:强酸、强氧化剂。

【主要用途】　用于有机合成。

【包装储运及工程控制事项】　包装方法:小开口钢桶;安瓿瓶外普通木箱;螺纹口玻璃瓶、铁盖压口玻璃瓶、塑料瓶或金属桶(罐)外普通木箱。储存于阴凉、通风的库房。远离火种和热源。库温不宜超过30℃。保持容器密封。应与氧化剂、酸类分开存放,切忌混储。采用防爆型照明和通风设施。禁止使用易产生火花的机械设备和工具。储区应备有泄漏应急处理设备和合适的收容材料。运输车辆应配备相应品种和数量的消防器材及泄漏应急处理设备。夏季最好早晚运输。运输时所用的槽(罐)车应有接地链,槽内可设孔隔板以减少振荡产生静电。严禁与氧化剂、酸类、食用化学品等混装混运。运输途中应防暴晒、雨淋,防高温。中途停留时应远离火种、热源和高温区。装运该物品的车辆排气管必须配备阻火装置,禁止使用易产生火花的机械设备和工具装卸。公路运输时要按规定路线行驶,勿在居民区和人口稠密区停留。铁路运输时要禁止溜放。严禁用木船、水泥船散装运输。

【安全与毒性】　其蒸气与空气形成爆炸性混合物,遇明火、高热能引起燃烧爆炸。与氧化剂能发生强烈反应。其蒸气密度比空气大,能在较低处扩散到相当远的地方,遇明火会引着回燃。吸入、摄入或经皮肤吸收后对身体可能有害。本品对皮肤有刺激作用,其蒸气和烟雾对眼睛、黏膜和上呼吸道有刺激作用。

5.25　2-甲基吡啶

中文名:2-甲基吡啶

英文名:2-methylpyridine

CAS 号：109-06-8

分子式：C_6H_7N

分子结构：

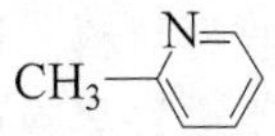

相对分子质量：93.1265

【理化特性】 无色液体，有特殊气味。与水混溶，溶于多数有机溶剂。熔点：−70℃；沸点：127.544℃；闪点：27℃。相对密度为 0.95。爆炸上限：8.8%；爆炸下限：1.3%。禁忌物：酸类、酰基氯、强氧化剂、氯仿。

【相关图谱】

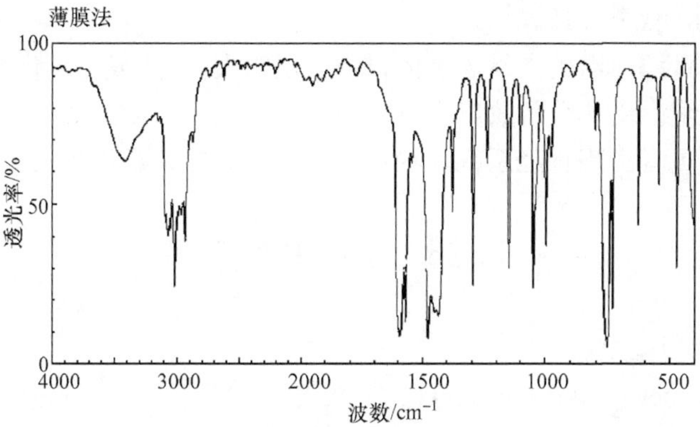

2-甲基吡啶红外图谱

【主要用途】 溶剂，也用作医药、染料、农药、合成树脂和化肥增效剂的原料。用于制取染料、树脂、农药、兽药、橡胶促进剂、胶片感光剂添加物等。

【制备】 吡啶和甲基吡啶以前都从煤焦化副产中回收，它分布在焦炉煤气、粗苯和焦油中。一般从煤气转移到硫铵母液里的吡啶类水合物沸点都很低，在 95～97℃，回收得到的粗轻吡啶盐基中，2-甲基吡啶含 15%左右，进一步精馏可切取得到 2-甲基吡啶。随着吡啶和甲基吡啶用途的扩大，合成法生产吡啶和甲基吡啶不断发展。目前，国外约 95%的吡啶及吡啶类化合物是用合成法生产的。主要的合成法有乙醛法、乙炔法、丙烯腈法等。乙醛法中乙醛、甲醛和氨反应，主要产品是 2-甲基吡啶、3-甲基吡啶和 4-甲基吡啶。乙炔法是由乙炔和氨反应，主要产品是 2-甲基吡啶和 4-甲基吡啶。乙烯法是由乙烯和氨反应，主要产品是 2-甲基吡啶和 2-甲基-5-乙基吡啶。丙烯腈法是由丙烯腈和过量丙酮反应，主要产品是 2-甲基吡啶。另外，丙烯醛和氨反应主要生成 3-甲基吡啶。

【包装储运及工程控制事项】 包装方法：小开口钢桶；安瓿瓶外普通木箱；螺纹口玻璃瓶、铁盖压口玻璃瓶、塑料瓶或金属桶（罐）外普通木箱；螺纹口玻璃瓶、塑料瓶或镀锡薄钢板桶(罐)外满底板花格箱、纤维板箱或胶合板箱。储存于阴凉、通风的库房。远离火种和热源。库温不宜超过30℃。保持容器密封。应与氧化剂、酸类等分开存放,切忌混储。采用防爆型照明和通风设施。禁止使用易产生火花的机械设备和工具。储区应备有泄漏应急处理设备和合适的收容材料。运输车辆应配备相应品种和数量的消防器材及泄漏应急处理设备。夏季最好早晚运输。运输时所用的槽(罐)车应有接地链,槽内可设孔隔板以减少振荡产生静电。严禁与氧化剂、酸类等混装混运。运输途中应防暴晒、雨淋,防高温。中途停留时应远离火种、热源和高温区。装运该物品的车辆排气管必须配备阻火装置,禁止使用易产生火花的机械设备和工具装卸。公路运输时要按规定路线行驶,勿在居民区和人口稠密区停留。铁路运输时要禁止溜放。严禁用木船、水泥船散装运输。工程控制:生产过程密闭,全面通风。

【安全与毒性】 高闪点易燃液体,易燃,遇明火、高热或与氧化剂接触,有引起燃烧爆炸的危险。受热分解放出有毒的氧化氮烟气。接触本品可出现疲乏、全身无力、嗜睡等,重者出现神经系统症状,如步态不稳、短暂意识丧失等。

5.26　3-甲基吡啶

中文名:3-甲基吡啶

英文名:3-methylpyridine

CAS号:108-99-6

分子式:C_6H_7N

分子结构:

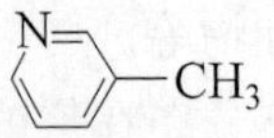

相对分子质量:93.12

【理化特性】 无色或黄色吸湿性液体。溶于水、醇、醚,溶于多数有机溶剂。熔点:-18.1℃;沸点:143.5℃;闪点:38℃。相对密度为0.96。爆炸上限:8.7%;爆炸下限:1.3%。禁忌物:酸类、酰基氯、强氧化剂、氯仿。

【相关图谱】 见下页。

【主要用途】 主要用于制造维生素B_6、烟酸和烟酰胺、尼可刹米和强心剂等药物;也可用作溶剂、尼可刹米、酒精变性剂、燃料中间体、树脂中间体、橡胶硫化促进剂、杀虫剂、防水剂的原料,以及胶片感光剂的添加物。

【制备】 从煤焦化副产中回收,也用合成法生产。用乙醛、甲醛和氨反应。

【包装储运及工程控制事项】 包装方法:小开口钢桶;安瓿瓶外普通木箱;螺纹口玻璃瓶、铁盖压口玻璃瓶、塑料瓶或金属桶(罐)外普通木箱;螺纹口玻璃瓶、塑

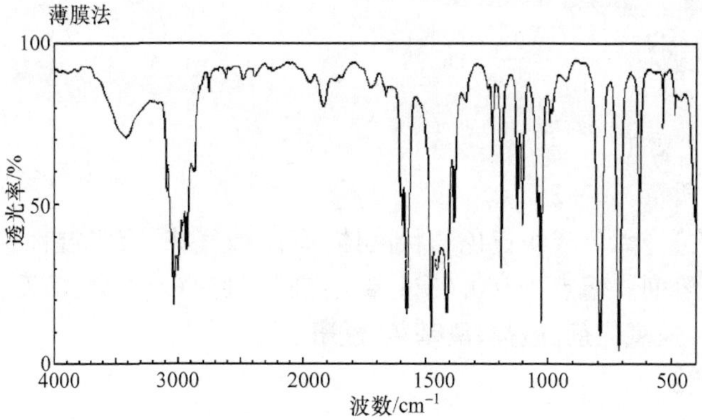

3-甲基吡啶红外图谱

料瓶或镀锡薄钢板桶(罐)外满底板花格箱、纤维板箱或胶合板箱。储存于阴凉、通风的库房。远离火种和热源。库温不宜超过 30℃。保持容器密封。应与氧化剂、酸类等分开存放,切忌混储。采用防爆型照明和通风设施。禁止使用易产生火花的机械设备和工具。储区应备有泄漏应急处理设备和合适的收容材料。运输车辆应配备相应品种和数量的消防器材及泄漏应急处理设备。夏季最好早晚运输。运输时所用的槽(罐)车应有接地链,槽内可设孔隔板以减少振荡产生静电。严禁与氧化剂、酸类等混装混运。运输途中应防暴晒、雨淋,防高温。中途停留时应远离火种、热源和高温区。装运该物品的车辆排气管必须配备阻火装置,禁止使用易产生火花的机械设备和工具装卸。公路运输时要按规定路线行驶,勿在居民区和人口稠密区停留。铁路运输时要禁止溜放。严禁用木船、水泥船散装运输。工程控制:生产过程密闭,全面通风。

【安全与毒性】 高闪点易燃液体,易燃,遇明火、高热或与氧化剂接触,有引起燃烧爆炸的危险。受热分解放出有毒的氧化氮烟气。接触本品出现疲乏、全身无力、嗜睡等,重者出现神经系统症状,如步态不稳、短暂意识丧失等。

5.27　2,4-二甲基吡啶

中文名:2,4-二甲基吡啶

中文别名:2,4-卢剔啶

英文名:2,4-dimethylpyridine

英文别名:2,4-lutidine

CAS 号:108-47-4

分子式:C_7H_9N

分子结构：

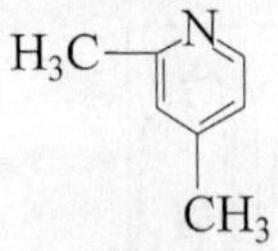

相对分子质量：107.2

【理化特性】 无色或淡黄色油状液体，有胡椒气味，有吸湿性。溶于水，可混溶于多数有机溶剂。熔点：－60.0℃；沸点：157～158℃；闪点：37℃。相对密度为0.93。禁忌物：强氧化剂、酸类、酰基氯、酸酐。

【相关图谱】

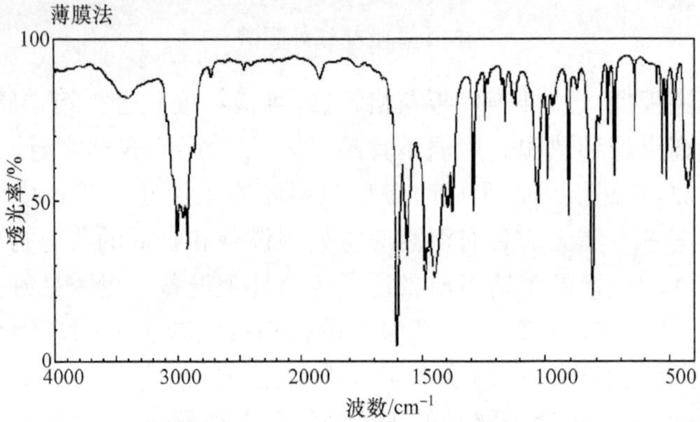

2,4-二甲基吡啶红外图谱

【主要用途】 用于有机合成，合成药物。用作溶剂。用作医药、杀虫剂的中间体，橡胶催化剂，环氧树脂交联剂，缩合催化剂，分析试剂等。

【制备】 主要由煤炼焦副产物中回收。

【包装储运及工程控制事项】 包装方法：小开口钢桶；安瓿瓶外普通木箱；螺纹口玻璃瓶、铁盖压口玻璃瓶、塑料瓶或金属桶（罐）外普通木箱；螺纹口玻璃瓶、塑料瓶或镀锡薄钢板桶（罐）外满底板花格箱、纤维板箱或胶合板箱。储存于阴凉、通风的库房。远离火种和热源。包装要求密封，不可与空气接触。应与氧化剂、酸类等分开存放，切忌混储。采用防爆型照明和通风设施。禁止使用易产生火花的机械设备和工具。储区应备有泄漏应急处理设备和合适的收容材料。运输车辆应配备相应品种和数量的消防器材及泄漏应急处理设备。夏季最好早晚运输。运输时所用的槽（罐）车应有接地链，槽内可设孔隔板以减少振荡产生静电。严禁与氧化剂、酸类、食用化学品等混装混运。运输途中应防暴晒、雨淋，防高温。中途停留时应远离火种、热源和高温区。装运该物品的车辆排气管必须配备阻火装置，禁止使用易产生火花的机械设备和工具装卸。公路运输时要按规定路线行驶，勿在居民区和人口稠密区停留。铁路运输时要禁止溜放。严禁用木船、水泥船散装运输。

【安全与毒性】　高闪点易燃液体，易燃，遇明火、高热或与氧化剂接触，有引起燃烧爆炸的危险。受热分解放出有毒的氧化氮烟气。对眼睛有强烈刺激性。对皮肤、黏膜和上呼吸道有刺激性。接触后可引起咳嗽、胸痛、呼吸困难、胃肠功能紊乱。

5.28　3,4-二甲基吡啶

中文名：3,4-二甲基吡啶

中文别名：3,4-二甲基氮杂苯

英文名：3,4-dimethylpyridine

英文别名：3,4-lutidine

CAS 号：583-58-4

分子式：C_7H_9N

分子结构：

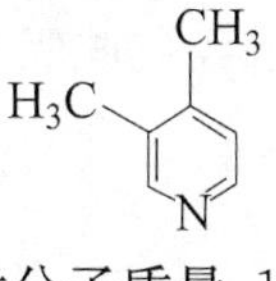

相对分子质量：107.17

【理化特性】　黄色液体，有吸湿性。微溶于水，溶于乙醇、乙醚。熔点：－12℃；沸点：163.5～164.5℃；闪点：53℃。相对密度为 0.954。禁忌物：氧化剂、酸类。

【相关图谱】

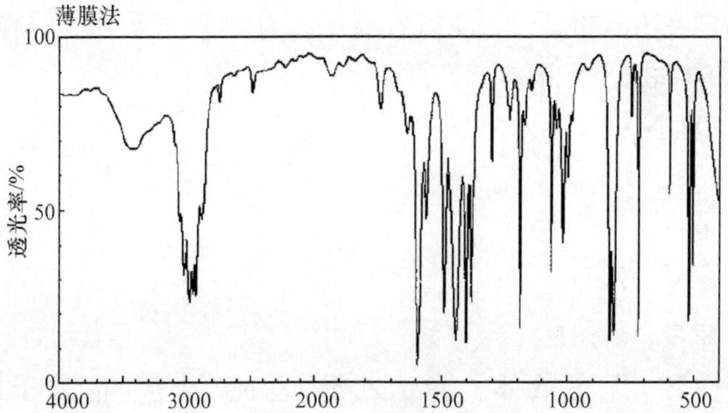

3,4-二甲基吡啶红外图谱

【主要用途】 用于有机合成。

【包装储运及工程控制事项】 包装方法：小开口钢桶；安瓿瓶外普通木箱；螺纹口玻璃瓶、铁盖压口玻璃瓶、塑料瓶或金属桶（罐）外普通木箱；螺纹口玻璃瓶、塑料瓶或镀锡薄钢板桶（罐）外满底板花格箱、纤维板箱或胶合板箱。储存于阴凉、通风的库房。远离火种和热源。防止阳光直射。库温不宜超过30℃。保持容器密封。应与氧化剂、酸类分开存放，切忌混储。采用防爆型照明和通风设施。禁止使用易产生火花的机械设备和工具。储区应备有泄漏应急处理设备和合适的收容材料。运输车辆应配备相应品种和数量的消防器材及泄漏应急处理设备。夏季最好早晚运输。运输时所用的槽（罐）车应有接地链，槽内可设孔隔板以减少振荡产生静电。严禁与氧化剂、酸类、食用化学品等混装混运。运输途中应防暴晒、雨淋，防高温。中途停留时应远离火种、热源和高温区。装运该物品的车辆排气管必须配备阻火装置，禁止使用易产生火花的机械设备和工具装卸。公路运输时要按规定路线行驶，勿在居民区和人口稠密区停留。铁路运输时要禁止溜放。严禁用木船、水泥船散装运输。

【安全与毒性】 高闪点易燃液体，其蒸气与空气可形成爆炸性混合物，遇明火、高热能引起燃烧爆炸。与氧化剂可发生反应。受高热分解放出有毒的气体。若遇高热，容器内压增大，有开裂和爆炸的危险。吸入、摄入或经皮肤吸收后可引起中毒。刺激眼睛、皮肤和呼吸系统。损害神经系统、肝和肾。

5.29　2,5-二甲基吡啶

中文名：2,5-二甲基吡啶

中文别名：2,5-二甲基氮杂苯

英文名：2,5-dimethylpyridine

英文别名：2,5-lutidine

CAS号：589-93-5

分子式：C_7H_9N

分子结构：

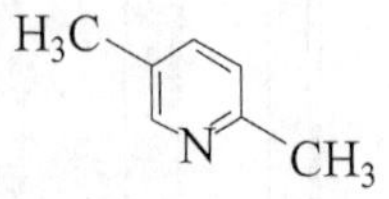

相对分子质量：107.15

【理化特性】 无色液体。溶于乙醇、乙醚、冷水，稍溶于热水。熔点：－15.9℃；沸点：157～159℃；闪点：47℃。相对密度为0.93。禁忌物：酸类、酰基氯、强氧化剂、氯仿。

【相关图谱】

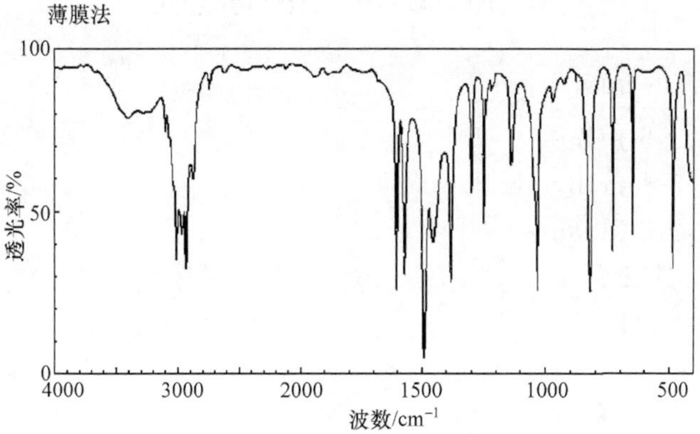

2,5-二甲基吡啶红外图谱

【主要用途】 用于医药、有机合成等。

【制备】 从煤炼焦副产物中回收的 156～159℃吡啶盐基馏分中分离得到。

【包装储运及工程控制事项】 包装方法：小开口钢桶；安瓿瓶外普通木箱；螺纹口玻璃瓶、铁盖压口玻璃瓶、塑料瓶或金属桶（罐）外普通木箱；螺纹口玻璃瓶、塑料瓶或镀锡薄钢板桶（罐）外满底板花格箱、纤维板箱或胶合板箱。储存于阴凉、通风的库房。远离火种和热源。库温不宜超过 30℃。应与氧化剂、酸类、食用化学品分开存放，切忌混储。不宜大量储存或久存。采用防爆型照明和通风设施。禁止使用易产生火花的机械设备和工具。储区应备有泄漏应急处理设备和合适的收容材料。运输车辆应配备相应品种和数量的消防器材及泄漏应急处理设备。夏季最好早晚运输。运输时所用的槽（罐）车应有接地链，槽内可设孔隔板以减少振荡产生静电。严禁与氧化剂、酸类、食用化学品等混装混运。运输途中应防暴晒、雨淋，防高温。中途停留时应远离火种、热源和高温区。装运该物品的车辆排气管必须配备阻火装置，禁止使用易产生火花的机械设备和工具装卸。公路运输时要按规定路线行驶，勿在居民区和人口稠密区停留。铁路运输时要禁止溜放。严禁用木船、水泥船散装运输。

【安全与毒性】 高闪点易燃液体，其蒸气与空气可形成爆炸性混合物，遇明火、高热能引起燃烧爆炸。与氧化剂可发生反应。高温时分解，释出剧毒的氮氧化物气体。流速过快，容易产生和积聚静电。若遇高热，容器内压增大，有开裂和爆炸的危险。对眼睛有强烈刺激性。对皮肤有刺激性。易经皮吸收。

5.30　3,5-二甲基吡啶

中文名：3,5-二甲基吡啶

中文别名：3,5-卢剔啶

英文名：3,5-dimethylpyridine

英文别名：3,5-lutidine

CAS 号：591-22-0

分子式：C_7H_9N

分子结构：

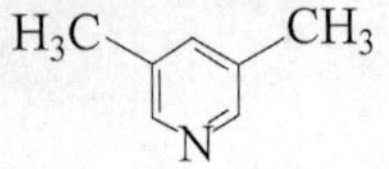

相对分子质量：107.2

【理化特性】 无色油状液体，有异味，有吸湿性。不溶于水，溶于醇、醚。熔点：−6.2℃；沸点：163～164℃；闪点：57.2℃。相对密度为 0.95。禁忌物：强氧化剂、酸类、酰基氯、酸酐。

【相关图谱】

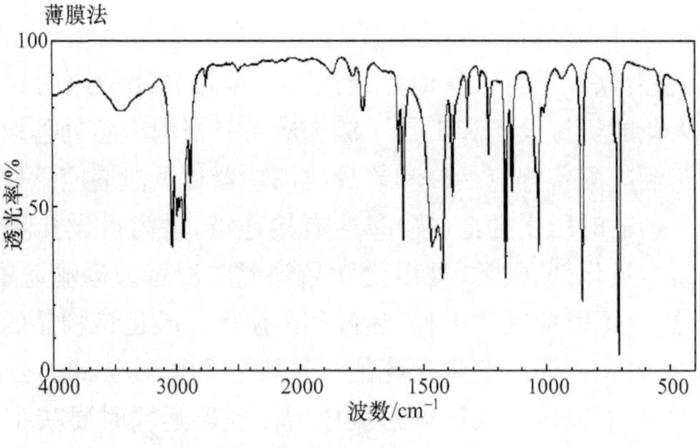

3,5-二甲基吡啶红外图谱

【主要用途】 用于合成医药、表面活性剂。也可用作反应溶剂。用于有机合成中间体。

【制备】 以甲醛、乙醛、氨为原料制得。

【包装储运及工程控制事项】 包装方法：小开口钢桶；安瓿瓶外普通木箱；螺纹口玻璃瓶、铁盖压口玻璃瓶、塑料瓶或金属桶(罐)外普通木箱；螺纹口玻璃瓶、塑料瓶或镀锡薄钢板桶(罐)外满底板花格箱、纤维板箱或胶合板箱。储存于阴凉、通风的库房。远离火种和热源。保持容器密封，严禁与空气接触。应与氧化剂、酸类等分开存放，切忌混储。采用防爆型照明和通风设施。禁止使用易产生火花的机械设备和工具。储区应备有泄漏应急处理设备和合适的收容材料。运输车辆应配备相应品种和数量的消防器材及泄漏应急处理设备。夏季最好早晚运输。运输时所用的槽(罐)车应有接地链，槽内可设孔隔板以减少振荡产生静电。严禁与氧化剂、酸类、食用化学品等混装混运。运输途中应防暴晒、雨淋，防高温。中途停留时应远离火种、热源和高温区。装运该物品的车辆排气管必须配备阻火装置，禁止使用易产生火花的机械设备和工具装卸。公路运输时要按规定路线行驶，勿在居民区和人口稠密区停留。铁路运输时要禁止溜放。严禁用木船、水泥船散装运输。

【安全与毒性】 高闪点易燃液体，易燃，遇明火、高热或与氧化剂接触，有引起燃烧爆炸的危险。受热分解放出有毒的氧化氮烟气。具有刺激性，对神经系统、肝、肾有损害。接触后出现眼睛、皮肤和黏膜刺激症状。并引起头痛、眩晕、恶心、呕吐、精神迟钝、腹痛、腹泻等。

5.31 2,6-二甲基吡啶

中文名：2,6-二甲基吡啶

中文别名：2,6-卢剔啶

英文名：2,6-dimethylpyridine

英文别名：2,6-lutidine

CAS 号：108-48-5

分子式：C_7H_9N

分子结构：

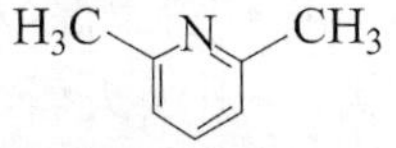

相对分子质量：107.15

【理化特性】 无色、油状液体，有特臭气味。微溶于热水，溶于乙醇、乙醚。熔点：−6℃；沸点：139～141℃；闪点：33℃。相对密度为 0.92。禁忌物：强氧化剂、酸类、酰基氯、酸酐。

【相关图谱】 见下页。

【主要用途】 在有机合成中用途广泛。

【制备】 可通过从煤炼焦副产物中回收β-甲基吡啶馏分中分离得到。乙酰乙酸乙酯经环合、氧化、水解、碱解制得。

【包装储运及工程控制事项】 包装方法：小开口钢桶；安瓿瓶外普通木箱；螺纹口玻璃瓶、铁盖压口玻璃瓶、塑料瓶或金属桶(罐)外普通木箱；螺纹口玻璃瓶、塑

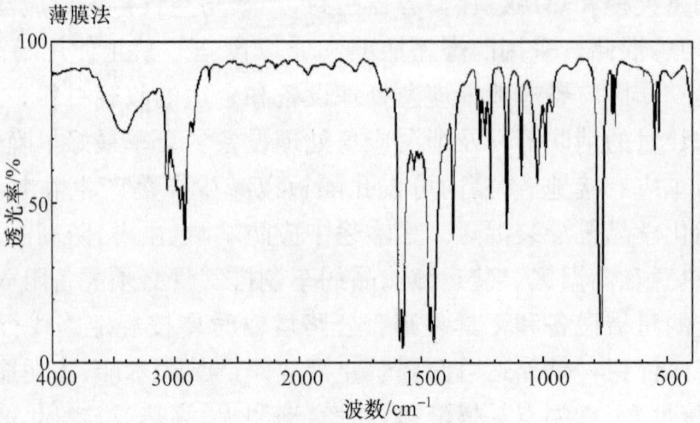

2,6-二甲基吡啶红外图谱

料瓶或镀锡薄钢板桶(罐)外满底板花格箱、纤维板箱或胶合板箱。储存于阴凉、通风的库房。远离火种和热源。包装要求密封,不可与空气接触。应与氧化剂、酸类等分开存放,切忌混储。采用防爆型照明和通风设施。禁止使用易产生火花的机械设备和工具。储区应备有泄漏应急处理设备和合适的收容材料。运输车辆应配备相应品种和数量的消防器材及泄漏应急处理设备。夏季最好早晚运输。运输时所用的槽(罐)车应有接地链,槽内可设孔隔板以减少振荡产生静电。严禁与氧化剂、酸类、食用化学品等混装混运。运输途中应防暴晒、雨淋,防高温。中途停留时应远离火种、热源和高温区。装运该物品的车辆排气管必须配备阻火装置,禁止使用易产生火花的机械设备和工具装卸。公路运输时要按规定路线行驶,勿在居民区和人口稠密区停留。铁路运输时要禁止溜放。严禁用木船、水泥船散装运输。

【安全与毒性】 高闪点易燃液体,易燃,遇高热、明火有引起燃烧的危险。受热分解放出有毒的氧化氮烟气。与氧化剂接触猛烈反应。具有刺激性,对神经系统、肝、肾有损害。接触后出现眼睛、皮肤和黏膜刺激症状,并引起头痛、眩晕、恶心、呕吐、精神迟钝、腹痛、腹泻等。

5.32 二乙基氨腈

中文名:二乙基氨腈

中文别名:二乙氨基氰

英文名:diethylcyanamide

英文别名:diethyl-diethyl-cyanamid

CAS 号:617-83-4

化学式:$C_5H_{10}N_2$

分子结构：

$$\begin{array}{c} H_3C—CH_2—N—CH_2—CH_3 \\ | \\ CN \end{array}$$

相对分子质量：98.15

【理化特性】 无色液体。微溶于水，可混溶于乙醇、乙醚等多数有机溶剂。熔点：－80℃；沸点：186～188℃；闪点：69℃。密度：相对密度为 0.85；相对蒸气密度为 3.4。禁配物：强氧化剂、强还原剂、强酸、强碱、潮湿空气。

【主要用途】 用于有机合成等。

【制备】 由二乙胺与溴化氰反应而得。

【包装储运及工程控制事项】 包装方法：小开口钢桶；安瓿瓶外普通木箱；螺纹口玻璃瓶、铁盖压口玻璃瓶、塑料瓶或金属桶(罐)外普通木箱；螺纹口玻璃瓶、塑料瓶或镀锡薄钢板桶(罐)外满底板花格箱、纤维板箱或胶合板箱。储存于阴凉、干燥、通风良好的库房。远离火种和热源。保持容器密封。应与氧化剂、还原剂、酸类、碱类、食用化学品分开存放，切忌混储。配备相应品种和数量的消防器材。储区应备有泄漏应急处理设备和合适的收容材料。铁路运输时应严格按照铁道部《危险货物运输规则》中的危险货物配装表进行配装。运输前应先检查包装容器是否完整、密封，运输过程中要确保容器不泄漏、不倒塌、不坠落、不损坏。严禁与酸类、氧化剂、食品及食品添加剂混运。运输车辆应配备相应品种和数量的消防器材及泄漏应急处理设备。运输途中应防暴晒、雨淋，防高温。公路运输时要按规定路线行驶。

【安全与毒性】 危险特性：易燃，与氧化剂接触猛烈反应。受热分解或接触酸液、酸雾能放出有毒的氰化物气体。遇水或水蒸气反应放热并产生有毒的腐蚀性气体。

有害燃烧产物：一氧化碳、二氧化碳、氮氧化物。

健康危害：本品对眼睛、皮肤、黏膜有强烈的刺激作用。受热分解或接触酸液、酸雾能放出有毒的氰化物气体，应引起注意。接触水或水蒸气能产生有腐蚀性、有毒的气体。

急性毒性：LD_{50} 为 100mg/kg(小鼠静脉)。

5.33　甲基丙烯腈

中文名：甲基丙烯腈

中文别名：异丁烯腈

英文名：methacrylonitrile

CAS 号：126-98-7

分子式：C_4H_5N

分子结构：

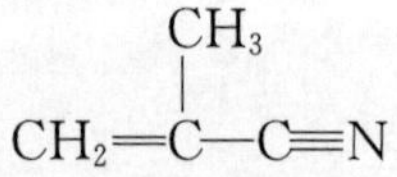

相对分子质量：67.09

【理化特性】 无色液体，有轻微杏仁气味。不溶于水，溶于苯、乙醇、乙醚。熔点：−35.8℃；沸点：90.3℃；闪点：12.8℃。相对密度为 0.80。禁忌物：强氧化剂、强还原剂、强酸、强碱。

【相关图谱】

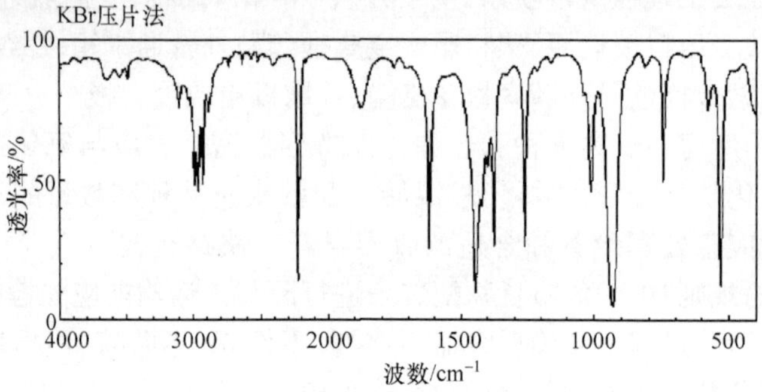

甲基丙烯腈红外图谱

【主要用途】 重要有机合成原料。

【制备】 由 1,2-环氧丙烷与氢氰酸作用，然后失水制得。

【包装储运及工程控制事项】 通常商品加有稳定剂。储存于阴凉、通风的仓间内。远离火种和热源。仓温不宜超过 30℃。防止阳光直射。包装要求密封，不可与空气接触。不宜大量或久存。应与氧化剂、酸类、碱类分开存放。储存间内的照明和通风等设施应采用防爆型，开关设在仓外。配备相应品种和数量的消防器材。禁止使用易产生火花的机械设备和工具。定期检查是否有泄漏现象。搬运时要轻装轻卸，防止包装及容器损坏。运输车辆应配备相应品种和数量的消防器材及泄漏应急处理设备。夏季最好早晚运输。运输时所用的槽（罐）车应有接地链，槽内可设孔隔板以减少振荡产生静电。严禁与氧化剂、还原剂、酸类、碱类、食用化学品等混装混运。运输途中应防暴晒、雨淋，防高温。中途停留时应远离火种、热源和高温区。装运该物品的车辆排气管必须配备阻火装置，禁止使用易产生火花的机械设备和工具装卸。公路运输时要按规定路线行驶，勿在居民区和人口稠密区停留。铁路运输时要禁止溜放。严禁用木船、水泥船散装运输。工程控制：严加密闭，提供充分的局部排风和全面排风。尽可能机械化、自动化。

【安全与毒性】 中闪点易燃液体，其蒸气与空气形成爆炸性混合物，遇明火、高热能引起燃烧爆炸。与氧化剂能发生强烈反应。其蒸气密度比空气大，能在较低处扩散到相当远的地方，遇火源引着回燃。若遇高热，可能发生聚合反应，出现大量放热现象，引起容器破裂和爆炸事故。

5.34 正　丁　腈

中文名：正丁腈

中文别名：丙基氰

英文名：butyronitrile

英文别名：propyl cyanide

CAS 号：109-74-0

分子式：C_4H_7N

分子结构：

$$CH_3—CH_2—CH_2—C{\equiv}N$$

相对分子质量：69.10

【理化特性】 有刺激性气味的无色液体。微溶于水，溶于醇、醚等多数有机溶剂。熔点：−112.6℃；沸点：117.9℃；闪点：21℃。相对密度为 0.80。爆炸上限：11.4%；爆炸下限：1.65%。禁忌物：强酸、强碱、强氧化剂、强还原剂。

【相关图谱】

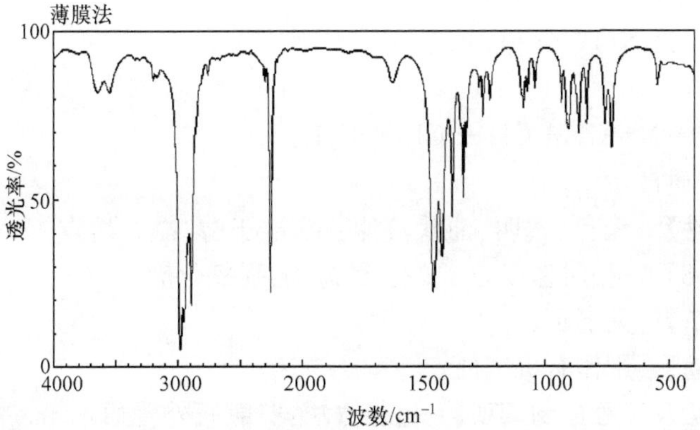

正丁腈红外图谱

【主要用途】 有机合成原料、溶剂、医药中间体，还可用于其他精细化学品。

【制备】 由丁烯与氨氧化而得，或由丁醇与氨催化氧化而得。

【包装储运及工程控制事项】 包装方法：安瓿瓶外普通木箱；螺纹口玻璃瓶、铁盖压口玻璃瓶、塑料瓶或金属桶（罐）外普通木箱。储存于阴凉、通风的库房。远离火种和热源。库温不宜超过30℃。保持容器密封。应与还原剂、酸类、碱类、食用化学品分开存放,切忌混储。采用防爆型照明和通风设施。禁止使用易产生火花的机械设备和工具。储区应备有泄漏应急处理设备和合适的收容材料。运输车辆应配备相应品种和数量的消防器材及泄漏应急处理设备。夏季最好早晚运输。运输时所用的槽(罐)车应有接地链,槽内可设孔隔板以减少振荡产生静电。严禁与还原剂、酸类、碱类、食用化学品等混装混运。运输途中应防暴晒、雨淋,防高温。中途停留时应远离火种、热源和高温区。装运该物品的车辆排气管必须配备阻火装置,禁止使用易产生火花的机械设备和工具装卸。公路运输时要按规定路线行驶,勿在居民区和人口稠密区停留。铁路运输时要禁止溜放。严禁用木船、水泥船散装运输。

【安全与毒性】 易燃,遇明火、高热、氧化剂有引起燃烧爆炸的危险。中毒后,无力、震颤、血管扩张、呼吸困难、四肢抽搐,直至死亡。大鼠吸入本品蒸气后,出现氰类中毒症状,并迅速死亡。对眼和皮肤有轻微刺激作用。

5.35 丁醛肟

中文名称:丁醛肟

中文别名:丁缩醛肟

英文名称:butyraldoxime

英文别名:butyraldehyde oxime

CAS号:110-69-0

分子式:C_4H_9NO

分子结构:

$$HO{=}N{=}CH{-}CH_2{-}CH_2{-}CH_3$$

相对分子质量:87.1

【理化特性】 无色、透明、油状液体。易溶于醇、醚。熔点:−29.5℃;沸点:152℃;闪点:58℃。相对密度为0.92。禁忌物:强氧化剂。

【相关图谱】 见下页。

【主要用途】 用作有机试剂。

【包装储运及工程控制事项】 包装方法:安瓿瓶外普通木箱;螺纹口玻璃瓶、铁盖压口玻璃瓶、塑料瓶或金属桶(罐)外普通木箱。储存于阴凉、通风的库房。远离火种和热源。避免光照。保持容器密封。应与氧化剂分开存放,切忌混储。采用防爆型照明和通风设施。禁止使用易产生火花的机械设备和工具。储区应备有泄漏应急处理设备和合适的收容材料。运输车辆应配备相应品种和数量的消防器材及泄漏应急处理设备。夏季最好早晚运输。运输时所用的槽(罐)车应有接地

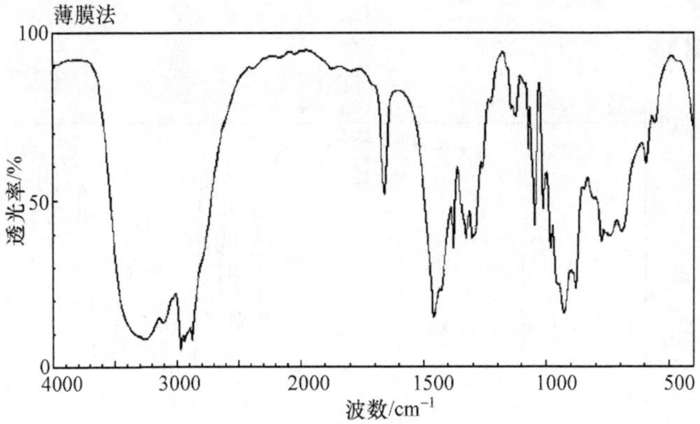

丁醛肟红外图谱

链，槽内可设孔隔板以减少振荡产生静电。严禁与氧化剂、酸类、食用化学品等混装混运。运输途中应防暴晒、雨淋，防高温。中途停留时应远离火种、热源和高温区。装运该物品的车辆排气管必须配备阻火装置，禁止使用易产生火花的机械设备和工具装卸。公路运输时要按规定路线行驶，勿在居民区和人口稠密区停留。铁路运输时要禁止溜放。严禁用木船、水泥船散装运输。工程控制：密闭操作，全面排风；提供安全淋浴和洗眼设备。

【安全与毒性】 易燃，遇高热、明火或与氧化剂接触，有引起燃烧爆炸的危险。对眼睛、皮肤黏膜和上呼吸道有刺激作用。误服或吸入对身体有害。

5.36 2,6-二甲基吗啡啉

中文名：2,6-二甲基吗啡啉
英文名：2,6-dimethylmorphaline
英文别名：2,6-dimethyl-2,3,5,6-thtrahydro-4H-oxazine
CAS 号：141-91-3
分子式：$C_6H_{13}NO$
分子结构：

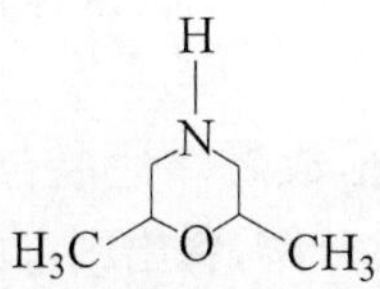

相对分子质量：115.18

【理化特性】 无色液体。易溶于水，易溶于乙醇，溶于丙酮，可混溶于苯。熔点：－85℃；沸点：146.6℃；闪点：44.4℃。相对密度为 0.94。禁忌物：强氧化剂、强酸。

【相关图谱】

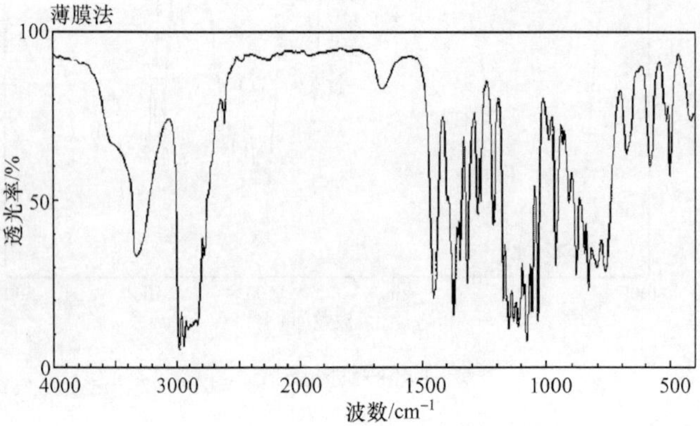

2,6-二甲基吗啡啉红外图谱

【主要用途】 用作腐蚀抑制剂、氯代溶剂的稳定剂、橡胶促进剂、杀虫剂及用于织物处理;2,6-二甲基吗啉是杀菌剂丁苯吗啉的中间体。

【制备】 由二-(2-羟基丙基)胺盐酸盐与浓硫酸共热脱水而得,再加碱析出2,6-二甲基吗啉,精馏而得成品。

【包装储运及工程控制事项】 包装方法:小开口钢桶;螺纹口玻璃瓶、铁盖压口玻璃瓶、塑料瓶或金属桶(罐)外普通木箱;螺纹口玻璃瓶、塑料瓶或镀锡薄钢板桶(罐)外满底板花格箱、纤维板箱或胶合板箱。储存于阴凉、通风的库房。远离火种和热源。库温不宜超过30℃。应与氧化剂、酸类分开存放,切忌混储。采用防爆型照明和通风设施。禁止使用易产生火花的机械设备和工具。储区应备有泄漏应急处理设备和合适的收容材料。运输车辆应配备相应品种和数量的消防器材及泄漏应急处理设备。夏季最好早晚运输。运输时所用的槽(罐)车应有接地链,槽内可设孔隔板以减少振荡产生静电。严禁与氧化剂、酸类、食用化学品等混装混运。运输途中应防暴晒、雨淋,防高温。中途停留时应远离火种、热源和高温区。装运该物品的车辆排气管必须配备阻火装置,禁止使用易产生火花的机械设备和工具装卸。公路运输时要按规定路线行驶,勿在居民区和人口稠密区停留。铁路运输时要禁止溜放。严禁用木船、水泥船散装运输。

【安全与毒性】 中闪点易燃液体,其蒸气与空气可形成爆炸性混合物,遇明火、高热能引起燃烧爆炸。与氧化剂可发生反应。高温时分解,释出剧毒的氮氧化物气体。流速过快,容易产生和积聚静电。其蒸气密度比空气大,能在较低处扩散到相当远的地方,遇火源会着火回燃。若遇高热,容器内压增大,有开裂和爆炸的危险。吸入、摄入或经皮肤吸收对身体有害,具有刺激性。

5.37　1,4-二甲基哌嗪

中文名:1,4-二甲基哌嗪

中文别名:N,N'-二甲基哌嗪

英文名:1,4-dimethyl piperazine

英文别名:N,N'-dimethylpiperazine

CAS 号:106-58-1

分子式:$C_6H_{14}N_2$

分子结构:

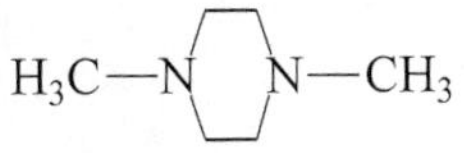

相对分子质量:114.19

【理化特性】 无色挥发性液体。易溶于水、乙醇、乙醚。熔点:－1℃;沸点:131～132℃;闪点:18℃。相对密度为 0.844。禁忌物:强氧化剂、强酸。

【相关图谱】

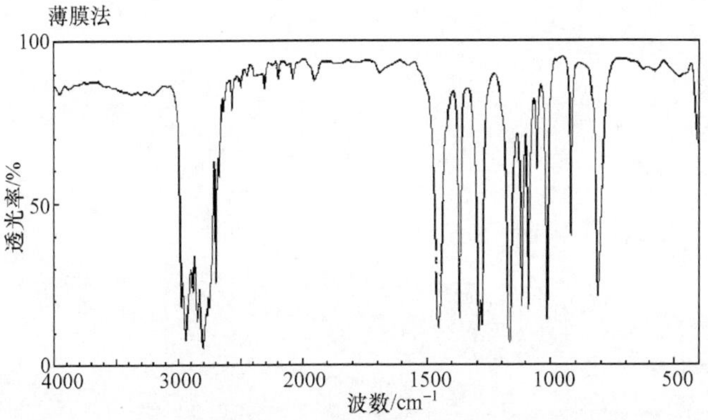

1,4-二甲基哌嗪红外图谱

【主要用途】 用作医药中间体及表面活性剂。

【包装储运及工程控制事项】 包装方法:小开口钢桶;螺纹口玻璃瓶、铁盖压口玻璃瓶、塑料瓶或金属桶(罐)外普通木箱;螺纹口玻璃瓶、塑料瓶或镀锡薄钢板桶(罐)外满底板花格箱、纤维板箱或胶合板箱。储存于阴凉、通风的库房。远离火种和热源。防止阳光直射。库温不宜超过 30℃。保持容器密封。应与氧化剂、酸类分开存放,切忌混储。采用防爆型照明和通风设施。禁止使用易产生火花的机械设备和工具。储区应备有泄漏应急处理设备和合适的收容材料。运输车辆应配备相应品种和数量的消防器材及泄漏应急处理设备。夏季最好早晚运输。运输时所用的槽(罐)车应有接地链,槽内可设孔隔板以减少振荡产生静电。严禁与氧化剂、酸类、食用化学品等混装混运。运输途中应防暴晒、雨淋,防高温。中途停留时应远离火种、热源和高温区。装运该物品的车辆排气管必须配备阻火装置,禁止使用易产生火花的机械设备和工具装卸。公路运输时要按规定路线行驶,勿在居民区和人口稠密区停留。铁路运输时要禁止溜放。严禁用木船、水泥船散装运输。

【安全与毒性】 高闪点易燃液体,其蒸气与空气可形成爆炸性混合物,遇明火、高热能引起燃烧爆炸。与氧化剂可发生反应。受高热分解放出有毒的气体。具有腐蚀性。若遇高热,容器内压增大,有开裂和爆炸的危险。吸入或经皮肤吸收后对身体有害。吸入可引起喉痉挛、喉炎、支气管炎、化学性肺炎、肺水肿等。

第 6 章　烷烃类液体

烷烃类液体化合物是碳氢化合物中的一种饱和烃，同时也是最简单的一种有机化合物，整体构造由碳、氢、碳碳单键与碳氢单键所构成，分为链烷烃与环烷烃。低级的烷烃是常用的民用燃料，也是化工原料，中级烷烃如汽油、煤油、柴油等是重要的工业动力燃料，石油醚、二甲醚、液态石蜡等是常用的有机溶剂，也是工业动力原料，润滑油则是常用的润滑剂和防腐剂。烷烃类液体化合物的蒸气与空气混合可形成爆炸性混合物，遇明火、高热极易燃烧，同时由燃烧迅速转为爆轰，其威力巨大。与氧化剂接触剧烈反应；输送时流速过快，容易产生和积聚静电；烷烃类液体化合物的蒸气密度比空气大，能扩散到相当远的地方，遇火源会着火回燃。若遇高热，容器内压增大，有开裂和爆炸的危险。如遇烷烃类引发的火灾，千万不能用水作为灭火剂，消防人员须佩戴防毒面具、穿全身消防服，在上风向灭火。尽可能将容器从火场移至空旷处。喷水降温保持容器冷却，直至灭火结束。由烷烃引起的火灾，若处在火场中的容器已变色或从安全泄压装置中产生声音，必须马上撤离至安全地带。建议使用灭火剂：雾状水、泡沫、干粉、二氧化碳、砂土。

6.1　1,1-二氯乙烷

中文名：1,1-二氯乙烷

中文别名：乙叉二氯

英文名：1,1-dichloroethane

英文别名：ethylidene chloride

CAS 号：75-34-3

分子式：$C_2H_4Cl_2$

分子结构：

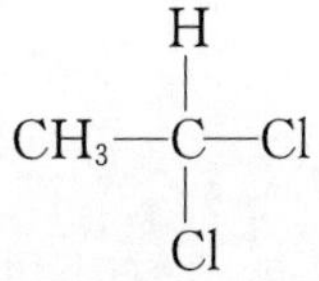

相对分子质量：98.97

【理化特性】　无色油状液体，带有醚味，溶于多数有机溶剂。熔点：−96.7℃；沸点：57.3℃；闪点：−10℃。相对密度为 1.17。爆炸上限：11.4%；爆炸下限：

5.6%。禁忌物:强氧化剂、胺类、碱金属。

【相关图谱】

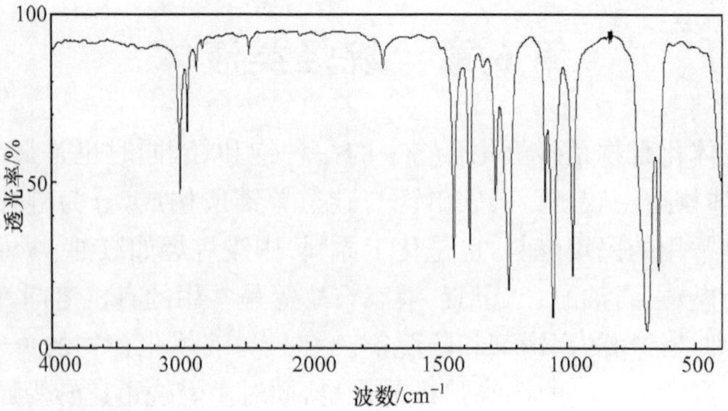

1,1-二氯乙烷红外图谱

【主要用途】 用作溶剂和热敏质的萃取剂。

【制备】 工业上由氯乙烯在氯化铝、氯化铁或氯化锌催化下,以1,1-二氯乙烷为介质,与氯化氢进行液相反应而得。在由乙烯氯化生产1,2-二氯乙烷时,还副产少量的1,1-二氯乙烷。

【包装储运及工程控制事项】 库房通风,低温干燥,与氧化剂分开储运存放。

【安全与毒性】 易燃,其蒸气与空气可形成爆炸性混合物。遇明火、高热能引起燃烧爆炸。受高热分解产生有毒的腐蚀性烟气。与氧化剂能发生强烈反应。其蒸气密度比空气大,能在较低处扩散到相当远的地方,遇明火会引着回燃。

6.2 1,2-二氯乙烷

中文名:1,2-二氯乙烷

中文别名:二氯化乙烯,乙撑二氯

英文名:sym-dichloroethane;ethylenedichloride

英文别名:sym-dichloroethan

CAS号:107-06-2

分子式:$C_2H_4Cl_2$

分子结构:

Cl—CH_2—CH_2—Cl

相对分子质量:98.96

【理化特性】 无色或浅黄色透明液体,有类似氯仿的气味。能与乙醇、氯仿和乙醚混溶。熔点:−35.7℃;沸点:83～84℃;闪点:13℃。相对密度为

1.2569。爆炸上限：16.0％；爆炸下限：6.2％。禁忌物：强氧化剂、酸类、碱类。

【相关图谱】

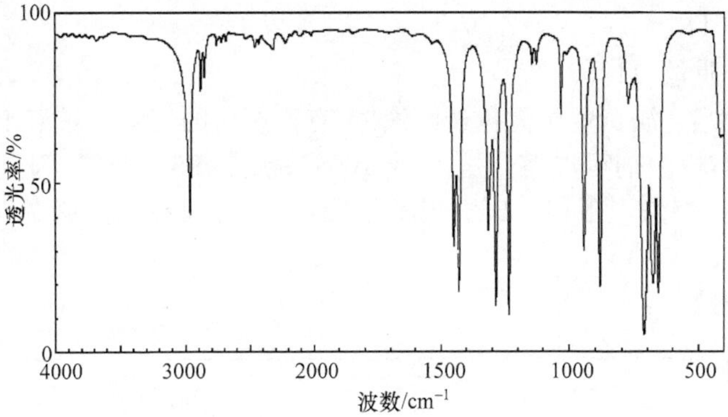

1,2-二氯乙烷红外图谱

【主要用途】 用作蜡、脂肪、橡胶等的溶剂及谷物杀虫剂。

【制备】 由氯与乙烯在金属催化剂存在下反应，然后蒸馏而得。

【包装储运及工程控制事项】 密封阴凉干燥避光保存。

【安全与毒性】 易燃，低毒，有致癌可能性，蒸气对呼吸道有刺激性。吸入可引起肺水肿。抑制中枢神经系统、刺激胃肠道和引起肝、肾和肾上腺损害。头痛、恶心、兴奋、激动，严重者很快发生中枢神经系统抑制而死亡。另一类型以胃肠道症状为主，呕吐、腹痛、腹泻，严重者可发生肝坏死和肾病变。

慢性影响：长期低浓度接触引起神经衰弱综合征和消化道症状。可致皮肤脱屑或皮炎。

环境危害：该物质对大气臭氧层破坏力极强。

6.3　1,2-二氯丙烷

中文名：1,2-二氯丙烷

英文名：dichloropropane

CAS 号：78-87-5

分子式：$C_3H_6Cl_2$

分子结构：

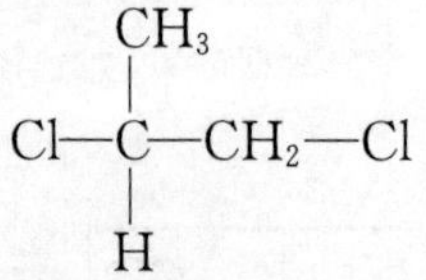

相对分子质量：112.9

【理化特性】 淡黄色至无色透明液体，有像氯仿的气味。难溶于水，易溶于乙醚，与大多数有机溶剂可混溶。熔点：－100℃；沸点：95～96℃；闪点：21℃。相对密度为1.158。爆炸上限：14.5%；爆炸下限：3.4%。禁忌物：强氧化剂、酸类、碱类、铝。

【相关图谱】

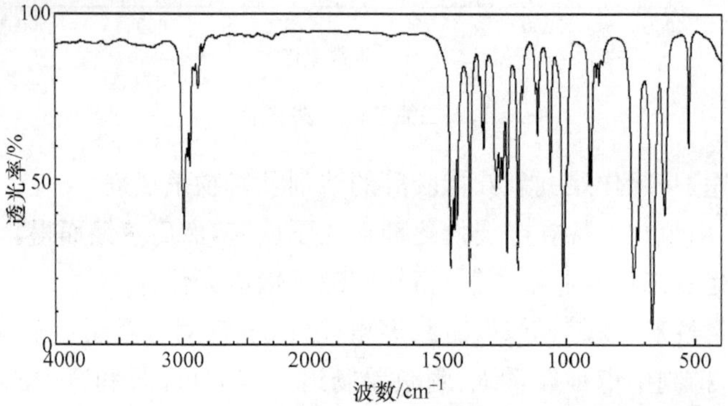

1,2-二氯丙烷红外图谱

【主要用途】 用作脂肪、油、蜡、树脂和树胶的溶剂及杀虫剂等。

【制备】 由丙烯与氯气在二氯丙烷中液相低温加成和分馏而制得。也是丙烯高温氯化制氯丙烯的。

【包装储运及工程控制事项】 二氯丙烷属化学危险品，可槽车运输或桶装运输，但都须有化学危险品营运证。

【安全与毒性】 其蒸气与空气形成爆炸性混合物，遇明火、高热能引起燃烧爆炸。与氧化剂能发生强烈反应。受高热分解产生有毒的腐蚀性气体。其蒸气密度比空气大，能在较低处扩散到相当远的地方，遇火源引着回燃。若遇高热，容器内压增大，有开裂和爆炸的危险。

6.4 1,3-二氯丙烷

中文名：1,3-二氯丙烷

中文别名：氯化三亚甲基

英文名：1,3-dichloropropane

英文别名：trimethylene dichloride

CAS 号：142-28-9

分子式：$C_3H_6Cl_2$

分子结构：

$$Cl—CH_2—CH_2—CH_2—Cl$$

相对分子质量：112.09

【理化特性】 无色液体，有类似氯仿的甜味。微溶于水，易溶于乙醇、乙醚等多数有机溶剂。熔点：－99.5℃；沸点：125℃；闪点：32℃。相对密度为 1.20。禁忌物：强氧化剂、酸类、碱类、铝。

【相关图谱】

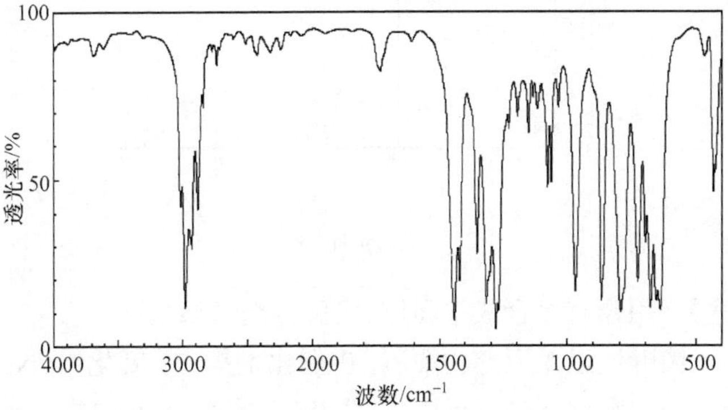

1,3-二氯丙烷红外图谱

【主要用途】 用于有机合成，制洗涤剂，也用作溶剂。

【制备】 由丙二醇与盐酸作用而得。

【包装储运及工程控制事项】 密封于干燥阴凉处保存。

【安全与毒性】 遇明火、高热易燃。受热分解能放出剧毒的光气。与氧化剂能发生强烈反应。

6.5　1-氨基丙烷

中文名：1-氨基丙烷

中文别名：丙基胺

英文名：*n*-propylamine

英文别名：propylamine；1-aminopropane

CAS 号：107-10-8

分子式：C_3H_9N

分子结构：

$CH_3—CH_2—CH_2—NH_2$

相对分子质量：59

【理化特性】 无色碱性液体，有强烈的氨味。与水混溶，可混溶于乙醇、乙醚。熔点：－83℃；沸点：48.5℃；闪点：－37℃。相对密度为0.72。爆炸上限：10.4%；爆炸下限：2.0%。禁忌物：酸类、酸酐、酰基氯、强氧化剂、二氧化碳。

【相关图谱】

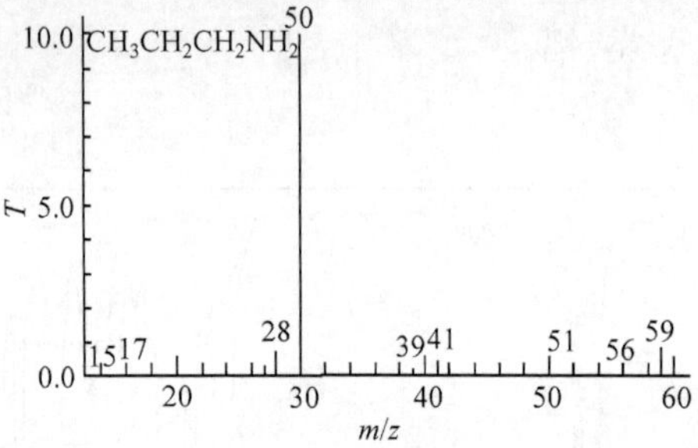

丙基胺质谱

【主要用途】 用作有机合成中间体、实验试剂及溶剂。

【制备】 正丙醇法以正丙醇为原料，在催化剂镍-铜-氧化铝（Ni-Cu-Al_2O_3）作用下，在(190±10)℃温度下进行反应，脱氢生成丙醛，与氨加成脱水得亚胺，通过丙醇和氨的比例控制，再加氢可得产品正丙胺，但同时还有二丙胺、三丙胺生成(参见“三丙胺”)。硝基丙烷法硝基正丙烷低压催化加氢得正丙胺。

【包装储运及工程控制事项】 储存于阴凉、通风的库房。远离火种和热源。库温不宜超过30℃。保持容器密封。应与氧化剂、酸类等分开存放，切忌混储。采用防爆型照明和通风设施。禁止使用易产生火花的机械设备和工具。储区应备有泄漏应急处理设备和合适的收容材料。

6.6 2-氨基丙烷

中文名：2-氨基丙烷

中文别名：异丙胺

英文名：2-aminopropane

英文别名：isopropylamine

CAS号：75-31-0

分子式：C_3H_9N

分子结构：

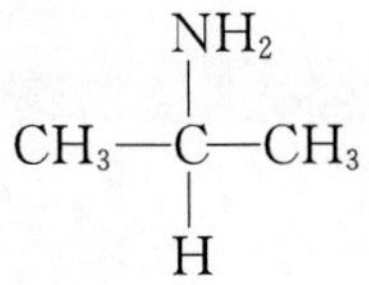

相对分子质量：59.11

【理化特性】 无色液体，有氨气味。能与水、乙醇和乙醚混溶。熔点：−95.2℃；沸点：33～34℃；闪点：−37℃。相对密度为 0.72。

【相关图谱】

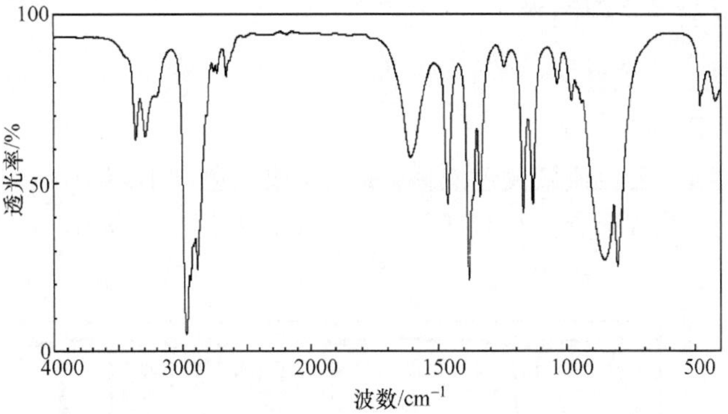

2-氨基丙烷红外图谱

【主要用途】 用于有机合成，或作为溶剂、乳化剂、橡胶硫化促进剂、杀虫剂、脱毛剂、表面活性剂。

【制备】 丙酮氢化氨化法：将原料丙酮送入以铜-镍-白土为催化剂的反应器中，在常压和 150～220℃温度条件下，通入氢和氨进行反应，反应产物经精馏提纯得一异丙胺，同时也有二异丙胺生成，丙酮的转化率达 98%。异丙醇氢化氨化法：异丙醇与氨和氢气在 195℃、1.72MPa 下，通过氢氧化钡活化的多孔镍铝催化剂进行反应，生成一异丙胺和二异丙胺，反应总转化率可达 86%，产品收率(以异丙醇计)达 96%，其中含一异丙胺 37%，二异丙胺 33%，异丙醇 12%，水 18%。

【包装储运及工程控制事项】 密封阴凉保存。用铁桶包装。容器要密封，储于阴凉通风处，严禁烟火。储存时应与氧化剂隔离。

【安全与毒性】 一级易燃液体。

6.7 1-碘-2-甲基丙烷

中文名：1-碘-2-甲基丙烷

中文别名：碘化异丁烷

英文名：1-iodo-2-methylpropane

CAS 号：513-38-2

分子式：C_4H_9I

分子结构：

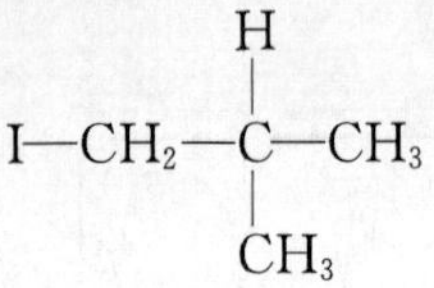

相对分子质量：184.0

【理化特性】 无色或微黄色液体，露光变成棕色。不溶于水，可混溶于乙醇、乙醚。熔点：−93℃；沸点：120℃；闪点：＜10℃。相对密度为 1.5～1.6。禁忌物：氧化剂。

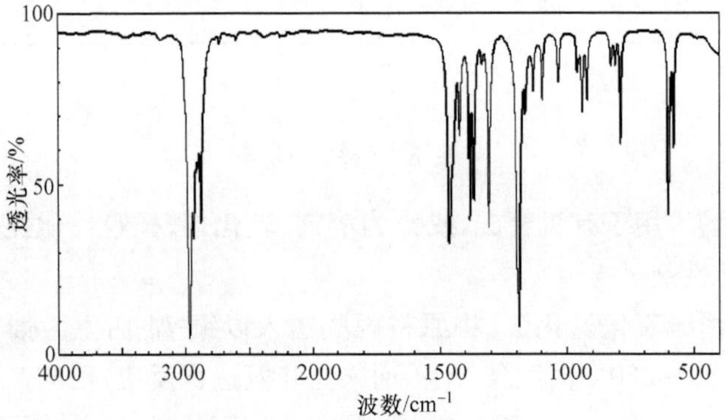

1-碘-2-甲基丙烷红外图谱

【主要用途】 用作溶剂、分析试剂、有机合成原料。

【制备】 由异丁醇与三碘化磷反应而得。先将赤磷和异丁醇混合，在水浴上加热，慢慢加入碘，加完后继续反应 4h，蒸馏粗品，再进行分馏，收集 119～122℃馏分即为成品。

【包装储运及工程控制事项】 包装方法：安瓿瓶外普通木箱；螺纹口玻璃瓶、铁盖压口玻璃瓶、塑料瓶或金属桶(罐)外普通木箱。储存于阴凉、通风的库房。远离火种和热源。避免光照。库温不宜超过 30℃。保持容器密封。应与氧化剂分开存放，切忌混储。采用防爆型照明和通风设施。禁止使用易产生火花的机械设备和工具。储区应备用泄漏应急处理设备和合适的收容材料。

【安全与毒性】 易燃，遇明火、高热、氧化剂能燃烧，并放出有毒气体。与氧化剂能发生强烈反应。其蒸气密度比空气大，能在较低处扩散到相当远的地方，遇明火会引着回燃。对呼吸道、眼睛和皮肤有刺激性。热解可放出有毒气体。接触后可引起烧灼感、咳嗽、喘息、喉炎、气短、头痛、恶心和呕吐等。

6.8　2-碘-2-甲基丙烷

中文名称：2-碘-2-甲基丙烷

中文别名：碘叔丁烷

英文名称：tert-butyliodide

英文别名：trimethyliodomethane

CAS 号：558-17-8

分子式：C_4H_9I

分子结构：

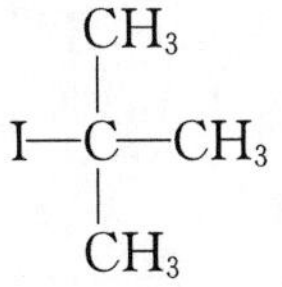

相对分子质量：184.02

【理化特性】 无色或带微黄色液体。不溶于水，溶于乙醇、乙醚。熔点：−38℃；沸点：99～100℃；闪点：7℃。相对密度为 1.57。禁忌物：强氧化剂、强酸、强碱。

【相关图谱】

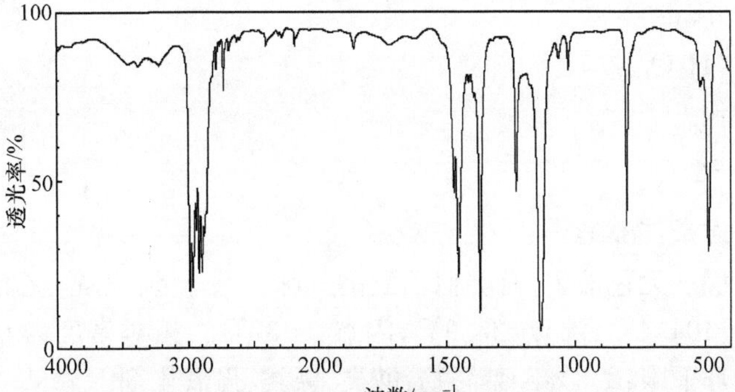

2-碘-2-甲基丙烷红外图谱

【主要用途】 用于分析及用于有机合成。

【包装储运及工程控制事项】 包装方法:安瓿瓶外普通木箱;螺纹口玻璃瓶、铁盖压口玻璃瓶、塑料瓶或金属桶(罐)外普通木箱。储存于阴凉、通风的库房。远离火种和热源。库温不宜超过 30℃。保持容器密封。应与氧化剂、酸类、碱类分开存放,切忌混储。采用防爆型照明和通风设施。禁止使用易产生火花的机械设备和工具。储区应备有泄漏应急处理设备和合适的收容材料。运输车辆应配备相应品种和数量的消防器材及泄漏应急处理设备。夏季最好早晚运输。运输时所用的槽(罐)车应有接地链,槽内可设孔隔板以减少振荡产生静电。严禁与氧化剂、酸类、碱类、食用化学品等混装混运。运输途中应防暴晒、雨淋,防高温。中途停留时应远离火种、热源和高温区。装运该物品的车辆排气管必须配备阻火装置,禁止使用易产生火花的机械设备和工具装卸。公路运输时要按规定路线行驶,勿在居民区和人口稠密区停留。铁路运输时要禁止溜放。严禁用木船、水泥船散装运输。工程控制:生产过程密闭,加强通风。

【安全与毒性】 易燃,遇明火、高热、或与氧化剂接触能燃烧,并散发出有毒气体。受热分解放出有毒的碘化物烟气。吸入、口服或经皮肤吸收对身体有害。蒸气或雾对眼、黏膜和上呼吸道有刺激性。对皮肤有刺激性。接触后引起烧灼感、咳嗽、喘息、喉炎、气短、头痛、恶心和呕吐。

6.9　1,2-环氧丙烷

中文名:1,2-环氧丙烷

中文别名:氧化丙烯,环氧丙烷

英文名:1,2-epoxypropane

英文别名:propylene oxide

CAS 号:75-56-9

分子式:C_3H_6O

分子结构:

相对分子质量:58.08

【理化特性】 无色液体,有类似乙醚的气味。溶于水、乙醇、乙醚等多数有机溶剂。熔点:−104.4℃;沸点:33.9℃;闪点:−37℃。相对密度为 0.83。爆炸上限:37.0%;爆炸下限:2.8%。禁忌物:酸类、碱类、强氧化剂。

【相关图谱】

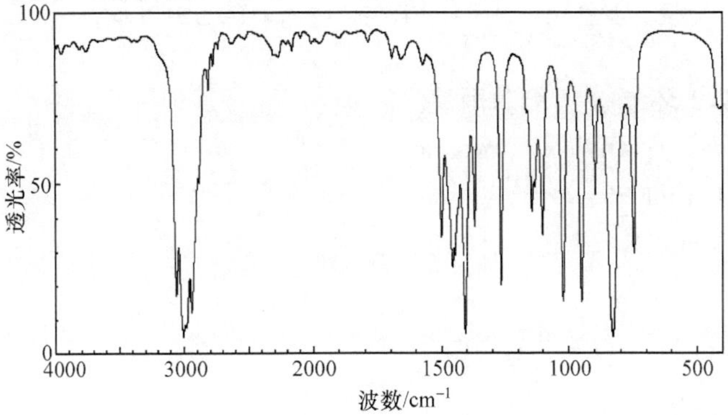

1,2-环氧丙烷红外图谱

【主要用途】 有机合成的重要原料。用于润滑剂合成、表面活性剂、去垢剂及制造杀虫剂等。

【制备】 氯醇法：以丙烯为原料，经次氯酸化、皂化，再经浓缩、蒸馏而得产品。丙烯与次氯酸的反应在水溶液中进行，在水中使氯气与次氯酸、盐酸保持平衡的混合状态，反应温度为 30～50℃，生成的含水氯丙醇与 10%石灰乳在皂化釜进行皂化，向皂化釜内通入水蒸气，蒸出生成的环氧丙烷，再经冷凝精馏即得成品。

【包装储运及工程控制事项】 储存于阴凉、通风的仓间内。远离火种和热源。防止阳光直射。保持容器密封。应与氧化剂、酸类分开存放。储存间内的照明和通风等设施应采用防爆型，开关设在仓外。配备相应品种和数量的消防器材。罐储时要有防火防爆技术措施。禁止使用易产生火花的机械设备和工具。搬运时要轻装轻卸，防止包装及容器损坏。工程控制：生产过程密闭，全面通风。

【安全与毒性】 低闪点易燃液体，遇明火、高热或与氧化剂接触，有引起燃烧爆炸的危险。与硫酸、硝酸、盐酸、氨水、氯磺酸、氟化氢、发烟硫酸等发生剧烈反应。与铁、锡、铝和无水氯化物，铁、铝的过氧化物及碱金属、氢氧化物等催化剂的活性表面接触能聚合放热，使容器爆破。若遇高热可发生剧烈分解，引起容器破裂或爆炸事故。轻度中枢神经系统抑制剂和原浆毒。接触高浓度蒸气，出现眼及呼吸道刺激症状，呼吸困难，并伴有头胀、头晕、步态不稳、共济失调、恶心和呕吐。重者烦躁不安、谵妄、甚至昏迷。少数有血压升高，心肌损害、肠麻痹、消化道出血及肝肾损害。液体可致眼和皮肤灼伤。

6.10 1,2-环氧-3-乙氧基丙烷

中文名:1,2-环氧-3-乙氧基丙烷

英文名:epoxy;ethyloxy propane

CAS 号:4016-11-9

分子式:$C_5H_{10}O_2$

分子结构:

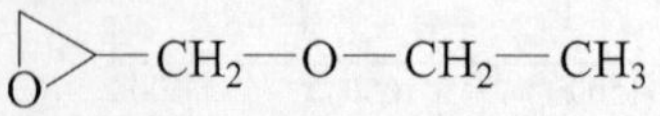

相对分子质量:102

【理化特性】 无色液体。闪点:37.8℃。禁忌物:火。

【包装储运及工程控制事项】 储存于密闭容器内,置于凉爽、通风处,禁止烟火运输。须贴"易燃液体"标签,航空、铁路限量运输。工程控制:密闭操作。

【安全与毒性】 高闪点易燃液体,遇高热、明火可引起燃烧爆炸。接触可刺激灼伤眼睛和皮肤,导致皮肤过敏。暴露可刺激鼻、喉、眼。高度暴露刺激肺部,引起咳嗽或呼吸困难,严重者头晕、昏死。

6.11 2-甲基丁烷

中文名:2-甲基丁烷

中文别名:异戊烷

英文名:2-methylbutane

英文别名:isopentane

CAS 号:78-78-4

分子式:C_5H_{12}

结构式:

$$CH_3-CH_2-\underset{\displaystyle CH_3}{\underset{|}{CH}}-CH_3$$

相对分子质量:72.15

【理化特性】 无色透明的易挥发液体,有令人愉快的芳香气味。不溶于水,可混溶于乙醇、乙醚等多数有机溶剂。熔点:−159.4℃;沸点:27.8℃;闪点:−18℃。相对密度为 0.62。爆炸上限:7.6%;爆炸下限:1.4%。禁忌物:强氧化剂。

【相关图谱】

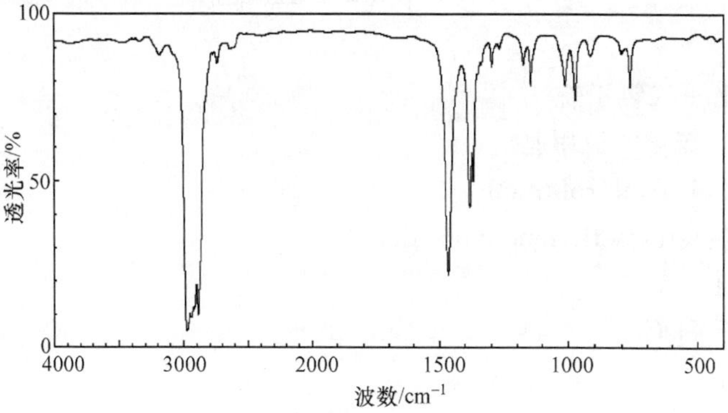

2-甲基丁烷红外图谱

【主要用途】 用于有机合成,也作溶剂。用于配制标准气、校正气。用作气相色谱参比液。

【制备】 由石油裂解产物或铂重整的油中分离得到。

【包装储运及工程控制事项】 包装方法:小开口钢桶;安瓿瓶外普通木箱;螺纹口玻璃瓶、铁盖压口玻璃瓶、塑料瓶或金属桶(罐)外普通木箱。储存于阴凉、通风的库房。远离火种和热源。库温不宜超过 30℃。保持容器密封。应与氧化剂分开存放,切忌混储。采用防爆型照明和通风设施。禁止使用易产生火花的机械设备和工具。储区应备有泄漏应急处理设备和合适的收容材料。运输车辆应配备相应品种和数量的消防器材及泄漏应急处理设备。夏季最好早晚运输。运输时所用的槽(罐)车应有接地链,槽内可设孔隔板以减少振荡产生静电。严禁与氧化剂等混装混运。运输途中应防暴晒、雨淋,防高温。中途停留时应远离火种、热源和高温区。装运该物品的车辆排气管必须配备阻火装置,禁止使用易产生火花的机械设备和工具装卸。公路运输时要按规定路线行驶,勿在居民区和人口稠密区停留。铁路运输时要禁止溜放。严禁用木船、水泥船散装运输。工程控制:生产过程密闭,全面通风。

【安全与毒性】 低闪点易燃液体,极易燃,其蒸气与空气可形成爆炸性混合物,遇明火、高热极易燃烧爆炸。与氧化剂接触发生强烈反应,甚至引起燃烧。其蒸气密度比空气大,能在较低处扩散到相当远的地方,遇火源会着火回燃。若遇高热,容器内压增大,有开裂和爆炸的危险。可引起眼和呼吸道的刺激症状,重者有麻醉症状,甚至意识丧失。皮肤长期接触可发生轻度皮炎。

6.12 1,4-二氯丁烷

中文名:1,4-二氯丁烷

中文别名:氯化四亚甲基

英文名:1,4-dichlorobutane

英文别名:tetramethylene chloride

CAS号:110-56-5

分子式:$C_4H_8Cl_2$

分子结构:

$$Cl—CH_2—CH_2—CH_2—CH_2—Cl$$

相对分子质量:127.02

【理化特性】 无色流性液体,有温和的香气。溶于多数有机溶剂,不溶于水。熔点:−38℃;沸点:155℃;闪点:40℃。相对密度为0.72。禁忌物:强氧化剂、强碱。

【相关图谱】

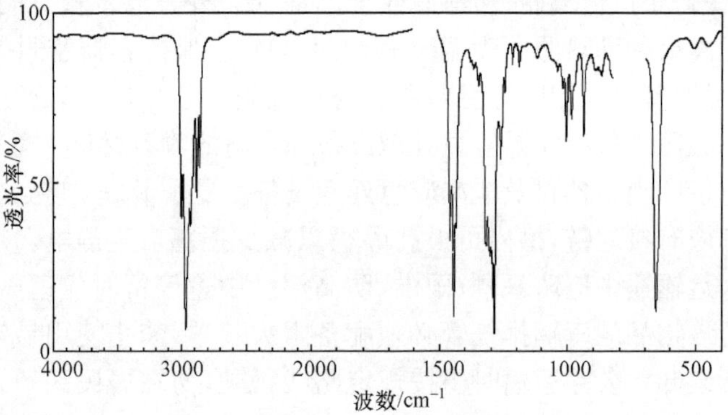

1,4-二氯丁烷红外图谱

【主要用途】 用于有机合成和农药制造。用作有机合成原料、溶剂。用于合成己二腈、药物喷托维林等。用作医药中间体。

【制备】 由氯丁烷与氯反应而得。由四氢呋喃与盐酸反应而得。

【包装储运及工程控制事项】 储存于阴凉、干燥、通风良好的库房。远离火种和热源。防止阳光直射。

【安全与毒性】 易燃、遇明火、高热易燃,受热分解能放出剧毒的光气。吸入、口服或经皮肤吸收对身体有害,对眼睛、皮肤、黏膜和呼吸道有刺激作用。避免与氧化物接触。

6.13　1-氯-3-甲基丁烷

中文名：1-氯-3-甲基丁烷

中文别名：异戊基氯；氯代异戊烷

英文名：1-chloro-3-methylbutane

英文别名：isoamyl chloride

CAS 号：107-84-6

分子式：$C_5H_{11}Cl$

分子结构：

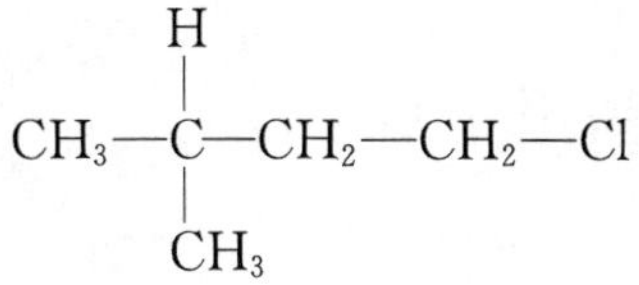

相对分子质量：106.60

【理化特性】 无色或黄色液体。微溶于水，溶于乙醇、乙醚等多数有机溶剂。熔点：−104℃；沸点：100℃；闪点：16℃。相对密度为 0.88。爆炸上限：7.4%；爆炸下限：1.5%。禁忌物：强氧化剂、强碱。

【相关图谱】

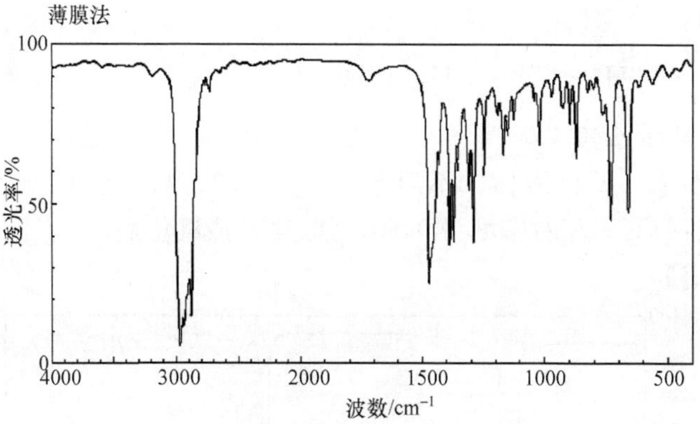

1-氯-3-甲基丁烷红外图谱

【主要用途】 用于制造有机化合物，或用作硝基纤维素和漆等的溶剂。

【包装储运及工程控制事项】 包装方法：安瓿瓶外普通木箱；螺纹口玻璃瓶、铁盖压口玻璃瓶、塑料瓶或金属桶（罐）外普通木箱。储存于阴凉、通风的库房。远离火种和热源。库温不宜超过 30℃。保持容器密封。应与氧化剂、碱类分开存放，切忌混储。采用防爆型照明和通风设施。禁止使用易产生火花的机械设备和工具。储区应备有泄漏应急处理设备和合适的收容材料。运输车辆应配备相应品种和数量的消防器材及泄漏应急处理设备。夏季最好早晚运输。运输时所用的槽(罐)车应有接地链,槽内可设孔隔板以减少振荡产生静电。严禁与氧化剂、碱类等混装混运。运输途中应防暴晒、雨淋,防高温。中途停留时应远离火种、热源和高温区。装运该物品的车辆排气管必须配备阻火装置,禁止使用易产生火花的机械设备和工具装卸。公路运输时要按规定路线行驶,勿在居民区和人口稠密区停留。铁路运输时要禁止溜放。严禁用木船、水泥船散装运输。

【安全与毒性】 易燃,其蒸气与空气可形成爆炸性混合物。遇明火、高热能引起燃烧爆炸。与氧化剂接触会猛烈反应。受热分解产生有毒的烟气。其蒸气密度比空气大,能在较低处扩散到相当远的地方,遇明火会引着回燃。

6.14　1-环己基正丁烷

中文名:1-环己基正丁烷

中文别名:正丁基环己烷

英文名:1-cyclohexyl-n-butane

英文别名:*n*-butylcyclohexane

CAS 号:1678-93-9

分子式:$C_{10}H_{20}$

分子结构:

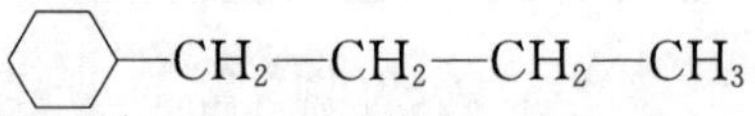

相对分子质量:140.27

【理化特性】 无色液体。不溶于水,溶于醇、醚。熔点:−74.7℃;沸点:180.9℃;闪点:41℃。相对密度为0.80。禁忌物:强氧化剂。

【相关图谱】

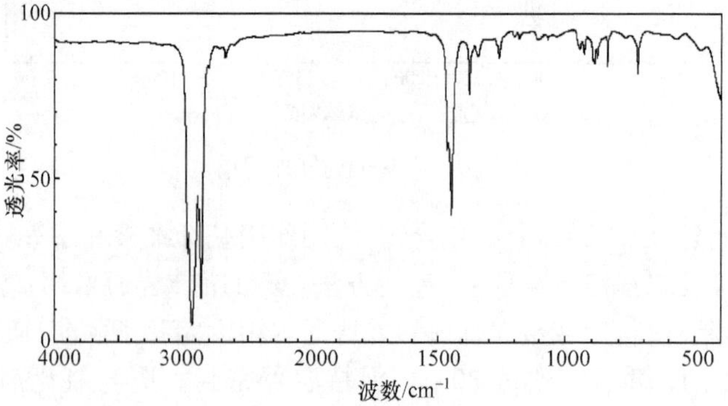

1-环己基正丁烷红外图谱

【主要用途】 用于有机合成。

【包装储运及工程控制事项】 储存于阴凉、通风的仓间内。远离火种和热源。仓温不宜超过 30℃。防止阳光直射。保持容器密封。应与氧化剂、酸类分开存放。储存间内的照明和通风等设施应采用防爆型。禁止使用易产生火花的机械设备和工具。罐储时要有防火防爆技术措施。搬运时要轻装轻卸，防止包装及容器损坏。工程控制：生产过程密闭，全面通风。

【安全与毒性】 遇高热、明火或与氧化剂接触，有引起燃烧的危险。若遇高热，容器内压增大，有开裂和爆炸的危险。吸入、摄入或经皮肤吸收对身体有害，具有刺激性。

6.15　氯代叔丁烷

中文名：氯代叔丁烷

中文别名：2-氯-2-甲基丙烷；叔丁基氯

英文名：2-chloro-2-methylpropane

英文别名：tert-butyl chloride

CAS 号：507-20-0

分子式：$(CH_3)_3CCl$

分子结构：

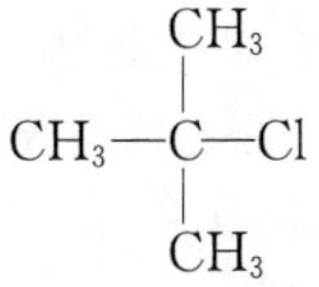

相对分子质量：92.57

【理化特性】 无色透明液体。能与乙醇、乙醚相混溶，难溶于水。熔点：－25℃；沸点：51～52℃；闪点：－18℃。相对密度为 0.851。禁忌物：强氧化剂、强碱。

【相关图谱】 见下页。

【主要用途】 有机合成，溶剂。

【制备】 由叔丁醇与盐酸反应而得。将叔丁醇于 30℃在搅拌下加入盐酸中反应 1h，静置分层，取油层进行碱洗、水洗、干燥得粗品，再经精馏，收集 50～54.5℃馏分得成品。

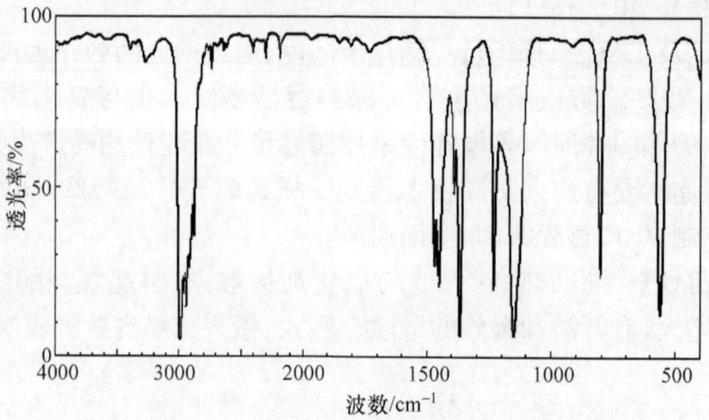

氯代叔丁烷红外图谱

【包装储运及工程控制事项】 应储藏在干燥阴凉处。库房通风低温干燥。与氧化剂、酸类分开存放储存。储存于阴凉、通风的库房。远离火种和热源，库温不宜超过30℃。应与氧化剂、碱类分开存放，切忌混储。采用防爆型照明和通风设施。禁止使用易产生火花的机械设备和工具。储区应备有泄漏应急处理设备和合适的收容材料。运输车辆应配备相应品种和数量的消防器材及泄漏应急处理设备。夏季最好早晚运输。运输时所用的槽（罐）车应有接地链，槽内可设孔隔板以减少振荡产生静电。严禁与氧化剂、碱类、食用化学品等混装混运。运输途中应防暴晒、雨淋，防高温。中途停留时应远离火种、热源和高温区。装运该物品的车辆排气管必须配备阻火装置，禁止使用易产生火花的机械设备和工具装卸。公路运输时要按规定路线行驶，勿在居民区和人口稠密区停留。铁路运输时要禁止溜放。严禁用木船、水泥船散装运输。工程控制：生产过程密闭，加强通风。提供安全淋浴和洗眼设备。

【安全与毒性】 遇明火、高温、氧化剂易燃。燃烧产生有毒氯化物烟雾。遇热产生有毒光气。吸入、摄入或经皮肤吸收后对身体有害。对眼睛、皮肤有刺激作用。

6.16　1,2-环氧丁烷

中文名：1,2-环氧丁烷

中文别名：氧化丁烯

英文名：1,2-butylene oxide

英文别名：1,2-epoxybutane

CAS号：106-88-7

分子式：C_4H_8O

结构式：

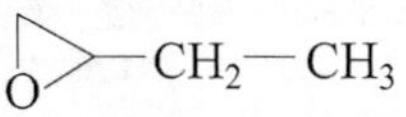

相对分子质量：72.11

【理化特性】 无色液体，有醚样的气味。溶于水，可混溶于多数有机溶剂。沸点：63℃；闪点：－14℃。相对密度为 0.84。爆炸上限：11.8%；爆炸下限：2.3%。禁忌物：强氧化剂、酸类。

【相关图谱】

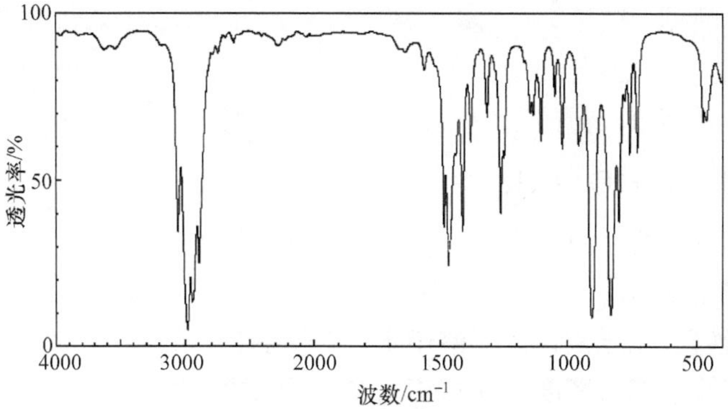

1，2-环氧丁烷红外图谱

【主要用途】 用作溶剂、氯化溶剂的稳定剂、有机合成的中间体。

【制备】 工业上，环氧丁烷来源于环氧丙烷生产的副产品回收，在用裂解尾气经次氯酸化生产环氧乙烷、环氧丙烷过程中，可得环氧丙烷塔釜残液。

【包装储运及工程控制事项】 通常商品加有稳定剂。储存于阴凉、通风的仓间内。远离火种和热源。仓温不宜超过 30℃。防止阳光直射。包装要求密封，不可与空气接触。不宜久存，以免变质。应与氧化剂、酸类分开存放。储存间内的照明和通风等设施应采用防爆型，开关设在仓外。配备相应品种和数量的消防器材。罐储时要有防火防爆技术措施。禁止使用易产生火花的机械设备和工具。罐装时应注意流速（不超过 3m/s），且有接地装置，防止静电积聚。搬运时要轻装轻卸，防止包装及容器损坏。工程控制：生产过程密闭，全面通风。

【安全与毒性】 中闪点易燃液体，其蒸气与空气可形成爆炸性混合物，遇明火、高热能引起燃烧爆炸。与氧化剂能发生强烈反应。接触空气或在光照条件下可生成具有潜在爆炸危险性的过氧化物。其蒸气密度比空气大，能在较低处扩散到相当远的地方，遇火源引着回燃。若遇高热，容器内压增大，有开裂和爆炸的危险。呼吸道有刺激性。眼接触可有眼痛、结膜刺激和暂时性角膜损害。皮肤一次接触呈轻度刺激。反复或长期接触，可引加水疱和坏死。

6.17　2,2,3-三甲基丁烷

中文名:2,2,3-三甲基丁烷

中文别名:五甲基乙烷

英文名:2,2,3-trimethylbutane

英文别名:pentamethyl ethane

CAS 号:464-06-2

分子式:C_7H_{16}

分子结构:

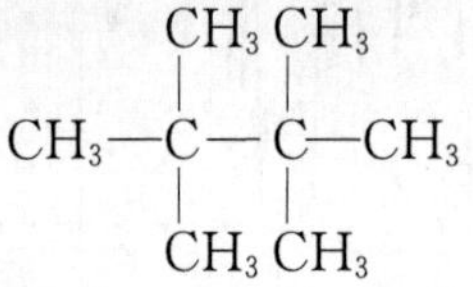

相对分子质量:100.2

【理化特性】 无色液体。不溶于水,溶于乙醇。熔点:−25℃;沸点:80.9℃;闪点:−28.89℃。相对密度为 0.6901。禁忌物:强氧化剂。

【相关图谱】

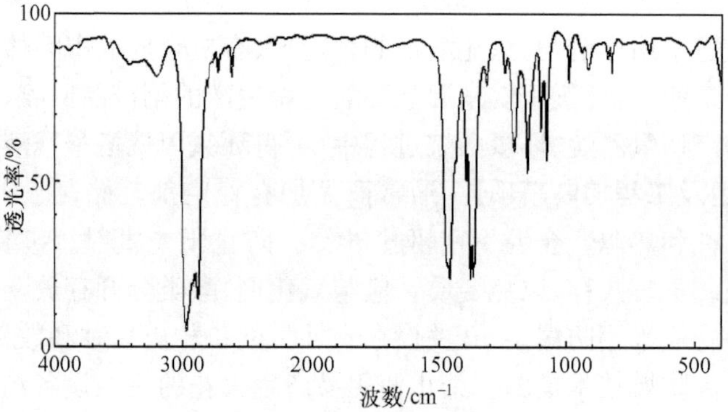

2,2,3-三甲基丁烷红外图谱

【主要用途】 用作高辛烷值航空燃料的组分。

【包装储运及工程控制事项】 储存于阴凉、通风的库房。远离火种和热源。应与氧化剂分开存放,切忌混储。采用防爆型照明和通风设施。禁止使用易产生火花的机械设备和工具。储区应备有泄漏应急处理设备和合适的收容材料。工程控制:生产过程密闭,局部排风。

【安全与毒性】 中闪点易燃液体,其蒸气与空气可形成爆炸性混合物,遇明火、高热能引起燃烧爆炸。与氧化剂可发生反应。流速过快,容易产生和积聚静电。其蒸气密度比空气大，能在较低处扩散到相当远的地方，遇火源会着火回燃。若遇高热，容器内压增大，有开裂和爆炸的危险。对皮肤、黏膜有刺激作用，对中枢神经系统有麻醉作用，对造血系统有抑制作用。

6.18 正 戊 烷

中文名：正戊烷

中文别名：戊烷

英文名：N-pentane

英文别名：pentane

CAS 号：109-66-0

分子式：C_5H_{12}

分子结构：

$$CH_3—CH_2—CH_2—CH_2—CH_3$$

相对分子质量：72.15

【理化特性】 无色液体，有微弱的薄荷香味。微溶于水，溶于乙醚、乙醇、丙酮、苯、氯仿等多数有机溶剂。熔点：－129.8℃；沸点：36.1℃；闪点：－40℃。相对密度为 0.63。爆炸上限：9.8%；爆炸下限：1.7%。禁忌物：强氧化剂。

【相关图谱】

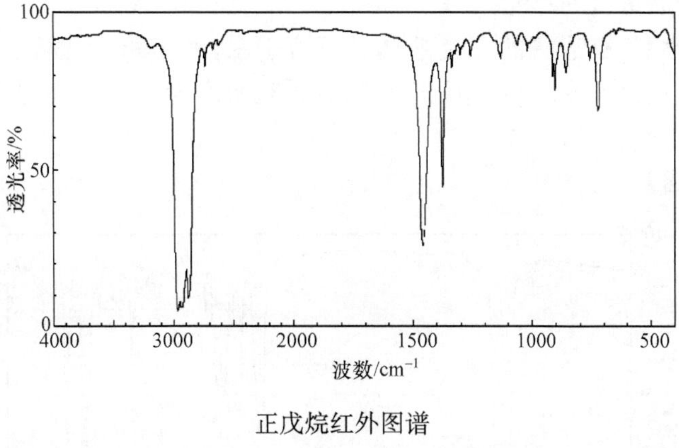

正戊烷红外图谱

【主要用途】 用作溶剂，制造人造冰、麻醉剂，合成戊醇、异戊烷等。

【包装储运及工程控制事项】 储存于阴凉、通风的仓间内。远离火种和热源。仓温不宜超过 30℃。防止阳光直射。保持容器密封。应与氧化剂分开存放。储存间内的照明和通风等设施应采用防爆型，开关设在仓外。配备相应品种和数量的消防器材。桶装堆垛不可过大，应留墙距、顶距、柱距及必要的防火检查走道。

若是储罐存放，储罐区域要有禁火标志和防火防爆技术措施。禁止使用易产生火花的机械设备和工具。灌装时应注意流速（不超过 3m/s），且有接地装置，防止静电积聚。工程控制：生产过程密闭，全面通风。

【安全与毒性】 低闪点易燃液体毒性，其蒸气与空气形成爆炸性混合物，遇明火、高热极易燃烧爆炸。与氧化剂接触发生强烈反应，甚至引起燃烧。其蒸气密度比空气大，能在较低处扩散到相当远的地方，遇明火会引着回燃。若遇高热，容器内压增大，有开裂和爆炸的危险。高浓度可引起眼与呼吸道膜轻度刺激症状和麻醉状态，甚至意识丧失。慢性作用为眼和呼吸道的轻度刺激。可引起轻度皮炎。

6.19 氯代正戊烷

中文名：氯代正戊烷

中文别名：正戊基氯

英文名：1-chloropentane

英文别名：amyl chloride

CAS 号：543-59-9

分子式：$C_5H_{11}Cl$

分子结构：

$$Cl—CH_2—CH_2—CH_2—CH_2—CH_3$$

相对分子质量：106.59

【理化特性】 有甜味的无色液体。不溶于水，溶于苯、乙醚、乙醇、氯仿。熔点：−60℃；沸点：107～108℃；闪点：11℃。相对密度为 0.88。禁忌物：强氧化剂、强碱。

【相关图谱】

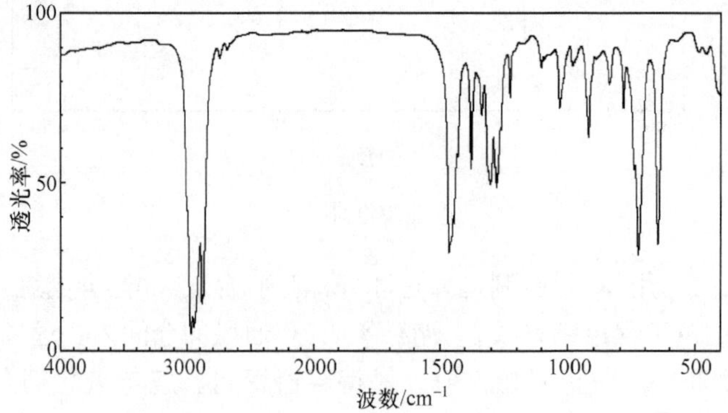

氯代正戊烷红外图谱

【主要用途】 用于有机合成、溶剂。

【制备】 由戊烷氯化而得。

【包装储运及工程控制事项】 包装方法：安瓿瓶外普通木箱；螺纹口玻璃瓶、铁盖压口玻璃瓶、塑料瓶或金属桶（罐）外普通木箱。储存于阴凉、通风的库房。远离火种和热源。库温不宜超过 30℃。应与氧化剂、碱类分开存放，切忌混储。采用防爆型照明和通风设施。禁止使用易产生火花的机械设备和工具。储区应备有泄漏应急处理设备和合适的收容材料。运输车辆应配备相应品种和数量的消防器材及泄漏应急处理设备。夏季最好早晚运输。运输时所用的槽（罐）车应有接地链，槽内可设孔隔板以减少振荡产生静电。严禁与氧化剂、碱类、食用化学品等混装混运。运输途中应防暴晒、雨淋，防高温。中途停留时应远离火种、热源和高温区。装运该物品的车辆排气管必须配备阻火装置，禁止使用易产生火花的机械设备和工具装卸。公路运输时要按规定路线行驶，勿在居民区和人口稠密区停留。铁路运输时要禁止溜放。严禁用木船、水泥船散装运输。工程控制：生产过程密闭，加强通风。

【安全与毒性】 与空气混合可爆。水解产生腐蚀性盐酸。遇明火、高温、氧化剂易燃。燃烧产生有毒氯化物烟雾。高热分解有毒光气，吸入、摄入或经皮肤吸收对身体有害。蒸气或雾对眼、黏膜和上呼吸道有刺激性，对皮肤有刺激性。

6.20　2,2-二甲基戊烷

中文名：2,2-二甲基戊烷

中文别名：新庚烷

英文名：2,2-dimethylpentane

英文别名：neoheptane

CAS 号：590-35-2

分子式：C_7H_{16}

分子结构：

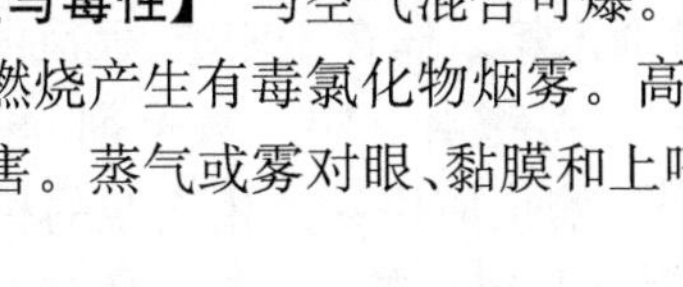

相对分子质量：100.21

【理化特性】 无色油状液体。不溶于水，溶于乙醇、乙醚、丙酮、苯等。熔点：−123.8℃；沸点：79.2℃；闪点：15℃。相对密度为 0.67。爆炸上限：8.3%；爆炸下限：1.0%。禁忌物：强氧化剂、强酸。

【相关图谱】

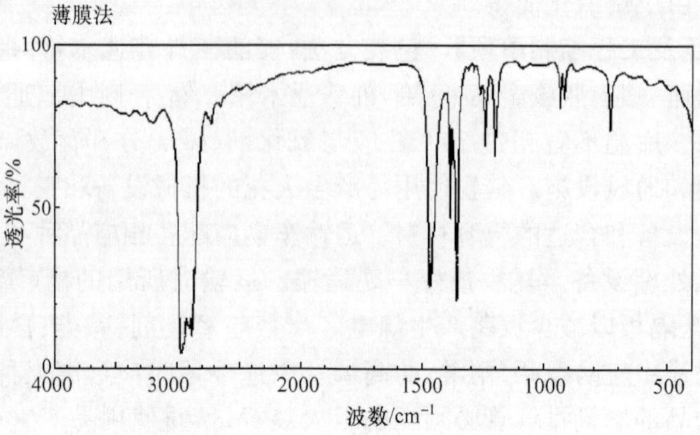

2,2-二甲基戊烷红外图谱

【主要用途】 用作化学试剂、有机合成中间体。

【包装储运及工程控制事项】 包装方法:安瓿瓶外普通木箱;螺纹口玻璃瓶、铁盖压口玻璃瓶、塑料瓶或金属桶(罐)外普通木箱。储存于阴凉、通风的库房。远离火种和热源。库温不宜超过 30℃。保持容器密封。应与氧化剂、酸类分开存放,切忌混储。采用防爆型照明和通风设施。禁止使用易产生火花的机械设备和工具。储区应备有泄漏应急处理设备和合适的收容材料。运输车辆应配备相应品种和数量的消防器材及泄漏应急处理设备。夏季最好早晚运输。运输时所用的槽(罐)车应有接地链,槽内可设孔隔板以减少振荡产生静电。严禁与氧化剂、酸类等混装混运。运输途中应防暴晒、雨淋,防高温。中途停留时应远离火种、热源和高温区。装运该物品的车辆排气管必须配备阻火装置,禁止使用易产生火花的机械设备和工具装卸。公路运输时要按规定路线行驶,勿在居民区和人口稠密区停留。铁路运输时要禁止溜放。严禁用木船、水泥船散装运输。

【安全与毒性】 其蒸气与空气可形成爆炸性混合物,遇热源和明火有燃烧爆炸的危险。与氧化剂接触发生化学反应或引起燃烧。在火场中,受热的容器有爆炸危险。其蒸气密度比空气大,能在较低处扩散到相当远的地方,遇火源会着火回燃。吸入高浓度烃类化合物蒸气可引起轻度呼吸道刺激、头晕、欣快感、精神错乱、恶心和呼吸困难。极高浓度吸入可致昏迷甚至死亡。液体进入肺部,可能引起吸入性肺炎或肺水肿。高浓度蒸气对眼有轻度刺激性。液体可引起眼暂时性红肿和疼痛。对皮肤有轻度刺激性。反复接触可致皮炎。口服引起恶心、呕吐、腹胀和头痛。

6.21　2-甲基戊烷

中文名:2-甲基戊烷

中文别名:二甲基丙基甲烷

英文名:2-methylpentane

CAS 号:107-83-5

分子式:C_6H_{14}

分子结构:

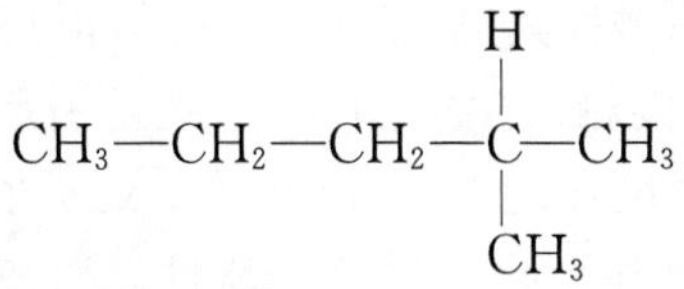

相对分子质量:86.17

【理化特性】 无色透明液体。不溶于水,溶于乙醇、乙醚、苯等多数有机溶剂。熔点:−153℃;沸点:60℃;闪点:<−20℃。相对密度为 0.65。爆炸上限:7.0%;爆炸下限:1.2%。禁忌物:强氧化剂。

【相关图谱】

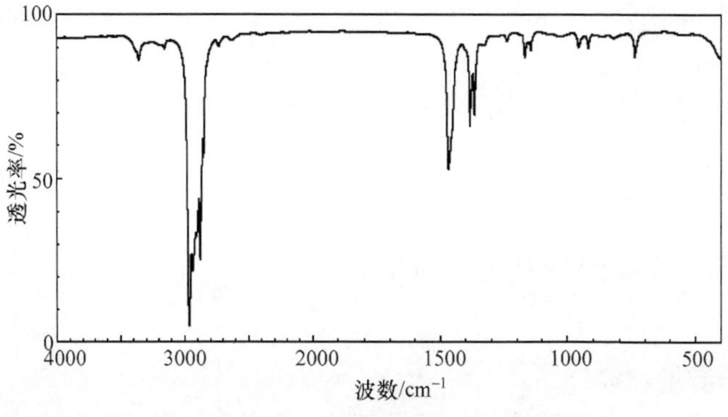

2-甲基戊烷红外图谱

【主要用途】 用作溶剂、有机合成中间体、化学试剂。

【制备】 精致方法用浓硫酸除去不饱和化合物,碱洗、水洗后,用金属钠、五氧化二磷、氯化钙或固体干燥剂除去水分。

【包装储运及工程控制事项】 包装方法:小开口钢桶;安瓿瓶外普通木箱;螺纹口玻璃瓶、铁盖压口玻璃瓶、塑料瓶或金属桶(罐)外普通木箱。储存于阴凉、通风的库房。远离火种和热源。库温不宜超过 30℃。保持容器密封。应与氧化剂分开存放，切忌混储。采用防爆型照明和通风设施。禁止使用易产生火花的机械设备和工具。储区应备有泄漏应急处理设备和合适的收容材料。运输车辆应配备相应品种和数量的消防器材及泄漏应急处理设备。夏季最好早晚运输。运输时所用的槽(罐)车应有接地链，槽内可设孔隔板以减少振荡产生静电。严禁与氧化剂、食用化学品等混装混运。运输途中应防暴晒、雨淋，防高温。中途停留时应远离火种、热源和高温区。装运该物品的车辆排气管必须配备阻火装置，禁止使用易产生火花的机械设备和工具装卸。公路运输时要按规定路线行驶，勿在居民区和人口稠密区停留。铁路运输时要禁止溜放。严禁用木船、水泥船散装运输。工程控制：生产过程密闭，全面通风。提供安全淋浴和洗眼设备。

【安全与毒性】 低闪点易燃液体，极易燃，其蒸气与空气可形成爆炸性混合物，遇明火、高热极易燃烧爆炸。与氧化剂接触发生强烈反应，甚至引起燃烧。在火场中，受热的容器有爆炸危险。其蒸气密度比空气大，能在较低处扩散到相当远的地方，遇火源会着火回燃。蒸气或雾对眼和上呼吸道有刺激性。对皮肤有刺激性。接触后出现烧灼感、咳嗽、喘息、喉炎、气短、头痛、恶心和呕吐。

6.22　3-甲基戊烷

中文名：3-甲基戊烷

英文名：3-methyl pentane

CAS 号：96-14-0

分子式：C_6H_{14}

分子结构：

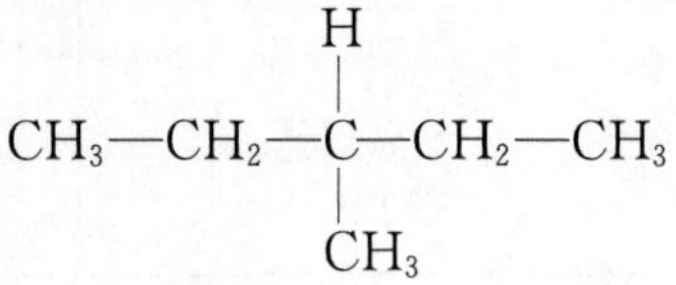

相对分子质量：86.18

【理化特性】 无色透明液体。不溶于水，微溶于乙醚、丙酮、苯，溶于乙醇。熔点：－118℃；沸点：63.3℃；闪点：－6.6℃。相对密度为 0.66。爆炸上限：7.0%；爆炸下限：1.0%。

【相关图谱】 见下页。

【主要用途】 用于有机合成或用作溶剂。

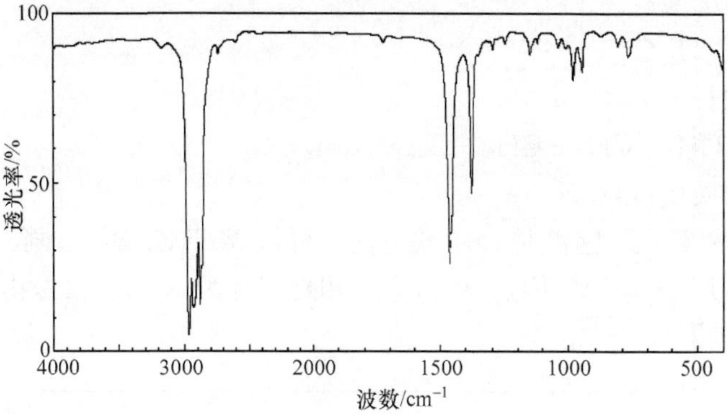

3-甲基戊烷红外图谱

【包装储运及工程控制事项】 包装方法：安瓿瓶外普通木箱；螺纹口玻璃瓶、铁盖压口玻璃瓶、塑料瓶或金属桶(罐)外普通木箱。储存于阴凉、通风的库房。远离火种和热源。库温不宜超过 30℃。保持容器密封。应与氧化剂分开存放，切忌混储。采用防爆型照明和通风设施。禁止使用易产生火花的机械设备和工具。储区应备有泄漏应急处理设备和合适的收容材料。运输车辆应配备相应品种和数量的消防器材及泄漏应急处理设备。夏季最好早晚运输。运输时所用的槽(罐)车应有接地链，槽内可设孔隔板以减少振荡产生静电。严禁与氧化剂、食用化学品等混装混运。运输途中应防暴晒、雨淋，防高温。中途停留时应远离火种、热源和高温区。装运该物品的车辆排气管必须配备阻火装置，禁止使用易产生火花的机械设备和工具装卸。公路运输时要按规定路线行驶，勿在居民区和人口稠密区停留。铁路运输时要禁止溜放。严禁用木船、水泥船散装运输。工程控制：生产过程密闭，全面通风。

【安全与毒性】 中闪点易燃液体，其蒸气与空气可形成爆炸性混合物，遇热源和明火有燃烧爆炸的危险。与氧化剂接触发生化学反应或引起燃烧。其蒸气密度比空气大，能在较低处扩散到相当远的地方，遇火源会着火回燃。对眼睛、黏膜、呼吸道及皮肤有刺激性，接触后可引起烧灼感、咳嗽、喘息、喉炎、气短、头痛、恶心和呕吐。

6.23　1,5-二氯戊烷

中文名：1,5-二氯戊烷

中文别名：五亚甲基二氯

英文名：1,5-dichloropentane

英文别名：pentamethylene dichloride

CAS号：628-76-2

分子式：$C_5H_{10}Cl_2$

分子结构：

$$Cl—CH_2—CH_2—CH_2—CH_2—CH_2—Cl$$

相对分子质量：141.0

【理化特性】 无色液体。不溶于水，可混溶于乙醇、乙醚、氯仿。熔点：−72℃；沸点：178～181℃；闪点：<27℃。相对密度为1.10。禁忌物：强氧化剂。

【相关图谱】

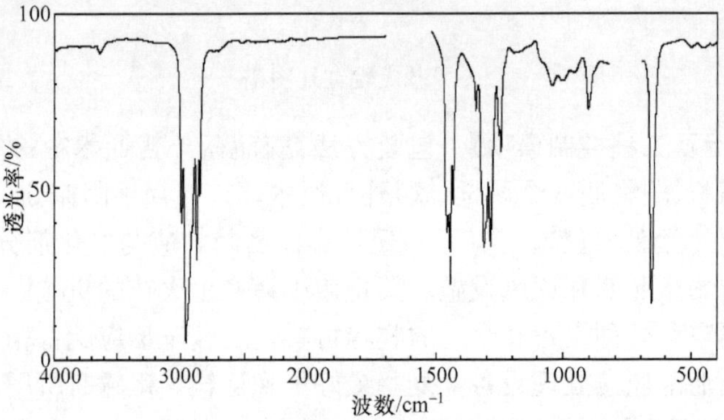

1,5-二氯戊烷红外图谱

【主要用途】 用作溶剂。

【包装储运及工程控制事项】 存放在密封容器内，并放在阴凉、干燥处。储存的地方必须远离氧化剂。

【安全与毒性】 易燃，遇明火、高热或与氧化剂接触，有引起燃烧爆炸的危险。受热分解能放出剧毒的光气。

6.24 氯化环戊烷

中文名：氯化环戊烷

中文别名：环戊基氯

英文名：cyclopentyl chloride

英文别名：chloro cyclopentane

CAS号：930-28-9

分子式：C_5H_9Cl

分子结构：

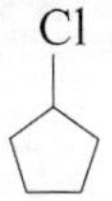

相对分子质量:104.58

【理化特性】 无色液体。不溶于水,溶于乙醇等。熔点:－50℃;沸点:113.5℃;闪点:15℃。相对密度为 1.01。禁忌物:强氧化剂。

【相关图谱】

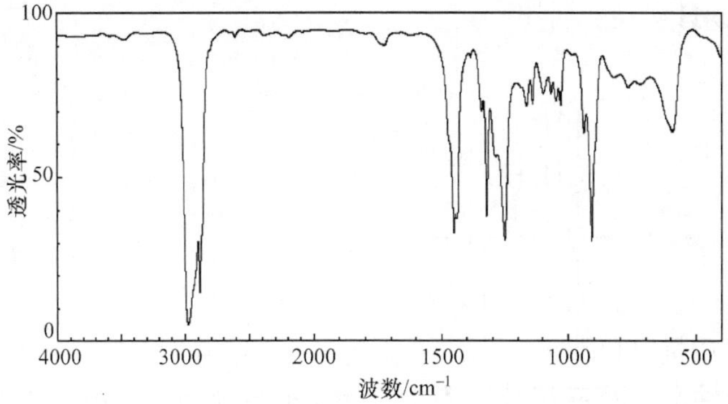

氯化环戊烷红外图谱

【主要用途】 作为有机合成的原料。

【包装储运及工程控制事项】 包装方法:小开口钢桶;安瓿瓶外普通木箱;螺纹口玻璃瓶、铁盖压口玻璃瓶、塑料瓶或金属桶(罐)外普通木箱。储存于阴凉、通风的库房。远离火种和热源。库温不宜超过 30℃。应与氧化剂分开存放,切忌混储。采用防爆型照明和通风设施。禁止使用易产生火花的机械设备和工具。储区应备有泄漏应急处理设备和合适的收容材料。运输车辆应配备相应品种和数量的消防器材及泄漏应急处理设备。夏季最好早晚运输。运输时所用的槽(罐)车应有接地链,槽内可设孔隔板以减少振荡产生静电。严禁与氧化剂、食用化学品等混装混运。运输途中应防暴晒、雨淋,防高温。中途停留时应远离火种、热源和高温区。装运该物品的车辆排气管必须配备阻火装置,禁止使用易产生火花的机械设备和工具装卸。公路运输时要按规定路线行驶,勿在居民区和人口稠密区停留。铁路运输时要禁止溜放。严禁用木船、水泥船散装运输。工程控制:密闭操作,加强局部排风。

【安全与毒性】 其蒸气与空气可形成爆炸性混合物,遇明火、高热极易燃烧爆炸。与氧化剂接触猛烈反应。受高热分解产生有毒的氯化物气体。流速过快,容易产生和积聚静电。其蒸气密度比空气大,能在较低处扩散到相当远的地方,遇火源会着火回燃。若遇高热,容器内压增大,有开裂和爆炸的危险。

6.25　2-甲基-3-乙基戊烷

中文名：2-甲基-3-乙基戊烷

中文别名：3-乙基-2-甲基戊烷

英文名：2-methyl-3-ethylpentane

英文别名：3-ethyl-2-methylpentane

CAS 号：609-26-7

分子式：C_8H_{18}

分子结构：

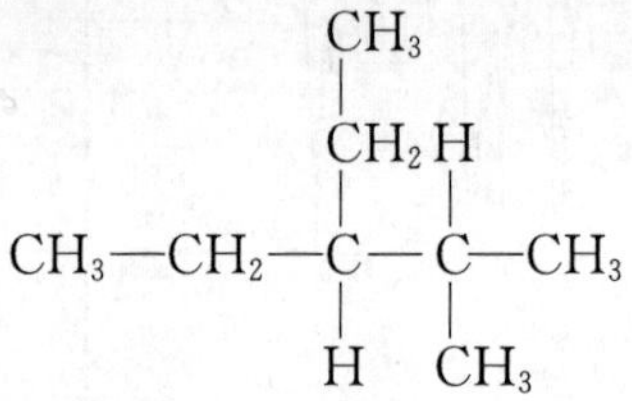

相对分子质量：114.23

【理化特性】　无色液体。不溶于水，可混溶于醇、醚、酮、苯等。熔点：−114.9℃；沸点：115.6℃。相对密度为 0.72。爆炸上限：6.0%；爆炸下限：1.0%。禁忌物：强氧化剂、强酸。

【相关图谱】

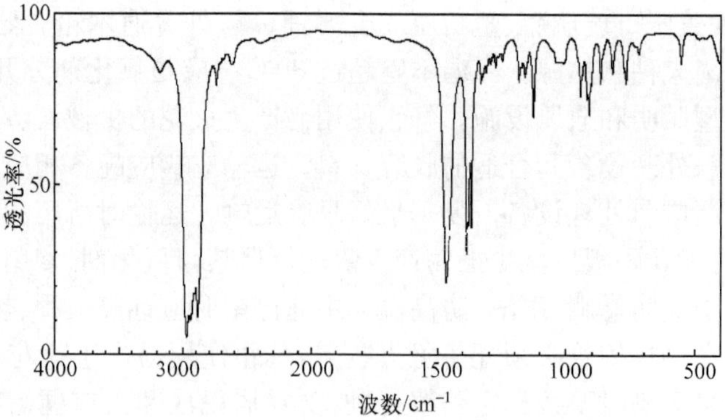

2-甲基-3-乙基戊烷红外图谱

【主要用途】　用作有机合成。

【包装储运及工程控制事项】　包装方法：安瓿瓶外普通木箱；螺纹口玻璃瓶、铁盖压口玻璃瓶、塑料瓶或金属桶(罐)外普通木箱。储存于阴凉、通风的库房。远离火种和热源。库温不宜超过 30℃。应与氧化剂、酸类分开存放，切忌混储。采用防爆型照明和通风设施。禁止使用易产生火花的机械设备和工具。储区应备有泄漏应急处理设备和合适的收容材料。运输车辆应配备相应品种和数量的消防器材及泄漏应急处理设备。夏季最好早晚运输。运输时所用的槽(罐)车应有接地链,槽内可设孔隔板以减少振荡产生静电。严禁与氧化剂、酸类等混装混运。运输途中应防暴晒、雨淋,防高温。中途停留时应远离火种、热源和高温区。装运该物品的车辆排气管必须配备阻火装置,禁止使用易产生火花的机械设备和工具装卸。公路运输时要按规定路线行驶。铁路运输时要禁止溜放。严禁用木船、水泥船散装运输。工程控制:提供良好的自然通风条件。

【安全与毒性】 中闪点易燃液体,其蒸气与空气可形成爆炸性混合物,遇明火、高热极易燃烧爆炸。与氧化剂接触猛烈反应。流速过快,容易产生和积聚静电。若遇高热,容器内压增大,有开裂和爆炸的危险。吸入蒸气可引起中毒。

6.26　1-碘戊烷

中文名 1-碘戊烷

英文名;iodopentane

别名:碘代正戊烷

英文别名:*n*-amyl iodide

CAS 号:628-17-1

分子式:$C_5H_{11}I$

分子结构:

$$CH_3—CH_2—CH_2—CH_2—CH_2—I$$

相对分子质量:198.05

【理化特性】 无色液体。微溶于水,溶于乙醇、乙醚。熔点:−85.6℃;沸点:157℃;闪点:43℃。相对密度为 1.52。禁忌物:氧化剂。

【相关图谱】

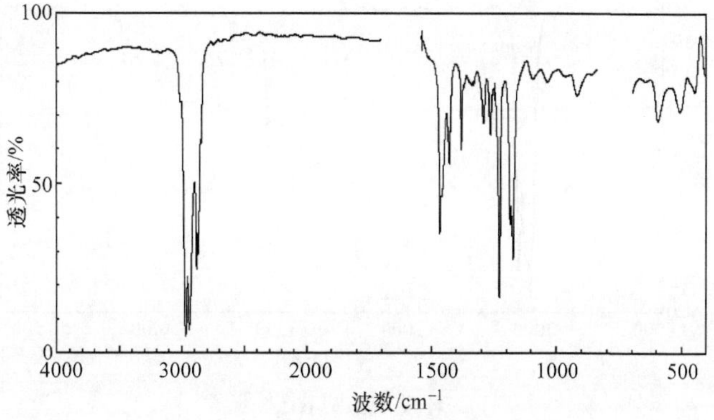

1-碘戊烷红外图谱

【主要用途】 用作有机合成中间体,也可作溶剂。

【制备】 用正戊醇与三碘化磷反应而得。

【包装储运及工程控制事项】 库房通风低温干燥。与氧化剂分开储运。

【安全与毒性】 易燃,遇明火、高热易燃。受热分解放出有毒的碘化物烟气。与强氧化剂,如铬酸酐、氯酸盐和高锰酸钾等接触,能发生强烈反应,引起燃烧或爆炸。蒸气或雾对眼、黏膜和上呼吸道有刺激性。接触后出现烧灼感、咳嗽、喘息、喉炎、气短、头痛、恶心、呕吐。

6.27 环 戊 烷

中文名:环戊烷

中文别名:五亚甲基

英文名:cyclopentane

英文别名:pentamethylene

CAS 号:287-92-3

分子式:C_5H_{10}

分子结构:

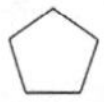

相对分子质量:70.08

【理化特性】 无色透明液体,有苯样的气味。不溶于水,溶于醇、醚、苯、四氯化碳、丙酮等多数有机溶剂。熔点:－93.7℃;沸点:49.3℃;闪点:－25℃。相对密度为 0.75。爆炸上限:8.0%;爆炸下限:1.4%。禁忌物:强氧化剂。

【相关图谱】

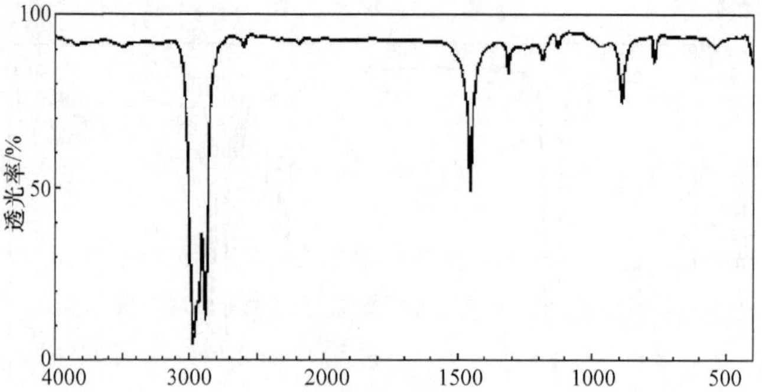

环戊烷红外图谱

【主要用途】 用作溶剂和色谱分析的标准物质。

【制备】 环戊烷是 30～60℃沸点范围石油醚的一个组分，含量一般为 5%～10%，用常压蒸馏，以 60：1 的回流比，在高 8m 的塔中进行，先蒸出异戊烷和正戊烷，继续分馏，可得到纯度为 98%以上的环戊烷。由环戊酮还原，或环戊二烯催化加氢，也可制得环戊烷。

【包装储运及工程控制事项】 储存于阴凉、通风处。远离火种和热源。仓温不宜超过 30℃。防止阳光直射。保持容器密封。应与氧化剂分开存放。储存间内的照明、通风等设施应采用防爆型，开关设在仓外。配备相应品种和数量的消防器材。桶装堆垛不可过大，应留墙距、顶距、柱距及必要的防火检查走道。若是储罐存放，储罐区域要有禁火标志和防火防爆技术措施。禁止使用易产生火花的机械设备和工具。灌装时应注意流速(不超过 3m/s)，且有接地装置，防止静电积聚。工程控制：生产过程密闭，全面通风。

【安全与毒性】 易燃、易爆品。应远离热源和火源，远离氧化剂和其他化学反应剂。储存于阴凉、干燥且通风良好处。运输时，要轻装轻卸，防止包装容器振动。管道输送时，要静电接地。操作时切勿吞服，避免吸入蒸气。防止与眼睛、皮肤及衣物等接触。

6.28　甲基环戊烷

中文名：甲基环戊烷

英文名：methylcyclopentane

CAS 号：96-37-7

分子式：C_6H_{12}

结构式：

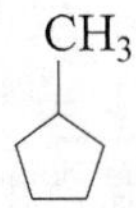

相对分子质量：84.16

【理化特性】 无色液体，有刺激性气味。不溶于水，溶于醇、乙醚、苯、丙酮等多数有机溶剂。熔点：－142.5℃；沸点：71.8℃；闪点：－18℃。相对密度为 0.75。爆炸上限：8.4%；爆炸下限：1.0%。禁忌物：强氧化剂。

【相关图谱】

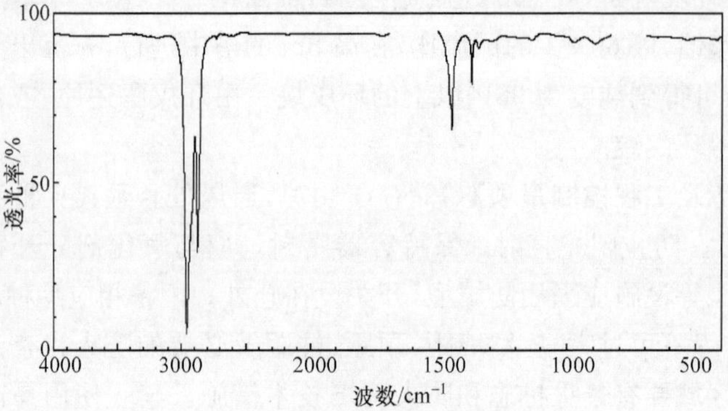

甲基环戊烷红外图谱

【主要用途】 用作溶剂及色谱分析标准物质，也用于有机合成。

【制备】 从抽余油中分离甲基环戊烷。

【包装储运及工程控制事项】 包装方法：安瓿瓶外普通木箱；螺纹口玻璃瓶、铁盖压口玻璃瓶、塑料瓶或金属桶（罐）外普通木箱。储存于阴凉、通风的库房。远离火种和热源。库温不宜超过 30℃。保持容器密封。应与氧化剂分开存放，切忌混储。采用防爆型照明和通风设施。禁止使用易产生火花的机械设备和工具。储区应备有泄漏应急处理设备和合适的收容材料。运输车辆应配备相应品种和数量的消防器材及泄漏应急处理设备。夏季最好早晚运输。运输时所用的槽（罐）车应有接地链，槽内可设孔隔板以减少振荡产生静电。严禁与氧化剂、食用化学品等混装混运。运输途中应防暴晒、雨淋，防高温。中途停留时应远离火种、热源和高温区。装运该物品的车辆排气管必须配备阻火装置，禁止使用易产生火花的机械设备和工具装卸。公路运输时要按规定路线行驶，勿在居民区和人口稠密区停留。铁路运输时要禁止溜放。严禁用木船、水泥船散装运输。工程控制：生产过程密闭，全面通风。

【安全与毒性】 中闪点易燃液体，其蒸气与空气可形成爆炸性混合物，遇热源和明火有燃烧爆炸的危险。与氧化剂能发生强烈反应。在火场中，受热的容器有爆炸危险。高速冲击、流动、激荡后可因产生静电火花放电引起燃烧爆炸。其蒸气密度比空气大，能在较低处扩散到相当远的地方，遇火源会着火回燃。其蒸气或雾对眼睛、皮肤、黏膜和上呼吸道有刺激性。

6.29　正丁基环戊烷

中文名：正丁基环戊烷

英文名：*n*-butyl cyclopentane

CAS 号：2040-95-1

分子式：C_9H_{18}

分子结构：

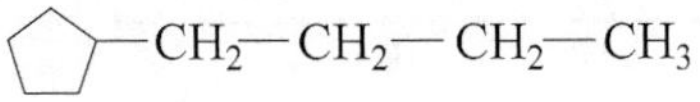

相对分子质量：126.13

【理化特性】　无色液体。不溶于水，可混溶于乙醇、乙醚、丙酮、苯。熔点：－108℃；沸点：156.7℃。相对密度为 0.79。禁忌物：强氧化剂，强酸。

【包装储运及工程控制事项】　储存于阴凉、通风良好的仓房。远离火种和热源。仓温不宜超过 30℃。防止阳光直射。包装要要求密封，氧化剂分仓间存放。储存间内的照明和通风等设施应采用防爆型，开关设在仓外。罐储时要有防火防爆技术措施。禁止使用易产生火花的机械设备和工具。搬运时要轻装轻卸，防止包装及容器损坏。工程控制：生产过程密闭，全面通风。

【安全与毒性】　高闪点易燃液体，遇明火、高热或与氧化剂接触，有引起燃烧爆炸的危险。

6.30　正　己　烷

中文名：正己烷

中文别名：己烷

英文名：*n*-hexane

英文别名：hexyl hydride

CAS 号：110-54-3

分子式：C_6H_{14}

分子结构：

$$CH_3—CH_2—CH_2—CH_2—CH_2—CH_3$$

相对分子质量：86.17

【理化特性】　低毒、有微弱的特殊气味的无色液体。不溶于水，可与乙醚、氯仿混溶，溶于丙酮。熔点：－95.3℃；沸点：68.74℃；闪点：－25.5℃。相对密度为 0.66。爆炸上限：6.9%；爆炸下限：1.2%。禁忌物：强氧化剂。

【相关图谱】

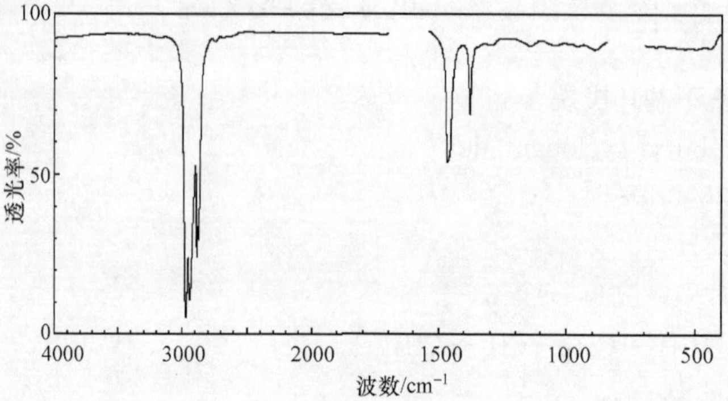

正己烷红外图谱

【主要用途】 有机合成，用作溶剂、化学试剂、涂料稀释剂、聚合反应的介质。

【制备】 工业上使用的正己烷是从石油、油田气及某些天然气中分离出来的，可由石油馏分中分出。

【包装储运及工程控制事项】 储存于阴凉、干燥、通风良好的不燃库房。远离火种和热源。保持容器密封。防潮、防晒。仓温不宜超过 30℃。应与氧化剂、酸类分开存放。储存间内的照明和通风等设施应采用防爆型，开关设在仓外。禁止使用易产生火花的机械设备和工具；灌装时应注意流速（不超过 3m/s），且有接地装置，防止静电积聚。工程控制：生产过程密闭，全面通风。

【安全与毒性】 极易燃，其蒸气与空气可形成爆炸性混合物。遇明火、高热极易燃烧爆炸。与氧化剂接触发生强烈反应，甚至引起燃烧。在火场中，受热的容器有爆炸危险。其蒸气密度比空气大，能在较低处扩散到相当远的地方，遇明火会引着回燃。有麻醉和刺激作用。长期接触出现头痛、头晕、乏力、胃纳减退。

6.31 氯(代)正己烷

中文名：氯(代)正己烷

中文别名：1-氯己烷

英文名：*n*-hexylchloride

英文别名：1-hexylchloride

CAS 号：544-10-5

分子式：$C_6H_{13}Cl$

分子结构：

$$Cl—CH_2—CH_2—CH_2—CH_2—CH_2—CH_3$$

相对分子质量：120.62

【理化特性】 无色液体，有芳香气味。不溶于水，溶于甲醇、乙醇、苯、油类等多数有机溶剂。熔点：−94℃；沸点：135℃；闪点：35℃。相对密度为 0.879。爆炸上限：9.6%；爆炸下限：1%。禁忌物：强氧化剂、强碱。

【相关图谱】

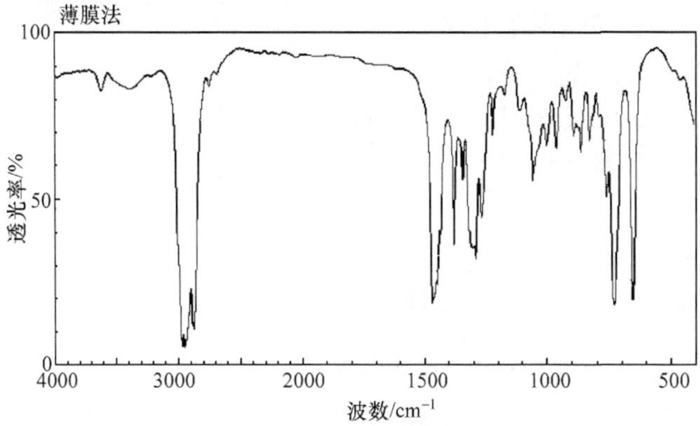

氯(代)正己烷红外图谱

【主要用途】 用作溶剂、有机合成中间体。

【制备】 己醇与氯化亚砜反应，过程中有二氧化硫和氯化氢气体逸出，注意用稀碱吸收，反应液颜色变深。加完后回流反应 2h。改为蒸馏装置，蒸出氯化亚砜。再收集 132～134℃的馏分。馏出液依次用水、10%的碳酸钠和水洗涤，无水氯化钙干燥，分馏，收集 133～134℃的馏分，得 1-氯己烷。

【包装储运及工程控制事项】 包装方法：小开口钢桶；螺纹口玻璃瓶、铁盖压口玻璃瓶、塑料瓶或金属桶(罐)外普通木箱；螺纹口玻璃瓶、塑料瓶或镀锡薄钢板桶(罐)外满底板花格箱、纤维板箱或胶合板箱。储存于阴凉、通风的库房。远离火种和热源。库温不宜超过 30℃。保持容器密封。应与氧化剂、碱类分开存放，切忌混储。采用防爆型照明和通风设施。禁止使用易产生火花的机械设备和工具。储区应备有泄漏应急处理设备和合适的收容材料。运输车辆应配备相应品种和数量的消防器材及泄漏应急处理设备。夏季最好早晚运输。运输时所用的槽(罐)车应有接地链，槽内可设孔隔板以减少振荡产生静电。严禁与氧化剂、碱类、食用化学品等混装混运。运输途中应防暴晒、雨淋，防高温。中途停留时应远离火种、热源和高温区。装运该物品的车辆排气管必须配备阻火装置，禁止使用易产生火花的机械设备和工具装卸。公路运输时要按规定路线行驶,勿在居民区和人口稠密区停留。铁路运输时要禁止溜放。严禁用木船、水泥船散装运输。

【安全与毒性】 遇明火、高热易燃。受热分解能放出剧毒的光气。与氧化剂能发生强烈反应。对眼睛、皮肤、黏膜和呼吸道有刺激作用。中毒表现有烧灼感、咳嗽、喘息、喉炎、气短、头痛、恶心和呕吐。

6.32 2,2-二甲基己烷

中文名:2,2-二甲基己烷

中文别名:正丁基三甲基甲烷

英文名:2,2-dimethyl hexane

英文别名:*n*-dutyltrimethylmathane

CAS号:590-73-8

分子式:C_8H_{18}

分子结构:

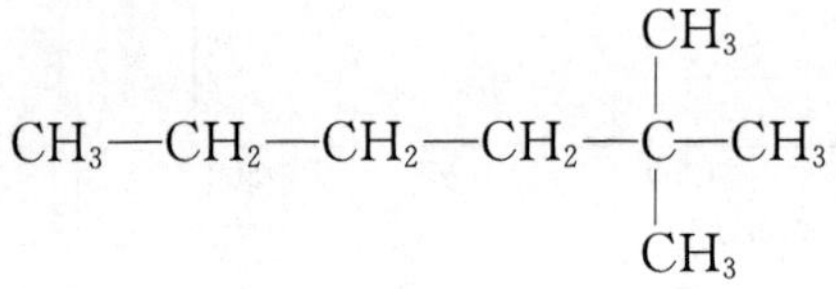

相对分子质量:114.23

【理化特性】 无色透明液体。不溶于水,易溶于乙醇,可混溶于乙醚、丙酮、氯仿、苯。熔点:−121.2℃;沸点:106.8℃;闪点:−3.33℃。相对密度为0.693。爆炸上限:5.5%;爆炸下限:0.98%。禁忌物:强氧化剂、强酸、卤素。

【相关图谱】

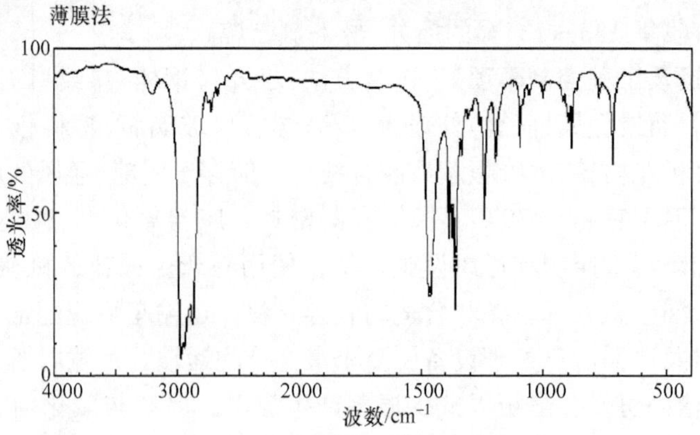

2,2-二甲基己烷红外图谱

【主要用途】 用作化学试剂、气相色谱对比样品。

【包装储运及工程控制事项】 包装方法:安瓿瓶外普通木箱;螺纹口玻璃瓶、铁盖压口玻璃瓶、塑料瓶或金属桶(罐)外普通木箱。储存于阴凉、通风的库房。远离火种和热源。库温不宜超过 30℃。保持容器密封。应与氧化剂、酸类、卤素分开存放,切忌混储。采用防爆型照明和通风设施。禁止使用易产生火花的机械设备和工具。储区应备有泄漏应急处理设备和合适的收容材料。运输车辆应配备相应品种和数量的消防器材及泄漏应急处理设备。夏季最好早晚运输。运输时所用的槽(罐)车应有接地链,槽内可设孔隔板以减少振荡产生静电。严禁与氧化剂、酸类、卤素、食用化学品等混装混运。运输途中应防暴晒、雨淋,防高温。中途停留时应远离火种、热源和高温区。装运该物品的车辆排气管必须配备阻火装置,禁止使用易产生火花的机械设备和工具装卸。公路运输时要按规定路线行驶,勿在居民区和人口稠密区停留。铁路运输时要禁止溜放。严禁用木船、水泥船散装运输。

【安全与毒性】 其蒸气与空气可形成爆炸性混合物,遇热源和明火有燃烧爆炸的危险。与氧化剂能发生强烈反应。在火场中,受热的容器有爆炸危险。其蒸气密度比空气大,能在较低处扩散到相当远的地方,遇火源会着火回燃。吸入或口服对身体有害。对黏膜、皮肤和上呼吸道有刺激性。

6.33　2,3-二甲基己烷

中文名:2,3-二甲基己烷

中文别名:甲基丙基异丙基甲烷

英文名:2,3-dimethylhexane

CAS 号:584-94-1

化学式:C_8H_{18}

分子结构:

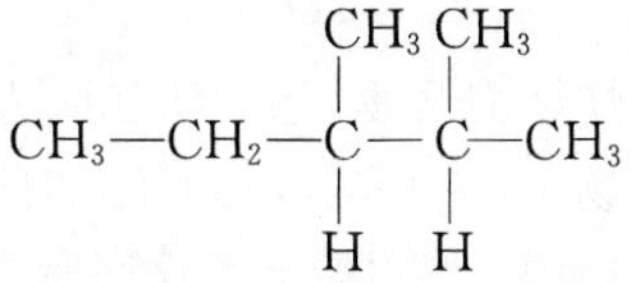

相对分子质量:114.23

【理化特性】 无色澄清液体。不溶于水,溶于乙醇、乙醚、丙酮、苯等。沸点:115.6℃;闪点:5.3℃。相对密度为 0.72。爆炸上限:5.9%;爆炸下限:0.9%。禁忌物:强氧化剂、强酸、卤素。

【相关图谱】

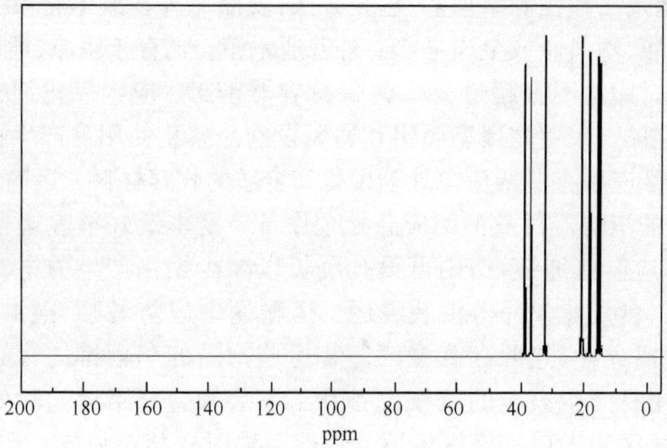

2,3-二甲基己烷核磁谱图

【主要用途】 用作化学试剂,或用于有机合成。

【包装储运及工程控制事项】 包装方法:安瓿瓶外普通木箱;螺纹口玻璃瓶、铁盖压口玻璃瓶、塑料瓶或金属桶(罐)外普通木箱。储存于阴凉、通风的库房。远离火种和热源。库温不宜超过30℃。保持容器密封。应与氧化剂、酸类、卤素分开存放,切忌混储。采用防爆型照明和通风设施。禁止使用易产生火花的机械设备和工具。储区应备有泄漏应急处理设备和合适的收容材料。运输车辆应配备相应品种和数量的消防器材及泄漏应急处理设备。夏季最好早晚运输。运输时所用的槽(罐)车应有接地链,槽内可设孔隔板以减少振荡产生静电。严禁与氧化剂、酸类、卤素、食用化学品等混装混运。运输途中应防暴晒、雨淋,防高温。中途停留时应远离火种、热源和高温区。装运该物品的车辆排气管必须配备阻火装置,禁止使用易产生火花的机械设备和工具装卸。公路运输时要按规定路线行驶,勿在居民区和人口稠密区停留。铁路运输时要禁止溜放。严禁用木船、水泥船散装运输。

【安全与毒性】 其蒸气与空气可形成爆炸性混合物,遇热源和明火有燃烧爆炸的危险。与氧化剂能发生强烈反应。在火场中,受热的容器有爆炸危险。其蒸气密度比空气大,能在较低处扩散到相当远的地方,遇火源会着火回燃。吸入或口服对身体有害。对黏膜、皮肤和上呼吸道有刺激性。

6.34　2,4-二甲基己烷

中文名:2,4-二甲基己烷

英文名：2,4-dimethylhexane

CAS 号：589-43-5

化学式：C_8H_{18}

分子结构：

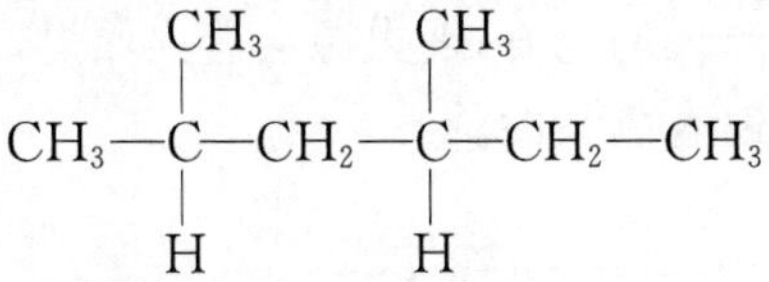

相对分子质量：114.23

【理化特性】 无色澄清液体。不溶于水，溶于醇、乙醚。熔点：<25℃；沸点：109℃；闪点：10℃。相对密度为 0.71。爆炸上限：5.9%；爆炸下限：0.98%。禁忌物：强氧化剂、强酸、卤素。

【相关图谱】

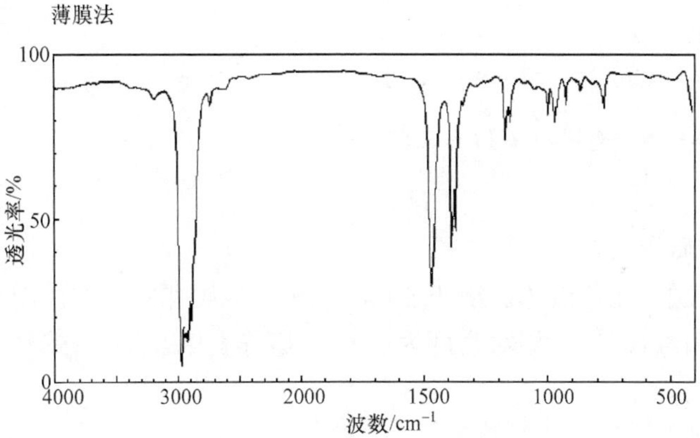

2,4-二甲基己烷红外图谱

【主要用途】 用作色谱分析标准物质及用于有机合成。

【包装储运及工程控制事项】 包装方法：安瓿瓶外普通木箱；螺纹口玻璃瓶、铁盖压口玻璃瓶、塑料瓶或金属桶（罐）外普通木箱。储存于阴凉、通风的库房。远离火种和热源。库温不宜超过 30℃。保持容器密封。应与氧化剂、酸类、卤素分开存放，切忌混储。采用防爆型照明和通风设施。禁止使用易产生火花的机械设备和工具。储区应备有泄漏应急处理设备和合适的收容材料。运输车辆应配备相应品种和数量的消防器材及泄漏应急处理设备。夏季最好早晚运输。运输时所用的槽（罐）车应有接地链，槽内可设孔隔板以减少振荡产生静电。严禁与氧化剂、酸类、卤素、食用化学品等混装混运。运输途中应防暴晒、雨淋，防高温。中途停留时应远离火种、热源和高温区。装运该物品的车辆排气管必须配备阻火装置，禁止使用易产生火花的机械设备和工具装卸。公路运输时要按规定路线行驶，勿在居民区和人口稠密区停留。铁路运输时要禁止溜放。严禁用木船、水泥船散装运输。

【安全与毒性】 其蒸气与空气可形成爆炸性混合物，遇热源和明火有燃烧爆炸的危险。与氧化剂能发生强烈反应。在火场中，受热的容器有爆炸危险。其蒸气密度比空气大，能在较低处扩散到相当远的地方，遇火源会着火回燃。吸入或口服对身体有害。对黏膜、皮肤和上呼吸道有刺激性。

6.35　2,5-二甲基己烷

中文名：2,5-二甲基己烷

英文名：2,5-dimethylhexane

CAS 号：592-13-2

分子式：C_8H_{18}

分子结构：

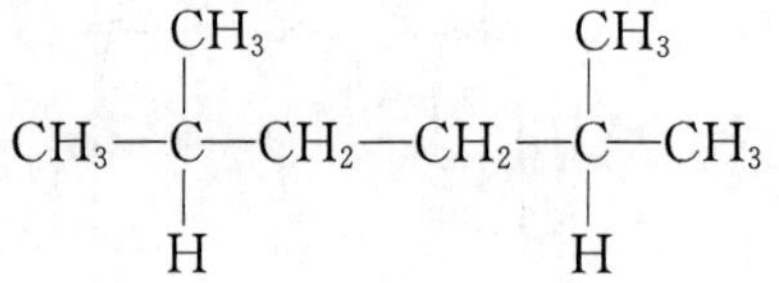

相对分子质量：114.23

【理化特性】 无色液体。溶于乙醇、乙醚等多数有机溶剂。熔点：−91℃；沸点：109.1℃；闪点：26℃。相对密度为 0.69。爆炸上限：5.9%；爆炸下限：0.98%。禁忌物：氧化剂。

【相关图谱】

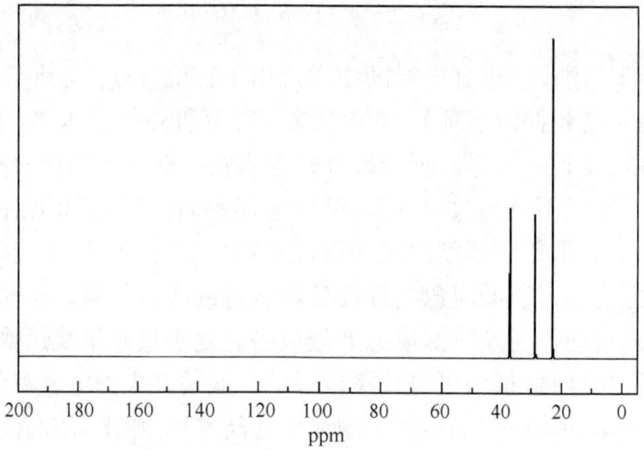

2,5-二甲基己烷核磁谱图

【主要用途】 用于有机合成。

【包装储运及工程控制事项】 包装方法：安瓿瓶外普通木箱；螺纹口玻璃瓶、铁盖压口玻璃瓶、塑料瓶或金属桶（罐）外普通木箱。储存于阴凉、通风的库房。远离火种和热源。库温不宜超过 30℃。保持容器密封。应与氧化剂分开存放，切忌混储。采用防爆型照明和通风设施。禁止使用易产生火花的机械设备和工具。储区应备有泄漏应急处理设备和合适的收容材料。运输车辆应配备相应品种和数量的消防器材及泄漏应急处理设备。夏季最好早晚运输。运输时所用的槽（罐）车应有接地链，槽内可设孔隔板以减少振荡产生静电。严禁与氧化剂、食用化学品等混装混运。运输途中应防暴晒、雨淋，防高温。中途停留时应远离火种、热源和高温区。装运该物品的车辆排气管必须配备阻火装置，禁止使用易产生火花的机械设备和工具装卸。公路运输时要按规定路线行驶，勿在居民区和人口稠密区停留。铁路运输时要禁止溜放。严禁用木船、水泥船散装运输。

【安全与毒性】 其蒸气与空气可形成爆炸性混合物，遇热源和明火有燃烧爆炸的危险。与氧化剂能发生强烈反应。在火场中，受热的容器有爆炸危险。其蒸气密度比空气大，能在较低处扩散到相当远的地方，遇火源会着火回燃。吸入或口服对身体有害。对黏膜、皮肤和上呼吸道有刺激性。

6.36　2-甲基己烷

中文名：2-甲基己烷

中文别名：异庚烷

英文名：2-methylhexane

英文别名：isoheptane

CAS 号：591-76-4

分子式：C_7H_{16}

分子结构：

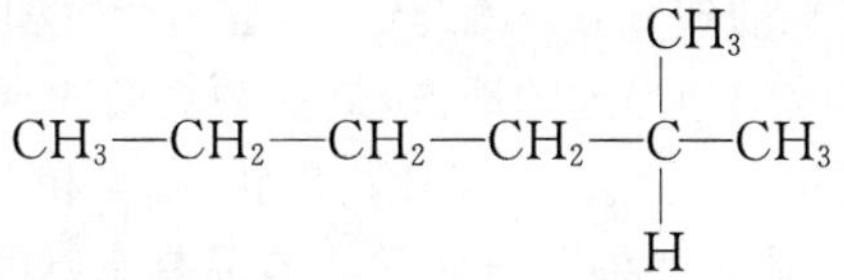

相对分子质量：100.20

【理化特性】 无色油状液体。不溶于水，可混溶于醇、醚、酮、苯等。熔点：－118.2℃；沸点：90.0℃；闪点：－3℃。相对密度为 0.6789。爆炸上限：6.0%；爆炸下限：1.0%。禁忌物：强氧化剂。

【相关图谱】

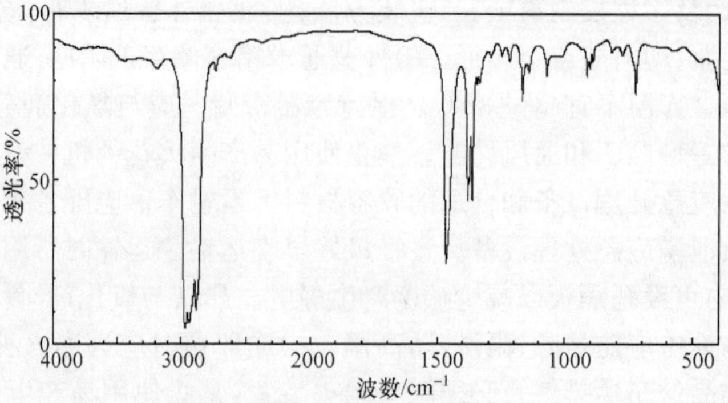

2-甲基己烷红外图谱

【主要用途】 用作气相色谱对比样品。

【包装储运及工程控制事项】 包装方法：安瓿瓶外普通木箱；螺纹口玻璃瓶、铁盖压口玻璃瓶、塑料瓶或金属桶(罐)外普通木箱。储存于阴凉、通风的库房。远离火种和热源。防止阳光直射。库温不宜超过30℃。保持容器密封。应与氧化剂、食用化学品分开存放，切忌混储。采用防爆型照明和通风设施。禁止使用易产生火花的机械设备和工具。储区应备有泄漏应急处理设备和合适的收容材料。运输车辆应配备相应品种和数量的消防器材及泄漏应急处理设备。夏季最好早晚运输。运输时所用的槽(罐)车应有接地链，槽内可设孔隔板以减少振荡产生静电。严禁与氧化剂、食用化学品等混装混运。运输途中应防暴晒、雨淋，防高温。中途停留时应远离火种、热源和高温区。装运该物品的车辆排气管必须配备阻火装置，禁止使用易产生火花的机械设备和工具装卸。公路运输时要按规定路线行驶，勿在居民区和人口稠密区停留。铁路运输时要禁止溜放。严禁用木船、水泥船散装运输。工程控制：生产过程密闭，加强通风。

【安全与毒性】 中闪点易燃液体，其蒸气与空气可形成爆炸性混合物，遇明火、高热极易燃烧爆炸。与氧化剂接触猛烈反应。流速过快，容易产生和积聚静电。其蒸气密度比空气大，能在较低处扩散到相当远的地方，遇火源会着火回燃。若遇高热，容器内压增大，有开裂和爆炸的危险。蒸气对眼睛、皮肤、黏膜和上呼吸道有刺激作用。接触后可引起头痛、恶心、呕吐、喉炎、气短等。本品具有麻醉作用。

6.37 3-甲基己烷

中文名：3-甲基己烷

英文名：3-methyl hexane

CAS 号:589-34-4

分子式:C_7H_{16}

分子结构:

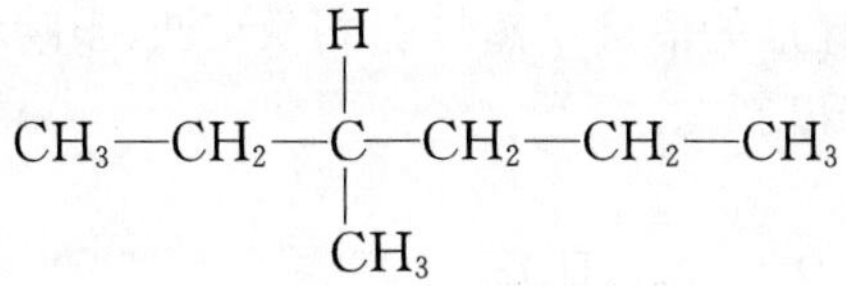

相对分子质量:100.21

【理化特性】 无色、有刺激性的液体。不溶于水,可混溶于醇、醚、酮、苯等。熔点:−119℃;沸点:92℃;闪点:−4℃。相对密度为 0.69。爆炸上限:7%;爆炸下限:1%。禁忌物:强氧化剂。

【相关图谱】

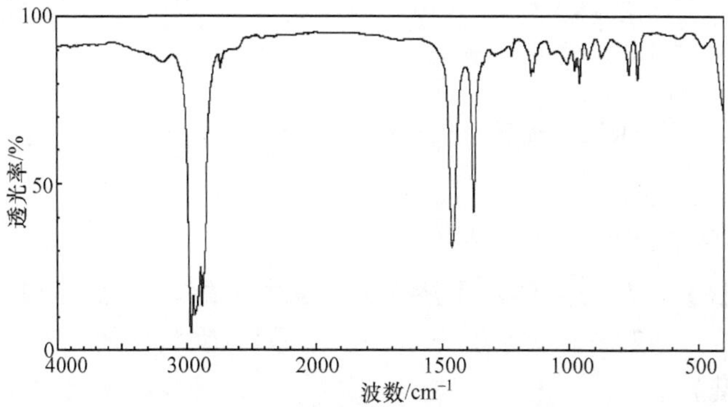

3-甲基己烷红外图谱

【主要用途】 用于有机合成,用作溶剂、气相色谱对比样品。

【包装储运及工程控制事项】 包装方法:安瓿瓶外普通木箱;螺纹口玻璃瓶、铁盖压口玻璃瓶、塑料瓶或金属桶(罐)外普通木箱。储存于阴凉、通风的库房。远离火种和热源。库温不宜超过 30℃。应与氧化剂分开存放,切忌混储。采用防爆型照明和通风设施。禁止使用易产生火花的机械设备和工具。储区应备有泄漏应急处理设备和合适的收容材料。运输车辆应配备相应品种和数量的消防器材及泄漏应急处理设备。夏季最好早晚运输。运输时所用的槽(罐)车应有接地链,槽内可设孔隔板以减少振荡产生静电。严禁与氧化剂、食用化学品等混装混运。运输途中应防暴晒、雨淋,防高温。中途停留时应远离火种、热源和高温区。装运该物品的车辆排气管必须配备阻火装置,禁止使用易产生火花的机械设备和工具装卸。公路运输时要按规定路线行驶。铁路运输时要禁止溜放。严禁用木船、水泥船散装运输。工程控制:生产过程密闭,全面通风。

【安全与毒性】 中闪点易燃液体，其蒸气与空气可形成爆炸性混合物，遇明火、高热极易燃烧爆炸。与氧化剂接触猛烈反应。流速过快，容易产生和积聚静电。其蒸气密度比空气大，能在较低处扩散到相当远的地方，遇火源会着火回燃。若遇高热，容器内压增大，有开裂和爆炸的危险。蒸气能刺激皮肤、眼睛和黏膜，高浓度蒸气具有麻醉作用，对血相有轻度影响。

6.38 2,2,5-三甲基己烷

中文名：2,2,5-三甲基己烷

英文名：2,2,5-trimethylhexane

CAS号：3522-94-9

化学式：C_9H_2O

分子结构：

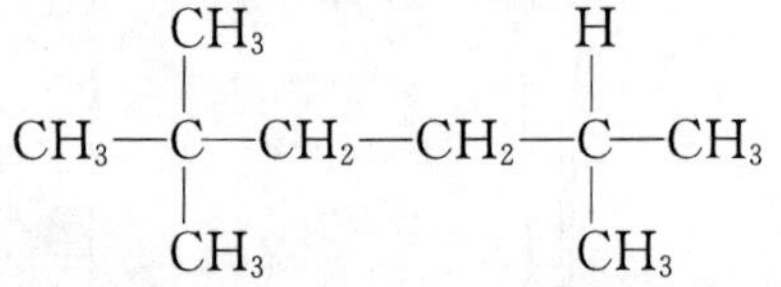

相对分子质量：128.26

【理化特性】 无色液体。不溶于水，易溶于醇。熔点：－116.8℃；沸点：137.7℃；闪点：12.8℃。相对密度为0.71。禁忌物：强氧化剂。

【相关图谱】

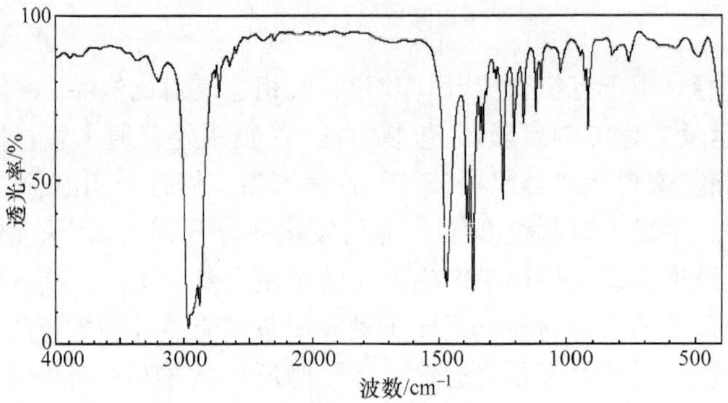

2,2,5-三甲基己烷红外图谱

【主要用途】 作为发动机燃料，也用于有机合成。

【包装储运及工程控制事项】 储存于阴凉、通风的库房。远离火种和热源。库温不宜超过30℃。保持容器密封。应与氧化剂分开存放，切忌混储。采用防爆型照明和通风设施。禁止使用易产生火花的机械设备和工具。储区应备有泄漏应急处理设备和合适的收容材料。工程控制:生产过程密闭,全面通风。

【安全与毒性】 中闪点易燃液体,吸入高浓度烃类化合物可引起呼吸道刺激、头痛、嗜睡、精神错乱、震颤、共济失调;极高浓度吸入可致死亡。液体吸入呼吸道可能引起吸入性肺炎、肺水肿。高浓度蒸气或液体对眼有刺激性。液体对皮肤有刺激性。口服毒性低。长期反复皮肤接触可致皮炎。

6.39 环己烷

中文名:环己烷

中文别名:六氢化苯

英文名:cyclohexane

英文别名:hexahydrobenzene

CAS 号:110-82-7

分子式:C_6H_{12}

分子结构:

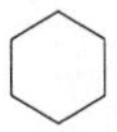

相对分子质量:84.16

【理化特性】 无色液体,有刺激性气味。不溶于水,溶于乙醇、乙醚、苯、丙酮等多数有机溶剂。熔点:6.5℃;沸点:80.7℃;闪点:－16.5℃。相对密度为 0.78。爆炸上限:8.4%;爆炸下限:1.2%。禁忌物:强氧化剂。

【相关图谱】

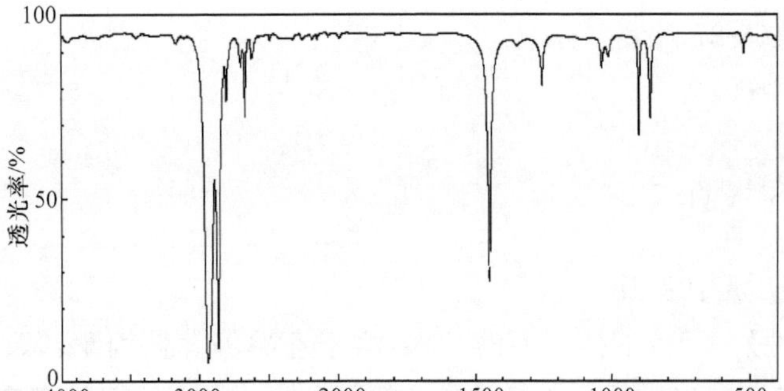

环己烷红外图谱

【主要用途】 用作一般溶剂、色谱分析标准物质及用于有机合成，可在树脂、涂料、脂肪、石蜡油类中应用，还可制备环己醇和环己酮等有机物。

【制备】 几乎所有环己烷都是通过纯苯加氢制得，也可用富环己烷馏分进行分馏方法生产。

【包装储运及工程控制事项】 储存于阴凉、通风的仓间内。远离火种和热源。仓温不宜超过30℃。防止阳光直射。保持容器密封。应与氧化剂分开存放。储存间内的照明和通风等设施应采用防爆型，开关设在仓外。禁止使用易产生火花的机械设备和工具。配备相应品种和数量的消防器材。桶装堆垛不可过大，应留墙距、顶距、柱距及必要的防火检查走道。罐储时要有防火防爆技术措施。灌装时应注意流速(不超过3m/s)，且有接地装置，防止静电积聚。搬运时要轻装轻卸，防止包装及容器损坏。工程控制：生产过程密闭，全面通风。

【安全与毒性】 其蒸气与空气可形成爆炸性混合物，遇明火、高热易燃；与氧化剂可发生反应，甚至引起燃烧；其蒸气密度比空气大，能在较低处扩散到相当远的地方，遇明火会引着回燃；若遇高热，容器内压增大，有开裂和爆炸的危险。对眼和上呼吸道有轻度刺激作用；持续吸入可引起头晕、恶心、嗜睡和其他一些麻醉症状；液体污染皮肤可引起痒感。

6.40　甲基环己烷

中文名：甲基环己烷

中文别名：六氢化甲苯

英文名：methylcyclohexane

CAS号：108-87-2

分子式：C_7H_{14}

结构式：

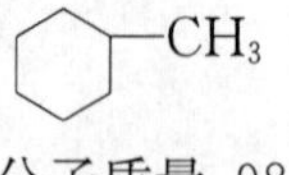

相对分子质量：98.18

【理化特性】 无色液体。不溶于水，溶于乙醇、乙醚、丙酮、苯、石油醚、四氯化碳等。熔点：－126.4℃；沸点：100.3℃；闪点：－4℃。相对密度为0.79。爆炸上限：6.7%；爆炸下限：1.2%。禁忌物：强氧化剂。

【相关图谱】

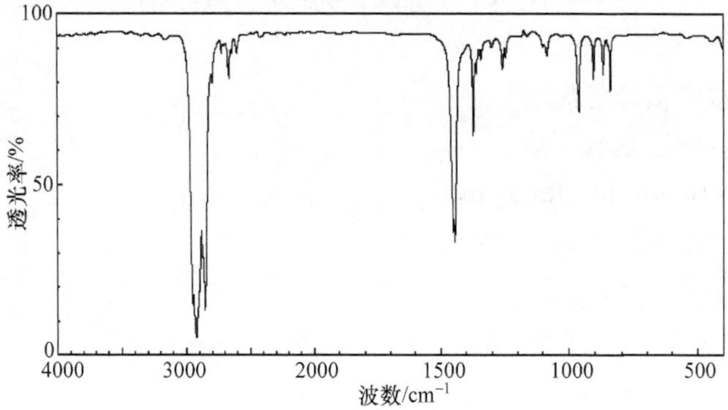

甲基环己烷红外图谱

【主要用途】 用作溶剂、色谱分析标准物质，或作为校正温度计的标准，也用于有机合成。

【制备】 以直馏汽油为原料，采用初步精馏、萃取精馏、深度精馏分级工艺分离正庚烷和甲基环己烷。甲苯在 150℃、约 11MPa 压力下加氢反应 5h 得到。

【包装储运及工程控制事项】 包装方法：小开口钢桶；螺纹口玻璃瓶、铁盖压口玻璃瓶、塑料瓶或金属桶(罐)外普通木箱。储存于阴凉、通风的库房。远离火种和热源。库温不宜超过 30℃。保持容器密封。应与氧化剂分开存放，切忌混储。采用防爆型照明和通风设施。禁止使用易产生火花的机械设备和工具。储区应备有泄漏应急处理设备和合适的收容材料。运输车辆应配备相应品种和数量的消防器材及泄漏应急处理设备。夏季最好早晚运输。运输时所用的槽(罐)车应有接地链，槽内可设孔隔板以减少振荡产生静电。严禁与氧化剂等混装混运。运输途中应防暴晒、雨淋，防高温。中途停留时应远离火种、热源和高温区。装运该物品的车辆排气管必须配备阻火装置，禁止使用易产生火花的机械设备和工具装卸。公路运输时要按规定路线行驶，勿在居民区和人口稠密区停留。铁路运输时要禁止溜放。严禁用木船、水泥船散装运输。工程控制：生产过程密闭，全面通风。

【安全与毒性】 中闪点易燃液体，其蒸气与空气可形成爆炸性混合物，遇热源和明火有燃烧爆炸的危险。与氧化剂能发生强烈反应，引起燃烧或爆炸。在火场中，受热的容器有爆炸危险。高速冲击、流动、激荡后可因产生静电火花放电引起燃烧爆炸。其蒸气密度比空气大，能在较低处扩散到相当远的地方，遇火源会着火回燃。皮肤接触可引起发红、干燥皲裂、溃疡等。

6.41 叔丁基环己烷

中文名:叔丁基环己烷

中文别名:环己基叔丁烷

英文名:tert-butylcyclohexane

英文别名:cyclohexyl-tert-butane

CAS 号:3178-22-1

分子式:$C_{10}H_{20}$

分子结构:

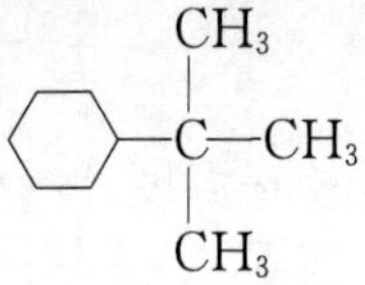

相对分子质量:140.27

【理化特性】 无色液体,微溶于水。熔点:-41℃;沸点:171.5℃;闪点:1℃。相对密度为 0.81。禁忌物:强氧化剂

【相关图谱】

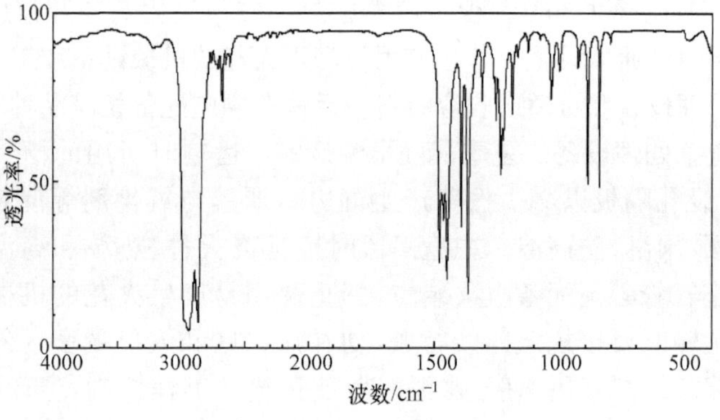

叔丁基环己烷红外图谱

【主要用途】 试剂用作色谱分析对比样品。

【包装储运及工程控制事项】 储存于阴凉、通风的库房。远离火种和热源。库温不宜超过 30℃。防止阳光直射。保持容器密封。应与氧化剂分开存放,切忌混储。不宜大量储存或久存。采用防爆型照明和通风设施。禁止使用易产生火花的机械设备和工具。灌装时应注意流速,且有接地装置,避免静电积聚。储区应备有泄漏应急处理设备和合适的收容材料。

【安全与毒性】　易燃，其蒸气与空气可形成爆炸性混合物，遇明火、高热极易燃烧爆炸。与氧化剂接触猛烈反应。流速过快，容易产生和积聚静电。对环境有危害，对水体可造成污染。若遇高热，容器内压增大，有开裂和爆炸的危险。具刺激性，误服会中毒。

6.42　1,2-二甲基环己烷

中文名：1,2-二甲基环己烷

中文别名：六氢邻二甲苯

英文名：1,2-dimethyl cyclohexane

英文别名：hexahydro-o-xylene

CAS 号：583-57-3

分子式：C_8H_{16}

分子结构：

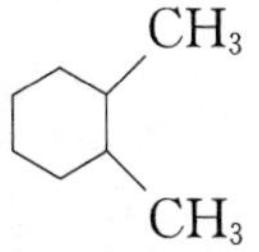

相对分子质量：112.22

【理化特性】　无色透明液体。不溶于水，溶于醇、醚、酮、苯。熔点：－50.1℃（顺式），－57.5℃（反式）；沸点：127℃；闪点：15℃。相对密度为 0.7780。禁忌物：强氧化剂。

【相关图谱】

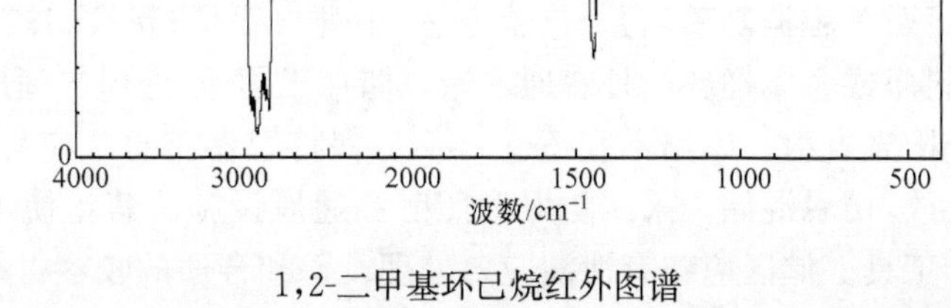

1,2-二甲基环己烷红外图谱

【主要用途】 用于有机合成,用作分析试剂和溶剂。

【包装储运及工程控制事项】 储存于阴凉、通风的仓间内。远离火种和热源。防止阳光暴晒。仓温不宜超过30℃。应与氧化剂分开存放。储存间内的照明和通风等设施应采用防爆型,开关设在仓外。禁止使用易产生火花的机械设备和工具。配备相应品种和数量的消防器材。充装要控制流速,注意防止静电积聚。罐储时要有防火防爆技术措施。操作现场不得吸烟、饮水和进食。搬运时要轻装轻卸,防止包装及容器损坏。

【安全与毒性】 其蒸气与空气形成爆炸性混合物,遇明火、高热或与氧化剂接触,有引起燃烧爆炸的危险。与氧化剂可发生反应。其蒸气密度比空气大,能在较低处扩散到相当远的地方,遇明火会引着回燃。若遇高热,容器内压增大,有开裂和爆炸的危险。有刺激作用。浓度高时有麻醉作用。

6.43　1,3-二甲基环己烷

中文名:1,3-二甲基环己烷

中文别名:六氢间二甲苯

英文名:1,3-dimethyl cyclohexane

英文别名:*m*-dimethylcyclohexane

CAS号:591-21-9

分子式:C_8H_{16}

分子结构:

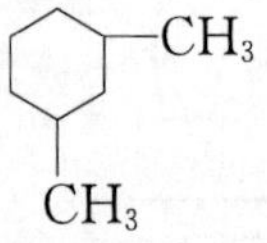

相对分子质量:112.22

【理化特性】 无色透明液体。不溶于水,溶于醇、醚、苯、酮。熔点无资料;沸点:124℃;闪点:6℃。相对密度为0.7670。禁忌物:强氧化剂。

【主要用途】 用于有机合成,并用作分析试剂。

【包装储运及工程控制事项】 包装方法:小开口钢桶;螺纹口玻璃瓶、铁盖压口玻璃瓶、塑料瓶或金属桶(罐)外普通木箱。储存于阴凉、通风的库房。远离火种和热源。防止阳光直射。库温不宜超过30℃。保持容器密封。应与氧化剂、食用化学品分开存放,切忌混储。采用防爆型照明和通风设施。禁止使用易产生火花的机械设备和工具。储区应备有泄漏应急处理设备和合适的收容材料。运输车辆应配备相应品种和数量的消防器材及泄漏应急处理设备。夏季最好早晚运输。运输时所用的槽(罐)车应有接地链,槽内可设孔隔板以减少振荡产生静电。严禁与氧化剂、食用化学品等混装混运。运输途中应防暴晒、雨淋,防高温。中途停留时应远离火种、热源和高温区。装运该物品的车辆排气管必须配备阻火装置,禁止使用易产生火花的机械设备和工具装卸。公路运输时要按规定路线行驶,勿在居民区和人口稠密区停留。铁路运输时要禁止溜放。严禁用木船、水泥船散装运输。

【安全与毒性】 其蒸气与空气可形成爆炸性混合物,遇明火、高热极易燃烧爆炸。与氧化剂接触猛烈反应。流速过快,容易产生和积聚静电。其蒸气密度比空气大,能在较低处扩散到相当远的地方,遇火源会着火回燃。若遇高热,容器内压增大,有开裂和爆炸的危险。有刺激作用。浓度高时有麻醉作用。

6.44 1,4-二甲基环己烷

中文名:1,4-二甲基环己烷

中文别名:六氢对二甲苯

英文名:1,4-dimethyl cyclohexane

英文别名:hexahydro-p-xylene

CAS 号:589-90-2

分子式:C_8H_{16}

分子结构:

相对分子质量:112.22

【理化特性】 无色透明液体。不溶于水,溶于醇、醚、酮、苯。熔点:−86℃;沸点:119.5℃;闪点:10℃。相对密度为 0.773。

【相关图谱】

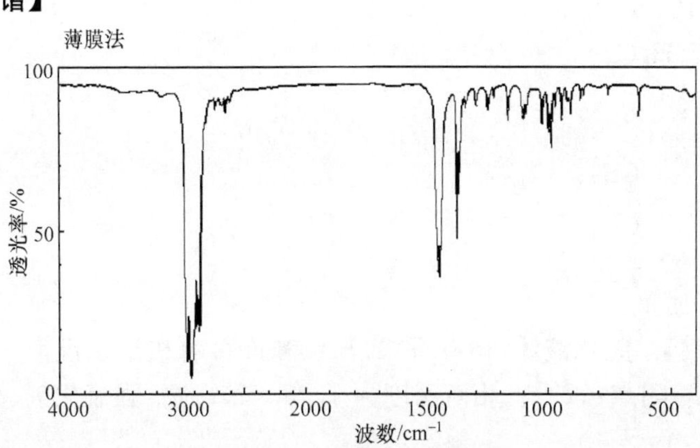

1,4-二甲基环己烷红外图谱

【主要用途】 用于有机合成,用作溶剂。

【包装储运及工程控制事项】 包装方法:小开口钢桶;螺纹口玻璃瓶、铁盖压口玻璃瓶、塑料瓶或金属桶(罐)外普通木箱。储存于阴凉、通风的库房。远离火种和热源。防止阳光直射。库温不宜超过30℃。保持容器密封。应与氧化剂、食用化学品分开存放,切忌混储。采用防爆型照明和通风设施。禁止使用易产生火花的机械设备和工具。储区应备有泄漏应急处理设备和合适的收容材料。运输车辆应配备相应品种和数量的消防器材及泄漏应急处理设备。夏季最好早晚运输。运输时所用的槽(罐)车应有接地链,槽内可设孔隔板以减少振荡产生静电。严禁与氧化剂、食用化学品等混装混运。运输途中应防暴晒、雨淋,防高温。中途停留时应远离火种、热源和高温区。装运该物品的车辆排气管必须配备阻火装置,禁止使用易产生火花的机械设备和工具装卸。公路运输时要按规定路线行驶,勿在居民区和人口稠密区停留。铁路运输时要禁止溜放。严禁用木船、水泥船散装运输。

【安全与毒性】 其蒸气与空气可形成爆炸性混合物,遇明火、高热极易燃烧爆炸。与氧化剂接触猛烈反应。流速过快,容易产生和积聚静电。其蒸气密度比空气大,能在较低处扩散到相当远的地方,遇火源会着火回燃。若遇高热,容器内压增大,有开裂和爆炸的危险。有刺激作用。浓度高时有麻醉作用。

6.45　1,4-二氧杂环己烷

中文名:1,4-二氧杂环己烷

中文别名:1,4-二噁烷;1,4-二亚乙基二氧化物

英文名:dioxane

CAS号:123-91-1

分子式:$C_4H_8O_2$

分子结构:

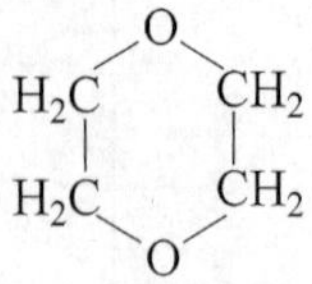

相对分子质量:88.11

【理化特性】 无色液体,稍有香味,与水和许多有机溶剂混溶。熔点:11℃;沸点:101.1℃;闪点:12℃。相对密度为1.04。禁忌物:强氧化剂、酸类。

【相关图谱】

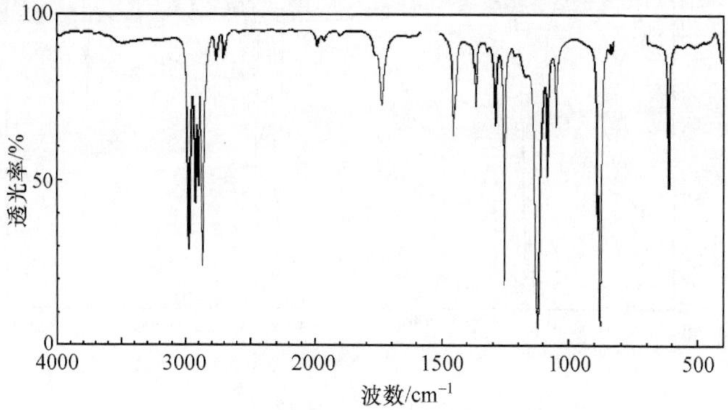

1,4-二氧杂环己烷红外图谱

【主要用途】 溶剂、乳化剂、去垢剂。

【安全与毒性】 易燃,其蒸气与空气可形成爆炸性混合物,遇明火、高热或与氧化剂接触,有引起燃烧爆炸。与氧化剂能发生强烈反应。接触空气或在光照条件下可生成具有潜在爆炸危险性的这氧化物。其蒸气密度比空气大,能在较低处扩散到相当远的地方,遇明火会引着回燃。

6.46 正 庚 烷

中文名:正庚烷

中文别名:庚烷

英文名:*n*-heptane

CAS 号:142-82-5

分子式:C_7H_{16}

分子结构:

$$CH_3—CH_2—CH_2—CH_2—CH_2—CH_2—CH_3$$

相对分子质量:100.21

【理化特性】 无色易挥发液体。不溶于水,溶于醇,可混溶于乙醚、氯仿。熔点:－90.5℃;沸点:98.5℃。相对密度为 0.68。爆炸上限:6.7%;爆炸下限:1.1%。禁忌物:强氧化剂。

【相关图谱】 见下页。

【主要用途】 用作辛烷值测定的标准、溶剂,以及用于有机合成,实验试剂的制备。

【制备】 石油的碳氢馏分。

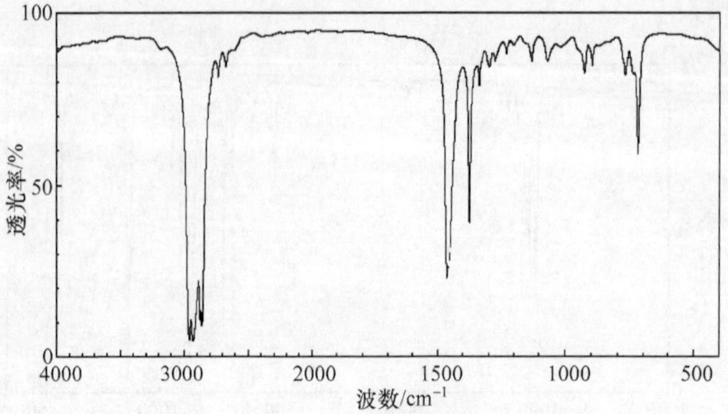

正庚烷红外图谱

【包装储运及工程控制事项】 储存于阴凉、通风的库房。远离火种和热源。库温不宜超过 30℃。保持容器密封。应与氧化剂分开存放，切忌混储。采用防爆型照明和通风设施。禁止使用易产生火花的机械设备和工具。储区应备有泄漏应急处理设备和合适的收容材料。工程控制：生产过程密闭，全面通风。

【安全与毒性】 易燃，其蒸气与空气可形成爆炸性混合物。遇热源和明火有燃烧爆炸的危险。与氧化剂接触发生化学反应或引起燃烧。高速冲击、流动、激荡后可因产生静电火花放电引起燃烧爆炸。其蒸气密度比空气大，能在较低处扩散到相当远的地方，遇明火会引着回燃。蒸气可引起眩晕、恶心、厌食、欣快感和步态蹒跚，甚至出现意识丧失和木僵状态。对皮肤有轻度刺激性。长期接触可引起神经衰弱综合征。少数人有轻度中性白细胞减少，消化不良现象。

6.47　2-甲基庚烷

中文名：2-甲基庚烷

中文别名：异辛烷

英文名：2-methyl heptane

英文别名：isooctane

CAS 号：592-27-8

分子式：C_8H_{18}

结构式：

相对分子质量：114.23

【理化特性】 无色液体，有汽油味。不溶于水，可混溶于醇、酮、醚、氯仿。熔点：－109℃；沸点：117.6℃；闪点：4℃。相对密度为 0.6980。禁忌物：氧化剂。

【相关图谱】

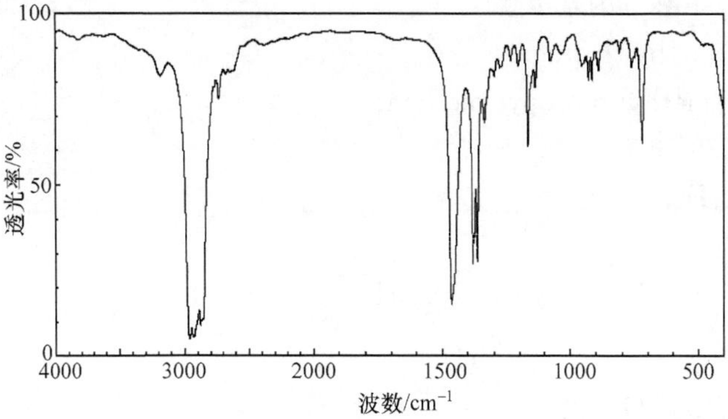

2-甲基庚烷红外图谱

【主要用途】 用作分析试剂，也用于有机合成。

【包装储运及工程控制事项】 包装方法：安瓿瓶外普通木箱；螺纹口玻璃瓶、铁盖压口玻璃瓶、塑料瓶或金属桶（罐）外普通木箱。储存于阴凉、通风的库房。远离火种和热源。防止阳光直射。库温不宜超过 30℃。保持容器密封。应与氧化剂、食用化学品分开存放，切忌混储。采用防爆型照明和通风设施。禁止使用易产生火花的机械设备和工具。储区应备有泄漏应急处理设备和合适的收容材料。运输车辆应配备相应品种和数量的消防器材及泄漏应急处理设备。夏季最好早晚运输。运输时所用的槽（罐）车应有接地链，槽内可设孔隔板以减少振荡产生静电。严禁与氧化剂、食用化学品等混装混运。运输途中应防暴晒、雨淋，防高温。中途停留时应远离火种、热源和高温区。装运该物品的车辆排气管必须配备阻火装置，禁止使用易产生火花的机械设备和工具装卸。公路运输时要按规定路线行驶，勿在居民区和人口稠密区停留。铁路运输时要禁止溜放。严禁用木船、水泥船散装运输。工程控制：密闭操作，局部排风。

【安全与毒性】 中闪点易燃液体，其蒸气与空气可形成爆炸性混合物，遇明火、高热极易燃烧爆炸。与氧化剂接触猛烈反应。流速过快，容易产生和积聚静电。若遇高热，容器内压增大，有开裂和爆炸的危险。低毒，有麻醉作用。对眼睛、皮肤、黏膜有刺激作用。急性吸入后可由于心跳停止、呼吸麻痹、窒息而迅速死亡。

6.48　4-甲基庚烷

中文名:4-甲基庚烷

中文别名:甲基二丙基甲烷

英文名:4-methyl heptane

英文别名:methyl dipropyl methane

CAS 号:589-53-7

分子式:C_8H_{18}

分子结构:

$$CH_3—CH_2—CH_2—\underset{\displaystyle CH_3}{\underset{|}{CH}}—CH_2—CH_2—CH_3$$

相对分子质量:114.23

【理化特性】 无色液体,有汽油味。不溶于水,可混溶于醇、酮、醚、氯仿。熔点:－121℃;沸点:122.2℃;闪点:6℃。相对密度为 0.7046。禁忌物:氧化剂。

【主要用途】 用作分析试剂,也用于有机合成。

【相关图谱】

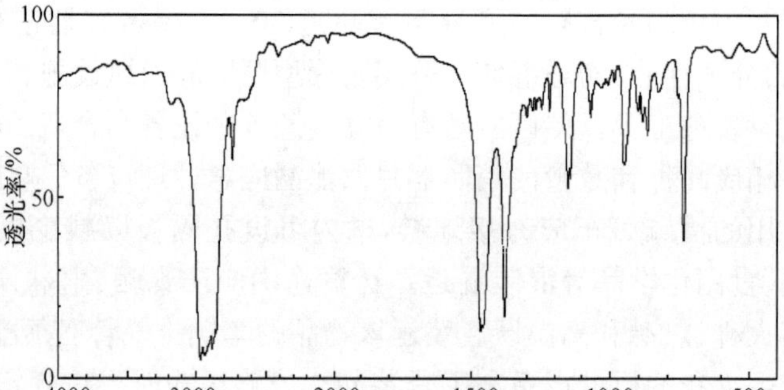

4-甲基庚烷红外图谱

【包装储运及工程控制事项】 包装方法:安瓿瓶外普通木箱;螺纹口玻璃瓶、铁盖压口玻璃瓶、塑料瓶或金属桶(罐)外普通木箱。储存于阴凉、通风的库房。远离火种和热源。防止阳光直射。库温不宜超过 30℃。保持容器密封。应与氧化剂、食用化学品分开存放,切忌混储。采用防爆型照明和通风设施。禁止使用易产生火花的机械设备和工具。储区应备有泄漏应急处理设备和合适的收容材料。运输车辆应配备相应品种和数量的消防器材及泄漏应急处理设备。夏季最好早晚运输。运输时所用的槽(罐)车应有接地链,槽内可设孔隔板以减少振荡产生静电。严禁与氧化剂、食用化学品等混装混运。运输途中应防暴晒、雨淋,防高温。中途停留时应远离火种、热源和高温区。装运该物品的车辆排气管必须配备阻火装置,禁止使用易产生火花的机械设备和工具装卸。公路运输时要按规定路线行驶,勿在居民区和人口稠密区停留。铁路运输时要禁止溜放。严禁用木船、水泥船散装运输。工程控制:密闭操作,局部排风。

【安全与毒性】 中闪点易燃液体,其蒸气与空气可形成爆炸性混合物,遇明火、高热极易燃烧爆炸。与氧化剂接触猛烈反应。流速过快,容易产生和积聚静电。若遇高热,容器内压增大,有开裂和爆炸的危险。吸入引起呼吸道轻度刺激、头痛、头昏,以及中枢神经系统影响的症状。对眼有刺激性。口服引起腹泻、中枢神经系统轻度抑制。长期反复接触可引起皮炎。

6.49 环 庚 烷

中文名:环庚烷

中文别名:软木烷

英文名:cycloheptane

英文别名:cork alkyl

CAS 号:291-64-5

分子式:C_7H_{14}

分子结构:

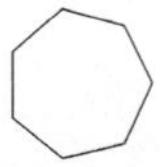

相对分子质量:98.27

【理化特性】 无色、油状液体。溶于水,溶于醇、醚、苯。熔点:−12℃;沸点:118.5℃;闪点:6℃。相对密度为 0.81。禁忌物:强氧化剂。

【相关图谱】 见下页。

【主要用途】 用作溶剂,或有机合成中间体。

【制备】 可以通过环庚酮的还原得到。

【包装储运及工程控制事项】 包装方法:安瓿瓶外普通木箱;螺纹口玻璃瓶、铁盖压口玻璃瓶、塑料瓶或金属桶(罐)外普通木箱;螺纹口玻璃瓶、塑料瓶或镀锡薄钢板桶(罐)外满底板花格箱、纤维板箱或胶合板箱。储存于阴凉、通风的库房。远离火种和热源。库温不宜超过 30℃。保持容器密封。应与氧化剂分开存放,切忌混储。采用防爆型照明和通风设施。禁止使用易产生火花的机械设备和工具。储区应备有泄漏应急处理设备和合适的收容材料。密闭操作,全面通风。运输车

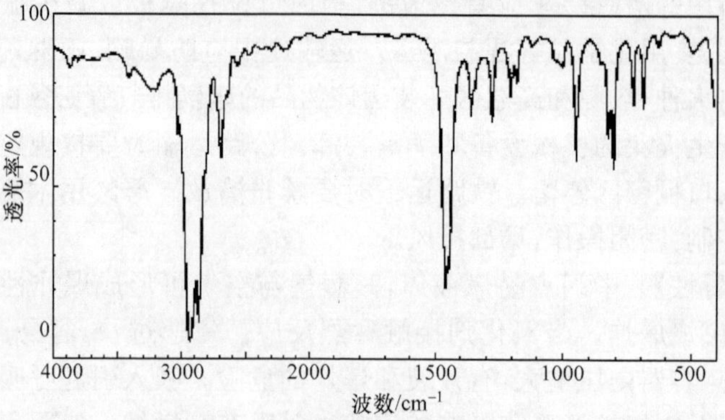

环庚烷红外图谱

辆应配备相应品种和数量的消防器材及泄漏应急处理设备。夏季最好早晚运输。运输时所用的槽(罐)车应有接地链,槽内可设孔隔板以减少振荡产生静电。严禁与氧化剂、食用化学品等混装混运。运输途中应防暴晒、雨淋,防高温。中途停留时应远离火种、热源和高温区。装运该物品的车辆排气管必须配备阻火装置,禁止使用易产生火花的机械设备和工具装卸。公路运输时要按规定路线行驶,勿在居民区和人口稠密区停留。铁路运输时要禁止溜放。严禁用木船、水泥船散装运输。

【安全与毒性】 易燃,其蒸气可以与空气形成爆炸性混合物,遇热源和明火有爆炸和燃烧的危险。

6.50 正 辛 烷

中文名:正辛烷

中文别名:辛烷

英文名:1-octane

CAS 号:111-65-9

分子式:C_8H_{18}

分子结构:

$$CH_3—CH_2—CH_2—CH_2—CH_2—CH_2—CH_2—CH_3$$

相对分子质量:114.22

【理化特性】 无色透明液体。不溶于水,溶于乙醇、乙醚、苯、丙酮等多数有机溶剂。熔点:−56.5℃;沸点:125.8℃;闪点:12℃。相对密度为 0.6986。爆炸上限:6.5%;爆炸下限:0.8%。禁忌物:强氧化剂。

【相关图谱】

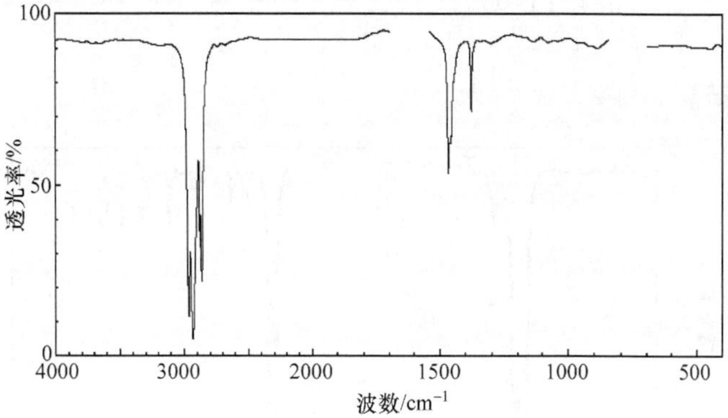

正辛烷红外图谱

【主要用途】　用作溶剂及色谱分析标准物质，也用于有机合成。

【制备】　辛烷存在于石油中。实验室制备可由溴丁烷合成。

【包装储运及工程控制事项】　储存于阴凉、通风的库房。远离火种和热源。库温不宜超过 30℃。保持容器密封。应与氧化剂、酸类分开存放，切忌混储。采用防爆型照明和通风设施。禁止使用易产生火花的机械设备和工具。储区应备有泄漏应急处理设备和合适的收容材料。工程控制：生产过程密闭，全面通风。

【安全与毒性】　中闪点易燃液体，其蒸气与空气可形成爆炸性混合物，遇明火、高热能引起燃烧爆炸。与氧化剂能发生强烈反应。高速冲击、流动、激荡后可因产生静电火花放电引起燃烧爆炸。其蒸气密度比空气大，能在较低处扩散到相当远的地方，遇火源会着火回燃。对人的眼睛、呼吸道黏膜有刺激作用，有麻醉和肺部刺激作用。

6.51　环　辛　烷

中文名：环辛烷

英文名：cyclooctane

英文别名：octamethylene

CAS 号：292-64-8

分子式：C_8H_{16}

结构式：

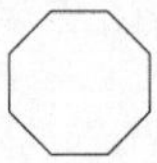

相对分子质量：112.2

【理化特性】 无色液体或潮湿的白色固体，有类似樟脑的气味。不溶于水，溶于苯。熔点：14.7℃；沸点：140℃；闪点：30℃。相对密度为 0.83。禁忌物：强氧化剂。

【相关图谱】

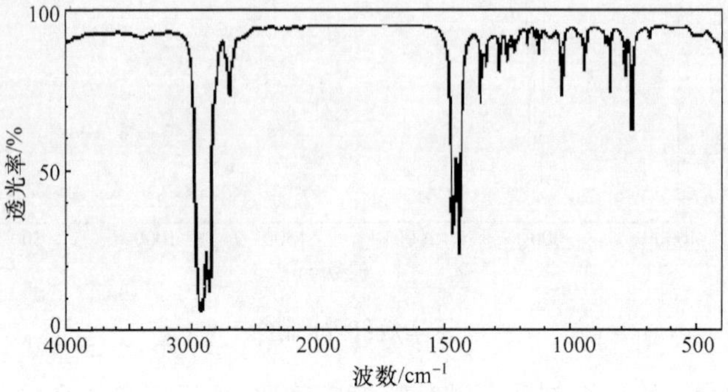

环辛烷红外图谱

【主要用途】 用作有机合成或用作化学试剂。

【制备】 来源于石油，也可通过镍催化加氢还原环辛四烯制得。

【包装储运及工程控制事项】 储存于阴凉、通风的仓间内。远离火种和热源。仓温不宜超过 30℃。防止阳光直射。应与氧化剂分开存放。储存间内的照明和通风等设施应采用防爆型。罐储时要有防火防爆技术措施。禁止使用易产生火花的机械设备和工具。搬运时要轻装轻卸，防止包装及容器损坏。工程控制：生产过程密闭，全面通风。

【安全与毒性】 高闪点易燃液体，遇高热、明火或与氧化剂接触，有引起燃烧爆炸的危险。与强氧化剂接触可能发生化学反应。若遇高热，容器内压增大，有开裂和爆炸的危险。吸入、摄入或经皮肤吸收对身体有害。对眼和皮肤有刺激性。

6.52 甲基三氯硅烷

中文名：甲基三氯硅烷

中文别名：甲基硅仿

英文名：methyltrichlorosilane

英文别名：methyl silicochloroform

CAS 号：75-79-6

分子式：CH_3Cl_3Si

分子结构：

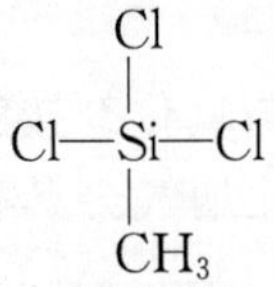

相对分子质量：149.46

【理化特性】 无色液体，具有刺鼻恶臭，易潮解。溶于醚、苯。熔点：－90℃；沸点：66.5℃；闪点：－9℃。相对密度为 1.28。爆炸上限：20.0％；爆炸下限：7.6％。禁忌物：强酸、强碱、强氧化剂、水。

【相关图谱】

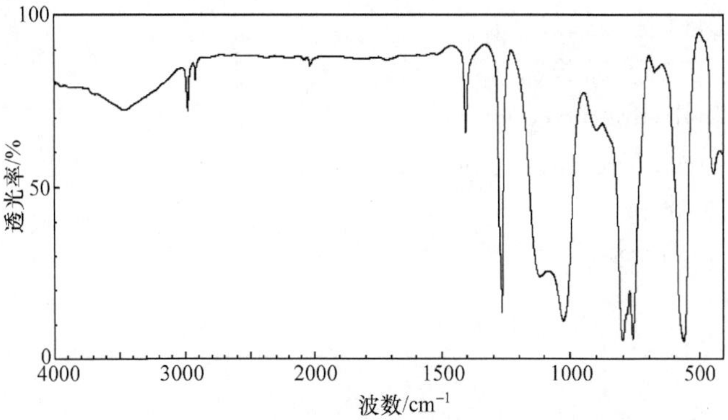

甲基三氯硅烷红外图谱

【主要用途】 用于制造硅酮化合物。

【制备】 氯甲烷与硅粉在氯化亚铜催化剂存在下一步直接合成，生成甲基氯硅烷混合物，经精馏提纯的产品二甲基二氯硅烷，再用减压精馏的方法分离提纯。

【包装储运及工程控制事项】 包装方法：小开口钢桶；安瓿瓶外普通木箱；螺纹口玻璃瓶、铁盖压口玻璃瓶、塑料瓶或金属桶(罐)外普通木箱。储存于阴凉、通风的库房。远离火种和热源。库温不宜超过 30℃。包装要求密封，不可与空气接触。应与氧化剂、酸类、碱类等分开存放，切忌混储。采用防爆型照明和通风设施。禁止使用易产生火花的机械设备和工具。储区应备有泄漏应急处理设备和合适的收容材料。铁路运输时应严格按照铁道部《危险货物运输规则》中的危险货物配装表进行配装。运输车辆应配备相应品种和数量的消防器材及泄漏应急处理设备。夏季最好早晚运输。运输时所用的槽(罐)车应有接地链，槽内可设孔隔板以减少振荡产生静电。严禁与氧化剂、酸类、碱类、食用化学品等混装混运。运输途中应防暴晒、雨淋，防高温。中途停留时应远离火种、热源和高温区。装运该物品的车辆排气管必须配备阻火装置，禁止使用易产生火花的机械设备和工具装卸。公路运输时要按规定路线行驶，勿在居民区和人口稠密区停留。铁路运输时要禁止溜放。严禁用木船、水泥船散装运输。工程控制:密闭操作,局部排风。提供安全淋浴和洗眼设备。

【安全与毒性】 中闪点易燃液体易燃,遇明火、高热或与氧化剂接触,有引起燃烧爆炸的危险。受热或遇水分解放热,放出有毒的腐蚀性烟气。具有腐蚀性。对呼吸道和眼结膜有强烈刺激作用。接触者可有流泪、咳嗽、头痛、恶心、呕吐、喘息、易激动、皮肤发痒等症状。吸入后可因喉、支气管的痉挛、水肿,化学性肺炎、肺水肿而致死。

6.53　乙烯(基)三氯硅烷

中文名:乙烯(基)三氯硅烷

中文别名:三氯乙烯硅烷

英文名:vinyltrimethoxy silane

英文别名:trichlorovinylsilane

CAS 号:75-94-5

分子式:$C_2H_3Cl_3Si$

分子结构:

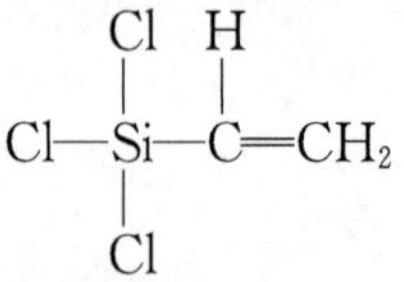

相对分子质量:161.49

【理化特性】 无色液体,溶于多数有机溶剂。熔点:−95℃;沸点:90.6℃;闪点:−9℃。相对密度为 1.27。禁忌物:强氧化剂、强酸、强碱、水。

【相关图谱】

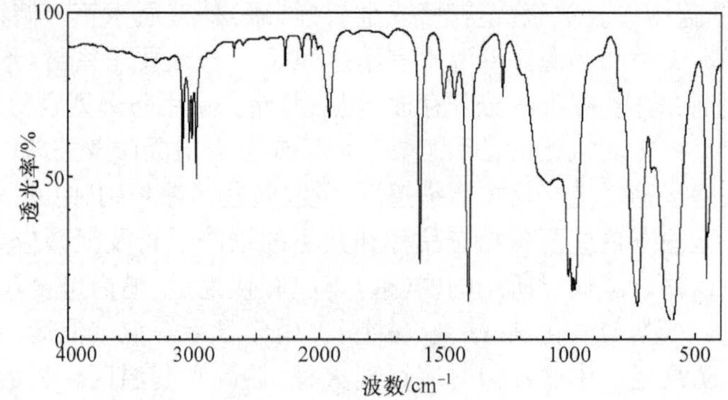

乙烯(基)三氯硅烷红外图谱

【主要用途】 用作偶联剂，用于玻璃纤维表面处理和增强层压塑料制品。用于无机填料填充塑料。用作密封剂、黏结剂和涂料的增黏剂。用作交联聚乙烯的交联剂。用作难粘材料的粘接促进剂。

【制备】 氯乙烯与三氯氢硅缩合或乙炔与三氯氢硅加成。

【包装储运及工程控制事项】 通常商品加有阻聚剂。储存于阴凉，通风的仓间内。远离火种和热源。仓温不宜超过 30℃，防止阳光直射。包装要求密封，不可与空气接触。应与氧化剂分开存放。储存间内的照明和通风等设施应采用防爆型。禁止使用易产生火花的机械设备与工具。搬运时要轻装轻卸，防止包装及容器损坏。工程控制：密闭操作，局部排风。

【安全与毒性】 易燃，遇高热、明火或与氧化剂接触，有引起燃烧爆炸的危险。受热或遇水分解放热，放出有毒的腐蚀性烟气。具有腐蚀性。对眼、上呼吸道黏膜有强烈的刺激性。局部可出现充血、水肿，甚至坏死。长时间接触高浓度，可引起鼻黏膜萎缩、支气管炎、肺充血和肺水肿。黏膜和皮肤接触其液体，可致皮炎和灼伤。

6.54　乙烯三乙氧基硅烷

中文名：乙烯三乙氧基硅烷

中文别名：三乙氧基乙烯硅烷

英文名：triethoxyvinylsilane

英文别名：triethoxy ethylsilane

CAS 号：78-08-0

分子式：$C_8H_{18}O_3Si$

分子结构：

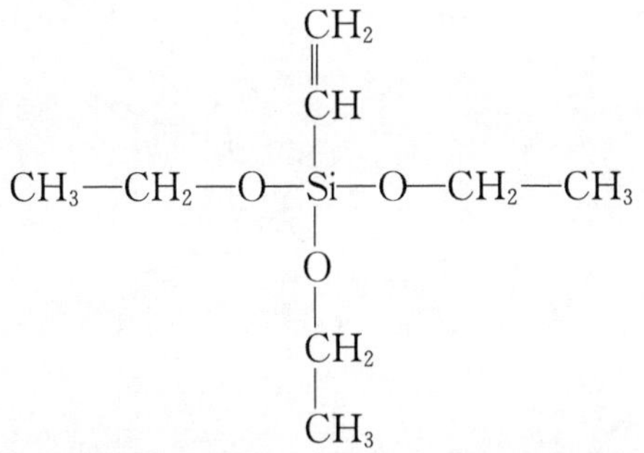

相对分子质量：190.31

【理化特性】 无色液体，有特殊气味，在潮湿空气中缓慢分解。不溶于水，可混溶于醇、醚等。熔点＜0℃；沸点：158.9℃；闪点：54℃。相对密度为 0.93。禁忌物：强氧化剂、强酸。

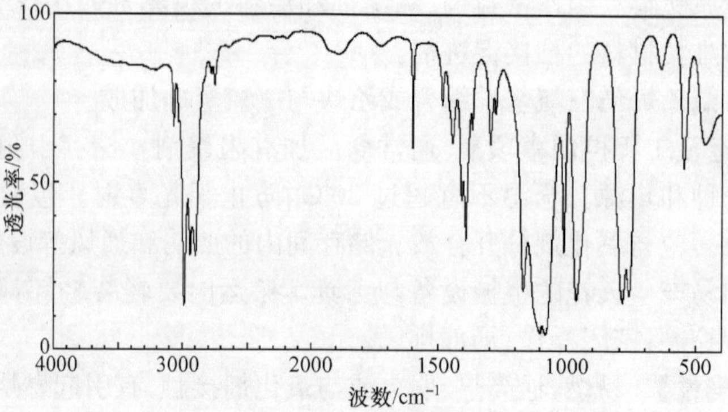

乙烯三乙氧基硅烷红外图谱

【主要用途】 用作合成高分子有机硅化合物的原料。

【制备】 可由乙烯基三氯硅烷与无水乙醇反应来制取，也可由四乙氧基硅烷与乙烯基溴化镁反应来制取。

【包装储运及工程控制事项】 储存于阴凉、通风的仓间内。远离火种和热源。仓温不宜超过 30℃，防止阳光直射。包装要求密封，不可与空气接触。应与氧化剂分开存放。储存间内的照明和通风等设施应采用防爆型。禁止使用易产生火花的机械设备与工具。搬运时要轻装轻卸，防止包装及容器损坏。工程控制：密闭操作，局部排风。

【安全与毒性】 高闪点易燃液体，遇高热、明火或与氧化剂接触，有引起燃烧的危险，若遇高热，容器内压增大，有开裂和爆炸的危险。吸入后引起头痛、头昏、恶心和共济失调。大量吸入可能致死。对眼有刺激性，摄入对机体有害。

第7章 烯烃类液体

烯烃是指含有C═C键(碳碳双键)(烯键)的碳氢化合物,属于不饱和烃,分为链烯烃与环烯烃。按含双键的多少分别称单烯烃、二烯烃等。双键易断,所以会发生加成反应。单链烯烃分子通式为 C_nH_{2n},常温下 C_5 以上为液体或者固体,活泼不稳定。烯烃与空气混合,或与氧混合极易爆炸,常见的单质烯烃的爆炸极限为5%~32%,大量烯烃着火开始是产生燃烧,随后由燃烧转为爆轰,并产生浓烟。最常用的工业合成途径是石油的裂解作用。烯烃的聚合反应是一个经济意义极高的反应,得到的高聚物有很高的工业价值。例如,塑料中的聚乙烯和聚丙烯,合成润滑油中的聚α-烯烃。聚合反应既可以通过自由基机理来实现,又可以通过离子机理来实现。烯烃类物质性质活泼,人和动物吸入或皮肤接触大量的该类化合物使之进入生物体内,会引起慢性或急性中毒。如果不幸吸入中毒,应迅速将患者移至空气新鲜处,以保证呼吸通畅;若皮肤中毒,应换去被污染的衣服和鞋袜,用肥皂水和清水反复清洗皮肤和头发;若有昏迷等严重现象,应由专人护送至医院救治。

7.1 异 辛 烯

中文名:异辛烯

中文别名:2,2-二甲基-4-戊烯

英文名:isooctene

英文别名:6-methyl-1-heptene

CAS号:107-39-1

化学式:C_8H_{16}

分子结构:

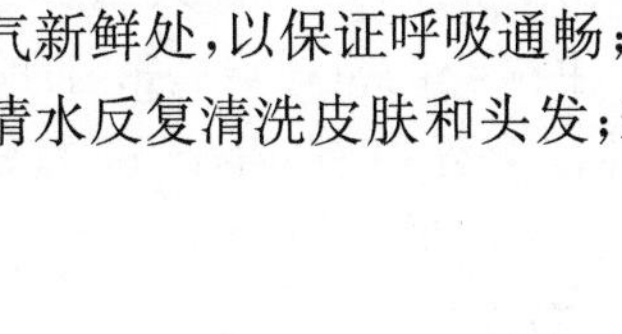

相对分子质量:112.2

【理化特性】 无色澄清液体。熔点:105℃;沸点:112~113℃;闪点:−6.67℃。相对密度为0.72(15.5℃)。禁忌物:强氧化剂、酸类、过氧化物。

【相关图谱】

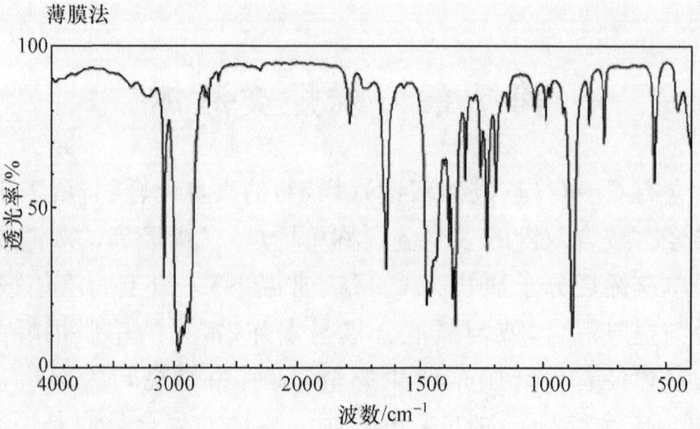

异辛烯红外图谱

【包装储运及工程储存注意事项】 通常商品加有阻聚剂。储存于阴凉、通风的库房。远离火种和热源。库温不宜超过30℃。包装要求密封,不可与空气接触。应与氧化剂、酸类、过氧化物分开存放,切忌混储。不宜大量储存或久存。采用防爆型照明和通风设施。禁止使用易产生火花的机械设备和工具。储区应备有泄漏应急处理设备和合适的收容材料。工程控制:生产过程密闭,全面通风。

【安全与毒性】 燃爆危险:本品易燃,具刺激性。

健康危害:本品有刺激性,高浓度时有麻醉作用。

环境危害:对环境有危害,对水体可造成污染。

7.2 4-乙烯-1-环己烯

中文名:4-乙烯-1-环己烯

英文名:4-vinyl-1-cyclohexene

CAS号:100-40-3

化学式:C_8H_{12}

分子结构:

相对分子质量:108.18

【理化特性】 无色液体。溶于多数有机溶剂。熔点:−101℃;沸点:128℃;闪点:20℃。密度:相对密度为 0.83;相对蒸气密度为 3.76。禁忌物:强氧化剂、强酸。

【相关图谱】

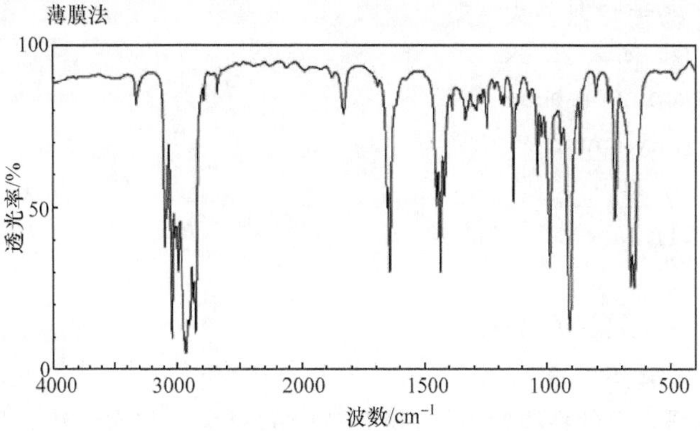

4-乙烯-1-环己烯红外图谱

【主要用途】 用于聚合物制造和有机合成。

【包装储运及工程控制事项】 包装方法:安瓿瓶外普通木箱;螺纹口玻璃瓶、铁盖压口玻璃瓶、塑料瓶或金属桶(罐)外普通木箱。储存于阴凉、通风的库房。远离火种和热源。库温不宜超过 30℃。应与氧化剂、酸类分开存放,切忌混储。不宜大量储存或久存。采用防爆型照明和通风设施。禁止使用易产生火花的机械设备和工具。储区应备有泄漏应急处理设备和合适的收容材料。运输车辆应配备相应品种和数量的消防器材及泄漏应急处理设备。夏季最好早晚运输。运输时所用的槽(罐)车应有接地链,槽内可设孔隔板以减少振荡产生静电。严禁与氧化剂、酸类、食用化学品等混装混运。运输途中应防暴晒、雨淋,防高温。中途停留时应远离火种、热源和高温区。装运该物品的车辆排气管必须配备阻火装置,禁止使用易产生火花的机械设备和工具装卸。公路运输时要按规定路线行驶。铁路运输时要禁止溜放。严禁用木船、水泥船散装运输。生产过程密闭,全面通风。

【安全与毒性】 燃爆危险:本品易燃,具刺激性。

健康危害:吸入、摄入或经皮吸收对身体有害。蒸气或雾对眼、黏膜和上呼吸道有刺激性。对皮肤有刺激性。

环境危害:对环境有危害,对大气可造成污染。

7.3 3-氨基丙烯

中文名:3-氨基丙烯

中文别名:烯丙胺

英文名:3-aminopropene

英文别名:allylamine

CAS 号:107-11-9

化学式:C_3H_7N

分子结构:

$$H_2N—CH_2—CH═CH_2$$

相对分子质量:57.09

【理化特性】 无色易挥发液体,带有鱼腥的氨臭。与水混溶,可混溶于乙醇、乙醚。熔点:−88℃;沸点:48.9℃;闪点:28℃。密度:相对密度为 0.76;相对密度为 2.00。禁忌物:酸类、酰基氯、酸酐、强氧化剂、二氧化碳。

【相关图谱】

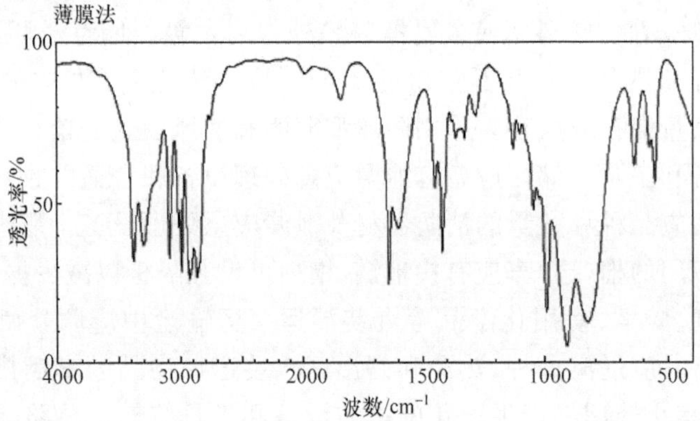

3-氨基丙烯红外图谱

【主要用途】 用作溶剂、有机合成的中间体、乳化剂、表面活性剂、橡胶硫化促进剂。用于有机合成,制造树脂及利尿药。

【制备】 烯丙基氯与氨反应可制得烯丙胺。反应在带回流装置的设备中进行,使硫代异氰酸丙烯酯与 20%盐酸回流反应 15h。将反应物浓缩,结晶出现时又加水稀释,然后在滴加碱液的同时将烯丙胺蒸出。收集的粗品可用分馏法精制。

【包装储运及工程控制事项】 包装方法：安瓿瓶外普通木箱；螺纹口玻璃瓶、铁盖压口玻璃瓶、塑料瓶或金属桶(罐)外普通木箱。储存于阴凉、通风的库房。远离火种和热源。库温不宜超过 30℃。应与氧化剂、酸类分开存放，切忌混储。不宜大量储存或久存。采用防爆型照明和通风设施。禁止使用易产生火花的机械设备和工具。储区应备有泄漏应急处理设备和合适的收容材料。运输车辆应配备相应品种和数量的消防器材及泄漏应急处理设备。夏季最好早晚运输。运输时所用的槽(罐)车应有接地链，槽内可设孔隔板以减少振荡产生静电。严禁与氧化剂、酸类、食用化学品等混装混运。运输途中应防暴晒、雨淋，防高温。中途停留时应远离火种、热源和高温区。装运该物品的车辆排气管必须配备阻火装置，禁止使用易产生火花的机械设备和工具装卸。公路运输时要按规定路线行驶。铁路运输时要禁止溜放。严禁用木船、水泥船散装运输。生产过程密闭，全面通风。

【安全与毒性】 燃爆危险：本品易燃，具刺激性。

健康危害：吸入、摄入或经皮吸收对身体有害。蒸气或雾对眼、黏膜和上呼吸道有刺激性。对皮肤有刺激性。

环境危害：对环境有危害，对大气可造成污染。

7.4 苯 乙 烯

中文名：苯乙烯

中文别名：乙烯基苯

英文名：phenylethylene

英文别名：ethenylbenzene

CAS 号：100-42-5

化学式：C_8H_8

分子结构：

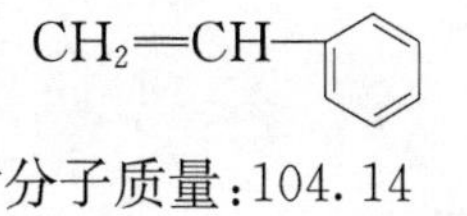

相对分子质量：104.14

【理化特性】 无色透明油状液体。与乙醇、丙酮、四氯化碳、苯、氯仿混溶，不溶于水。熔点：－30.6℃；沸点：146℃；闪点：34.4℃。密度：相对密度为 0.91；相对密度为 3.6。爆炸上限：6.1％；爆炸下限：1.1％。禁忌物：强氧化剂、酸类。

【相关图谱】

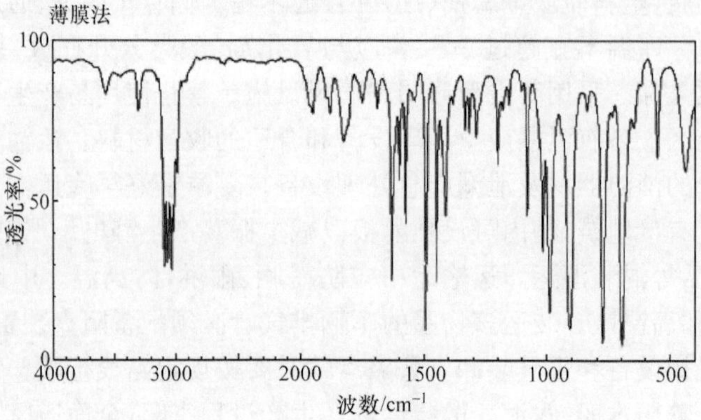

苯乙烯红外图谱

【主要用途】 用于制聚苯乙烯、合成橡胶、离子交换树脂等。

【制备】 由乙苯催化去氢制得。

【包装储运及工程控制事项】 包装方法:小开口钢桶;薄钢板桶或镀锡薄钢板桶(罐)外花格箱;安瓿瓶外普通木箱;螺纹口玻璃瓶、铁盖压口玻璃瓶、塑料瓶或金属桶(罐)外普通木箱;螺纹口玻璃瓶、塑料瓶或镀锡薄钢板桶(罐)外满底板花格箱、纤维板箱或胶合板箱。通常商品加有阻聚剂。储存于阴凉、通风的库房。远离火种和热源。库温不宜超过 30℃。包装要求密封,不可与空气接触。应与氧化剂、酸类分开存放,切忌混储。不宜大量储存或久存。采用防爆型照明和通风设施。禁止使用易产生火花的机械设备和工具。储区应备有泄漏应急处理设备和合适的收容材料。

【安全与毒性】 该物质对环境有严重危害,应特别注意对地表水、土壤、大气和饮用水的污染,对水生生物应给予特别注意。由于其挥发性强,在大气中易被光解,也可被生物降解和化学降解,即能被特异的菌丛所破坏,也能被空气中的氧所氧化成苯甲醚、甲醛及少量苯乙醇。

7.5 2-甲基苯乙烯

中文名:2-甲基苯乙烯

中文别名:α-甲基苯乙烯

英文名:2-phenylpropene

英文别名:alpha-methylstyrene

CAS 号:98-83-9

化学式:C_9H_{10}

分子结构：

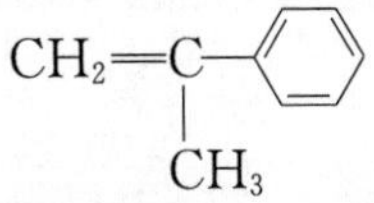

相对分子质量：118.18

【理化特性】 无色、浅黄色或黄色液体，具有刺激性臭味。与乙醇、丙酮、四氯化碳、苯、氯仿混溶，不溶于水。熔点：－23.21℃；沸点：165.38℃；闪点：45℃（开杯）。密度：相对密度为 0.9106；相对密度为 4.1。爆炸上限：3.4%；爆炸下限：0.7%。禁忌物：强氧化剂。

【相关图谱】

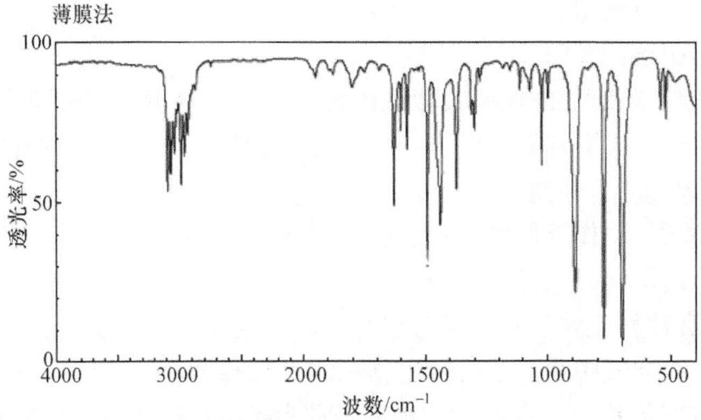

α-甲基苯乙烯红外图谱

【主要用途】 常用于聚合反应生产胶黏剂基料的单体或改性单体。为合成树脂及塑料的重要单体之一，也是聚酯树脂、醇酸树脂及 ABS 树脂的改性剂。还可用于生产涂料、增塑剂，也用作溶剂，用于有机合成。

【制备】 在异丙苯法生产苯酚和丙酮时，副产 α-甲基苯乙烯，年产万吨苯酚和丙酮的装置，约副产 α-甲基苯乙烯 500t。将异丙苯在催化剂存在下脱氢也可得到该品。但在工业中往往是将副产的 α-甲基苯乙烯加氢转变为异丙苯。

【包装储运及工程控制事项】 通常商品加有阻聚剂。储存于阴凉、通风的库房，温度不超过 30℃。远离火种和热源。包装要求密封，不可与空气接触。应与氧化剂分开存放，切忌混储。不宜大量储存或久存。采用防爆型照明和通风设施。禁止使用易产生火花的机械设备和工具。储区应备有泄漏应急处理设备和合适的收容材料。

【安全与毒性】 毒性分级：中毒。

7.6 1,2-二氯乙烯

中文名:1,2-二氯乙烯

中文别名:二氯化乙炔、均二氯乙烯

英文名:1,2-dichloroethylene

英文别名:cis-1,2-dichloroethylene

CAS 号:540-59-0

化学式:$C_2H_2Cl_2$;ClHCCHCl

分子结构:

Cl—CH═CH—Cl

相对分子质量:96.94

【理化特性】 无色液体,有类似氯仿的气味。不溶于水,溶于醇、醚等。熔点:-57℃;沸点:48～60℃;闪点:6℃。密度:相对密度为 1.29;相对密度为 3.4。禁忌物:强氧化剂、酸类、碱类。

【主要用途】 用作萃取剂、冷冻剂,也用作溶剂。

【制备】 由均四氯乙烯经还原而制得。

【安全与毒性】 易燃,其蒸气与空气可形成爆炸性混合物。遇明火、高热能引起燃烧爆炸。在空气中受热分解释出剧毒的光气和氯化氢气体。与氧化剂能发生强烈反应。与铜及其合金有可能生成具有爆炸性的氯乙炔。其蒸气密度比空气大,能在较低处扩散到相当远的地方,遇明火会引着回燃。

燃烧(分解)产物:一氧化碳、二氧化碳、氯化氢、光气。

急性毒性:LD_{50} 为 770mg/kg(大鼠经口);人吸入 3.3g/m^3 ×15min,中度眩晕;人吸入 3.8～8.8g/m^3 ×2～3min,恶心,脱离 80min 后仍有恶心感。

刺激性:家兔经皮为 100mg(24h),中度刺激。

致突变性:性染色缺失和不分离,构巢曲霉 750ppm。

7.7 1,2-二氯丙烯

中文名:1,2-二氯丙烯

中文别名:邻二氯丙烯

英文名:1,2-dichloropropene

英文别名:1,2-dichloropropylene

CAS 号:563-54-2

化学式:$C_3H_4Cl_2$

分子结构：

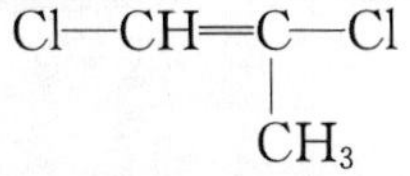

相对分子质量：110.98

【理化特性】 无色液体，有类似氯仿的气味。不溶于水，溶于乙醇、甲醇、四氯化碳等多数有机溶剂。沸点：75℃(顺)；85℃(反)。密度：相对密度为 1.18；相对蒸气密度为 3.83。禁忌物：强氧化剂、强酸。

【相关图谱】

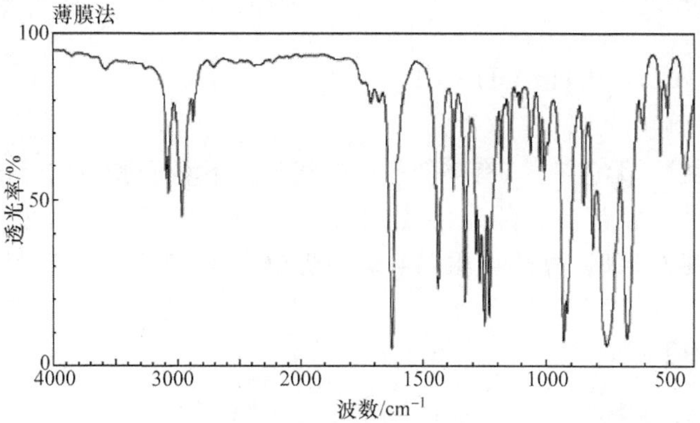

1,2-二氯丙烯红外图谱

【主要用途】 用于有机合成。

【包装储运及工程控制事项】 包装方法：小开口钢桶；安瓿瓶外普通木箱；螺纹口玻璃瓶、铁盖压口玻璃瓶、塑料瓶或金属桶(罐)外普通木箱；螺纹口玻璃瓶、塑料瓶或镀锡薄钢板桶(罐)外满底板花格箱、纤维板箱或胶合板箱。运输车辆应配备相应品种和数量的消防器材及泄漏应急处理设备。夏季最好早晚运输。运输时所用的槽(罐)车应有接地链，槽内可设孔隔板以减少振荡产生静电。严禁与氧化剂、酸类、食用化学品等混装混运。运输途中应防暴晒、雨淋，防高温。中途停留时应远离火种、热源和高温区。装运该物品的车辆排气管必须配备阻火装置，禁止使用易产生火花的机械设备和工具装卸。公路运输时要按规定路线行驶，勿在居民区和人口稠密区停留。铁路运输时要禁止溜放。严禁用木船、水泥船散装运输。工程控制：严加密闭，提供充分的局部排风和全面通风。提供安全淋浴和洗眼设备。

【安全与毒性】 易燃，其蒸气与空气可形成爆炸性混合物，遇明火、高热能引起燃烧爆炸。在空气中受热分解释出剧毒的光气和氯化氢气体。与氧化剂能发生强烈反应。与铜及其合金有可能生成具有爆炸性的氯乙炔。

有害燃烧产物：一氧化碳、二氧化碳、氯化氢。

7.8 1,3-二氯丙烯

中文名：1,3-二氯丙烯

中文别名：2-氯丙烯基氯

英文名：1,3-dichloropropene

CAS号：542-75-6

化学式：$C_3H_4Cl_2$

分子结构：

$$Cl—CH_2—CH═CH—Cl$$

相对分子质量：111.00

【理化特性】 无色液体，有类似氯仿的气味。不溶于水，溶于乙醇、乙醚、苯等多数有机溶剂。熔点：－60℃；沸点：108℃；闪点：27.5℃。密度：相对密度为1.16；相对密度为3.8。爆炸上限：14.5%；爆炸下限：5.3%。禁忌物：强氧化剂、酸类。

【相关图谱】

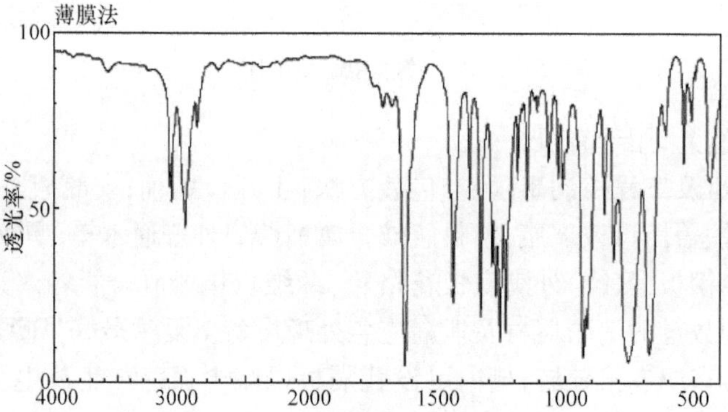

1,3-二氯丙烯红外图谱

【主要用途】 用于有机合成或用作防霉剂。

【包装储运及工程控制事项】 储存于阴凉、通风的库房。远离火种和热源。库温不宜超过30℃。包装要求密封，不可与空气接触。应与氧化剂、酸类分开存放，切忌混储。不宜大量储存或久存。采用防爆型照明和通风设施。禁止使用易产生火花的机械设备和工具。储区应备有泄漏应急处理设备和合适的收容材料。密闭操作，局部排风。提供安全淋浴和洗眼设备。

【安全与毒性】 吸入、口服或经皮肤吸收对身体有害。对眼睛、皮肤、黏膜和呼吸道有强烈的刺激作用。吸入后可因喉、支气管的痉挛、水肿、炎症，化学性肺炎、肺水肿而致死。中毒症状有烧灼感、咳嗽、喘息、喉炎、气短、头痛、恶心和呕吐。

环境危害：对环境有危害，对水体可造成污染。

燃爆危险：本品易燃，具强刺激性。

7.9 1,3-二氯-2-丁烯

中文名：1,3-二氯-2-丁烯

英文名：1,3-dichloro-2-butene

CAS 号：926-57-8

化学式：$C_4H_6Cl_2$；$ClCH_2CHCClCH_3$

分子结构：

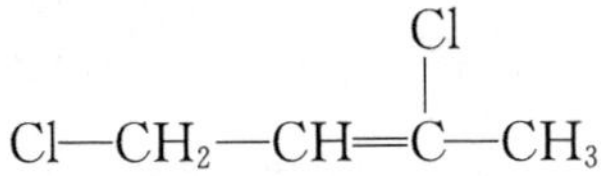

相对分子质量：125.01

【理化特性】 浅黄色液体。不溶于水，溶于多数有机溶剂。沸点：131.9℃；闪点：33.9℃。密度：相对密度为 1.2；相对密度为 4.31。禁忌物：强氧化剂。

【相关图谱】

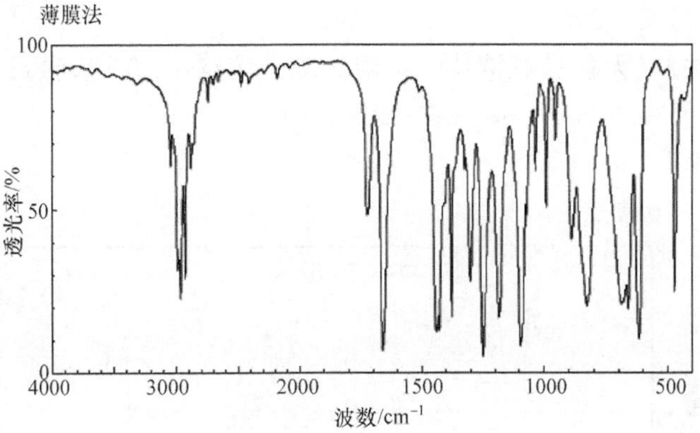

1,3-二氯-2-丁烯红外图谱

【主要用途】 用作有机合成的中间体。

【制备】 将氯丁二烯与 37％盐酸加入压力釜中，加入适量氯化亚铜及氯化铵，在室温反应 12h。反应物冷却后分出有机层，减压蒸馏，收集 35～40℃(2.66kPa)馏分，得 1,3-二氯-2-丁烯。产率为 58％。

【包装储运及工程控制事项】 库房通风低温干燥。与氧化剂、酸类分开存放。

【安全与毒性】 其蒸气与空气形成爆炸性混合物，遇明火、高热能引起燃烧爆炸。与氧化剂能发生强烈反应。受高热分解产生有毒的腐蚀性气体。若遇高热，容器内压增大，有开裂和爆炸的危险。

燃烧（分解）产物：一氧化碳、二氧化碳、氯化氢。属中等毒类。

急性毒性：LC_{50}为3930mg/m^3（大鼠吸入）。

7.10　3,3-二乙氧基丙烯

中文名：3,3-二乙氧基丙烯

中文别名：丙烯醛二乙缩醛；二乙基缩醛丙烯醛

英文名：acrolein

英文别名：allylaldehyde

CAS号：3054-95-3

化学式：$C_7H_{14}O_2$；$H_2CCHCH(OCH_2CH_3)_2$

分子结构：

$$
\begin{array}{l}
\qquad\qquad\quad O-CH_2-CH_3 \\
\qquad\qquad\quad | \\
CH_2{=}CH-CH \\
\qquad\qquad\quad | \\
\qquad\qquad\quad O-CH_2-CH_3
\end{array}
$$

相对分子质量：130.19

【理化特性】 无色易燃液体。不溶于水。熔点：－77℃；沸点：125℃；闪点：22.3℃。相对密度为0.85。禁忌物：强氧化剂。

【相关图谱】

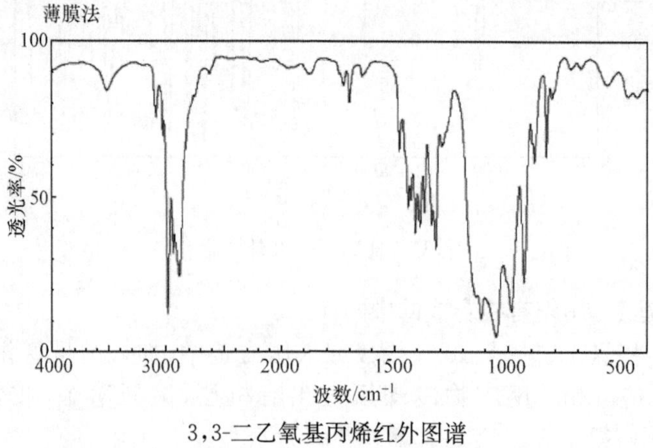

3,3-二乙氧基丙烯红外图谱

【主要用途】 用于有机合成。

【安全与毒性】 其蒸气与空气可形成爆炸性混合物，遇明火、高热能引起燃烧爆炸。与氧化剂能发生强烈反应。接触空气或在光照条件下可生成具有潜在爆炸危险性的过氧化物。其蒸气密度比空气大，能在较低处扩散到相当远的地方，遇火源引着回燃。若遇高热，可能发生聚合反应，出现大量放热现象，引起容器破裂和爆炸事故。

燃烧(分解)产物：一氧化碳、二氧化碳。

本品具有刺激性。

7.11　1-庚烯

中文名：1-庚烯

中文别名：正庚烯

英文名：1-heptene

英文别名：α-heptylene

CAS 号：592-76-7

化学式：C_7H_{14}

分子结构：

$$CH_3—CH_2—CH_2—CH_2—CH_2—CH=CH_2$$

相对分子质量：98.18

【理化特性】 无色透明液体。不溶于水，溶于乙醚、乙醇、丙酮等多数有机溶剂。熔点：－119.2℃；沸点：93.6℃；闪点：＜0℃。密度：相对密度为 0.7；相对蒸气密度为 3.39。爆炸极限：1.0%。禁忌物：强氧化剂。

【相关图谱】

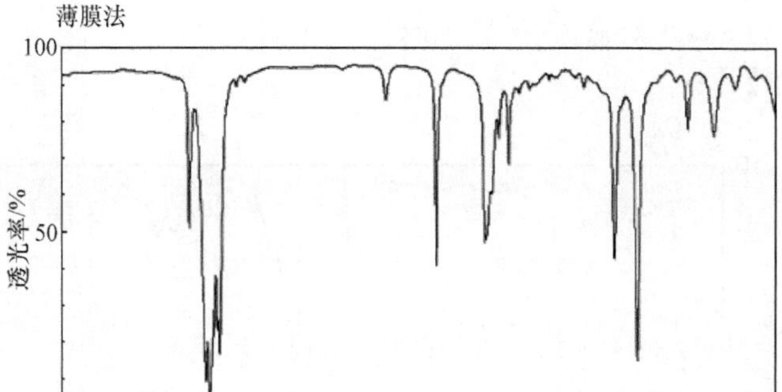

1-庚烯红外图谱

【主要用途】 用于有机合成。

【制备】 为 C_7 烯烃混合物的组分之一，可从沸点为 100～200℃的石油加工馏分中提取;也可由丙烯和丁烯共聚制得,还可由庚醇脱水制得。

【包装储运及工程控制事项】 储存于阴凉、通风的库房。远离火种和热源。库温不宜超过30℃。包装要求密封,不可与空气接触。应与氧化剂分开存放,切忌混储。不宜大量储存或久存。采用防爆型照明和通风设施。禁止使用易产生火花的机械设备和工具。储区应备有泄漏应急处理设备和合适的收容材料。

【安全与毒性】 易燃,其蒸气与空气可形成爆炸性混合物,遇明火、高热能引起燃烧爆炸。与氧化剂接触猛烈反应。若遇高热,可发生聚合反应,放出大量热量而引起容器破裂和爆炸事故。高速冲击、流动、激荡后可因产生静电火花放电引起燃烧爆炸。其蒸气密度比空气大,能在较低处扩散到相当远的地方,遇火源会着火回燃。

燃烧产物:一氧化碳、二氧化碳。

7.12　2-庚烯

中文名称:2-庚烯

英文名:2-heptene

英文别名:2-heptylene

CAS号:6443-92-1

化学式:C_7H_{14};$CH_3(CH_2)_3CHCHCH_3$

分子结构:

$$CH_3—CH_2—CH_2—CH_2—CH═CH—CH_3$$

相对分子质量:98.19

【理化特性】 无色液体。不溶于水,溶于乙醇、丙酮、乙醚、石油醚。熔点:−109.5℃;沸点:97～99℃;闪点:−2℃。密度:相对密度为0.70～0.71(20℃);相对蒸气密度为3.4。禁忌物:强氧化剂。

【相关图谱】

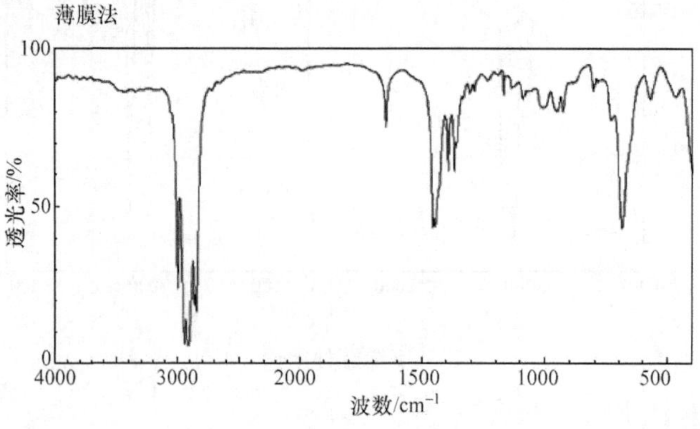

2-庚烯红外图谱

【主要用途】 用于有机合成。

【包装储运及工程控制事项】 储存于阴凉、通风的库房。远离火种和热源。库温不宜超过 30℃。包装要求密封，不可与空气接触。应与氧化剂分开存放，切忌混储。不宜大量储存或久存。采用防爆型照明和通风设施。禁止使用易产生火花的机械设备和工具。储区应备有泄漏应急处理设备和合适的收容材料。

【安全与毒性】 易燃，其蒸气与空气可形成爆炸性混合物。遇明火、高热能引起燃烧爆炸。与氧化剂接触会猛烈反应。其蒸气密度比空气大，能在较低处扩散到相当远的地方，遇明火会引着回燃。

燃烧（分解）产物：一氧化碳、二氧化碳。

本品对眼睛、皮肤和上呼吸道有刺激作用。具有麻醉性，对小鼠最小麻醉浓度为 60 000mg/m^3。属低毒类。

7.13　3-庚烯

中文名：3-庚烯

中文别名：1-乙基-2-丙基乙烯

英文名：3-heptylene

英文别名：1-ethyl-2-propylethylene

CAS 号：7642-10-6

化学式：C_7H_{14}

分子结构：

$$CH_3—CH_2—CH_2—CH=CH—CH_2—CH_3$$

相对分子质量：98.2

【理化特性】 无色液体。不溶于水，可混溶于乙醇、乙醚、丙酮、石油醚。熔点：−119.2℃；沸点：95.7℃；闪点：−6.7℃。密度：相对密度为 0.71(15.5℃)；相对蒸气密度为 3.38。禁忌物：强氧化剂。

【主要用途】 用于有机合成，用作植物生长抑制剂。

【包装储运及工程控制事项】 储存于阴凉、通风的仓间内。远离火种和热源。仓温不宜超过 30℃。防止阳光直射。包装要求密封，不可与空气接触。应与氧化剂分开存放。储存间内的照明和通风等设施应采用防爆型。罐储时要有防火防爆技术措施。禁止使用易产生火花的机械设备和工具。灌装时应注意流速（不超过 3m/s），且有接地装置，防止静电积聚。搬运时要轻装轻卸，防止包装及容器损坏。

【安全与毒性】 易燃,其蒸气与空气可形成爆炸性混合物,遇明火、高热能引起燃烧爆炸。与氧化剂接触猛烈反应。其蒸气密度比空气大,能在较低处扩散到相当远的地方,遇火源会着火回燃。

7.14 1-癸烯

中文名:1-癸烯

中文别名:正癸烯

英文名:1-decene

CAS 号:872-05-9

化学式:$C_{10}H_{20}$;$CH_3(CH_2)_7CHCH_2$

分子结构:

$$CH_3—CH_2—CH_2—CH_2—CH_2—CH_2—CH_2—CH_2—CH═CH_2$$

相对分子质量:140.26

【理化特性】 无色液体。不溶于水,溶于醇。熔点:－66.3℃;沸点:169～171℃;闪点:49℃。密度:相对密度为 0.74;相对蒸气密度为 4.83。爆炸下限:0.7%。禁忌物:强氧化剂、酸类。

【相关图谱】

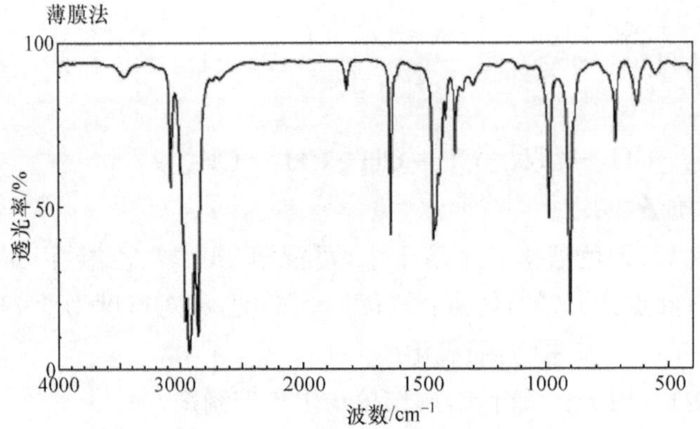

1-癸烯红外图谱

【主要用途】 用于香精、香料、药品、染料、油脂、树脂等的有机合成。

【制备】 由乙烯齐聚法制得,也可由石蜡裂解的馏分中分离得到。

【包装储运及工程控制事项】 包装方法:安瓿瓶外普通木箱;螺纹口玻璃瓶、铁盖压口玻璃瓶、塑料瓶或金属桶(罐)外普通木箱。储存于阴凉、通风的库房。远离火种和热源。库温不宜超过 30℃。包装要求密封,不可与空气接触。应与氧化剂、酸类分开存放,切忌混储。采用防爆型照明和通风设施。禁止使用易产生火花的机械设备和工具。储区应备有泄漏应急处理设备和合适的收容材料。运输车辆应配备相应品种和数量的消防器材及泄漏应急处理设备、夏季最好早晚运输、运输时所用的槽(罐)车应有接地链,槽内可设孔隔板以减少振荡产生静电、严禁与氧化剂、酸类、食用化学品等混装混运、运输途中应防暴晒、雨淋,防高温、中途停留时应远离火种、热源和高温区、装运该物品的车辆排气管必须配备阻火装置,禁止使用易产生火花的机械设备和工具装卸、公路运输时要按规定路线行驶,勿在居民区和人口稠密区停留、铁路运输时要禁止溜放、严禁用木船、水泥船散装运输。

【安全与毒性】 遇明火、摩擦、撞击有引起燃烧的危险。与氧化剂接触会猛烈反应。若遇高热,可发生聚合反应,放出大量热量而引起容器破裂和爆炸事故。

燃烧(分解)产物:一氧化碳、二氧化碳。

高浓度蒸气对眼、呼吸道有轻度刺激性,有弱麻醉作用。固体或液体对皮肤有刺激性。

7.15　环　己　烯

中文名:环己烯

中文别名:四氢化苯

英文名:cyclohexene

CAS 号:110-83-8

化学式:C_6H_{10}

分子结构:

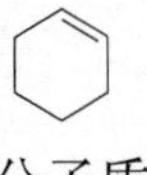

相对分子质量:82.15

【理化特性】 无色液体,有特殊刺激性气味。不溶于水,溶于乙醇、醚。熔点:−103.7℃,沸点:83.0℃;闪点:<−20℃。密度:相对密度为 0.81;相对蒸气密度为 2.8。爆炸下限:1.2%。禁忌物:强氧化剂、酸类。

【相关图谱】

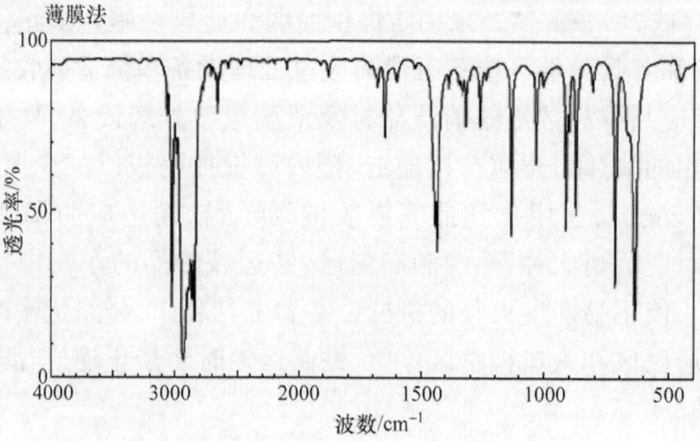

环己烯红外图谱

【主要用途】 用于有机合成。

【制备】 由环己醇在催化剂硫酸存在下,加热生成环己烯,蒸馏得粗制品。再用精盐饱和液洗涤,然后用硫酸钠溶液中和微量的酸,经水洗、分层、干燥、过滤、精馏,收集 82～85℃馏分得成品环己烯。

【包装储运及工程控制事项】 储存于阴凉、通风的库房。远离火种和热源。库温不宜超过 30℃。包装要求密封,不可与空气接触。应与氧化剂、酸类分开存放,切忌混储。不宜大量储存或久存。采用防爆型照明和通风设施。禁止使用易产生火花的机械设备和工具。储区应备有泄漏应急处理设备和合适的收容材料。

【安全与毒性】 该品有麻醉作用,吸入后引起恶心、呕吐、头痛和神志丧失。对眼和皮肤有刺激性。

环境危害:对环境有危害,对水体可造成污染。

燃爆危险:该品极度易燃,具刺激性。

7.16 环 庚 烯

中文名:环庚烯

英文名:cycloheptene;suberene

CAS 号:628-92-2

化学式:C_7H_{12};$(CH_2)_5CHCH$

分子结构:

相对分子质量:96.17

【理化特性】 无色油状液体。不溶于水，溶于乙醇、乙醚。熔点：－56℃；沸点：114.7℃；闪点：－6℃。相对密度为 0.82。禁忌物：强氧化剂。

【相关图谱】

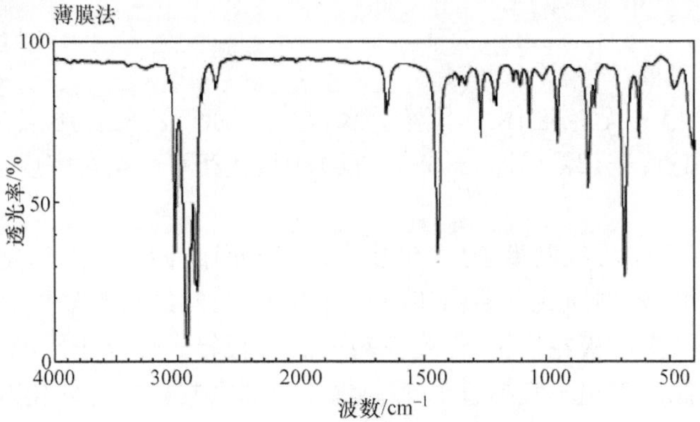

环庚烯红外图谱

【包装储运及工程控制事项】 包装方法：安瓿瓶外普通木箱；螺纹口玻璃瓶、铁盖压口玻璃瓶、塑料瓶或金属桶（罐）外普通木箱；螺纹口玻璃瓶、塑料瓶或镀锡薄钢板桶（罐）外满底板花格箱、纤维板箱或胶合板箱。储存于阴凉、通风的库房。远离火种和热源。库温不宜超过 30℃。保持容器密封。应与氧化剂分开存放，切忌混储。采用防爆型照明和通风设施。禁止使用易产生火花的机械设备和工具。储区应备有泄漏应急处理设备和合适的收容材料。密闭操作，全面通风。运输车辆应配备相应品种和数量的消防器材及泄漏应急处理设备。夏季最好早晚运输。运输时所用的槽（罐）车应有接地链，槽内可设孔隔板以减少振荡产生静电。严禁与氧化剂、食用化学品等混装混运。运输途中应防暴晒、雨淋，防高温。中途停留时应远离火种、热源和高温区。装运该物品的车辆排气管必须配备阻火装置，禁止使用易产生火花的机械设备和工具装卸。公路运输时要按规定路线行驶，勿在居民区和人口稠密区停留。铁路运输时要禁止溜放。严禁用木船、水泥船散装运输。

【安全与毒性】 易燃，遇明火、高热或与氧化剂接触，有引起燃烧爆炸的危险。若遇高热，可发生聚合反应，放出大量热量而引起容器破裂和爆炸事故。

燃烧（分解）产物：一氧化碳、二氧化碳。

7.17　环 辛 烯

中文名：环辛烯

英文名：cyclooctene

CAS号:931-87-3
化学式:C_8H_{14};$(CH_2)_6CHCH$
分子结构:

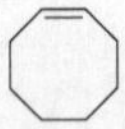

相对分子质量:110.19

【理化特性】 无色液体。不溶于水,溶于乙醇、乙醚。熔点:−12℃(顺),−59℃(反);沸点:−12℃(顺),−59℃(反);闪点:25℃。相对密度为0.85。禁忌物:强氧化剂。

【包装储运及工程控制事项】 包装方法:安瓿瓶外普通木箱;螺纹口玻璃瓶、铁盖压口玻璃瓶、塑料瓶或金属桶(罐)外普通木箱;螺纹口玻璃瓶、塑料瓶或镀锡薄钢板桶(罐)外满底板花格箱、纤维板箱或胶合板箱。储存于阴凉、通风的库房。远离火种和热源。库温不宜超过30℃。保持容器密封。应与氧化剂分开存放,切忌混储。采用防爆型照明和通风设施。禁止使用易产生火花的机械设备和工具。储区应备有泄漏应急处理设备和合适的收容材料。密闭操作,全面通风。运输车辆应配备相应品种和数量的消防器材及泄漏应急处理设备。夏季最好早晚运输。运输时所用的槽(罐)车应有接地链,槽内可设孔隔板以减少振荡产生静电。严禁与氧化剂、食用化学品等混装混运。运输途中应防暴晒、雨淋,防高温。中途停留时应远离火种、热源和高温区。装运该物品的车辆排气管必须配备阻火装置,禁止使用易产生火花的机械设备和工具装卸。公路运输时要按规定路线行驶,勿在居民区和人口稠密区停留。铁路运输时要禁止溜放。严禁用木船、水泥船散装运输。

【安全与毒性】 易燃,遇明火、高热或与氧化剂接触,有引起燃烧爆炸的危险。若遇高热,可发生聚合反应,放出大量热量而引起容器破裂和爆炸事故。

燃烧(分解)产物:一氧化碳、二氧化碳。

7.18　1,3-环辛二烯

中文名:1,3-环辛二烯
英文名:1,3-cyclooctadiene
英文别名:cis,cis-1,3-cyclooctadiene
CAS号:3806-59-5
化学式:C_8H_{12}
分子结构:

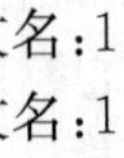

相对分子质量:108.18

【理化特性】 无色液体。不溶于水，不溶于四氯化碳。熔点：−53～−51℃；沸点：48℃(3.33kPa)；闪点：30℃。相对密度为0.841。禁忌物：强氧化剂。

【主要用途】 用于合成树脂中间体。

【包装储运及工程控制事项】 包装方法：安瓿瓶外普通木箱；螺纹口玻璃瓶、铁盖压口玻璃瓶、塑料瓶或金属桶(罐)外普通木箱；螺纹口玻璃瓶、塑料瓶或镀锡薄钢板桶(罐)外满底板花格箱、纤维板箱或胶合板箱。储存于阴凉、通风的库房。远离火种和热源。库温不宜超过30℃。保持容器密封。应与氧化剂分开存放，切忌混储。采用防爆型照明和通风设施。禁止使用易产生火花的机械设备和工具。储区应备有泄漏应急处理设备和合适的收容材料。密闭操作，全面通风。运输车辆应配备相应品种和数量的消防器材及泄漏应急处理设备。夏季最好早晚运输。运输时所用的槽(罐)车应有接地链，槽内可设孔隔板以减少振荡产生静电。严禁与氧化剂、食用化学品等混装混运。运输途中应防暴晒、雨淋，防高温。中途停留时应远离火种、热源和高温区。装运该物品的车辆排气管必须配备阻火装置，禁止使用易产生火花的机械设备和工具装卸。公路运输时要按规定路线行驶，勿在居民区和人口稠密区停留。铁路运输时要禁止溜放。严禁用木船、水泥船散装运输。

【安全与毒性】 易燃，遇明火、高热或与氧化剂接触，有引起燃烧爆炸的危险。若遇高热，可发生聚合反应，放出大量热量而引起容器破裂和爆炸事故。

燃烧(分解)产物：一氧化碳、二氧化碳。

7.19　2-甲基-1-丁烯

中文名称：2-甲基-1-丁烯

英文名称：2-methylbutene

CAS号：563-46-2

化学式：C_5H_{10}

分子结构：

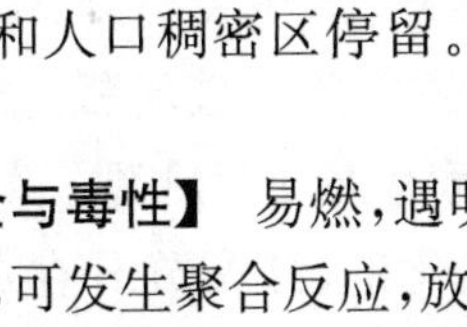

相对分子质量：70.14

【理化特性】 无色、易挥发液体，有不愉快的气味。与水混溶，可混溶于乙醇。熔点：−137℃；沸点：31℃；闪点：−45℃。密度：相对密度为0.65；相对蒸气密度为2.4。禁忌物：强氧化剂、酸类。

【相关图谱】

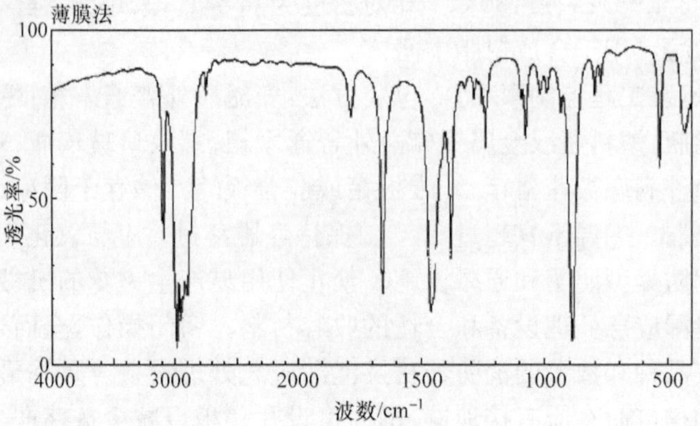

2-甲基-1-丁烯红外图谱

【主要用途】 用于有机合成。

【包装储运及工程控制事项】 危险货物包装标志:7;包装类别:Ⅰ。包装方法:小开口钢桶;安瓿瓶外普通木箱;螺纹口玻璃瓶、铁盖压口玻璃瓶、塑料瓶或金属桶(罐)外普通木箱。储存于阴凉、通风的库房。远离火种和热源。库温不宜超过30℃。包装要求密封,不可与空气接触。应与氧化剂、酸类分开存放,切忌混储。不宜大量储存或久存。采用防爆型照明和通风设施。禁止使用易产生火花的机械设备和工具。储区应备有泄漏应急处理设备和合适的收容材料。运输车辆应配备相应品种和数量的消防器材及泄漏应急处理设备。夏季最好早晚运输。运输时所用的槽(罐)车应有接地链,槽内可设孔隔板以减少振荡产生静电。严禁与氧化剂、酸类、食用化学品等混装混运。运输途中应防暴晒、雨淋,防高温。中途停留时应远离火种、热源和高温区。装运该物品的车辆排气管必须配备阻火装置,禁止使用易产生火花的机械设备和工具装卸。公路运输时要按规定路线行驶,勿在居民区和人口稠密区停留。铁路运输时要禁止溜放。严禁用木船、水泥船散装运输。工程控制:生产过程密闭,全面通风。提供安全淋浴和洗眼设备。避免接触的条件:受热、光照。

【安全与毒性】 危险性类别:第3.1类,低闪点易燃液体。

毒性:LD_{50}无资料;LC_{50}无资料。

危险特性:极易燃,其蒸气与空气可形成爆炸性混合物,遇明火、高热能引起燃烧爆炸。与氧化剂能发生强烈反应。遇水分解产生有毒气体。若遇高热,可发生聚合反应,放出大量热量而引起容器破裂和爆炸事故。其蒸气密度比空气大,能在较低处扩散到相当远的地方,遇火源会着火回燃。

健康危害：有刺激性。

燃烧(分解)产物：一氧化碳、二氧化碳、氮氧化物。

7.20　2-甲基-2-丁烯

中文名称：2-甲基-2-丁烯

英文名称：2-methyl-2-butene

CAS 号：513-35-9

化学式：C_5H_{10}

分子结构：

$$CH_3—\underset{\displaystyle |\atop\displaystyle CH_3}{C}=CH—CH_3$$

相对分子质量：70.14

【理化特性】　无色、易挥发液体，有不愉快的气味。不溶于水，溶于乙醇等多数有机溶剂。熔点：－133℃；沸点：38.1℃；闪点：－45℃。密度：相对密度为 0.66；相对蒸气密度为 2.4。禁忌物：强氧化剂。

【相关图谱】

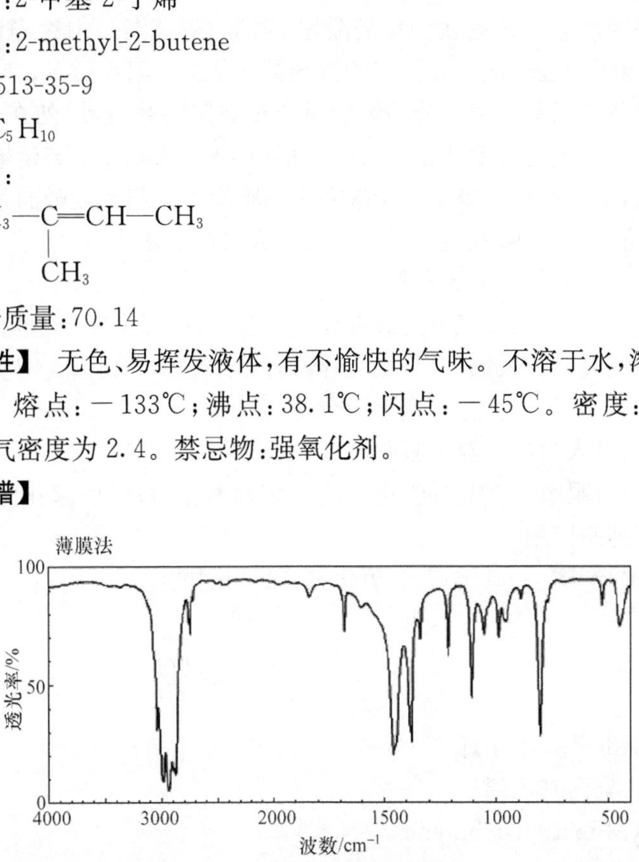

2-甲基-2-丁烯红外图谱

【主要用途】　用于有机合成。

【制备】　在炼油厂催化裂化汽油的 C_5 馏分中异戊烯(包括三种异构体)约占 34%，在石油化工厂裂解制乙烯的副产 C_5 馏分中，异戊烯约占 9%，再用溶剂法从 C_5 馏分中抽提异戊二烯，可以分离制得异戊烯。

【包装储运及工程控制事项】　危险货物包装标志：7；包装类别：Ⅱ。包装方法：小开口钢桶；安瓿瓶外普通木箱；螺纹口玻璃瓶、铁盖压口玻璃瓶、塑料瓶或金属桶(罐)外普通木箱。储存于阴凉、通风的库房。远离火种和热源。库温不宜超过 30℃。包装要求密封,不可与空气接触。应与氧化剂分开存放,切忌混储。不宜大量储存或久存。采用防爆型照明和通风设施。禁止使用易产生火花的机械设备和工具。储区应备有泄漏应急处理设备和合适的收容材料。运输车辆应配备相应品种和数量的消防器材及泄漏应急处理设备。夏季最好早晚运输。运输时所用的槽(罐)车应有接地链,槽内可设孔隔板以减少振荡产生静电。严禁与氧化剂、食用化学品等混装混运。运输途中应防暴晒、雨淋,防高温。中途停留时应远离火种、热源和高温区。装运该物品的车辆排气管必须配备阻火装置,禁止使用易产生火花的机械设备和工具装卸。公路运输时要按规定路线行驶,勿在居民区和人口稠密区停留。铁路运输时要禁止溜放。严禁用木船、水泥船散装运输。工程控制:生产过程密闭,全面通风。提供安全淋浴和洗眼设备。避免接触的条件:受热。

【安全与毒性】 危险性类别:第 3.1 类,低闪点易燃液体。

毒性:LD_{50}无资料;LC_{50}无资料。

危险特性:其蒸气与空气可形成爆炸性混合物,遇明火极易燃烧爆炸。与氧化剂能发生强烈反应。在火场中,受热的容器有爆炸危险。其蒸气密度比空气大,能在较低处扩散到相当远的地方,遇火源会着火回燃。

侵入途径:吸入、食入、经皮吸收。

健康危害:对眼睛、黏膜、呼吸道及皮肤有刺激作用,可引起化学性肺炎,对中枢神经系统有抑制作用。

燃烧(分解)产物:一氧化碳、二氧化碳、氮氧化物。

7.21 3-甲基-1-丁烯

中文名称:3-甲基-1-丁烯

中文别名:异丙基乙烯

英文名称:3-methyl-1-butene

CAS 号:563-45-1

化学式:C_5H_{10}

分子结构:

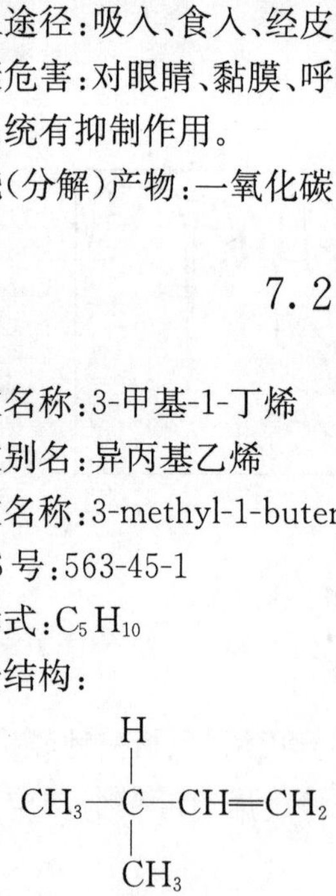

相对分子质量:70.14

【理化特性】 无色、易挥发液体,有不愉快的气味。不溶于水,易溶于醇、醚。

熔点：－168.5℃；沸点：20.1℃；闪点：－20℃。密度：相对密度为 0.63；相对蒸气密度为 2.4。爆炸上限：9.1％，爆炸下限：1.5％。禁忌物：强氧化剂。

【主要用途】 用于有机合成和高辛燃料制造。

【包装储运及工程控制事项】 危险货物包装标志：7；包装类别：Ⅰ。包装方法：小开口钢桶；安瓿瓶外普通木箱；螺纹口玻璃瓶、铁盖压口玻璃瓶、塑料瓶或金属桶（罐）外普通木箱。储存于阴凉、通风的库房。远离火种和热源。库温不宜超过 30℃。包装要求密封，不可与空气接触。应与氧化剂分开存放，切忌混储。不宜大量储存或久存。采用防爆型照明和通风设施。禁止使用易产生火花的机械设备和工具。储区应备有泄漏应急处理设备和合适的收容材料。运输车辆应配备相应品种和数量的消防器材及泄漏应急处理设备。夏季最好早晚运输。运输时所用的槽（罐）车应有接地链，槽内可设孔隔板以减少振荡产生静电。严禁与氧化剂、食用化学品等混装混运。运输途中应防暴晒、雨淋，防高温。中途停留时应远离火种、热源和高温区。装运该物品的车辆排气管必须配备阻火装置，禁止使用易产生火花的机械设备和工具装卸。公路运输时要按规定路线行驶，勿在居民区和人口稠密区停留。铁路运输时要禁止溜放。严禁用木船、水泥船散装运输。生产过程密闭，全面通风。提供安全淋浴和洗眼设备。避免接触的条件：受热、光照。

【安全与毒性】 危险性类别：第 3.2 类，中闪点易燃液体。

毒性：LD_{50}无资料；LC_{50}无资料。

危险特性：其蒸气与空气可形成爆炸性混合物，遇明火、高热极易燃烧爆炸。与氧化剂接触猛烈反应。流速过快，容易产生和积聚静电。容易自聚，聚合反应随着温度的上升而急骤加剧。其蒸气密度比空气大，能在较低处扩散到相当远的地方，遇火源会着火回燃。若遇高热，容器内压增大，有开裂和爆炸的危险。

侵入途径：吸入、食入、经皮吸收。

健康危害：吸入或摄入对身体有害。其蒸气或烟雾对眼睛、黏膜和呼吸道有刺激作用。中毒表现为有烧灼感、咳嗽、喘息、喉炎、气短、头痛、恶心和呕吐。

燃烧（分解）产物：一氧化碳、二氧化碳、氮氧化物。

7.22　3-碘-1-丙烯

中文名称：3-碘-1-丙烯

中文别名：碘丙烯

英文名称：3-iodo-1-propene

英文别名：allyl iodide

CAS 号：556-56-9

化学式：C_3H_5I

分子结构：

$$I—CH_2—CH═CH_2$$

相对分子质量：167.99

【理化特性】 黄色液体，有刺激性气味。不溶于水，可混溶于乙醇、乙醚。熔点：−99.3℃；沸点：103.1℃；闪点：25.5℃。密度：相对密度为1.83；相对蒸气密度为5.8。禁忌物：强氧化剂、强酸。

【相关图谱】

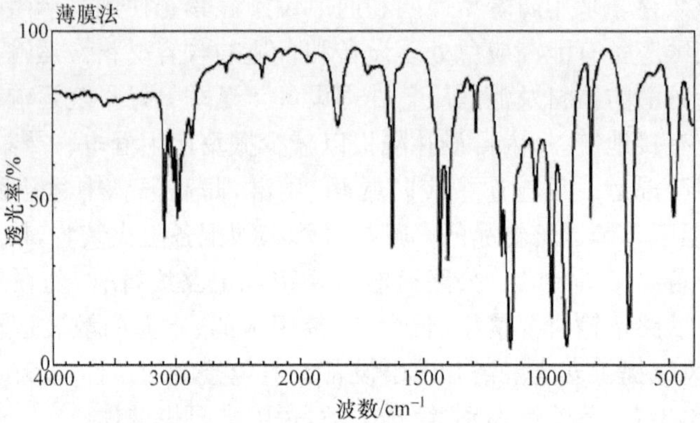

3-碘-1-丙烯红外图谱

【主要用途】 用于有机合成。

【包装储运及工程控制事项】 包装方法：安瓿瓶外普通木箱；螺纹口玻璃瓶、铁盖压口玻璃瓶、塑料瓶或金属桶(罐)外普通木箱；螺纹口玻璃瓶、塑料瓶或镀锡薄钢板桶(罐)外满底板花格箱、纤维板箱或胶合板箱(罐)外普通木箱。储存于阴凉、通风的库房。远离火种和热源。库温不宜超过30℃。保持容器密封。应与氧化剂、酸类、碱类分开存放，切忌混储。采用防爆型照明和通风设施。禁止使用易产生火花的机械设备和工具。储区应备有泄漏应急处理设备和合适的收容材料。铁路运输时应严格按照铁道部《危险货物运输规则》中的危险货物配装表进行配装。运输车辆应配备相应品种和数量的消防器材及泄漏应急处理设备。夏季最好早晚运输。运输时所用的槽(罐)车应有接地链，槽内可设孔隔板以减少振荡产生静电。严禁与氧化剂、酸类、食用化学品等混装混运。运输途中应防暴晒、雨淋，防高温。中途停留时应远离火种、热源和高温区。装运该物品的车辆排气管必须配备阻火装置，禁止使用易产生火花的机械设备和工具装卸。公路运输时要按规定路线行驶，勿在居民区和人口稠密区停留。铁路运输时要禁止溜放。严禁用木船、水泥船散装运输。工程控制：生产过程密闭，全面通风。避免接触的条件：光照。

【安全与毒性】 毒性：LD_{50}无资料；LC_{50}无资料。

危险特性：其蒸气与空气可形成爆炸性混合物，遇明火、高热极易燃烧爆炸。与氧化剂接触猛烈反应。遇高热时能分解出有毒的碘化物烟雾。流速过快，容易产生和积聚静电。容易自聚，聚合反应随着温度的上升而急骤加剧。其蒸气密度比空气大，能在较低处扩散到相当远的地方，遇火源会着火回燃。若遇高热，容器内压增大，有开裂和爆炸的危险。

侵入途径：吸入、食入、经皮吸收。

健康危害：本品及其蒸气对眼睛、皮肤和上呼吸道有强烈的刺激作用。

燃烧(分解)产物：一氧化碳、二氧化碳、碘化氢。

7.23　2,6-二甲基-3-庚烯

中文名：2,6-二甲基-3-庚烯

英文名：2,6-dimethyl-3-heptene

CAS 号：2738-18-3

化学式：C_9H_{18}

分子结构：

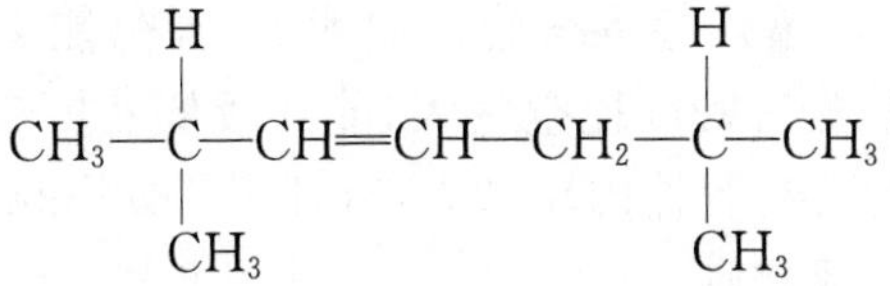

相对分子质量：126.23

【理化特性】　无色液体，不溶于水。熔点：<－60℃；沸点：135℃；闪点：24.4℃。密度：相对密度为 0.70～0.79；相对蒸气密度为 3.5。爆炸极限：6.0%～1.3%。禁忌物：强氧化剂、强酸、卤素。

【相关图谱】

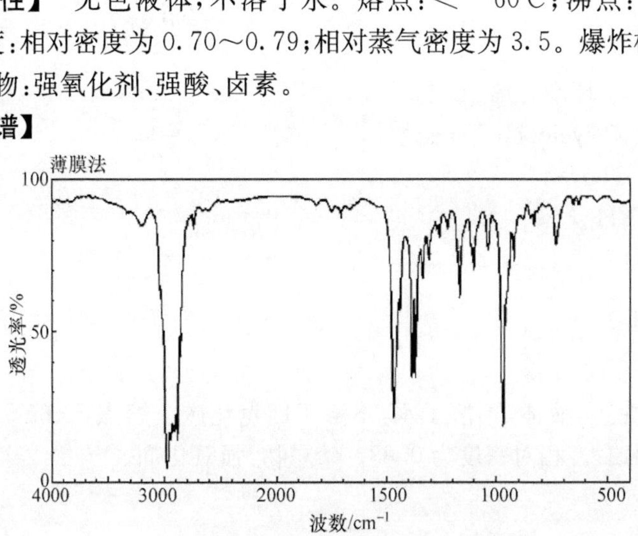

2,6-二甲基-3-庚烯红外图谱

【主要用途】 用于日用品及食用香精、医药领域。

【制备】 以柠檬醛为原料，H_2O_2为氧化剂，在锡化物催化下合成2,6-二甲基-5-庚烯醛，该法工艺较简单、收率较高，但反应条件苛刻，而且采用的催化剂原料和辅助试剂成本较高，不适用于工业化推广。以3,7-二甲基-1,6-辛二烯为原料，用O_3氧化后再选择性还原合成2,6-二甲基-5-庚烯醛，该法虽然只有一步反应，但所用试剂繁多，副反应复杂，总收率仅为37%，且后续的分离过程比较困难。以2,4,4-三甲基-1,5-二烯-3-己醇为原料，用KH或Pb(Ⅱ)配合物催化重排合成2,6-二甲基-5-庚烯醛，该方法采用的催化剂原料和辅助试剂成本较高，不适用于工业化推广。

【包装储运及工程控制事项】 危险货物包装标志:7;包装类别:Ⅱ。储存于阴凉、通风的仓间内。远离火种和热源。仓温不宜超过30℃。防止阳光直射。保持容器密封。应与氧化剂分开存放。储存间内的照明和通风等设施应采用防爆型。罐储时要有防火防爆技术措施。禁止使用易产生火花的机械设备和工具。搬运时要轻装轻卸，防止包装及容器损坏。生产过程密闭，全面通风。

【安全与毒性】 侵入途径:吸入、食入。

健康危害:高浓度蒸气具有麻醉性。

危险特性:其蒸气与空气可形成爆炸性混合物。遇明火、高热能引起燃烧爆炸。与氧化剂能发生强烈反应。其蒸气密度比空气大，能在较低处扩散到相当远的地方，遇明火会引着回燃。若遇高热，容器内压增大，有开裂和爆炸的危险。

燃烧(分解)产物:一氧化碳、二氧化碳。

7.24 1,5-环辛二烯

中文名:1,5-环辛二烯

英文名:1,5-cyclooctadiene

CAS号:111-78-4

化学式:C_8H_{12}

分子结构:

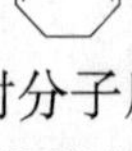

相对分子质量:108.2

【理化特性】 液体，不溶于水，不溶于四氯化碳。熔点:－69℃;沸点:149～150℃;闪点:31℃。相对密度为0.88。禁忌物:强氧化剂。

【相关图谱】

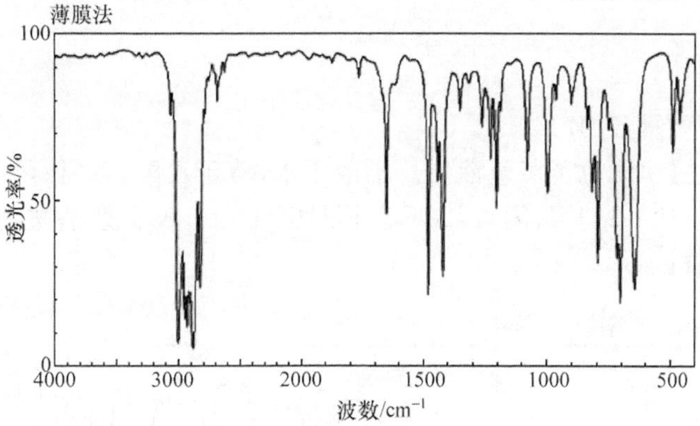

1,5-环辛二烯红外图谱

【主要用途】 用于有机合成及生产合成油、塑料,并用于制取溴代衍生物。

【包装储运及工程控制事项】 危险货物包装标志:7;包装类别:Ⅲ。储存于阴凉、通风的仓间内。远离火种和热源。仓温不宜超过 30℃。防止阳光直射。包装要求密封,不可与空气接触。不宜久存,以免变质。应与氧化剂分开存放。储存间内的照明和通风等设施应采用防爆型。禁止使用易产生火花的机械设备和工具。罐储时要有防火防爆技术措施。搬运时要轻装轻卸,防止包装及容器损坏。密闭操作,局部排风。

【安全与毒性】 侵入途径:吸入、食入、经皮吸收。

健康危害:本品对皮肤和黏膜有强烈的刺激作用,并使皮肤过敏。

危险性类别:第 3.3 类,高闪点易燃液体。

毒性:具刺激作用和致敏作用。

危险特性:遇高热、明火或与氧化剂接触,有引起燃烧的危险。容易自聚,聚合反应随温度上升而加剧。流速过快,容易产生和积聚静电。

燃烧(分解)产物:一氧化碳、二氧化碳。

7.25　1,3,5,7-环辛四烯

中文名:1,3,5,7-环辛四烯

中文别名:环辛四烯

英文名:1,3,5,7-cyclooctatetraene

英文别名:cyclooctatetraene

CAS 号:629-20-9

化学式：C_8H_8

分子结构：

相对分子质量：104.14

【理化特性】 无色至黄色液体。不溶于水，溶于乙醇、乙醚、丙酮、苯。熔点：−27℃，沸点：142～143℃；闪点：22℃。相对密度为0.93。禁忌物：强氧化剂。

【相关图谱】

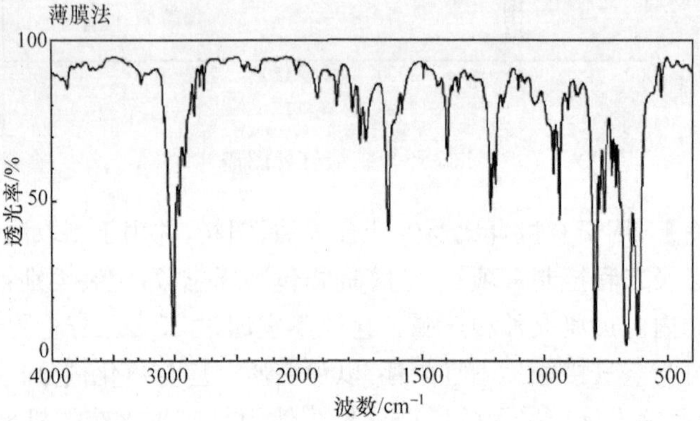

1,3,5,7-环辛四烯红外图谱

【主要用途】 用于制造合成纤维、染料和药物等，也广泛用于有机合成。

【包装储运及工程控制事项】 危险货物包装标志：7；包装类别：Ⅱ。储存于阴凉、通风的仓间内。远离火种和热源。仓温不宜超过30℃。防止阳光直射。包装要求密封，不可与空气接触。不宜大量或久存。应与氧化剂分开存放。储存间内的照明和通风等设施应采用防爆型。禁止使用易产生火花的机械设备和工具。罐储时要有防火防爆技术措施。搬运时要轻装轻卸，防止包装及容器损坏生产过程密闭，全面通风。

【安全与毒性】 侵入途径：吸入、食入、经皮吸收。

健康危害：吸入、摄入或经皮肤吸收对身体有害。对眼睛和皮肤有刺激性。

危险性类别：第3.2类，中闪点易燃液体。

危险特性：遇高热、明火或与氧化剂接触，有引起燃烧的危险。

燃烧（分解）产物：一氧化碳、二氧化碳。

7.26　1,3,5-环庚三烯

中文名称：1,3,5-环庚三烯

中文别名：环庚三烯

英文名：1,3,5-cycloheptatriene

英文别名：cycloheptatriene

CAS 号：544-25-2

化学式：C_7H_8

分子结构：

相对分子质量：92.14

【理化特性】 无色至暗黄色液体，在空气中久置能成树脂样物质，溶于乙醇、乙醚，易溶于苯、氯仿；其乙醇溶液加浓可发热变成深棕红色。熔点：−79.5℃；沸点：117℃(99.86kPa)；闪点：26.7℃。相对密度为 0.8875(25℃)。禁忌物：强氧化剂。

【相关图谱】

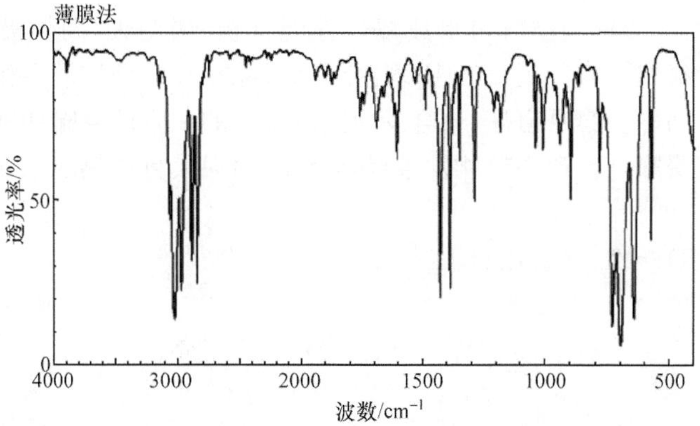

1,3,5-环庚三烯红外图谱

【制备】 环庚三烯由德国化学家阿尔伯特·拉登堡(Albert Ladenburg)于 1881 年通过莨菪醇的分解而首次制得。1901 年，里夏德·维尔施泰特以环庚酮为原料成功合成环庚三烯，证实了环庚三烯的七元环结构。实验室中，可以通过苯与重氮甲烷发生光化学反应，或环己烯与二氯卡宾的加合物经热裂解而制得环庚三烯。

【主要用途】 用于有机合成。有关环庚三烯衍生物的一个经典反应是 Buchner 环扩大反应，在这个反应中，苯与重氮乙酸乙酯经过反应，生成相应的降蒈二烯(norcaradiene)羧酸化合物，后者在高温下再经重排、扩环，得到相应的环庚三烯羧酸乙酯。早期曾利用环庚三烯与丁炔二酸二甲酯的加合物作为亚甲供体，与乙炔反应用于合成环丙烯的衍生物，环庚三烯在反应后转变为少一个碳的苯。环辛四烯与环庚三烯可作罗丹明 6G 染料激光器的三重态猝灭剂。

【包装储运及工程控制事项】 危险货物包装标志：7；包装类别：Ⅱ。储存于阴凉、通风的库房。远离火种和热源。库温不宜超过 30℃。保持容器密封，严禁与空气接触。应与氧化剂、食用化学品分开存放，切记混储。不宜久存，以免变质。储存间内的照明和通风等设施应采用防爆型，开关设在仓外。禁止使用易产生火花的机械设备和工具。配备相应品种和数量的消防器材。操作现场不得吸烟、饮水、进食。充装时要控制流速，注意防止静电积聚。搬运时要轻装轻卸，防止包装及容器损坏。分装和搬运作业要注意个人防护。生产过程密闭，加强通风。

【安全与毒性】 侵入途径：吸入、食入、经皮吸收。

健康危害：对眼睛、皮肤和呼吸道有刺激作用。引起头痛、咳嗽、咽痛、恶心、腹痛，使皮肤脱脂等。

接触限值：中国 MAC 为 100mg/m^3；苏联 MAC 为 80mg/m^3；美国 TLVTWA 的 OSHA 300×10^{-6}为 1030mg/m^3，ACGIH 300×10^{-6}为 1030mg/m^3。

危险性类别：第 3.2 类，中闪点易燃液体。

毒性：LD_{50}为 75mg/kg(大鼠经口)，422mg/kg(兔经皮)。

危险特性：其蒸气与空气可形成爆炸性混合物，遇明火、高热极易燃烧爆炸。与氧化剂接触猛烈反应。其蒸气密度比空气大，能在较低处扩散到相当远的地方，遇明火会引着回燃。容易自聚，聚合反应随着温度的上升而急骤加剧。流速过快，容易产生和积聚静电。遇高热能发生聚合反应，出现大量放热现象，引起容器破裂或爆炸事故。

燃烧(分解)产物：一氧化碳、二氧化碳。

7.27 1,3-环已二烯

中文名称：1,3-环已二烯

中文别名：1,2-二氢苯

英文名：1,3-cyclohexadiene

英文别名：1,2-dihydrobenzene

CAS 号：592-57-4

化学式：C_6H_8

分子结构：

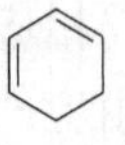

相对分子质量：80.13

【理化特性】 无色液体。不溶于水，溶于乙醇、乙醚等多数有机溶剂。熔点：－98℃；沸点：79～84℃；闪点：－6℃。相对密度为 0.84。禁忌物：强氧化剂、酸类。

【相关图谱】

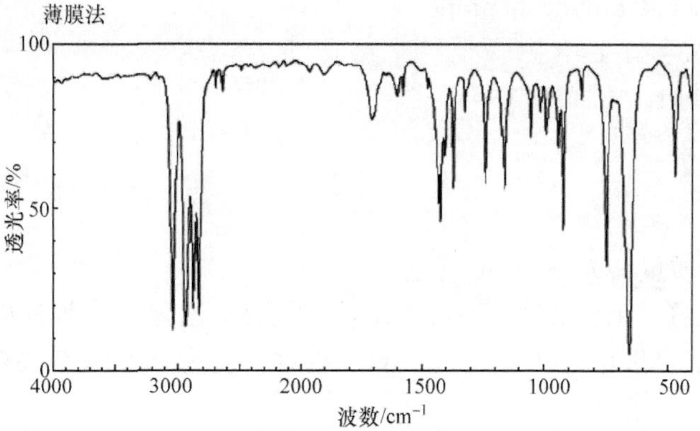

1,3-环己二烯红外图谱

【主要用途】 用于有机合成。

【包装储运及工程控制事项】 危险货物包装标志:7;包装类别:Ⅱ。储存于阴凉、通风的仓间内。远离火种和热源。仓温不宜超过30℃。防止阳光直射。包装要求密封,不可与空气接触。不宜大量或久存。应与氧化剂、酸类分开存放。储存间内的照明和通风等设施应采用防爆型,开关设在仓外。禁止使用易产生火花的机械设备和工具。配备相应品种和数量的消防器材。定期检查是否有泄漏现象。罐储时要有防火防爆技术措施。灌装时应注意流速(不超过3m/s),且有接地装置,防止静电积聚。搬运时要轻装轻卸,防止包装及容器损坏。生产过程密闭,全面通风。避免接触的条件:受热、光照。

【安全与毒性】 侵入途径:吸入、食入、经皮吸收。

健康危害:吸入、摄入或经皮肤吸收后可能对身体有害。对眼睛、皮肤有刺激作用;动物实验有麻醉作用。

危险性类别:第3.2类,中闪点易燃液体。

危险特性:其蒸气与空气可形成爆炸性混合物,遇明火、高热能引起燃烧爆炸。与氧化剂能发生强烈反应。其蒸气密度比空气大,能在较低处扩散到相当远的地方,遇火源引着回燃。若遇高热,容器内压增大,有开裂和爆炸的危险。高速冲击、流动、激荡后易产生静电火花放电引起燃烧爆炸。

燃烧(分解)产物:一氧化碳、二氧化碳。

7.28 1,4-环己二烯

中文名:1,4-环己二烯

中文别名：1，4-二氢苯

英文名：1，4-cyclohexadiene

英文别名：1，4-dihydrobenzene

CAS 号：628-41-1

化学式：C_6H_8

分子结构：

相对分子质量：80.13

【理化特性】 无色液体。不溶于水，溶于乙醇、乙醚等多数有机溶剂。熔点：−49.2℃；沸点：85.6℃；闪点：−6.7℃。相对密度为 0.85。禁忌物：强氧化剂、酸类。

【相关图谱】

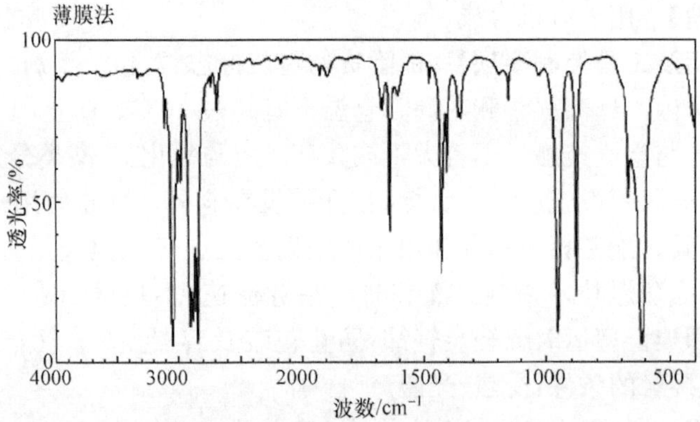

1，4-环己二烯红外图谱

【主要用途】 用于有机合成。

【包装储运及工程控制事项】 危险货物包装标志：7；包装类别：Ⅱ。储存于阴凉、通风的仓间内。远离火种和热源。仓温不宜超过 30℃。防止阳光直射。包装要求密封，不可与空气接触。不宜大量或久存。应与氧化剂、酸类分开存放。储存间内的照明和通风等设施应采用防爆型，开关设在仓外。禁止使用易产生火花的机械设备和工具。配备相应品种和数量的消防器材。罐储时要有防火防爆技术措施。灌装时应注意流速（不超过 3m/s），且有接地装置，防止静电积聚。搬运时要轻装轻卸，防止包装及容器损坏。生产过程密闭，全面通风。避免接触的条件：受热、光照。

【安全与毒性】 侵入途径：吸入、食入、经皮吸收。

健康危害：吸入、摄入或经皮肤吸收后可能对身体有害。对眼睛、皮肤有刺激作用。

危险性类别：第3.2类，中闪点易燃液体。

危险特性：易燃，其蒸气与空气可形成爆炸性混合物，遇明火、高热能引起燃烧爆炸。与氧化剂能发生强烈反应。其蒸气密度比空气大，能在较低处扩散到相当远的地方，遇火源引着回燃。若遇高热，容器内压增大，有开裂和爆炸的危险。高速冲击、流动、激荡后易产生静电火花放电引起燃烧爆炸。本品易聚合，只有经过稳定化处理才允许储运。

燃烧(分解)产物：一氧化碳、二氧化碳。

7.29　环　戊　烯

中文名：环戊烯

英文名：cyclopentene

CAS号：142-29-0

化学式：C_5H_8

分子结构：

相对分子质量：68.13

【理化特性】　无色液体。不溶于水，溶于乙醇、乙醚、苯、丙酮等多数有机溶剂。熔点：－135℃；沸点：44.2℃；闪点：－30℃。密度：相对密度为0.83；相对蒸气密度为2.35。禁忌物：强氧化剂。

【相关图谱】

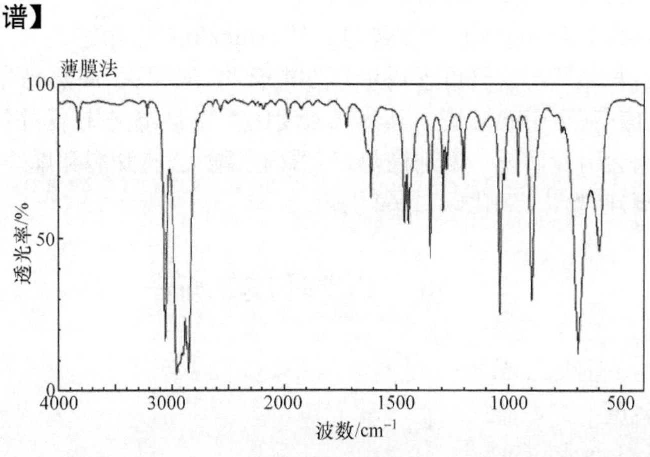

环戊烯红外图谱

【制备】 早期方法为环戊醇在380～400℃下，用氧化铝为催化剂进行气相脱水制取。BASF-Erdchemie法为以石油裂解的副产C_5馏分为原料，经加热，使其中的环戊二烯二聚成双环戊二烯，用*N*-甲基吡咯烷酮抽提出来，再经裂解成环戊二烯，通过选择加氢成环戊烯后，加进含环戊二烯的物料中，再经抽提、蒸馏及分馏，得环戊烯和异戊二烯。Bayer法是由C_5馏分经热处理，得双环戊二烯，再解聚成环戊二烯。最后经催化加氢而得环戊烯，使用钯系催化剂，Cr或Ti为助催化剂，Li-Al尖晶石为载体。IFP法为法国石油化学研究所研制的催化剂进行上项操作制取环戊烯的方法，催化剂由$Cd_2Ti\text{-}(OC_6H_5)_2$和$Li(t\text{-}BuO)_3AlH$构成，转化率为99.99%，选择性为97%。

【主要用途】 用于有机合成，做树脂的交联剂，能开环聚合，也能与共轭二烯烃共聚。用作共聚单体，也用于有机合成。

【包装储运及工程控制事项】 危险货物包装标志：7；包装类别：Ⅱ。储存于阴凉、通风的仓间内。远离火种和热源。仓温不宜超过10℃。防止阳光直射。包装要求密封，不可与空气接触。应与氧化剂分开存放。储存间内的照明和通风等设施应采用防爆型，开关设在仓外。禁止使用易产生火花的机械设备和工具。配备相应品种和数量的消防器材。罐储时要有防火防爆技术措施。灌装时应注意流速（不超过3m/s），且有接地装置，防止静电积聚。搬运时要轻装轻卸，防止包装及容器损坏。生产过程密闭，全面通风。避免接触的条件：受热。

【安全与毒性】 侵入途径：吸入、食入、经皮吸收。

健康危害：嗅阈为13×10^{-6}，在32×10^{-6}时，臭味难以耐受，并感头痛。因此不易发生中毒。

危险性类别：第3.1类，低闪点易燃液体。

毒性：LD_{50}为1656mg/kg（大鼠经口），1231mg/kg（兔经皮）。

危险特性：其蒸气与空气可形成爆炸性混合物，遇明火、高热易燃。与氧化剂可发生强烈反应，甚至引起燃烧。其蒸气密度比空气大，能在较低处扩散到相当远的地方，遇明火会引着回燃。若遇高热，容器内压增大，有开裂和爆炸的危险。

燃烧（分解）产物：一氧化碳、二氧化碳。

7.30　1,3-环戊二烯

中文名：1,3-环戊二烯

中文别名：茂

英文名：1,3-cyclopentadiene

CAS号：542-92-7

化学式：C_5H_6

分子结构：

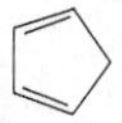

相对分子质量：66.10

【理化特性】 无色液体，有类似萜烯气味。不溶于水，溶于乙醇、乙醚、苯等多数有机溶剂。熔点：－85℃；沸点：42.5℃；闪点：＜0℃。相对密度为 0.80。禁忌物：强氧化剂、酸类。

【制备】 存在于煤焦油中。石油馏分如石脑油或瓦斯油裂解时，也生成环戊二烯。二聚环戊二烯加热时部分分解成环戊二烯，在常压下进行蒸馏时，使分馏柱顶上的温度保持在 41～42℃，即可安全转变为环戊二烯。

【主要用途】 用于有机合成中间体，或制造农药杀虫剂氯丹等，环戊二烯是化学活性很高的脂环烃，容易与不饱和化合物发生反应，生成数目众多的环状化合物。环戊二烯含有活性亚甲基，能与醛、酮缩合，生成有颜色的富烯衍生物。环戊二烯与过渡金属的盐作用，可生成茂金属化合物，如二茂铁。

【包装储运及工程控制事项】 危险货物包装标志：7。储存于阴凉、通风的仓间内。远离火种和热源。仓温不宜超过 30℃。防止阳光直射。包装要求密封，不可与空气接触。不宜大量或久存。应与氧化剂分开存放。储存间内的照明和通风等设施应采用防爆型，开关设在仓外。禁止使用易产生火花的机械设备和工具。配备相应品种和数量的消防器材。定期检查是否有泄漏现象。罐储时要有防火防爆技术措施。灌装时应注意流速（不超过 3m/s），且有接地装置，防止静电积聚。搬运时要轻装轻卸，防止包装及容器损坏。生产过程密闭，全面通风。避免接触的条件：受热、光照。

【安全与毒性】 侵入途径：吸入、食入。

健康危害：有麻醉作用，对皮肤及黏膜有强烈刺激作用。急性中毒。先出现呼吸道刺激症状及兴奋症状，继而转入麻醉期，患者进入沉睡状态。若抢救治疗及时，2～3 天痊愈。

接触限值：苏联 MAC 为 $5mg/m^3$；美国 TLVTWA 的 ACFIH 75×10^{-6} 为 $203mg/m^3$。

危险性类别：第 3.2 类，中闪点易燃液体。

毒性：LD_{50} 为 39 000mg/kg（大鼠吸入）。

危险特性：其蒸气与空气可形成爆炸性混合物，遇明火、高热能引起燃烧爆炸。与氧化剂能发生强烈反应。其蒸气密度比空气大，能在较低处扩散到相当远的地方，遇火源引着回燃。若遇高热，容器内压增大，有开裂和爆炸的危险。高速冲击、流动、激荡后易产生静电火花放电引起燃烧爆炸。

燃烧（分解）产物：一氧化碳、二氧化碳。

7.31　2-甲基-1-戊烯

中文名：2-甲基-1-戊烯

英文名：2-methyl-1-pentene

CAS 号：763-29-1

化学式：C_6H_{12}

分子结构：

$$\begin{array}{l} CH_3-\underset{\begin{array}{c}\|\\ CH_2\end{array}}{C}-CH_2-CH_2-CH_3 \end{array}$$

相对分子质量：84.16

【理化特性】 无色易挥发液体，有不愉快的气味。不溶于水，溶于醇。熔点：－135℃；沸点：62.2℃；闪点：－26℃。密度：相对密度为 0.68；相对蒸气密度为 2.9。爆炸下限：1.2%。禁忌物：强氧化剂、酸类。

【相关图谱】

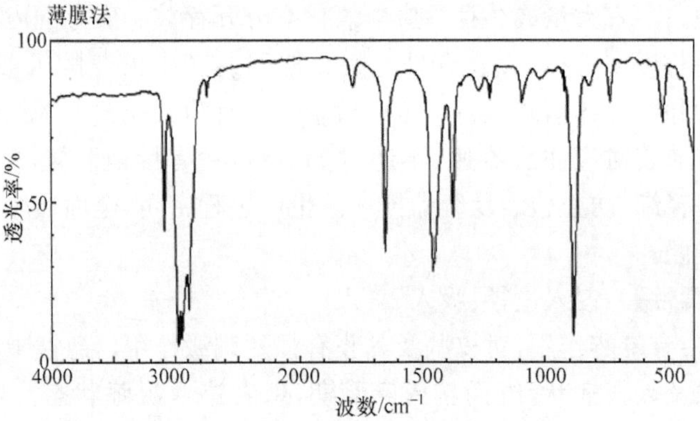

2-甲基-1-戊烯红外图谱

【主要用途】 用于有机合成。

【包装储运及工程控制事项】 危险货物包装标志：7；包装类别：Ⅱ。储存于阴凉、通风的仓间内。远离火种和热源。仓温不宜超过 30℃。防止阳光直射。包装要求密封，不可与空气接触。不宜大量或久存。应与氧化剂、酸类分开存放。储存间内的照明和通风等设施应采用防爆型，开关设在仓外。配备相应品种和数量的消防器材。罐储时要有防火防爆技术措施。禁止使用易产生火花的机械设备和工具。灌装时应注意流速（不超过 3m/s），且有接地装置，防止静电积聚。搬运时要轻装轻卸，防止包装及容器损坏。生产过程密闭，全面通风。避免接触的条件：受热、光照。

【安全与毒性】 侵入途径：吸入、食入。

健康危害：蒸气或雾对眼、黏膜和上呼吸道有刺激性。接触后出现烧灼感、咳嗽、喘息、喉炎、气短、头痛、恶心和呕吐。

接触限值：苏联 MAC 为 100mg/m^3。

危险性类别：第 3.1 类，低闪点易燃液体。

毒性：LD_{50} 为 115 000mg/m^3，4h(大鼠吸入)。

危险特性：其蒸气与空气形成爆炸性混合物，遇明火、高热极易燃烧爆炸。与氧化剂接触发生强烈反应，甚至引起燃烧。其蒸气密度比空气大，能在较低处扩散到相当远的地方，遇明火会引着回燃。若遇高热，可能发生聚合反应，出现大量放热现象，引起容器破裂和爆炸事故。流速过快，容易产生和积聚静电。

燃烧(分解)产物：一氧化碳、二氧化碳。

7.32　2-甲基-1,4-戊二烯

中文名：2-甲基-1,4-戊二烯

英文名：2-methyl-1,4-pentadiene

CAS 号：763-30-4

化学式：C_6H_{10}

分子结构：

$$CH_2{=}\underset{\displaystyle CH_3}{\underset{|}{C}}{-}CH_2{-}CH{=}CH_2$$

相对分子质量：82.15

【理化特性】 无色液体。不溶于水，溶于多数有机溶剂。沸点：56℃；闪点：−2℃。相对密度为 0.692。禁忌物：强氧化剂。

【主要用途】 用于有机合成。

【包装储运及工程控制事项】 危险货物包装标志：7；包装类别：Ⅱ。储存于阴凉、通风的仓间内。远离火种和热源。仓温不宜超过 30℃。防止阳光直射。应与氧化剂分开存放。储存间内的照明和通风等设施应采用防爆型，开关设在仓外。配备相应品种和数量的消防器材。罐储时要有防火防爆技术措施。禁止使用易产生火花的机械设备和工具。灌装时应注意流速(不超过 3m/s)，且有接地装置，防止静电积聚。不宜大量或久存。操作现场不得吸烟、饮水、进食。搬运时要轻装轻卸，防止包装及容器损坏。生产过程密闭，全面通风。

【安全与毒性】　侵入途径：吸入、食入、经皮吸收。

健康危害：本品对黏膜有刺激作用，高浓度蒸气具麻醉性。

危险性类别：第3.1类，低闪点易燃液体。

危险特性：其蒸气与空气形成爆炸性混合物，遇明火、高热极易燃烧爆炸。与氧化剂接触猛烈反应。容易自聚，聚合反应随着温度的上升而急骤加剧。流速过快，容易产生和积聚静电。若遇高热，容器内压增大，有开裂和爆炸的危险。

燃烧(分解)产物：一氧化碳、二氧化碳。

7.33　3-甲基-1,3-戊二烯

中文名：3-甲基-1,3-戊二烯

英文名：3-methyl-1,3-pentadiene

CAS号：4549-74-0

化学式：C_6H_{10}

分子结构：

$$CH_3—CH═\underset{\displaystyle CH_3}{\underset{|}{C}}—CH═CH_2$$

相对分子质量：82.15

【理化特性】　无色透明液体。不溶于水，溶于多数有机溶剂。沸点：75～77℃；闪点：－28℃。相对密度为0.73。禁忌物：强氧化剂。

【相关图谱】

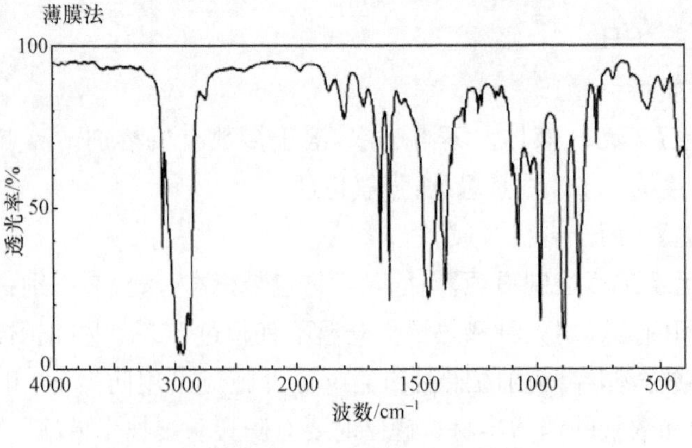

3-甲基-1,3-戊二烯红外图谱

【主要用途】　用于有机合成。

【包装储运及工程控制事项】　危险货物包装标志：7；包装类别：Ⅱ。储存于阴

凉、通风的仓间内。远离火种和热源。仓温不宜超过 30℃。防止阳光直射。应与氧化剂分开存放。储存间内的照明、通风等设施应采用防爆型,开关设在仓外。配备相应品种和数量的消防器材。罐储时要有防火防爆技术措施。禁止使用易产生火花的机械设备和工具。灌装时应注意流速(不超过 3m/s),且有接地装置,防止静电积聚。不宜大量或久存。搬运时要轻装轻卸,防止包装及容器损坏。生产过程密闭,全面通风。

【安全与毒性】 侵入途径:吸入、食入、经皮吸收。

健康危害:本品对黏膜有刺激作用,高浓度蒸气具麻醉性。

危险性类别:第 3.1 类,低闪点易燃液体。

危险特性:其蒸气与空气形成爆炸性混合物,遇明火、高热或与氧化剂接触,有引起燃烧爆炸的危险。其蒸气密度比空气大,能在较低处扩散到相当远的地方,遇明火会引着回燃。遇高热能发生聚合反应,出现大量放热现象,引起容器破裂或爆炸事故。流速过快,容易产生和积聚静电。

燃烧(分解)产物:一氧化碳、二氧化碳。

7.34　2-甲基-1,3-戊二烯

中文名:2-甲基-1,3-戊二烯

英文名:2-methyl-1,3-pentadiene

CAS 号:1118-58-7

化学式:C_6H_{10}

分子结构:

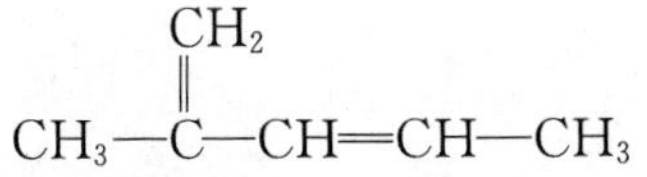

相对分子质量:82.15

【理化特性】 无色液体。不溶于水。沸点:75～77℃;闪点:<－20℃。密度:相对密度为 0.7184;相对蒸气密度为 2.83。禁忌物:强氧化剂、强酸。

【主要用途】 用于有机合成。

【包装储运及工程控制事项】 危险货物包装标志:7;包装类别:Ⅱ。储存于阴凉、通风的仓间内。远离火种和热源。仓温不宜超过 30℃。防止阳光直射。应与氧化剂分开存放。储存间内的照明和通风等设施应采用防爆型,开关设在仓外。配备相应品种和数量的消防器材。罐储时要有防火防爆技术措施。禁止使用易产生火花的机械设备和工具。灌装时应注意流速(不超过 3m/s),且有接地装置,防止静电积聚。不宜大量或久存。操作现场不得吸烟、饮水、进食。搬运时要轻装轻

卸,防止包装及容器损坏。生产过程密闭,全面通风。

【安全与毒性】 侵入途径:吸入、食入、经皮吸收。

健康危害:本品对黏膜有刺激作用。高浓度蒸气具麻醉性。

危险性类别:第3.1类,低闪点易燃液体。

危险特性:其蒸气与空气形成爆炸性混合物,遇明火、高热极易燃烧爆炸。与氧化剂接触猛烈反应。容易自聚,聚合反应随着温度的上升而急骤加剧。其蒸气密度比空气大,能在较低处扩散到相当远的地方,遇明火会引着回燃。若遇高热,容器内压增大,有开裂和爆炸的危险。流速过快,容易产生和积聚静电。

燃烧(分解)产物:一氧化碳、二氧化碳。

7.35 3-甲基-1,4-戊二烯

中文名:3-甲基-1,4-戊二烯

英文名:3-methyl-1,4-pentadiene

CAS号:1115-08-8

化学式:C_6H_{10}

分子结构:

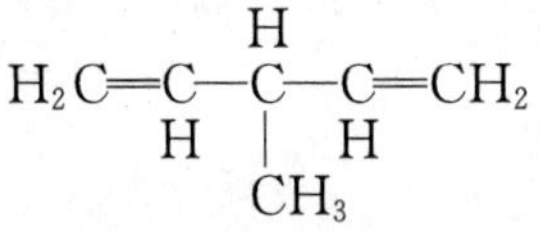

相对分子质量:82.15

【理化特性】 无色液体,不溶于水。沸点:55℃;闪点:−34℃。相对密度为0.673。禁忌物:强氧化剂。

【相关图谱】

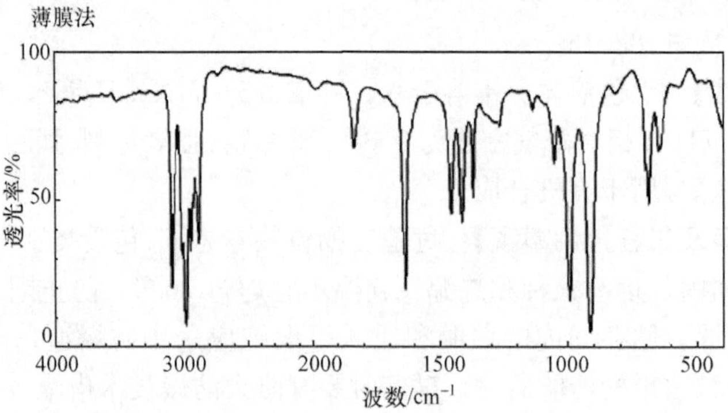

3-甲基-1,4-戊二烯红外图谱

【主要用途】 用于有机合成。

【包装储运及工程控制事项】 危险货物包装标志:7;包装类别:Ⅱ。储存于阴凉、通风的仓间内。远离火种和热源。仓温不宜超过 30℃。防止阳光直射。应与氧化剂分开存放。储存间内的照明和通风等设施应采用防爆型,开关设在仓外。配备相应品种和数量的消防器材。罐储时要有防火防爆技术措施。禁止使用易产生火花的机械设备和工具。灌装时应注意流速(不超过 3m/s),且有接地装置,防止静电积聚。不宜大量或久存。操作现场不得吸烟、饮水、进食。搬运时要轻装轻卸,防止包装及容器损坏。生产过程密闭,全面通风。

【安全与毒性】 侵入途径:吸入、食入、经皮吸收。

健康危害:本品对黏膜有刺激作用。高浓度蒸气具麻醉性。

危险性类别:第 3.1 类,低闪点易燃液体。

危险特性:其蒸气与空气形成爆炸性混合物,遇明火、高热极易燃烧爆炸。与氧化剂接触猛烈反应。容易自聚,聚合反应随着温度的上升而急骤加剧。若遇高热,容器内压增大,有开裂和爆炸的危险。流速过快,容易产生和积聚静电。

燃烧(分解)产物:一氧化碳、二氧化碳。

7.36　4-甲基-1,3-戊二烯

中文名:4-甲基-1,3-戊二烯

英文名:4-methyl-1,3-pentadiene

英文别名:methyl pentadiene

CAS 号:926-56-7

化学式:C_6H_{10}

分子结构:

$$CH_2{=}CH{-}CH{=}C(CH_3){-}CH_3$$

相对分子质量:82.15

【理化特性】 无色液体。有汽油味。不溶于水。沸点:76.3℃;闪点:-34℃。相对密度为 0.718。禁忌物:氧化剂。

【相关图谱】

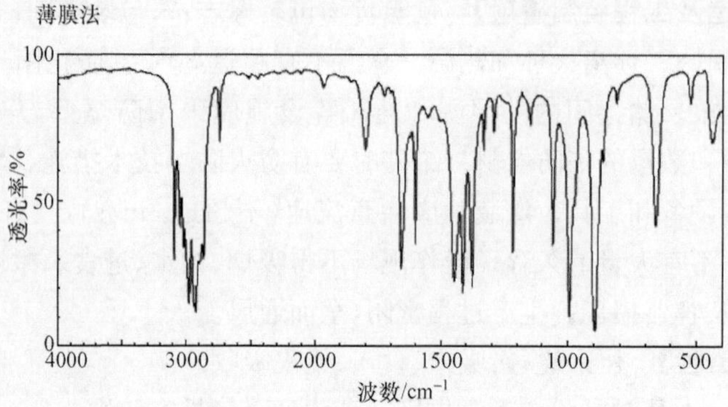

4-甲基-1,3-戊二烯红外图谱

【主要用途】 用于有机合成。

【包装储运及工程控制事项】 危险货物包装标志:7;包装类别:Ⅱ。储存于阴凉、通风的仓间内。远离火种和热源。防止阳光暴晒。仓温不宜超过30℃。包装要求密封,不可与空气接触。不宜大量或久存。应与氧化剂分开存放。储存间内的照明和通风等设施应采用防爆型,开关设在仓外。配备相应品种和数量的消防器材。罐储时要有防火防爆技术措施。禁止使用易产生火花的机械设备和工具。灌装时应注意流速(不超过3m/s),且有接地装置,防止静电积聚。操作现场不得吸烟、饮水、进食;搬运时要轻装轻卸,防止包装及容器损坏。生产过程密闭,加强通风。

【安全与毒性】 侵入途径:吸入、食入、经皮吸收。

健康危害:本品对黏膜有刺激作用。燃烧会释放出刺激、腐蚀和有毒气体。蒸气会使人头昏或窒息。

危险性类别:第3.1类,低闪点易燃液体。

危险特性:其蒸气与空气形成爆炸性混合物,遇明火、高热或与氧化剂接触,有引起燃烧爆炸的危险。其蒸气密度比空气大,能在较低处扩散到相当远的地方,遇明火会引着回燃。遇高热能发生聚合反应,出现大量放热现象,引起容器破裂或爆炸事故。流速过快,容易产生和积聚静电。

燃烧(分解)产物:一氧化碳、二氧化碳。

7.37 1-己烯

中文名:1-己烯

中文别名:丁基乙烯,正己烯

英文名:1-hexene

英文别名:butylethene

CAS号:592-41-6

化学式:C_6H_{12}

分子结构:

$CH_2{=}CH{-}CH_2{-}CH_2{-}CH_2{-}CH_3$

相对分子质量:84.16

【理化特性】 无色易挥发液体。不溶于水,溶于醇、醚等多数有机溶剂。熔点:−139.9℃;沸点:64.5℃;闪点:−26℃。密度:相对密度为0.67;相对蒸气密度为3.0。禁忌物:强氧化剂、酸类。

【相关图谱】

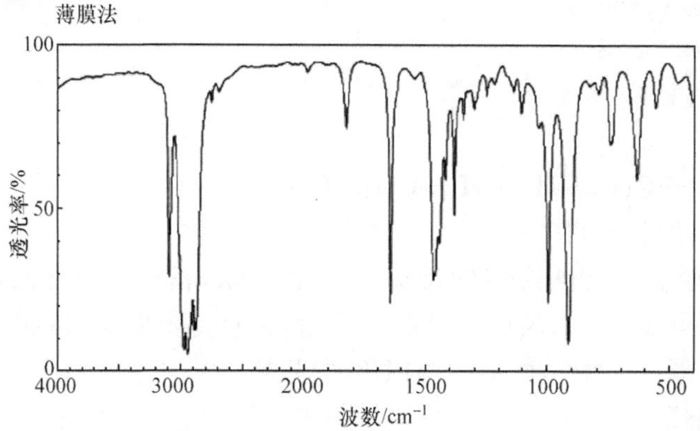

1-己烯红外图谱

【主要用途】 用作有机合成的中间体。

【制备】 己胺在氢氧化钠溶液中与硫酸二甲酯反应。

【用途】 用于树脂、香料和染料的合成;气相色谱对比样品。

【包装储运及工程控制事项】 危险货物包装标志:7。储存于阴凉、通风的仓间内。远离火种和热源。仓温不宜超过30℃。防止阳光直射。包装要求密封,不可与空气接触。不宜大量或久存。应与氧化剂、酸类分开存放。储存间内的照明和通风等设施应采用防爆型,开关设在仓外。配备相应品种和数量的消防器材。罐储时要有防火防爆技术措施。禁止使用易产生火花的机械设备和工具。灌装时应注意流速(不超过3m/s),且有接地装置,防止静电积聚。搬运时要轻装轻卸,防止包装及容器损坏。生产过程密闭,全面通风。避免接触的条件:受热、光照。

【安全与毒性】 侵入途径:吸入、食入。

健康危害:蒸气或雾对眼和上呼吸道有刺激性。接触后出现烧灼感、咳嗽、喘息、喉炎、气短、头痛、恶心和呕吐。

接触限值:苏联 MAC 为 100mg/m³。

危险性类别:第 3.1 类,低闪点易燃液体。

危险特性:其蒸气与空气可形成爆炸性混合物,遇明火、高热能引起燃烧爆炸。与氧化剂可发生反应,甚至引起燃烧。其蒸气密度比空气大,能在较低处扩散到相当远的地方,遇明火引着回燃。

燃烧(分解)产物:一氧化碳、二氧化碳。

7.38　2-已烯

中文名:2-已烯

英文名:2-hexene

CAS 号:592-43-8

化学式:C_6H_{12}

分子结构:

$$CH_3—CH═CH—CH_2—CH_2—CH_3$$

相对分子质量:84.16

【理化特性】　无色易挥发液体。不溶于水,溶于乙醇、乙醚等。熔点:−141.4℃;沸点:68.5℃;闪点:−20℃。密度:相对密度为 0.69;相对蒸气密度为 2.92。爆炸下限:1.2%。禁忌物:强氧化剂、酸类。

【相关图谱】

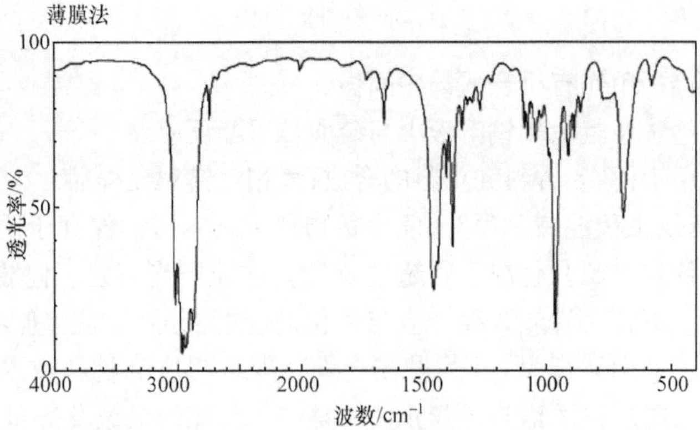

2-已烯红外图谱

【主要用途】　用于制造香料、染料及合成树脂。

【包装储运及工程控制事项】　危险货物包装标志:7;包装类别:Ⅱ。储存于阴凉、通风的仓间内。远离火种和热源。仓温不宜超过 30℃。防止阳光直射。保持容器密封，不可与空气接触。不宜大量或久存。应与氧化剂分开存放。储存间内的照明和通风等设施应采用防爆型，开关设在仓外。配备相应品种和数量的消防器材。罐储时要有防火防爆技术措施。禁止使用易产生火花的机械设备和工具。灌装时应注意流速(不超过 3m/s)，且有接地装置，防止静电积聚。操作现场不得吸烟、饮水、进食。搬运时要轻装轻卸，防止包装及容器损坏。生产过程密闭，全面通风。避免接触的条件：受热、光照。

【安全与毒性】 侵入途径：吸入、食入。

健康危害：本品有刺激和麻醉作用。吸入后引起头痛、咳嗽、呼吸困难。大量吸入出现中枢神经系统抑制、精神错乱、神志丧失。

危险性类别：第 3.1 类，低闪点易燃液体。

毒性：属低毒类。

危险特性：其蒸气与空气可形成爆炸性混合物，遇明火、高热能引起燃烧爆炸。与氧化剂可发生反应，甚至引起燃烧。其蒸气密度比空气大，能在较低处扩散到相当远的地方，遇火源会着火回燃。若遇高热，可能发生聚合反应，出现大量放热现象，引起容器破裂和爆炸事故。

燃烧(分解)产物：一氧化碳、二氧化碳。

7.39　1,4-己二烯

中文名：1,4-己二烯

中文别名：1-烯丙基丙烯

英文名：1,4-hexadiene

英文别名：1-allylpropene

CAS 号：592-45-0

化学式：C_6H_{10}

分子结构：

$$CH_2{=}CH{-}CH_2{-}CH{=}CH{-}CH_3$$

相对分子质量：82.15

【理化特性】 无色液体。不溶于水。沸点：64℃。闪点：－21℃。密度：相对密度为 0.70；相对蒸气密度为 2.8。爆炸上限：6.1％；爆炸下限：2.0％。禁忌物：强氧化剂、酸类。

【主要用途】 用于有机合成。

【制备】 由乙烯和丁二烯经催化反应而得。乙烯和丁二烯在溶剂甲苯中反应,催化剂为氯化钴、氯化磷、三乙基铝,压力为 3.92MPa。产品中除 1,4-己二烯外,还含少量变,4-己二烯和 C_8 双烯类。

【包装储运及工程控制事项】 危险货物包装标志:7;包装类别:Ⅱ。通常商品加油阻聚剂。储存于阴凉、通风的仓间内。远离火种和热源。仓温不宜超过30℃;防止阳光直射。包装要求密封,不可与空气接触。不宜大量或久存。应与氧化剂、酸类分开存放。储存间内的照明和通风等设施应采用防爆型,开关设在仓外。配备相应品种和数量的消防器材。罐储时要有防火防爆技术措施。禁止使用易产生火花的机械设备和工具。露天储罐夏季要有降温措施。充装要控制流速,注意防止静电积聚。搬运时要轻装轻卸,防止包装及容器损坏。生产过程密闭,全面通风。避免接触的条件:受热、光照。

【安全与毒性】 侵入途径:吸入、食入。

健康危害:如吸入或口服,对身体有害。对眼、黏膜和上呼吸道有刺激性。

危险性类别:第 3.1 类,低闪点易燃液体。

危险特性:其蒸气与空气可形成爆炸性混合物,遇明火、高热能引起燃烧爆炸。与氧化剂可发生强烈反应,引起燃烧或爆炸。其蒸气密度比空气大,能在较低处扩散到相当远的地方,遇明火会引着回燃。若遇高热,可能发生聚合反应,出现大量放热现象,引起容器破裂和爆炸事故。

燃烧(分解)产物:一氧化碳、二氧化碳。

7.40 2,4-己二烯

中文名:2,4-己二烯

英文名:2,4-hexadiene

英文别名:1,4-dimethylbuta-1,3-diene

CAS 号:592-46-1

化学式:C_6H_{10}

分子结构:

$$CH_3—CH═CH—CH═CH—CH_3$$

相对分子质量:82.15

【理化特性】 无色液体。不溶于水。沸点:77.8～81.2℃;闪点:－21℃。相对密度为 0.720。爆炸下限:2.0%。禁忌物:氧化剂。

【相关图谱】

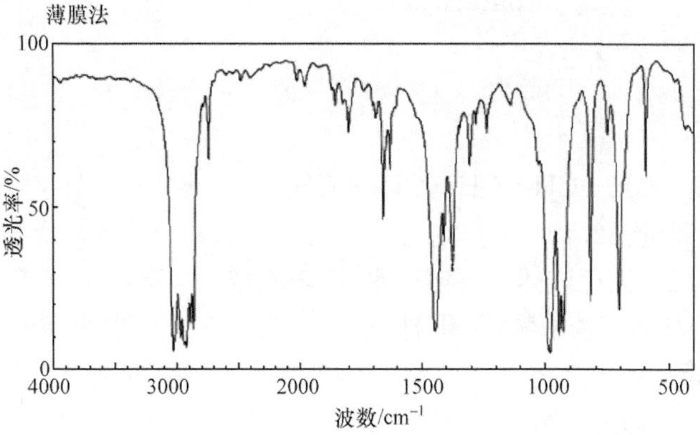

2,4-己二烯红外图谱

【主要用途】 用于有机合成。

【包装储运及工程控制事项】 危险货物包装标志:7;包装类别:Ⅱ。通常商品加油阻聚剂。储存于阴凉、通风的仓间内。远离火种和热源。仓温不宜超过25℃。应与氧化剂、酸类分开存放。储存间内的照明和通风等设施应采用防爆型,开关设在仓外。配备相应品种和数量的消防器材。罐储时要有防火防爆技术措施。禁止使用易产生火花的机械设备和工具。灌装时应注意流速(不超过3m/s),且有接地装置,防止静电积聚。操作现场不得吸烟、饮水、进食。搬运时要轻装轻卸,防止包装及容器损坏。生产过程密闭,全面通风。

【安全与毒性】 侵入途径:吸入、食入、经皮吸收。

健康危害:吸入、摄入或经皮肤吸收后对身体有害。对眼睛、黏膜和上呼吸道有刺激作用。

危险性类别:第3.1类,低闪点易燃液体。

危险特性:其蒸气与空气可形成爆炸性混合物,遇明火、高热或与氧化剂接触,有引起燃烧或爆炸的危险。其蒸气密度比空气大,能在较低处扩散到相当远的地方,遇明火会引着回燃。遇高热能发生聚合反应,出现大量放热现象,引起容器破裂和爆炸事故。

燃烧(分解)产物:一氧化碳、二氧化碳。

7.41　1,3-己二烯

中文名:1,3-己二烯

中文别名:1-乙基-1,3丁二烯

英文名：1，3-hexadiene

英文别名：1-ethyl-1，3-butadiene

CAS号：592-48-3

化学式：C_6H_{10}

分子结构：

$$CH_2{=}CH{-}CH{=}CH{-}CH_2{-}CH_3$$

相对分子质量：82.15

【理化特性】 无色液体。不溶于水，溶于乙醚。沸点：72～75℃；闪点：－3℃。相对密度为0.7149。禁忌物：氧化剂。

【相关图谱】

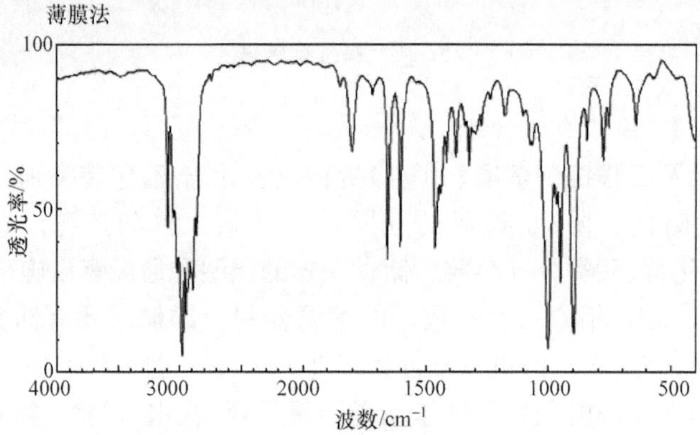

1，3-己二烯红外图谱

【主要用途】 用于有机合成。

【包装储运及工程控制事项】 危险货物包装标志：7；包装类别：Ⅱ。通常商品加油阻聚剂。储存于阴凉、通风的仓间内。远离火种和热源。仓温不宜超过25℃。应与氧化剂分开存放。储存间内的照明和通风等设施应采用防爆型，开关设在仓外。配备相应品种和数量的消防器材。罐储时要有防火防爆技术措施。禁止使用易产生火花的机械设备和工具。灌装时应注意流速（不超过3m/s），且有接地装置，防止静电积聚。操作现场不得吸烟、饮水、进食。搬运时要轻装轻卸，防止包装及容器损坏。生产过程密闭，全面通风。

【安全与毒性】 侵入途径：吸入、食入、经皮吸收。

健康危害：吸入、摄入或经皮肤吸收后对身体有害。对眼睛、黏膜和上呼吸道有刺激性。

危险性类别：第3.1类，低闪点易燃液体。

危险特性：其蒸气与空气可形成爆炸性混合物，遇明火、高热或与氧化剂接触，有引起燃烧或爆炸的危险。其蒸气密度比空气大，能在较低处扩散到相当远的地方，遇明火会引着回燃。遇高热能发生聚合反应，出现大量放热现象，引起容器破裂和爆炸事故。

燃烧(分解)产物：一氧化碳、二氧化碳。

7.42　1,5-己二烯

中文名：1,5-己二烯

中文别名：双烯丙基

英文名：1,5-hexadiene

英文别名：diallyl

CAS号：592-42-7

化学式：C_6H_{10}

分子结构：

$$CH_2{=}CH{-}CH_2{-}CH_2{-}CH{=}CH_2$$

相对分子质量：82.15

【理化特性】 无色液体。不溶于水。熔点：－141℃；沸点：58℃；闪点：－21℃。相对密度为0.69。爆炸上限：6.1%；爆炸下限：2.0%。禁忌物：强氧化剂、酸类。

【相关图谱】

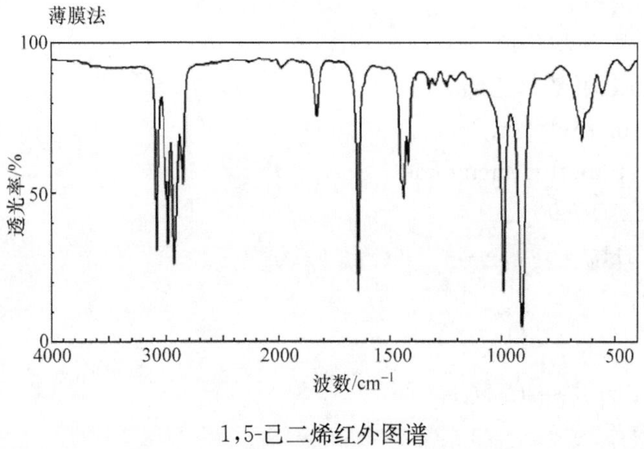

1,5-己二烯红外图谱

【主要用途】 用于有机合成及用作色谱分析标准物质。

【制备】 由3-氯-1-丙烯与镁反应而得。在反应瓶中先放置镁屑，再滴入无水3-氯-1-丙烯和无水乙醚配成的溶液。然后加入一小粒碘搅拌，滴加5%的冷盐酸溶液，使氯化镁溶解在溶液中，分出醚层，进行蒸馏，水洗，用氯钙干燥，再经分馏蒸出乙醚和 3-氯丙烯，收集 59～60℃馏分，即为 1,5-己二烯。

【包装储运及工程控制事项】 危险货物包装标志：7；包装类别：Ⅱ。通常商品加油阻聚剂。储存于阴凉、通风的仓间内。远离火种和热源。仓温不宜超过 30℃；防止阳光直射。包装要求密封，不可与空气接触。不宜大量或久存。应与氧化剂、酸类分开存放。储存间内的照明和通风等设施应采用防爆型，开关设在仓外。配备相应品种和数量的消防器材。罐储时要有防火防爆技术措施。禁止使用易产生火花的机械设备和工具。露天储罐夏季要有降温措施。充装要控制流速，注意防止静电积聚。搬运时要轻装轻卸，防止包装及容器损坏。生产过程密闭，全面通风。避免接触的条件：受热、光照。

【安全与毒性】 侵入途径：吸入、食入。

健康危害：如吸入或口服，对身体有害；对眼、黏膜和上呼吸道有刺激性。

危险性类别：第 3.1 类，低闪点易燃液体。

危险特性：其蒸气与空气可形成爆炸性混合物，遇明火、高热极易燃烧爆炸。与氧化剂能发生强烈反应，引起燃烧或爆炸。其蒸气密度比空气大，能在较低处扩散到相当远的地方，遇明火会引着回燃。遇高热能发生聚合反应，出现大量放热现象，引起容器破裂和爆炸事故。

燃烧(分解)产物：一氧化碳、二氧化碳。

7.43 4-甲基苯乙烯

中文名：4-甲基苯乙烯

中文别名：对甲基苯乙烯

英文名：4-methylphenylene

英文别名：p-methylphenylene

CAS 号：622-97-9

化学式：C_9H_{10}

分子结构：

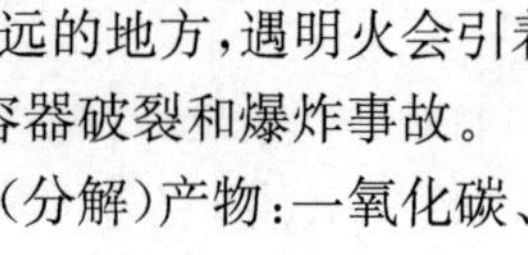

相对分子质量：118.17

【理化特性】 无色液体。不溶于水，溶于乙醇、乙醚。熔点：－34.2℃；沸点：－172.8℃；闪点：60℃。相对密度为 0.896。爆炸上限：6.1％；爆炸下限：1.9％。禁忌物：强氧化剂、酸类。

【相关图谱】

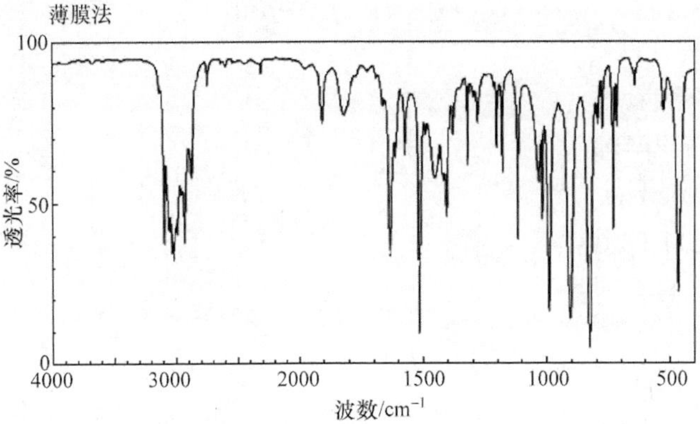

4-甲基苯乙烯红外图谱

【主要用途】 用于制作聚合物单体及用于涂料。

【制备】 对甲基乙苯经脱氢，即得对甲基苯乙烯。以改性 ZSM-5 沸石为催化剂，由乙烯在甲苯上烷基化、脱氢而得。

【包装储运及工程控制事项】 危险货物包装标志：7；包装类别：Ⅲ。通常商品加有阻聚剂。储存于阴凉、通风的库房。远离火种和热源。库温不宜超过 30℃。包装要求密封，不可与空气接触。应与氧化剂、酸类分开存放，切忌混储。不宜大量储存或久存。采用防爆型照明和通风设施。禁止使用易产生火花的机械设备和工具。储区应备有泄漏应急处理设备和合适的收容材料。生产过程密闭，加强通风。避免接触的条件：光照。

【安全与毒性】 侵入途径：吸入、食入、经皮吸收。

健康危害：吸入、口服或经皮肤吸收对身体有害。对眼睛、皮肤、黏膜和呼吸道有刺激性。具有麻醉作用。接触后引起眼痛、流泪、咽痛、咳嗽等，继之头痛、头晕、恶心、呕吐、全身乏力，严重者可有眩晕、步态蹒跚等。

接触限值：美国 TLVTWA 的 ACGIH 50×10^{-6} 为 $242mg/m^3$；美国 TLV-STEL 的 ACGIH 100×10^{-6}。

危险性类别：第 3.3 类，高闪点易燃液体。

毒性：属微毒类。

危险特性：易燃，其蒸气与空气可形成爆炸性混合物，遇明火、高热能或与氧化剂接触会引起燃烧爆炸。本品易聚合，只有经过稳定化处理才允许储运。若遇高热，可发生聚合反应，放出大量热量，引起容器破裂和爆炸事故。

燃烧（分解）产物：一氧化碳、二氧化碳。

7.44 1-辛烯

中文名：1-辛烯

中文别名：正辛烯

英文名：1-octene

CAS 号：111-66-0

化学式：C_8H_{16}

分子结构：

$$CH_2{=}\overset{\displaystyle H}{\overset{|}{C}}{-}CH_2{-}CH_2{-}CH_2{-}CH_2{-}CH_2{-}CH_3$$

相对分子质量：112.221

【理化特性】 无色液体。不溶于水，溶于乙醇、乙醚、丙酮等多数有机溶剂。熔点：−101.9℃；沸点：121.3℃；闪点：21℃。密度：相对密度为 0.72；相对蒸气密度为 3.87。爆炸上限：3.9%；爆炸下限：0.7%。禁忌物：强氧化剂、酸类、铜、银或其盐类。

【相关图谱】

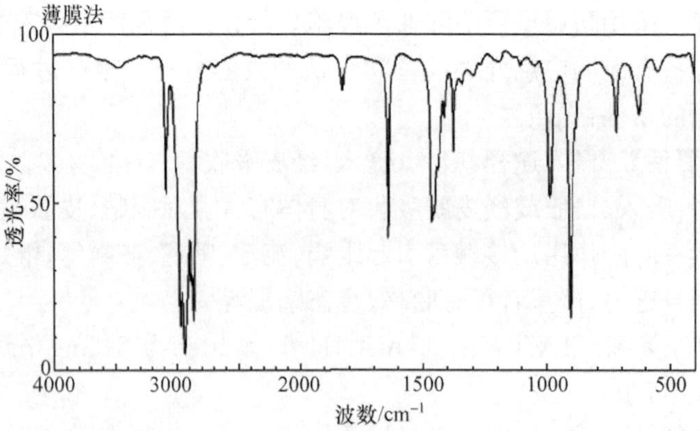

1-辛烯红外图谱

【主要用途】 用于有机合成及增塑剂、表面活性剂的制备。

【制备】 由溴戊烷先与金属镁作用，再与溴丙烯反应制得。

【包装储运及工程控制事项】 危险货物包装标志：7。储存于阴凉、通风的仓间内。远离火种和热源。仓温不宜超过 30℃。防止阳光直射。包装要求密封，不可与空气接触。不宜大量或久存。应与氧化剂分开存放。储存间内的照明和通风等设施应采用防爆型，开关设在仓外。禁止使用易产生火花的机械设备和工具。罐储时要有防火防爆技术措施。灌装时应注意流速(不超过 3m/s)，且有接地装置，防止静电积聚。搬运时要轻装轻卸，防止包装及容器损坏。生产过程密闭，全面通风。避免接触的条件：受热、光照。

【安全与毒性】 侵入途径：吸入、食入。

健康危害：吸入或口服对身体有害。对呼吸道黏膜和眼结膜有轻度刺激作用。中毒表现有烧灼感、咳嗽、喘息、喉炎、气短、头痛、恶心和呕吐。

接触限值：苏联 MAC 为 $100mg/m^3$。

危险性类别：第 3.2 类，中闪点易燃液体。

危险特性：其蒸气与空气可形成爆炸性混合物，遇明火、高热能引起燃烧爆炸。与氧化剂能发生强烈反应。其蒸气密度比空气大，能在较低处扩散到相当远的地方，遇火源会着火回燃。若遇高热，可能发生聚合反应，出现大量放热现象，引起容器破裂和爆炸事故。高速冲击、流动、激荡后易产生静电火花放电引起燃烧爆炸。

燃烧(分解)产物：一氧化碳、二氧化碳。

7.45　2-辛烯

中文名：2-辛烯

英文名：2-octene

英文别名：(2E)-2-octene

CAS 号：111-67-1

化学式：C_8H_{16}

分子结构：

$$CH_3—CH═CH_2—CH_2—CH_2—CH_2—CH_2—CH_3$$

相对分子质量：112.221

【理化特性】 无色液体。不溶于水，溶于乙醇、乙醚、丙酮。熔点：－94.04℃；沸点：282.8℃；闪点：121.5℃。密度：相对密度为 0.72；相对蒸气密度为 3.87。禁忌物：强氧化剂。

【相关图谱】

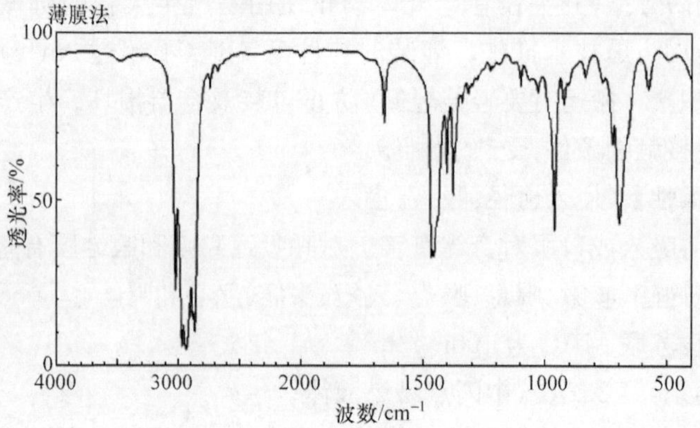

2-辛烯红外图谱

【主要用途】 用于有机合成,用作润滑剂。

【包装储运及工程控制事项】 危险货物包装标志:7。储存于阴凉、通风的仓间内。远离火种和热源。仓温不宜超过30℃。防止阳光直射。包装要求密封,不可与空气接触。应与氧化剂分开存放。储存间内的照明和通风等设施应采用防爆型,开关设在仓外。禁止使用易产生火花的机械设备和工具。罐储时要有防火防爆技术措施。灌装时应注意流速(不超过3m/s),且有接地装置,防止静电积聚。搬运时要轻装轻卸,防止包装及容器损坏。生产过程密闭,全面通风。

【安全与毒性】 侵入途径:吸入、食入。

健康危害:吸入、口服或经皮肤吸收后对身体有害。有刺激性,高浓度时有麻醉作用。

接触限值:苏联MAC为100mg/m^3。

危险性类别:第3.2类,中闪点易燃液体。

毒性:具有刺激作用和麻醉作用。

危险特性:其蒸气与空气可形成爆炸性混合物,遇明火、高热能引起燃烧爆炸。与氧化剂能发生强烈反应。其蒸气密度比空气大,能在较低处扩散到相当远的地方,遇火源会着火回燃。若遇高热,容器内压增大,有开裂和爆炸的危险。

燃烧(分解)产物:一氧化碳、二氧化碳。

7.46 1,4-二氯-2-丁烯

中文名:1,4-二氯-2-丁烯

中文别名:顺式-1,4-二氯-2-丁烯

英文名:1,4-dichloro-2-butene

英文别名:cis-1,4-dichloro-2-butene

CAS 号:764-41-0

化学式:$C_4H_6Cl_2$;$ClCH_2CHCHCH_2Cl$

分子结构:

$$Cl—CH_2—CH═CH—CH_3—Cl$$

相对分子质量:125.00

【理化特性】 不溶于水,可混溶于乙醇、苯、四氯化碳。熔点:1～3℃;沸点:156℃;闪点:27℃。相对密度为 1.18。禁忌物:强氧化剂。

【主要用途】 用作有机物制造的中间体。

【安全与毒性】 其蒸气与空气形成爆炸性混合物,遇明火、高热能引起燃烧爆炸。与氧化剂能发生强烈反应。受高热分解产生有毒的腐蚀性气体。若遇高热,容器内压增大,有开裂和爆炸的危险。

燃烧(分解)产物:一氧化碳、二氧化碳、氯化氢。

急性毒性:LD_{50}为 89mg/kg(大鼠经口),620mg/kg(兔经皮);LC_{50}为 920mg/m^3(小鼠吸入)。属中等毒类。

第8章　炔烃类液体

炔烃类液体化合物是含碳碳叁键的不饱和链烃，通式 C_nH_{2n-2}。其结构简式为 CH≡CH，分子中 4 个原子在同一直线上，C≡C 和 C—H 的键长分别为 1.205Å 和 1.058Å，比乙烯分子中 C═C 和 C—H 的键短。炔烃是低极性的化合物，它的物理性质基本上和烷、烯相似，C_5～C_{18}的炔烃是液体；多于 18 个碳原子的炔烃是固体。炔烃不仅是一类易燃液气化合物，而且是一类高窒息的有毒物质。炔烃微溶于水，易溶于有机溶剂中，如苯、丙酮、石油醚等。炔烃比水密度小、沸点随碳链增长而增加。主要用于有机合成。人和动物吸入或皮肤接触大量的该类化合物进入人体内，少量会引起中毒。吸入 5g/kg 时甚至会导致人死亡。炔烃引起的火灾只能用沙土、CO_2和泡沫灭火。炔烃着火后，千万不能用水灭火。

8.1　2-丁炔

中文名称：2-丁炔

中文别名：巴豆炔；1，2-二甲基乙炔

英文名称：2-butyne

英文别名：crotonylene

CAS 号：503-17-3

分子式：C_4H_6

分子结构：

CH_3—C≡C—CH_3

相对分子质量：54.09

【理化特性】　无色液体。不溶于水，溶于醚。熔点：－32.2℃；沸点：27℃；闪点：＜－20℃。密度：相对密度为 0.69；相对蒸气密度为 1.91。爆炸下限：1.4％。禁忌物：强氧化剂、酸类。

【相关图谱】　见下页。

【主要用途】　用于有机合成或用作溶剂，高纯度的 2-丁炔可用作气相色谱分析中定性、定量的标准物质。用作各种纤维素酯、纤维素醚、涂布漆、清漆的溶剂、矿物浮选剂、医药原料及硝基喷漆的助溶剂。还可以用作新型农药粉锈宁、人造高级香料麝香、种子保护剂三唑醇及彩色胶片呈色剂的原料。还可以用于频呐酮、三唑酮等。

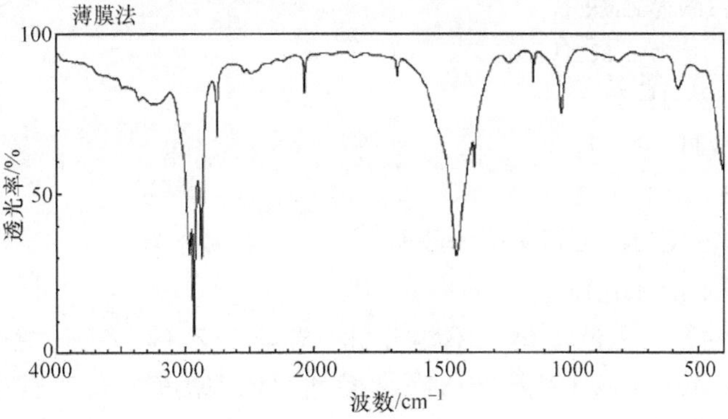

2-丁炔的红外图谱

【制备】 以丙酮、乙炔为原料，经炔化，加氢而得。

【包装储运及工程控制事项】 包装方法：安瓿瓶外普通木箱；螺纹口玻璃瓶、铁盖压口玻璃瓶、塑料瓶或金属桶(罐)外普通木箱。储存于阴凉、通风的库房。远离火种和热源。库温不宜超过 20℃。包装要求密封，不可与空气接触。应与氧化剂、酸类分开存放，切忌混储。采用防爆型照明和通风设施。禁止使用易产生火花的机械设备和工具。储区应备有泄漏应急处理设备和合适的收容材料。运输车辆应配备相应品种和数量的消防器材及泄漏应急处理设备。夏季最好早晚运输。运输时所用的槽(罐)车应有接地链，槽内可设孔隔板以减少振荡产生静电。严禁与氧化剂、酸类、食用化学品等混装混运。运输途中应防暴晒、雨淋，防高温。中途停留时应远离火种、热源和高温区。装运该物品的车辆排气管必须配备阻火装置，禁止使用易产生火花的机械设备和工具装卸。公路运输时要按规定路线行驶，勿在居民区和人口稠密区停留。铁路运输时要禁止溜放。严禁用木船、水泥船散装运输。

【安全与毒性】 危险特性：极易燃，其蒸气与空气可形成爆炸性混合物，遇热源和明火有燃烧爆炸的危险。与氧化剂能发生强烈反应，引起燃烧或爆炸。若遇高热，可发生聚合反应，放出大量热量而引起容器破裂和爆炸事故。其蒸气密度比空气大，能在较低处扩散到相当远的地方，遇火源会着火回燃。

侵入途径：吸入、食入、经皮吸收。

健康危害：吸入、口服或经皮吸收，对机体可能产生危害。有刺激性。

燃烧(分解)产物：一氧化碳、二氧化碳。

8.2　1-戊炔

中文名：1-戊炔

中文别名：丙基乙炔

英文名：*n*-propyl acetylene

CAS 号：627-19-0

化学式：C_5H_8

分子结构：

$$CH_3—CH_2—CH_2—C\equiv CH$$

相对分子质量：68.12

【理化特性】 无色液体。不溶于水，易溶于乙醇、乙醚。熔点：－106～－105℃；沸点：40～45℃；闪点：－34℃。密度：相对密度为 0.718；相对蒸气密度为 2.35。饱和蒸气压：46.8kPa(20℃)。

【相关图谱】

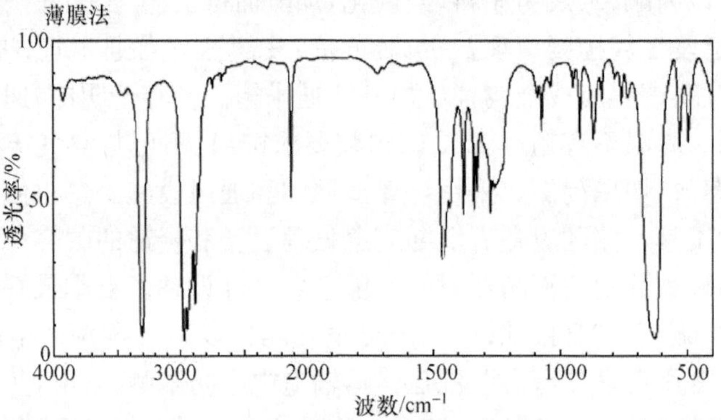

1-戊炔的红外图谱

【主要用途】 用作溶剂、有机合成中间体。

【包装储运及工程控制事项】 储存于阴凉、通风的库房。远离火种和热源。库温不宜超过 29℃。包装要求密封，不可与空气接触。应与氧化剂、酸类、食用化学品分开存放，切忌混储。不宜大量储存或久存。采用防爆型照明和通风设施。禁止使用易产生火花的机械设备和工具。储区应备有泄漏应急处理设备和合适的收容材料。

【安全与毒性】 危险特性：极易燃，其蒸气与空气可形成爆炸性混合物，遇热源和明火有燃烧爆炸的危险。与氧化剂能发生强烈反应，引起燃烧或爆炸。若遇高热，可发生聚合反应，放出大量热量而引起容器破裂和爆炸事故。其蒸气密度比空气大，能在较低处扩散到相当远的地方，遇火源会着火回燃。

侵入途径：吸入、食入、经皮吸收

健康危害：吸入、口服或经皮吸收，对机体可能产生危害。有刺激性。

燃烧(分解)产物：一氧化碳、二氧化碳。

8.3　2-戊炔

中文名：2-戊炔

中文别名：1-乙基-2-甲基乙炔

英文名：2-pentyne

英文别名：1-ethyl-2-methylacetylene

CAS 号：627-21-4

化学式：C_5H_8

分子结构：

$$CH_3—CH_2—C\equiv C—CH_3$$

相对分子质量：68.12

【理化特性】 无色液体。不溶于水，易溶于乙醇、乙醚。熔点：－109℃；沸点：40.9℃；闪点：－20℃。相对密度为 0.71。饱和蒸气压：46.8kPa（20℃）。禁忌物：氧化物、酸类。

【相关图谱】

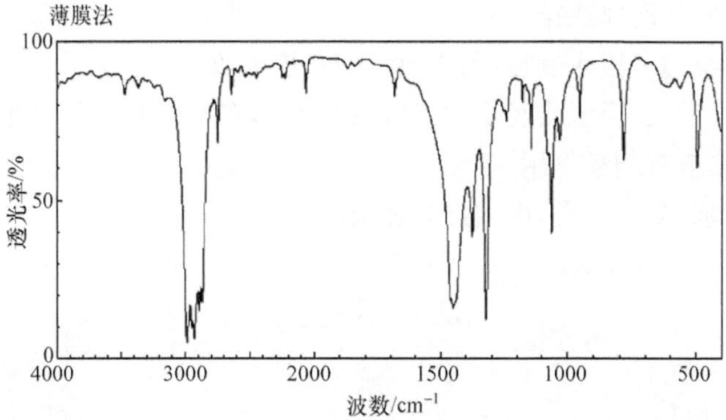

2-戊炔的红外图谱

【主要用途】 用作溶剂或有机合成中间体。

【包装储运及工程控制事项】 存放在密封容器内，并放在阴凉、干燥处。储存的地方必须远离氧化剂。切勿与酸存放在一起。

【安全与毒性】 有毒。遇热源和明火有燃烧爆炸的危险。与氧化剂能发生强烈反应，引起燃烧或爆炸。若遇高热，可发生聚合反应，放出大量热量而引起容器破裂和爆炸事故。其蒸气密度比空气大，能在较低处扩散到相当远的地方，遇火源会着火回燃。

侵入途径：吸入、食入、经皮吸收。

健康危害：吸入、口服或经皮吸收，对机体可能产生危害。有刺激性。

燃烧（分解）产物：一氧化碳、二氧化碳。

8.4　3-环戊基-1-丙炔

中文名：3-环戊基-1-丙炔

英文名：3-cyclopentyl-1-propyne

CAS号：116279-08-4

化学式：C_8H_{12}

分子结构：

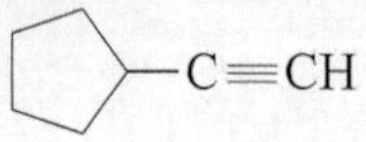

相对分子质量：108.18

【理化特性】 无色或黄色液体。熔点：132～134℃；沸点：132～134℃（常压）；闪点：21℃。密度：0.854g/cm^3（20℃）。

【包装储运及工程控制事项】 保持储藏器密封，储存在阴凉、干燥的地方，确保工作间有良好的通风或排气装置。

【安全与毒性】 侵入途径：吸入、食入、经皮吸收。

健康危害：吸入、摄入或经皮肤吸收后对身体有害。其蒸气或烟雾对眼睛、皮肤、黏膜和呼吸道有刺激作用。

危险性类别：第3.2类，中闪点易燃液体。

8.5　1-己炔

中文名：1-己炔

中文别名：正丁基乙炔

英文名：1-hexyne

英文别名：*n*-butyl acetylene

CAS号：693-02-7

化学式：C_6H_{10}

分子结构：

$$CH_3—CH_2—CH_2—CH_2—C\equiv CH$$

相对分子质量：82.14

【理化特性】 水白色液体，有特殊气味。不溶于水，溶于乙醇、乙醚、苯等。熔点：－132℃；沸点：71.4℃；闪点：＜10℃；燃点：26℃。折射率：1.399(n^{20}D)。液相标准燃烧热(焓)：－3978.32kJ/mol。相对密度为 0.72。禁忌物：强氧化剂。

【主要用途】 用于有机合成。

【制备】 于装有搅拌器的 5L DeWar 瓶中，加入液氨、硝酸铁，除去表面氧化物的金属钠。慢慢通入乙炔气体(乙炔来自于乙炔钢瓶，使乙炔气体通过两个盛有浓硫酸的洗气瓶以除去丙酮)。

【包装储运及工程控制事项】 储存于阴凉、通风的仓间内。远离火种和热源。仓温不宜超过 30℃。防止阳光直射。包装要求密封，不可与空气接触。不宜大量或久存。应与氧化剂、酸类分开存放。储存间内的照明和通风等设施应采用防爆型，开关设在仓外。配备相应品种和数量的消防器材。罐储时要有防火防爆技术措施。禁止使用易产生火花的机械设备和工具。灌装时应注意流速(不超过 3m/s)，且有接地装置，防止静电积聚。搬运时要轻装轻卸，防止包装及容器损坏。

【安全与毒性】 侵入途径：吸入、食入、经皮吸收。

健康危害：吸入、摄入或经皮肤吸收后对身体有害。其蒸气或烟雾对眼睛、皮肤、黏膜和呼吸道有刺激作用。

危险性类别：第 3.2 类，中闪点易燃液体。

8.6　2-己炔

中文名：2-己炔

英文名：2-hexyne

CAS 号：764-35-2

化学式：C_6H_{10}

分子结构：

$$CH_3—CH_2—CH_2—C≡C—CH_3$$

相对分子质量：82.15

【理化特性】 无色液体。不溶于水，溶于苯，可混溶于乙醇、乙醚。熔点：－89.6℃；沸点：84～85℃；闪点：＜－10℃。折射率：1.414(n^{20}D)。密度：相对密度为 0.73；相对蒸气密度为 2.83。禁忌物：强氧化剂、酸类、铜、银或其盐类。

【包装储运及工程控制事项】 危险货物包装标志：7；包装类别：Ⅱ。储存于阴凉、通风的仓间内。远离火种和热源。仓温不宜超过 30℃。防止阳光直射。包装要求密封，不可与空气接触。应与氧化剂分开存放。储存间内的照明和通风等设施应采用防爆型，开关设在仓外。配备相应品种和数量的消防器材。罐储时要有防火防爆技术措施。禁止使用易产生火花的机械设备和工具。灌装时应注意流速(不超过 3m/s),且有接地装置,防止静电积聚。搬运时要轻装轻卸,防止包装及容器损坏。

【安全与毒性】 侵入途径:吸入、食入。

健康危害:吸入、摄入或经皮肤吸收后对身体可能有害。蒸气和液体有刺激性。

危险性类别:第 3.2 类,中闪点易燃液体。

毒性:具刺激性。

8.7 3-己炔

中文名:3-己炔

中文别名:二乙基乙炔

英文名:3-hexyne

英文别名:diethylacetylene

CAS 号:928-49-4

化学式:C_6H_{10}

分子结构:

$$CH_3—CH_2—C≡C—CH_2—CH_3$$

相对分子质量:82.15

【理化特性】 无色液体。熔点:−103℃;沸点:81.5℃(99.2kPa)。折射率:1.411(n^{20}D)。相对密度为 0.72。禁忌物:强氧化剂、酸类、铜、银或其盐类。

【主要用途】 用作有机合成中间体。

【包装储运及工程控制事项】 危险货物包装标志:7。储存于阴凉、通风的仓间内。远离火种和热源。仓温不宜超过 30℃。防止阳光直射。包装要求密封,不可与空气接触。应与氧化剂分开存放。储存间内的照明和通风等设施应采用防爆型,开关设在仓外。配备相应品种和数量的消防器材。罐储时要有防火防爆技术措施。禁止使用易产生火花的机械设备和工具。灌装时应注意流速(不超过 3m/s),且有接地装置,防止静电积聚。搬运时要轻装轻卸,防止包装及容器损坏。

【安全与毒性】 侵入途径:吸入、食入。

健康危害:吸入、摄入或经皮肤吸收后对身体可能有害。蒸气和液体稍有刺激性。

危险性类别:第 3.2 类,中闪点易燃液体。

毒性:具刺激性。

危险特性：其蒸气与空气可形成爆炸性混合物，遇明火、高热能引起燃烧爆炸。与氧化剂能发生强烈反应。其蒸气密度比空气大，能在较低处扩散到相当远的地方，遇明火会引着回燃。

燃烧(分解)产物：一氧化碳、二氧化碳。

8.8　1-庚炔

中文名：1-庚炔

中文别名：正庚炔

英文名：1-heptyne

英文别名：amylacetylene

CAS 号：628-71-7

化学式：C_7H_{12}

分子结构：

$$CH_3—CH_2—CH_2—CH_2—CH_2—C≡CH$$

相对分子质量：96.17

【理化特性】 无色透明液体，有类似梨的水果香味。微溶于水，溶于苯、氯仿等。熔点：－81℃；沸点：99.7℃；闪点：－10℃。相对密度为 0.73。自燃点：533℃。爆炸上限：7.9％；爆炸下限：1.11％。蒸气压：3.458kPa(20℃)。

【主要用途】 用作硝化纤维素的溶剂和涂料、惰性反应介质，也用作香料原料。

【制备】 由丁基乙酰乙酸乙酯皂化而得：将丁基乙酰乙酸乙酯加入 5％的氢氧化钠溶液中，在室温搅拌 4h，静置分层，油层为未皂化的原料，分出再用。

【包装储运及工程控制事项】 储存于阴凉、通风的库房。远离火种和热源。保持容器密封。应与氧化剂、还原剂、碱类分开存放，切忌混储。采用防爆型照明和通风设施。禁止使用易产生火花的机械设备和工具。储区应备有泄漏应急处理设备和合适的收容材料。采用铁桶包装，储运中注意防火，远离火种和热源，包装上应加易燃物标签。按有毒易燃化学品规定储运。

【安全与毒性】 易燃，其蒸气与空气可形成爆炸性混合物。遇明火、高热能引起燃烧爆炸。与氧化剂能发生强烈反应。若遇高热，可发生聚合反应，放出大量热量而引起容器破裂和爆炸事故。高速冲击、流动、激荡后可因产生静电火花放电引起燃烧爆炸。其蒸气密度比空气大，能在较低处扩散到相当远的地方，遇明火会引着回燃。吸入、口服或经皮肤吸收后对身体有害。对皮肤有刺激性。其蒸气或雾对眼睛、黏膜、呼吸道有刺激作用。

燃烧(分解)产物:一氧化碳、二氧化碳。

8.9 2-辛炔

中文名:2-辛炔

中文别名:甲基戊基乙炔

英文名:2-octyne

英文别名:methyl-*N*-pentyl acetylene

CAS号:2809-67-8

化学式:C_8H_{14}

分子结构:

$$CH_3—CH_2—CH_2—CH_2—CH_2—C≡C—CH_3$$

相对分子质量:110.20

【理化特性】 无色液体。不溶于水,溶于醇、醚。熔点:－60.2℃;沸点:137.2℃。相对密度为0.76。禁忌物:强氧化剂、酸类、铜、银或其盐类。

【用途】 主要用途:用于有机合成。

【包装储运及工程控制事项】 危险货物包装标志:7;包装类别:Ⅱ。储存于阴凉、通风的仓间内。远离火种和热源。仓温不宜超过30℃。防止阳光直射。包装要求密封,不可与空气接触。应与氧化剂分开存放。储存间内的照明和通风等设施应采用防爆型。禁止使用易产生火花的机械设备和工具。罐储时要有防火防爆技术措施。灌装时应注意流速(不超过3m/s),且有接地装置,防止静电积聚。搬运时要轻装轻卸,防止包装及容器损坏。

【安全与毒性】 侵入途径:吸入、食入。

健康危害:本品具有刺激作用,有轻度麻醉作用。高浓度时有窒息效应。

危险性类别:第3.2类,中闪点易燃液体。

毒性:具刺激性和麻醉敏作用。

危险特性:易燃,其蒸气与空气可形成爆炸性混合物,遇明火、高热能引起燃烧爆炸。与氧化剂能发生强烈反应。其蒸气密度比空气大,能在较低处扩散到相当远的地方,遇火源会着火回燃。若遇高热,容器内压增大,有开裂和爆炸的危险。

燃烧(分解)产物:一氧化碳、二氧化碳。

8.10 3-辛炔

中文名:3-辛炔

中文别名：乙基丁基乙炔

英文名：3-octyne

英文别名：1-ethyl-2-butylacetylene ethylbutylacetylene

CAS 号：15232-76-5

化学式：C_8H_{14}

分子结构：

$$CH_3—CH_2—CH_2—CH_2—C≡C—CH_2—CH_3$$

相对分子质量：110.20

【理化特性】 无色液体。不溶于水，溶于乙醇、乙醚。熔点：−105℃；沸点：133℃；闪点：21℃。相对密度为 0.75（20℃）。禁忌物：强氧化剂、酸类、铜、银或其盐。

【主要用途】 用于有机合成。

【包装储运及工程控制事项】 危险货物包装标志：7；包装类别：Ⅱ。储存于阴凉、通风的仓间内。远离火种和热源。仓温不宜超过 30℃。防止阳光直射。包装要求密封，不可与空气接触。应与氧化剂分开存放。储存间内的照明和通风等设施应采用防爆型。禁止使用易产生火花的机械设备和工具。罐储时要有防火防爆技术措施。灌装时应注意流速（不超过 3m/s），且有接地装置，防止静电积聚。搬运时要轻装轻卸，防止包装及容器损坏。

【安全与毒性】 侵入途径：吸入、食入。

健康危害：本品具有刺激作用，有轻度麻醉作用。高浓度时有窒息效应。

危险性类别：第 3.2 类，中闪点易燃液体。

毒性：具刺激性和麻醉敏作用。

危险特性：易燃，其蒸气与空气可形成爆炸性混合物，遇明火、高热能引起燃烧爆炸。与氧化剂能发生强烈反应。其蒸气密度比空气大，能在较低处扩散到相当远的地方，遇火源会着火回燃。若遇高热，容器内压增大，有开裂和爆炸的危险。

燃烧（分解）产物：一氧化碳、二氧化碳。

8.11　4-辛炔

中文名：4-辛炔

英文名：4-octyne

英文别名：di-n-propylacetylene

CAS 号：1942-45-6

化学式：C_8H_{14}

分子结构：

$$CH_3—CH_2—CH_2—C\equiv C—CH_2—CH_2—CH_3$$

相对分子质量：110.20

【理化特性】 无色液体。不溶于水，溶于乙醇、乙醚。熔点：－103℃；沸点：131～132℃；闪点：29.4℃。相对密度为 0.75。禁忌物：强氧化剂、酸类、铜、银或其盐类。

【相关图谱】

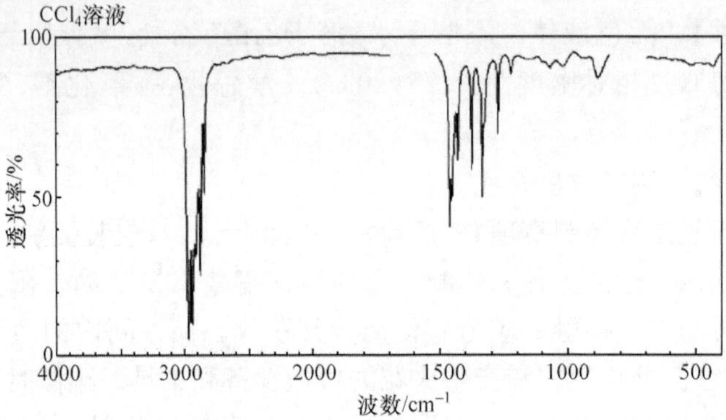

4-辛炔的红外图谱

【包装储运及工程控制事项】 危险货物包装标志：7；包装类别：Ⅱ。储存于阴凉、通风的仓间内。远离火种和热源。仓温不宜超过 30℃。防止阳光直射。包装要求密封，不可与空气接触。应与氧化剂分开存放。储存间内的照明和通风等设施应采用防爆型。禁止使用易产生火花的机械设备和工具。罐储时要有防火防爆技术措施。灌装时应注意流速(不超过 3m/s)，且有接地装置，防止静电积聚。搬运时要轻装轻卸，防止包装及容器损坏。

【安全与毒性】 侵入途径：吸入、食入。

健康危害：吸入、摄入或经皮肤吸收后对身体有害。蒸气或雾对眼睛、黏膜和上呼吸道有刺激作用。

危险性类别：第 3.2 类，中闪点易燃液体。

毒性：具刺激作用。

危险特性：其蒸气与空气可形成爆炸性混合物，遇明火、高热能引起燃烧爆炸。与氧化剂能发生强烈反应。其蒸气密度比空气大，能在较低处扩散到相当远的地方，遇火源会着火回燃。若遇高热，容器内压增大，有开裂和爆炸的危险；容易自聚，聚合反应随温度上升而加剧。

燃烧(分解)产物：一氧化碳、二氧化碳。

8.12　苯 乙 炔

中文名称:苯乙炔

中文别名:乙炔苯

英文名:phenylacetylene

英文别名:acetylene benzene

CAS 号:536-74-3

化学式:C_8H_6

分子结构:

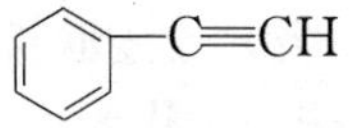

相对分子质量:102.14

【理化特性】 无色液体。不溶于水,可混溶于醇、醚等多数有机溶剂。熔点:−44.8℃;沸点:142～144℃;闪点:31℃。相对密度为 0.93。禁忌物:强氧化剂、酸类、卤素、碱金属。

【用途】 用于有机合成或用作医药中间体。不对称合成常用中间体,常用有机合成试剂。

【制备】 将 β-溴苯乙烯滴加到熔融的氢氧化钾中,生成的苯乙炔从反应物中蒸馏出来。馏出物分层,上层为水层。将油层干燥、蒸馏,即得苯乙炔。

【包装储运及工程控制事项】 储存于阴凉、通风的库房。远离火种和热源。库温不宜超过 30℃。包装要求密封,不可与空气接触。应与氧化剂、酸类、卤素、碱金属分开存放,切忌混储。不宜大量储存或久存。采用防爆型照明和通风设施。禁止使用易产生火花的机械设备和工具。储区应备有泄漏应急处理设备和合适的收容材料。

【安全与毒性】 急性毒性:LD_{50} 为 100mg/kg(小鼠静脉)。

第 9 章　芳香类液体

芳香类液体是一种碳氢化合物，同时化合物分子中至少含有一个带离域键的苯环。大多数难溶或不溶于水，易溶于有机溶剂。芳香族化合物广泛分布于自然界，而工业上主要来源于石油和煤焦油。主要用作溶剂或用于有机合成、农药、染料、医药等领域。芳香类化合物容易挥发，暴露于空气中很容易扩散，单纯芳香类液体易燃，与空气混合时易形成空气燃料，将由燃烧转为爆轰，与空气按比例混合均匀时，其爆炸威力可达 TNT 当量的 3～6 倍。人和动物吸入或皮肤接触大量的该类化合物从而进入生物体内时，会引起中毒。着火时不能用水作为灭火剂，应用沙土、CO_2和泡沫灭火。

9.1　苯

中文名：苯

中文别名：安息油

英文名：benzene

CAS 号：71-43-2

化学式：C_6H_6

分子结构：

相对分子质量：78.11

【理化特性】 无色、有甜味的透明液体，具有强烈的芳香气味，难溶于水，可与乙醇、乙醚、乙酸、汽油、丙酮、四氯化碳和二硫化碳等有机溶剂互溶。熔点：5.51℃；沸点：80.1℃；闪点：11℃。相对密度为 1.4。爆炸上限：7.3%；爆炸下限：1.3%。禁忌物：强氧化剂。

【相关图谱】 见下页。

【主要用途】 溶剂或有机合成。

【制备】 蒸气裂解。

【包装储运及工程控制事项】 储存、运输时要求远离火源和热源，防止静电。

【安全与毒性】 人和动物吸入或皮肤接触大量苯进入体内，会引起急性和慢性苯中毒。

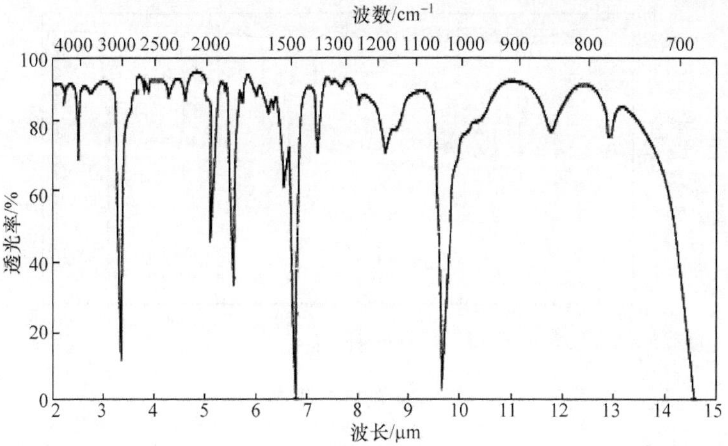

苯的红外图谱

9.2 甲　基　苯

中文名：甲基苯

中文别名：无水甲苯

英文名：methylbenzene

英文别名：toluene

CAS 号：108-88-3

化学式：C_7H_8

结构式：

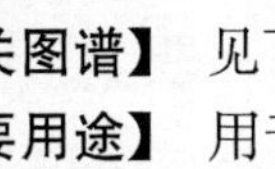

相对分子质量：92.14

【理化特性】 无色透明液体，有类似苯的芳香气味。不溶于水，可混溶于苯、醇、醚等多数有机溶剂。熔点：－94.9℃；沸点：110.6℃；闪点：4℃。相对密度为 0.87。爆炸上限：7.0%；爆炸下限：1.2%。禁忌物：强氧化剂。

【相关图谱】 见下页。

【主要用途】 用于掺合汽油组成及生产甲苯衍生物、炸药、染料中间体、药物等的主要原料。

【制备】 催化重整和烃类裂解。炼焦副产回收苯。铂重整法。硫酸雨噻吩反应，后蒸馏。

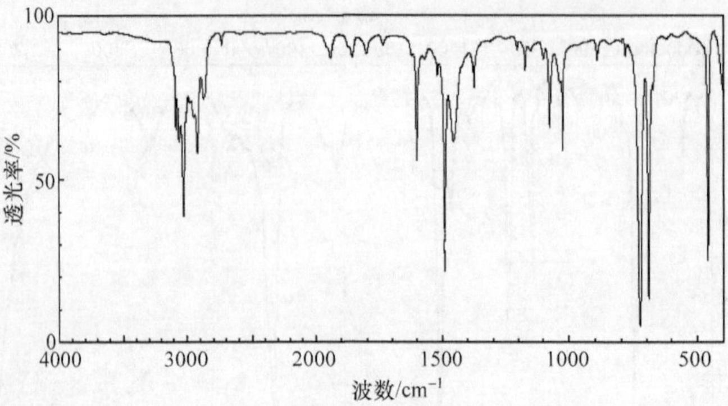

甲基苯的红外图谱

【包装储运及工程控制事项】 储存于阴凉、通风的仓库内。远离火种和热源。仓温不宜超过30℃。防止阳光直射;保持容器密封。应与氧化剂分开存放。储存间内的照明和通风等设施应采用防爆型,开关设在仓外。配备相应品种和数量的消防器材。罐储时要有防火防爆技术措施。禁止使用易产生火花的机械设备和工具。桶装堆垛不可过大,应留墙距、顶距、柱距及必要的防火检查走道。灌装时应注意流速(不超过3m/s),且有接地装置,防止静电积聚。搬运时要轻装轻卸,防止包装及容器损坏。

【安全与毒性】 易燃,其蒸气与空气形成爆炸性混合物,遇明火、高热能引起燃烧爆炸。与氧化剂能发生强烈反应。若遇高热,容器内压增大,有开裂和爆炸的危。对皮肤、黏膜有刺激作用,对中枢神经系统有麻醉作用。长期作用可影响肝、肾功能。急性中毒,患者有咳嗽、流泪、结膜充血等。重症者有幻觉、谵妄、神志不清等,有的有癔症发作。慢性中毒,患者有神经衰弱综合征的表现,女性月经异常,常发生皮肤干燥、皲裂、皮炎等。

9.3　1,2,3-三甲基苯

中文名:1,2,3-三甲基苯

中文别名:连三甲苯

英文名:1,2,3-trimethylbenzene

英文别名:hemimellitene

CAS号:526-73-8

化学式:C_9H_{12}

分子结构：

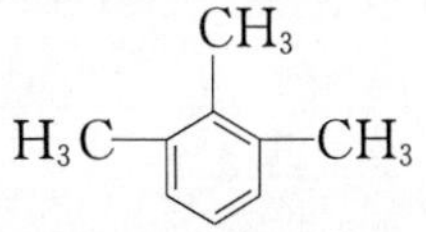

相对分子质量：120.19

【理化特性】 无色液体。不溶于水，可混溶于乙醇、乙醚、苯、酮、四氯化碳、石油醚等。熔点：−25.4℃；沸点：176.1℃；闪点：48℃。相对密度为0.89。禁忌物：强氧化剂。

【相关图谱】

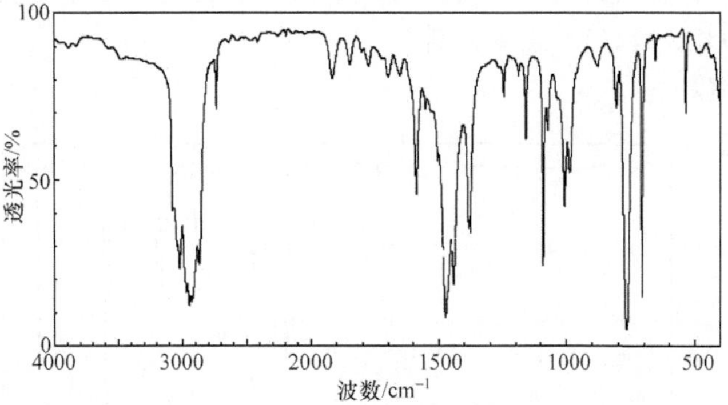

1,2,3-三甲基苯的红外图谱

【主要用途】 主要用作分析试剂。

【包装储运及工程控制事项】 储存于阴凉、通风的库房。远离火种和热源。保持容器密封。应与氧化剂分开存放，切忌混储。采用防爆型照明和通风设施。禁止使用易产生火花的机械设备和工具。储区应备有泄漏应急处理设备和合适的收容材料。

【安全与毒性】 易燃，遇明火、高热或与氧化剂接触，有引起燃烧爆炸的危险。蒸气或雾对眼、黏膜和上呼吸道有刺激性。接触后可引起头痛、头晕、恶心、麻醉作用。可引起皮炎。

9.4　1,2,4-三甲基苯

中文名：1,2,4-三甲基苯

中文别名：假枯烯

英文名：1,2,4-trimethylbenzene

英文别名：pseudocumene

CAS 号:95-63-6

化学式:C_9H_{12}

分子结构:

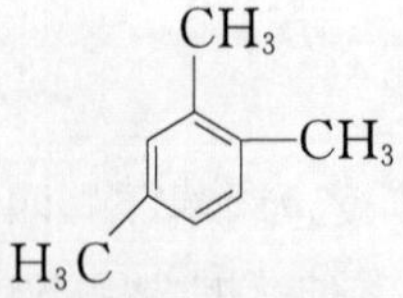

相对分子质量:120.19

【理化特性】 无色液体。不溶于水,可混溶于乙醇、乙醚、苯等多数有机溶剂。熔点:−43.8℃;沸点:169.4℃;闪点:48℃。相对密度为0.88。爆炸上限:7.0%;爆炸下限:0.9%。禁忌物:强氧化剂。

【相关图谱】

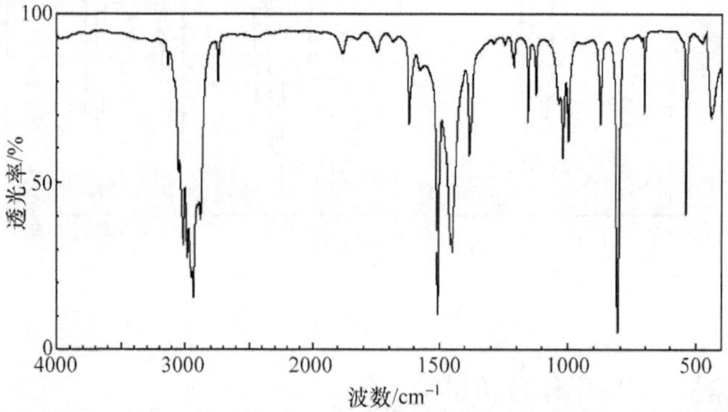

1,2,4-三甲基苯的红外图谱

【主要用途】 用于分析试剂、有机合成和制药工业。

【制备】 催化重整或石脑油裂解所得 C_9 和 C_{10} 芳烃中,均含有混合三甲苯,如1,2,4-三甲苯。以重整芳烃为例,其中1,2,4-三甲苯含量高达40%以上。采用蒸馏的方法可以得到纯度99%以上的产品。例如,采用两座浮阀塔(共200层)从重整芳烃中分离1,2,4-三甲苯,纯度95%～97%,收率58%～78%。

【包装储运及工程控制事项】 储存于阴凉、通风的库房。远离火种和热源。保持容器密封。应与氧化剂分开存放,切忌混储。采用防爆型照明和通风设施。禁止使用易产生火花的机械设备和工具。储区应备有泄漏应急处理设备和合适的收容材料。

【安全与毒性】 易燃,遇明火、高热或与氧化剂接触,有引起燃烧爆炸的危险。与氧化剂能发生强烈反应。对眼、呼吸道有刺激作用。对中枢神经系统有抑制作用。

9.5　1,3,5-三甲基苯

中文名:1,3,5-三甲基苯

中文别名:均三甲苯

英文名:1,3,5-trimethylbenzene

英文别名:mesitylene

CAS 号:108-67-8

化学式:C_9H_{12}

分子结构:

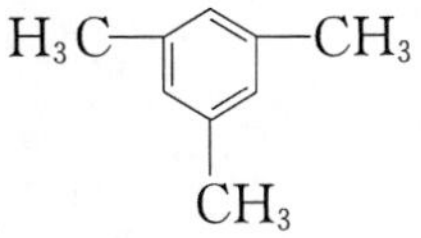

相对分子质量:120.19

【理化特性】 无色液体,有特殊气味。不溶于水,溶于醇、醚、苯等多数有机溶剂。熔点:−44.8℃;沸点:164.7℃;闪点:44℃。相对密度为 0.86。禁忌物:强氧化剂。

【相关图谱】

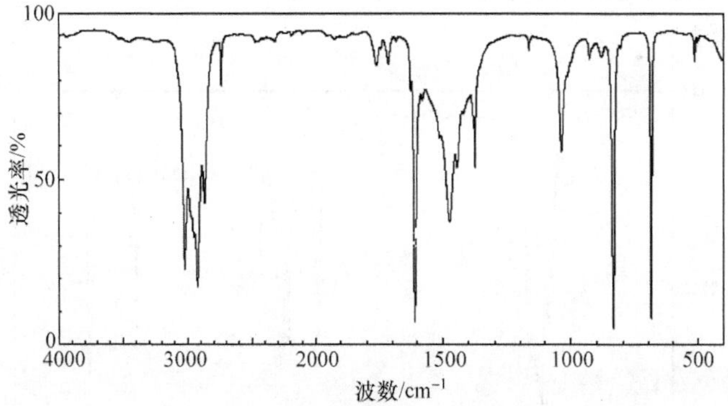

1,3,5-三甲基苯的红外图谱

【主要用途】 用作分析试剂、溶剂,也用于有机合成等。

【制备】 由 C_9 芳烃分离而得。

【包装储运及工程控制事项】 储存于阴凉、通风的库房。远离火种和热源。应与氧化剂分开存放,切忌混储。采用防爆型照明和通风设施。禁止使用易产生火花的机械设备和工具。储区应备有泄漏应急处理设备和合适的收容材料。

【安全与毒性】 中闪点易燃液体,其蒸气与空气可形成爆炸性混合物,遇明火、高热能引起燃烧爆炸。与氧化剂可发生反应。流速过快，容易产生和积聚静电。对皮肤、黏膜有刺激作用，对中枢神经系统有麻醉作用，对造血系统有抑制作用。

9.6　1,3-二乙基苯

中文名：1,3-二乙基苯

中文别名：间二乙基苯

英文名：1,3-diethylbenzene

英文别名：*m*-diethylbenzene

CAS 号：141-93-5

分子式：$C_{10}H_{14}$

分子结构：

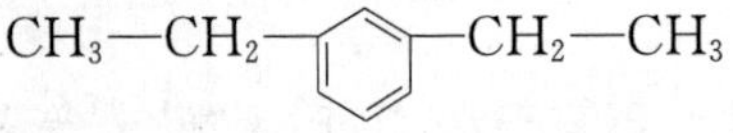

相对分子质量：134.22

【理化特性】 无色液体，有芳香气味。不溶于水，溶于乙醇、乙醚、苯、四氯化碳等多数有机溶剂熔点。熔点：－84℃；沸点：181℃；闪点：50.6℃。相对密度为0.86。禁忌物：强氧化剂、酸类、卤素。

【相关图谱】

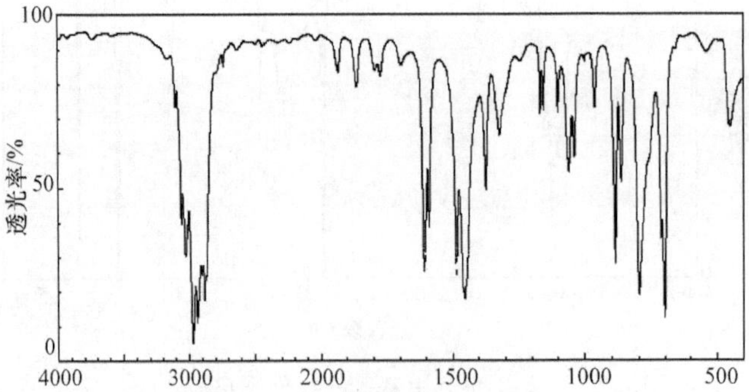

1,3-二乙基苯的红外图谱

【主要用途】 用作溶剂及有机合成中间体，主要用于生产二乙烯基苯。

【包装储运及工程控制事项】 包装方法：螺纹口玻璃瓶、铁盖压口玻璃瓶、塑料瓶或金属桶（罐）外普通木箱；螺纹口玻璃瓶、塑料瓶或镀锡薄钢板桶（罐）外满底板花格箱、纤维板箱或胶合板箱。运输车辆应配备相应品种和数量的消防器材及泄漏应急处理设备。夏季最好早晚运输。运输时所用的槽(罐)车应有接地链,槽内可设孔隔板以减少振荡产生静电。严禁与氧化剂、食用化学品、等混装混运。运输途中应防暴晒、雨淋,防高温。中途停留时应远离火种、热源和高温区。装运该物品的车辆排气管必须配备阻火装置,禁止使用易产生火花的机械设备和工具装卸。公路运输时要按规定路线行驶,勿在居民区和人口稠密区停留。铁路运输时要禁止溜放。严禁用木船、水泥船散装运输。

【安全与毒性】 易燃,遇明火、高热或与氧化剂接触,有引起燃烧爆炸的危险。若遇高热,有爆炸的危险。属低毒类。

9.7　1,4-二乙基苯

中文名:1,4-二乙基苯

中文别名:对二乙基苯

英文名:1,4-diethylbenzene

英文别名:*p*-diethylbenzene

CAS 号:105-05-5

分子式:$C_{10}H_{14}$

分子结构:

相对分子质量:134.22

【理化特性】 无色液体。不溶于水,溶于乙醇、苯、四氯化碳等多数有机溶剂。熔点:－42.8℃;沸点:183.7℃;闪点:56℃。相对密度为 0.86。禁忌物:强氧化剂。

【相关图谱】

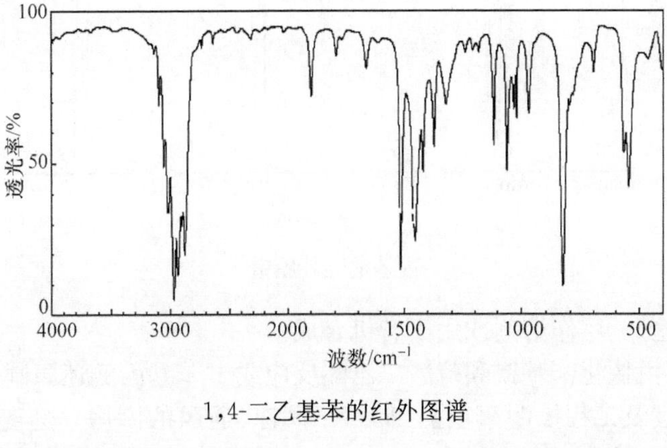

1,4-二乙基苯的红外图谱

【主要用途】 用作溶剂。

【包装储运及工程控制事项】 密封保存。

【安全与毒性】 易燃,遇明火、高热或与氧化剂接触,有引起燃烧爆炸的危险。若遇高热,容器内压增大,有开裂和爆炸的危险。蒸气或雾对眼、黏膜和上呼吸道有刺激性。对皮肤有刺激性。

9.8 丙　苯

中文名:丙苯

中文别名:1-苯基丙烷

英文名:*n*-propylbenzene

英文别名:1-phenylpropane

CAS 号:103-65-1

化学式:C_9H_{12}

分子结构:

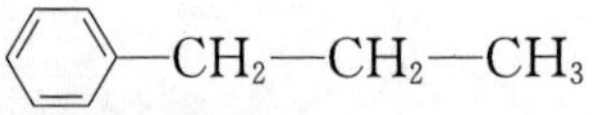

相对分子质量:120.19

【理化特性】 无色液体。不溶于水,可混溶于乙醇、乙醚等多数有机溶剂。熔点:−99℃;沸点:159.2℃;闪点:47℃。相对密度为 0.86。爆炸上限:6.0%;爆炸下限:0.8%。禁忌物:强氧化剂。

【相关图谱】

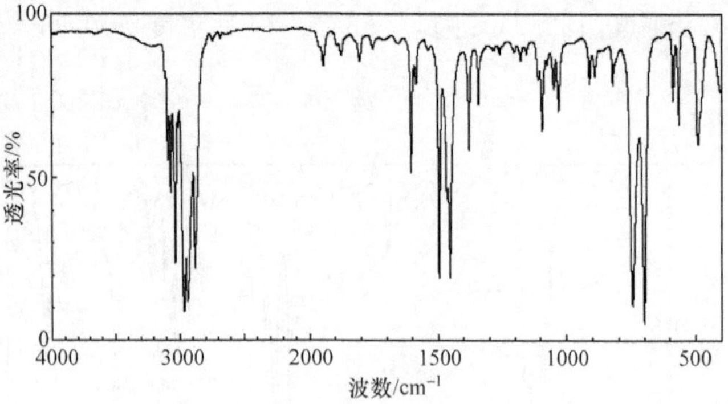

丙苯的红外图谱

【主要用途】 用作溶剂或用于有机合成。

【制备】 由氯化苄基镁和硫酸二乙酯反应或 1-苯基丙酮还原制得。

【包装储运及工程控制事项】 储存于阴凉、通风的库房。远离火种和热源。

防止阳光直射。应与氧化剂分开存放，切忌混储。储区应备有泄漏应急处理设备和合适的收容材料。

【安全与毒性】 易燃，遇明火、高热或与氧化剂接触，有引起燃烧爆炸的危险。

健康危害：吸入、口服或经皮肤吸收对身体有害，对眼、黏膜和皮肤有刺激性。

9.9 正丁基苯

中文名：正丁基苯

中文别名：1-苯基丁烷；丁基苯

英文名：*n*-butylbenzene

英文别名：1-phenylbutane；butylbenzene

CAS 号：104-51-8

化学式：$C_{10}H_{14}$

分子结构：

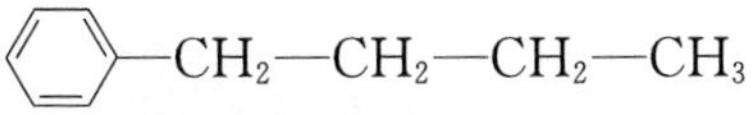

相对分子质量：134.22

【理化特性】 无色液体。能与乙醇、乙醚、丙酮、苯、四氯化碳、石油醚混溶，不溶于水。熔点：−88.5℃；沸点：183.1℃；闪点：59℃。相对密度为 0.93。爆炸上限：6.0%；爆炸下限：0.7%。禁忌物：强氧化剂、强酸。

【相关图谱】

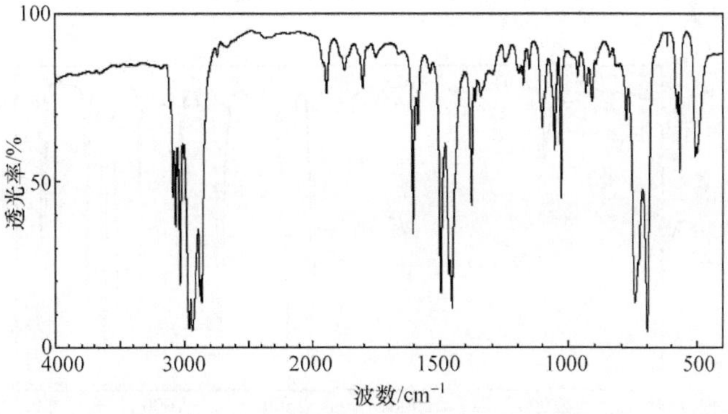

正丁基苯的红外图谱

【主要用途】 用作染料中间体，也用于有机合成。

【制备】 由苯基丁酮加氢制得。由溴苯与1-溴丁烷反应而得。

【包装储运及工程控制事项】 储存于阴凉、通风的库房。远离火种和热源。

防止阳光直射。保持容器密封。应与氧化剂、酸类分开存放，切忌混储。配备相应品种和数量的消防器材。储区应备有泄漏应急处理设备和合适的收容材料。

【安全与毒性】 高闪点易燃液体，遇明火、高热可燃。与氧化剂能发生强烈反应。受热分解释出高毒烟雾。若遇高热，容器内压增大，有开裂和爆炸的危险。

健康危害：误服、与皮肤接触或吸入蒸气会中毒。对眼睛、皮肤有强烈刺激作用。

9.10 氟代苯

中文名：氟代苯

中文别名：氟苯

英文名：fluorobenzene

英文别名：phenyl fluoride

CAS 号：462-06-6

分子式：C_6H_5F

分子结构：

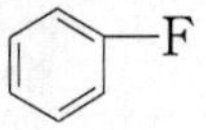

相对分子质量：96.10

【理化特性】 无色液体，有苯的气味。不溶于水，可混溶于乙醇、乙醚、丙酮、苯。熔点：−41.9℃；沸点：85℃；闪点：−15℃。相对密度为 1.03。禁忌物：强氧化剂。

【相关图谱】

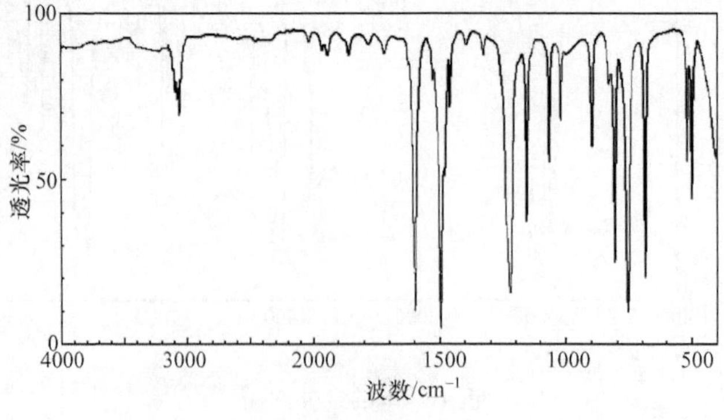

氟代苯红外图谱

【主要用途】 用作杀虫、杀卵剂及用于塑料和树脂聚合物的鉴定。

【制备】 由苯胺经希曼(Schiemann)反应而得。用干燥的亚硝酸钠与苯胺在无水氟化氢中作用,然后使重氮化合物溶液保持40℃以下,收率为80%。三氟醋酐与环己烷为原料,经加成反应,然后与氟化氢反应生成1,1-二氟环己烷和三氟乙酸。1,1-二氟环己烷再经脱氢、脱氟化氢,即得氟苯。

【包装储运及工程控制事项】 密封、阴凉保存。

【安全与毒性】 易燃,遇明火、高热或与氧化剂接触,有引起燃烧爆炸的危险。其蒸气密度比空气大,能在较低处扩散到相当远的地方,遇明火会引着回燃。吸入、口服或经皮肤吸收后对身体有害,其毒性作用可能近似苯。

9.11 2-氟甲苯

中文名:2-氟甲苯

中文别名:邻氟甲苯

英文名:2-fluorotoluene;

英文别名:o-fluorotoluene

CAS号:95-52-3

分子式:C_7H_7F

分子结构:

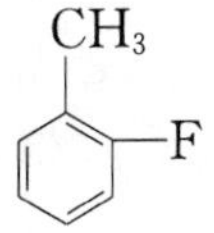

相对分子质量:110.13

【理化特性】 无色液体。溶于乙醇、乙醚、丙酮、苯等。熔点:－62℃;沸点:113～114℃;闪点:8℃。相对密度为1.00。禁忌物:强氧化剂。

【相关图谱】

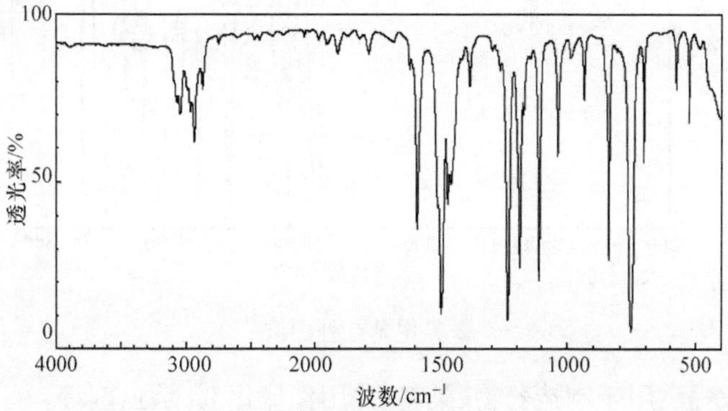

2-氟甲苯红外图谱

【主要用途】 用于有机合成,中间体。

【包装储运及工程控制事项】 镀锌桶包装,储放在通风、阴凉处。

【安全与毒性】 其蒸气与空气形成爆炸性混合物,遇明火、高热能引起燃烧爆炸。与氧化剂能发生强烈反应。其蒸气密度比空气大,能在较低处扩散到相当远的地方,遇火源引着回燃。若遇高热,容器内压增大,有开裂和爆炸的危险。吸入、摄入或经皮肤吸收后对身体有害。引起眼睛、皮肤、黏膜和呼吸道的刺激作用。

9.12 3-氟甲苯

中文名:3-氟甲苯

中文别名:间氟甲苯

英文名:3-fluorotoluene;

英文别名:*m*-fluorotoluene

CAS号:352-70-5

分子式:C_7H_7F

分子结构:

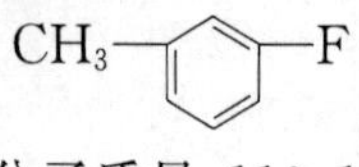

相对分子质量:110.13

【理化特性】 无色至浅黄色液体,芳香气味。不溶于水,溶于乙醇、乙醚、丙酮、苯、四氯化碳等。熔点:－87℃;沸点:115℃;闪点:9～12℃。相对密度为0.99。禁忌物:强氧化剂。

【相关图谱】

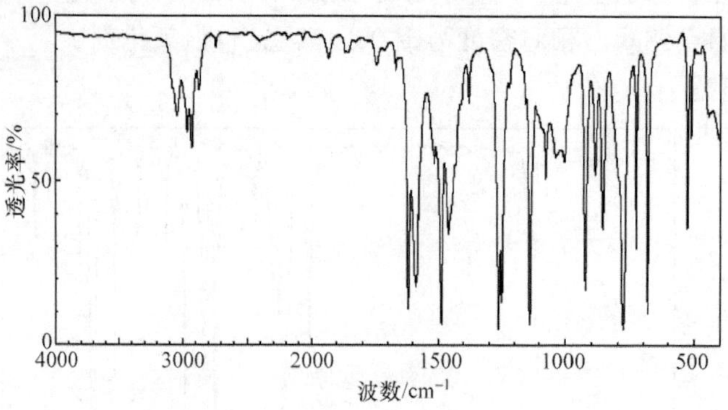

3-氟甲苯红外图谱

【主要用途】 用于制造药物、染料,并用作硫化剂、杀虫剂等。

【制备】 由 ω,ω,ω-三氯甲苯与氟化物反应而得。

【安全与毒性】 其蒸气与空气形成爆炸性混合物，遇明火、高热能引起燃烧爆炸。与氧化剂能发生强烈反应。其蒸气密度比空气大，能在较低处扩散到相当远的地方，遇火源引着回燃。若遇高热，容器内压增大，有开裂和爆炸的危险。吸入、摄入或经皮肤吸收后对身体有害。其蒸气或烟雾对眼睛、皮肤、黏膜和呼吸道有刺激作用。

9.13　4-氟甲苯

中文名：4-氟甲苯

中文别名：对氟甲苯

英文名：4-fluorotoluene；

英文别名：*p*-fluorotoluene

CAS 号：352-32-9

分子式：C_7H_7F

分子结构：

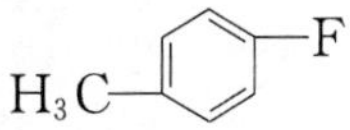

相对分子质量：110.13

【理化特性】 无色至浅棕色液体。溶于乙醇、乙醚、丙酮、苯等。熔点：−56℃；沸点：117℃；闪点：<23℃。相对密度为 1.00。禁忌物：强氧化剂。

【相关图谱】

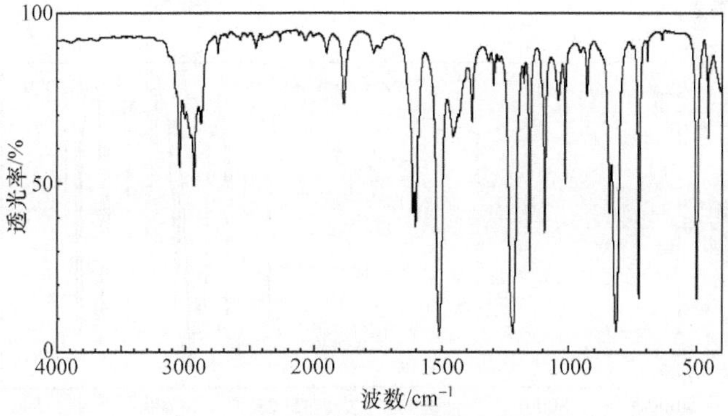

4-氟甲苯红外图谱

【主要用途】 用于有机合成用于医药、农药、染料、杀虫剂的中间体。

【制备】 由对氨基甲苯重氮化后再分解制得。

【包装储运及工程控制事项】 库房通风低温干燥。与氧化剂分开储运存放。

【安全与毒性】 其蒸气与空气形成爆炸性混合物，遇明火、高热能引起燃烧爆炸。与氧化剂能发生强烈反应。其蒸气密度比空气大，能在较低处扩散到相当远的地方，遇火源引着回燃。若遇高热，容器内压增大，有开裂和爆炸的危险。吸入、摄入或经皮肤吸收后对身体有害。其蒸气或烟雾对眼睛、皮肤、黏膜和呼吸道有刺激作用。

9.14 间三氟甲基氯苯

中文名：间三氟甲基氯苯

英文名：3-chlorobenzotrifluoride

英文别名：3-chlorotrifluoromethylbenzene

CAS 号：98-15-7

化学式：$C_7H_4ClF_3$

分子结构：

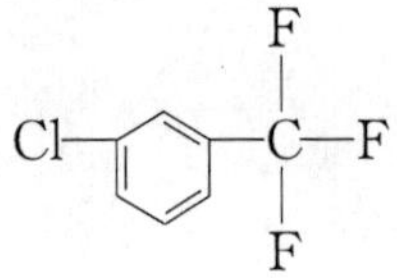

相对分子质量：108.56

【理化特性】 无色透明液体。溶于部分有机溶剂。熔点：－51.9℃；沸点：138.1℃；闪点：36℃。相对密度为 1.344。禁忌物：强氧化剂、潮湿空气。

【相关图谱】

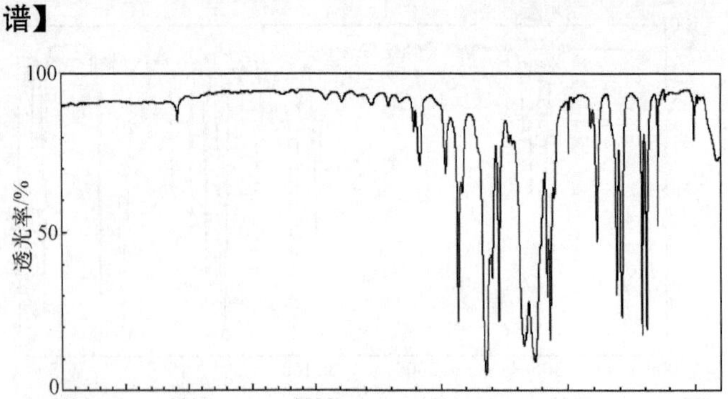

间三氟甲基氯苯红外图谱

【主要用途】 用作农药、染料、颜料、医药及有机合成中间体，有机溶剂和染料。

【包装储运及工程控制事项】 储存于阴凉、干燥、通风良好的库房。远离火种和热源。仓温不宜超过 30℃。保持容器密封。防止阳光直射。应与氧化剂分开存放。禁止使用易产生火花的机械设备和工具。配备相应品种和数量的消防器材。罐储时要有防火防爆技术措施。储存间内的照明和通风等设施应采用防爆型,开关设在仓外。充装要控制流速,注意防止静电积聚。操作现场不得吸烟、饮水、进食。搬运时要轻装轻卸,防止包装及容器损坏。分装和搬运作业要注意个人防护。

【安全与毒性】 高闪点易燃液体,遇高热、明火或氧化剂,有引起燃烧的危险。遇水或高热能放出大量有毒的气体。与空气中水分接触能释放出有毒和腐蚀性氯化氢气体。吸入、摄入或经皮肤吸收对身体有害。高浓度时,对眼睛、皮肤、黏膜和上呼吸道有强烈刺激作用。

9.15 溴　苯

中文名:溴苯

中文别名:苯基溴

英文名:bromobenzene

CAS 号:108-86-1

化学式:C_6H_5Br

分子结构:

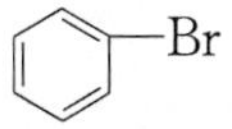

相对分子质量:157.00

【理化特性】 无色液体,有果子香气。不溶于水,溶于甲醇、乙醚、丙酮、苯、四氯化碳等多数有机溶剂。熔点:−30.7℃;沸点:156.2℃;闪点:51℃。相对密度为 1.50。爆炸下限:1.6%。禁忌物:强氧化剂。

【相关图谱】

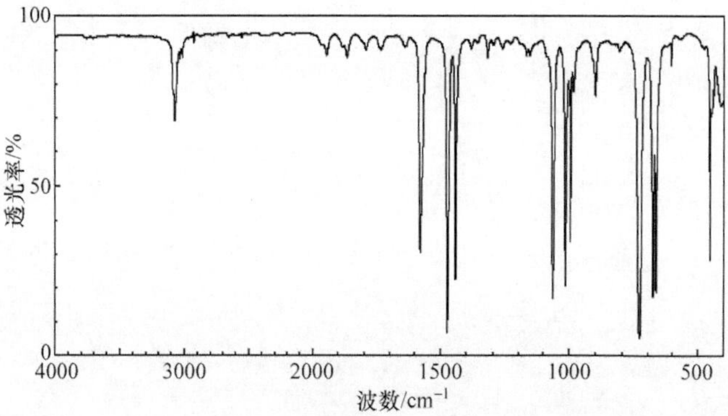

溴苯红外图谱

【主要用途】 用于溶剂、分析试剂和有机合成等。

【制备】 由苯与溴反应而得。

【包装储运及工程控制事项】 储存于阴凉、通风的仓间内。远离火种和热源；防止阳光直射。保持容器密封。应与氧化剂分开存放。储存间内的照明和通风等设施应采用防爆型，开关设在仓外。禁止使用易产生火花的机械设备和工具。配备相应品种和数量的消防器材。罐储时要有防火防爆技术措施。充装时要控制流速，注意防止静电积聚。搬运时要轻装轻卸，防止包装及容器损坏。

【安全与毒性】 高闪点易燃液体，遇明火、高热能引起燃烧爆炸。与氧化剂能发生强烈反应。若遇高热，容器内压增大，有开裂和爆炸的危险。刺激上呼吸道，引起咳嗽、胸部不适。高浓度吸入有麻醉作用。液体或雾对眼睛有刺激性。较长时间接触对皮肤有刺激性。口服引起恶心、呕吐、腹痛、腹泻、头痛、迟钝、中枢神经系统影响，甚至发生死亡。

第 10 章　醇酮类液体

醇、酮都是有机化合物的一大类，醇是脂肪烃、脂环烃或芳香烃侧链中的氢原子被羟基取代而成的化合物，酮是羰基碳原子上结合着两个相同或不同烃基的羰基化合物。通常意义上，醇是指羟基与一个脂肪族烃基相连而成的化合物；羟基与苯环相连，则由于化学性质与普通的醇有所不同而分类为酚；羟基与杂化的双键碳原子相连，属烯醇类，该类化合物会互变异构为酮，因此大多无法稳定存在。醇酮类化合物化学性质活泼，醇类可以氧化或者脱氢成为酮羰基，酮羰基也能进行亲核加成反应，但一般比醛羰基的活泼性稍差，不能被弱氧化剂氧化。通常醇酮在工业中大量用于溶剂、聚合物及医药的生产，其中应用最多的是乙醇、丙醇、丙酮、丁酮及环已酮。生物化学中醇酮类也是常见的物质。此类物质容易挥发，暴露于空气中很容易扩散。人和动物吸入或皮肤接触大量的该类化合物进入生物体内，会引起中毒。建议使用时戴橡胶手套和化学安全防护眼镜。如果不幸吸入中毒，应迅速将患者移至空气新鲜处，以保证呼吸通畅；若皮肤中毒，应换去被污染的衣服和鞋袜，用肥皂水和清水反复清洗皮肤和头发；若有昏迷等严重情况，应由专人护送至医院及时救治。

10.1　甲　　醇

中文名称：甲醇

中文别名：木酒精

英文名称：methyl alcohol

英文别名：methanol

CAS 号：67-56-1

化学式：CH_4O

结构式：

$CH_3—OH$

相对分子质量：32.04

【理化特性】　无色澄清液体，有刺激性气味。溶于水，可混溶于醇、醚等多数有机溶剂。熔点：－97.8℃；沸点：64.8℃；闪点：40.6℃。相对密度为 0.79。爆炸上限：44.0％；爆炸下限：5.5％。禁忌物：酸类、酸酐、强氧化剂、碱金属。

【相关图谱】

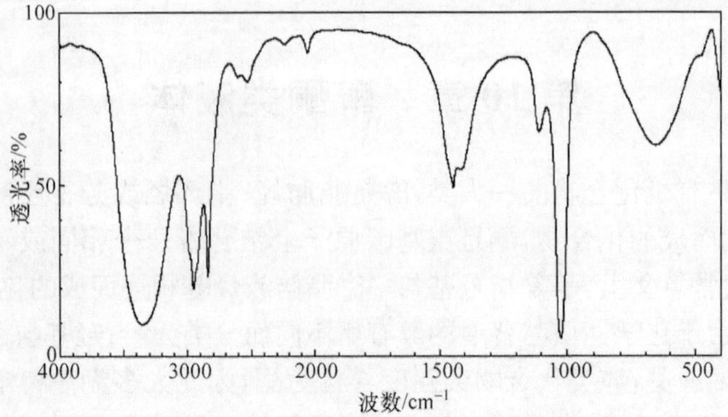

甲醇红外图谱

【主要用途】 用于制甲醛、香精、染料、医药、火药、防冻剂等。

【制备】 工业上合成甲醇几乎全部采用一氧化碳加压催化加氢的方法，工业工艺包括造气、合成净化、甲醇合成和粗甲醇精馏等工序。

【包装储运及工程控制事项】 包装方法：小开口钢桶；安瓿瓶外普通木箱；螺纹口玻璃瓶、铁盖压口玻璃瓶、塑料瓶或金属桶（罐）外普通木箱。储存于阴凉、通风的库房。远离火种和热源。库温不宜超过 30℃。保持容器密封。应与氧化剂、酸类、碱金属等分开存放，切忌混储。采用防爆型照明和通风设施。禁止使用易产生火花的机械设备和工具。储区应备有泄漏应急处理设备和合适的收容材料。本品铁路运输时限使用钢制企业自备罐车装运，装运前需报有关部门批准。运输车辆应配备相应品种和数量的消防器材及泄漏应急处理设备。夏季最好早晚运输。运输时所用的槽（罐）车应有接地链，槽内可设孔隔板以减少振荡产生静电。严禁与氧化剂、酸类、碱金属、食用化学品等混装混运。运输途中应防暴晒、雨淋，防高温。中途停留时应远离火种、热源和高温区。装运该物品的车辆排气管必须配备阻火装置，禁止使用易产生火花的机械设备和工具装卸。公路运输时要按规定路线行驶，勿在居民区和人口稠密区停留。铁路运输时要禁止溜放。严禁用木船、水泥船散装运输。工程控制：生产过程密闭，加强通风。

【安全与毒性】 中闪点易燃液体，易燃，其蒸气与空气可形成爆炸性混合物，遇明火、高热能引起燃烧爆炸。与氧化剂接触发生化学反应或引起燃烧。在火场中，受热的容器有爆炸危险。其蒸气密度比空气大，能在较低处扩散到相当远的地方，遇火源着火回燃。对中枢神经系统有麻醉作用。对视神经和视网膜有特殊选择作用，引起病变。可致代谢性酸中毒。

急性中毒：短时大量吸入出现轻度上呼吸道刺激症状（口服有胃肠道刺激症状）。经一段时间潜伏期后出现头痛、头晕、乏力、眩晕、酒醉感、意识蒙眬、谵妄，甚至昏迷。视神经及视网膜病变,可有视物模糊、复视等,重者失明。代谢性酸中毒时出现二氧化碳结合力下降、呼吸加速等。慢性影响:神经衰弱综合征、自主神经功能失调、黏膜刺激、视力减退等。皮肤出现脱脂、皮炎等。

10.2　甲基异丁基甲醇

中文名:甲基异丁基甲醇

中文别名:1,3-二甲基丁醇

英文名:methyl isobutyl carbinol

英文别名:1,3-dimethylbutanol

CAS 号:108-11-2

化学式:$C_6H_{14}O$

结构式:

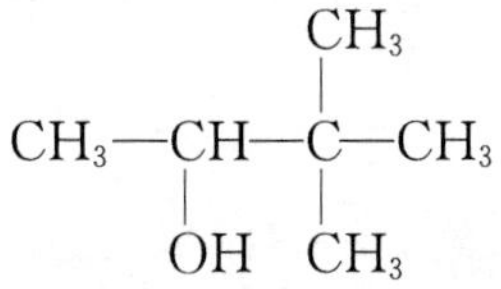

相对分子质量:102.18

【理化特性】　无色透明液体,有强的刺激性气味。溶于水,溶于乙醇、烃类等多数有机溶剂。熔点:－90℃;沸点:133.5℃;闪点:41℃。相对密度为 0.81。爆炸上限:5.5%;爆炸下限:1.0%。禁忌物:强氧化剂。

【相关图谱】

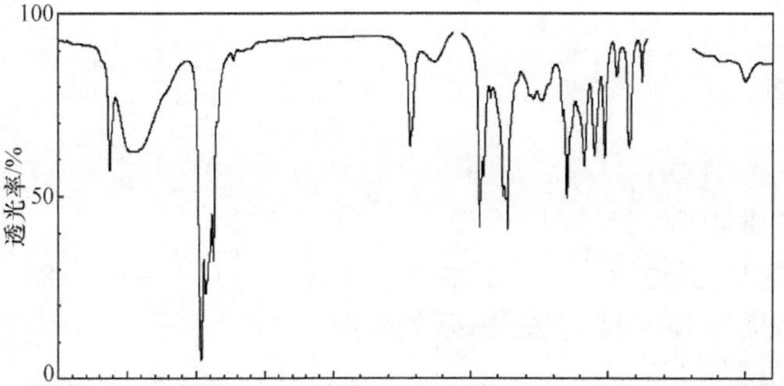

甲基异丁基甲醇红外图谱

【主要用途】 用于制造泡沫剂、浮选剂及添加剂、润滑剂、溶剂、稳定剂、喷漆和用于有机合成。

【制备】 丙酮在碱性催化剂存在下加压缩合脱水,甲基-异丁基酮经镍催化剂加氢制成。

【包装储运及工程控制事项】 储存于阴凉、通风的仓间内。远离火种和热源。仓温不宜超过30℃。防止阳光直射。保持容器密封。应与氧化剂、酸类、碱类分开存放。采用防爆型照明和通风设施。搬运时要轻装轻卸,防止包装及容器损坏。工程控制:生产过程密闭,全面通风。

【安全与毒性】 高闪点易燃液体,其蒸气与空气可形成爆炸性混合物,遇明火、高热能引起燃烧爆炸。与氧化剂可发生反应。受热放出辛辣的烟气。其蒸气密度比空气大,能在较低处扩散到相当远的地方,遇火源会着火回燃。若遇高热,容器内压增大,有开裂和爆炸的危险。高浓度蒸气对眼、鼻、喉和肺有刺激性,并抑制中枢神经系统而呈现麻醉作用,如长时间麻醉可因呼吸衰竭而致死。对眼有强烈刺激性,可导致永久性失明。液体对皮肤有轻度刺激性,可经皮肤吸收引起中毒。

10.3　环丙基甲醇

中文名:环丙基甲醇

中文别名:羟甲基环丙烷

英文名:cyclopropyl carbinol

英文别名:cyclopropanemethanol

CAS号:2516-33-8

化学式:C_4H_8O

分子结构:

相对分子质量:72.11

【理化特性】 无色液体。溶于水、醇。熔点:－60℃;沸点:123～124℃;闪点:35℃。相对密度为1.004。禁忌物:强氧化剂。

【相关图谱】 见下页。

【主要用途】 用作有机合成试剂。

【制备】 由烯丙醇与重氮甲烷反应或与二碘甲烷和锌铜偶反应制得。

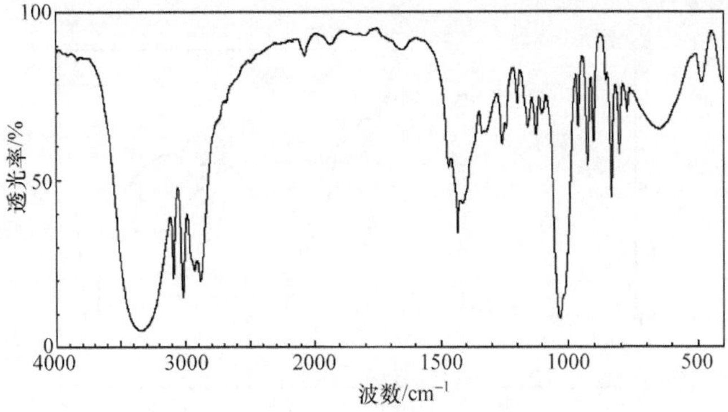

环丙基甲醇红外图谱

【包装储运及工程控制事项】 包装方法：小开口钢桶；安瓿瓶外普通木箱；螺纹口玻璃瓶、铁盖压口玻璃瓶、塑料瓶或金属桶(罐)外普通木箱；螺纹口玻璃瓶、塑料瓶或镀锡薄钢板桶(罐)外满底板花格箱、纤维板箱或胶合板箱。储存于阴凉、通风的库房。远离火种和热源。防止阳光直射。库温不宜超过 30℃。保持容器密封。应与氧化剂、食用化学品分开存放，切忌混储。采用防爆型照明和通风设施。禁止使用易产生火花的机械设备和工具。储区应备有泄漏应急处理设备和合适的收容材料。

【安全与毒性】 易燃，其蒸气与空气混合能形成爆炸性混合物。吸入、摄入或经皮肤吸收后对身体有害。对眼睛和皮肤有刺激作用。

10.4　1-丙醇

中文名：1-丙醇

中文别名：正丙醇

英文名：1-propyl alcohol

英文别名：*n*-propanol

CAS 号：71-23-8

化学式：C_3H_8O

分子结构：

$$CH_3—CH_2—CH_2—OH$$

相对分子质量：60.10

【理化特性】 无色澄清液体，有类似乙醇的气味。能与水、乙醇和乙醚混溶。熔点：－127℃；沸点：97℃；闪点：15℃。相对密度为 0.8053。爆炸上限：13.5％；爆炸下限：2.1％。禁忌物：强氧化剂、酸酐、酸类、卤素。

【相关图谱】

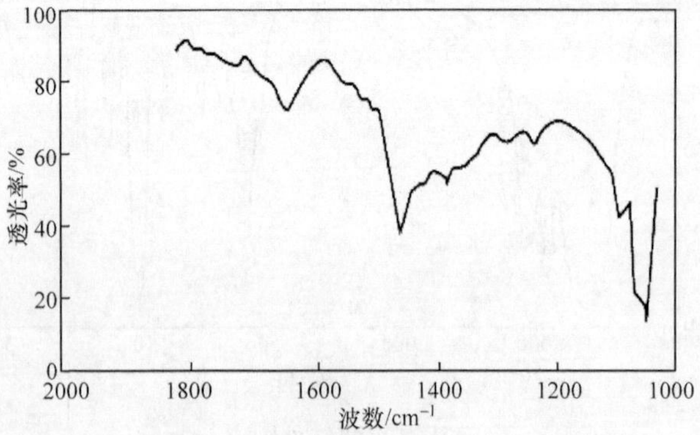

1-丙醇红外图谱

【主要用途】 用作溶剂及用于制药、油漆和化妆品等。

【制备】 从异丙醇副产物中回收法:丙烯直接水合制异丙醇时,副产正丙醇,从中回收制正丙醇。环氧丙烷加氢法。丙醛加氢法:由丙醛、丙烯醛加氢制正丙醇和烯丙醇。烯丙醇加氢法。甲醇法。乙烯羰基合成法。

【包装储运及工程控制事项】 储存于阴凉、通风的仓库内。远离火种和热源。仓温不宜超过30℃。防止阳光直射。保持容器密封。应与氧化剂分开存放。储存间内的照明和通风等设施应采用防爆型,开关设在仓外。配备相应品种和数量的消防器材。桶装堆垛不可过大,应留墙距、顶距及必要的防火检查走道。罐储时要有防火防爆技术措施。禁止使用易产生火花的机械设备和工具。灌装时应注意流速(不超过3m/s),且有接地装置,防止静电积聚。搬运时要轻装轻卸,防止包装及容器损坏。

【安全与毒性】 其蒸气与空气形成爆炸性混合物,遇明火、高热能引起燃烧爆炸。与氧化剂能发生强烈反应或引起燃烧。若遇高热,容器内压增大,有开裂和爆炸的危险。

10.5 2-丙醇

中文名:2-丙醇

中文别名:异丙醇

英文名:2-propanol;

英文别名:isopropyl alcohol

CAS号:67-63-0

化学式：C_3H_8O

分子结构：

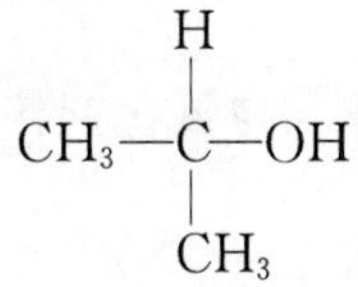

相对分子质量：60.10

【理化特性】 无色液体。溶于水、醇醚、苯、氯仿等多数有机溶剂。熔点：−89.5℃；沸点：95.8℃；闪点：15℃。相对密度为 0.79。爆炸上限：7.99%；爆炸下限：2.02%。禁忌物：强氧化剂、酸类、酸酐、卤素。

【相关图谱】

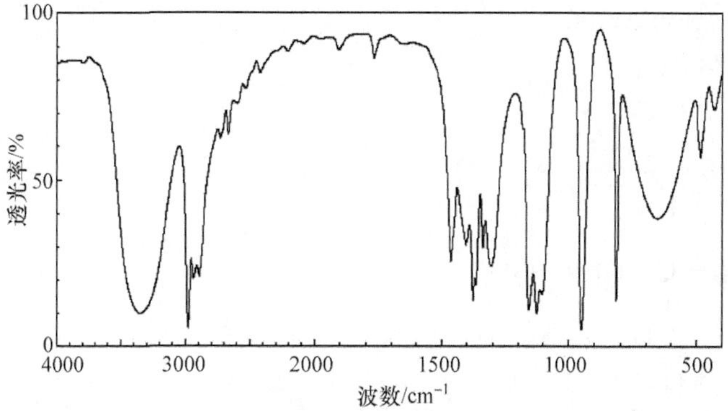

2-丙醇红外图谱

【主要用途】 用于制药、化妆品、塑料、香料、涂料等。

【制备】 间接水合法：将含丙烯 50%以上的原料气通入吸收塔，在 50℃和低压下用 75%～85%的浓硫酸进行吸收反应，生成硫酸氢异丙酯。加水将吸收液稀释到硫酸含量为 35%后，在解吸塔中用低压蒸汽将硫酸氢异丙酯水解成异丙醇。经粗蒸塔蒸馏到异丙醇与水的共沸组成，含异丙醇 87%左右。继续用蒸馏塔蒸浓到 95%，用苯萃取、分离水后再蒸馏，可得含异丙醇 99%以上的成品。直接水合法：将丙烯和水分别加压到 1.96MPa，并预热到 200℃，混合后加入反应器，进行水合反应。反应器内装有磷酸硅藻土催化剂，反应温度为 95℃，压力为 0.96MPa，水与丙烯的物质的量比为 0.7∶1，丙烯的单程转化率为 5.2%，选择性为 99%。反应气体经中和换热后送到高压冷却器和高压分离器，气相中的异丙醇在回收塔中用去离子水喷淋回收，未反应的气体经循环压缩机加压后循环使用（保持循环系统中丙烯含量 85%）；液相为低浓度异丙醇（15%～17%），经粗蒸塔蒸馏得 85%～87%的异丙醇水溶液，再经蒸馏塔蒸浓到 95%，然后用苯萃取提浓到

99%以上。

【包装储运及工程控制事项】 密封于阴凉干燥处避光保存，远离热源，控制温度不超过30℃。可用铁、软钢、铜或铝制容器储存。

【安全与毒性】 易燃，遇明火、高热能引起燃烧爆炸。与氧化剂接触会猛烈反应。

10.6　2-甲基-1-丙醇

中文名称：2-甲基-1-丙醇

中文别名：异丁醇

英文名称：2-methyl propanol

英文别名：isobutyl alcohol

CAS号：78-83-1

化学式：$C_4H_{10}O$

分子结构：

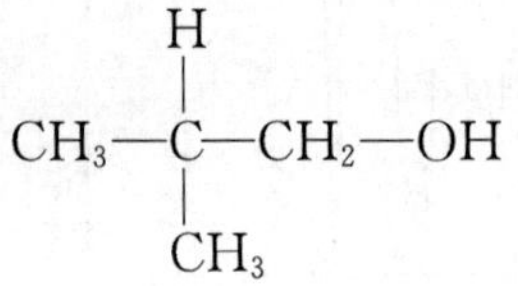

相对分子质量：74.12

【理化特性】 无色透明液体，微有戊醇味。溶于水，易溶于醇、醚。熔点：−108℃；沸点：107.9℃；闪点：27℃。相对密度为0.81。爆炸上限：10.6%；爆炸下限：1.7%。禁忌物：强酸、强氧化剂、酸酐、酰基氯。

【相关图谱】

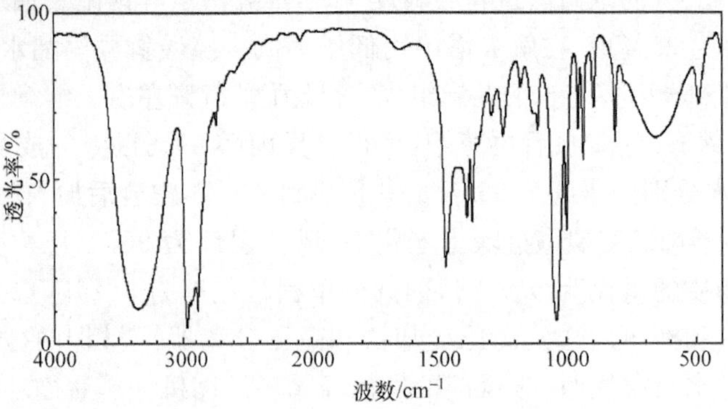

2-甲基-1-丙醇红外图谱

【主要用途】　主要用作溶剂，用于有机合成。

【制备】　丙烯与合成气为原料，经羰基合成制得正、异丁醛，脱催化剂后，加氢成正、异丁醇，经脱水分离，分别得到正、异丁醇。异丁醛的镍催化下，进行液相加氢反应，得到异丁醇。从生产甲醇厂副产的异丁基油中回收。以工业品异丁醇为原料，加入氧化钙脱水干燥后蒸出异丁醇。

【包装储运及工程控制事项】　包装方法：小开口钢桶；薄钢板桶或镀锡薄钢板桶（罐）外花格箱；安瓿瓶外普通木箱；螺纹口玻璃瓶、铁盖压口玻璃瓶、塑料瓶或金属桶（罐）外普通木箱；螺纹口玻璃瓶、塑料瓶或镀锡薄钢板桶（罐）外满底板花格箱、纤维板箱或胶合板箱。储存于阴凉、通风的库房。远离火种和热源。库温不宜超过 30℃。保持容器密封。应与氧化剂、酸类等分开存放，切忌混储。采用防爆型照明和通风设施。禁止使用易产生火花的机械设备和工具。储区应备有泄漏应急处理设备和合适的收容材料。运输车辆应配备相应品种和数量的消防器材及泄漏应急处理设备。夏季最好早晚运输。运输时所用的槽（罐）车应有接地链，槽内可设孔隔板以减少振荡产生静电。严禁与氧化剂、酸类、食用化学品等混装混运。运输途中应防暴晒、雨淋，防高温。中途停留时应远离火种、热源和高温区。装运该物品的车辆排气管必须配备阻火装置，禁止使用易产生火花的机械设备和工具装卸。公路运输时要按规定路线行驶，勿在居民区和人口稠密区停留。铁路运输时要禁止溜放。严禁用木船、水泥船散装运输。工程控制：生产过程密闭，全面通风。提供安全淋浴和洗眼设备。

【安全与毒性】　高闪点易燃液体，易燃，其蒸气与空气可形成爆炸性混合物，遇明火、高热能引起燃烧爆炸。受热分解放出有毒气体。与氧化剂能发生强烈反应。在火场中，受热的容器有爆炸危险。

健康危害：较高浓度蒸气对眼睛、皮肤、黏膜和上呼吸道有刺激作用。眼角膜表层形成空泡，还可引起食欲减退和体重减轻。涂于皮肤，引起局部轻度充血及红斑。本品对眼睛、皮肤有刺激作用。

10.7　2-甲基烯丙醇

中文名称：2-甲基烯丙醇

中文别名：间甲基环己醇

英文名称：3-methylcyclohexanol

英文别名：m-methylcyclohexanol

CAS 号：513-42-8

化学式：$C_7H_{14}O$

分子结构：

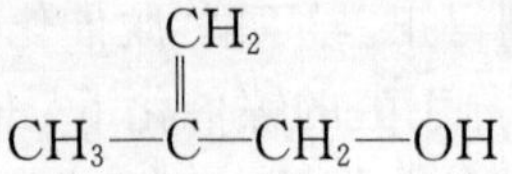

相对分子质量：114.19

【理化特性】 无色透明液体，具有类似薄荷的气味。可混溶于普通溶剂。熔点：－47℃；沸点：173～175.3℃；闪点：＜61℃。相对密度为 0.91。禁忌物：强氧化剂、酰基氯、酸酐。

【相关图谱】

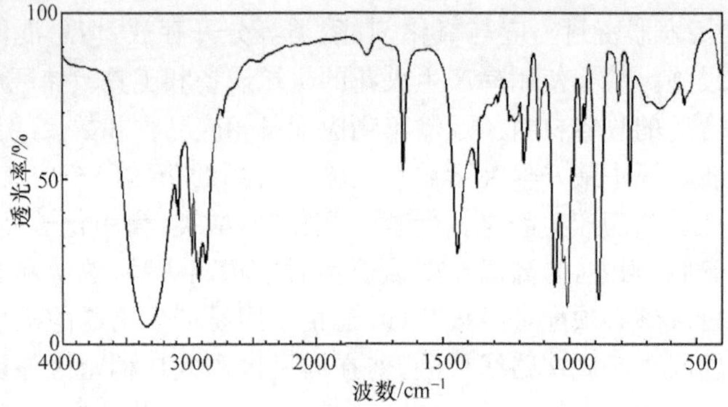

2-甲基烯丙醇红外图谱

【主要用途】 用作橡胶、油、树脂、蜡及喷漆等的溶剂，也作为润滑剂的抗氧剂。

【包装储运及工程控制事项】 包装方法：小开口钢桶；安瓿瓶外普通木箱；螺纹口玻璃瓶、铁盖压口玻璃瓶、塑料瓶或金属桶（罐）外普通木箱；螺纹口玻璃瓶、塑料瓶或镀锡薄钢板桶（罐）外满底板花格箱、纤维板箱或胶合板箱。储存于阴凉、通风的库房。远离火种和热源。库温不宜超过 30℃。应与氧化剂、食用化学品分开存放，切忌混储。采用防爆型照明和通风设施。禁止使用易产生火花的机械设备和工具。储区应备有泄漏应急处理设备和合适的收容材料。运输车辆应配备相应品种和数量的消防器材及泄漏应急处理设备。夏季最好早晚运输。运输时所用的槽（罐）车应有接地链，槽内可设孔隔板以减少振荡产生静电。严禁与氧化剂、食用化学品等混装混运。运输途中应防暴晒、雨淋，防高温。中途停留时应远离火种、热源和高温区。装运该物品的车辆排气管必须配备阻火装置，禁止使用易产生火花的机械设备和工具装卸。公路运输时要按规定路线行驶。铁路运输时要禁止溜放。严禁用木船、水泥船散装运输。工程控制：生产过程密闭，全面通风。

【安全与毒性】 高闪点易燃液体，其蒸气与空气可形成爆炸性混合物，遇明火、高热能引起燃烧爆炸。与氧化剂可发生反应。接触氧化剂会发生爆炸。在火场中，受热的容器有爆炸危险。其蒸气密度比空气大，能在较低处扩散到相当远的地方，遇火源着火回燃。人接触过高浓度本品，可引起头痛，眼及上呼吸道刺激。液体对皮肤有刺激性。

10.8 正 丁 醇

中文名：正丁醇

中文别名：丁醇

英文名：butyl alcohol

英文别名：1-butanol

CAS 号：71-36-3

化学式：$C_4H_{10}O$

分子结构：

$$CH_3—CH_2—CH_2—CH_2—OH$$

相对分子质量：74.12

【理化特性】 无色透明液体，具有特殊气味。微溶于水，溶于乙醇、醚等多数有机溶剂。熔点：−88.9℃；沸点：117.25℃；闪点：35℃(闭口)，40℃(开口)。相对密度为 0.8098。爆炸上限：11.2%；爆炸下限：1.4%。禁忌物：强酸、酰基氯、酸酐、强氧化物。

【相关图谱】

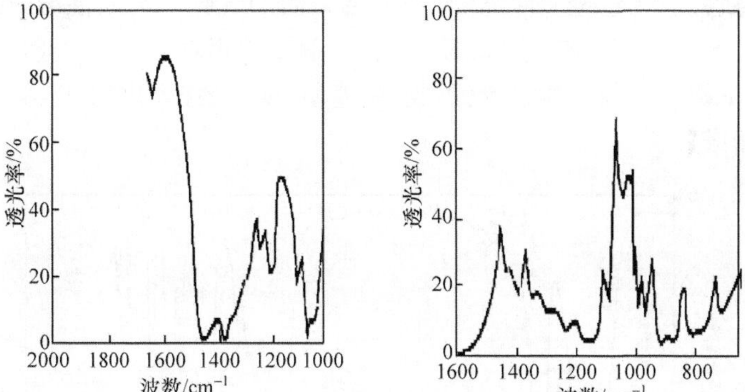

正丁醇红外图谱

【主要用途】 用于制取酯类、塑料增塑剂、医药、喷漆，或用作溶剂。

【制备】 正丁醇的工业制法主要有发酵法、丙烯羰基合成法和乙醛醇醛缩合法三种。此外，由乙烯制高级脂肪醇的副产品正丁醇。

【包装储运及工程控制事项】 储存于阴凉、通风的库房。远离火种和热源。

库温不宜超过 30℃。保持容器密封。应与氧化剂、酸类等分开存放，切忌混储。采用防爆型照明和通风设施。禁止使用易产生火花的机械设备和工具。储区应备有泄漏应急处理设备和合适的收容材料。工程控制：密闭操作，全面排风。

【安全与毒性】 高闪点易燃液体，易燃，其蒸气与空气可形成爆炸性混合物，遇明火、高热能引起燃烧爆炸。与氧化剂接触猛烈反应。在火场中，受热的容器有爆炸危险。属低毒类。人吸入黏膜刺激，嗅觉减退，红细胞数减少，偶见眼刺激症状，全身不适，角膜炎。

10.9　2-丁醇

中文名称：2-丁醇

中文别名：仲丁醇

英文名称：2-butyl alcohol

英文别名：sec-butyl alcohol

CAS 号：78-92-2

化学式：$C_4H_{10}O$

结构式：

$$CH_3—CH_2—\underset{\displaystyle OH}{\underset{|}{CH}}—CH_3$$

相对分子质量：74.12

【理化特性】 无色透明液体，有类似葡萄酒的气味。与水混溶，可混溶于醇、乙醚。熔点：－114.7℃；沸点：99.5℃；闪点：24℃。相对密度为 0.81。爆炸上限：9.8%；爆炸下限：1.7%。禁忌物：酸类、酰基氯、酸酐、强氧化剂、卤素。

【相关图谱】

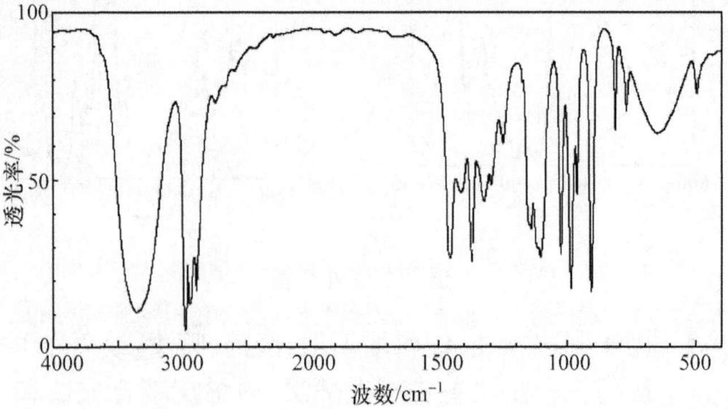

2-丁醇红外图谱

【主要用途】 用于制造甲乙酮，合成香精、染料等的原料，或用作溶剂、增塑剂、选矿剂、除草剂等。

【包装储运及工程控制事项】 包装方法：小开口钢桶；薄钢板桶或镀锡薄钢板桶（罐）外花格箱；安瓿瓶外普通木箱；螺纹口玻璃瓶、铁盖压口玻璃瓶、塑料瓶或金属桶（罐）外普通木箱；螺纹口玻璃瓶、塑料瓶或镀锡薄钢板桶（罐）外满底板花格箱、纤维板箱或胶合板箱。储存于阴凉、通风的库房。远离火种和热源。库温不宜超过 30℃。保持容器密封。应与氧化剂、酸类、卤素等分开存放，切忌混储。采用防爆型照明和通风设施。禁止使用易产生火花的机械设备和工具。储区应备有泄漏应急处理设备和合适的收容材料。运输车辆应配备相应品种和数量的消防器材及泄漏应急处理设备。夏季最好早晚运输。运输时所用的槽（罐）车应有接地链，槽内可设孔隔板以减少振荡产生静电。严禁与氧化剂、酸类、卤素、食用化学品等混装混运。运输途中应防暴晒、雨淋，防高温。中途停留时应远离火种、热源和高温区。装运该物品的车辆排气管必须配备阻火装置，禁止使用易产生火花的机械设备和工具装卸。公路运输时要按规定路线行驶，勿在居民区和人口稠密区停留。铁路运输时要禁止溜放。严禁用木船、水泥船散装运输。工程控制：生产过程密闭，全面通风。提供安全淋浴和洗眼设备。

【安全与毒性】 易燃，其蒸气与空气可形成爆炸性混合物，遇明火、高热能引起燃烧爆炸。受热分解放出有毒气体。与氧化剂能发生强烈反应。在火场中，受热的容器有爆炸危险。具有刺激和麻醉作用。大量吸入对眼、鼻、喉有刺激作用，并出现头痛、眩晕、倦怠、恶心等症状。

10.10　3-甲基-1-丁醇

中文名称：3-甲基-1-丁醇

中文别名：异戊醇

英文名称：3-methyl-1-butanol

英文别名：isoamyl alcohol

CAS 号：123-51-3

化学式：$C_5H_{12}O$

分子结构：

```
        H
        |
CH3—C—CH2—CH2—OH
        |
        CH3
```

相对分子质量：88.15

【理化特性】 无色液体，有不愉快的气味。微溶于水，可混溶于醇、醚。熔点：−117.2℃；沸点：132.5℃；闪点：43℃。相对密度为 0.81。爆炸上限：9.0%；爆炸下限：1.2%。禁忌物：强酸、强氧化剂、酸酐、酰基氯。

【相关图谱】

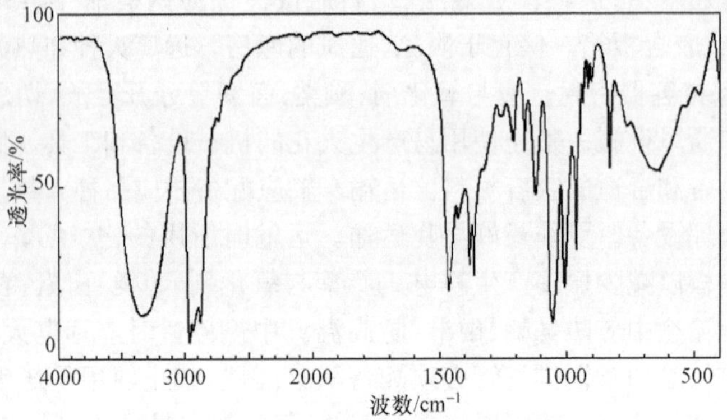

3-甲基-1-丁醇红外图谱

【主要用途】 用作照相化学药品、香精、分析试剂，或用于有机合成、制药等。

【制备】 将淀粉、糖蜜的酒精发酵副产品杂醇油进行化学处理及精馏分离得到。

【包装储运及工程控制事项】 包装方法：小开口钢桶；安瓿瓶外普通木箱；螺纹口玻璃瓶、铁盖压口玻璃瓶、塑料瓶或金属桶（罐）外普通木箱；螺纹口玻璃瓶、塑料瓶或镀锡薄钢板桶（罐）外满底板花格箱、纤维板箱或胶合板箱。储存于阴凉、通风的库房。远离火种和热源。库温不宜超过 30℃。保持容器密封。应与氧化剂、酸类等分开存放，切忌混储。采用防爆型照明和通风设施。禁止使用易产生火花的机械设备和工具。储区应备有泄漏应急处理设备和合适的收容材料。运输车辆应配备相应品种和数量的消防器材及泄漏应急处理设备。夏季最好早晚运输。运输时所用的槽（罐）车应有接地链，槽内可设孔隔板以减少振荡产生静电。严禁与氧化剂、酸类、食用化学品等混装混运。运输途中应防暴晒、雨淋，防高温。中途停留时应远离火种、热源和高温区。装运该物品的车辆排气管必须配备阻火装置，禁止使用易产生火花的机械设备和工具装卸。公路运输时要按规定路线行驶，勿在居民区和人口稠密区停留。铁路运输时要禁止溜放。严禁用木船、水泥船散装运输。工程控制：生产过程密闭，全面通风。提供安全淋浴和洗眼设备。

【安全与毒性】 高闪点易燃液体，易燃，其蒸气与空气可形成爆炸性混合物，遇明火、高热能引起燃烧爆炸。与氧化剂能发生强烈反应。在火场中，受热的容器有爆炸危险。吸入、口服或经皮肤吸收有麻醉作用。其蒸气或雾对眼睛、皮肤、黏膜和呼吸道有刺激作用，可引起神经系统功能紊乱，长时间接触有麻醉作用。

10.11　2-甲基-2-丁醇

中文名称：2-甲基-2-丁醇

中文别名：叔戊醇

英文名称：2-methyl-butanol

英文别名：tert-amyl alcohol

CAS 号：75-85-4

化学式：$C_5H_{12}O$

分子结构：

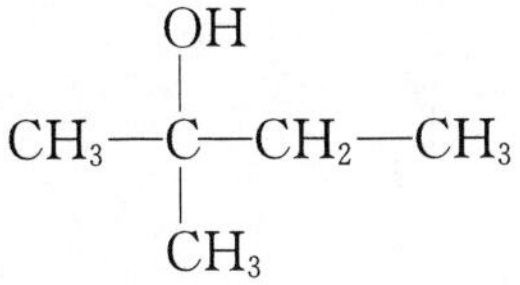

相对分子质量：88.15

【理化特性】 无色，有特殊气味和焦灼味的易挥发液体。溶于水，可混溶于乙醇、丙酮、苯、氯仿、油类。熔点：−11.9℃；沸点：101.8℃；闪点：40.6℃。相对密度为 0.8059。爆炸上限：9.0%；爆炸下限：1.2%。禁忌物：强氧化剂。

【相关图谱】

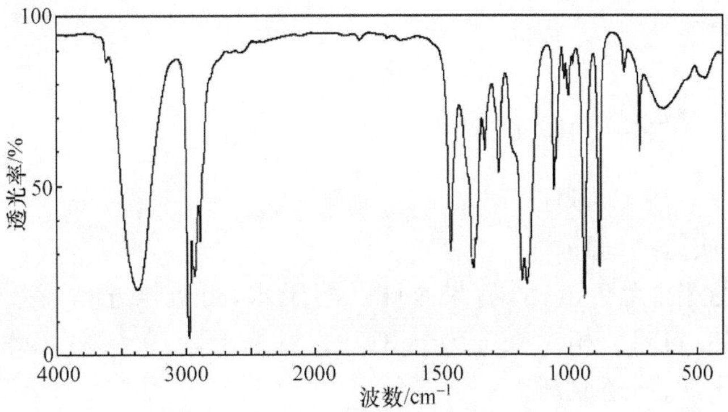

2-甲基-2-丁醇红外图谱

【主要用途】 用于合成香料、彩色胶片成色剂、溶剂、增塑剂、有色金属浮选剂等。

【制备】 以丙酮、乙炔为原料，经炔化，加氢而得。以异戊烯加水而成。由戊烷经氯水和水解后生成的混合醇分馏制得。

【包装储运及工程控制事项】 储存于阴凉、通风的仓间内。远离火种和热源。仓温不宜超高 30℃，防止阳光暴晒。保持容器密封。应与氧化剂、酸类分开存放。储存间内的照明和通风等设施应采用防爆型，开关设在仓外。禁止使用易产生火花的机械设备和工具。配备相应品种和数量的消防器材。搬运时要轻装轻卸，防止包装及容器损坏。操作现场不得吸烟、饮水、进食。分装和搬运作业要注意个人防护。工程控制：生产过程密闭，加强通风。

【安全与毒性】 高闪点易燃液体，其蒸气与空气形成爆炸性混合物，遇明火、高热能引起燃烧爆炸。与强氧化剂发生反应，可引起燃烧。其蒸气密度比空气大，能在较低处扩散到相当远的地方，遇明火会引着回燃。若遇高热，容器内压增大，有开裂和爆炸的危险。对眼睛、皮肤和黏膜有刺激作用。一般临床症状有头痛、眩晕、乏力、恶心、呕吐等。浓度高时有麻醉作用，可经皮肤吸收引起中毒。

10.12　3-甲基-2-丁醇

中文名称：3-甲基-2-丁醇

中文别名：异丙基甲基甲醇

英文名称：3-methyl-2-butanol

英文别名：isopropylmethylcarbinol

CAS 号：598-75-4

化学式：$C_5H_{12}O$

分子结构：

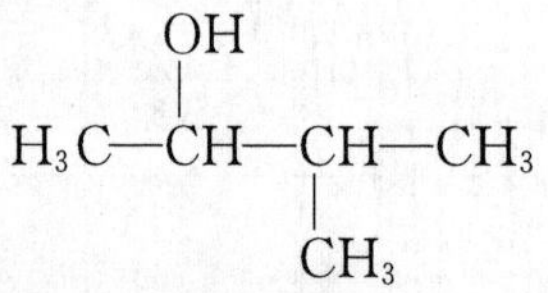

相对分子质量：88.15

【理化特性】 无色液体，有果香味。溶于水，可混溶于醇、醚。沸点：113～114℃；闪点：39.44℃。相对密度为 0.8179。爆炸上限：9.0%；爆炸下限：1.2%。禁忌物：强氧化剂、强还原剂。

【相关图谱】 见下页。

【主要用途】 用作溶剂、照相化学药品、香精原料及分析试剂。

【制备】 2-溴丙烷和乙醚配成的溶液，滴加到乙醚和镁的混合物中，冷却反应物，缓缓加入乙醛和乙醚配成的溶液。将反应混合物导入碎冰中使镁盐分解，用倾析法除去过量的镁，用硫酸溶解碱性卤化镁。分取乙醚层。

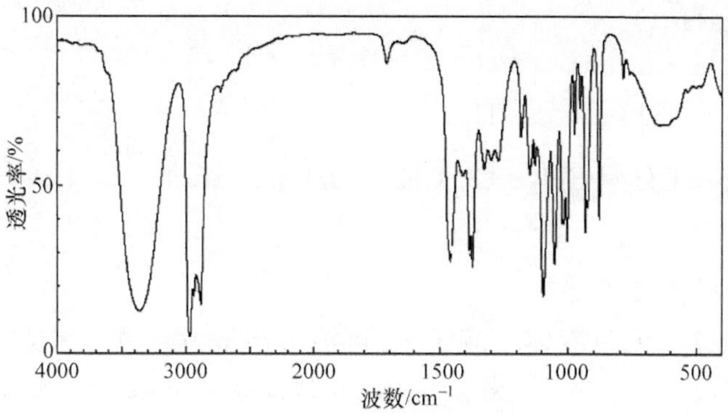

3-甲基-2-丁醇红外图谱

【包装储运及工程控制事项】 包装方法：小开口钢桶；安瓿瓶外普通木箱；螺纹口玻璃瓶、铁盖压口玻璃瓶、塑料瓶或金属桶(罐)外普通木箱；螺纹口玻璃瓶、塑料瓶或镀锡薄钢板桶(罐)外满底板花格箱、纤维板箱或胶储存于阴凉、通风的库房。远离火种和热源。防止阳光直射。库温不宜超过 30℃。保持容器密封。应与氧化剂、还原剂、食用化学品分开存放，切忌混储。采用防爆型照明和通风设施。禁止使用易产生火花的机械设备和工具。储区应备有泄漏应急处理设备和合适的收容材料。运输车辆应配备相应品种和数量的消防器材及泄漏应急处理设备。夏季最好早晚运输。运输时所用的槽(罐)车应有接地链，槽内可设孔隔板以减少振荡产生静电。严禁与氧化剂、还原剂、食用化学品等混装混运。运输途中应防暴晒、雨淋，防高温。中途停留时应远离火种、热源和高温区。装运该物品的车辆排气管必须配备阻火装置，禁止使用易产生火花的机械设备和工具装卸。公路运输时要按规定路线行驶，勿在居民区和人口稠密区停留。铁路运输时要禁止溜放。严禁用木船、水泥船散装运输。工程控制：密闭操作，局部排风。

【安全与毒性】 高闪点易燃液体，蒸气与空气可形成爆炸性混合物，遇明火、高热能引起燃烧爆炸。与氧化剂可发生反应。若遇高热，容器内压增大，有开裂和爆炸的危险。对眼睛、皮肤、黏膜和上呼吸道有刺激作用。长时间接触可引起头痛、恶心和呕吐。

10.13　2-甲基-1-戊醇

中文名称：2-甲基-1-戊醇

中文别名：2-甲基-2-丙基乙醇

英文名称：2-methyl-1-pentanol

英文别名：amyl methyl alcohol

CAS 号：105-30-6

化学式：$C_6H_{14}O$

分子结构：

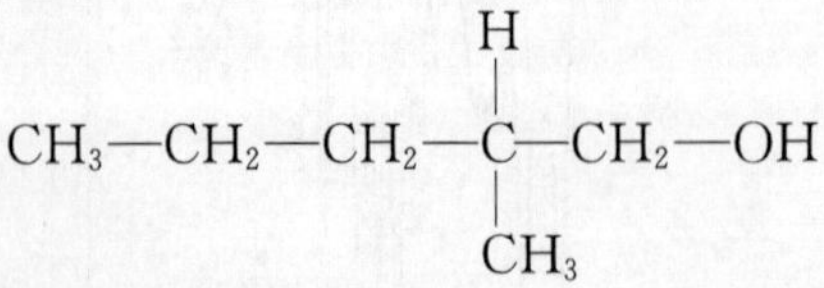

相对分子质量：102.20

【理化特性】 无色液体。溶于水，可混溶于醇、醚、酮。沸点：148℃；闪点：45.6℃。相对密度为 0.826。爆炸上限：9.6%；爆炸下限：1.1%。禁忌物：氧化剂、酸类、酰基氯。

【相关图谱】

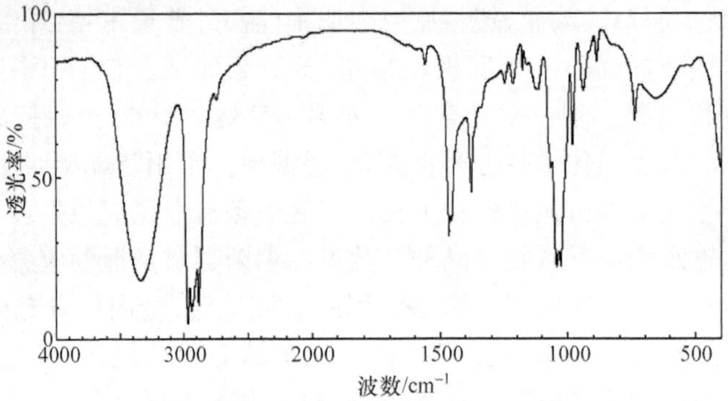

2-甲基-1-戊醇红外图谱

【主要用途】 用作溶剂及有机合成中间体。主要用作硝基喷漆、清漆的溶剂或稀释剂，也可用作燃料和油类的溶剂。

【制备】 工业上由戊烯羟基合成后，再经加氢得产品。

【包装储运及工程控制事项】 包装方法：小开口钢桶；安瓿瓶外普通木箱；螺纹口玻璃瓶、铁盖压口玻璃瓶、塑料瓶或金属桶（罐）外普通木箱；螺纹口玻璃瓶、塑料瓶或镀锡薄钢板桶（罐）外满底板花格箱、纤维板箱或胶合板箱。储存于阴凉、通风的库房。远离火种和热源。防止阳光直射。库温不宜超过 30℃。保持容器密封。应与氧化剂、酸类、酰基氯分开存放，切忌混储。采用防爆型照明和通风设施。禁止使用易产生火花的机械设备和工具。储区应备有泄漏应急处理设备和合适的收容材料。运输车辆应配备相应品种和数量的消防器材及泄漏应急处理设备。夏季最好早晚运输。运输时所用的槽（罐）车应有接地链，槽内可设孔隔板以减少振荡产生静电。严禁与氧化剂、酸类、食用化学品等混装混运。运输途中应防暴晒、雨淋，防高温。中途停留时应远离火种、热源和高温区。装运该物品的车辆排气管必须配备阻火装置，禁止使用易产生火花的机械设备和工具装卸。公路运输时要按规定路线行驶，勿在居民区和人口稠密区停留。铁路运输时要禁止溜放。严禁用木船、水泥船散装运输。工程控制：密闭操作，局部排风。

【安全与毒性】 高闪点易燃液体，其蒸气与空气可形成爆炸性混合物，遇明火、高热能引起燃烧爆炸。与氧化剂可发生反应。其蒸气密度比空气大，能在较低处扩散到相当远的地方，遇火源会着火回燃。若遇高热，容器内压增大，有开裂和爆炸的危险。对眼睛、皮肤、黏膜有刺激性。吸入、摄入或经皮肤吸收后对身体有害。

10.14　2-甲基-2-戊醇

中文名称：2-甲基-2-戊醇

中文别名：2-羟基-2-甲基戊烷

英文名称：2-methyl-2-pentanol

英文别名：2-hydroxy-2-methyl pentane

CAS 号：590-36-3

化学式：$C_6H_{14}O$

分子结构：

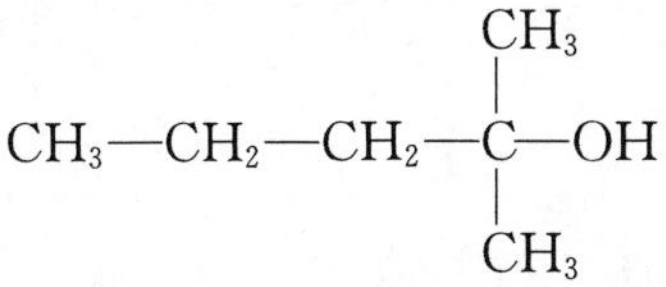

相对分子质量：102.20

【理化特性】 无色液体。微溶于水，可混溶于醇、醚。熔点：－103℃；沸点：120～122℃；闪点：21℃。相对密度为 0.8350。禁忌物：氧化剂、酸类、酸酐、酰基氯。

【相关图谱】

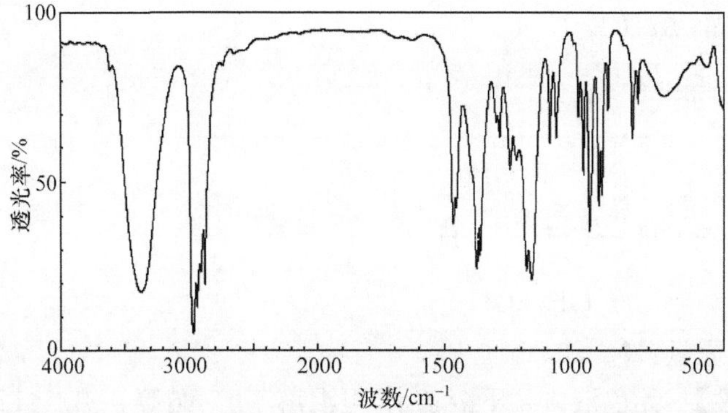

2-甲基-2-戊醇红外图谱

【主要用途】 用作溶剂，用于有机合成。

【包装储运及工程控制事项】 包装方法：小开口钢桶；安瓿瓶外普通木箱；螺纹口玻璃瓶、铁盖压口玻璃瓶、塑料瓶或金属桶（罐）外普通木箱；螺纹口玻璃瓶、塑料瓶或镀锡薄钢板桶（罐）外满底板花格箱、纤维板箱或胶合板箱。储存于阴凉、通风的库房。远离火种和热源。防止阳光直射。库温不宜超过30℃。保持容器密封。应与氧化剂、酸类、酸酐、酰基氯、食用化学品分开存放，切忌混储。采用防爆型照明和通风设施。禁止使用易产生火花的机械设备和工具。储区应备有泄漏应急处理设备和合适的收容材料。运输车辆应配备相应品种和数量的消防器材及泄漏应急处理设备。夏季最好早晚运输。运输时所用的槽（罐）车应有接地链，槽内可设孔隔板以减少振荡产生静电。严禁与氧化剂、酸类、食用化学品等混装混运。运输途中应防暴晒、雨淋，防高温。中途停留时应远离火种、热源和高温区。装运该物品的车辆排气管必须配备阻火装置，禁止使用易产生火花的机械设备和工具装卸。公路运输时要按规定路线行驶，勿在居民区和人口稠密区停留。铁路运输时要禁止溜放。严禁用木船、水泥船散装运输。工程控制：密闭操作，局部排风。

【安全与毒性】 高闪点易燃液体，其蒸气与空气可形成爆炸性混合物，遇明火、高热能引起燃烧爆炸。与氧化剂可发生反应。若遇高热，容器内压增大，有开裂和爆炸的危险。对眼睛、皮肤有刺激作用。

10.15　2-甲基-3-戊醇

中文名称：2-甲基-3-戊醇

中文别名：3-羟基异己烷

英文名称：2-methyl-3-pentanol

英文别名：3-hydroxy-isohexane

CAS号：565-67-3

化学式：$C_6H_{14}O$

分子结构：

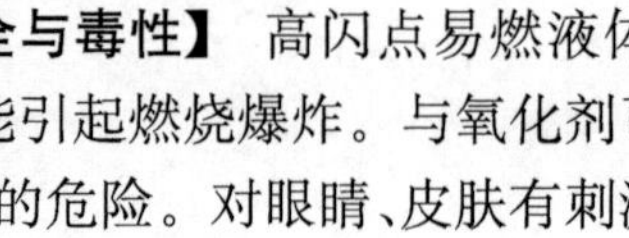

相对分子质量：102.20

【理化特性】 无色液体。不溶于水，可混溶于醇、醚等。沸点：129～130℃；闪点：36℃。相对密度为0.8243。禁忌物：氧化剂、酸类、酰基氯。

【相关图谱】

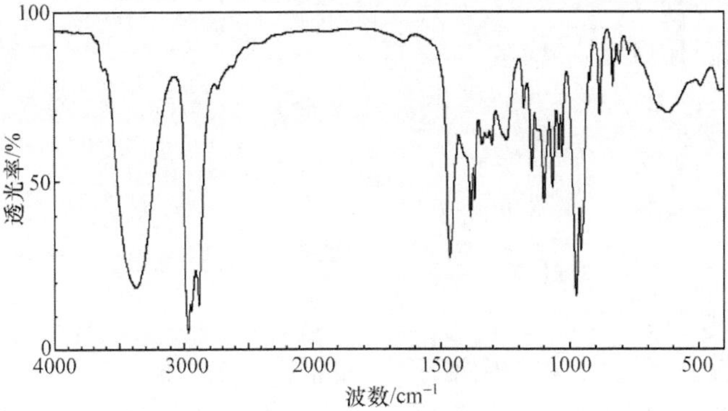

2-甲基-3-戊醇红外图谱

【主要用途】 用作溶剂，用于有机合成。

【包装储运及工程控制事项】 包装方法：小开口钢桶；安瓿瓶外普通木箱；螺纹口玻璃瓶、铁盖压口玻璃瓶、塑料瓶或金属桶（罐）外普通木箱；螺纹口玻璃瓶、塑料瓶或镀锡薄钢板桶（罐）外满底板花格箱、纤维板箱或胶合板箱。储存于阴凉、通风的库房。远离火种和热源。防止阳光直射。库温不宜超过 30℃。保持容器密封。应与氧化剂、酸类、酸酐、酰基氯、食用化学品分开存放，切忌混储。采用防爆型照明和通风设施。禁止使用易产生火花的机械设备和工具。储区应备有泄漏应急处理设备和合适的收容材料。运输车辆应配备相应品种和数量的消防器材及泄漏应急处理设备。夏季最好早晚运输。运输时所用的槽（罐）车应有接地链，槽内可设孔隔板以减少振荡产生静电。严禁与氧化剂、酸类、食用化学品等混装混运。运输途中应防暴晒、雨淋，防高温。中途停留时应远离火种、热源和高温区。装运该物品的车辆排气管必须配备阻火装置，禁止使用易产生火花的机械设备和工具装卸。公路运输时要按规定路线行驶，勿在居民区和人口稠密区停留。铁路运输时要禁止溜放。严禁用木船、水泥船散装运输。工程控制：密闭操作，局部排风。

【安全与毒性】 高闪点易燃液体，其蒸气与空气可形成爆炸性混合物，遇明火、高热能引起燃烧爆炸。与氧化剂可发生反应。若遇高热，容器内压增大，有开裂和爆炸的危险。对眼睛、皮肤有刺激作用。

10.16　3-甲基-3-戊醇

中文名称：3-甲基-3-戊醇

中文别名：二乙基甲基甲醇

英文名称：3-methyl-3-pentanol

英文别名：3-hydroxy-3-methylpentane

CAS 号：77-74-7

化学式：$C_6H_{12}O$

分子结构：

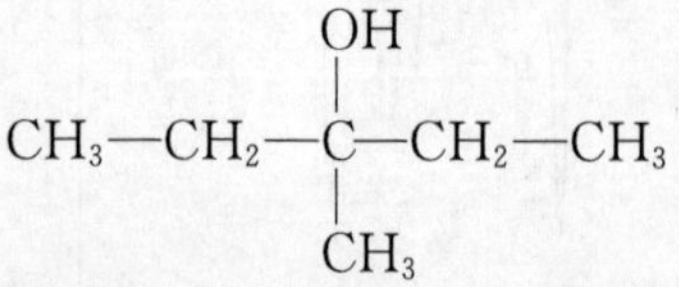

相对分子质量：102.18

【理化特性】 无色液体。微溶于水，可混溶于醇、醚。熔点：－23.6℃；沸点：122.1～122.9℃；闪点：46℃。相对密度为 0.8286。禁忌物：氧化剂、酸类、酸酐、酰基氯。

【相关图谱】

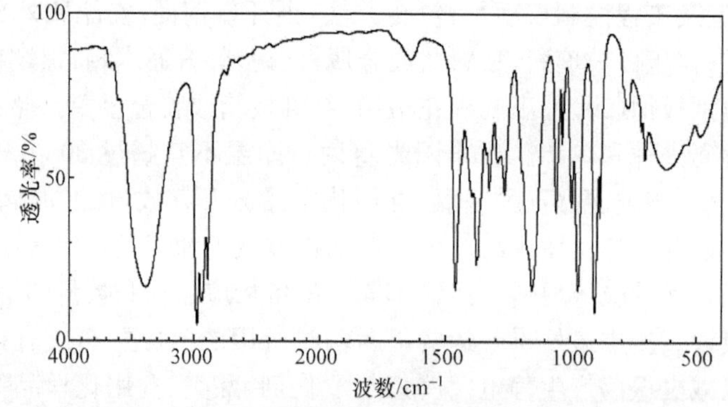

3-甲基-3-戊醇红外图谱

【主要用途】 用作溶剂，并用于有机合成。

【包装储运及工程控制事项】 包装方法：小开口钢桶；安瓿瓶外普通木箱；螺纹口玻璃瓶、铁盖压口玻璃瓶、塑料瓶或金属桶(罐)外普通木箱；螺纹口玻璃瓶、塑料瓶或镀锡薄钢板桶(罐)外满底板花格箱、纤维板箱或胶合板箱。储存于阴凉、通风的库房。远离火种和热源。防止阳光直射。库温不宜超过 30℃。保持容器密封。应与氧化剂、酸类、酸酐、酰基氯分开存放，切忌混储。采用防爆型照明和通风设施。禁止使用易产生火花的机械设备和工具。储区应备有泄漏应急处理设备和合适的收容材料。运输车辆应配备相应品种和数量的消防器材及泄漏应急处理设备。夏季最好早晚运输。运输时所用的槽(罐)车应有接地链，槽内可设孔隔板以减少振荡产生静电。严禁与氧化剂、酸类、食用化学品等混装混运。运输途中应防暴晒、雨淋，防高温。中途停留时应远离火种、热源和高温区。装运该物品的车辆排气管必须配备阻火装置,禁止使用易产生火花的机械设备和工具装卸。公路运输时要按规定路线行驶,勿在居民区和人口稠密区停留。铁路运输时要禁止溜放。严禁用木船、水泥船散装运输。工程控制:密闭操作,局部排风。

【安全与毒性】 高闪点易燃液体,其蒸气与空气可形成爆炸性混合物,遇明火、高热能引起燃烧爆炸。与氧化剂可发生反应。其蒸气密度比空气大,能在较低处扩散到相当远的地方,遇火源会着火回燃。若遇高热,容器内压增大,有开裂和爆炸的危险。本品对眼睛、皮肤有刺激作用。

10.17 环 戊 醇

中文名:环戊醇

中文别名:羟基环戊烷

英文名:cyclopentanol

英文别名:cyclopentyl alcohol

CAS 号:96-41-3

化学式:$C_5H_{10}O$

分子结构:

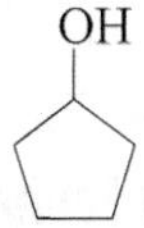

相对分子质量:86.13

【理化特性】 无色澄清液体,有令人愉快的气味。微溶于水,溶于乙醇,可混溶于酮、醚。熔点:－19℃;沸点:139.5℃;闪点:51℃。相对密度为 0.95。禁忌物:强氧化剂。

【相关图谱】

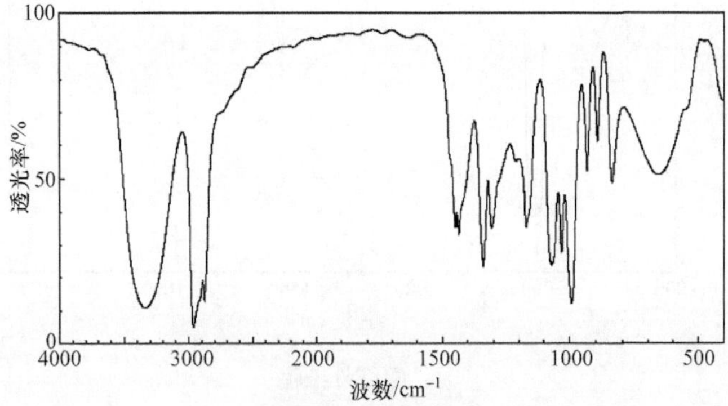

环戊醇红外图谱

【主要用途】 用作香料及药品的溶剂和染料中间体。

【制备】 由己二酸在氢氧化钠作用下，经干馏得环戊酮，环戊酮与四氢锂铝在乙醚中室温加氢而得。

【包装储运及工程控制事项】 用聚乙烯塑料桶包装，每桶20kg。密闭，避光储存。按一般易燃化学品规定储运。

【安全与毒性】 易燃，遇明火、高热或与氧化剂接触，有引起燃烧爆炸的危险。在火场中，受热的容器有爆炸危险。

10.18 1-己醇

中文名：1-己醇

中文别名：正己醇

英文名：1-hexanol

英文别名：*n*-hexyl alcohol

CAS号：111-27-3

化学式：$C_6H_{14}O$

分子结构：

$$CH_3—CH_2—CH_2—CH_2—CH_2—CH_2—OH$$

相对分子质量：102.18

【理化特性】 无色透明液体，具有水果芬芳香气。不溶于水，可混溶于乙醇、乙醚。熔点：−44.6℃；沸点：157.2℃；闪点：60℃。相对密度为0.82。爆炸上限：7.7%；爆炸下限：1.3%。禁忌物：强氧化剂、强酸、酰基氯、酸酐。

【相关图谱】

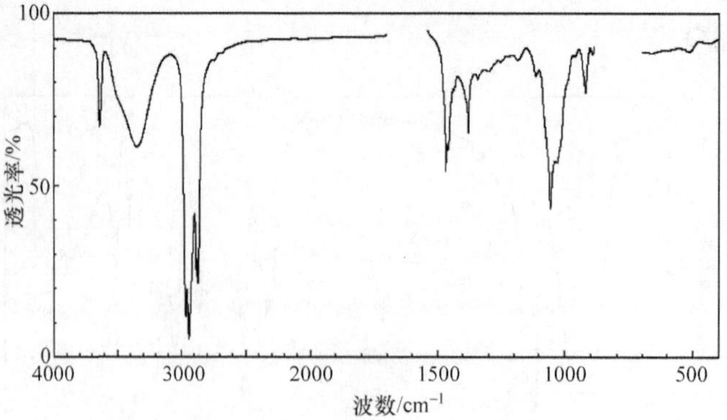

1-己醇红外图谱

【主要用途】 用作溶剂或用于合成润滑油、香料及医药等。

【制备】 工业上一般由己酸还原而成。实验室制备可由溴丁烷与镁屑反应得到丁基溴化镁，再与环氧乙烷反应得到己醇。以己酸乙酯为原料，在无水乙醇中用金属钠进行还原，所得产物为正己醇和乙醇，经精馏分离可得纯品正己醇。

【包装储运及工程控制事项】 储存于阴凉、通风的仓间内。远离火种和热源。仓温不宜超过 30℃。保持容器密封。防止阳光直射。应与氧化剂分开存放。禁止使用易产生火花的机械设备和工具。配备相应品种和数量的消防器材。罐储时要有防火防爆技术措施。储存间内的照明和通风等设施应采用防爆型，开关设在仓外。充装要控制流速，注意防止静电积聚。搬运时要轻装轻卸，防止包装及容器损坏。工程控制：生产过程密闭，全面通风。

【安全与毒性】 高闪点易燃液体，遇高热、明火能引起燃烧爆炸。与氧化剂能发生强烈反应。受热放出辛辣的烟气。其蒸气密度比空气大，能在较低处扩散到相当远的地方，遇火源会引着回燃。若遇高热，容器内压增大，有开裂和爆炸的危险。吸入、摄入或经皮肤吸收对身体有害。引起眼睛、黏膜和呼吸道的刺激症状，对眼睛有损害。

10.19　2-己醇

中文名：2-己醇

中文别名：仲己醇；1-甲基戊醇

英文名：2-hexanol

英文别名：sec-hexyl alcohol

CAS 号：626-93-7

化学式：$C_6H_{14}O$

分子结构：

$$CH_3—CH_2—CH_2—CH_2—\underset{\underset{OH}{|}}{CH}—CH_2$$

相对分子质量：102.18

【理化特性】 无色透明液体。不溶于水，可混溶于乙醇、乙醚。沸点：140℃；闪点：58℃。相对密度为 0.82。禁忌物：强氧化剂、酸类、酰基氯、酸酐。

【相关图谱】 见下页。

【主要用途】 用作溶剂、乳化剂、增塑剂、洗涤剂，有机合成原料。

【制备】 可由苯酚在镍做催化剂条件下加氢制得，或由环己烷催化氧化制得。

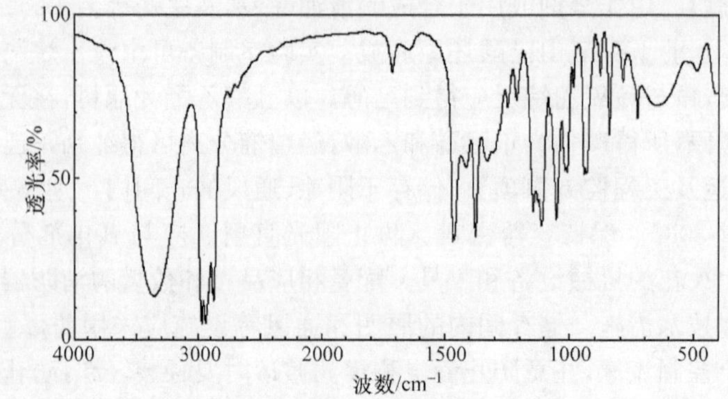

2-己醇红外图谱

【包装储运及工程控制事项】 储存于阴凉、干通风仓间内。远离火种和热源。仓温不宜超过30℃。保持容器密封。防止阳光直射。应与氧化剂分开存放。禁止使用易产生火花的机械设备和工具。配备相应品种和数量的消防器材。罐储时要有防火防爆技术措施。储存间内的照明、通风等设施应采用防爆型,开关设在仓外。充装要控制流速,注意防止静电积聚。搬运时要轻装轻卸,防止包装及容器损坏。工程控制:生产过程密闭,全面通风。

【安全与毒性】 高闪点易燃液体,遇高热、明火能引起燃烧爆炸。与氧化剂能发生强烈反应。若遇高热,容器内压增大,有开裂和爆炸的危险。吸入、摄入或经皮肤吸收对身体有害。其蒸气或烟雾对眼睛、黏膜和呼吸道有刺激作用

10.20　3-己醇

中文名:3-己醇

中文别名:1-乙基丁醇

英文名:3-hexanol

英文别名:1-ethylbutanol

CAS号:623-37-0

化学式:$C_6H_{14}O$

分子结构:

$$CH_3—CH_2—\underset{\displaystyle |\atop \displaystyle OH}{CH}—CH_2—CH_2—CH_3$$

相对分子质量:102.18

【理化特性】 无色液体。微溶于水,易溶于乙醇、乙醚。沸点:135℃;闪点:45℃。相对密度为0.8193。禁忌物:强氧化剂、酸类、酰基氯、酸酐。

【相关图谱】

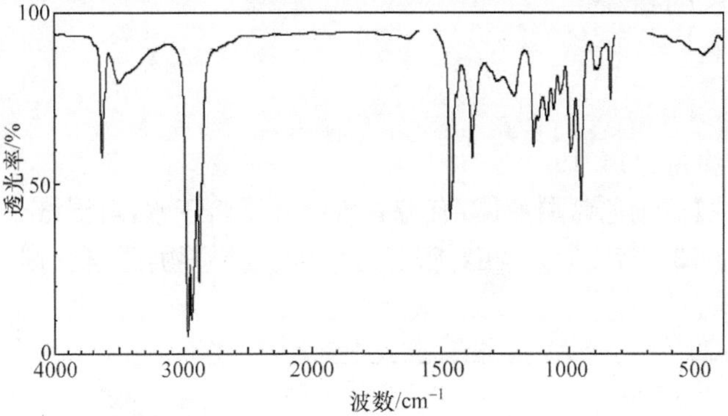

3-己醇红外图谱

【主要用途】 用于有机合成中间体，并用作溶剂，食品用香料。

【制备】 可由顺式-3-己烯经硼氢化反应而得。

【包装储运及工程控制事项】 储存于阴凉、通风的仓间内。远离火种和热源。仓温不宜超过 30℃。保持容器密封。防止阳光直射。应与氧化剂分开存放。禁止使用易产生火花的机械设备和工具。配备相应品种和数量的消防器材。罐储时要有防火防爆技术措施。储存间内的照明和通风等设施应采用防爆型，开关设在仓外。充装要控制流速，注意防止静电积聚。搬运时要轻装轻卸，防止包装及容器损坏。工程控制：生产过程密闭，全面通风。

【安全与毒性】 高闪点易燃液体，遇高热、明火能引起燃烧爆炸。与氧化剂能发生强烈反应。若遇高热，容器内压增大，有开裂和爆炸的危险。长时间吸入高浓度本品有麻醉的作用。

10.21　2-甲基环己醇

中文名称：2-甲基环己醇

中文别名：邻甲基环己醇

英文名称：2-methylcyclohexanol

英文别名：0-methylcyclohexanol

CAS 号：583-59-5

化学式：$C_7H_{14}O$

分子结构：

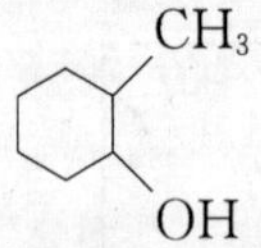

相对分子质量：114.19

【理化特性】 无色黏稠液体，有芳香气味。微溶于水，可混溶于醇、醚。熔点：−9.5℃；沸点：173～175.3℃。相对密度为 0.93。禁忌物：强氧化剂、酸酐、酰基氯。

【相关图谱】

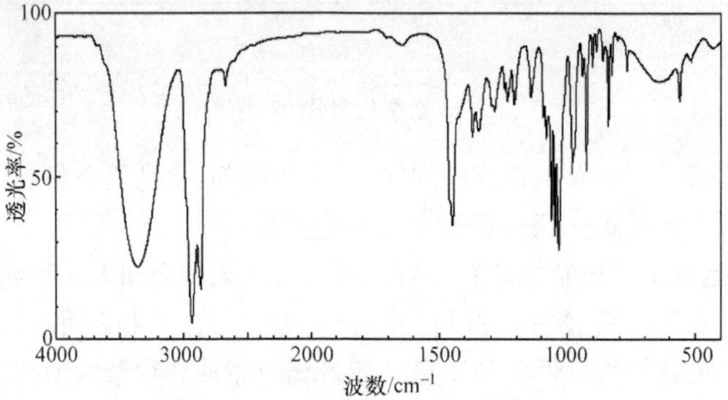

2-甲基环己醇红外图谱

【主要用途】 用作橡胶、油、树脂、蜡及喷漆等的溶剂，润滑剂的抗氧剂，杀虫剂、纤维洗涤剂、润滑油抗氧剂及特殊肥皂的原料。

【包装储运及工程控制事项】 包装方法：小开口钢桶；安瓿瓶外普通木箱；螺纹口玻璃瓶、铁盖压口玻璃瓶、塑料瓶或金属桶（罐）外普通木箱；螺纹口玻璃瓶、塑料瓶或镀锡薄钢板桶（罐）外满底板花格箱、纤维板箱或胶合板箱。储存于阴凉、通风的库房。远离火种和热源。库温不宜超过 30℃。应与氧化剂、食用化学品分开存放，切忌混储。采用防爆型照明和通风设施。禁止使用易产生火花的机械设备和工具。储区应备有泄漏应急处理设备和合适的收容材料。运输车辆应配备相应品种和数量的消防器材及泄漏应急处理设备。夏季最好早晚运输。运输时所用的槽（罐）车应有接地链，槽内可设孔隔板以减少振荡产生静电。严禁与氧化剂、食用化学品等混装混运。运输途中应防暴晒、雨淋，防高温。中途停留时应远离火种、热源和高温区。装运该物品的车辆排气管必须配备阻火装置，禁止使用易产生火花的机械设备和工具装卸。公路运输时要按规定路线行驶。铁路运输时要禁止溜放。严禁用木船、水泥船散装运输。工程控制：生产过程密闭，全面通风。提供安全淋浴和洗眼设备。

【安全与毒性】 高闪点易燃液体，其蒸气与空气可形成爆炸性混合物，遇明火、高热能引起燃烧爆炸。与氧化剂可发生反应。接触氧化剂会发生爆炸。在火场中，受热的容器有爆炸危险。其蒸气密度比空气大，能在较低处扩散到相当远的地方，遇火源着火回燃。人接触过高浓度本品，可引起头痛、眼及上呼吸道刺激，有麻醉作用。对皮肤有刺激性。摄入后引起中枢神经系统抑制。

10.22　3-甲基环己醇

中文名称：3-甲基环己醇

中文别名：间甲基环己醇

英文名称：3-methylcyclohexanol

英文别名：*m*-methylcyclohexanol

CAS 号：591-23-1

化学式：$C_7H_{14}O$

分子结构：

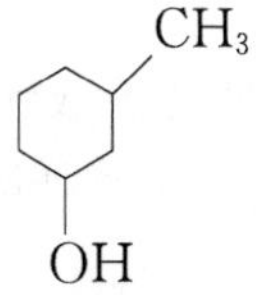

相对分子质量：114.19

【理化特性】　无色透明液体，具有类似薄荷的气味。可混溶于普通溶剂。熔点：−47℃；沸点：173～175.3℃；闪点：＜61℃。相对密度为 0.91。禁忌物：强氧化剂、酰基氯、酸酐。

【相关图谱】

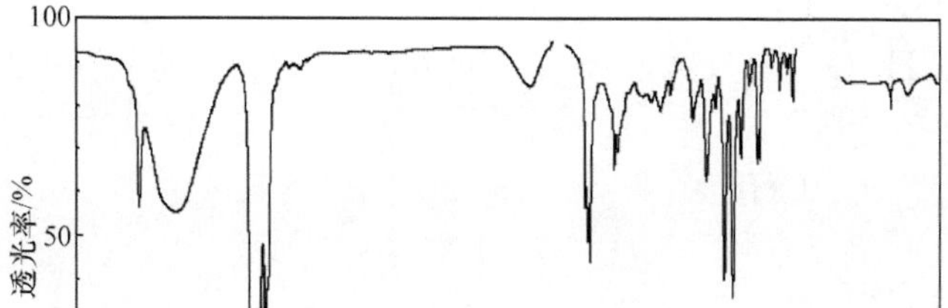

3-甲基环己醇红外图谱

【主要用途】　用作橡胶、油、树脂、蜡及喷漆等的溶剂，也可作为润滑剂的抗氧剂。

【包装储运及工程控制事项】 包装方法：小开口钢桶；安瓿瓶外普通木箱；螺纹口玻璃瓶、铁盖压口玻璃瓶、塑料瓶或金属桶（罐）外普通木箱；螺纹口玻璃瓶、塑料瓶或镀锡薄钢板桶（罐）外满底板花格箱、纤维板箱或胶合板箱。储存于阴凉、通风的库房。远离火种和热源。库温不宜超过30℃。应与氧化剂、食用化学品分开存放，切忌混储。采用防爆型照明和通风设施。禁止使用易产生火花的机械设备和工具。储区应备有泄漏应急处理设备和合适的收容材料。运输车辆应配备相应品种和数量的消防器材及泄漏应急处理设备。夏季最好早晚运输。运输时所用的槽（罐）车应有接地链，槽内可设孔隔板以减少振荡产生静电。严禁与氧化剂、食用化学品等混装混运。运输途中应防暴晒、雨淋，防高温。中途停留时应远离火种、热源和高温区。装运该物品的车辆排气管必须配备阻火装置，禁止使用易产生火花的机械设备和工具装卸。公路运输时要按规定路线行驶。铁路运输时要禁止溜放。严禁用木船、水泥船散装运输。工程控制：生产过程密闭，全面通风。

【安全与毒性】 高闪点易燃液体，其蒸气与空气可形成爆炸性混合物，遇明火、高热能引起燃烧爆炸。与氧化剂可发生反应。接触氧化剂会发生爆炸。在火场中，受热的容器有爆炸危险。其蒸气密度比空气大，能在较低处扩散到相当远的地方，遇火源着火回燃。人接触过高浓度本品，可引起头痛、眼及上呼吸道刺激。液体对皮肤有刺激性。

10.23 4-甲基环己醇

中文名称：4-甲基环己醇

英文名称：4-methylcyclohexanol

CAS号：589-91-3

化学式：$C_7H_{14}O$

分子结构：

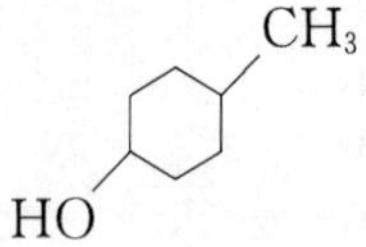

相对分子质量：114.19

【理化特性】 无色液体。可混溶于普通溶剂。沸点：173～175.3℃；闪点：<61℃。相对密度为0.91。禁忌物：强氧化剂、酰基氯、酸酐。

【相关图谱】 见下页。

【主要用途】 用作橡胶、油、树脂、蜡和喷漆等的溶剂，也可作为润滑剂的抗氧化剂。

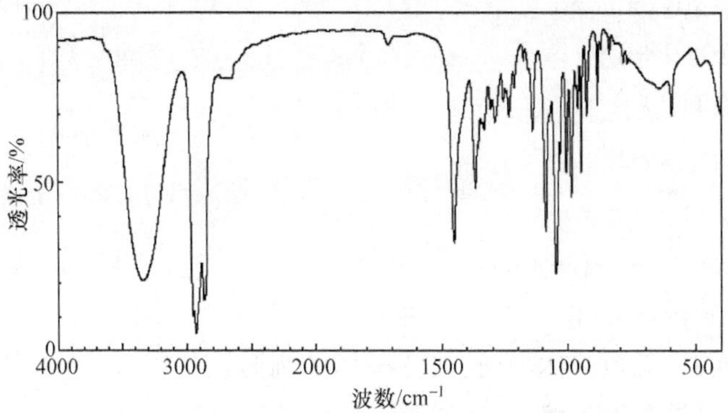

4-甲基环己醇红外图谱

【包装储运及工程控制事项】 包装方法：小开口钢桶；安瓿瓶外普通木箱；螺纹口玻璃瓶、铁盖压口玻璃瓶、塑料瓶或金属桶(罐)外普通木箱；螺纹口玻璃瓶、塑料瓶或镀锡薄钢板桶(罐)外满底板花格箱、纤维板箱或胶合板箱。储存于阴凉、通风的库房。远离火种和热源。库温不宜超过 30℃。应与氧化剂、食用化学品分开存放，切忌混储。采用防爆型照明和通风设施。禁止使用易产生火花的机械设备和工具。储区应备有泄漏应急处理设备和合适的收容材料。运输车辆应配备相应品种和数量的消防器材及泄漏应急处理设备。夏季最好早晚运输。运输时所用的槽(罐)车应有接地链，槽内可设孔隔板以减少振荡产生静电。严禁与氧化剂、食用化学品等混装混运。运输途中应防暴晒、雨淋，防高温。中途停留时应远离火种、热源和高温区。装运该物品的车辆排气管必须配备阻火装置，禁止使用易产生火花的机械设备和工具装卸。公路运输时要按规定路线行驶。铁路运输时要禁止溜放。严禁用木船、水泥船散装运输。工程控制：生产过程密闭，全面通风。提供安全淋浴和洗眼设备。

【安全与毒性】 高闪点易燃液体，其蒸气与空气可形成爆炸性混合物，遇明火、高热能引起燃烧爆炸。与氧化剂可发生反应。接触氧化剂会发生爆炸。在火场中，受热的容器有爆炸危险。其蒸气密度比空气大，能在较低处扩散到相当远的地方，遇火源着火回燃。人接触较高浓度本品，可引起头痛、眼及上呼吸道刺激。液体对皮肤有刺激性。可经皮肤吸收引起中毒。

10.24　2-丙烯-1-醇

中文名：2-丙烯-1-醇

中文别名：烯丙醇，蒜醇，丙烯醇，乙烯甲醇

英文名：；2-propene-1-ol

英文别名：allyl alcohol

CAS 号：107-18-6

化学式：C_3H_6O

分子结构：

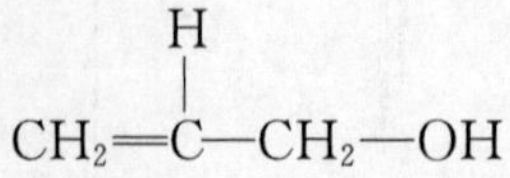

相对分子质量：58.08

【理化特性】 无色液体，有类似芥子样的刺激性气味。与水混溶，可与乙醇、乙醚、石油醚、氯仿混溶。熔点：－129℃；沸点：96～97℃；闪点：21℃。相对密度为0.86。爆炸上限：18.0％；爆炸下限：2.5％。禁忌物：氧化剂、酸类、碱金属。

【相关图谱】

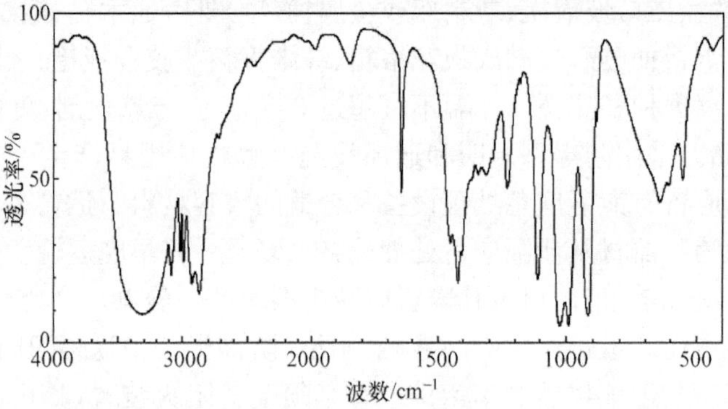

2-丙烯-1-醇红外图谱

【主要用途】 用于丙烯化合物制备，用于树脂、塑料合成等。

【制备】 烯丙醇可由环氧丙烷的重排反应得到，反应需要在高温下由明矾催化。

【包装储运及工程控制事项】 灌装时应控制流速，且有接地装置，防止静电积聚。配备相应品种和数量的消防器材及泄漏应急处理设备。倒空的容器可能残留有害物。

【安全与毒性】 其蒸气与空气形成爆炸性混合物，遇明火、高热能引起燃烧爆炸。与氧化剂能发生强烈反应。在使用和储存过程中，易发生自聚反应，酿成事故。

10.25　2-丁烯-1-醇

中文名称：2-丁烯-1-醇

中文别名：巴豆醇

英文名称：2-buten-1-ol

英文别名：crotonyl alcohol

CAS号：6117-91-5

化学式：C_4H_8O

分子结构：

$$CH_3—\overset{\overset{\displaystyle H}{|}}{C}=\overset{\overset{\displaystyle H}{|}}{C}—CH_2—OH$$

相对分子质量：72.10

【理化特性】 无色液体，有特殊气味。溶于水、乙醇、乙醚。熔点：＜－30℃；沸点：114.5℃；闪点：27℃。相对密度为0.85。爆炸上限：35.3%；爆炸下限：4.2%。禁忌物：强酸、强氧化剂、强还原剂、酰基氯、酸酐。

【主要用途】 用作化学中间体，制造杀虫剂、增塑剂、医药、涂料等。

【制备】 顺式用2-丁炔醇经钯催化加氢制备。反式用巴豆醛以氢化铝锂（$LiAlH_4$）还原制备。

【包装储运及工程控制事项】 包装方法：安瓿瓶外普通木箱；螺纹口玻璃瓶、铁盖压口玻璃瓶、塑料瓶或金属桶（罐）外普通木箱；螺纹口玻璃瓶、塑料瓶或镀锡薄钢板桶（罐）外满底板花格箱、纤维板箱或胶合板箱。储存于阴凉、通风的库房。远离火种和热源。库温不宜超过30℃。应与氧化剂、还原剂、酸类、食用化学品分开存放，切忌混储。不宜大量储存或久存。采用防爆型照明和通风设施。禁止使用易产生火花的机械设备和工具。储区应备有泄漏应急处理设备和合适的收容材料。运输车辆应配备相应品种和数量的消防器材及泄漏应急处理设备。夏季最好早晚运输。运输时所用的槽（罐）车应有接地链，槽内可设孔隔板以减少振荡产生静电。严禁与氧化剂、还原剂、酸类、食用化学品等混装混运。运输途中应防暴晒、雨淋，防高温。中途停留时应远离火种、热源和高温区。装运该物品的车辆排气管必须配备阻火装置，禁止使用易产生火花的机械设备和工具装卸。公路运输时要按规定路线行驶，勿在居民区和人口稠密区停留。铁路运输时要禁止溜放。严禁用木船、水泥船散装运输。工程控制：严加密闭，提供充分的局部排风。提供安全淋浴和洗眼设备。

【安全与毒性】 其蒸气与空气可形成爆炸性混合物，遇明火、高热能引起燃烧爆炸。与氧化剂可发生反应。容易自聚,聚合反应随着温度的上升而急骤加剧。其蒸气密度比空气大,能在较低处扩散到相当远的地方,遇火源着火回燃。若遇高热,容器内压增大,有开裂和爆炸的危险。吸入、摄入或经皮肤吸收对身体有害。高浓度丁烯醇对眼睛、皮肤、黏膜和呼吸道有强烈的刺激作用。中毒表现有烧灼感、咳嗽、喘息、喉炎、气短、头痛、恶心和呕吐。

10.26　2-甲基-3-丁炔-2-醇

中文名称:2-甲基-3-丁炔-2-醇

中文别名:2,2-二甲基乙炔甲醇

英文名称:2-methyl-3-butyn-2-ol

英文别名:2,2-dimethylethynylcarbinol

CAS 号:115-19-5

化学式:C_5H_8O

分子结构:

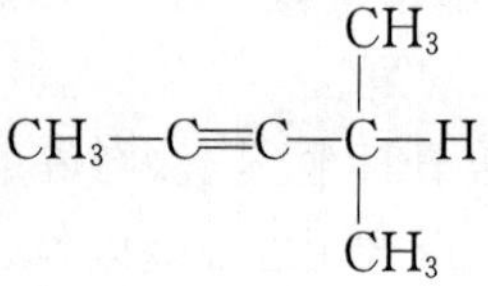

相对分子质量:84.13

【理化特性】 无色、有芳香气味的液体。与水混溶,可混溶于丙酮、苯、四氯化碳、石油醚。熔点:3℃;沸点:104℃;闪点:25℃。相对密度为 0.86。禁忌物:强氧化剂、强酸、强还原剂、酰基氯、酸酐。

【相关图谱】

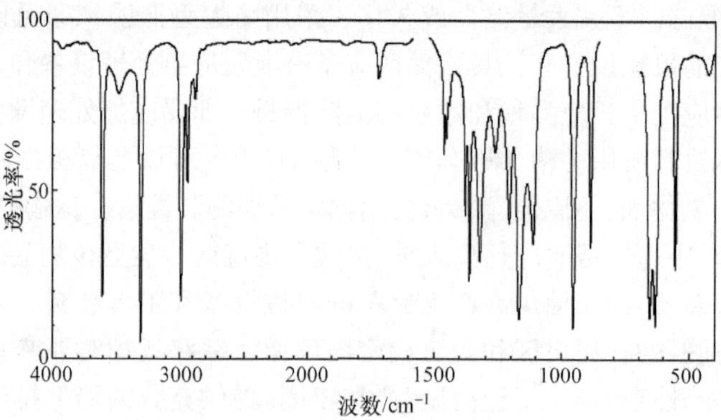

2-甲基-3-丁炔-2-醇红外图谱

【主要用途】 用作溶剂、中间体、含氯溶剂的稳定剂。

【包装储运及工程控制事项】 包装方法：安瓿瓶外普通木箱；螺纹口玻璃瓶、塑料瓶或镀锡薄钢板桶（罐）外满底板花格箱、纤维板箱或胶合板箱。通常商品加有阻聚剂。储存于阴凉、通风的库房。远离火种和热源。库温不宜超过 30℃。包装要求密封，不可与空气接触。应与氧化剂、还原剂、酸类、食用化学品分开存放，切忌混储。采用防爆型照明和通风设施。禁止使用易产生火花的机械设备和工具。储区应备有泄漏应急处理设备和合适的收容材料。运输车辆应配备相应品种和数量的消防器材及泄漏应急处理设备。夏季最好早晚运输。运输时所用的槽（罐）车应有接地链，槽内可设孔隔板以减少振荡产生静电。严禁与氧化剂、还原剂、酸类、食用化学品等混装混运。运输途中应防暴晒、雨淋，防高温。中途停留时应远离火种、热源和高温区。装运该物品的车辆排气管必须配备阻火装置，禁止使用易产生火花的机械设备和工具装卸。公路运输时要按规定路线行驶。铁路运输时要禁止溜放。严禁用木船、水泥船散装运输。工程控制：生产过程密闭，全面通风。

【安全与毒性】 高闪点易燃液体，其蒸气与空气可形成爆炸性混合物，遇明火、高热能引起燃烧爆炸。与氧化剂可发生反应。容易自聚，聚合反应随着温度的上升而急骤加剧。其蒸气密度比空气大，能在较低处扩散到相当远的地方，遇火源会着火回燃。若遇高热，容器内压增大，有开裂和爆炸的危险。人接触过高浓度本品，可引起头痛、眼及上呼吸道刺激。液体对皮肤有刺激性。

10.27　3-甲基-1-戊炔-3-醇

中文名称：3-甲基-1-戊炔-3-醇

中文别名：2-乙炔-2-丁醇

英文名称：3-methyl-1-pentyne-3-ol

英文别名：ethylethynyl；methyl carbinol

CAS 号：77-75-8

化学式：$C_6H_{10}O$

分子结构：

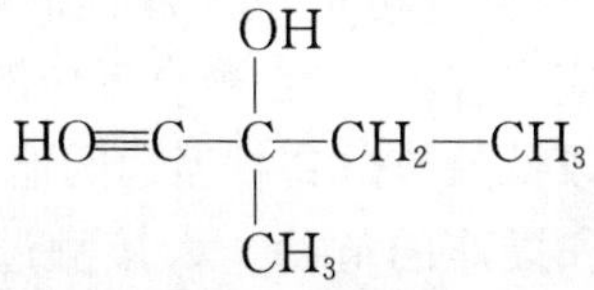

相对分子质量：98.1

【理化特性】 无色液体，有酸的气味和焦灼味。溶于水，溶于乙醇。熔点：－30.6℃；沸点：122℃；闪点：26℃。相对密度为0.87。禁忌物：强酸、强氧化剂、强还原剂、酰基氯、酸酐。

【相关图谱】

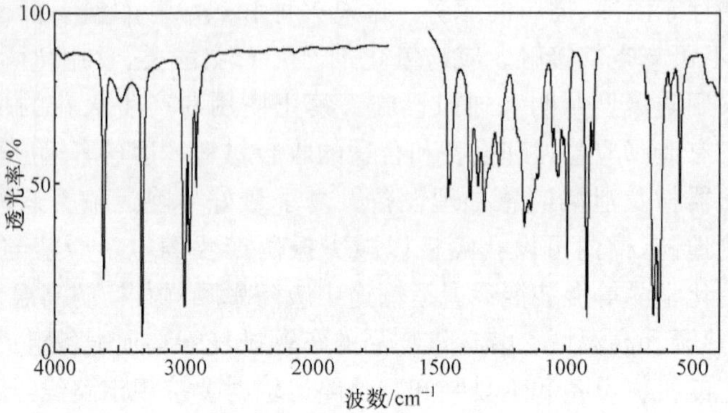

3-甲基-1-戊炔-3-醇红外图谱

【主要用途】 用作氯化溶剂的稳定剂，电镀光亮剂，有机合成中间体、溶剂。

【制备】 由乙炔和甲乙酮反应而得。

【包装储运及工程控制事项】 包装方法：安瓿瓶外普通木箱；螺纹口玻璃瓶、塑料瓶或镀锡薄钢板桶（罐）外满底板花格箱、纤维板箱或胶合板箱。通常商品加有阻聚剂。储存于阴凉、通风的库房。远离火种和热源。库温不宜超过30℃。包装要求密封，不可与空气接触。应与氧化剂、还原剂、酸类、食用化学品分开存放，切忌混储。采用防爆型照明和通风设施。禁止使用易产生火花的机械设备和工具。储区应备有泄漏应急处理设备和合适的收容材料。运输车辆应配备相应品种和数量的消防器材及泄漏应急处理设备。夏季最好早晚运输。运输时所用的槽（罐）车应有接地链，槽内可设孔隔板以减少振荡产生静电。严禁与氧化剂、还原剂、酸类、食用化学品等混装混运。运输途中应防暴晒、雨淋，防高温。中途停留时应远离火种、热源和高温区。装运该物品的车辆排气管必须配备阻火装置，禁止使用易产生火花的机械设备和工具装卸。公路运输时要按规定路线行驶。铁路运输时要禁止溜放。严禁用木船、水泥船散装运输。工程控制：生产过程密闭，全面通风。

【安全与毒性】 高闪点易燃液体，其蒸气与空气可形成爆炸性混合物，遇明火、高热能引起燃烧爆炸。与氧化剂可发生反应。容易自聚，聚合反应随着温度的上升而急骤加剧。其蒸气密度比空气大，能在较低处扩散到相当远的地方，遇火源着火回燃。若遇高热，容器内压增大，有开裂和爆炸的危险。人接触过高浓度本品，可引起头痛、眼及上呼吸道刺激。液体对皮肤有刺激性。

10.28　正丙硫醇

中文名：正丙硫醇

中文别名：硫氢丙烷

英文名：*n*-propyl mercaptan

英文别名：1-propanethiol

CAS 号：107-03-9

化学式：C_3H_8S

分子结构：

$$HS—CH_2—CH_2—CH_3$$

相对分子质量：76.15

【理化特性】 无色或淡黄色液体，有刺激气味。微溶于水，溶于乙醇、乙醚等。熔点：－133.3℃；沸点：67～68℃；闪点：－20.6℃。相对密度为 0.84。禁忌物：强氧化物、酸类、酸酐、酰基氯、碱金属。

【相关图谱】

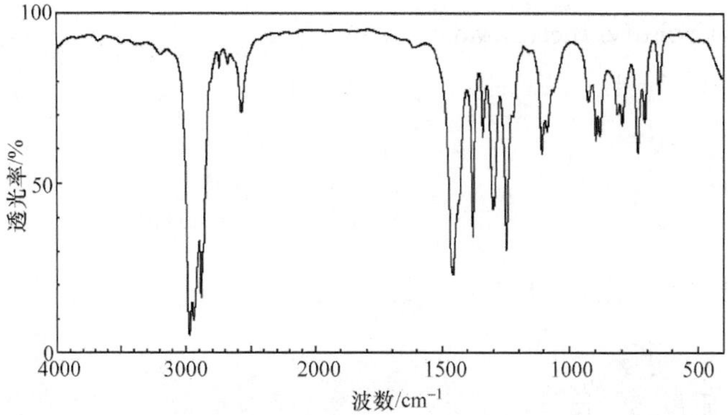

正丙硫醇红外图谱

【主要用途】 用作化学中间体、除草剂。

【制备】 由溴丙烷与硫脲反应而得：将硫脲与溴丙烷的甲醇溶液中回流 3h，回收甲醇后，加入稀氢氧化钠溶液再回流 6h；然后，慢慢滴加稀硫酸，随时蒸出丙硫醇，当稀硫酸加完后，再继续蒸馏，直至蒸不出油珠为止；收集的油层为粗品，用无水氯化钙干燥，然后精馏，收集沸点 66.5～76.5℃馏分即得成品。由卤代丙烷与硫氢化钠作用而得。丙醇与硫化氢于 300～380℃通过催化反应也可得到丙基硫醇。

【包装储运及工程控制事项】 储存于阴凉、通风良好的仓房。远离火种和热源。仓温不宜超过 30℃。防止阳光直射。包装要要求密封，不可与空气接触，应与氧化剂、酸类分开存放。储存间内的照明和通风等设施应采用防爆型，开关设在仓外。禁止使用易产生火花的机械设备和工具。灌装时应注意流速(不超过 3m/s)，且有接地装置，防止静电积聚。搬运时要轻装轻卸，防止包装及容器损坏。运输按规定路线行驶，中途不得停驶。工程控制：过程密闭，局部排风。

【安全与毒性】 低闪点易燃液体，极度易燃，其蒸气与空气可形成爆炸性混合物，遇明火、高热极易燃烧爆炸。与氧化剂、次氯酸钙接触剧烈反应。遇强酸能分解释出有毒气体。其蒸气密度比空气大，能在较低处扩散到相当远的地方，遇火源会着火回燃。蒸气或雾对眼及上呼吸道有刺激性。对皮肤有刺激性。接触后出现头痛、恶心、呕吐。对环境有危害，对水体可造成污染。

10.29　2-甲基-1-丙硫醇

中文名：2-甲基-1-丙硫醇

中文别名：异丁硫醇

英文名：2-methyl-1-propanethiol

英文别名：isobutyl mercaptan

CAS 号：513-44-0

化学式：$C_4H_{10}S$

分子结构：

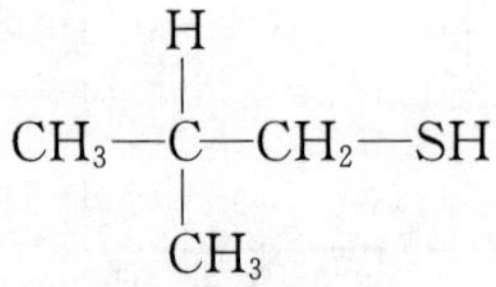

相对分子质量：90.18

【理化特性】 无色，具有甜味和酯气味的液体。微溶于水，易溶于乙醇、乙醚等。熔点：−114.9℃；沸点：88.7℃；闪点：−9.4℃。相对密度为 0.83。爆炸上限：8%；爆炸下限：2%。禁忌物：碱、强氧化剂、碱金属。

【相关图谱】 见下页。

【主要用途】 分析试剂及有机合成。

【制备】 硫脲和溴代异丁烷以甲醇为溶剂，回流反应 4～5h，回收甲醇加入碱液在回流 4h，加稀酸至酸性，随即有异丁硫醇蒸出，直至不再蒸出为止，分去水层。油层用无水硫酸镁干燥后，分出干燥剂，进行分馏，收集馏分即为正品。

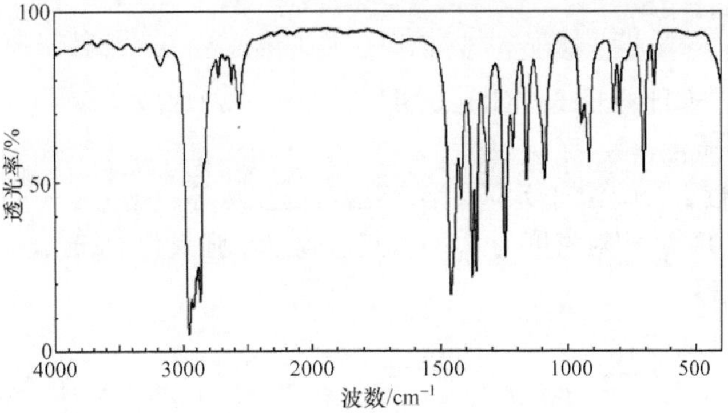

2-甲基-1-丙硫醇红外图谱

【包装储运及工程控制事项】 包装方法：安瓿瓶外普通木箱；螺纹口玻璃瓶、铁盖压口玻璃瓶、塑料瓶或金属桶(罐)外普通木箱。储存于阴凉、通风的库房。远离火种和热源。库温不宜超过 30℃。保持容器密封。应与氧化剂、碱类、碱金属分开存放，切忌混储。采用防爆型照明和通风设施。禁止使用易产生火花的机械设备和工具。储区应备有泄漏应急处理设备和合适的收容材料。运输车辆应配备相应品种和数量的消防器材及泄漏应急处理设备。夏季最好早晚运输。运输时所用的槽(罐)车应有接地链，槽内可设孔隔板以减少振荡产生静电。严禁与氧化剂、碱类、碱金属、食用化学品等混装混运。运输途中应防暴晒、雨淋，防高温。中途停留时应远离火种、热源和高温区。装运该物品的车辆排气管必须配备阻火装置，禁止使用易产生火花的机械设备和工具装卸。公路运输时要按规定路线行驶，勿在居民区和人口稠密区停留。铁路运输时要禁止溜放。严禁用木船、水泥船散装运输。

【安全与毒性】 中闪点易燃液体，易燃，遇高热、明火及强氧化剂易引起燃烧。受热分解。接触酸或酸气能产生有毒气体。遇水或水蒸气反应放热并产生有毒的腐蚀性气体。蒸气或雾对眼、黏膜和上呼吸道有刺激性。对皮肤有刺激性。接触后可引起恶心和呕吐。

10.30　正丁硫醇

中文名：正丁硫醇

中文别名：1-硫代丁醇

英文名：*n*-butyl mercaptan

英文别名：*n*-butanethiol

CAS 号：109-79-5

化学式：$C_4H_{10}S$

分子结构：

$CH_3—CH_2—CH_2—CH_2—SH$

相对分子质量：90.18

【理化特性】 微溶于水，易溶于乙醇、乙醚等。熔点：－115.7℃；沸点：98.4℃；闪点：0℃。相对密度为0.84。禁忌物：碱、强氧化剂、碱金属。

【相关图谱】

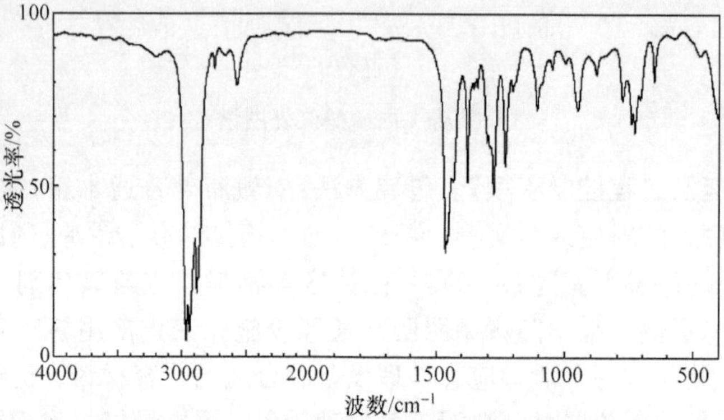

正丁硫醇红外图谱

【主要用途】 有机合成中间体、警告剂。

【制备】 由溴丁烷与硫脲反应而得。

【包装储运及工程控制事项】 储存于阴凉、干燥，通风良好的不燃库房。远离火种和热源。保持容器密封，防潮、防晒。仓温不宜超过30℃。应与氧化剂、酸类分开存放。储存间内的照明和通风等设施应采用防爆型，开关设在仓外。禁止使用易产生火花的机械设备和工具。灌装时应注意流速(不超过3m/s)，且有接地装置，防止静电积聚。搬运时要轻装轻卸，防止包装及容器损坏。雨天搬运要妥善遮盖。工程控制：生产过程密闭，局部排风。

【安全与毒性】 易燃，遇高热、明火及强氧化剂易引起燃烧。受热、接触酸或酸雾会放出剧毒的烟雾。吸入本品蒸气后，可引起头痛、恶心及麻醉作用。高浓度吸入后可因呼吸麻痹而死亡。

10.31 2-甲基-2-丁硫醇

中文名：2-甲基-2-丁硫醇

中文别名：叔戊硫醇

英文名：2-methyl-2-butanethiol

英文别名：tert-amyl mercaptan

CAS 号：1679-09-0

化学式：$C_5H_{12}S$

分子结构：

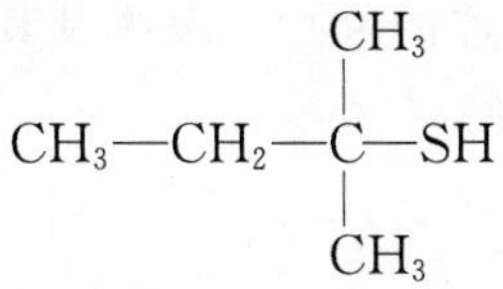

相对分子质量：104.2

【理化特性】 无色液体，有强烈的刺激性气味。不溶于水。沸点：99～105℃；闪点：-1℃。相对密度为 0.84。禁忌物：氧化剂、还原剂、碱类、碱金属。

【相关图谱】

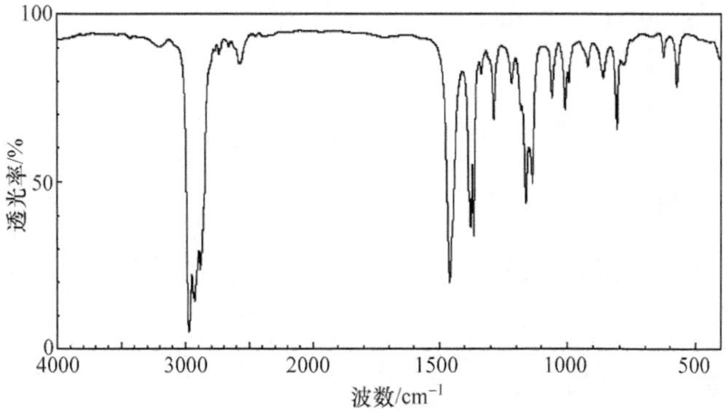

2-甲基-2-丁硫醇红外图谱

【主要用途】 用作硫化合物。

【制备】 由硫脲与叔戊基氯反应，将产物用碱水解制取。

【包装储运及工程控制事项】 包装方法：安瓿瓶外普通木箱；螺纹口玻璃瓶、铁盖压口玻璃瓶、塑料瓶或金属桶(罐)外普通木箱。储存于阴凉、通风的库房。远离火种和热源。库温不宜超过 30℃。应与氧化剂、还原剂、碱类、碱金属分开存放，切忌混储。采用防爆型照明和通风设施。禁止使用易产生火花的机械设备和工具。储区应备有泄漏应急处理设备和合适的收容材料。运输车辆应配备相应品种和数量的消防器材及泄漏应急处理设备。夏季最好早晚运输。运输时所用的槽(罐)车应有接地链，槽内可设孔隔板以减少振荡产生静电。严禁与氧化剂、还原剂、碱类、碱金属、食用化学品等混装混运。运输途中应防暴晒、雨淋，防高温。中途停留时应远离火种、热源和高温区。装运该物品的车辆排气管必须配备阻火装置，禁止使用易产生火花的机械设备和工具装卸。公路运输时要按规定路线行驶。

铁路运输时要禁止溜放。严禁用木船、水泥船散装运输。工程控制：密闭操作，提供充足的局部排风。

【安全与毒性】 中闪点易燃液体，其蒸气与空气可形成爆炸性混合物，遇明火、高热极易燃烧爆炸。与氧化剂接触猛烈反应。受热或遇酸易产生有毒的硫氧化物气体。若遇高热，容器内压增大，有开裂和爆炸的危险。液体及其蒸气对眼睛、皮肤和呼吸道有刺激作用，吸入后影响神经系统。

10.32　3-甲基-1-丁硫醇

中文名：3-甲基-1-丁硫醇

中文别名：异戊硫醇

英文名：3-methyl-1-butanethiol

英文别名：isoamyl mercaptan

CAS号：541-31-1

化学式：$C_5H_{12}S$

分子结构：

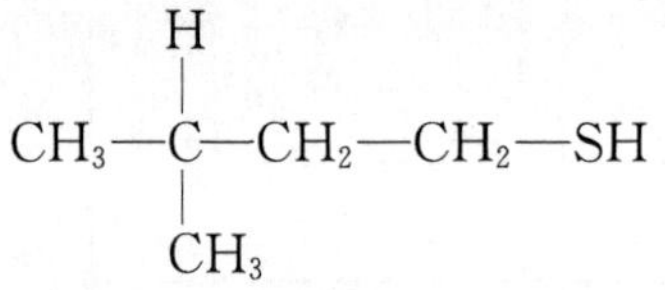

相对分子质量：104.21

【理化特性】 水白色到淡黄色液体，有不愉快的气味。不溶于水，溶于醇。沸点：117℃；闪点：18℃。相对密度为0.83。禁忌物：碱、强氧化剂、碱金属。

【相关图谱】

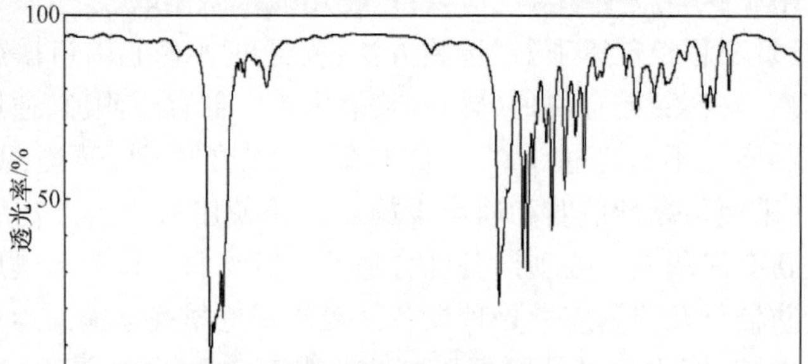

3-甲基-1-丁硫醇红外图谱

【主要用途】 用于合成硫的有机化合物。

【包装储运及工程控制事项】 包装方法:安瓿瓶外普通木箱;螺纹口玻璃瓶、铁盖压口玻璃瓶、塑料瓶或金属桶(罐)外普通木箱。储存于阴凉、通风的库房。远离火种和热源。库温不宜超过 30℃。保持容器密封。应与氧化剂、碱类、碱金属分开存放,切忌混储。采用防爆型照明和通风设施。禁止使用易产生火花的机械设备和工具。储区应备有泄漏应急处理设备和合适的收容材料。运输车辆应配备相应品种和数量的消防器材及泄漏应急处理设备。夏季最好早晚运输。运输时所用的槽(罐)车应有接地链,槽内可设孔隔板以减少振荡产生静电。严禁与氧化剂、碱类、碱金属、食用化学品等混装混运。运输途中应防暴晒、雨淋,防高温。中途停留时应远离火种、热源和高温区。装运该物品的车辆排气管必须配备阻火装置,禁止使用易产生火花的机械设备和工具装卸。公路运输时要按规定路线行驶,勿在居民区和人口稠密区停留。铁路运输时要禁止溜放。严禁用木船、水泥船散装运输。工程控制:密闭操作,局部排风。

【安全与毒性】 中闪点易燃液体,易燃,遇明火、高热或与氧化剂接触,有引起燃烧爆炸的危险。受热或遇酸易产生有毒的硫氧化物气体。与强氧化剂发生反应,可引起燃烧。对眼和皮肤有刺激作用,接触后可引起头痛、恶心和呕吐。

10.33　环己(基)硫醇

中文名:环己(基)硫醇

中文别名:环己硫醇

英文名:cyclohexyl mercaptan

英文别名:cyclohexanethiol

CAS 号:1569-69-3

化学式:$C_6H_{12}S$

分子结构:

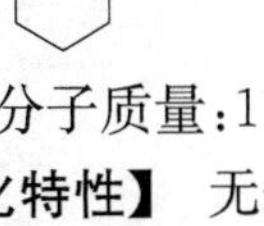

相对分子质量:116.23

【理化特性】 无色液体,有强烈的使人不愉快的大蒜气味。不溶于水。熔点:−30℃;沸点:158～160℃;闪点:49℃。相对密度为 0.95。禁忌物:碱类、氧化剂、还原剂、碱金属。

【相关图谱】 见下页。

【主要用途】 有机合成中间体。

【制备】 由环己醇经缩合、水解而得。

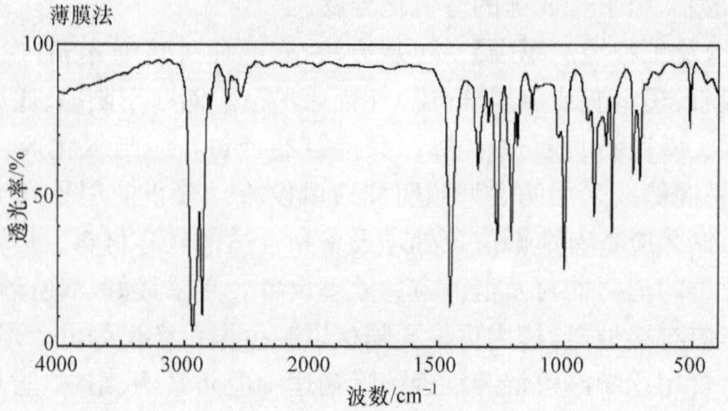

环己(基)硫醇红外图谱

【包装储运及工程控制事项】 包装方法：安瓿瓶外普通木箱；螺纹口玻璃瓶、铁盖压口玻璃瓶、塑料瓶或金属桶(罐)外普通木箱；螺纹口玻璃瓶、塑料瓶或镀锡薄钢板桶(罐)外满底板花格箱、纤维板箱或胶合板箱。储存于阴凉、通风的库房。远离火种和热源。库温不宜超过 30℃。保持容器密封。应与氧化剂、还原剂、碱类、碱金属分开存放，切忌混储。采用防爆型照明和通风设施。禁止使用易产生火花的机械设备和工具。储区应备有泄漏应急处理设备和合适的收容材料。

【安全与毒性】 易燃，遇高热、明火有引起燃烧的危险。对眼睛、皮肤、黏膜和上呼吸道有剧烈刺激作用。接触后可引起烧灼感、咳嗽、眩晕、喉炎、气短、头痛、恶心和呕吐。

10.34 甲基叔丁基(甲)酮

中文名：甲基叔丁基(甲)酮

中文别名：甲基异丙基(甲)酮

英文名：3-methyl-2-butanone

英文别名：methyl isopropyl ketone

CAS 号：75-97-8

化学式：$C_6H_{12}O$

分子结构：

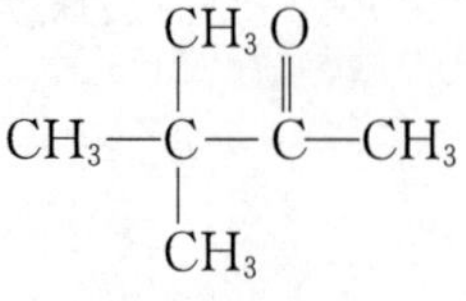

相对分子质量：100.2

【理化特性】 无色液体。微溶于水，溶于醇、醚、丙酮。熔点：−49.8℃；沸点：106℃；闪点：23℃。相对密度为 0.80。禁忌物：强氧化剂。

【相关图谱】

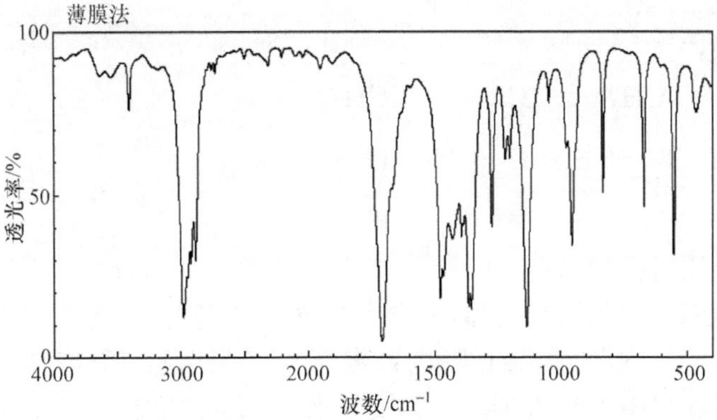

甲基叔丁基(甲)酮红外图谱

【主要用途】 用作溶剂。

【包装储运及工程控制事项】 安瓿瓶外普通木箱；螺纹口玻璃瓶、铁盖压口玻璃瓶、塑料瓶或金属桶(罐)外普通木箱；螺纹口玻璃瓶、塑料瓶或镀锡薄钢板桶(罐)外满底板花格箱、纤维板箱或胶合板箱。储存于阴凉、通风的库房。远离火种和热源。库温不宜超过 30℃。保持容器密封。应与氧化剂分开存放，切忌混储。采用防爆型照明和通风设施。禁止使用易产生火花的机械设备和工具。储区应备有泄漏应急处理设备和合适的收容材料。运输车辆应配备相应品种和数量的消防器材及泄漏应急处理设备。夏季最好早晚运输。运输时所用的槽(罐)车应有接地链，槽内可设孔隔板以减少振荡产生静电。严禁与氧化剂、食用化学品等混装混运。运输途中应防暴晒、雨淋，防高温。中途停留时应远离火种、热源和高温区。装运该物品的车辆排气管必须配备阻火装置，禁止使用易产生火花的机械设备和工具装卸。公路运输时要按规定路线行驶，勿在居民区和人口稠密区停留。铁路运输时要禁止溜放。严禁用木船、水泥船散装运输。工程控制：密闭操作，注意通风。

【安全与毒性】 高闪点易燃液体，易燃，遇明火、高热或与氧化剂接触，有引起燃烧爆炸的危险。吸入、口服或经皮肤吸收对身体有害。具有刺激性。

10.35　二异丁基酮

中文名：二异丁基酮

中文别名：2,6-二甲基-4-庚酮

英文名：2，6-dimethyl-4-heptanone

英文别名：diisobutyl ketone；isovalerone

CAS 号：108-83-8

化学式：$C_9H_{18}O$

分子结构：

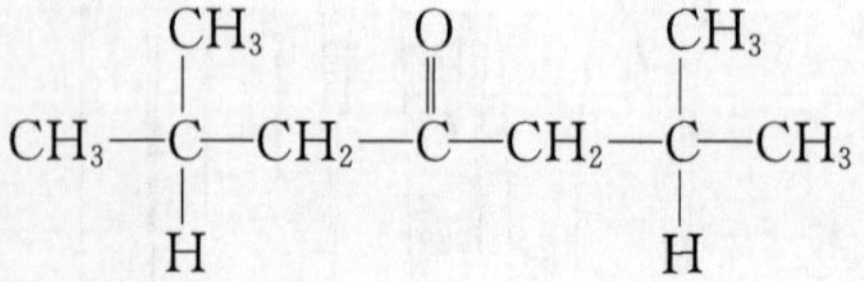

相对分子质量：142.24

【理化特性】 无色油状液体，有薄荷香味。能与醇、醚等大多数有机溶剂混溶。能溶解乙酸纤维素、硝酸纤维素、聚苯乙烯、乙烯树脂、蜡、清漆、天然树脂和生胶等。25℃时在水中溶解 0.043%；23℃时水在 2，6-二甲基-4-庚酮中溶解 0.4%。熔点：−46℃；沸点：165～170℃；闪点：49℃。相对密度为 0.808。禁忌物：强氧化剂、强还原剂、强碱。

【相关图谱】

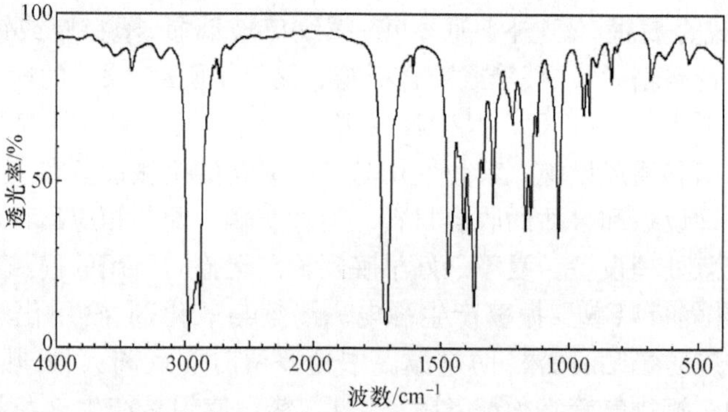

二异丁基酮红外图谱

【主要用途】 用于真空电镀涂料、塑胶漆和皮革涂饰等行业。

【制备】 由丙酮经酸催化缩合生成福尔酮，再加氢还原成二异丁基酮。

【包装储运及工程控制事项】 储存于阴凉、通风的库房。远离火种和热源。应与氧化剂、还原剂、碱类分开存放，切忌混储。采用防爆型照明和通风设施。禁止使用易产生火花的机械设备和工具。储区应备有泄漏应急处理设备和合适的收容材料。

【安全与毒性】 易燃，遇高热、明火或与氧化剂接触，有引起燃烧爆炸的危险。受热分解放出有毒的氧化氮烟气。具有腐蚀性。对眼、皮肤、黏膜有强烈刺激作用;有拟交感神经作用;对心脏有抑制作用;可引起惊厥。

10.36　3-甲基-2-丁酮

中文名称:3-甲基-2-丁酮

中文别名:3,3-二甲基-2-丁酮

英文名:tert-butyl methyl ketone

英文别名:3,3-dimethyl-2-butanone

CAS 号:563-80-4

化学式:$C_5H_{10}O$

分子结构:

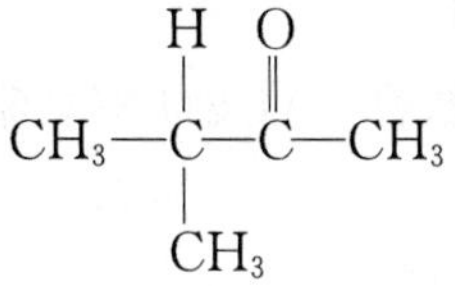

相对分子质量:86.13

【理化特性】　无色液体。溶于多数有机溶剂。熔点:－92℃;沸点:94.2℃;闪点:－7℃。相对密度为 0.81。禁忌物:强氧化剂、强碱、强还原剂。

【相关图谱】

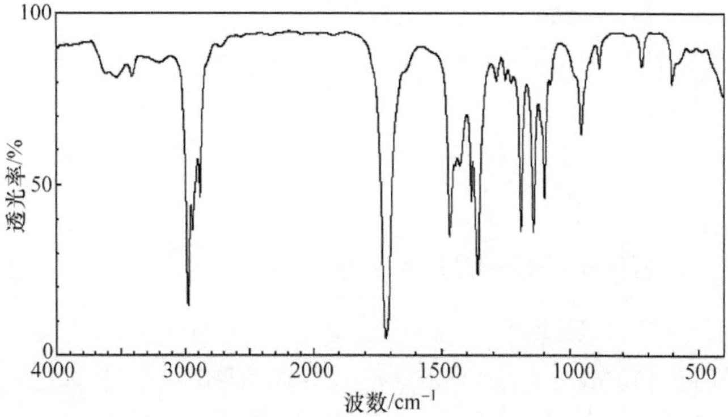

3-甲基-2-丁酮红外图谱

【主要用途】　用作溶剂、脱蜡剂,也用于有机合成。

【制备】　向 50～60℃的叔戊醇中滴加等摩尔的溴,制得 2,3-二溴异戊烷,然后加水回流 3～5h 至水解完全,从反应混合物中蒸出粗产品 3-甲基-2-丁酮,精制得成品。

【包装储运及工程控制事项】 包装方法：小开口钢桶；安瓿瓶外普通木箱；螺纹口玻璃瓶、铁盖压口玻璃瓶、塑料瓶或金属桶(罐)外普通木箱。运输车辆应配备相应品种和数量的消防器材及泄漏应急处理设备。夏季最好早晚运输。运输时所用的槽(罐)车应有接地链，槽内可设孔隔板以减少振荡产生静电。严禁与氧化剂、还原剂、碱类、食用化学品等混装混运。运输途中应防暴晒、雨淋，防高温。中途停留时应远离火种、热源和高温区。装运该物品的车辆排气管必须配备阻火装置，禁止使用易产生火花的机械设备和工具装卸。公路运输时要按规定路线行驶，勿在居民区和人口稠密区停留。铁路运输时要禁止溜放。严禁用木船、水泥船散装运输。

【安全与毒性】 中闪点易燃液体，易燃，其蒸气与空气可形成爆炸性混合物，遇明火、高热能引起燃烧爆炸。与氧化剂能发生强烈反应。其蒸气密度比空气大，能在较低处扩散到相当远的地方，遇火源会着火回燃。

健康危害：蒸气或雾对眼、黏膜及上呼吸道有刺激性。对皮肤有刺激作用。

10.37 3-甲基-2-戊酮

中文名称：3-甲基-2-戊酮

中文别名：甲基仲丁基酮

英文名称：3-methyl-2-pentanone

英文别名：sec-butyl methyl ketone

CAS 号：565-61-7

化学式：$C_6H_{12}O$

分子结构：

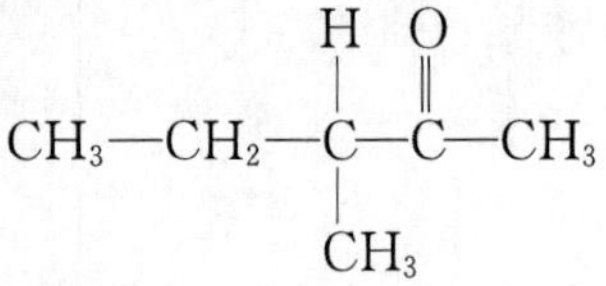

相对分子质量：110.16

【理化特性】 无色液体。微溶于水，可混溶于乙醇、乙醚。沸点：118℃；闪点：12℃。相对密度为 0.82。禁忌物：强氧化剂、强还原剂、强碱。

【相关图谱】 见下页。

【主要用途】 用作溶剂。

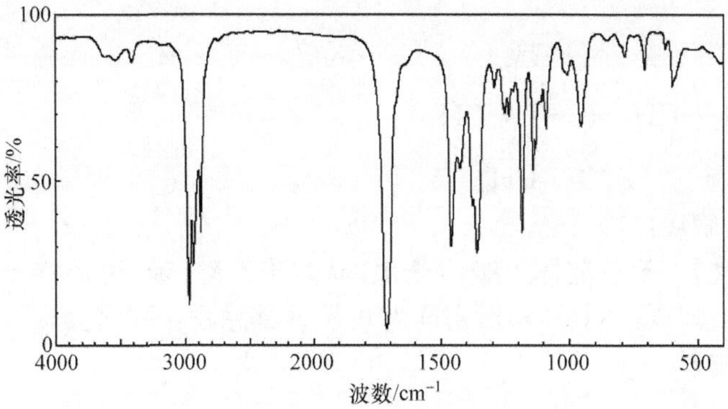

3-甲基-2-戊酮红外图谱

【包装储运及工程控制事项】 储存于阴凉、通风的库房。远离火种和热源。库温不宜超过 30℃。应与氧化剂、还原剂、碱类分开存放，切忌混储。采用防爆型照明和通风设施。禁止使用易产生火花的机械设备和工具。储区应备有泄漏应急处理设备和合适的收容材料。运输车辆应配备相应品种和数量的消防器材及泄漏应急处理设备。夏季最好早晚运输。运输时所用的槽(罐)车应有接地链，槽内可设孔隔板以减少振荡产生静电。严禁与氧化剂、还原剂、碱类、食用化学品等混装混运。运输途中应防暴晒、雨淋，防高温。中途停留时应远离火种、热源和高温区。装运该物品的车辆排气管必须配备阻火装置，禁止使用易产生火花的机械设备和工具装卸。公路运输时要按规定路线行驶。铁路运输时要禁止溜放。严禁用木船、水泥船散装运输。工程控制：密闭操作，注意通风。

【安全与毒性】 中闪点易燃液体，其蒸气与空气可形成爆炸性混合物，遇明火、高热极易燃烧爆炸。与氧化剂接触猛烈反应。流速过快，容易产生和积聚静电。若遇高热，容器内压增大，有开裂和爆炸的危险。本品具有刺激性。

10.38　2-甲基-3-戊酮

中文名称：2-甲基-3-戊酮

中文别名：乙基异丙基甲酮

英文名称：2-methyl-3-pentanone

英文别名：ethyl isopropyl ketone

CAS 号：565-69-5

化学式：$C_6H_{12}O$

分子结构：

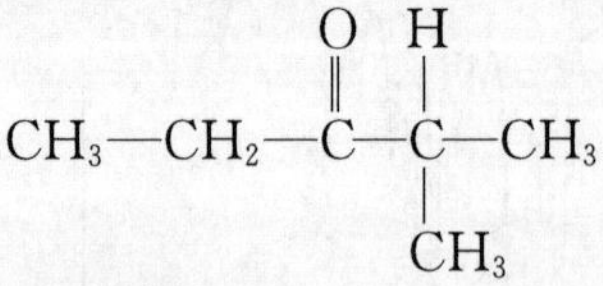

相对分子质量：110.16

【理化特性】 无色液体。微溶于水，易溶于乙醇、苯，可混溶于丙酮。沸点：114.5～115℃；闪点：13℃。相对密度为0.83。禁忌物：强氧化剂。

【相关图谱】

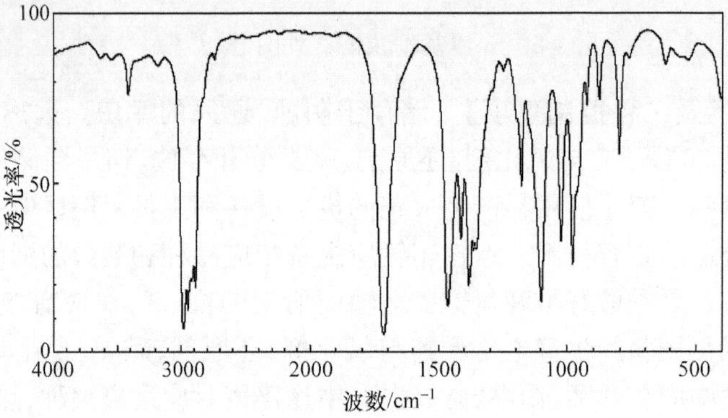

2-甲基-3-戊酮红外图谱

【主要用途】 用作溶剂和中间体。

【制备】 醛与2-溴丙烷格氏试剂反应，经水解生成2-甲基-3-戊醇，后经50%过氧化氢氧化后得到。

【包装储运及工程控制事项】 包装方法：小开口钢桶；安瓿瓶外普通木箱；螺纹口玻璃瓶、铁盖压口玻璃瓶、塑料瓶或金属桶(罐)外普通木箱。储存于阴凉、通风的库房。远离火种和热源。库温不宜超过30℃。应与氧化剂分开存放，切忌混储。采用防爆型照明和通风设施。禁止使用易产生火花的机械设备和工具。储区应备有泄漏应急处理设备和合适的收容材料。运输车辆应配备相应品种和数量的消防器材及泄漏应急处理设备。夏季最好早晚运输。运输时所用的槽(罐)车应有接地链，槽内可设孔隔板以减少振荡产生静电。严禁与氧化剂、食用化学品等混装混运。运输途中应防暴晒、雨淋，防高温。中途停留时应远离火种、热源和高温区。装运该物品的车辆排气管必须配备阻火装置，禁止使用易产生火花的机械设备和工具装卸。公路运输时要按规定路线行驶。铁路运输时要禁止溜放。严禁用木船、水泥船散装运输。工程控制：密闭操作，注意通风。

【安全与毒性】 中闪点易燃液体，其蒸气与空气可形成爆炸性混合物，遇明火、高热极易燃烧爆炸。与氧化剂接触猛烈反应。流速过快，容易产生和积聚静电。若遇高热，容器内压增大，有开裂和爆炸的危险。吸入、摄入或经皮肤吸收后对身体有害。有刺激作用。

10.39　4-甲基-2-戊酮

中文名称：4-甲基-2-戊酮

中文别名：甲基异丁基甲酮

英文名称：4-methyl-2-pentanone

英文别名：methyl isobutyl ketone

CAS 号：108-10-1

化学式：$C_6H_{12}O$

分子结构：

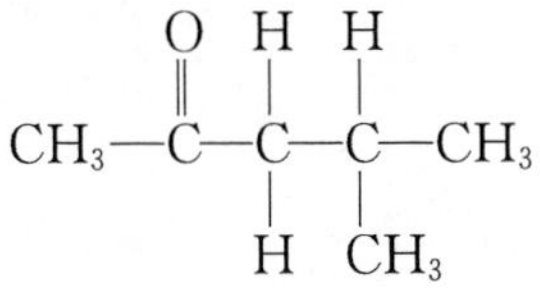

相对分子质量：110.16

【理化特性】　水样透明液体，有令人愉快的香味。微溶于水，易溶于多数有机溶剂。熔点：－83.5℃；沸点：115.8℃；闪点：15.6℃。相对密度为 0.80。爆炸上限：7.5％；爆炸下限：1.35％。禁忌物：强氧化剂、强还原剂、强碱。

【相关图谱】

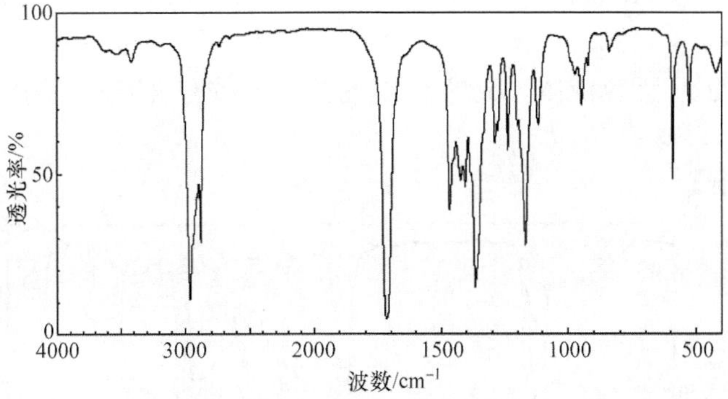

4-甲基-2-戊酮红外图谱

【主要用途】　用作喷漆、硝基纤维、某些纤维醚、樟脑、油脂、天然和合成橡胶的溶剂。

【制备】　将丙酮加热，蒸气通过氢氧化钠催化剂，在常压下反应得到双丙醇酮。双丙醇酮在磷酸催化剂存在下进行脱水反应得到异丙烯丙酮，将异丙烯丙酮在铜催化剂存在下催化加氢，温度170～200℃，得产品。

【包装储运及工程控制事项】 储存于阴凉、通风的库房。远离火种和热源。库温不宜超过30℃。保持容器密封。应与氧化剂、还原剂、碱类分开存放，切忌混储。采用防爆型照明和通风设施。禁止使用易产生火花的机械设备和工具。储区应备有泄漏应急处理设备和合适的收容材料。

【安全与毒性】 中闪点易燃液体，易燃，遇高热、明火、氧化剂有引起燃烧的危险。其蒸气密度比空气大，能在较低处扩散到相当远的地方，遇火源着火回燃。具有麻醉和刺激作用。可引起胃肠道反应，如恶心、呕吐、食欲不振、腹泻及呼吸道刺激症状。

10.40　4-甲氧基-4-甲基-2-戊酮

中文名称：4-甲氧基-4-甲基-2-戊酮

英文名称：4-methoxy-4-methylpentan-2-one

英文别名：4-methoxy-4-methyl-2-pentanone

CAS号：107-70-0

化学式：$C_7H_{14}O_2$

分子结构：

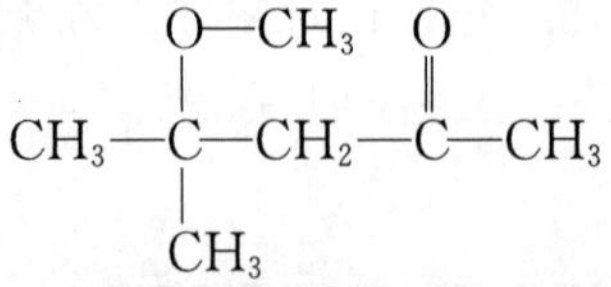

相对分子质量：130.21

【理化特性】 无色液体。微溶于水，易溶于多数有机溶剂。闪点：48℃。禁忌物：强氧化剂。

【相关图谱】

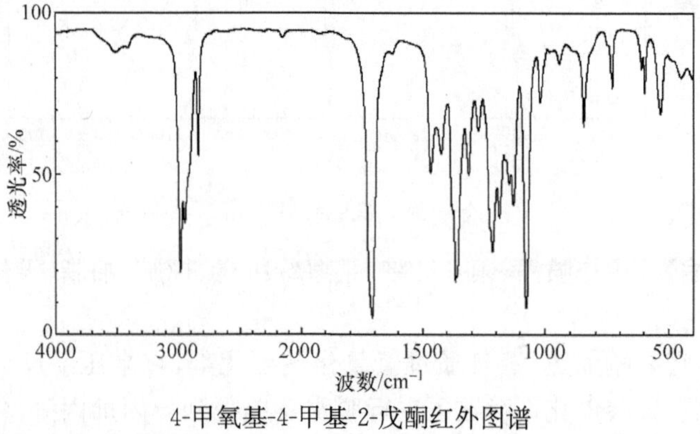

4-甲氧基-4-甲基-2-戊酮红外图谱

【包装储运及工程控制事项】 包装方法：安瓿瓶外普通木箱；螺纹口玻璃瓶、铁盖压口玻璃瓶、塑料瓶或金属桶(罐)外普通木箱；螺纹口玻璃瓶、塑料瓶或镀锡薄钢板桶(罐)外满底板花格箱、纤维板箱或胶合板箱。储存于阴凉、通风的库房。远离火种和热源。库温不宜超过30℃。应与氧化剂分开存放，切忌混储。采用防爆型照明和通风设施。禁止使用易产生火花的机械设备和工具。储区应备有泄漏应急处理设备和合适的收容材料。运输车辆应配备相应品种和数量的消防器材及泄漏应急处理设备。夏季最好早晚运输。运输时所用的槽(罐)车应有接地链，槽内可设孔隔板以减少振荡产生静电。严禁与氧化剂、食用化学品等混装混运。运输途中应防暴晒、雨淋，防高温。中途停留时应远离火种、热源和高温区。装运该物品的车辆排气管必须配备阻火装置，禁止使用易产生火花的机械设备和工具装卸。公路运输时要按规定路线行驶，勿在居民区和人口稠密区停留。铁路运输时要禁止溜放。严禁用木船、水泥船散装运输。工程控制：密闭操作，注意通风。

【安全与毒性】 高闪点易燃液体，其蒸气与空气可形成爆炸性混合物，遇明火、高热能引起燃烧爆炸。与氧化剂可发生反应。流速过快，容易产生和积聚静电。若遇高热，容器内压增大，有开裂和爆炸的危险。对眼睛、皮肤和黏膜有刺激作用，高浓度时有麻醉作用。

10.41 环 戊 酮

中文名：环戊酮

英文名：cyclopentanone

CAS号：120-92-3

化学式：C_5H_8O

分子结构：

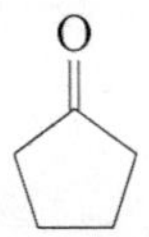

相对分子质量：84.12

【理化特性】 水白色液体，有醚样的气味。不溶于水，溶于醇、醚等多数有机溶剂。熔点：−58.2℃；沸点：130.6℃；闪点：26℃。相对密度为0.95。禁忌物：强氧化剂、强碱、强还原剂。

【相关图谱】 见下页。

【主要用途】 用于药品、生物制品、杀虫剂和合成橡胶的中间体，有机化工原料。

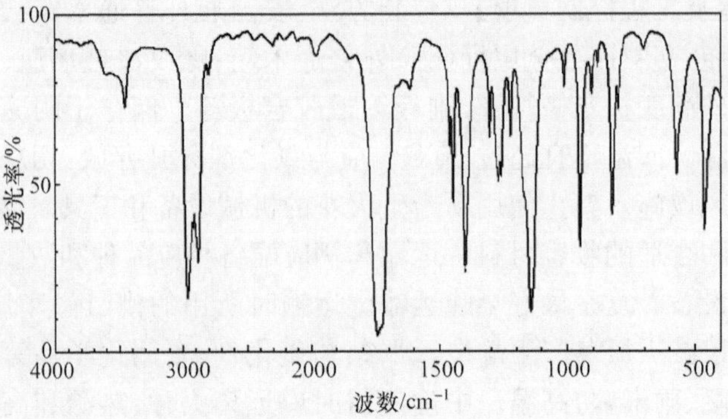

环戊酮红外图谱

【制备】 由己二酸在氢氧化钡存在下加热而得。将己二酸与氢氧化钡均匀混合,加热到 285～295℃,在此温度下蒸馏出生成的环戊酮。馏出物氯化钙盐析分离出环戊酮,加入量碱液洗除己二酸,再用水洗涤,经无水氯化钙干燥后,分馏,收集 128～131℃馏分得成品,产率 75%～80%。

【包装储运及工程控制事项】 储存于阴凉、通风的仓间内。远离火种和热源。仓温不宜超过 30℃。防止阳光直射。包装要求密封,不可与空气接触。应与氧化剂分开存放。储存间内的照明和通风等设施应采用防爆型,开关设在仓外。禁止使用易产生火花的机械设备和工具。配备相应品种和数量的消防器材。罐储时要有防火防爆技术措施。充装要控制流速,注意防止静电积聚。搬运时要轻装轻卸,防止包装及容器损坏。工程控制:密闭操作,注意通风。

【安全与毒性】 高闪点易燃液体,易燃,遇明火、高热或与氧化剂接触,有引起燃烧爆炸的危险;若遇高热,容器内压增大,有开裂和爆炸的危险。吸入、摄入或经皮肤吸收对身体可能有害,对眼睛引起刺激症状,对皮肤可能有刺激作用。

10.42　2-己酮

中文名:2-己酮

中文别名:甲基丁基甲酮

英文名:2-hexanone

英文别名:methyl buthyl ketone

CAS 号:591-78-6

化学式:$C_6H_{12}O$

分子结构：

$$CH_3—CH_2—CH_2—CH_2—\overset{\displaystyle O}{\overset{\|}{C}}—CH_3$$

相对分子质量：100.16

【理化特性】 无色液体，有丙酮的气味。微溶于水，可混溶于乙醇、甲醇、苯。熔点：−55.8℃；沸点：127.2℃；闪点：23℃。相对密度为 0.81。爆炸上限：8.0%；爆炸下限：1.2%。禁忌物：强氧化剂、强还原剂、强碱。

【相关图谱】

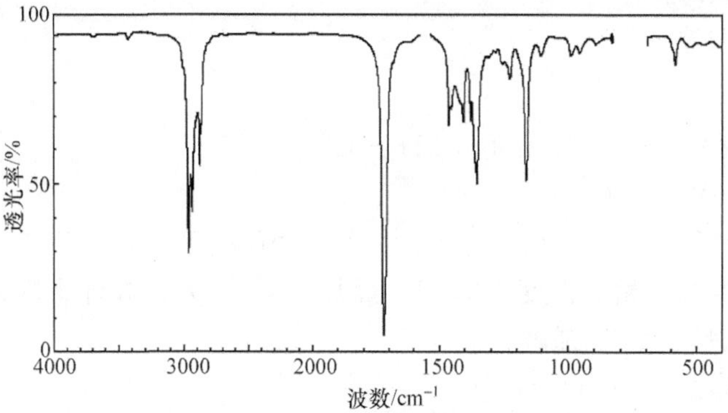

2-己酮红外图谱

【主要用途】 用作溶剂。

【制备】 由正丙基乙酰乙酸乙酯与氢氧化钠溶液共热制得。

【包装储运及工程控制事项】 储存于阴凉、通风的仓间内。远离火种和热源。防止阳光直射。保持容器密封。应与氧化剂分开存放。储存间内的照明和通风等设施应采用防爆型，开关设在仓外。配备相应品种和数量的消防器材。罐储时要有防火防爆技术措施。禁止使用易产生火花的机械设备和工具。充装要控制流速，注意防止静电积聚。搬运时要轻装轻卸，防止包装及容器损坏。工程控制：密闭操作，注意通风。

【安全与毒性】 高闪点易燃液体，蒸气与空气可形成爆炸性混合物，遇明火、高热能引起燃烧爆炸。与氧化剂可发生反应。流速过快，容易产生和积聚静电。其蒸气密度比空气大，能在较低处扩散到相当远的地方，遇火源会着火回燃。若遇高热，容器内压增大，有开裂和爆炸的危险。急性中毒时，具有黏膜刺激和麻醉作用，引起眼和上呼吸道的刺激症状。慢性作用：出现肢端麻木、刺痛、足根烧灼感、寒冷感、上下肢无力等周围神经炎表现。

10.43　3-己酮

中文名:3-己酮

中文别名:乙基丙基甲酮

英文名:3-hexanone

英文别名:ethyl propyl ketone

CAS 号:589-38-8

化学式:$C_6H_{12}O$

分子结构:

$$CH_3—CH_2—\overset{\overset{\displaystyle O}{\|}}{C}—CH_2—CH_2—CH_3$$

相对分子质量:100.16

【理化特性】 无色液体。微溶于水,溶于丙酮,可混溶于乙醇、乙醚。沸点:124℃;闪点:24℃。相对密度为 0.81。爆炸上限:8.0%;爆炸下限:1.0%。禁忌物:强氧化剂、强还原剂、强碱。

【相关图谱】

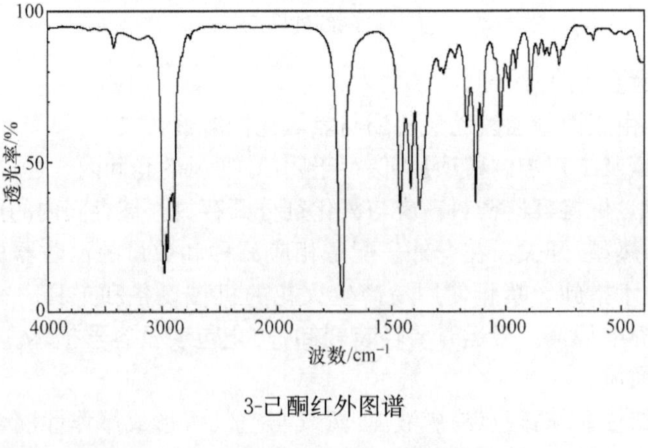

3-己酮红外图谱

【主要用途】 用作溶剂、有机合成中间体,也用作食品用香料。

【制备】 由 3-己醇在氧化磷酸化 Ni-Zn 催化剂存在下脱氢而得;可由 2-乙基呋喃氢化而得;由 β-呋喃基丙酸在 250～300℃下通过 5% Pt-C 催化利而得。

【包装储运及工程控制事项】 储存于阴凉、通风的仓间内。远离火种和热源。仓温不宜超过 30℃。防止阳光直射。保持容器密封。应与氧化剂分开存放。储存间内的照明和通风等设施应采用防爆型,开关设在仓外。配备相应品种和数量的消防器材。罐储时要有防火防爆技术措施。禁止使用易产生火花的机械设备和工具。充装要控制流速，注意防止静电积聚。搬运时要轻装轻卸，防止包装及容器损坏。工程控制：密闭操作，注意通风。

【安全与毒性】 高闪点易燃液体，易燃，遇明火、高热能引起燃烧爆炸。与强氧化剂接触可发生化学反应。若遇高热，容器内压增大，有开裂和爆炸的危险。吸入、口服或经皮肤吸收对身体有害。可能引起刺激症状。

10.44　5-甲基-2-己酮

中文名称：5-甲基-2-己酮

中文别名：异丁基丙酮

英文名称：5-methyl-2-hexanone

英文别名：isobutylacetone

CAS 号：110-12-3

化学式：$C_7H_{14}O$

分子结构：

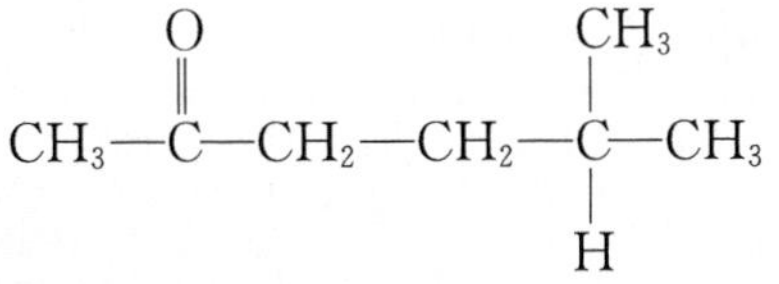

相对分子质量：114.18

【理化特性】 无色、透明，有强烈气味的油状液体。微溶于水，可混溶于多数有机溶剂。熔点：−73.9℃；沸点：114℃；闪点：41℃。相对密度为 0.81。禁忌物：强氧化剂、强还原剂、强碱。

【相关图谱】

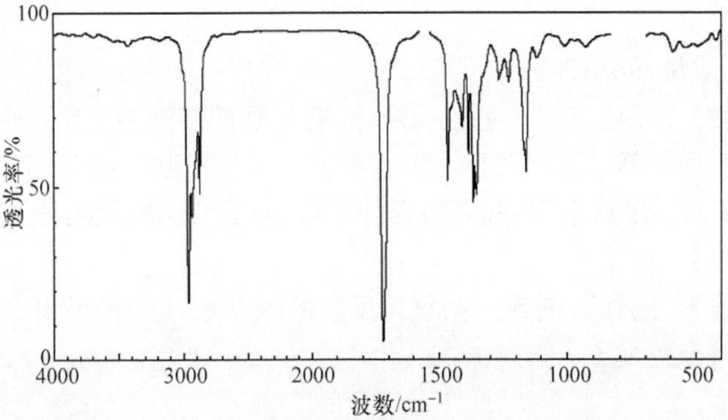

5-甲基-2-己酮红外图谱

【包装储运及工程控制事项】 包装方法：安瓿瓶外普通木箱；螺纹口玻璃瓶、铁盖压口玻璃瓶、塑料瓶或金属桶(罐)外普通木箱；螺纹口玻璃瓶、塑料瓶或镀锡薄钢板桶(罐)外满底板花格箱、纤维板箱或胶合板箱。储存于阴凉、通风的仓间内。远离火种和热源。仓温不宜超过30℃。防止阳光直射。保持容器密封。应与氧化剂分开存放。储存间内的照明和通风等设施应采用防爆型。搬运时要轻装轻卸，防止包装及容器损坏。运输车辆应配备相应品种和数量的消防器材及泄漏应急处理设备。夏季最好早晚运输。运输时所用的槽(罐)车应有接地链，槽内可设孔隔板以减少振荡产生静电。严禁与氧化剂、酸类、食用化学品等混装混运。运输途中应防暴晒、雨淋，防高温。中途停留时应远离火种、热源和高温区。装运该物品的车辆排气管必须配备阻火装置，禁止使用易产生火花的机械设备和工具装卸。公路运输时要按规定路线行驶。铁路运输时要禁止溜放。严禁用木船、水泥船散装运输。工程控制：密闭操作，注意通风。

【安全与毒性】 高闪点易燃液体，遇高热、明火或与氧化剂接触，有引起燃烧的危险。若遇高热，容器内压增大，有开裂和爆炸的危险。本品对眼睛、皮肤有刺激作用。

10.45 环己酮

中文名：环己酮

英文名：cyclohexanone

CAS号：108-94-1

化学式：$C_6H_{10}O$

分子结构：

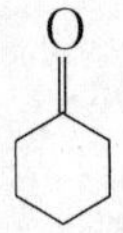

相对分子质量：98.15

【理化特性】 无色或浅黄色透明液体，有强烈的刺激性臭味。微溶于水，可混溶于醇、醚、苯、丙酮等多数有机溶剂。熔点：－45℃；沸点：155.6℃；闪点：43℃。相对密度为0.95。爆炸上限：9.4％；爆炸下限：1.1％。禁忌物：强氧化剂。

【相关图谱】 见下页。

【主要用途】 用作溶剂或一些氧化反应的触发剂，也用于制取己二酸、环己酮树脂、己内酰胺及尼龙6。

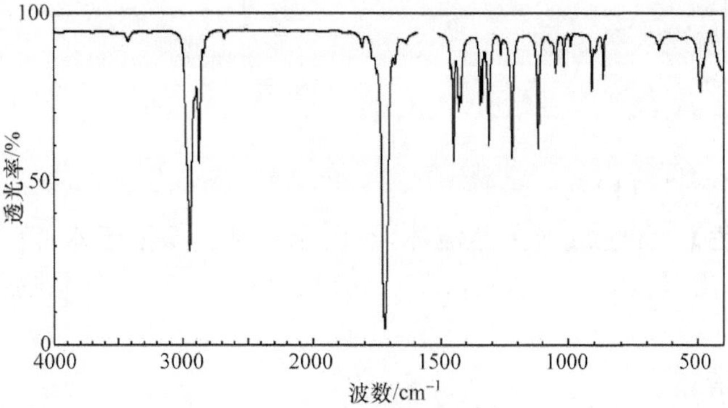

环己酮红外图谱

【制备】 苯酚法:镍作催化剂,由苯酚加氢得环己醇,然后以锌作催化剂,脱氢得环己酮。环己烷氧化法:以环己烷为原料,无催化下,用富氧空气氧化为环己基过氧化氢,再在铬酸叔丁酯催化剂存在下分解为环己醇和环己酮、醇、酮混合物,经一系列蒸馏精制即得合格产品。苯加氢氧化法,苯与氢气在镍催化剂存在下,在120～180℃下进行加氢反应生成环己烷,环己烷与空气在 150～160℃、0.908MPa下进行氧化反应生成环己醇和环己酮的混合物,经分离得环己酮产品。

【包装储运及工程控制事项】 储存于阴凉、通风的库房。远离火种和热源。库温不宜超过 30℃。保持容器密封。应与氧化剂、还原剂等分开存放,切忌混储。采用防爆型照明和通风设施。禁止使用易产生火花的机械设备和工具。储存区应备有泄漏应急处理设备和合适的收容材料。

【安全与毒性】 易燃,具刺激性。具有麻醉和刺激作用,头晕、胸闷、全身无力等症状。重者可出现休克、昏迷、四肢抽搐、肺水肿,最后因呼吸衰竭而死亡。脱离接触后能较快恢复正常。液体对皮肤有刺激性。眼接触有可能造成角膜损害。慢性影响:长期反复接触可致皮炎。

10.46　2-甲基环己酮

中文名:2-甲基环己酮

中文别名:邻甲基环己酮

英文名:2-methylcyclohexanone

英文别名:o-methylcyclohexanone

CAS 号:583-60-8

化学式:$C_7H_{12}O$

分子结构：

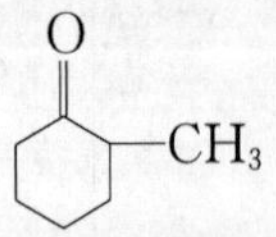

相对分子质量：112.17

【理化特性】 无色或淡黄色液体，有丙酮气味。微溶于水，溶于乙醇、乙醚。熔点：－14℃；沸点：165℃；闪点：48℃。相对密度为 0.92。禁忌物：强氧化剂、强还原剂、强碱。

【相关图谱】

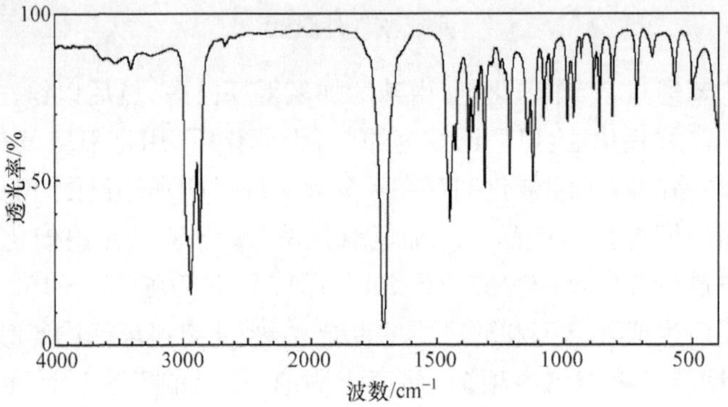

2-甲基环己酮红外图谱

【主要用途】 用作溶剂。

【制备】 甲酚加氢或甲基环已醇脱氢制得的，含有四基环已醇及酸性杂质。

【包装储运及工程控制事项】 包装方法：安瓿瓶外普通木箱；螺纹口玻璃瓶、铁盖压口玻璃瓶、塑料瓶或金属桶(罐)外普通木箱。储存于阴凉、通风的库房。远离火种和热源。应与氧化剂、还原剂、碱类分开存放，切忌混储。采用防爆型照明和通风设施。禁止使用易产生火花的机械设备和工具。储区应备有泄漏应急处理设备和合适的收容材料。运输车辆应配备相应品种和数量的消防器材及泄漏应急处理设备。夏季最好早晚运输。运输时所用的槽(罐)车应有接地链，槽内可设孔隔板以减少振荡产生静电。严禁与氧化剂、还原剂、碱类、食用化学品等混装混运。运输途中应防暴晒、雨淋，防高温。中途停留时应远离火种、热源和高温区。装运该物品的车辆排气管必须配备阻火装置，禁止使用易产生火花的机械设备和工具装卸。公路运输时要按规定路线行驶，勿在居民区和人口稠密区停留。铁路运输时要禁止溜放。严禁用木船、水泥船散装运输。工程控制：密闭操作，注意通风。

【安全与毒性】 高闪点易燃液体，其蒸气与空气可形成爆炸性混合物，遇明火、高热能引起燃烧爆炸。与氧化剂可发生反应。流速过快，容易产生和积聚静电。其蒸气密度比空气大,能在较低处扩散到相当远的地方,遇火源会着火回燃。若遇高热,容器内压增大,有开裂和爆炸的危险。吸入高浓度蒸气可造成麻醉和死亡,但因该品气味强烈,一般不致高浓度吸入。液体溅入眼内可致眼损害,高浓度蒸气对眼也有刺激性。经皮肤吸收毒性低。长期反复接触可造成皮肤损害。

10.47　2-庚酮

中文名:2-庚酮

中文别名:甲基戊基甲酮

英文名:2-heptanone

英文别名:methyl amyl ketone

CAS 号:110-43-0

化学式:$C_7H_{14}O$

分子结构:

$$CH_3—CH_2—CH_2—CH_2—CH_2—\overset{\overset{\large O}{\|}}{C}—CH_3$$

相对分子质量:114.19

【理化特性】 无色液体,有类似梨的水果香味。溶于水,可混溶于多数有机溶剂。熔点:－35℃;沸点:150.2℃;闪点:47℃。相对密度为 0.82。禁忌物:强氧化剂、强还原剂、强碱。

【相关图谱】

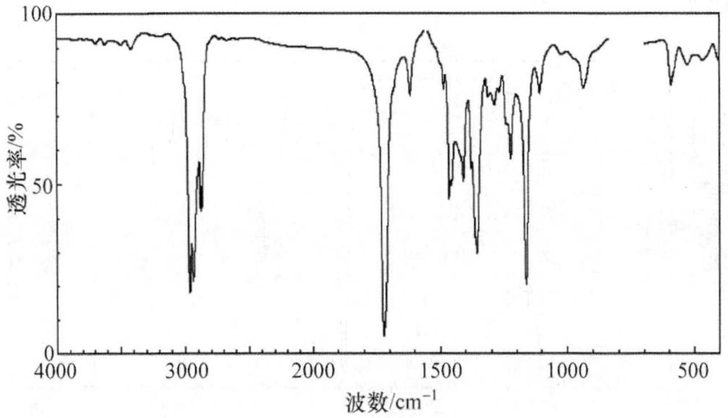

2-庚酮红外图谱

【主要用途】 用于工业溶剂、纤维、医药、农药、香料化工等领域。

【制备】 在室温下用氢氧化钠皂化丁基乙酰基乙酸乙酯,再加入硫酸,加热蒸馏,馏出物用氢氧化钠中和,蒸馏,加氯化钙浓溶液除去残存乙醇,再经干燥并蒸馏而得。

【包装储运及工程控制事项】 包装完整、轻装轻放。库房通风、远离明火、高温、与氧化剂分开存放。

【安全与毒性】 易燃，遇明火、高热或与氧化剂接触，有引起燃烧爆炸的危险。若遇高热，容器内压增大，有开裂和爆炸的危险。

10.48　3-庚酮

中文名：3-庚酮

中文别名：乙基正丁基甲酮

英文名：3-heptanone

英文别名：ethyl butyl ketone

CAS号：106-35-4

化学式：$C_7H_{14}O$

分子结构：

$$CH_3—CH_2—\overset{\overset{\displaystyle O}{\|}}{C}—CH_2—CH_2—CH_2—CH_3$$

相对分子质量：114.12

【理化特性】 无色液体，具有丙酮的气味。不溶于水，溶于乙醇。熔点：−36.7℃；沸点：147.3℃；闪点：46℃。相对密度为0.8。禁忌物：强氧化剂、强还原剂、强碱。

【相关图谱】

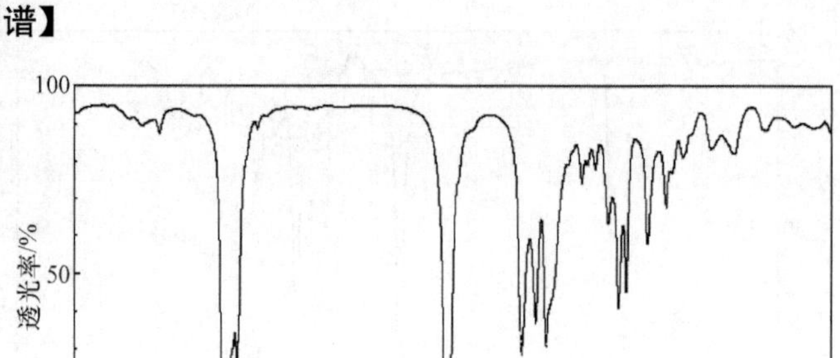

3-庚酮红外图谱

【主要用途】 用于制混合溶剂及有机溶胶的分散剂。

【制备】 由3-庚醇和空气加热至300℃通过银丝网而得。

【包装储运及工程控制事项】　储存于阴凉、通风的库房。远离火种和热源。保持容器密封。应与氧化剂、还原剂、碱类分开存放，切忌混储。采用防爆型照明和通风设施。禁止使用易产生火花的机械设备和工具。储区应备有泄漏应急处理设备和合适的收容材料。

【安全与毒性】　易燃，遇明火、高热或与氧化剂接触，有引起燃烧爆炸的危险。

10.49　4-庚酮

中文名：4-庚酮

中文别名：二丙基甲酮

英文名：4-heptanone

英文别名：dipropyl ketone

CAS 号：123-19-3

化学式：$C_7H_{14}O$

分子结构：

$$CH_3-CH_2-CH_2-\overset{\overset{\displaystyle O}{\|}}{C}-CH_2-CH_2-CH_3$$

相对分子质量：114.19

【理化特性】　无色液体。呈强烈醚香和果香，有乳酪、甜、康酿克、菠萝蜜等香气。不溶于水，溶于乙醇和乙醚。熔点：－33℃；沸点：149～150℃；闪点：48℃。相对密度为 0.72。禁忌物：强氧化剂、强还原剂、强碱。

【相关图谱】

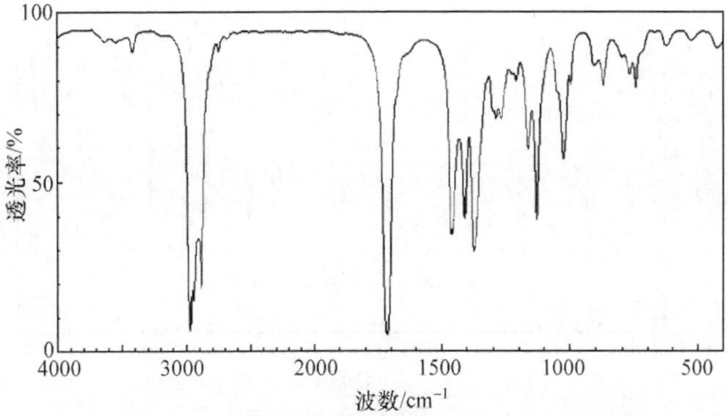

4-庚酮红外图谱

【主要用途】　食用香料。用于配制菠萝蜜、康酿克、香蕉、热带水果等型香精。用作硝化纤维的溶剂，也用于有机合成。

【制备】 由丁酸通过 425℃木炭，然后通过 500℃氧化铈或氧化钍而得。也可通过 400～425℃氧化蒎而得。

【包装储运及工程控制事项】 包装完整、轻装轻放。库房通风，远离明火、高温，与氧化剂分开存放。安全与毒性：易燃，遇明火、高热或与氧化剂接触，有引起燃烧爆炸的危险。

10.50 环庚酮

中文名：环庚酮

中文别名：软木酮

英文名：cycloheptanone

CAS 号：502-42-1

化学式：$C_7H_{12}O$

分子结构：

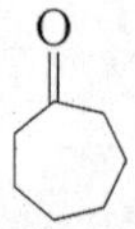

相对分子质量：112.17

【理化特性】 无色液体，有薄荷气味。不溶于水，溶于乙醇等多数有机溶剂。沸点：181℃；闪点：55℃。相对密度为 0.95。禁忌物：强氧化剂、强碱、强还原剂。

【相关图谱】

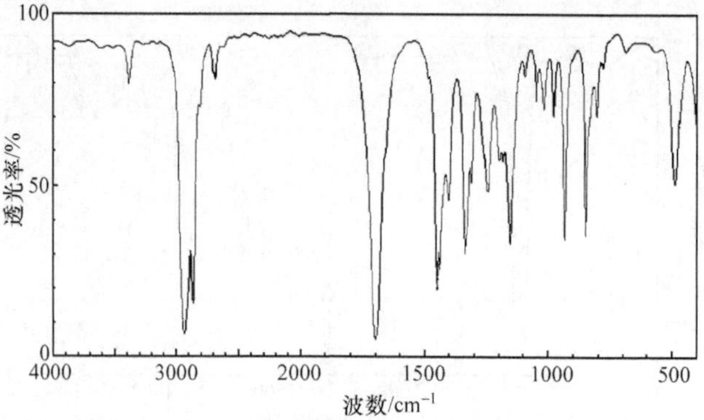

环庚酮红外图谱

【主要用途】 用作有机合成中间体，也用于化学研究。

【制备】 由环己酮与硝基甲烷加成、还原、重氮化、扩环而得。

【包装储运及工程控制事项】 储存于阴凉、通风的仓间内。远离火种和热源。防止阳光直射。包装要求密封，不可与空气接触。应与氧化剂分开存放。储存间内的照明和通风等设施应采用防爆型，开关设在仓外。禁止使用易产生火花的机械设备和工具。配备相应品种和数量的消防器材。罐储时应注意流速(不超过3m/s)，且有接地装置，防止静电积聚。搬运时要轻装轻卸，防止包装及容器损坏。工程控制：密闭操作，注意通风。

【安全与毒性】 高闪点易燃液体，易燃，遇明火、高热或与氧化剂接触，有引起燃烧爆炸的危险。对眼睛、皮肤有刺激作用。

10.51　3-辛酮

中文名：3-辛酮

中文别名：乙基戊基(甲)酮

英文名：3-octanone

英文别名：ethyl sec-amyl ketone

CAS 号：106-68-3

化学式：$C_8H_{16}O$

分子结构：

$$CH_3—CH_2—\overset{\overset{\large O}{\|}}{C}—CH_2—CH_2—CH_2—CH_2—CH_3$$

相对分子质量：128.22

【理化特性】 无色液体，有水果香气。不溶于水。熔点：－18.5℃；沸点：151℃；闪点：43℃。相对密度为 0.819。禁忌物：氧化剂。

【相关图谱】

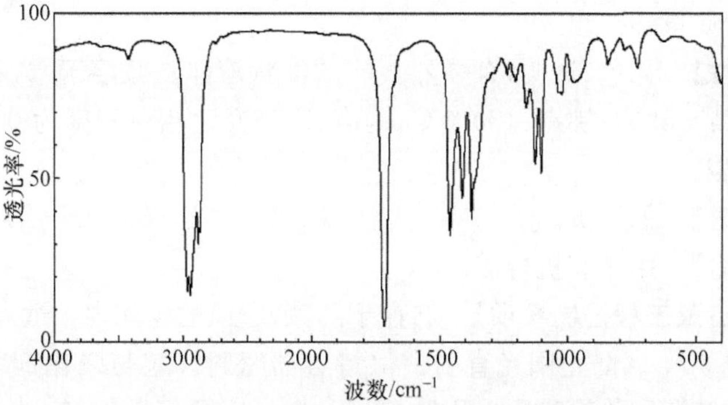

3-辛酮红外图谱

【主要用途】 醛类合成香料。主要用作薰衣草型香精的调和香料。

【制备】 采用氧化法和合成法。氧化法是以3-辛醇为原料,经氧化反应而得。合成法是以丙酸和己酸为原料,在氧化钍催化剂存在下,经合成而得。另外,也可从薰衣草精油中经精馏提取而得。

【包装储运及工程控制事项】 储存于密闭容器内,置于凉爽、通风处,避免接触氧化剂,开启和关闭容器时应使用无火花工具,储藏处应使用防爆电子设备和装置。须贴"易燃液体"标签,航空、铁路限量运输。

【安全与毒性】 高闪点易燃液体,遇高温、明火、氧化剂有燃烧危险。遇空气能形成爆炸性混合物。与硫酸、硝酸、脂肪胺不能配伍。其蒸气密度比空气大,易在低处聚集。封闭区域内的蒸气遇火能爆炸。蒸气能扩散到远处,遇点火源着火,并引起回燃。储存容器及其部件可能向四面八方飞射很远。刺激眼睛和黏膜,引起头痛、麻醉、昏迷。

10.52 4-甲基-3-戊烯-2-酮

中文名称:4-甲基-3-戊烯-2-酮

中文别名:甲基异丁烯甲酮

英文名称:4-methyl-3-pentene-2-one

英文别名:methyl isobutenyl ketone

CAS号:141-79-7

化学式:$C_6H_{10}O$

分子结构:

$$CH_3—\underset{\displaystyle CH_3}{\underset{|}{C}}═CH—\underset{\displaystyle CH_3}{\underset{|}{C}}═O$$

相对分子质量:98.14

【理化特性】 无色、透明,有强烈气味的油状液体。微溶于水,易溶于多数有机溶剂。熔点:−59℃;沸点:130.0℃;闪点:30.6℃。相对密度为0.85。禁忌物:强氧化剂、强酸。

【相关图谱】 见下页。

【主要用途】 用于有机合成。

【包装储运及工程控制事项】 储存于阴凉、通风的仓间内。远离火种和热源。仓温不宜超过30℃。防止阳光直射。保持容器密封。应与氧化剂分开存放。储存间内的照明和通风等设施应采用防爆型。搬运时要轻装轻卸,防止包装及容器损坏。工程控制:密闭操作,注意通风。

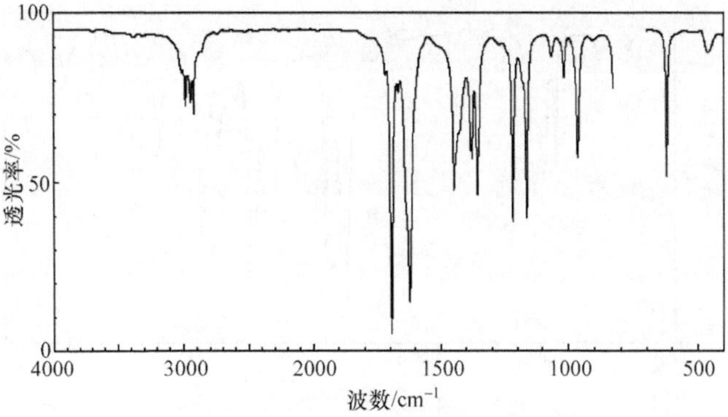

4-甲基-3-戊烯-2-酮红外图谱

【安全与毒性】 高闪点易燃液体，其蒸气与空气可形成爆炸性混合物，遇明火、高热能引起燃烧爆炸。与氧化剂可发生反应。与氯磺酸、发烟硫酸、硫酸剧烈反应。流速过快，容易产生和积聚静电。容易自聚，聚合反应随着温度的上升而急骤加剧。其蒸气密度比空气大，能在较低处扩散到相当远的地方，遇火源会着火回燃。若遇高热，容器内压增大，有开裂和爆炸的危险。对眼睛、皮肤、呼吸道黏膜有刺激作用。可引起鼻刺激，胸部不适。液体可造成角膜损害。高浓度有麻醉性，并可造成肺、肝、肾损害。

10.53　5-已烯-2-酮

中文名：5-已烯-2-酮

中文别名：烯丙基丙酮

英文名：5-hexen-2-one

英文别名：allylacetone

CAS 号：109-49-9

化学式：$C_6H_{10}O$

分子结构：

$$CH_3—\overset{\overset{\large O}{\|}}{C}—CH_2—CH_2—CH{=}CH_2$$

相对分子质量：98.14

【理化特性】 无色液体。不溶于水，易溶于醇、醚等。沸点：129.5℃；闪点：23℃。相对密度为 0.84。禁忌物：强氧化剂、强还原剂、强酸。

【相关图谱】 见下页。

【主要用途】 用于合成香料、杀虫剂和药品，有机合成。

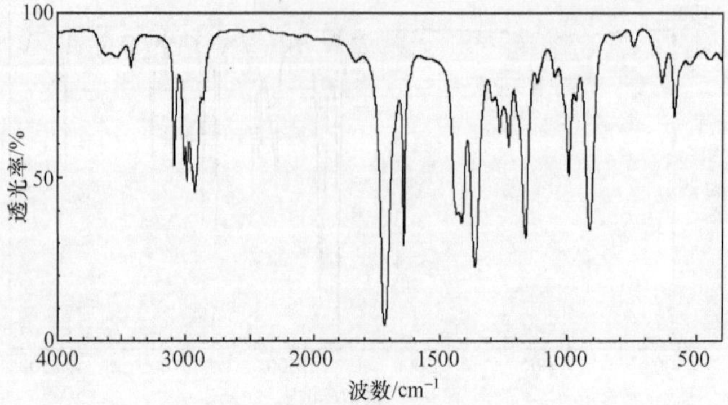

5-己烯-2-酮红外图谱

【包装储运及工程控制事项】 储存于阴凉、通风的仓间内。远离火种和热源。仓温不宜超过30℃。防止阳光直射。包装要求密封,不可与空气接触。应与氧化剂、酸类分开存放。储存间内的照明和通风等设施应采用防爆型,开关设在仓外。配备相应品种和数量的消防器材。罐储时要有防火防爆技术措施。禁止使用易产生火花的机械设备和工具。充装要控制流速,注意防止静电积聚。搬运时要轻装轻卸,防止包装及容器损坏。工程控制:密闭操作,注意通风。

【安全与毒性】 高闪点易燃液体,其蒸气与空气可形成爆炸性混合物,遇明火、高热能引起燃烧爆炸。可与氧化剂发生反应。流速过快,容易产生和积聚静电。容易自聚,聚合反应随着温度的上升而急骤加剧。其蒸气密度比空气大,能在较低处扩散到相当远的地方,遇火源会着火回燃。若遇高热,容器内压增大,有开裂和爆炸的危险。吸入、口服或经皮肤吸收对身体有害。可能引起刺激作用。

10.54　乙酰(基)乙烯酮

中文名:乙酰(基)乙烯酮

中文别名:双烯酮

英文名:acetyl ketene

英文别名:diketene

CAS号:674-82-8

化学式:$C_4H_4O_2$

相对分子质量:84.07

【理化特性】 无色液体,有刺激气味。溶于水和多数有机溶剂。熔点:−7.5℃;沸点:127.4℃;闪点:34℃。相对密度为1.10。禁忌物:强氧化剂、酸类、碱、胺类。

【相关图谱】

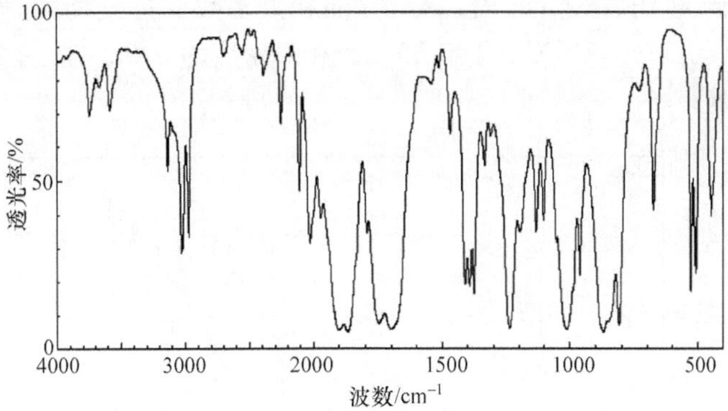

乙酰(基)乙烯酮红外图谱

【主要用途】 用作药物中间体、食品防腐剂、颜料及调节剂，也用作有机合成原料。

【制备】 乙烯酮二聚法。

【包装储运及工程控制事项】 储存于阴凉、通风的仓间内。远离火种和热源。仓温不宜超过 30℃。防止阳光直射。包装要求密封，不可与空气接触。应与氧化剂、食用化工原料分开存放。储存间内的照明和通风等设施应采用防爆型，开关设在仓外。配备相应品种和数量的消防器材。罐储时要有防火防爆技术措施。禁止使用易产生火花的机械设备和工具。充装要控制流速，注意防止静电积聚。搬运时要轻装轻卸，防止包装及容器损坏。

【安全与毒性】 高闪点易燃液体，遇明火、高热或与氧化剂接触，有引起燃烧爆炸的危险。若遇高热，容器内压增大，有开裂和爆炸的危险。蒸气对眼睛和呼吸系统有抑制作用。并有催泪效应，液体刺激皮肤造成灼伤。接触后可引起烧灼感、咳嗽、眩晕、喉炎、气短、头痛、恶心和呕吐。

10.55　桉叶油醇

中文名：桉叶油醇

中文别名：桉树脑

英文名：eucalyptol

英文别名：cineole

CAS 号：470-82-6

化学式：$C_{10}H_{18}O$

相对分子质量:154.25

【理化特性】 无色至淡黄色油状透明液体,有樟脑气息和清凉的草药味道。溶于乙醇、乙醚、氯仿、冰乙酸、丙二醇、甘油和大多数非挥发性油,微溶于水。熔点:1～2℃;沸点:176～177℃;闪点:50℃。相对密度为0.92。禁忌物:强氧化剂。

【相关图谱】

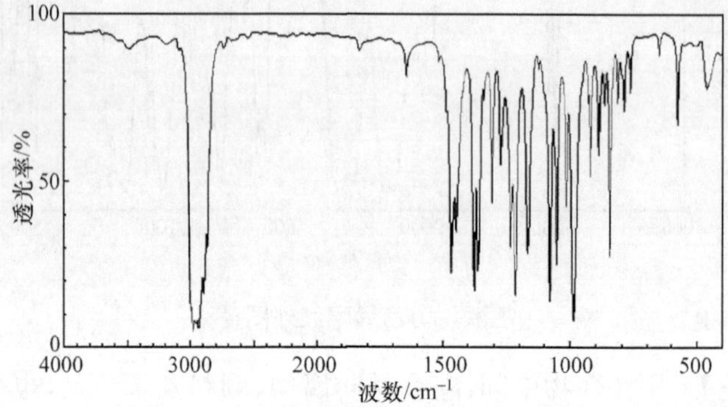

桉叶油醇红外图谱

【主要用途】 主要用于口腔香精的调配,也可用于医药产品的制造。

【制备】 由芳香油中单离制得。

【包装储运及工程控制事项】 库房通风低温干燥,与氧化剂、酸类和碱类分开存放。

第 11 章　过氧化物类液体

过氧化物类液体化合物指的是含有过氧基—O—O—的化合物，其中氧以 O 杂态存在，也可以看成过氧化氢的衍生物，分子中含有过氧离子是其特征。过氧化物极为不稳定，且有强氧化性，单纯的过氧化物易爆炸，如过氧化乙醚、过氧化丙酮、过氧化苯等都是极易爆炸的液体化合物，与还原性物质混合易爆炸、燃烧。用有机基团置换掉过氧化氢中一个或两个氢，所得的化合物称为有机过氧化物。它们的氧化性比金属过氧化物更强，都是易燃、易爆的化合物。过氧化物感度较高，遇明火、高热极易燃烧爆炸，其爆炸威力与等质量 TNT 当量。

11.1　过氧化乙醚

中文名：过氧化乙醚

中文别名：氧化乙醚

英文名：ethyl peroxide

化学式：$(C_2H_5)_2O_2$；$C_4H_{10}O_2$

分子结构：

$$CH_3—CH_2—O—O—CH_2—CH_3$$

相对分子质量：90

【理化特性】 通常情况下为黄色、黏稠液体，难挥发，具有刺激性气味，具有爆炸性。微溶于水，溶于乙醇、苯、氯仿、石脑油等多数有机溶剂。熔点：－41.6℃；沸点：115.3℃；闪点：21℃。密度：相对密度为 0.9827；相对蒸气密度为 2.73。爆炸上限：12.4%；爆炸下限：1.7%。蒸气压：1.33kPa(13.2℃)。折射率：1.5067(25℃)。黏度：0.94cP(20℃)。禁忌物：酸类、强氧化剂、氯仿。

【主要用途】 除作溶剂外，吡啶在工业上还可用作变性剂、助染剂，以及合成一系列产品(包括药品、消毒剂、染料、食品调味料、黏合剂、炸药等)的起始物。

【制备】 乙醚在 12℃ 水中的溶解度为水体积的 1/10。与 10 倍体积的氧混合成的混合气体，遇火或电火花即可发生剧烈爆炸，生成二氧化碳和水蒸气。长时间与氧接触和光照，可生成过氧乙醚。

【包装储运及工程控制事项】 储存于阴凉、通风的仓间内。远离火种和热源。仓温不宜超过 30℃。防止阳光直射。保持容器密封。应与还原剂、酸类分开存放。储存间内的照明和通风等设施应采用防爆型,开关设在仓外。配备相应品种和数量的消防器材。罐储时要有防火防爆技术措施。禁止使用易产生火花的机械设备和工具。灌装时应注意流速(不超过 3m/s),且有接地装置,防止静电积聚。搬运时要轻装轻卸,防止包装及容器损坏。运输按规定路线行驶。工程控制:密闭操作,局部排风。

【安全与毒性】 本品易燃,具强刺激性。其蒸气与空气可形成爆炸性混合物,遇明火、高热极易燃烧爆炸。与氧化剂接触猛烈反应。高温时分解,释出剧毒的氮氧化物气体。与硫酸、硝酸、铬酸、发烟硫酸、氯磺酸、顺丁烯二酸酐、高氯酸银等剧烈反应,有爆炸危险。流速过快,容易产生和积聚静电。其蒸气密度比空气大,能在较低处扩散到相当远的地方,遇火源会着火回燃。若遇高热,容器内压增大,有开裂和爆炸的危险。

燃烧(分解)产物:一氧化碳、二氧化碳、氧化氮。

毒性:属低毒类。

中毒症状:主要有恶心、疲劳、食欲缺乏,一些急性中毒事件中表现为精神崩溃。吡啶中毒引起死亡的事件比较少。

急性毒性:LD_{50} 为 1580mg/kg(大鼠经口);1121mg/kg(兔经皮);人吸入 $25mg/m^3 \times 20min$,对眼结膜和上呼吸道黏膜有刺激作用。

11.2　过氧化丙酮(二聚体)

中文名:过氧化丙酮(二聚体)

英文名:1,2,4,5-tetroxane

英文别名:DADP

CAS 号:1073-91-2

化学式:$C_6H_{12}O_4$

分子结构:

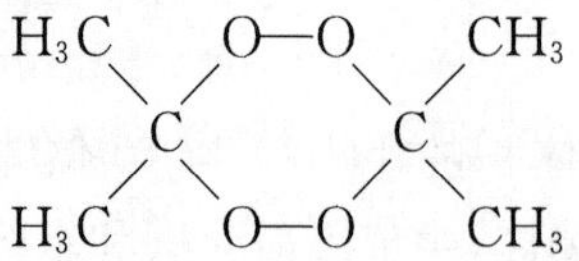

相对分子质量:148.16

【理化特性】 无色液体,易结晶为白色晶体。不溶于水,易溶于部分有机溶剂。熔点:91℃。密度:1.81g/cm³。禁忌物:酸类。

【主要用途】 危险物品,只要很少量就可以爆炸。曾用于恐怖袭击,如伦敦地铁爆炸案。

【制备】 在反应条件为弱酸性或中性时,丙酮与过氧化氢反应的速度较慢,生成的二聚体更多,它甚至比三聚体还不稳定。

【包装储运及工程控制事项】 低温、密封、远离明火。有效期:三年。按危险品运输。出口采用Ⅱ类危险品包装。

【安全与毒性】 本品易燃,有毒。其蒸气与空气可形成爆炸性混合物,遇明火、高热极易燃烧爆炸。与酸接触猛烈反应。容易自聚,聚合反应随着温度的上升而急骤加剧。其蒸气密度比空气大,能在较低处扩散到相当远的地方,遇火源会着火回燃。若遇高热,容器内压增大,有开裂和爆炸的危险。

11.3　过氧化丙酮(三聚体)

中文名:过氧化丙酮(三聚体)

英文名:1,2,4,5,7,8-hexoxonane

英文别名:acetone triperoxide

CAS 号:17088-37-8

化学式:$C_9H_{18}O_6$

分子结构:

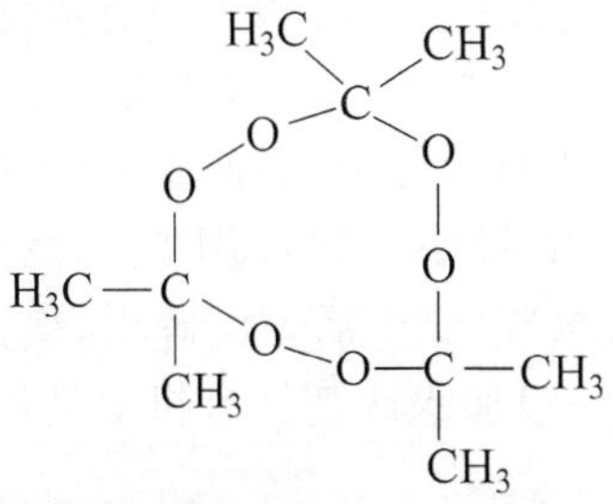

相对分子质量:222

【理化特性】 无色液体,易结晶形成略带酸味的白色晶体。不溶于水,易溶于部分有机溶剂。熔点:91℃。密度:1.18g/cm³。禁忌物:酸类。

【主要用途】 漂白面粉,引发聚合作用反应。工业上有不少氧化反应会产生TATP,人们可以通过改变 pH 使其偏碱性,调整反应温度,或者加入可溶性铜盐减少 TATP 的产生。危险物品,只要很少量就可以爆炸。曾用于恐怖袭击,如伦敦地铁爆炸案。

【制备】 由丙酮、过氧化氢在催化剂下低温合成。

【包装储运及工程控制事项】 低温、密封、远离明火。有效期：三年。按危险品运输。出口采用Ⅱ类危险品包装。

【安全与毒性】 本品易燃，有毒。其蒸气与空气可形成爆炸性混合物，遇明火、高热极易燃烧爆炸。与酸接触猛烈反应。容易自聚，聚合反应随着温度的上升而急骤加剧。其蒸气密度比空气大，能在较低处扩散到相当远的地方，遇火源会着火回燃。若遇高热，容器内压增大，有开裂和爆炸的危险。

11.4 过氧化环己酮

中文名：过氧化环己酮

中文别名：氧化环己酮

英文名：cyclohexanone peroxide

英文别名：1-[(1-hydroperoxycyclohexyl)dioxy]

CAS号：78-18-2

化学式：$C_{12}H_{22}O_4$

相对分子质量：230.3

【理化特性】 白色及淡黄色液体，结晶成针状结晶或粉末。不溶于水，溶于丙酮、乙醇、石油醚、酸。熔点：76～80℃；闪点：78℃。

【主要用途】 用作橡胶及合成树脂的聚合引发剂及不饱和聚酯胶黏剂的交联引发剂。用作橡胶、塑料合成中的交联剂和引发剂。

【制备】 由环己酮与过氧化氢反应而得。将冷至10℃以下的过氧化氢，加入到10℃以下等物质的量的环己酮中，升温至40℃左右，而后又下降至15℃，搅拌下加2mol/L盐酸，温度立即上升，控制不超过30℃，约1h后温度下降，杯内物逐渐固化，不停搅拌并加入蒸馏水，搅匀后放置1h，吸滤，用蒸馏水洗。然后用水调成粥状，加入10%氢氧化钠使pH为8，过滤，水洗，滤干后室温晾干，得白色结晶成品，产率为81%。为了运输和储存的安全，一般加水或惰性有机溶剂作稳定剂。国外市售商品有50%邻苯二甲酸二辛酯溶液。

【包装储运及工程控制事项】 储存于阴凉、通风的库房。远离火种和热源。库温不超过30℃，相对湿度不超过80%。包装密封。应与易(可)燃物、还原剂分开存放，切忌混储。采用防爆型照明和通风设施。禁止使用易产生火花的机械设备和工具。储区应备有合适的材料收容泄漏物。禁止振动、撞击和摩擦。

【安全与毒性】 本品易燃，有毒。吸入本品蒸气，可刺激黏膜，血中出现高铁血红素。人类口服后能迅速发生虚脱，呕血、长时间胃出血终至死亡。小鼠经口LD_{50}为250mg/kg，涂敷家兔皮肤上1h后呈现强烈溶血现象。滴入家兔眼中，可致缩瞳、角膜浑浊，终至丧失视力。操作人员应注意穿戴防护用具、口罩、防护眼镜等。

11.5　2-过氧化丁酮

中文名：2-过氧化丁酮

中文别名：过氧化丁酮

英文名：2-butanone peroxide

英文别名：methyl ethyl ketone peroxide

CAS 号：1338-23-4

化学式：$C_8H_{18}O_4$

分子结构：

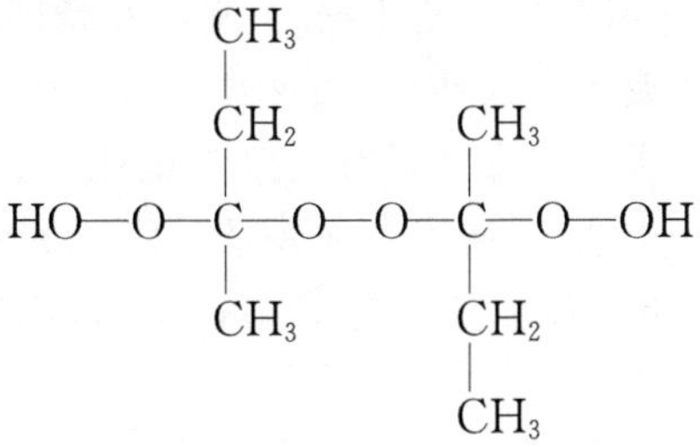

相对分子质量：210.22

【理化特性】 无色透明液体。微溶于水、烃类，溶于醇、醚、酯。熔点：110℃；沸点：284℃；闪点：50℃。密度：1.053g/cm^3。

【主要用途】 用作不饱和聚酯树脂的常温固化剂、有机合成的引发剂、漂白剂、杀菌剂。用作不饱和聚酯树脂室温固化引发剂、丙烯酸酯胶黏剂引发剂、乙烯化合物聚合的引发剂、丙烯酯类涂料催干剂等。

【包装储运及工程控制事项】 2～8℃，避光，通风干燥处，密封保存。铁桶包装，低温存放。储运中应防火、防晒，严禁撞击。按危险物品规定储运。

【制备】 在硫酸存在下，由甲乙酮与过氧化氢反应制取，经氧化、中和、分离、脱水、静置、过滤，最后加入增溶剂而得成品。由过氧化氢与丁酮制备 MEKP 是在酸性介质中进行的，反应按下列方式进行：将过氧化氢和丁酮加入反应釜中[30%的过氧化氢与丁酮的物质的量比为(1.6～1.9)∶1]加入滴加量为 H_2O_2 质量 25%的液体催化剂(磷酸，用量以总质量计为 20%～30%)。边滴边搅拌，并控制温度在 25℃左右，置入 H_2O_2 加料储槽中备用。然后按同一物质的量比配好丁酮后置入丁酮加料储槽中。在合成反应器中置入稀释剂二丁酯启动反应器搅拌器，同时向反应器中加入 H_2O 和丁酮，加料时间需 1h 左右，反应温度为 25℃以下，加料完毕后继续反应一段时间。反应后的产物经液液分离后，废催化剂排放，同时加入内稳定剂和碳酸钠，产品 pH 调至 5。再加干燥剂干燥至无色透明，过滤除去固体组分，常温下真空脱除残留的水分，即得合格产品。产品的活性氧可达 11%，产品收率>95%。于 1L 烧杯中加入丁酮 217g(3.0mol)，冰水浴冷却下慢慢滴加 30%的过氧化氢 330g(3.0mol)，控制反应液温度在 20～25℃，加完后反应液为清亮溶液。于另一 1L 烧杯中加入 30mL(10%)的盐酸，冰浴冷却，搅拌下慢慢加入上面的溶液，反应放热，注意控制加入速度，以使反应液温度在 20～25℃。加完后再搅拌 1h。加入 100g 氯化铵或硫酸铵，搅拌溶解，盐析出产品。分出有机层，无水硫酸钠干燥，过滤，得产品 240g，收率 82%。

【包装储运及工程控制事项】 储存于阴凉、通风的库房。远离火种和热源。库温不超过 30℃，相对湿度不超过 80%。包装密封。应与易(可)燃物、还原剂分开存放，切忌混储。采用防爆型照明和通风设施。禁止使用易产生火花的机械设备和工具。储区应备有合适的材料收容泄漏物。禁止振动、撞击和摩擦。

【安全与毒性】 本品易燃，有毒。吸入本品蒸气，可刺激黏膜，血中出现高铁血红素。人类口服后能迅速发生虚脱，呕血、长时间胃出血终至死亡。小鼠经口 LD_{50} 为 250mg/kg，涂敷家兔皮肤上 1h 后呈现强烈溶血现象。滴入家兔眼中，可致缩瞳、角膜浑浊，终至丧失视力。操作人员应注意穿戴防护用具、口罩、防护眼镜等。

11.6 过氧化苯

中文名：过氧化苯

中文别名：氧化苯

英文名：peroxide diphenyl

CAS 号：17201-09-1

化学式：$C_{12}H_{10}O_2$

分子结构：

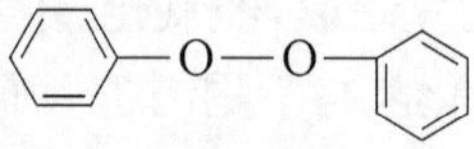

相对分子质量：186.21

【理化特性】 无色透明液体。溶于苯、甲苯等有机溶剂，不溶于水。沸点：(240.0±13.0)℃。密度：(1.126±0.06)g/cm^3。

【主要用途】 引发聚合作用反应。

【制备】 苯和过氧化物反应直接制得。

【包装储运及工程控制事项】 储存于阴凉、通风的库房内。远离火种和热源，防止阳光直射。库温不宜超过 30℃。包装密封。应与还原剂、碱类分开存放，切忌混储。配备相应品种和数量的消防器材。储区应备有合适的材料收容泄漏物。禁止振动、撞击和摩擦。

【安全与毒性】 低毒。

11.7　过氧化苯甲酸叔丁酯

中文名：过氧化苯甲酸叔丁酯

中文别名：过氧化苯甲酸-1，1-二甲基乙基酯

英文名：t-butyl peroxybezoate

英文别名：peroxide acid-1，1-dimethyl-ethyl ester

CAS 号：614-45-9

化学式：$C_{11}H_{14}O_3$

分子结构：

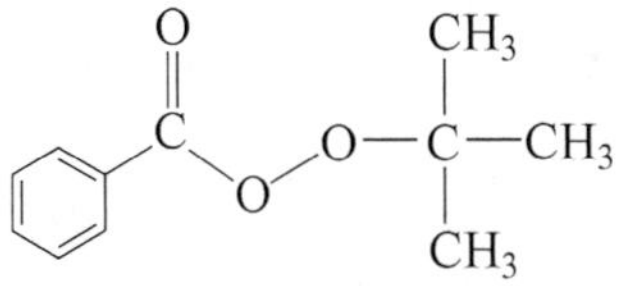

相对分子质量：194.25

【理化特性】 不挥发，具有芳香味的无色或淡黄色透明液体。溶于醇、醚、酯和酮，不溶于水。熔点：8℃；沸点：84℃；闪点：93.3℃。密度：1.04g/cm^3；相对密度为 1.0413(20℃/4℃)。禁忌物：酸类。

【主要用途】 用作厌氧胶的引发剂和橡胶型胶黏剂的交联剂。本品可用作不饱和聚酯树脂加热成型的固化引发剂，以及高压聚乙烯、聚苯乙烯、邻苯二甲酸二烯丙酯(DAP)等各种树脂的聚合催化剂。

【制备】 将 30%的氢氧化钠投入已置有叔丁基过氧化氢的反应釜中，加适量清水，并用−5℃以下的冷冻盐水冷却，使之变成 25℃以下的糊状物质，开始滴加定量的苯甲酰氯，维持温度在 30℃以下，注意控制滴加速度。加完后保温数小时，并维持釜内溶液 pH 在 10～14。反应结束后，停止搅拌，静置分层。放出下层废液；上层油层用 10%的碳酸钠洗涤分离。再用 3%的氢氧化钠洗涤分离，然后继续用清水洗涤三次、硫酸镁溶液洗涤一次，最后将油层放入储罐内，加无水硫酸镁干燥过夜，所得澄清无色或淡黄色油状液体即为产品。

【包装储运及工程控制事项】 储存于阴凉、通风的库房内。远离火种和热源，

防止阳光直射。库温不宜超过 30℃。包装密封。应与还原剂、碱类分开存放，切忌混储。配备相应品种和数量的消防器材。储区应备有合适的材料收容泄漏物。禁止振动、撞击和摩擦。

【安全与毒性】 低毒。

急性毒性：口服-大鼠 LD_{50} 为 1012mg/kg；口服-小鼠 LD_{50} 为 914mg/kg。

刺激数据：皮肤-兔子为 500mg/24h，轻度；眼睛-兔子为 500mg/24h，轻度。

11.8 二叔丁基过氧化物

中文名：二叔丁基过氧化物

中文别名：双特丁基过氧化物

英文名：di-tert-butyl peroxide

英文别名：2-(tert-butylperoxy)-2-methylpropane

CAS 号：110-05-4

化学式：$C_8H_{18}O_2$

分子结构：

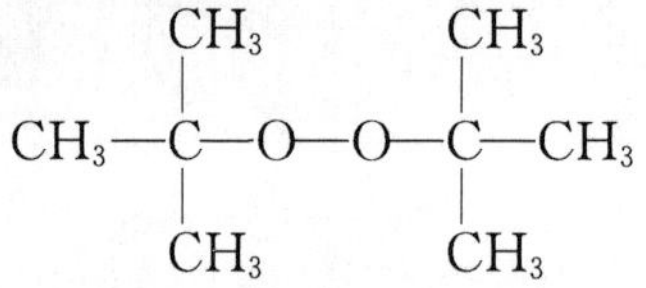

相对分子质量：146.23

【理化特性】 无色液体。能与苯、石油醚等有机溶剂混溶，不溶于水。熔点：8℃；沸点：84℃；闪点：93.3℃。密度：0.7940g/cm³（20℃）；相对蒸气密度为 5.03g/cm³。有强氧化性，易燃，常温下较稳定，对撞击不敏感。禁止与强还原剂、强碱接触。本品与还原剂接触或受冲击会爆炸。

【主要用途】 用作合成树脂引发剂、光聚合敏化剂、橡胶硫化剂、柴油点火促进剂，也用于有机合成。用作聚合的引发剂。还用作不饱和聚酯和硅橡胶的交联剂。还可用作柴油的添加剂，变压器油的防凝剂。

【制备】 将 30%的氢氧化钠投入已置有叔丁基过氧化氢的反应釜中，加适量清水，并用－5℃以下的冷冻盐水冷却，使之变成 25℃以下的糊状物质，开始滴加定量的苯甲酰氯，维持温度在 30℃以下，注意控制滴加速度。加完后保温数小时，并维持釜内溶液 pH 在 10～14。反应结束后，停止搅拌，静置分层。放出下层废液；上层油层用 10%的碳酸钠洗涤分离，再 3%的氢氧化钠洗涤分离，然后继续用清水洗涤三次、硫酸镁溶液洗涤一次，最后将油层放入储罐内，加无水硫酸镁干燥过夜，所得澄清无色或淡黄色油状液体即为产品。

【包装储运及工程控制事项】 储存于阴凉、通风的库房。远离火种和热源。防止阳光直射。库温不宜超过 30℃。保持容器密封。应与还原剂、碱类分开存放，切忌混储。采用防爆型照明和通风设施。禁止使用易产生火花的机械设备和工具。储区应备有泄漏应急处理设备和合适的收容材料。禁止振动、撞击和摩擦。

【安全与毒性】 本品低毒，能刺激眼睛、皮肤和呼吸道。

第 12 章　其他危险液体

本章将其余常见的易燃易爆液体进行归类，主要是常见的含氧液体，如醚、醛等。此类物质多数不溶于水，溶于乙醇、乙醚等有机溶剂，具有低熔点、低沸点、低闪点等特点，易与氧化剂、碱等物质发生强烈反应，主要作为溶剂或合成有机物时的中间体。其蒸气与空气形成爆炸性混合物，遇明火、高热极易燃烧爆炸。与氧化剂能发生强烈反应。受高热分解产生有毒的硫化物烟气。其蒸气密度比空气大，能在较低处扩散到相当远的地方，遇明火会引着回燃。若遇高热，容器内压增大，有开裂和爆炸的危险。这类液体一旦与空气进行等比例混合均匀，其爆炸威力高于 TNT。例如，氰化剂混合可能形成极危险的混合物。这类液体着火点较低，一旦着火不能用水作为灭火剂，需尽快疏散人群，同时用沙土或者泡沫等灭火。如果不幸吸入中毒，应迅速将患者移至空气新鲜处，以保证呼吸通畅。若皮肤中毒，应换去被污染的衣服和鞋袜，用肥皂水和清水反复清洗皮肤和头发。若有昏迷等严重情况，应送至医院及时救治。

12.1　甲　硫　醚

中文名：甲硫醚

中文别名：二甲基硫

英文名：dimethyl sulfide

CAS 号：75-18-3

化学式：C_2H_6S

分子结构：

$$CH_3—S—CH_3$$

相对分子质量：62.12

【理化特性】 无色透明液体，有不愉快的气味。不溶于水，溶于乙醇、乙醚等多数有机溶剂。熔点：−83.2℃；沸点：38℃；闪点：−17.8℃。密度：相对密度为 0.85；相对蒸气密度为 2.14。爆炸上限：19.7%；爆炸下限：2.2%。禁忌物：强氧化剂、碱类、氨。

【相关图谱】

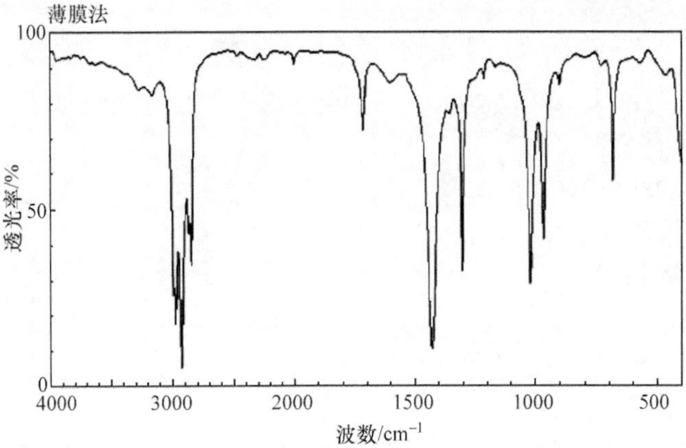

甲硫醚红外图谱

【主要用途】 作为溶剂,是生产二甲基亚砜、蛋氨酸及农药的中间体。可以用作有机化合物、树脂、无机化合物、聚合反应和氰化反应的溶剂。用于分析试剂、聚丙烯腈和其他合成纤维纺丝及液压油方面。还可用作城市煤气的赋臭剂、工业净化剂、涂料脱膜剂、电池低温防腐剂、农药渗透剂等。局部用于血液药品、植物病理学和营养物中。

【制备】 利用氯化汞与甲硫醚生成络合物进行精制。甲醇与硫化氢合成法。硫酸二甲酯与硫化钠合成法。

【包装储运及工程控制事项】 储存于阴凉、通风的仓间内。远离火种和热源。仓温不宜超过 30℃。防止阳光直射。包装要求密封,不可与空气接触。应与氧化剂、酸类分开存放。储存间内的照明和通风等设施应采用防爆型,开关设在仓外。配备相应品种和数量的消防器材。罐储时要有防火防爆技术措施。禁止使用易产生火花的机械设备和工具。灌装时应注意流速(不超过 3m/s),且有接地装置,防止静电积聚。操作现场不得吸烟、饮水、进食。搬运时要轻装轻卸,防止包装及容器损坏。运输按规定路线行驶,中途不得停驶。

【安全与毒性】 危险性类别:第 3.1 类,低闪点易燃液体。

危险特性:其蒸气与空气形成爆炸性混合物,遇明火、高热极易燃烧爆炸。与氧化剂能发生强烈反应。受高热分解产生有毒的硫化物烟气。其蒸气密度比空气大,能在较低处扩散到相当远的地方,遇明火会引着回燃。若遇高热,容器内压增大,有开裂和爆炸的危险。与水、水蒸气、酸类反应产生有毒和易燃气体。

燃烧(分解)产物:一氧化碳、二氧化碳、硫化物。

健康危害:蒸气对鼻、喉有刺激性,引起咳嗽和胸部不适。持续或高浓度吸入出现头痛、恶心和呕吐。液体或雾对眼有刺激性。可引起皮炎。

毒性：LD_{50}为535mg/kg(大鼠经口)；LC_{50}为102 235mg/m^3(大鼠吸入)。

12.2 乙　醚

中文名：乙醚

英文名：ethyl ether

CAS号：60-29-7

化学式：$C_4H_{10}O$

分子结构：

$$CH_3—CH_2—O—CH_2—CH_3$$

相对分子质量：74.12

【理化特性】 无色透明液体，有芳香气味，极易挥发。微溶于水，溶于乙醇、苯、氯仿等多数有机溶剂。熔点：－116.2℃；沸点：34.6℃；闪点：－49℃。密度：相对密度为0.71；相对蒸气密度为2.56。爆炸极限：1.9%～36.0%。禁忌物：强氧化剂、氧、氯、过氯酸。

【相关图谱】

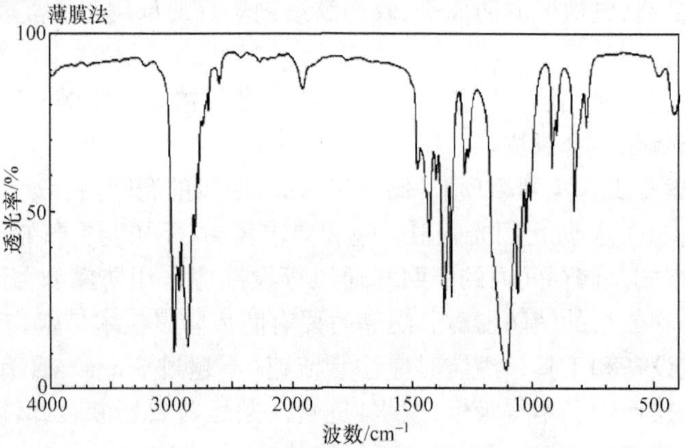

乙醚红外图谱

【主要用途】 主要用作油类、染料、生物碱、脂肪、天然树脂、合成树脂、硝化纤维、碳氢化合物、亚麻油、石油树脂、松香脂、香料、非硫化橡胶等的优良溶剂。医药工业用作药物生产的萃取剂和医疗上的麻醉剂。毛纺、棉纺工业用作油污洁净剂。火药工业用于制造无烟火药。

【制备】 由乙醇在140℃的浓硫酸环境下，发生分子间脱水反应，生产乙醚。

【包装储运及工程控制事项】 包装方法：小开口钢桶；安瓿瓶外普通木箱；螺纹口玻璃瓶、铁盖压口玻璃瓶、塑料瓶或金属桶(罐)外普通木箱。通常商品加有稳定剂。储存于阴凉、通风的库房。远离火种和热源。库温不宜超过 26℃。包装要求密封,不可与空气接触。应与氧化剂等分开存放,切忌混储。不宜大量储存或久存。采用防爆型照明和通风设施。禁止使用易产生火花的机械设备和工具。储区应备有泄漏应急处理设备和合适的收容材料。采用铁路运输,每年 4～9 月使用小开口钢桶包装时,限按冷藏运输。运输车辆应配备相应品种和数量的消防器材及泄漏应急处理设备。夏季最好早晚运输。运输时所用的槽(罐)车应有接地链,槽内可设孔隔板以减少振荡产生静电。严禁与氧化剂、食用化学品等混装混运。运输途中应防暴晒、雨淋,防高温。中途停留时应远离火种、热源和高温区。装运该物品的车辆排气管必须配备阻火装置,禁止使用易产生火花的机械设备和工具装卸。公路运输时要按规定路线行驶,勿在居民区和人口稠密区停留。铁路运输时要禁止溜放。严禁用木船、水泥船散装运输。

【安全与毒性】 健康危害:本品的主要作用为全身麻醉。急性大量接触,早期出现兴奋,继而嗜睡、呕吐、面色苍白、脉缓、体温下降和呼吸不规则,继而有生命危险。急性接触后的暂时后作用有头痛、易激动或抑郁、流涎、呕吐、食欲下降和多汗等。液体或高浓度蒸气对眼有刺激性。慢性影响:长期低浓度吸入,有头痛、头晕、疲倦、嗜睡、蛋白尿、红细胞增多症。长期皮肤接触,可发生皮肤干燥、皲裂。

12.3　乙烯(2-氯乙基)醚

中文名:乙烯(2-氯乙基)醚

中文别名:(2-氯乙基)乙烯醚

英文名:2-(chloroethyl)vinyl ether

英文别名:vinyl(2-chloroethyl)ether

CAS 号:110-75-8

化学式:C_4H_7ClO

分子结构:

$$Cl—CH_2—CH_2—O—CH═CH_2$$

相对分子质量:106.55

【理化特性】 无色至淡黄色液体,微溶于水。熔点:−70.3℃;沸点:109℃;闪点:16℃。密度:相对密度为 1.05;相对蒸气密度为 3.67。禁忌物:强氧化剂、强酸、强碱。

【相关图谱】 见下页。

【主要用途】 用于聚合物单体、药品及纤维素酯的制造。

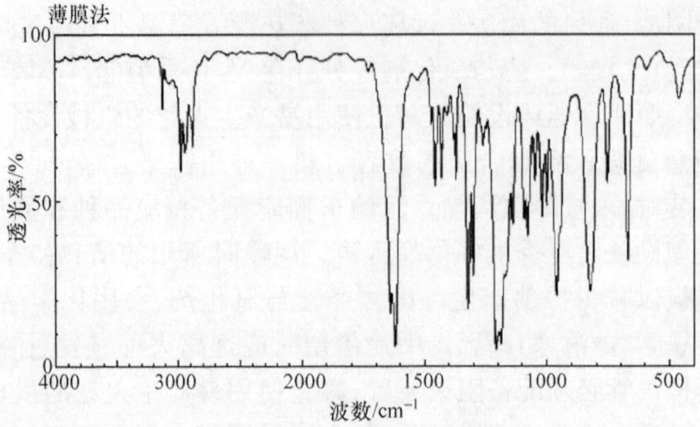

乙烯(2-氯乙基)醚红外图谱

【制备】 以二氯乙基醚为原料,用氢氧化钠脱氯而得。氯乙醇与乙醛缩合而得:对碱液稳定,遇烯酸溶液可水解,生成乙醛及氯乙醇。也可聚合,但与丙烯基单体相比,聚合反应的延迟性小。具有亲水性的氧乙基,可与其他聚合物反应,用作聚合物的改质剂。作为单体,可与其他单体共聚。

【包装储运及工程控制事项】 储存于阴凉、通风的仓间内。远离火种和热源。仓温不宜超过 30℃。防止阳光直射。保持容器密封。应与氧化剂分开存放。储存间内的照明和通风等设施应采用防爆型,开关设在仓外。配备相应品种和数量的消防器材。桶装堆垛不可过大,应留墙距、顶距、柱距及必要的防火检查走道。若是储罐存放,储罐区域要有禁火标志和防火防爆技术措施。禁止使用易产生火花的机械设备和工具。灌装时应注意流速(不超过 3m/s),且有接地装置,防止静电积聚。搬运时要轻装轻卸,防止包装及容器损坏。

【安全与毒性】 危险特性:遇明火、高热或与氧化剂接触,有引起燃烧爆炸的危险。其蒸气密度比空气大,能在较低处扩散到相当远的地方,遇明火会引着回燃。遇明火会引着回燃。若遇高热,可能发生聚合反应,出现大量放热现象,引起容器破裂和爆炸事故。

燃烧(分解)产物:一氧化碳、二氧化碳、氯化氢。

健康危害:吸入、摄入或经皮肤吸收后对身体有害。其蒸气或烟雾对眼睛、黏膜和上呼吸道有刺激作用,接触后引起烧灼感、咳嗽、喘息、气短、头痛、恶心和呕吐。

急性毒性:LD_{50}为 250mg/kg(大鼠经口);3200mg/kg(兔经皮)。

12.4　正丁基乙烯(基)醚

中文名:正丁基乙烯(基)醚

中文别名：正丁氧基乙烯；乙烯(基)正丁醚

英文名：vinyl butyl ether

英文别名：butoxy ethylene

CAS 号：111-34-2

化学式：$C_6H_{12}O$

分子结构：

$$CH_3—CH_2—CH_2—CH_2—O—CH=CH_2$$

相对分子质量：100.16

【理化特性】 无色液体。微溶于水，溶于乙醇、乙醚等多数有机溶剂。熔点：－112.7℃；沸点：94.1℃；闪点：－9.4℃。密度：相对密度为 0.78；相对蒸气密度为 3.45。禁忌物：强氧化剂、强酸。

【相关图谱】

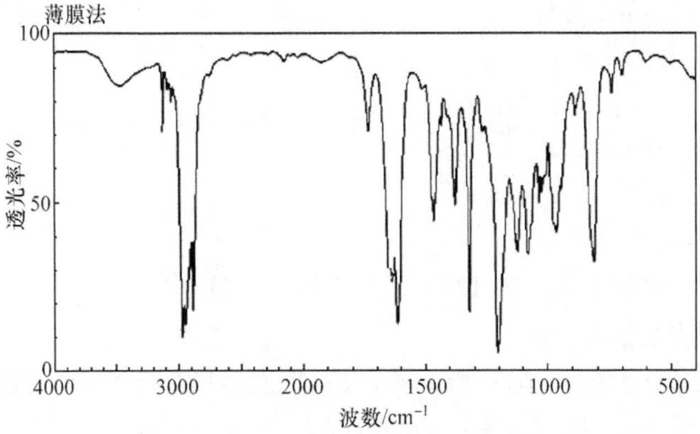

正丁基乙烯(基)醚红外图谱

【主要用途】 用于有机合成，可用于聚合和共聚生产聚乙烯基醚，也用于涂料、胶黏剂、助剂、增塑剂等。

【制备】 由乙炔与丁醇反应而得，此法所需设备少，选择性高；由乙醛与正丁醇反应而得。这种由缩醛裂解的方法也是乙烯基醚通用的工艺。另一种较新的方法是由醇、乙烯和氧在氯化钯-氯化铜催化剂存在下反应，也可以获得乙烯基醚。

【包装储运及工程控制事项】 通常商品加有稳定剂。储存于阴凉、通风的库房。远离火种和热源。库温不宜超过 30℃。包装要求密封，不可与空气接触。应与氧化剂、酸类分开存放，切忌混储。不宜大量储存或久存。采用防爆型照明和通风设施。禁止使用易产生火花的机械设备和工具。储区应备有泄漏应急处理设备和合适的收容材料。

【安全与毒性】 危害类别：3.2 类，中闪点易燃液体。

危险特性：其蒸气与空气可形成爆炸性混合物，遇明火、高热极易燃烧爆炸。

与氧化剂接触猛烈反应。流速过快，容易产生和积聚静电。容易自聚，聚合反应随着温度的上升而急骤加剧。其蒸气密度比空气大，能在较低处扩散到相当远的地方，遇火源会着火回燃。若遇高热，容器内压增大，有开裂和爆炸的危险。

有害燃烧产物：一氧化碳、二氧化碳。

急性毒性：LD_{50} 为 10 000mg/kg（大鼠经口），4240mg/kg（兔经皮）；LC_{50} 为 62 000mg/m^3，2h（小鼠吸入）。

健康危害：蒸气或雾对眼、黏膜和上呼吸道有刺激性。对皮肤有刺激性。长时间接触本品有麻醉作用。

12.5 正丙醚

中文名：正丙醚

中文别名：二（正）丙醚

英文名：*n*-propyl ether

英文别名：di-n-propyl ether

CAS 号：111-43-3

化学式：$C_6H_{14}O$

分子结构：

$$CH_3—CH_2—CH_2—O—CH_2—CH_2—CH_3$$

相对分子质量：102.18

【理化特性】 无色液体，有醚香味，极易挥发。微溶于水，溶于乙醇、乙醚等多数有机溶剂。熔点：－122℃；沸点：90℃；闪点：4.4℃。密度：相对密度为 0.74；相对蒸气密度为 3.5。禁忌物：强氧化剂、氧、卤素、过氯酸。

【相关图谱】

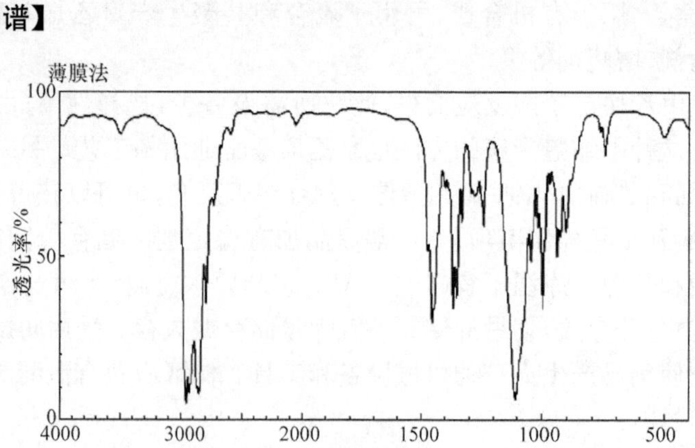

正丙醚红外图谱

【主要用途】 用作溶剂及有机合成原料，分析化学中用作化学试剂。

【制备】 由正丙醇与硫酸共热脱水而得：脱水温度为 140～150℃；也可用苯磺酸代替硫酸。另外，由三氟化硼与醇的加成化合物进行加热。可使正丙醇在载于氧化镁上的镍催化剂作用下，于 200℃进行气相脱水都可以制得丙醚。正丙醇在载于氧化镁上的镍催化剂作用下，于 200℃进行气相脱水，即得丙醚。

【包装储运及工程控制事项】 储存于阴凉、通风良好的仓房。远离火种和热源。仓温不宜超过 30℃。防止阳光直射。包装要要求密封，不可与空气接触，不宜大量或久存。应与氟、氯等氧化剂分仓间存放。储存间内的照明和通风等设施应采用防爆型，开关设在仓外。配备相应的品种和数量的消防器材。罐储时要有防火防爆技术措施。禁止使用易产生火花的机械设备和工具。灌装适量，应留有 5%的空容积，以防受热内压增大，造成容器破裂事故。夏季应早晚运输，防止日光暴晒。工程控制：生产过程密闭，全面通风。

【安全与毒性】 危险特性：其蒸气与空气可形成爆炸性混合物。遇明火、高热极易燃烧爆炸。与氧化剂能发生强烈反应。在空气中久置后能生成具有爆炸性的过氧化物。其蒸气密度比空气大，能在较低处扩散到相当远的地方，遇明火会引着回燃。若遇高热，容器内压增大，有开裂和爆炸的危险。

燃烧(分解)产物：一氧化碳、二氧化碳。

健康危害：吸入、口服或经皮肤吸收对身体有害。具有刺激性。

急性毒性：LD_{50} 为 204mg/kg(小鼠静脉)。

12.6　异　丙　醚

中文名：异丙醚

中文别名：二异丙醚

英文名：isopropyl ether

英文别名：diisopropyl ether

CAS 号：108-20-3

化学式：$C_6H_{14}O$

分子结构：

CH_3—HC—O—HC—CH_3
　　　　|　　　　|
　　　CH_3　　CH_3

相对分子质量：102.18

【理化特性】 无色液体，有类似乙醚的气味。不溶于水，可混溶于醇、醚、苯、氯仿等多数有机溶剂。熔点：−85.9℃；沸点：68.5℃；闪点：−22℃。密度：相对密度为 0.73;相对蒸气密度为 3.52。爆炸极限:1.0%~21.0%(100℃)。禁忌物:强氧化剂。

【相关图谱】

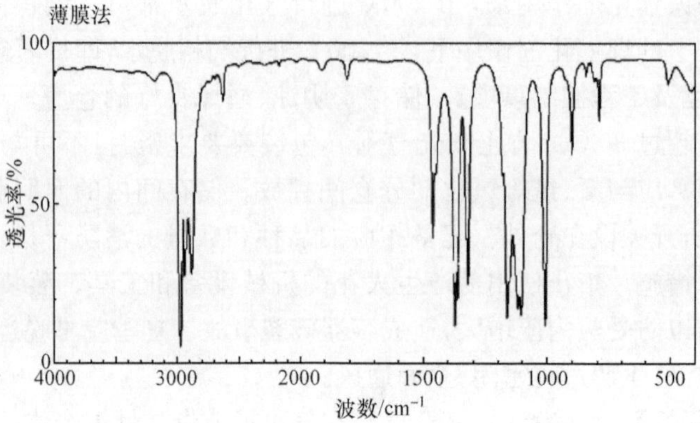

异丙醚红外图谱

【主要用途】 用作溶剂,还用于乙酸或丁酸稀溶液的浓缩回收。二异丙醚是动物、植物及矿物性油脂的良好溶剂,可用于从烟草中抽提尼古丁。也是石蜡及树脂的良好溶剂,工业上常将二异丙醚和其他溶剂混合应用于石蜡基油品的脱蜡工艺。作为溶剂也应用于制药、无烟火药、涂料及油漆清洗等方面,二异丙醚具有高辛烷值及抗冻性能,可用为汽油掺合剂。本品易形成过氧化物,在振摇时产生爆炸,常加入对苄基氨基苯酚作稳定剂。二异丙醚的麻醉作用较乙醚轻,但麻醉的持续时间长。

【制备】 工业上,可从丙烯硫酸水合制异丙醇的副产品中回收。丙烯与硫酸反应生成异丙基氢硫酸酯,然后水解为异丙醇。反应过程中,异丙基氢硫酸酯与丙烯继续反应也生成二异丙基硫酸酯,后者与异丙醇反应生成异丙基氢硫酸酯和二异丙醚。当硫酸水合反应后的物料在解吸塔用蒸汽汽提,使异丙醇与二异丙醚从酸液中释出后,通过蒸馏,从塔顶首先获得二异丙醚。在实验室中,异丙醚可由异丙醇用硫酸脱水得到,也可由异丙醇与丙酮加氢反应来制取。还可由异丙醇与丙烯催化缩合而成。离子交换树脂法也可制取二异丙醚。

【包装储运及工程控制事项】 包装方法:小开口钢桶;安瓿瓶外普通木箱;螺纹口玻璃瓶、铁盖压口玻璃瓶、塑料瓶或金属桶(罐)外普通木箱。储存于阴凉、通风的库房。远离火种和热源。库温不宜超过 30℃。保持容器密封。应与氧化剂分开存放,切忌混储。采用防爆型照明和通风设施。禁止使用易产生火花的机械设备和工具。储区应备有泄漏应急处理设备和合适的收容材料。运输车辆应配备相应品种和数量的消防器材及泄漏应急处理设备。夏季最好早晚运输。运输时所用的槽(罐)车应有接地链,槽内可设孔隔板以减少振荡产生静电。严禁与氧化剂、食用化学品等混装混运。运输途中应防暴晒、雨淋,防高温。中途停留时应远离火种、热源和高温区。装运该物品的车辆排气管必须配备阻火装置,禁止使用易产生火花的机械设备和工具装卸。公路运输时要按规定路线行驶,勿在居民区和人口稠密区停留。铁路运输时要禁止溜放。严禁用木船、水泥船散装运输。

【安全与毒性】 本品极度易燃,具刺激性。蒸气或雾对眼睛、黏膜、皮肤和上呼吸道有刺激性。接触后能引起恶心、头痛、呕吐和麻醉作用。皮肤反复接触,可引起接触性皮炎。

12.7　甲基丙基醚

中文名:甲基丙基醚

中文别名:1-甲氧基丙烷

英文名:methyl propyl ether

英文别名:1-methoxypropane

CAS 号:557-17-5

化学式:$C_4H_{10}O$

分子结构:

$CH_3—CH_2—CH_2—O—CH_3$

相对分子质量:74.12

【理化特性】 无色液体。微溶于水,可混溶于乙醇、乙醚等多数有机溶剂。熔点:−69℃;沸点:38.5℃;闪点:<−20℃。密度:相对密度为 0.75;相对蒸气密度为 2.56。爆炸下限:2.0%。禁忌物:强氧化剂、氧、卤素、过氯酸。

【相关图谱】

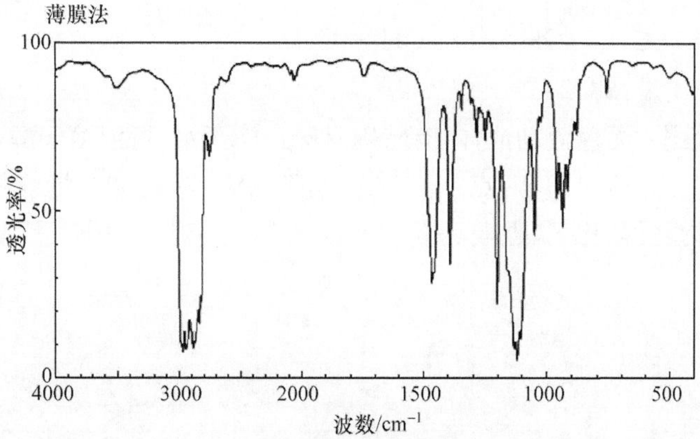

甲基丙基醚红外图谱

【主要用途】 用作溶剂和用于麻醉剂制备。

【包装储运及工程控制事项】 储存于阴凉、通风的仓间内。远离火种和热源。仓温不宜超过30℃。防止阳光直射。包装要求密封,不可与空气接触。不宜大量或久存。应与氟、氯等氧化剂分仓间存放。储存间内的照明和通风等设施应采用防爆型,开关设在仓外。配备相应品种和数量的消防器材。罐储时要有防火防爆技术措施。禁止使用易产生火花的机械设备和工具。灌装适量,应留有5%的空容积,以防受热内压增大,造成容器破裂事故。夏季应早晚运输,防止日光暴晒。

【安全与毒性】 危险性类别:第3.1类,低闪点易燃液体。

危险特性:其蒸气与空气形成爆炸性混合物,遇明火、高热极易燃烧爆炸。与氧化剂能发生强烈反应。接触空气或在光照条件下可生成具有潜在爆炸危险性的过氧化物。其蒸气密度比空气大,能在较低处扩散到相当远的地方,遇明火会引着回燃。若遇高热,容器内压增大,有开裂和爆炸的危险。

燃烧(分解)产物:一氧化碳、二氧化碳。

健康危害:本品为麻醉剂。大量接触本品对眼睛、黏膜有刺激作用。对神经系统有影响。

12.8 乙基丙基醚

中文名:乙基丙基醚

英文名:ethylpropylether

CAS号:628-32-0

化学式:$C_5H_{12}O$

分子结构:

$$CH_3—CH_2—CH_2—O—CH_2—CH_3$$

相对分子质量:88.2

【理化特性】 无色流动液体,有特殊臭味。溶于水,可混溶于醇、醚、氯仿、苯。熔点:-127℃;沸点:64℃;闪点:-20℃。相对密度为0.80。爆炸极限:1.7%~9.6%。禁忌物:强氧化剂、强酸。

【相关图谱】

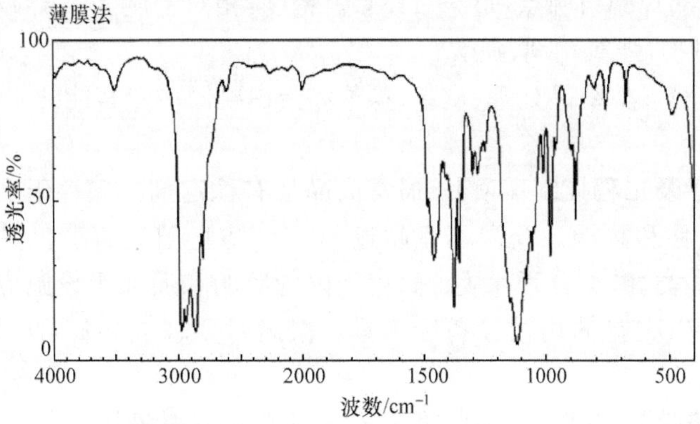

乙基丙基醚红外图谱

【主要用途】 用作溶剂、萃取剂或用于有机合成。

【包装储运及工程控制事项】 储存于阴凉、通风的仓间内。远离火种和热源。仓温不宜超过 30℃。防止阳光直射。包装要求密封，不可与空气接触。应与氧化剂分开存放。储存间内的照明和通风等设施应采用防爆型。罐储时要有防火防爆技术措施。禁止使用易产生火花的机械设备和工具。搬运时要轻装轻卸，防止包装及容器损坏。

【安全与毒性】 燃爆危险：第 3.1 类，低闪点易燃液体。

健康危害：大量接触本品对眼睛、黏膜有刺激作用。对神经系统有影响。

12.9　2,3-环氧-1-丙醛

中文名：2,3-环氧-1-丙醛

中文别名：缩水甘油醛

英文名：2,3-epoxy-1-propanal

英文别名：glycidaldehyde

CAS 号：765-34-4

化学式：$C_3H_4O_2$

分子结构：

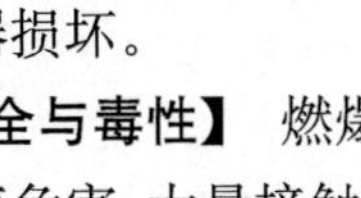

相对分子质量：72.06

【理化特性】 无色不稳定液体，有刺鼻气味。不溶于石油醚，易溶于多数有机溶剂。熔点：−61.8℃；沸点：112～113℃。密度：相对密度为1.14；相对蒸气密度为2.58。禁忌物：强氧化剂、强酸。

【主要用途】 棉织品处理、皮革、鞣革和蛋白凝固中双官能的化学中间体和交联剂。

【包装储运及工程控制事项】 通常商品加有稳定剂。储存于阴凉、通风的仓间内。远离火种和热源。仓温不宜超过30℃。防止阳光直射。保持容器密封。应与氧化剂、酸类、碱类分开存放。储存间内的照明和通风等设施应采用防爆型。禁止使用易产生火花的机械设备和工具。搬运时要轻装轻卸，防止包装及容器损坏。

【安全与毒性】 危险性类别：第3.3类，高闪点易燃液体。

危险特性：遇高热、明火或与氧化剂接触，有引起燃烧的危险。受高热发生剧烈分解，甚至发生爆炸。

燃烧(分解)产物：一氧化碳、二氧化碳。

健康危害：蒸气对眼及呼吸道有刺激性。对皮肤有明显刺激作用，愈合缓慢，愈合呈青铜色。少数病例有过敏反应。

毒性：属中等毒类；LD_{50}：230mg/kg(大鼠经口)，2100mg/kg(兔经皮)；LD_{50}：740mg/m^3(大鼠吸入)。

12.10　α-甲基丙烯醛

中文名：α-甲基丙烯醛

中文别名：异丁烯醛

英文名：α-methyl propenal

英文别名：metharolein

CAS号：78-85-3

化学式：C_4H_6O

分子结构：

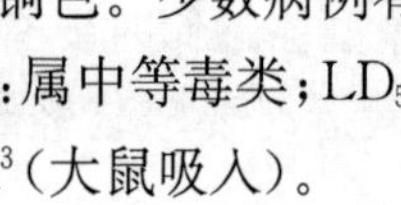

相对分子质量：70.09

【理化特性】 无色液体，有强烈刺激性臭味。微溶于水，易溶于乙醇、乙醚。熔点：−81℃；沸点：68℃；闪点：−15℃。密度：相对密度为0.85；相对蒸气密度为2.42。爆炸上限：15.5%；爆炸下限：2.1%。禁忌物：强氧化剂、强还原剂、碱类。

【相关图谱】

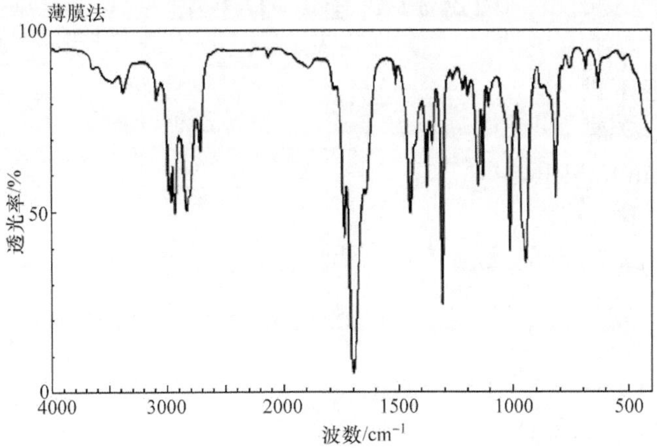

α-甲基丙烯醛红外图谱

【主要用途】 用于共聚物和树脂制造，是甲基丙烯酸的生产原料和热塑性塑料单体原料。

【制备】 将异丁烯和叔丁醇中的至少一种，用含分子氧的气体在氧化催化剂组合物存在下进行气相催化氧化。

【包装储运及工程控制事项】 储存于阴凉、通风的仓间内。远离火种和热源。库温不宜超过30℃。防止阳光直射。保持容器密封，不可与空气接触，防止氧化变质。应与氧化剂、碱类、还原剂等分开存放。储存间内的照明和通风等设施应采用防爆型，开关设在仓外。配备相应品种和数量的消防器材。桶装堆垛不可过大，应留墙距、顶距、柱距及必要的防火检查走道。罐储时要有防火防爆技术措施。禁止使用易产生火花的机械设备和工具。灌装时应注意流速(不超过3m/s)，且有接地装置，防止静电积聚。

【安全与毒性】 危险性类别：第3.2类，中闪点易燃液体。

危险特性：其蒸气与空气可形成爆炸性混合物，遇明火、高热能或与氧化剂接触会引起燃烧爆炸。受热分解产生有毒的烟气。其蒸气密度比空气大，能在较低处扩散到相当远的地方，遇火源会着火回燃。若遇高热，可能发生聚合反应，出现大量放热现象，引起容器破裂和爆炸事故。

燃烧(分解)产物：一氧化碳、二氧化碳。

健康危害：对眼睛、呼吸道黏膜和皮肤有强烈刺激作用。吸入可引起喉、支气管的炎症、水肿和痉挛，化学性肺炎或肺水肿。

毒性：LD_{50}为111mg/kg(大鼠经口)，364mg/kg(兔经皮)。

12.11 正　丁　醛

中文名:正丁醛

中文别名:丁醛

英文名:butyraldehyde

英文别名:butanal

CAS 号:123-72-8

化学式:C_4H_8O

分子结构:

$$O{=}CH{-}CH_2{-}CH_2{-}CH_3$$

相对分子质量:72.11

【理化特性】 无色透明液体,有窒息性气味。微溶于水,溶于乙醇、乙醚等多数有机剂。熔点:−96℃;沸点:77.6℃;闪点:−22℃。密度:相对密度为 0.80;相对蒸气密度为 2.5。爆炸极限:1.4%~12.5%。禁忌物:强氧化剂、强碱、强还原剂、氧。

【相关图谱】

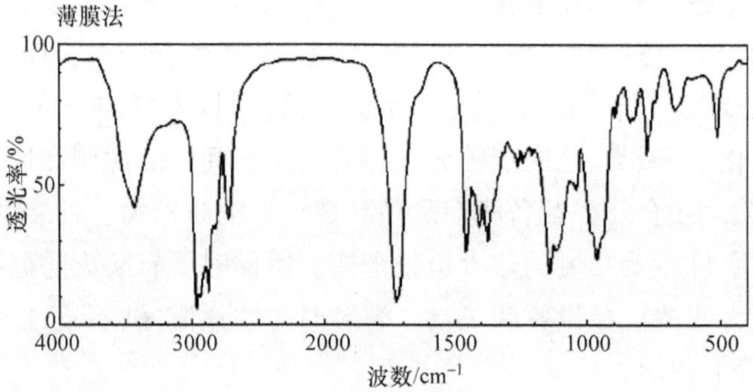

正丁醛红外图谱

【主要用途】 丁醛是重要的化工中间体。由正丁醛加氢可制取正丁醇。缩合脱水然后加氢可制取 2-乙基己醇,而正丁醇和 2-乙基己醇是增塑剂的主要原料。正丁醛氧化可制取正丁酸。与甲醛缩合能制取三羟甲基丙烷,是合成醇酸树脂的增塑剂和空气干燥油的原料。与苯酚缩合制取油溶性树脂。与尿素缩合可制取醇溶性树脂。与聚乙烯醇、丁胺、硫脲、二苯基胍或硫化氨基甲酸甲酯等缩合的产品是制取层压安全玻璃的原料和胶黏剂,与各种醇类的缩合物作赛璐珞、树脂、橡胶和医药产品的溶剂。医药工业用于制"眠尔通"、"乙胺嘧啶"、氨甲丙二酯等。橡皮胶合剂、橡胶促进剂、合成树脂、制造丁酸等,其己烷溶液是测定臭氧的试剂。用作脂类的溶剂，也用于香精、香料的制备和做防腐剂等。

【制备】 醇氧化制备。

【包装储运及工程控制事项】 储存于阴凉、干燥、通风良好的不燃库房。远离火种和热源。保持容器密封。防潮、防晒。仓温不宜超过 30℃。应与氧化剂、酸类分开存放。储存间内的照明和通风等设施应采用防爆型，开关设在仓外。禁止使用易产生火花的机械设备和工具。灌装时应注意流速（不超过 3m/s），且有接地装置，防止静电积聚。

【安全与毒性】 危险特性：易燃，其蒸气与空气可形成爆炸性混合物。遇明火、高热能引起燃烧爆炸。与氧化剂会猛烈反应。若遇高热，可发生聚合反应，放出大量热量而引起容器破裂和爆炸事故。其蒸气密度比空气大，能在较低处扩散到相当远的地方，遇明火会引着回燃。

燃烧（分解）产物：一氧化碳、二氧化碳。

毒性：属低毒类。急性毒性：LD_{50}为 5900mg/kg（大鼠经口），3560mg/kg（兔经皮）；LC_{50}为 174 000mg/kg，1/2h（大鼠吸入）。

健康危害：对眼、呼吸道黏膜及皮肤有强烈刺激性。吸入可引起喉、支气管的炎症、水肿和痉挛，化学性肺炎，肺水肿等疾病。长期或反复接触对个别敏感者可引起变态反应。

12.12　2-甲基丁醛

中文名：2-甲基丁醛

中文别名：异戊醛

英文名：2-methyl butanal；

英文别名：α-methylbutyraldehyde

CAS 号：96-17-3

化学式：$C_5H_{10}O$

分子结构：

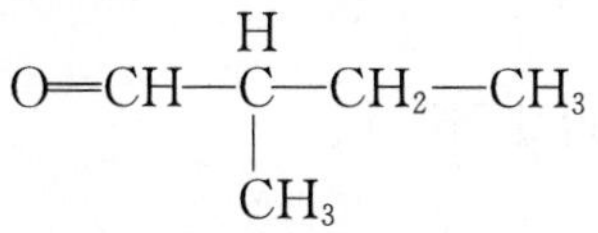

相对分子质量：86.12

【理化特性】 无色液体，具有苹果气味。不溶于水，可混溶于醇、醚。熔点：－51℃；沸点：93.5℃；闪点：4℃。密度：相对密度为 0.80；相对蒸气密度为 3.0。禁忌物：氧化剂、强碱、强还原剂、空气。

【相关图谱】

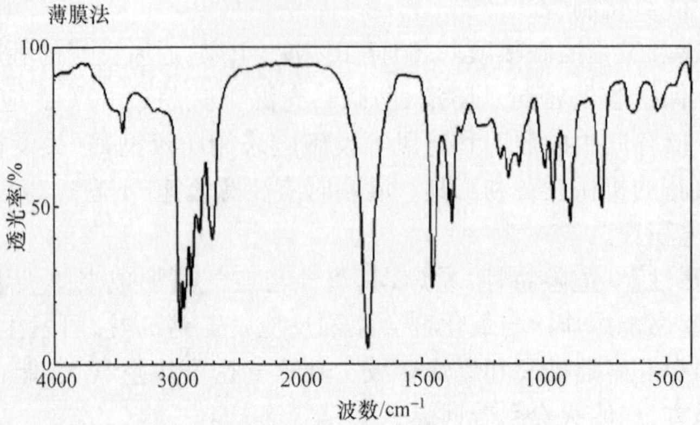

2-甲基丁醛红外图谱

【主要用途】 用于有机合成和人造香料。

【制备】 由杂醇油分离得到仲丁基甲醇氧化而得;由加急丁酸还原而定的。

【包装储运及工程控制事项】 通常商品加有阻聚剂。储存于阴凉、通风的仓间内。远离火种和热源。仓温不宜超过 30℃。防止阳光直射。包装要求密封,不可与空气接触。应与氧化剂分开存放。储存间内的照明和通风等设施应采用防爆型。罐储时要有防火防爆技术措施,禁止使用易产生火花的机械设备和工具。搬运时要轻装轻卸,防止包装及容器损坏。

【安全与毒性】 危险性类别:第 3.2 类,中闪点易燃液体。

危险特性:其蒸气与空气形成爆炸性混合物,遇明火、高热能引起燃烧爆炸。与氧化剂能发生强烈反应。其蒸气密度比空气大,能在较低处扩散到相当远的地方,遇明火会引着回燃。

毒性:属微毒类,LD_{50}为 6400mg/kg(大鼠经口),5730mg/kg(兔经皮);LC_{50}为 14 000ppm,4h(大鼠吸入)。

健康危害:本品对眼睛、黏膜和上呼吸道有刺激作用。有资料报道,中毒患者出现胸部压迫感、头痛、食欲丧失、恶心、呕吐、软弱等。

12.13 3-甲基丁醛

中文名:3-甲基丁醛

中文别名:异戊醛

英文名:3-methyl butyraldehyde

英文别名:isovaleraldehyde

CAS 号:590-86-3

化学式：$C_5H_{10}O$

分子结构：

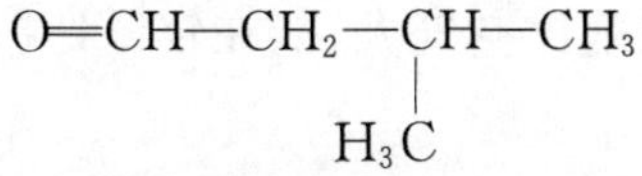

相对分子质量：86.12

【理化特性】 无色液体，有苹果香味。微溶于水，溶于醇、醚。熔点：−60℃；沸点：93.5℃；闪点：−5℃。密度：相对密度为 0.80；相对蒸气密度为 2.97。禁忌物：强氧化剂、强碱、强还原剂、氧。

【相关图谱】

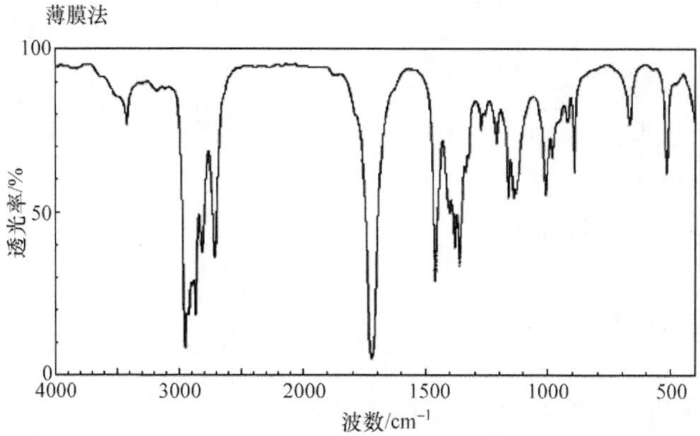

3-甲基丁醛红外图谱

【主要用途】 用作食品原料、香精、试剂等。

【制备】 由异戊醇经重铬酸钠和硫酸氧化而得。

【包装储运及工程控制事项】 包装方法：小开口钢桶；安瓿瓶外普通木箱；螺纹口玻璃瓶、铁盖压口玻璃瓶、塑料瓶或金属桶（罐）外普通木箱。储存于阴凉、通风的库房。远离火种和热源。库温不宜超过 30℃。包装要求密封，不可与空气接触。应与氧化剂、还原剂、碱类等分开存放，切忌混储。采用防爆型照明和通风设施。禁止使用易产生火花的机械设备和工具。储区应备有泄漏应急处理设备和合适的收容材料。运输车辆应配备相应品种和数量的消防器材及泄漏应急处理设备。夏季最好早晚运输。运输时所用的槽（罐）车应有接地链，槽内可设孔隔板以减少振荡产生静电。严禁与氧化剂、还原剂、碱类、食用化学品等混装混运。运输途中应防暴晒、雨淋，防高温。中途停留时应远离火种、热源和高温区。装运该物品的车辆排气管必须配备阻火装置，禁止使用易产生火花的机械设备和工具装卸。公路运输时要按规定路线行驶，勿在居民区和人口稠密区停留。铁路运输时要禁止溜放。严禁用木船、水泥船散装运输。

【安全与毒性】 危险性类别:第 3.2 类,中闪点易燃液体。

危险特性:易燃,其蒸气与空气可形成爆炸性混合物,遇明火、高热能引起燃烧爆炸。与氧化剂能发生强烈反应。其蒸气密度比空气大,能在较低处扩散到相当远的地方,遇火源会着火回燃。

燃烧(分解)产物:一氧化碳、二氧化碳。

毒性:LD_{50}为 8910mg/kg(大鼠经口),3180mg/kg(兔经皮)。

健康危害:接触本品蒸气可引起胸部压迫感、上呼吸道刺激、眩晕、头痛、恶心、呕吐、疲倦无力等。

12.14 正 戊 醛

中文名:正戊醛

中文别名:戊醛

英文名:pentanal

英文别名:valeraldehyde

CAS 号:110-62-3

化学式:$C_5H_{10}O$

分子结构:

$$O{=}CH{-}CH_2{-}CH_2{-}CH_2{-}CH_3$$

相对分子质量:86.12

【理化特性】 无色液体。微溶于水,溶于乙醇、乙醚。熔点:−91.1℃;沸点:103℃;闪点:12℃。密度:相对密度为 0.81;相对蒸气密度为 2.96。爆炸极限:2.6%~14.0%。禁忌物:强氧化剂、强碱、强还原剂、氧。

【相关图谱】

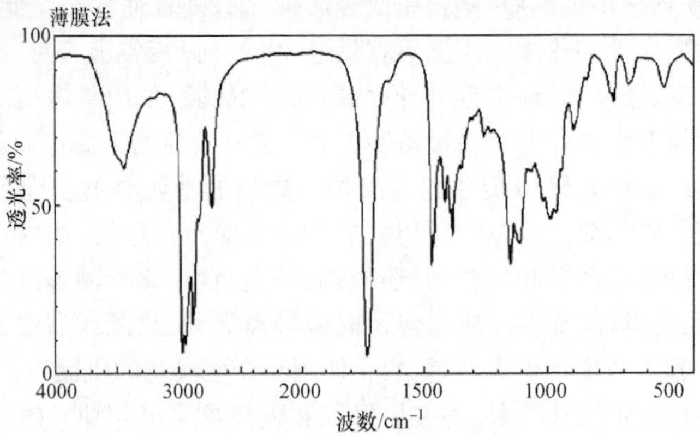

正戊醛红外图谱

【主要用途】 用作香料、有机合成中间体、橡胶促进剂。

【制备】 由戊醇氧化制得。

【包装储运及工程控制事项】 储存于阴凉、通风的仓间内。远离火种和热源。仓温不宜超过 30℃。防止阳光直射。包装要求密封,不可与空气接触。不宜久存,以免变质。应与氧化剂分开存放。储存间内的照明和通风等设施应采用防爆型,开关设在仓外。配备相应品种和数量的消防器材。罐储时要有防火防爆技术措施。禁止使用易产生火花的机械,设备和工具。充装要控制流速,注意防止静电积聚。搬运时要轻装轻卸,防止包装及容器损坏。

【安全与毒性】 危险性类别:第 3.2 类,中闪点易燃液体。

危险特性:易燃,其蒸气与空气可形成爆炸性混合物。遇明火、高热能引起燃烧爆炸。与氧化剂会猛烈反应。若遇高热,可发生聚合反应,放出大量热量而引起容器破裂和爆炸事故。其蒸气密度比空气大,能在较低处扩散到相当远的地方,遇明火会引着回燃。

燃烧(分解)产物:一氧化碳、二氧化碳。

急性毒性:LD_{50} 为 3200mg/kg(大鼠经口),4857mg/kg(兔经皮)。

健康危害:蒸气对眼及上呼吸道黏膜有刺激作用。

12.15　α-甲基戊醛

中文名:α-甲基戊醛

中文别名:2-甲基戊醛

英文名:α-methyl valeraldehyde

英文别名:2-methyl valeraldehyde

CAS 号:123-15-9

化学式:$C_6H_{12}O$

分子结构:

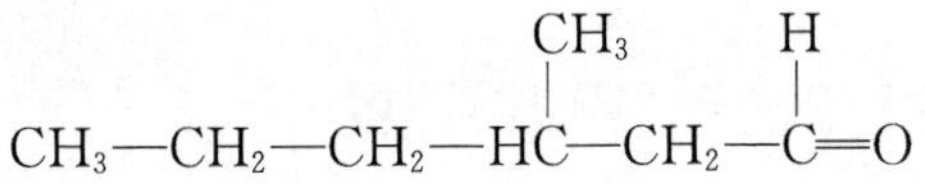

相对分子质量:100.16

【理化特性】 无色液体,有果香味。微溶于水,可混溶于乙醇及其他有机溶剂。熔点:－100℃;沸点:118.3℃;闪点:16℃。密度:相对密度为 0.8102(20℃);相对蒸气密度为 3.45。爆炸上限:6.1%;爆炸下限:1.9%。禁忌物:强氧化剂、强还原剂、强碱。

【相关图谱】

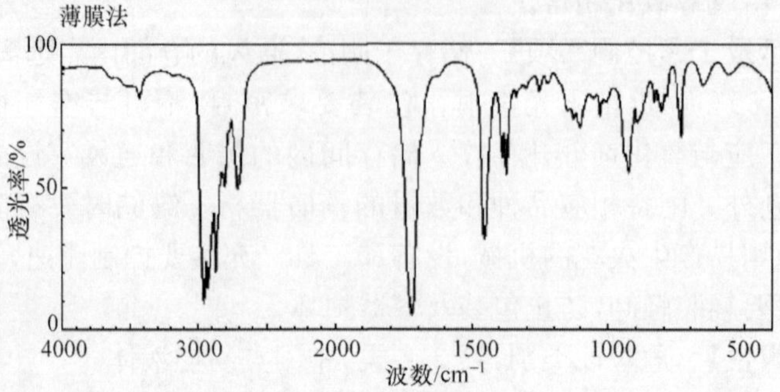

α-甲基戊醛红外图谱

【主要用途】 用于合成镇定药物、增塑剂、颜料、树脂和杀虫剂。

【包装储运及工程控制事项】 储存于阴凉、通风的仓间内。远离火种和热源。库温不宜超过30℃。防止阳光直射。保持容器密封,不可与空气接触,防止氧化变质。应与氧化剂、碱类、还原剂等分开存放。储存间内的照明和通风等设施应采用防爆型,开关设在仓外。配备相应品种和数量的消防器材。罐储时要有防火防爆技术措施。禁止使用易产生火花的机械设备和工具。充装要控制流速,注意防止静电积聚。操作现场不得吸烟、饮水、进食。搬运时要轻装轻卸,防止包装及容器损坏。

【安全与毒性】 危险性类别:第3.3类,高闪点易燃液体。

危险特性:其蒸气与空气可形成爆炸性混合物,遇明火、高热能或与氧化剂接触会引起燃烧爆炸。其蒸气密度比空气大,能在较低处扩散到相当远的地方,遇火源会着火回燃。若遇高热,容器内压增大,有开裂和爆炸的危险。

燃烧(分解)产物:一氧化碳、二氧化碳。

健康危害:对眼睛、皮肤、黏膜和上呼吸道有刺激作用。吸入、摄入或经皮肤吸收后对身体有害。

12.16　2,3-二甲基戊醛

中文名:2,3-二甲基戊醛

英文名:2,3-dimethylpentanal

CAS号:32749-94-3

化学式:$C_7H_{14}O$

分子结构：

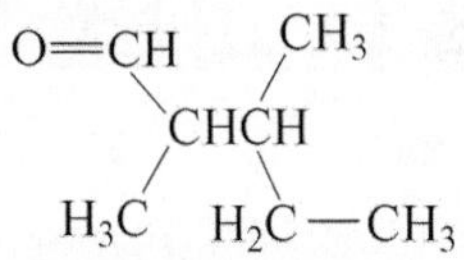

相对分子质量：114.189

【理化特性】 无色或微黄色液体。不溶于水，可混溶于醇、醚等。熔点：−84.7℃；沸点：116～118℃；闪点：24℃。密度：相对密度为 1.06(16℃)；相对蒸气密度为 3.24。爆炸上限：16.0%；爆炸下限：1.1%。禁忌物：强氧化剂、强还原剂、强碱。

【主要用途】 用于有机合成。

【包装储运及工程控制事项】 包装方法：安瓿瓶外普通木箱；螺纹口玻璃瓶、铁盖压口玻璃瓶、塑料瓶或金属桶(罐)外普通木箱；螺纹口玻璃瓶、塑料瓶或镀锡薄钢板桶(罐)外满底板花格箱、纤维板箱或胶合板箱。铁路运输时应严格按照铁道部《危险货物运输规则》中的危险货物配装表进行配装。运输车辆应配备相应品种和数量的消防器材及泄漏应急处理设备。夏季最好早晚运输。运输时所用的槽(罐)车应有接地链，槽内可设孔隔板以减少振荡产生静电。严禁与氧化剂、还原剂、碱类、食用化学品等混装混运。运输途中应防暴晒、雨淋，防高温。中途停留时应远离火种、热源和高温区。装运该物品的车辆排气管必须配备阻火装置，禁止使用易产生火花的机械设备和工具装卸。公路运输时要按规定路线行驶，勿在居民区和人口稠密区停留。铁路运输时要禁止溜放。严禁用木船、水泥船散装运输。储存于阴凉、通风的库房。远离火种和热源。库温不宜超过 30℃。应与氧化剂、还原剂、碱类、食用化学品分开存放，切忌混储。采用防爆型照明和通风设施。禁止使用易产生火花的机械设备和工具。储区应备有泄漏应急处理设备和合适的收容材料。应严格执行极毒物品“五双”管理制度。严加密闭，提供充分的局部排风和全面通风。

【安全与毒性】 其蒸气与空气可形成爆炸性混合物，遇明火、高热极易燃烧爆炸。与氧化剂接触猛烈反应。流速过快，容易产生和积聚静电。其蒸气密度比空气大，能在较低处扩散到相当远的地方，遇火源会着火回燃。若遇高热，容器内压增大，有开裂和爆炸的危险。

12.17　正　己　醛

中文名：正己醛

中文别名：己醛

英文名：n-hexaldehyde

英文别名：hexanal

CAS 号：66-25-1

化学式：$C_6H_{12}O$

分子结构：

$$O{=}CH{-}CH_2{-}CH_2{-}CH_2{-}CH_2{-}CH_3$$

相对分子质量：100.16

【理化特性】 无色液体，有刺激性气味。不溶于水，溶于苯、丙酮，易溶于乙醇、乙醚。熔点：−56.3℃；沸点：128.7℃；闪点：32℃。密度：相对密度为 0.83；相对蒸气密度为 3.45。禁忌物：强氧化剂、强还原剂、强碱。

【相关图谱】

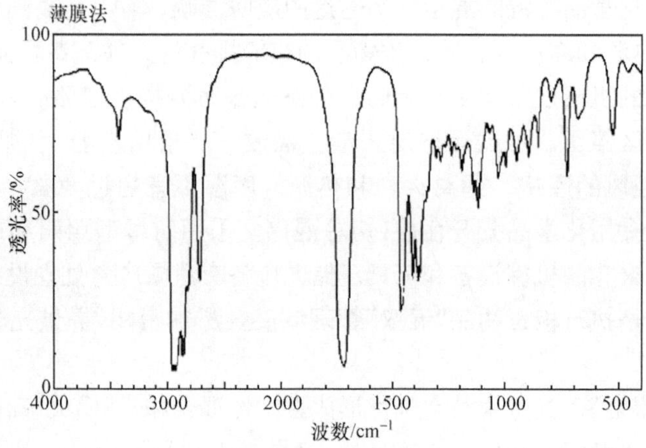

正己醛红外图谱

【主要用途】 用作增塑剂，用于配制苹果和番茄香精，以及用于橡胶、树脂、杀虫剂的有机合成，还用作气相色谱分析试剂。

【制备】 由己酸钙和甲酸反应而得；由正己醇氧化制得。

【包装储运及工程控制事项】 储存于阴凉、通风的仓间内。远离火种和热源。仓温不宜超过 30℃。防止阳光直射。包装要求密封，不可与空气接触。不宜久存,以免变质。应与氧化剂分开存放。储存间内的照明和通风等设施应采用防爆型,开关设在仓外。配备相应品种和数量的消防器材。罐储时要有防火防爆技术措施。禁止使用易产生火花的机械,设备和工具。充装要控制流速,注意防止静电积聚。搬运时要轻装轻卸,防止包装及容器损坏。

【安全与毒性】 危险性类别:第 3.3 类高闪点易燃液体。

危险特性:遇明火、高热易燃。与氧化剂能发生强烈反应。暴露在空气中可发生氧化反应。若遇高热,容器内压增大,有开裂和爆炸的危险。遇空气能形成爆炸性混合物。能腐蚀某些类型的塑料。其蒸气密度比空气大,易在低处聚集。封闭区域内的蒸气遇火能爆炸。蒸气能扩散到远处,遇点火源着火,并引起回燃。储存容器及其部件可能向四面八方飞射很远。

燃烧(分解)产物:一氧化碳、二氧化碳。

毒性:LD_{50} 为 4890mg/kg(大鼠经口)。

健康危害:吸入、摄入或经皮肤吸收对身体有害。其蒸气或烟雾对眼睛、黏膜和上呼吸道有刺激作用,引起咳嗽、流泪、流涎;个别人会恶心、头痛、胸骨后疼痛和呼吸困难等。

12.18　正　庚　醛

中文名:正庚醛

中文别名:水芹醛

英文名:heptaldehyde

英文别名:heptanal

CAS 号:111-71-7

化学式:$C_7H_{14}O$

分子结构:

$$O{=}CH{-}CH_2{-}CH_2{-}CH_2{-}CH_2{-}CH_2{-}CH_3$$

相对分子质量:114.18

【理化特性】 无色油状液体,有果子香味,有吸湿性。微溶于水,溶于乙醇、乙醚。熔点:−43℃;沸点:155℃;闪点:35℃。密度:相对密度为 0.85;相对蒸气密度为 3.9。禁忌物:强氧化剂、强酸、强碱。

【相关图谱】

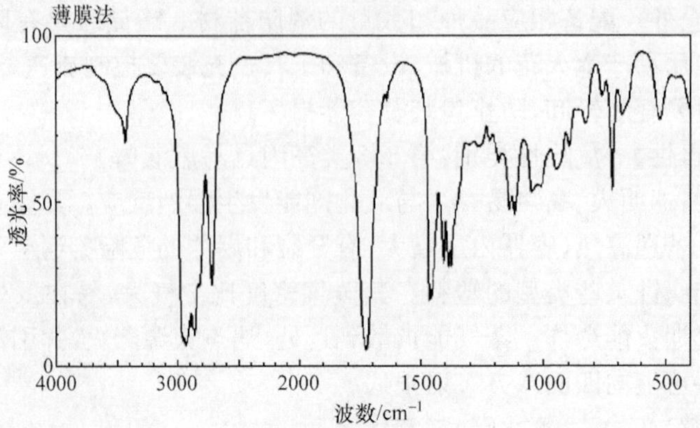

正庚醛红外图谱

【主要用途】 庚醛是合成香料的重要原料,可用于制取庚醇、庚酸酯类等;也是制药、有机合成及橡胶制品的原料。

【制备】 庚醛存在于玫瑰油和紫苏油里,1845 年首次用蓖麻油热解合成出来。蓖麻油中含有蓖麻酸甘油酯,在固体苛性钾存在下于室温用甲醇醇解得到蓖麻酸甲酯。用硫酸酸化反应产物,蒸出甲醇,分出甘渍层,用水洗涤得到蓖麻酸甲酯。将其在 450～500℃,0.05～0.07MPa 下于热解炉中进行裂解,即得十一烯酸甲酯和庚醛。将热解产物同树脂物分开,并进行真空精馏,分离得到十一烯酸甲酯(香料重要中间体十一烯酸的原料)及庚醛。庚醛用亚硫酸氢钠和碳酸钠提纯得到含量≥88%的纯品,每吨庚醛需消耗蓖麻油约 5.5t。

【包装储运及工程控制事项】 储存于阴凉、通风的仓间内。远离火种和热源。仓温不宜超过 30℃。防止阳光直射。包装要求密封,不可与空气接触。不宜久存,以免变质。应与氧化剂分开存放。储存间内的照明和通风等设施应采用防爆型,开关设在仓外。配备相应品种和数量的消防器材。罐储时要有防火防爆技术措施。禁止使用易产生火花的机械,设备和工具。充装要控制流速,注意防止静电积聚。搬运时要轻装轻卸,防止包装及容器损坏。

【安全与毒性】 危害类别:第 3.3 类,高闪点易燃液体。

危险特性:易燃,遇明火、高热或与氧化剂接触,有引起燃烧爆炸的危险。其蒸气密度比空气大,能在较低处扩散到相当远的地方,遇火源会着火回燃。具有腐蚀性。

有害燃烧产物:一氧化碳、二氧化碳。

健康危害:吸入、口服或经皮肤吸收对身体有害。蒸气或雾对眼、黏膜和上呼吸道有刺激性。

12.19　辛　醛

中文名：辛醛

中文别名：羊脂醛

英文名：octanal

英文别名：caprylic aldehyde

CAS 号：124-12-0

化学式：$C_8H_{16}O$

分子结构：

$$O{=}CH{-}CH_2{-}CH_2{-}CH_2{-}CH_2{-}CH_2{-}CH_2{-}CH_3$$

相对分子质量：128.22

【理化特性】 无色液体，有果子香气，不溶于甘油。熔点：－23℃；沸点：163.4℃；闪点：51℃。密度：相对密度为 0.82；相对蒸气密度为 4.41。禁忌物：强氧化剂、强还原剂、强碱。

【相关图谱】

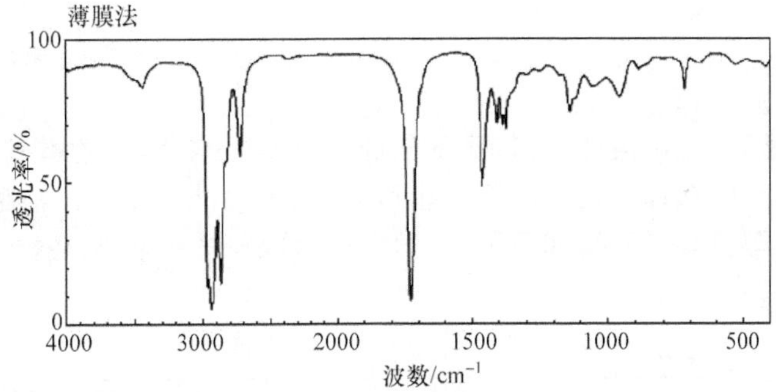

辛醛红外图谱

【主要用途】 有机合成的中间体；用于制造香皂、肥皂、硬脂酸、硬脂酸盐类、甘油、脂肪胺、脂肪醇、脂肪酸磺酸盐等表面活性剂，以及柔软剂、润滑脂等；作为头香剂微量用于香石竹、玫瑰、橙花、橘香古龙等日用香精中，也可微量用于奶油、巧克力、杏子、橙子、干酪等。

【制备】 可采用辛醇或辛酸为原料，铜铬为催化剂进行反应；由羊的脂肪提炼精制而得；以正辛酸为原料，经还原反应制取。

【包装储运及工程控制事项】 储存于阴凉、通风的仓间内。远离火种和热源。防止阳光直射。保持容器密封。不宜大量或久存。应与氧化剂分开存放。储存间内的照明和通风等设施应采用防爆型，开关设在仓外。禁止使用易产生火花的机械设备和工具。配备相应品种和数量的消防器材。罐储时要有防火防爆技术措施。充装时要控制流速，注意防止静电积聚。搬运时要轻装轻卸，防止包装及容器损坏。

【安全与毒性】 危险性类别：第 3.3 类，高闪点易燃液体。

危险特性：易燃，遇明火、高热能引起燃烧爆炸；与氧化剂能发生强烈反应；若遇高热，容器内压增大，有开裂和爆炸的危险。

燃烧(分解)产物：一氧化碳、二氧化碳。

健康危害：对呼吸道、眼和皮肤有刺激性。

毒性：LD_{50}为 5630mg/kg(大鼠经口)，6350mg/kg(兔经皮)。

12.20 呋 喃

中文名：呋喃

中文别名：氧(杂)茂

英文名：divinylene oxide

CAS 号：110-00-9

化学式：C_4H_4O

分子结构：

相对分子质量：68.07

【理化特性】 无色液体，有特殊的气味。不溶于水，溶于乙醇和乙醚。熔点：−85.6℃；沸点：32℃；闪点：−35℃。密度：相对密度为 0.9514；相对蒸气密度为 2.35。爆炸上限：14.3%；爆炸下限：2.3%。禁忌物：强氧化剂、酸类。

【相关图谱】

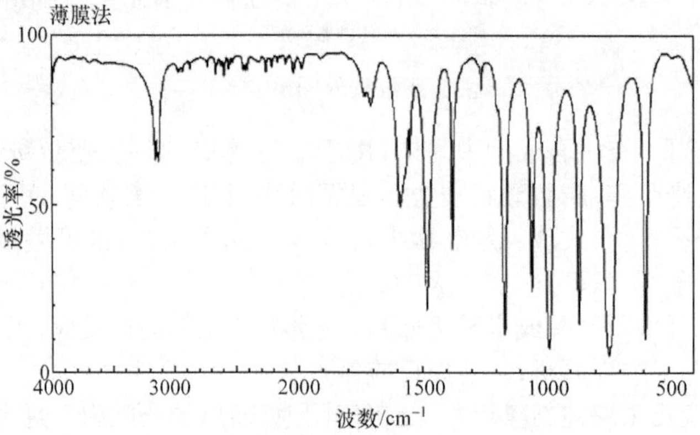

呋喃红外图谱

【主要用途】 用于有机合成或用作溶剂。可用于制取药物呋喃西林。

【制备】 工业生产呋喃可以在钯的催化下对糠醛脱羰基，或者在氯化铜的催化下氧化 1,3-丁二烯。

【包装储运及工程控制事项】 包装方法：小开口钢桶；安瓿瓶外普通木箱；螺纹口玻璃瓶、铁盖压口玻璃瓶、塑料瓶或金属桶(罐)外普通木箱。运输车辆应配备相应品种和数量的消防器材及泄漏应急处理设备。夏季最好早晚运输。运输时所用的槽(罐)车应有接地链，槽内可设孔隔板以减少振荡产生静电。严禁与氧化剂、酸类等混装混运。运输途中应防暴晒、雨淋，防高温。中途停留时应远离火种、热源和高温区。装运该物品的车辆排气管必须配备阻火装置，禁止使用易产生火花的机械设备和工具装卸。公路运输时要按规定路线行驶，勿在居民区和人口稠密区停留。铁路运输时要禁止溜放。严禁用木船、水泥船散装运输。

【安全与毒性】 本品有麻醉和弱刺激作用。吸入后可引起头痛、头晕、恶心、呕吐、血压下降、呼吸衰竭。慢性影响：肝、肾损害。本品极度易燃。

12.21　2-甲基呋喃

文名：2-甲基呋喃

中文别名：斯尔烷

英文名：2-methyl furan

英文别名：sylvan

CAS 号：534-22-5

化学式：C_5H_6O

分子结构：

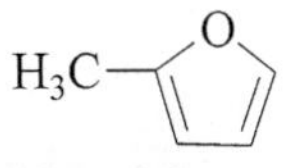

相对分子质量：82.11

【理化特性】 无色液体，有醚样气味，在空气中或阳光照射下变黄至黑色。微溶于水，可混溶于乙醇、乙醚、丙酮等。熔点：－90℃；沸点：63.2～65℃；闪点：－22℃。密度：相对密度为 0.9120；相对蒸气密度为 2.8。禁忌物：氧化剂、强酸、强碱。

【相关图谱】 见下页。

【主要用途】 用作溶剂、医药中间体。本品为药物中间体，用以制取维生素 B_1、磷酸氯喹和磷酸伯氨喹。

【制备】 糠醛在铜催化剂作用下，170℃加氢而制得。再由常压精馏制成品。生产无副产品，无污染。

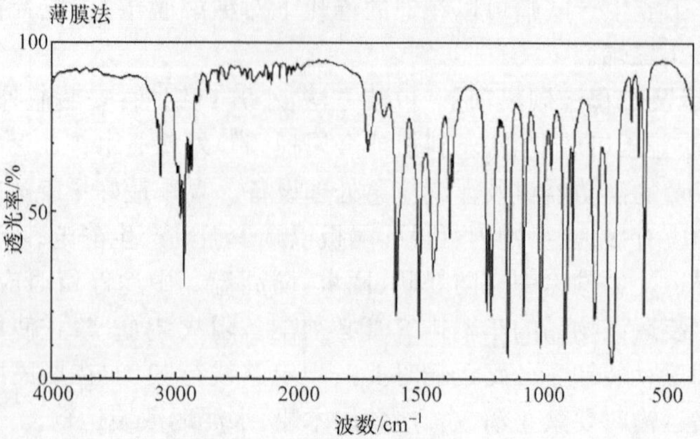

2-甲基呋喃红外图谱

【包装储运及工程控制事项】 储存于阴凉、通风的库房。远离火种和热源。防止阳光直射。库温不宜超过30℃。保持容器密封。应与氧化剂、酸类、碱类、食用化学品分开存放，切忌混储。采用防爆型照明和通风设施。禁止使用易产生火花的机械设备和工具。储区应备有泄漏应急处理设备和合适的收容材料。运输车辆应配备相应品种和数量的消防器材及泄漏应急处理设备。夏季最好早晚运输。运输时所用的槽（罐）车应有接地链，槽内可设孔隔板以减少振荡产生静电。严禁与氧化剂、酸类、碱类、食用化学品等混装混运。运输途中应防暴晒、雨淋，防高温。中途停留时应远离火种、热源和高温区。装运该物品的车辆排气管必须配备阻火装置，禁止使用易产生火花的机械设备和工具装卸。公路运输时要按规定路线行驶，勿在居民区和人口稠密区停留。铁路运输时要禁止溜放。严禁用木船、水泥船散装运输。

【安全与毒性】 危险性类别：第3.1类，低闪点易燃液体。

燃烧（分解）产物：一氧化碳、二氧化碳。

危险特性：其蒸气与空气可形成爆炸性混合物，遇明火、高热极易燃烧爆炸。与氧化剂接触猛烈反应。接触空气或在光照条件下可生成具有潜在爆炸危险性的过氧化物。其蒸气密度比空气大，能在较低处扩散到相当远的地方，遇火源会着火回燃。若遇高热，容器内压增大，有开裂和爆炸的危险。

毒性：LD_{50}为167mg/kg（大鼠经口），本品具麻醉作用，能使血液循环、肠、胃、肝脏功能出现异常。对眼睛有刺激作用。实验资料报道，有致突变作用。受热分解放出具腐蚀性的烟雾。

12.22 2-甲基四氢呋喃

中文名称:2-甲基四氢呋喃

英文名称:2-methyltetrahydrofuran

CAS 号:96-47-9

化学式:$C_5H_{10}O$

分子结构:

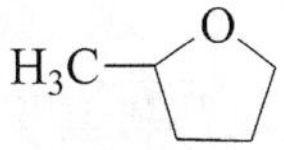

相对分子质量:86.1

【理化特性】 无色挥发性液体,有类似醚的气味。微溶于水,可混溶于多数有机溶剂。熔点:−137.2℃;沸点:80.2℃;闪点:−11℃。密度:相对密度为 0.85(20℃);相对蒸气密度为 2.97。禁忌物:强氧化剂、潮湿空气。

【相关图谱】

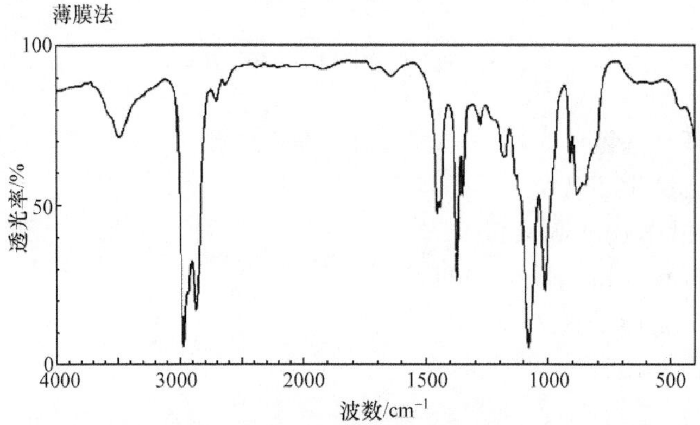

2-甲基四氢呋喃红外图谱

【主要用途】 用作树脂、天然橡胶、乙基纤维素和氯乙酸-乙酸乙烯共聚物的溶剂;也是制药工业的原料,可用于抗痔药磷酸伯氨磷等的合成。

【制备】 由 2-甲基呋喃催化加氢而得。

【包装储运及工程控制事项】 包装方法:小开口钢桶;安瓿瓶外普通木箱;螺纹口玻璃瓶、铁盖压口玻璃瓶、塑料瓶或金属桶(罐)外普通木箱。储存于阴凉、通风的库房。远离火种和热源。库温不宜超过 30℃。包装要求密封,不可与空气接触。应与氧化剂等分开存放,切忌混储。采用防爆型照明和通风设施。禁止使用易产生火花的机械设备和工具。储区应备有泄漏应急处理设备和合适的收容材料。运输车辆应配备相应品种和数量的消防器材及泄漏应急处理设备。夏季最好早晚运输。运输时所用的槽(罐)车应有接地链,槽内可设孔隔板以减少振荡产生静电。严禁与氧化剂、食用化学品等混装混运。运输途中应防暴晒、雨淋,防高温。中途停留时应远离火种、热源和高温区。装运该物品的车辆排气管必须配备阻火装置,禁止使用易产生火花的机械设备和工具装卸。公路运输时要按规定路线行驶。铁路运输时要禁止溜放。严禁用木船、水泥船散装运输。

【安全与毒性】 危险性类别:第 3.2 类,中闪点易燃液体。

燃烧(分解)产物:一氧化碳、二氧化碳。

危险特性:其蒸气与空气可形成爆炸性混合物,遇明火、高热极易燃烧爆炸。与氧化剂接触猛烈反应。流速过快,容易产生和积聚静电。其蒸气密度比空气大,能在较低处扩散到相当远的地方,遇火源会着火回燃。若遇高热,容器内压增大,有开裂和爆炸的危险。

毒性:LD_{50}为 5720mg/kg(大鼠经口);LC_{50}为 6000ppm,4h(大鼠吸入)。

健康危害:蒸气和雾气对眼睛、黏膜和上呼吸道有刺激作用。

12.23 环己基氯

中文名:环己基氯

中文别名:氯化环己烷

英文名:chlorocyclohexane

英文别名:cyclohexyl chloride

CAS 号:542-18-7

化学式:$C_6H_{11}Cl$

分子结构:

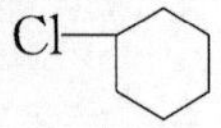

相对分子质量:118.61

【理化特性】 无色液体,具有窒息性气味。不溶于水,易溶于氯仿。能与乙醇、乙醚、丙酮和苯混溶。遇水受热分解,产生盐酸并使颜色变黄。熔点:−44℃;沸点:142℃;闪点:28℃。密度:相对密度为 0.99;相对蒸气密度为 4.0。禁忌物:强氧化剂、强碱。

【相关图谱】

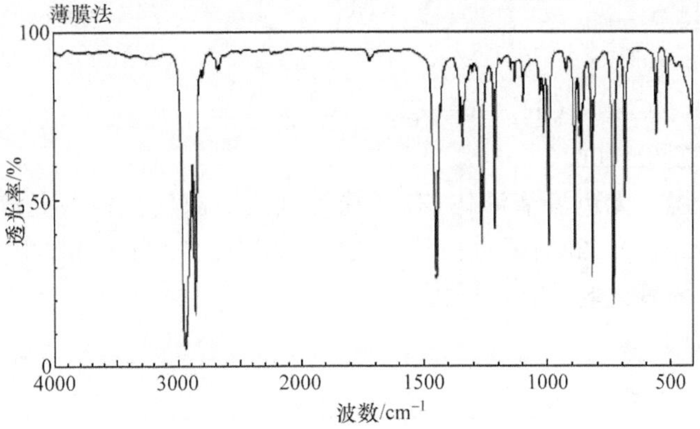

环己基氯红外图谱

【主要用途】 医药中间体，用于制取抗癫痫、痉挛药盐酸苯海索。也是农药三环锡的中间体和橡胶防焦剂。

【制备】 由环己醇经氯化而得：环己醇与 30%盐酸混合搅拌，升温至 85℃回流 12h，温度逐渐上升至 103℃左右。回流结束，冷至 20℃，静置分层，放去酸水，以氯化钠饱和液及碳酸钠溶液分别洗 1 次，用无水氯化钙干燥，分馏，收集 141～142.5℃馏分，得氯代环己烷。收率为 83%。

【包装储运及工程控制事项】 包装方法：小开口钢桶；安瓿瓶外普通木箱；螺纹口玻璃瓶、铁盖压口玻璃瓶、塑料瓶或金属桶(罐)外普通木箱；螺纹口玻璃瓶、塑料瓶或镀锡薄钢板桶(罐)外满底板花格箱、纤维板箱或胶合板箱。

【安全与毒性】 其蒸气与空气可形成爆炸性混合物，遇明火、高热极易燃烧爆炸。与氧化剂接触猛烈反应。受高热分解产生有毒的氯化物气体。流速过快，容易产生和积聚静电。其蒸气密度比空气大，沿地面扩散并易积存于低洼处，遇火源会着火回燃。若遇高热，容器内压增大，有开裂和爆炸的危险。吸入、摄入或经皮肤吸收对身体有害。对眼和皮肤有刺激性。接触后可引起恶心、头痛和呕吐。

12.24 正丁酰氯

中文名：正丁酰氯

中文别名：氯(化)丁酰

英文名：n-butyryl chloride

英文别名：butanoyl chloride

CAS 号：141-75-3

化学式：C_4H_7ClO

分子结构：

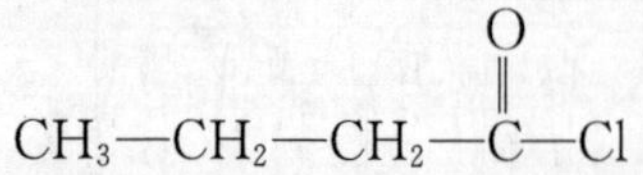

相对分子质量：106.6

【理化特性】 无色澄清液体，有特殊的酰氯辛辣气味。可混溶于醚。熔点：−89℃；沸点：101～102℃；闪点：21℃。密度：相对密度为 1.03；相对蒸气密度为 3.7。禁忌物：强氧化剂、潮湿空气。

【相关图谱】

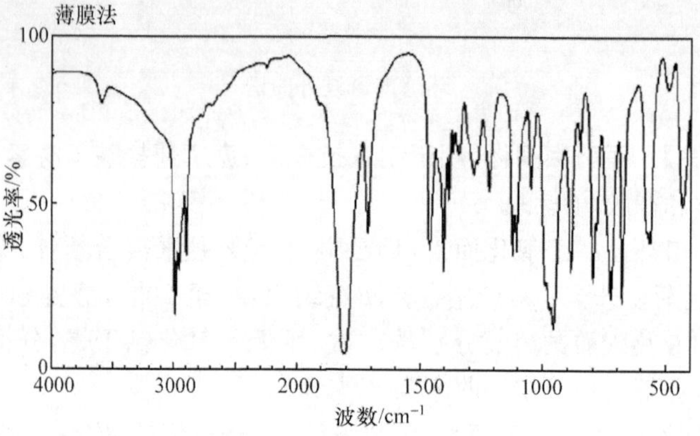

正丁酰氯红外图谱

【主要用途】 用于有机合成。丁酰氯是除草剂稀禾啶、三甲苯草酮、噻草酮的中间体；用于制备丁苯和药物依他尼酸、布桂嗪及中间体 2-乙基-1,3-环戊二酮。

【制备】 选用氯化亚砜作为制备正丁酰氯的氯化试剂，其工艺简单易行；当正丁酸和氯化亚砜的物质的量比为 1.00∶(1.30～1.50)时，产物的收率≥85.00%，产品纯度≥99.00%。

【包装储运及工程控制事项】 通常商品加有阻聚剂。储存于阴凉、通风的仓间内。远离火种和热源。仓温不宜超过 30℃，防止阳光直射。包装要求密封，不可与空气接触。应与氧化剂分开存放。储存间内的照明和通风等设施应采用防爆型。禁止使用易产生火花的机械设备与工具。搬运时要轻装轻卸，防止包装及容器损坏。雨天搬运要妥善遮盖。运输按规定路线行驶，勿在居民区和人口稠密区停留。

【安全与毒性】 危险特性：其蒸气与空气形成爆炸性混合物，遇明火、高热能引起燃烧爆炸。与氧化剂能发生强烈反应。其蒸气密度比空气大，能在较低处扩散到相当远的地方，遇明火会引着回燃。若遇高热，容器内压增大，有开裂和爆炸的危险。遇水或水蒸气反应发热放出有毒的腐蚀性气体。

燃烧(分解)产物：一氧化碳、二氧化碳、氯化氢。

健康危害：本品有强烈的毒性和刺激性。对眼睛、皮肤和黏膜可引起严重灼伤，吸入后可引起肺水肿，甚至死亡。加热通报分解生成剧毒的光气。本品遇水或水蒸气易分解成有毒及腐蚀性烟雾。

毒性：具剧烈的刺激性。

12.25 乙　酰　氯

中文名：乙酰氯

中文别名：氯乙酰

英文名：acetyl chloride

英文别名：ethanoy chloride

CAS 号：75-36-5

化学式：C_2H_3ClO

分子结构：

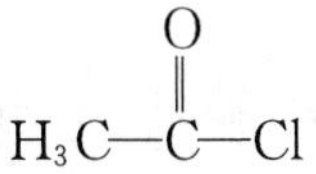

相对分子质量：78.50

【理化特性】 无色发烟液体，有强烈刺激性气味。溶于丙酮、醚、乙酸。熔点：−112℃；沸点：51℃；闪点：4℃。密度：相对密度为 1.11；相对蒸气密度为 2.70。禁忌物：水、醇类、强氧化剂、强碱。

【相关图谱】

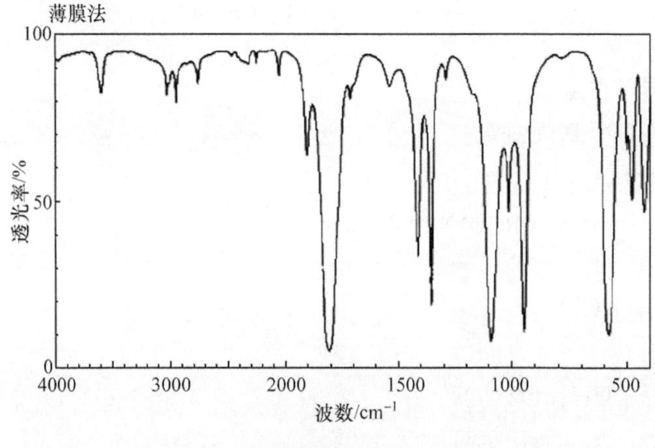

乙酰氯红外图谱

【主要用途】 乙酰氯是一种重要的有机合成中间体和乙酰化试剂，酰化能力比乙酐强，广泛用于有机合成，可用于生产农药、医药、新型电镀络合剂，以及其他多种精细有机合成中间体，在医药上可用于制 2,4-二氯-5-氟苯乙酮(环丙沙星的中间体)、布洛芬等。乙酰氯也是羧酸发生氯化反应的催化剂。

【制备】 工业上乙酰氯可由乙烯酮与氯化氢反应，或由乙酸钠、二氧化硫与氯气反应制得，或者冰乙酸-三氯化磷法。实验室中可由乙酸、乙酸钠或乙酸酐与各种氯化剂反应制得。

【包装储运及工程控制事项】 通常商品加有阻聚剂。储存于阴凉、通风的仓间内。远离火种和热源。仓温不宜超过 30℃，防止阳光直射。包装要求密封，不可与空气接触。应与氧化剂分开存放。储存间内的照明和通风等设施应采用防爆型。禁止使用易产生火花的机械设备与工具。搬运时要轻装轻卸，防止包装及容器损坏。

【安全与毒性】 易燃，其蒸气与空气可形成爆炸性混合物。遇明火、高热能引起燃烧爆炸。在空气中受热分解释出剧毒的光气和氯化氢气体。遇水、水蒸气或乙醇剧烈反应甚至爆炸。其蒸气密度比空气大，能在较低处扩散到相当远的地方，遇明火会引着回燃。

燃烧(分解)产物：一氧化碳、二氧化碳、氯化氢、光气。

健康危害：本品对上呼吸道有刺激性，吸入后引起咳嗽、胸痛。口服引起口腔及消化道灼伤。

急性毒性：LC_{50}为 910mg/ kg(大鼠经口)。

刺激性：20mg，重度刺激。

家兔经皮开放性刺激试验：500mg，轻度刺激。

12.26 异丁酰氯

中文名：异丁酰氯

中文别名：2-甲基丙酰氯

英文名：isobutyryl chloride

英文别名：2-methyl propionylchloride

CAS 号：79-30-1

化学式：C_4H_7ClO

分子结构：

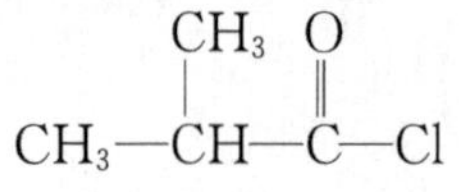

相对分子质量：106.55

【理化特性】 无色液体，有刺激性气味，可混溶于乙醚。熔点：-90℃；沸点：92℃；闪点：1℃。相对密度为 1.02。禁忌物：强氧化剂、水、醇类、强碱。

【相关图谱】

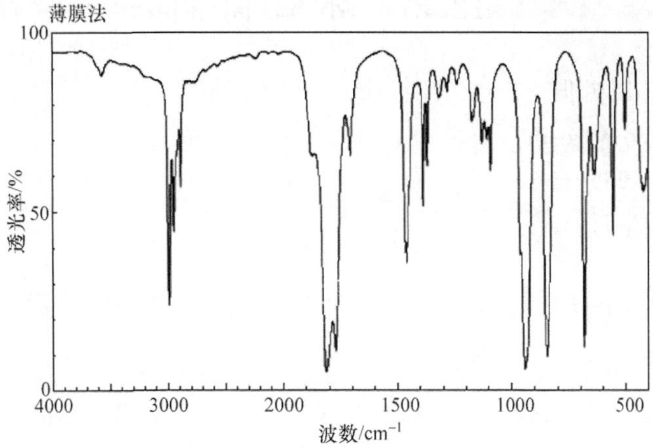

异丁酰氯红外图谱

【主要用途】 用作有机合成中间体。

【制备】 由异丁酸与亚硫酰氯反应制得。

【包装储运及工程控制事项】 包装方法：磨砂口玻璃瓶或螺纹口玻璃瓶外普通木箱；安瓿瓶外普通木箱；螺纹口玻璃瓶、铁盖压口玻璃瓶、塑料瓶或金属桶(罐)外普通木箱。储存于阴凉、干燥、通风良好的库房。远离火种和热源。库温不宜超过 30℃。保持容器密封。应与氧化剂、醇类、碱类等分开存放，切忌混储。不宜久存，以免变质。采用防爆型照明和通风设施。禁止使用易产生火花的机械设备和工具。储区应备有泄漏应急处理设备和合适的收容材料。铁路运输时应严格按照铁道部《危险货物运输规则》中的危险货物配装表进行配装。运输车辆应配备相应品种和数量的消防器材及泄漏应急处理设备。夏季最好早晚运输。运输时所用的槽(罐)车应有接地链，槽内可设孔隔板以减少振荡产生静电。严禁与氧化剂、醇类、碱类、食用化学品等混装混运。运输途中应防暴晒、雨淋，防高温。中途停留时应远离火种、热源和高温区。装运该物品的车辆排气管必须配备阻火装置，禁止使用易产生火花的机械设备和工具装卸。公路运输时要按规定路线行驶，勿在居民区和人口稠密区停留。铁路运输时要禁止溜放。严禁用木船、水泥船散装运输。

【安全与毒性】 燃爆危险：本品易燃，具强刺激性。

健康危害:本品对黏膜、上呼吸道、眼睛和皮肤有强烈刺激性。吸入后,可因喉和支气管的痉挛、炎症和水肿,化学性肺炎或肺水肿而致死。接触后出现烧灼感、咳嗽、喘息、喉炎、气短、头痛、恶心和呕吐。

12.27　环氧树脂

中文名:环氧树脂

英文名:epoxy resin

CAS 号:24969-06-0

化学式:$(C_{11}H_{12}O_3)_n$

分子结构:

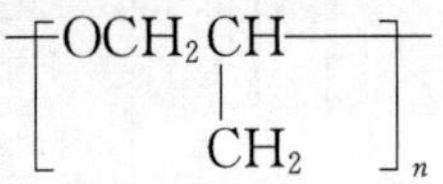

【理化特性】　环氧树脂是两端含有环氧基团的一类聚合物的总称;根据分子结构和相对分子质量大小的不同,其物态可从无臭、无味、黄色、透明液体至固态。溶于丙酮、乙二醇、甲苯等。熔点:145～155℃。相对密度为 6.80。爆炸下限:12%。禁忌物:强氧化剂。

【主要用途】　环氧树脂具有优良的物理机械性能、电绝缘性能、耐药品性能和黏结性能,可以作为涂料、浇铸料、模压料、胶黏剂、层压材料以直接或间接使用的形式渗透到从日常生活用品到高新技术领域的国民经济的各个方面。例如,飞机、航天器中的复合材料,大规模集成电路的封装材料,发电机的绝缘材料、钢铁和木材的涂料,机械土木建筑用的胶黏剂,乃至食品罐头内壁涂层和金属抗蚀电泳涂装等都大量使用环氧树脂。

【制备】　环氧树脂可以从含有链烯基的母体化合物合成,也可以从含有活性氢原子的母体化合物合成。

【包装储运及工程控制事项】　储存于阴凉、通风仓间内。远离火种和热源。防止阳光直射。包装必须密封,切勿受潮。应与氧化剂分开存放。搬运时要轻装轻卸,防止包装及容器损坏。

【安全与毒性】　危险性类别:第 3.2 类,中闪点易燃液体。

危险特性:易燃,遇明火、高热能燃烧。受高热分解放出有毒的气体。粉体与空气可形成爆炸性混合物,当达到一定的浓度时,遇火星会发生爆炸。

燃烧(分解)产物:一氧化碳、二氧化碳。

健康危害:接触本品主要危害为过敏而出现皮肤疾病,表现为瘙痒性红斑、丘疹、疱疹、湿疹性皮炎等;皮炎有时伴有眼睛和上呼吸道的刺激,制备和使用环氧树脂的工人，可有头痛、恶心、食欲不振、眼灼痛、眼睑水肿、上呼吸道刺激、皮肤病症等。

毒性：属微毒类；LD_{50}：11.4g/kg(大鼠经口)。

12.28　二 硫 化 碳

中文名：二硫化碳

英文名：carbon disulfide

CAS 号：75-15-0

化学式：CS_2

分子结构：

$$S{=}C{=}S$$

相对分子质量：76.14

【理化特性】 纯品有乙醚的气味，含杂质的工业品呈黄色并有恶臭。可溶于苯、乙醇和乙醚。20℃时在水中溶解度为 0.294%，水在二硫化碳中的溶解度小于 0.005%。二硫化碳能溶解碘、溴、硫、脂肪、蜡、树脂、橡胶、樟脑、黄磷、苛性钠和硫化碱。熔点：−111.5℃；沸点：46.2℃；闪点：−30℃。相对密度为 1.263。爆炸极限：1%～5%。禁忌物：强氧化剂、胺类、碱金属。

【主要用途】 二硫化碳用于制造人造丝、杀虫剂、促进剂等，也用作溶剂。

二硫化碳是生产人造丝、赛璐玢、四氯化碳、农药杀菌剂、橡胶助剂的原料。在生产油脂、蜡、树脂、橡胶和硫黄等产品时，二硫化碳是优良的溶剂。可用作羊毛去脂剂、衣服去渍剂、金属浮选剂、油漆和清漆的脱膜剂、航空煤油添加剂等。

【制备】 二硫化碳的生产方法较多，但目前工业化的方法只有两种。一是木炭法，由木炭与硫黄作用而得。此法分外加热法(铁甑法)和内加热法(电加热法)。将熔融的硫黄与木炭反应后，经冷凝、精馏得成品。二是天然气法，以甲烷、硫黄为原料制得。甲烷与硫黄反应温度为 500～700℃，用硅胶作催化剂，甲烷单程转化率为 90%，副反应少，生成的硫化氢用克劳斯法使之转变为硫黄，循环使用。此法与铁甑法相比，反应温度低，可连续生产。

【包装储运及工程控制事项】 在室温下易挥发，因此容器内可用水封盖表面。储存于阴凉、通风的库房。远离火种和热源。库温不宜超过 30℃。保持容器密封。应与氧化剂、胺类、碱金属、食用化学品分开存放，切忌混储。采用防爆型照明和通风设施。禁止使用易产生火花的机械设备和工具。储区应备有泄漏应急处理设备和合适的收容材料。

【安全与毒性】 易燃性：易挥发出足以与空气形成可燃混合物的蒸气，其着火所需能量极小，遇火、过热、流速过快及和氧化剂接触等都有发生燃烧的危险，而且具有回燃的特点。注意:液体的闪点、沸点和自燃点越低,蒸气压越大,发生着火燃烧的危险性也越大。

爆炸性:当挥发出的蒸气与空气形成的混合气体达到爆炸极限浓度(1.3%~50%)时,可燃混合物就会转化成爆炸型混合物,一旦点燃就会发生爆炸。注意:易燃液体的挥发性越强,爆炸下限越低,发生爆炸的危险性就越大。

流动扩散性:二硫化碳如果混入水中被排入下水系统,会在坑洼等地方积聚,从而增加了燃烧爆炸的危险性。

易产生或聚集静电:二硫化碳是电的不良导体,电阻率大,导电性差。在装卸运输过程中,因其所具有的流动性,可与不同性质的物体如容器壁和管道壁相互摩擦或接触时易积聚静电,静电积聚到一定程度时就会放电,产生静电放电火花而引起可燃性蒸气混合物的燃烧爆炸。

毒害性:二硫化碳吸入后均能引起急、慢性中毒,损害神经系统等。

12.29 环烷酸铜

中文名:环烷酸铜

中文别名:石油酸铜

英文名:copper naphthenate

英文别名:naphthenic acid copper salt

CAS 号:1238-02-9

化学式:$C_{22}H_{14}O_4Cu$

分子结构:

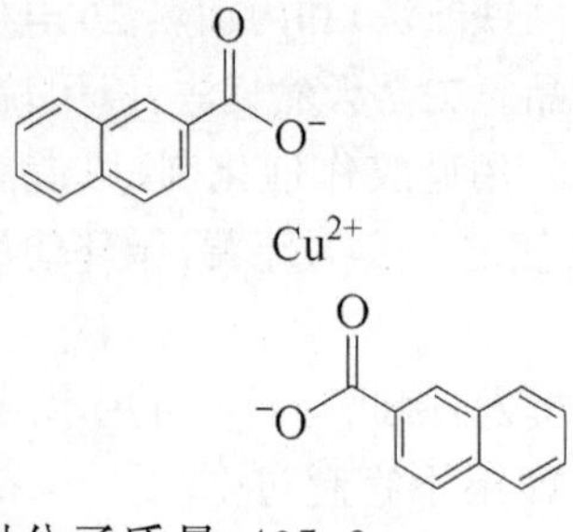

相对分子质量:405.9

【理化特性】 绿色半固体黏稠物。不溶于水,微溶于乙醇,溶于苯、甲苯等。沸点:154~202℃;闪点:40℃。相对密度为0.93~1.055。禁忌物:强氧化剂。

【主要用途】 用作电缆保护层的抗腐剂、防水剂,也用于制造船底漆、杀虫剂和杀真菌剂等。本品作为防污漆中渗出助剂,在船舶防污漆中使用,可起到增韧漆膜和增加防污剂渗出率的效能，达到调节和控制防污剂渗出的目的。

【包装储运及工程控制事项】 储存于阴凉、通风的仓间内。远离火种和热源。仓温不宜超过 30℃。防止阳光直射。保持容器密封。应与氧化剂分开存放。储存间内的照明和通风等设施应采用防爆型，开关设在仓外。禁止使用易产生火花的机械设备和工具。配备相应品种和数量的消防器材。严禁火种。搬运时要轻装轻卸，防止包装及容器损坏。操作现场不得吸烟、饮水、进食。分装和搬运作业要注意个人防护。

【安全与毒性】 危险性类别：第 3.3 类，高闪点易燃液体。

危险特性：其蒸气与空气可形成爆炸性混合物，遇明火、高热易燃。与氧化剂可发生反应。受高热分解放出有毒气体。若遇高热，容器内压增大，有开裂和爆炸的危险。

燃烧（分解）产物：一氧化碳、二氧化碳、氧化铜。

健康危害：具刺激作用。

毒性：LD_{50} 为 ＞4000mg/kg（大鼠经口）。

12.30 环烷酸铅

中文名：环烷酸铅

中文别名：石油酸铅

英文名：lead naphthenate

英文别名：naphthenic acid lead salt

CAS 号：61790-14-5

化学式：$C_{14}H_{22}O_4Pb$

分子结构：

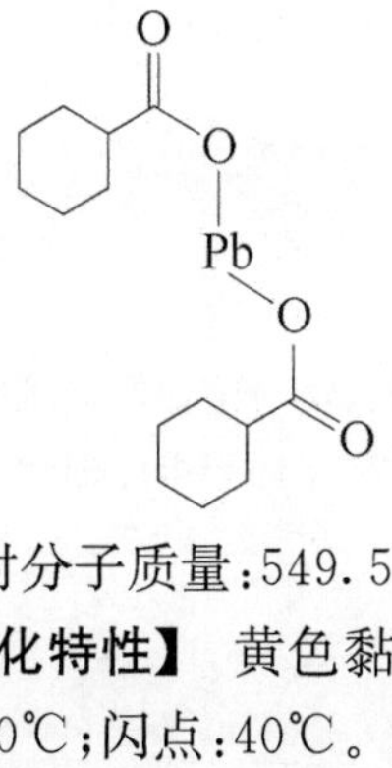

相对分子质量：549.5

【理化特性】 黄色黏稠状物。不溶于水，微溶于乙醇，溶于石油、焦油溶剂。熔点：100℃；闪点：40℃。相对密度为 1.12。禁忌物：强氧化剂。

【主要用途】 用作油漆、油墨的催化剂，木材防腐剂，杀虫剂，催化剂及润滑油添加剂。

【制备】 由环烷酸钠与乙酸铅复分解置换而得。先将环烷酸加水升温至90～100℃，再缓缓加入30%的氢氧化钠溶液进行皂化，至溶液透明，得环烷酸钠，再用乙酸铅复分解置换得粗品，经水洗涤，加热脱水得成品环烷酸铅。

【包装储运及工程控制事项】 储存于阴凉、通风的仓间内。远离火种和热源；仓温不宜超过30℃。防止阳光直射。应与氧化剂分开存放。储存间内的照明和通风等设施应采用防爆型，开关设在仓外。禁止使用易产生火花的机械设备和工具。配备相应品种和数量的消防器材。搬运时要轻装轻卸，防止包装及容器损坏。操作现场不得吸烟、饮水、进食。分装和搬运作业要注意个人防护。

【安全与毒性】 危险性类别：第3.3类，高闪点易燃液体。

危险特性：其蒸气与空气可形成爆炸性混合物，遇明火、高热易燃。受高热分解，放出有毒的烟气。与氧化剂可发生反应。若遇高热，容器内压增大，有开裂和爆炸的危险。

燃烧(分解)产物：一氧化碳、二氧化碳、氧化铅。

健康危害：具刺激作用。

毒性：LD_{50}为>4000mg/kg(大鼠经口)。

12.31　氧　　茚

中文名：氧茚

中文别名：香豆酮；苯并呋喃

英文名：coumarone

英文别名：benzofuran

CAS号：271-89-6

化学式：C_8H_6O

分子结构：

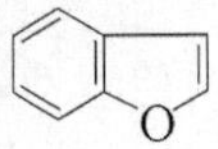

相对分子质量：118.14

【理化特性】 无色油状液体，具有芳香性。不溶于水，溶于乙醇、乙醚。熔点：-28℃；沸点：173～175℃；闪点：56℃。相对密度为1.072。禁忌物：强氧化剂。

【相关图谱】

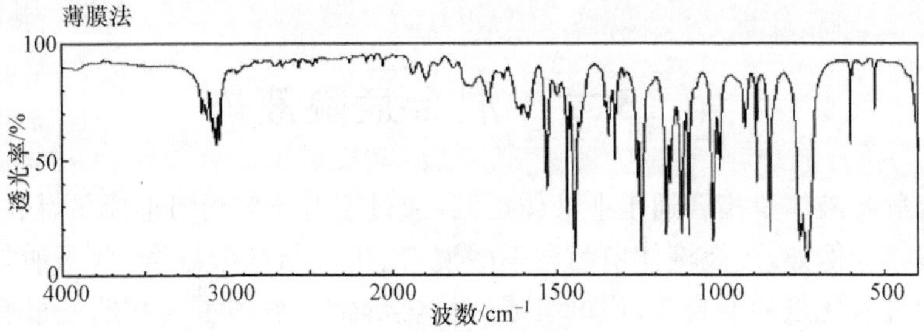

苯并呋喃红外图谱

【主要用途】 用于制心血管病药物胺碘酮及氧茚树脂的中间体。

【制备】 由水杨醛与氯乙酸在氢氧化钠水溶液中进行反应得到邻甲酰苯氧乙酸，再与乙酸及乙酸酐加热闭环而得。也可从煤焦油副产的三甲苯馏分中，经萃取精馏分离得到。

【包装储运及工程控制事项】 储存于阴凉、通风的库房。远离火种和热源。防止阳光直射。库温不宜超过 30℃。保持容器密封，严禁与空气接触。应与氧化剂分开存放，切忌混储。不宜久存，以免变质。采用防爆型照明和通风设施。禁止使用易产生火花的机械设备和工具。储区应备有泄漏应急处理设备和合适的收容材料。

【安全与毒性】 危险性类别：第 3.2 类，中闪点易燃液体。

危险特性：其蒸气与空气可形成爆炸性混合物，遇明火、高热极易燃烧爆炸。与氧化剂接触猛烈反应。受高热分解放出有毒的气体。容易自聚，聚合反应随着温度的上升而急骤加剧。若遇高热，容器内压增大，有开裂和爆炸的危险。

燃烧(分解)产物：一氧化碳，二氧化碳。

毒性：LD_{50}为 500mg/kg(小鼠腹腔)。

第 13 章　混合危险液体

混合危险液体是指普通工业液体之间，通过混合均匀后可形成易燃、易爆危险液态燃爆物。例如，可燃液体白酒与硝酸混合、机油与硝酸混合、食用油与硝酸混合或者与过氧化氢的混合等，均可组成液体燃爆物。液体混合炸药是最有应用价值的一类液体炸药，被广泛应用于工农生产、采矿及军事技术的临代用品。然而，这类炸药具有原料易得、携带方便等特点，有可能成为恐怖分子实施犯罪的主要工具之一。本章的编写目的在于通过对液体混合炸药各种性质的介绍，预防此类危险品对人类生命安全和社会稳定造成威胁，为公安、安检和消防等人员提供教学参考。

混合危险液体是一类稳定性极差的混合物，能够散发刺鼻的气味并能污染环境。一旦着火，不可采用水灭火，应采用沙土或泡沫灭火。灭火后应用土对污染地进行填埋或者局部进行冲洗，以免污染物残留。混合危险液体接触皮肤后，应及时清洗。若由此引起中毒，应及时送医处理。

13.1　低碳-硝基烷/碱类物质液体混合炸药

中文名：低碳-硝基烷/碱类物质液体混合炸药

英文名：nitroalkanes/alkaline compounds mixture liquid explosive

【理化特性】　碱类物质是强增感剂，向低碳-硝基烷中加入苯胺、乙二胺、吗啉、甲胺、NH_4OH、KOH、Na_2CO_3等物质可使硝基甲烷的爆轰感度增加。例如，在硝基甲烷中加入适当的碱，可使它被 8 号雷管直接引爆。

【主要用途】　主要用于弹药战斗部装药。

【制备】　硝基烷/碱类物质液体混合炸药由硝基烷中加入碱性物质混合制得。

【包装储运及工程控制事项】　储存于阴凉、通风的库房。远离火种和热源。防止阳光直射。库温不宜超过 30℃。保持容器密封，严禁与空气接触。应与氧化剂、碱类分开存放，切忌混储。采用防爆型照明和通风设施。禁止使用易产生火花的机械设备和工具。储区应备有泄漏应急处理设备和合适的收容材料。

【安全与毒性】　燃爆危险：本品易燃易爆。

健康危害：易燃，强还原剂。其蒸气能与空气形成范围广阔的爆炸性混合物。遇明火、高热极易燃烧爆炸。受热分解放出有毒的氧化氮烟气。燃烧时发出高热，可能发生爆炸。在空气中遇尘土石棉、木材等疏松性物质能自燃。遇过氧化氢或硝酸等氧化剂,也能自燃。与各种金属氧化物接触会自行分解燃烧。具有强腐蚀性。

13.2　硝基烷/芳香族混合液体炸药

中文名:硝基烷/芳香族混合液体炸药

英文名:nitroalkanes/aromatic compounds mixture liquid explosive

【理化特性】　硝基甲烷中加入高级硝基烷、苯、二甲等物质,使其爆轰感度下降,加至一定量时,爆轰就不能稳定地传播。

【主要用途】　主要用于弹药战斗部装药。

【制备】　硝基烷/芳香族混合液体炸药由硝基烷烃化合物与芳香族类物质混合制得。

【包装储运及工程控制事项】　储存于阴凉、通风的库房。远离火种和热源。防止阳光直射。库温不宜超过 30℃。保持容器密封,严禁与空气接触。应与氧化剂、碱类分开存放,切忌混储。采用防爆型照明和通风设施。禁止使用易产生火花的机械设备和工具。储区应备有泄漏应急处理设备和合适的收容材料。

【安全与毒性】　燃爆危险:本品易燃易爆。

健康危害:易燃,强还原剂。其蒸气能与空气形成范围广阔的爆炸性混合物。遇明火、高热极易燃烧爆炸。受热分解放出有毒的氧化氮烟气。燃烧时发出高热,可能发生爆炸。在空气中遇尘土石棉、木材等疏松性物质能自燃。遇过氧化氢或硝酸等氧化剂,也能自燃。与各种金属氧化物接触会自行分解燃烧。具有强腐蚀性。

13.3　硝基烷/醇混合液体炸药

中文名:硝基烷/醇混合液体炸药

英文名:nitroalkanes/alkohol compounds mixture liquid explosive

【理化特性】　硝基甲烷中加入高级硝基烷正丁醇、甲醇等物质,使其爆轰感度下降,加至一定量时,爆轰就不能稳定地传播。

【主要用途】　主要用于弹药战斗部装药。

【制备】　硝基烷/醇混合液体炸药由硝基烷烃化合物与醇混合而得。

【包装储运及工程控制事项】　储存于阴凉、通风的库房。远离火种和热源。防止阳光直射。库温不宜超过 30℃。保持容器密封,严禁与空气接触。应与氧化剂、碱类分开存放,切忌混储。采用防爆型照明和通风设施。禁止使用易产生火花的机械设备和工具。储区应备有泄漏应急处理设备和合适的收容材料。

【安全与毒性】　燃爆危险:本品易燃易爆。

健康危害：易燃，强还原剂。其蒸气能与空气形成范围广阔的爆炸性混合物。遇明火、高热极易燃烧爆炸。受热分解放出有毒的氧化氮烟气。燃烧时发出高热，可能发生爆炸。在空气中遇尘土石棉、木材等疏松性物质能自燃。遇过氧化氢或硝酸等氧化剂，也能自燃。与各种金属氧化物接触会自行分解燃烧。具有强腐蚀性。

13.4 硝基烷/酯混合液体炸药

中文名：硝基烷/酯混合液体炸药

英文名：nitroalkanes/esters compounds mixture liquid explosive

【理化特性】 透明液体或固体。相对密度为 1.3～1.6。

【主要用途】 主要用于弹药战斗部装药。

【制备】 由硝基烷烃化合物与硝酸酯类混合而得。

【包装储运及工程控制事项】 储存于阴凉、通风的库房。远离火种和热源。防止阳光直射。库温不宜超过 30℃。保持容器密封，严禁与空气接触。应与氧化剂、碱类分开存放，切忌混储。采用防爆型照明和通风设施。禁止使用易产生火花的机械设备和工具。储区应备有泄漏应急处理设备和合适的收容材料。

【安全与毒性】 燃爆危险：本品易燃易爆。

健康危害：易燃，强还原剂。其蒸气能与空气形成范围广阔的爆炸性混合物。遇明火、高热极易燃烧爆炸。受热分解放出有毒的氧化氮烟气。燃烧时发出高热，可能发生爆炸。在空气中遇尘土石棉、木材等疏松性物质能自燃。遇过氧化氢或硝酸等氧化剂，也能自燃。与各种金属氧化物接触会自行分解燃烧。具有强腐蚀性。

13.5 硝基烷/二氯甲烷混合液体炸药

中文名：硝基烷/二氯甲烷混合液体炸药

英文名：nitroalkanes/dichloromethane compounds mixture liquid explosive

【理化特性】 往硝基甲烷中加入二氯甲烷可以降低前者的冰点。如果加入 2%～12%的二乙撑三胺（$NH_2C_2H_4NHC_2H_4NH_2$）作为敏化剂，这样混制的液体炸药特别适宜于低温条件下使用[35]。例如，在 70%硝基甲烷/30%二氯甲烷的混合物中，再加入 2%～12%二乙撑三胺组成的混合炸药，在－40℃时不凝固，并仍可稳定传爆；而加入 10%～12%二乙撑三胺后，甚至在－51.1℃时仍能爆轰。

【主要用途】 主要用于弹药战斗部装药。

【制备】 往硝基甲烷中加入二氯甲烷可以降低前者的冰点。如果加入 2%～

12%的二乙撑三胺($NH_2C_2H_4NHC_2H_4NH_2$)作为敏化剂,这样混制的液体炸药特别适宜于低温条件下使用。

【包装储运及工程控制事项】 储存于阴凉、通风的库房。远离火种和热源。防止阳光直射。库温不宜超过 30℃。保持容器密封,严禁与空气接触。应与氧化剂、碱类分开存放,切忌混储。采用防爆型照明和通风设施。禁止使用易产生火花的机械设备和工具。储区应备有泄漏应急处理设备和合适的收容材料。

【安全与毒性】 燃爆危险:本品易燃易爆。

健康危害:易燃,强还原剂。其蒸气能与空气形成范围广阔的爆炸性混合物。遇明火、高热极易燃烧爆炸。受热分解放出有毒的氧化氮烟气。燃烧时发出高热,可能发生爆炸。在空气中遇尘土石棉、木材等疏松性物质能自燃。遇过氧化氢或硝酸等氧化剂,也能自燃。与各种金属氧化物接触会自行分解燃烧。具有强腐蚀性。

13.6　胺类敏化硝基烷混合液体炸药

中文名:胺类敏化硝基烷混合液体炸药

英文名:amine-sensitized nitroalkanes mixture liquid explosive

【理化特性】 在硝基甲烷中加入一定量的 RDX 和片状铝粉等燃料后,可使其爆轰效果得到显著改善和提高。

【主要用途】 用作无烟炸药。"无壳"地雷或"液体"地雷使用。

【制备】 由胺类物质敏化的硝基烷混合制得。

【包装储运及工程控制事项】 储存于阴凉、通风的库房。远离火种和热源。防止阳光直射。库温不宜超过 30℃。保持容器密封,严禁与空气接触。应与氧化剂、碱类分开存放,切忌混储。采用防爆型照明和通风设施。禁止使用易产生火花的机械设备和工具。储区应备有泄漏应急处理设备和合适的收容材料。

【安全与毒性】 燃爆危险:本品易燃易爆。

健康危害:易燃,强还原剂。其蒸气能与空气形成范围广阔的爆炸性混合物。遇明火、高热极易燃烧爆炸。受热分解放出有毒的氧化氮烟气。燃烧时发出高热,可能发生爆炸。在空气中遇尘土石棉、木材等疏松性物质能自燃。遇过氧化氢或硝酸等氧化剂,也能自燃。与各种金属氧化物接触会自行分解燃烧。具有强腐蚀性。

13.7　硝基烷/硝基醇混合液体炸药

中文名:硝基烷/硝基醇混合液体炸药

英文名:nitroalkanes/nitroalcohol compounds mixture liquid explosive

【理化特性】 例如,在硝基烷中加入三硝基乙醇原碳酸酯,该液体炸药具有爆速高、起爆和传爆性能好的特点。TNEOF 和 TNEOC 分子中含有多个硝基,它们均是具有爆炸性的有机氧化剂,对机械撞击相当敏感,可与太安相当。在硝基烷中有很大的溶解度,当它们溶于硝基烷后撞击感度将有显著降低。三硝基乙醇原碳酸酯和硝基烷的混合液体炸药具有良好的化学安定性,将其密封在玻璃器皿内,室温下放置六个月,或 60℃下放置 5 天均不发生分解,爆炸性能也无变化。密度和爆速可与硝化甘油相接近。能被 6 号雷管引爆,传爆稳定性良好,临界直径小于 4mm。撞击感度较低,在 5kg 落锤、50cm 落高的撞击实验中,不发生爆炸。该类液体炸药无腐蚀性,挥发性也较小,爆炸后有毒气体产物少。

【主要用途】 该类炸药加工、使用均方便、安全。唯一不足的是,这类炸药价格较高,只能用于一些特殊的场合。

【制备】 由硝基烷和硝基醇按一定比例混合制得。

【包装储运及工程控制事项】 储存于阴凉、通风的库房。远离火种和热源。防止阳光直射。库温不宜超过 30℃。保持容器密封,严禁与空气接触。应与氧化剂、碱类分开存放,切忌混储。采用防爆型照明和通风设施。禁止使用易产生火花的机械设备和工具。储区应备有泄漏应急处理设备和合适的收容材料。

【安全与毒性】 燃爆危险:本品易燃易爆。

健康危害:易燃,强还原剂。其蒸气能与空气形成范围广阔的爆炸性混合物。遇明火、高热极易燃烧爆炸。受热分解放出有毒的氧化氮烟气。燃烧时发出高热,可能发生爆炸。在空气中遇尘土石棉、木材等疏松性物质能自燃。遇过氧化氢或硝酸等氧化剂,也能自燃。

13.8 四硝基甲烷基混合液体炸药

中文名:四硝基甲烷基混合液体炸药

英文名:tetranitromethane compounds mixture liquid explosive

【理化特性】 理化特性列于表 13.1。

表 13.1 四硝基甲烷基液体炸药组成及理化特性

添加物名称	密度/(g/cm³)	爆速/(m/s)	爆容/mL
苯	1.47	7180	520
硝基苯	1.53	7430	470
邻-硝基甲苯	1.52	7770	480
对-硝基甲苯	1.52	8170	495

续表

添加物名称	密度/(g/cm³)	爆速/(m/s)	爆容/mL
间二硝基苯	1.53	6670	650
TNT	1.58	6670	565
α-硝基萘	1.57	8160	490
特屈儿	1.63	7100	570
片状铝粉	1.79	7420	690
RDX	1.67	—	—
正庚烷	1.63	6700	—

注:10g 特屈儿传爆药

例如,由 86.5%四硝基甲烷/13.5%甲苯组成的液体炸药,密度达 1.45g/cm³,爆热 7114J/g,爆温 6673K,爆容 659mL/g,爆速 9000m/s,这是迄今爆速最高的混合炸药之一。

四硝基甲烷和聚甲基丙烯酸丁酯混合而成的是稠化液体炸药。聚甲基丙烯酸丁酯的加入,可显著减低其挥发性,特别是在密封条件下几乎无挥发损失。该炸药的组成与上述双组分的质量比为 90 ∶ 10,当密度为 1.50g/cm³ 时,它的爆速是 7400m/s,威力是 119% TNT 当量,撞击感度 88%,可用于地雷和爆破装药。

【主要用途】 可用于地雷和爆破装药。

【制备】 四硝基甲烷基混合液体炸药由四硝基甲烷与不同添加物按一定比例混合制得。

【包装储运及工程控制事项】 储存于阴凉、通风的库房。远离火种和热源。防止阳光直射。库温不宜超过 30℃。保持容器密封,严禁与空气接触。应与氧化剂、碱类分开存放,切忌混储。采用防爆型照明和通风设施。禁止使用易产生火花的机械设备和工具。储区应备有泄漏应急处理设备和合适的收容材料。

【安全与毒性】 燃爆危险:本品易燃易爆。

健康危害:易燃,强还原剂。其蒸气能与空气形成范围广阔的爆炸性混合物。遇明火、高热极易燃烧爆炸。受热分解放出有毒的氧化氮烟气。燃烧时发出高热,可能发生爆炸。在空气中遇尘土石棉、木材等疏松性物质能自燃。遇过氧化氢或硝酸等氧化剂,也能自燃。与各种金属氧化物接触会自行分解燃烧。具有强腐蚀性。

13.9　硝酸酯类为基的混合液体炸药

中文名:硝酸酯类为基的混合液体炸药

英文名:nitrates compounds mixture liquid explosive

【理化特性】 理化特性列于表 13.2。

表 13.2 硝酸酯基液体炸药组成及理化特性

硝酸酯的名称	添加物名称	密度/(g/cm^3)	爆速/(m/s)
硝化甘油	硝酸甲酯	1.46	7600
硝酸异丙酯	乙二醇二硝酸酯	1.28	5970
硝化甘油	硝酸乙酯	1.36	6850
硝酸异丙酯	硝基异丁基甘油	1.34	7130
硝酸异丙酯	1,3-二叠氮基丙烷	1.12	6920
硝化甘油	硝基甲烷	1.44	7330
1,2-丙二醇二硝酸酯硝化纤维素	环氧丙烷,片状铝粉	1.53	8170
硝酸异丙酯	1,2-二叠氮乙烷,铝粉	1.43	7800
硝酸正丁酯	过氧化氢	1.43	7790
乙二醇二硝酸酯	高氯酸肼	1.51	8320
乙二醇二硝酸酯	原碳酸二甲酯	1.43	7910
1,3-丙二醇二硝酸酯	硝酸肼,硝酸	1.57	8320

【主要用途】 用作无烟炸药。“无壳”地雷或“液体”地雷使用。

【制备】 硝酸酯类为基的混合液体炸药由硝酸酯与不同添加物按一定比例混合制得。

【包装储运及工程控制事项】 储存于阴凉、通风的库房。远离火种和热源。防止阳光直射。库温不宜超过 30℃。保持容器密封,严禁与空气接触。应与氧化剂、碱类分开存放,切忌混储。采用防爆型照明和通风设施。禁止使用易产生火花的机械设备和工具。储区应备有泄漏应急处理设备和合适的收容材料。

【安全与毒性】 燃爆危险:本品易燃易爆。

健康危害:易燃,强还原剂。其蒸气能与空气形成范围广阔的爆炸性混合物。遇明火、高热极易燃烧爆炸。受热分解放出有毒的氧化氮烟气。燃烧时发出高热,可能发生爆炸。在空气中遇尘土石棉、木材等疏松性物质能自燃。遇过氧化氢或硝酸等氧化剂,也能自燃。与各种金属氧化物接触会自行分解燃烧。具有强腐蚀性。

13.10 硝酸基混合液体炸药

中文名:硝酸基混合液体炸药

英文名:nitrato compounds mixture liquid explosive

【理化特性】 硝酸为基的液体炸药爆速高、猛度大、爆轰感度虽比四硝基甲烷为基的炸药低，但完全满足使用要求。为了提高这类炸药的爆轰感度，可在硝酸中溶解适量的四硝基甲烷，两者有很好的互溶性，而且在－10℃时四硝基甲烷也不凝固和析出，仍然达到20％的溶解度。

硝酸作为氧化剂，为保证氧化性能，浓度应在95％以上为宜。硝酸为基的液体炸药组成与性能由表13.3所示。

表 13.3　硝酸基液体炸药的组成及理化特性

序号	炸药组成		临界起爆厚度/mm	爆速/(m/s)	猛度 25g 药/mm
	氧化剂	燃烧剂			
1	四硝基甲烷	煤油	0.5	7700～7800	23.6
2	硝酸	硝基苯	6～7	6980	21
3	硝酸四硝基甲烷	硝基苯	5	6840	—
4	硝酸四硝基甲烷	邻位硝基乙苯	6～7	7250	22
5	硝酸	邻位硝基乙苯	8～10	7130	20.7

【主要用途】 用作无烟炸药。“无壳”地雷或“液体”地雷使用。

【制备】 硝酸基的液体炸药由硝酸、硝基化合物作为氧化剂与不同比例的燃烧剂混合而成。

【包装储运及工程控制事项】 储存于阴凉、通风的库房。远离火种和热源。防止阳光直射。库温不宜超过30℃。保持容器密封，严禁与空气接触。应与氧化剂、碱类分开存放，切忌混储。采用防爆型照明和通风设施。禁止使用易产生火花的机械设备和工具。储区应备有泄漏应急处理设备和合适的收容材料。

【安全与毒性】 燃爆危险：本品易燃易爆。

健康危害：易燃，强还原剂。其蒸气能与空气形成范围广阔的爆炸性混合物。遇明火、高热极易燃烧爆炸。受热分解放出有毒的氧化氮烟气。燃烧时发出高热，可能发生爆炸。在空气中遇尘土石棉、木材等疏松性物质能自燃。遇过氧化氢或硝酸等氧化剂，也能自燃。与各种金属氧化物接触会自行分解燃烧。具有强腐蚀性。

13.11　二氧化氮类混合液体炸药

中文名：二氧化氮类混合液体炸药

英文名：nitrogen dioxide mixture liquid explosive

【理化特性】 二氧化氮在低温时以二聚体 N_2O_4 存在，只有高温时才以单体 NO_2 存在。沸点：21℃；凝固点：－10.2℃（较高）。密度：1.49g/cm³（0℃）。它的许多性质与浓硝酸一样，并更易分解和挥发，因此使用更困难。例如，由 79% NO_2/21%汽油组成的混合炸药，爆速为 7100m/s。64.5% NO_2/35.5%硝基苯组成的混合炸药爆速可达 7650m/s。

【主要用途】 二氧化氮用于含脂肪烃(不含芳香烃化合物)、二硫化碳及硝基苯等可燃物的液体炸药中。为了防止硝基苯在低温下凝固，曾设法采用双组分可燃剂，如硝基苯与二硫化碳的混合物等。有人曾研究过这类液体炸药的爆炸性能，发现它们和硝化甘油有些相似，撞击感度很高。可能是因为这个原因，法国用二氧化氮液体炸药装填航弹时，将航弹设计成液体炸药的双组分装式，即混合炸药的可燃剂、氧化剂分别装在用隔板分隔弹体的两个室内，当炸弹投下后才打开隔板，使两种组分再进行混合，这样可避免人员直接处理和运输这种炸药，保证这种航弹使用安全可靠。

【制备】 二氧化氮类混合液体炸药由二氧化氮作为氧化剂添加在一定量的液态炸药(一甲基肼等)中制得。

【包装储运及工程控制事项】 储存于阴凉、通风的库房。远离火种和热源。防止阳光直射。库温不宜超过 30℃。保持容器密封，严禁与空气接触。应与氧化剂、碱类分开存放，切忌混储。采用防爆型照明和通风设施。禁止使用易产生火花的机械设备和工具。储区应备有泄漏应急处理设备和合适的收容材料。

【安全与毒性】 燃爆危险：本品易燃易爆。

健康危害：易燃，强还原剂。其蒸气能与空气形成范围广阔的爆炸性混合物。遇明火、高热极易燃烧爆炸。受热分解放出有毒的氧化氮烟气。燃烧时发出高热，可能发生爆炸。在空气中遇尘土石棉、木材等疏松性物质能自燃。遇过氧化氢或硝酸等氧化剂，也能自燃。与各种金属氧化物接触会自行分解燃烧。具有强腐蚀性。

13.12 高氯酸脲-硝基化合物混合液体炸药

中文名：高氯酸脲-硝基化合物混合液体炸药

英文名：thiourea perchloric acid-nitryl compounds mixture liquid explosive

【理化特性】 硝基甲烷虽然是一种较为猛烈的液体炸药，但起爆感度很小，起爆困难。当它与高氯酸脲混合后，可以比较容易地起爆，并使临界直径显著减小，还能提高混合液体的密度，从而使爆速和猛度随之增加。该类炸药的特点是用水做添加剂，硝基烷与高氯酸脲又很易混合，因此感度容易调节。如果再加入三硝基乙基原碳酸酯类有机氧化剂，混合炸药的爆速还能进一步提高。这种液体炸药的化学安定性好、无臭、无烟、不挥发，制造容易，操作安全，是一类理想的高能液体炸药。但高氯酸脲水溶液对金属有强烈的腐蚀性，当其中溶有硝基化合物，腐蚀性更严重。组成及理化特性列于表 13.4。

表 13.4　高氯酸脲-硝基化合物液体炸药的组成及理化特性

炸药组成	密度/(g/cm³)	爆速/(m/s)	撞击感度(5kg 落锤)	
			爆炸率	落高/cm
95% $CH_5N_2ClO_5$/5% PA	1.60	6520	0/6	50
90% $CH_5N_2ClO_5$/10% PA	1.603	6890	0/6	50
85% $CH_5N_2ClO_5$/15% PA	1.609	7370	0/6	50
90% $CH_5N_2ClO_5$/10% $C_6H_3N_2Cl_4$	1.593	5680	0/6	50
90% $CH_5N_2ClO_5$/10% CE	1.601	6850	0/6	50
87% $CH_5N_2ClO_5$/4% THT/9% $C_6H_5NO_2$	1.504	5720	0/6	50
80% $CH_5N_2ClO_5$/6% PA/10 TNT/4%聚丙烯酰胺	1.512	5480	0/6	50
72% $CH_5N_2ClO_5$/8% PA/9 KNO_3/10% Si-Fe 粉/4%聚丙烯酰胺	1.69	6100	0/6	50

【制备】 高氯酸脲-硝基化合物混合液体炸药由硝基烷烃化合物与高氯酸脲水溶液混合而得。

【包装储运及工程控制事项】 储存于阴凉、通风的库房。远离火种和热源。防止阳光直射。库温不宜超过 30℃。保持容器密封，严禁与空气接触。应与氧化剂、碱类分开存放，切忌混储。采用防爆型照明和通风设施。禁止使用易产生火花的机械设备和工具。储区应备有泄漏应急处理设备和合适的收容材料。

【安全与毒性】 燃爆危险：本品易燃易爆。

健康危害：易燃，强还原剂。其蒸气能与空气形成范围广阔的爆炸性混合物。遇明火、高热极易燃烧爆炸。受热分解放出有毒的氧化氮烟气。燃烧时发出高热，可能发生爆炸。在空气中遇尘土石棉、木材等疏松性物质能自燃。遇过氧化氢或硝酸等氧化剂，也能自燃。与各种金属氧化物接触会自行分解燃烧。具有强腐蚀性。

13.13　含过氧化氢混合液体炸药

中文名：含过氧化氢混合液体炸药

英文名：hydrogen peroxide compounds mixture liquid explosive

【理化特性】 过 20℃时的相对密度为 1.39。18℃时的黏度为 11.62Pa · s。30℃时的蒸气压为 5mmHg。凝固点：−11.1℃；沸点：175℃。氧化氢氧含量最高，纯过氧化氢中可利用的氧含量为 47%。80%过氧化氢溶液的相对密度为 1.34。纯过氧化氢溶液在室温下相当安定，在高温下才分解。为了提高过氧化氢溶液的安定性，加入少许磷酸及其盐或8-羟基喹啉，可有效改善其安定性。过氧化氢与许多可燃物混合都能租车爆炸威力极强的液体炸药，纯过氧化氢受到外界条件的强烈刺激也能发生猛烈的爆炸。理化性能列于表13.5。

表13.5　80%过氧化氢与1∶1甲醇稀释的水合肼混合物的理化性能

参数	数值
反应热/(J/g)	4267.68
相对密度	1.30
气体体积/(mL/g)	940
爆热/(J/g)	9877
爆温/K	3328
比冲/s	243

【主要用途】 过氧化氢被用作催化剂分解型的单组元推进剂。80%～85%的过氧化氢不仅可以作为液体炸药，同时还可用于发射无人驾驶飞机，将氧化剂和可燃剂由各自的储槽送入飞机或火箭的燃烧室而使飞机或火箭运行。

【制备】 含过氧化氢混合液体炸药由过氧化氢和可燃物按照一定比例混合而得。

【包装储运及工程控制事项】 储存于阴凉、通风的库房。远离火种和热源。防止阳光直射。库温不宜超过30℃。保持容器密封，严禁与空气接触。应与氧化剂、碱类分开存放，切忌混储。采用防爆型照明和通风设施。禁止使用易产生火花的机械设备和工具。储区应备有泄漏应急处理设备和合适的收容材料。

【安全与毒性】 燃爆危险：本品易燃易爆。

健康危害：易燃，强还原剂。其蒸气能与空气形成范围广阔的爆炸性混合物。遇明火、高热极易燃烧爆炸。受热分解放出有毒的氧化氮烟气。燃烧时发出高热，可能发生爆炸。在空气中遇尘土石棉、木材等疏松性物质能自燃。遇过氧化氢或硝酸等氧化剂，也能自燃。与各种金属氧化物接触会自行分解燃烧。具有强腐蚀性。

13.14　奥斯屈莱特炸药[1,33]

中文名：奥斯屈莱特炸药

英文名：astrolite

【理化特性】 透明液体或固体。相对密度为1.3～1.6。

【主要用途】 用作无烟炸药。“无壳”地雷或“液体”地雷使用。

【制备】 奥斯屈莱特炸药由硝酸肼、高氯酸肼、肼和氨混合制得。

【包装储运及工程控制事项】 储存于阴凉、通风的库房。远离火种和热源。防止阳光直射。库温不宜超过 30℃。保持容器密封,严禁与空气接触。应与氧化剂、碱类分开存放,切忌混储。采用防爆型照明和通风设施。禁止使用易产生火花的机械设备和工具。储区应备有泄漏应急处理设备和合适的收容材料。

【安全与毒性】 燃爆危险:本品易燃易爆。

健康危害:易燃,强还原剂。其蒸气能与空气形成范围广阔的爆炸性混合物。遇明火、高热极易燃烧爆炸。受热分解放出有毒的氧化氮烟气。燃烧时发出高热,可能发生爆炸。在空气中遇尘土石棉、木材等疏松性物质能自燃。遇过氧化氢或硝酸等氧化剂,也能自燃。与各种金属氧化物接触会自行分解燃烧。具有强腐蚀性。

13.15　一硝酸肼[1]

中文名:一硝酸肼

英文名:hydrazine nitrate

化学式:$N_2H_4 \cdot HNO_3$

相对分子质量:95

【理化特性】 白色针状或棒状固体。易溶于水。熔点:69～71℃;沸点:229℃。相对密度为 1.64。

【相关图谱】

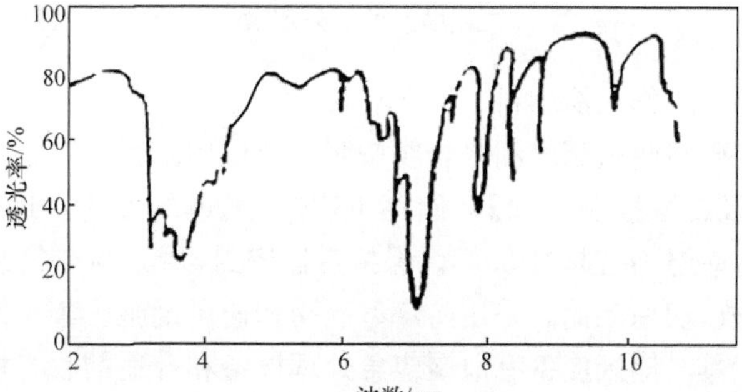

一硝酸肼的红外图谱

【主要用途】 硝酸肼是重要的工业炸药和火药组分。也可以将硝酸肼和肼、水合肼制成液体炸药。液体炸药在开矿、扫雷工作中有重要用途。

【制备】 一硝酸肼由制备出二硝酸肼,再用水合肼重结晶制得。

【包装储运及工程控制事项】 储存于阴凉、通风的库房。远离火种和热源。防止阳光直射。库温不宜超过 30℃。保持容器密封,严禁与空气接触。应与氧化剂、碱类分开存放，切忌混储。采用防爆型照明和通风设施。禁止使用易产生火花的机械设备和工具。储区应备有泄漏应急处理设备和合适的收容材料。

【安全与毒性】 燃爆危险：本品易燃。

13.16 二硝酸肼[1,30,37]

中文名：二硝酸肼

英文名：hydrazine dinitrate

化学式：$N_2H_4 \cdot 2HNO_3$

相对分子质量：158

【理化特性】 白色固体。不溶于乙醇。熔点：116.5～118.5℃。

【相关图谱】

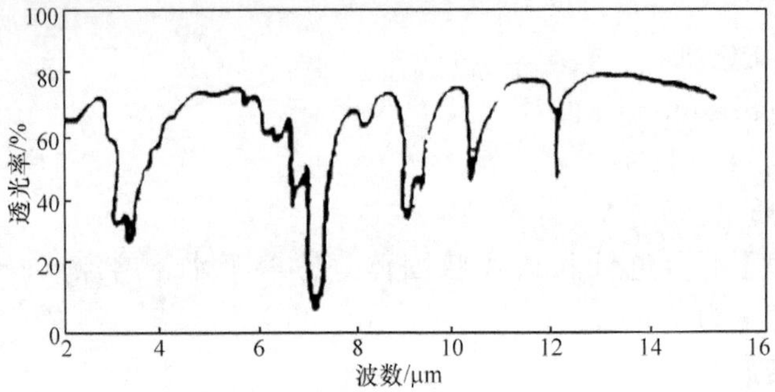

二硝酸肼的红外图谱

【主要用途】 用作火箭燃料。

【制备】 二硝酸肼由硝酸和水合肼按照一定比例制得。

【包装储运及工程控制事项】 储存于阴凉、通风的库房。远离火种和热源。防止阳光直射。库温不宜超过30℃。保持容器密封，严禁与空气接触。应与氧化剂、碱类分开存放，切忌混储。采用防爆型照明和通风设施。禁止使用易产生火花的机械设备和工具。储区应备有泄漏应急处理设备和合适的收容材料。

【安全与毒性】 燃爆危险：本品易燃。

13.17 含水合肼、脂肪胺的硝酸肼混合液体炸药[1,10,34]

中文名：含水合肼、脂肪胺的硝酸肼混合液体炸药

英文名：hydrazine nitrate compounds mixture liquid explosive

【理化特性】 无臭液体。溶于各种脂肪族的水溶液。相对密度为1.1～1.4。

【主要用途】 用作良好的液体炸药。

【制备】 由水合肼、胺类物质在硝酸肼中混合制得。

【包装储运及工程控制事项】 储存于阴凉、通风的库房。远离火种和热源。防止阳光直射。库温不宜超过 30℃。保持容器密封，严禁与空气接触。应与氧化剂、碱类分开存放，切忌混储。采用防爆型照明和通风设施。禁止使用易产生火花的机械设备和工具。储区应备有泄漏应急处理设备和合适的收容材料。

【安全与毒性】 燃爆危险：本品易燃。

参考文献

[1] Liu J P. Liquid Explosives[M]. Berlin Heideldergː Springer，2005.

[2] 孙业斌，惠君明，曹欣茂. 军用混合炸药[M]. 北京：兵器工业出版社，1995.

[3] 村田重夫. 硝酸肼-水合肼的爆速[J]. 工业火药，1976，37(6)：316-318.

[4] Mancino G. Explosive science，chemistry word[J]. Analytical Chemistry，2005，2(12)：53-55.

[5] Gehrig N E. Nitric acid blasting composition[P]：US，3282754. 1966-01-11.

[6] 原泰毅，中村英嗣. 硝酸、甲胺和氧化剂的热反应性[J]. 工业火药，1982，1(43)：10-17.

[7] Ludwig F，Eriksen L H，Tomlinson W R. Liquid explosive mixture contaning nitromethane and ethylenediaming[P]：US，3309251. 1967-03-14.

[8] Maes M E. Hydrazine containing explosive compositions[P]：US，3419443. 1968-12-31.

[9] 周畅林，方向，王富. 液体炸弹恐怖袭击的对策研究[J]. 爆破器材，2007，36 (4) ：32-34.

[10] 薛幸福. 日本液体炸药应用初探[J]. 爆炸与冲击，1984，4(3)：81-84.

[11] 杨俊清，王桂香，高贫，等. 季戊四醇四硝酸酯及其结构相似物的爆轰性能和热解机理的理论研究[J]. 含能材料，2013，21(5)：570-577.

[12] 杨荣华. 典型硝酸酯的制备及工艺特征研究[D]. 北京：北京理工大学，2010.

[13] 张焕德. 一次性引爆云爆剂的制备及性能表征研究[D]. 北京：北京理工大学，1998.

[14] 徐德安. 液体硝酸铵直接应用于工业炸药生产的效益分析[J]. 爆破器材，2011，40(1)：32-34.

[15] 王平，李顺秀，黄悦，等. 二叠氮季戊二醇二硝酸酯的研究[J]. 含能材料，1994，2(3)：29-35.

[16] Ding W X，Ji Y P，Wu T F，et al. Development and present situation of liquid explosive[J]. Explosive Materials，2010，39(1)：32-36.

[17] Wang B，Zheng Y J，Yuan W，et al. Synthesis，structural characterization and performance evaluation of nitrated hydroxyl-terminated polybutadiene[J]. Chemical Propellants & Polymeric Materials，2013，11(4)：80-82.

[18] Zhou J S，Yu H C，Feng J C，et al. Research progress on synthesis of the polyglycidyl ether nitrate[J]. Chemical Propellants & Polymeric Materials，2003，1(6)：9-12.

[19] Zhang Y J，Li J Z，Wei H J，et al. Admixture processing techniques of nitrate ester solution[J]. Ordnance Industry Automation，2013，32(1)：58，59，63.

[20] 游定方，林琅，刘治碧，等. 液体炸药的发展及应用[J]. 化工技术与开发，2011，40(1)：37-39.

[21] 刘吉平. 硝异丙酯的爆炸特性研究[C]. D04 项目研讨会论文集. 北京：北京理工大学出版社，2002.

[22] 梁永磊，黄寅生，钮雪冰，等. 典型爆炸物探测技术研究现状与发展[J]. 中国安防，2015，(22)：75-78.

[23] 何洪亮,李彬,张耀军,等. 基于 CT 成像技术和 X 射线诱射原理的液态燃爆物探测方法[J]. 中国安防,2011,(02):49-51.

[24] 宝冬梅,刘吉平. 液体炸药的发展及研究现状[C]. 全国危险物质与安全应急技术研讨会,重庆,2011.

[25] Bao D M,Liu J P. Catalytic synthesis of nitroglycerin by solid acid[C]. Hazardous Materials & Security Emergency Technology,Chongqing,2012,10.

[26] 张扬. 正丁醇-乙二醇二元混合液体系的闪点性能研究[J]. 工业安全与环保,2014,40(4):46-49.

[27] 陈莹,蒋军成,潘勇,等. 混合液体火灾爆炸危险性——闪点预测与实验研究[J]. 中国安全生产科学技术,2010,6(02):8-11.

[28] 王同臻. 液体炸弹的危害性及其探测技术和仪器浅析[J]. 警察技术,2010,(5):67-69.

[29] Vapnik V N. The Nature of Statistical Learning Theory[M]. New York: Springer-Verlag,1995.

[30] 吕春绪. 硝酸肼制备工艺研究[J]. 爆破器材,1986,5:1-4.

[31] Li T Z. Liquid composite explosive of hydrazine nitrate[J]. Explosive Materials,1994,23(1):6-8.

[32] 谢飞,张青枝,张深松. 硝酸酯、亚硝酸酯合成进展[J]. 河南师范大学学报(自然版),1998(2):42-50.

[33] 孙荣康,魏运洋. 硝基化合物炸药化学与工艺学[M]. 北京:兵器工业出版社,1991.

[34] 化学品数据库[DB/OL]. http://www. basechem. org/chemical. 2016-12-01.

[35] 程克梅. 探针-炸药相互作用力用于单质炸药识别研究[C]. 中国工程物理研究院科技年报,2012:87-89.

[36] 藤平修三,椎野和夫. 用脂肪族胺作还原剂的液体炸药. 特许公报,昭和,51-19009,1976.

[37] 吕仲元. XJ-1 型液体炸药的研制与使用[J]. 爆破器材,1986,4:5-7.

[38] 马柏令,唐宜进,朱茂根. XJ-1 型液体高威力炸药[J]. 爆破器材,1981,2:5-8.

[39] 高耀林,范钦文,黄人骏,等. 敏化剂对塑料导爆管起爆感度的影响[C]. 中国民用爆破器材学会 1988 年第 3 次年会暨学术交流会,1988.

[40] 聂森林. 硝酸-邻位硝基乙苯炸药的研制与应用[J]. 爆破器材,1980,1:21-25.

[41] 吕春绪,胡刚,吴腾芳. SJY 炸药及其应用[J]. 爆破器材,1985 (3) :56-61.

[42] 游定方,林琅,刘治碧,等. 液体炸药的发展及应用[J]. 化工技术与开发,2011,1:37-39.

[43] 金兴辉,胡炳成,刘祖亮,等. 3,6-二胍基-1,2,4,5-四嗪二硝基胍盐的合成及性能预估[J]. 火炸药学报,2014,37(2):18-22.

[44] 王忠华,李福华,林长江,等. 液体炸药及其探测技术[A]. 公共安全中的化学问题研究进展(第二卷)[C]. 2011.

[45] 袁昭慧. 硝基甲烷基均相液体炸药[A]. 中国工程物理研究院科技年报(2002)[C]. 2002.

[46] 蒋丽,白春华,刘庆明,等. 气/固/液三相混合物燃烧转爆轰过程实验研究[J]. 爆炸与冲击,2010,30(6):588-592.

[47] 闫亮. 谈易燃易爆化学危险品场所消防监督管理[J]. 消防技术与产品信息,2016,(04):

49-51.
[48] 毛榕英. 易燃易爆危险物品消防安全管理探讨[J]. 中国公共安全(学术版)，2012，03：23-25.
[49] Zhang Q，Bai C H，Liu Q M，et al. Analysis of mixed solid and liquid fuel state and character[J]. Journal of Combustion Science and Technology，2001，3(7)：288-290.
[50] Jiang L，Bai C H. Experimental study on DDT process in 3-phase suspensions of gas/solid particle/liquid mist mixture[J]. Explosion and Shock Waves，2010，30(6)：588-592.
[51] Liu Q M，Bai C H. Explosions induced by combustion of aluminum dust cloud and pentane vapor[J]. Journal of Beijing Institute of Technology，1999，19(5)：566-568.
[52] Ronald W J. Propellants and Explosives[R]. Noyes Data Corporation，1974.
[53] 吴宗之. 易燃液体安全手册[M]. 北京：中国劳动社会保障出版社，2008.
[54] 装药工作者原料手册编辑小组. 装药工作者原料手册[M]. 北京：国防工业出版社，1960.
[55] 椎野和夫. 液体炸药组成物. 特许公报，昭和，1976，51-19011.